国家卫生健康委员会住院医师规范化培训规划教材配套精选习题集

U0644098

麻醉科分册

主　审　米卫东　李天佐　郭向阳　黄宇光

主　编　冯　艺　吴安石　左明章

副主编　张　鸿　赵　晶　谭宏宇　潘楚雄

编　者　（以姓氏笔画为序）

丁冠男　王　云　尹毅青　左明章　冯　艺　朱文智

华　震　刘　野　刘晓梅　安海燕　许　莉　孙玉蕾

杨改生　吴长毅　吴安石　张　砡　张　鸿　陆　瑜

承耀中　赵　晶　赵　磊　赵丽云　贾瑞芳　曹江北

盛崴宣　崔　旭　焦　亮　蔡晶晶　谭宏宇　潘楚雄

薛庆华　鞠　辉

秘　书　鞠　辉　王　云　华　震

人民卫生出版社
·北京·

图书在版编目（CIP）数据

国家卫生健康委员会住院医师规范化培训规划教材配套精选习题集. 麻醉科分册 / 冯艺，吴安石，左明章主编 . —北京：人民卫生出版社，2021.5（2023.12 重印）

ISBN 978-7-117-31082-6

Ⅰ.①国… Ⅱ.①冯…②吴…③左… Ⅲ.①麻醉学 – 岗位培训 – 习题集 Ⅳ.①R192.3-44

中国版本图书馆 CIP 数据核字（2021）第 007944 号

人卫智网	www.ipmph.com	医学教育、学术、考试、健康，购书智慧智能综合服务平台
人卫官网	www.pmph.com	人卫官方资讯发布平台

麻醉科分册
Mazuike Fence

主　　编：冯　艺　吴安石　左明章
出版发行：人民卫生出版社（中继线 010-59780011）
地　　址：北京市朝阳区潘家园南里 19 号
邮　　编：100021
E - mail：pmph @ pmph.com
购书热线：010-59787592　010-59787584　010-65264830
印　　刷：北京汇林印务有限公司
经　　销：新华书店
开　　本：787 × 1092　1/16　　印张：32
字　　数：903 千字
版　　次：2021 年 5 月第 1 版
印　　次：2023 年 12 月第 3 次印刷
标准书号：ISBN 978-7-117-31082-6
定　　价：88.00 元

打击盗版举报电话：**010-59787491　E-mail：WQ @ pmph.com**
质量问题联系电话：**010-59787234　E-mail：zhiliang @ pmph.com**

出版说明

为了深入贯彻原国家卫生和计划生育委员会等7部门联合发布的《关于建立住院医师规范化培训制度的指导意见》文件精神,满足全国各地住院医师规范化培训的要求,在原国家卫生和计划生育委员会科教司的领导和支持下,人民卫生出版社于2014年组织编写并出版了住院医师规范化培训系列规划教材,反响较好。

为配合住院医师规范化培训结业考核的推行,满足广大学员自学、自测的需求,在对住院医师规范化培训基地进行全面、充分调研的基础上,人民卫生出版社组织编写了本套住院医师规范化培训规划教材配套精选习题集。

本套习题集共20种,作为住培规划教材的配套用书,二者均以《住院医师规范化培训内容与标准(试行)》和住院医师规范化培训结业理论考核大纲为依据,遵循科学、严谨、客观、规范的原则,以帮助读者实现"基本理论转化为临床实践、基本知识转化为临床思维、基本技能转化为临床能力"的三个转化,并顺利通过各科轮转及结业考试。

本套习题集严格按照实际考试的科目划分和题型分布进行编写,包含单项选择题(A1型题、A2型题、A3/A4型题)和不定项选择题(案例分析题),从不同角度(掌握、了解两个层级区别考题比例)围绕考核重点、难点帮助读者巩固、复习、检验所学知识,考前自测、考查和反馈复习成果。公共理论和专业理论涵盖各科目考核大纲所有知识点,帮助读者随学随测、强化记忆;重点和难点内容附详细解析,全面分析考点、答题思路和方法,帮助读者更有针对性地提高临床技能、开拓诊疗思维。模拟试卷全面模拟考试真题,针对考生临考备战进行综合性巩固。针对住院医师临床工作的特殊性,本套习题集将同时出版电子书,有助于学员在更多的场景下,利用碎片化时间随时阅读和练习。同时赠送"人卫临床助手、人卫用药助手"免费试用,通过扫描封面二维码即可获得。

为了能够有效复习,建议分为四个阶段进行。第一阶段:加强日常学习。勤翻住培规划教材和人卫临床助手、人卫用药助手。制订符合自身复习时间的计划表,可根据大纲按章节进行。第二阶段:多做本套习题。通过大量试题的反复检验,可高效筛查出易错、易混知识点。第三阶段:查漏补缺。当复习完成一遍之后,对所学知识进行回顾、反思,抓住重点、难点和自己的薄弱点,做到有的放矢。第四阶段:模拟练习。在复习接近尾声时,做模拟试卷,培养心理上的自我承受意识及学习上举一反三、触类旁通的能力,尽可能熟悉考试题型、题量、分值比例、出题思路等关键要素。

鉴于时间仓促和编写人员水平有限,本套习题集内容难免有不当或遗漏之处,诚请各位读者批评指正。读者使用本套习题集时如有任何问题或建议,欢迎及时反馈(电子邮箱:jiaocaidiaoyan@163.com)。

题型介绍

全国住院医师规范化培训理论考核试题全部采用客观选择题形式,目前题型分为Ⅰ型题(单选题,为A1、A2型题)、Ⅱ型题(共用题干单选题,为A3/A4型题)和Ⅳ型题(不定项选择题,为案例分析题)三大类。考生在答题前应仔细阅读题型说明,以便在考试时能顺利应答。

单选题(A1、A2型题)

由一个题干和五个备选答案组成,题干在前,选项在后。选项A、B、C、D、E中只有1个为正确答案,其余均为干扰答案。干扰答案可以部分正确或完全不正确,考生在回答本题型时需对备选答案进行比较,找出最佳的或最恰当的备选答案,排除似是而非的选项。

例如:二尖瓣狭窄患者最常见的早期症状为

A. 阵发性夜间呼吸困难   B. 端坐呼吸

C. 咯血   D. 劳力性呼吸困难

E. 声音嘶哑

共用题干单选题(A3/A4型题)

以叙述一个以单一患者或家庭为中心的临床情景,提出2~6个相互独立的问题,问题可随病情的发展逐步增加部分新信息,每个问题只有1个正确答案,以考查临床综合能力。答题过程是不可逆的,即进入下一问后不能再返回修改所有前面的答案。

例如:(1~4题共用题干)

患者,男性,40岁。1年来进行性心悸、气短、腹胀、下肢水肿。体格检查:一般状况好,血压130/90mmHg;颈静脉怒张;心脏叩诊浊音界向两侧扩大,心尖搏动及第一心音减弱,心尖部有3/6级收缩期杂音,心率100次/min,律齐,双肺底湿啰音;肝肋下4cm,脾未及;双下肢水肿(+)。心电图示完全性右束支传导阻滞。

1. 该病例最可能的诊断是
   A. 风湿性心脏病、二尖瓣关闭不全   B. 高血压心脏病
   C. 冠心病伴乳头肌功能不全   D. 扩张型心肌病
   E. 缩窄性心包炎
2. 该病例主要与下列疾病相鉴别的是
   A. 心包积液   B. 冠心病
   C. 限制型心肌病   D. 缩窄性心包炎
   E. 肥厚型心肌病
3. 为进一步确诊应进行的检查是

    A. 动态心电图   B. 胸部 X 线片

    C. 超声心动图   D. 心肌酶谱

    E. 红细胞沉降率

4. 下列治疗措施中,**不适合**用于该患者的药物是

    A. 钙通道阻滞剂   B. 利尿剂

    C. 硝酸盐类制剂   D. β 受体阻滞剂

    E. 血管紧张素转化酶抑制剂

不定项选择题(案例分析题)

    案例分析题是一种模拟临床情境的串型不定项选择题,用以考查考生在临床工作中所应该具备的知识、技能、思维方式和对知识的综合应用能力。侧重考查考生对病情的分析、判断及其处理能力,还涉及对循证医学的了解情况。考生的答题情况在很大程度上与临床实践中的积累有关。

    试题由一个病例和多个问题组成。开始提供一个模拟临床情境的病例,内容包括患者的性别、年龄(诊断需要时包括患者的职业背景)、就诊时间点、主诉、现病史、既往疾病史和有关的家族史。其中主要症状不包括需体格检查或实验室检查才可得到的信息。随后的问题根据临床工作的思维方式,针对不同情况应该进行的临床任务提出。问题之间根据提供的信息可以具有一定的逻辑关系,随着病程的进展,不断提供新的信息,之后提出相应的问题。

    案例分析题每个提问的备选答案至少 6 个,正确答案及错误答案的个数不定(≥1)。考生每选对一个正确答案给 1 个得分点,选错一个扣 1 个得分点,直至扣至本问得分为 0,即不会得负分。案例分析题的答题过程是不可逆的,即进入下一问后不能再返回修改所有前面的答案。

    例如:患者,男性,66 岁。因"嗜睡、意识模糊 4h 并两次抽搐后昏迷"来院急诊。近 1 周因受凉后发热、咳嗽,经当地卫生院静脉滴注葡萄糖液及肌内注射庆大霉素等治疗 3d 后,出现乏力、口干、多饮多尿等症状且日渐加剧。体格检查:体温 38.8℃,脉搏 108 次 /min,血压 150/110mmHg。肥胖体形,唇舌干燥,皮肤弹性差,无面瘫体征,颈无抵抗,左下肺可闻及湿啰音。

    提问 1:急诊先重点检查的项目有

        A. 血清钾、钠、氯、钙   B. 腰椎穿刺脑脊液检查

        C. 血气分析   D. 尿糖

        E. 血脂   F. 血糖

    提问 2:急诊应作出的判断是

        A. 重度昏迷   B. 糖尿病酮症酸中毒昏迷

        C. 糖尿病高渗性无酮症性昏迷   D. 脑血管意外

        E. 糖尿病乳酸性酸中毒昏迷   F. 2 型糖尿病

    提问 3:目前急诊应作出的处理是

        A. 静脉滴注 5% 葡萄糖液

        B. 静脉滴注 5% 碳酸氢钠液

        C. 静脉滴注 0.9% 氯化钠液或 0.45% 氯化钠液

        D. 静脉滴注 1.87% 乳酸钠液

        E. 应用 20% 甘露醇脱水

        F. 皮下注射胰岛素

    提问 4:下一步治疗应作出的调整有

        A. 皮下注射胰岛素控制血糖   B. 皮下注射低精蛋白锌胰岛素控制血糖

        C. 按糖尿病要求控制饮食   D. 口服磺脲类降血糖药

        E. 口服双胍类降血糖药   F. 静脉滴注胰岛素

前　言

　　住院医师规范化培训阶段是一位医生成长过程中学习掌握"三基"(基本理论、基本技术、基本知识)、培养良好工作习惯和临床思维的重要阶段,也是将所学习的基础理论和基本知识逐渐与临床实践相结合、不断验证的一个黄金阶段。习题练习无疑是一种有效的学习方法,可以检验学员们基础理论的学习效果和知识掌握程度。

　　本习题集以麻醉科住院医师规范化培训结业理论考核大纲为依据,以人民卫生出版社出版的国家卫生健康委员会住院医师规范化培训规划教材《麻醉学》为参考,撰写历时 2 年,汇集了 16 家三甲教学医院 32 位专家的智慧和经验。全书包括公共理论、专业理论、模拟试卷 3 部分,共 2 000余道习题。其中,公共理论部分包括 2 章;专业理论部分包括 4 篇(总论、麻醉常用技术、特殊患者的麻醉、各论),共 47 章;模拟试卷部分包括 150 道单选题,5 道案例分析题,并附有详细解析。本习题集选用住培学员结业考核题型:A1 型题(单句型最佳选择题)、A2 型题(病例摘要型最佳选择题)、A3/A4 型题(病例组 / 串型最佳选择题)、案例分析题(模拟临床情境的串型不定项选择题)。

　　希望本习题集能为住培学员的培训学习提供一个有效的工具。感谢所有参与编写的专家倾力付出,感谢 3 位秘书的得力协助。

　　由于水平有限,疏漏和不妥之处在所难免,真诚希望广大读者批评指正,便于今后再版时修正,更使住培和考核工作愈加完善!

冯　艺　吴安石　左明章

2021 年 5 月

目　录

第一部分　公共理论

第二部分　专业理论

第三部分　模　拟　试　卷

第一部分
公共理论

第一章　政策法规

第一节　卫生法基本理论

【A1 型题】

1. 我国卫生法有以下几种表现形式,除了
   A. 宪法
   B. 卫生法律、法规、规章
   C. 技术性法规
   D. 国际卫生条约
   E. 政府红头文件

2. 组成法律规范结构的是
   A. 假定、处理、制裁
   B. 假定、处分、制裁
   C. 确定、处理、制裁
   D. 假定、处理、裁决
   E. 假定、处理、司法

3. 卫生法律关系是指卫生法所调整的国家机关、企事业单位、社会团体之间,它们的内部机构以及与公民之间在卫生管理和医疗卫生预防保健服务过程中所形成的
   A. 命令和执行关系
   B. 权利和义务关系
   C. 指挥和义务关系
   D. 指导和管理关系
   E. 权利和服从关系

4. 卫生法律关系的主体,在卫生法律关系中
   A. 享有权利并承担义务
   B. 享有权利不承担义务
   C. 不享有权利只承担义务
   D. 既不享有权利也不承担义务
   E. 以上都不是

5. 卫生行政法律关系的行政主体的义务表现为以下几方面,除了
   A. 对相对人违法行为承担法律责任

1. 【答案】E
   【解析】卫生法渊源主要形式:①宪法;②卫生法律;③卫生行政法规;④卫生部门规章;⑤地方性卫生法规和地方政府卫生规章;⑥卫生自治条例与单行条例;⑦特别行政区有关卫生事务的规范性法律文件;⑧卫生标准;⑨国际卫生条约。

2. 【答案】A

3. 【答案】B
   【解析】卫生法律关系是卫生法旨在保障个人和社会健康,调整不平等主体间和平等主体间权利义务关系的结果。

4. 【答案】A
   【解析】卫生法律关系的内容是指卫生法律关系主体依法享有的卫生权利和承担的卫生义务。

5. 【答案】A
   【解析】卫生义务是卫生法律关系中的义务主体依照卫生法规定,为了满足权利主体某种利益而为一定行为或者不为一定行为的必要性。它包含三层含义:①义务主体应当依据卫生法的规定,为一定行为或者不为一定行为,以便实现权利主体的某种利益;②义务主体负有的义务是在卫生法规定的范围内为一定行为或者不为一定行为,对于权利主体超出法定范围的要求,义务主体不承担义务;③卫生义务是一种法定义务,受到国家强制力的约束,如果义务主体不履行或者不适当履行,就要承担相应的法律责任。

B. 依法行使法律所赋予的职权

C. 接受被管理者的监督

D. 为公民提供咨询服务

E. 接受全体公民监督其执法

6.【答案】C

6. 对以下行政行为提起行政诉讼,人民法院受理,**除了**

A. 拒绝颁发许可证

B. 拒绝履行保护财产权的职责

C. 发布有普遍约束力的决定

D. 侵犯个体医疗机构的经营自主权

E. 违法要求经营者履行义务

7.【答案】B
【解析】民事责任的承担方式有停止侵害、排除障碍、消除危险、返还财产、恢复原状、修理、重做、更换、赔偿损失、支付违约金、消除影响、恢复名誉、赔礼道歉,其中最主要的是赔偿损失。

7. 目前,我国卫生法多涉及的民事责任的主要承担方式是

A. 恢复原状

B. 赔偿损失

C. 停止侵害

D. 消除危险

E. 支付违约金

8.【答案】B

8. 我国现行卫生标准的部标准可适用于

A. 全国范围内各部门各地区

B. 全国卫生专业范围内

C. 局部地区卫生专业范围

D. 企业单位

E. 以上都不是

9.【答案】E
【解析】应注意与卫生法的基本原则相区别,卫生法的基本原则主要有五个方面:卫生保护原则、预防为主原则、公平原则、保护社会健康原则、患者自主原则。

9. 下列各项,**不属于**卫生法制定基本原则的是

A. 公平原则

B. 遵循宪法原则

C. 依照法定权限和程序的原则

D. 坚持民主立法的原则

E. 从实际出发的原则

10.【答案】D
【解析】狭义,由全国人民代表大会及其常务委员会制定、颁发的卫生法律,其包括卫生基本法律和基本法以外的卫生法律。广义,除了狭义外,还包括其他国家机关依照法定程序制定、颁布的卫生法规和卫生规章等,也包括宪法和其他部门法中有关卫生内容的规定。

10. 卫生法律是由

A. 国务院制定

B. 国家卫生健康委员会制定

C. 国家卫生健康委员会提出草案,经国务院批准

D. 全国人大常委会制定

E. 地方政府制定,经国务院批准

第二节 医疗机构管理法律制度

【A1型题】

1. ( )依据当地《医疗机构设置规划》及《医疗机构管理条例》细则审查和批准医疗机构的设置
   A. 省、自治区、直辖市人民政府卫生行政部门
   B. 市级人民政府卫生行政部门
   C. 县级人民政府卫生行政部门
   D. 乡镇人民政府卫生行政部门
   E. 村级人民政府卫生行政部门

1.【答案】C

2. 申请设置医疗机构**除外**下列哪种情形,不予批准
   A. 不符合当地《医疗机构设置规划》
   B. 设置人不符合规定的条件
   C. 不能提供满足投资总额的资信证明
   D. 投资总额不能满足各项预算开支
   E. 医疗机构选址合理

2.【答案】E

3. 《设置医疗机构批准书》的有效期,由( )规定
   A. 省、自治区、直辖市人民政府卫生行政部门
   B. 市级人民政府卫生行政部门
   C. 县级人民政府卫生行政部门
   D. 乡镇人民政府卫生行政部门
   E. 村级人民政府卫生行政部门

3.【答案】A

4. 床位在一百张以上的综合医院、中医医院、中西医结合医院、民族医医院以及专科医院、疗养院、康复医院、妇幼保健院、急救中心、临床检验中心和专科疾病防治机构的校验期为
   A. 1年　　　　　B. 3年　　　　　C. 5年
   D. 7年　　　　　E. 9年

4.【答案】B

5. 医疗机构门诊病历的保存期不得少于
   A. 5年　　　　　B. 10年　　　　　C. 15年
   D. 20年　　　　　E. 25年

5.【答案】C

6. 医疗机构住院病历的保存期不得少于
   A. 15年　　　　　B. 20年　　　　　C. 25年
   D. 30年　　　　　E. 35年

6.【答案】D

7.【答案】B

1.【答案】D

【解析】医师在执业活动中履行下列义务：①遵守法律、法规，遵守技术操作规范；②树立敬业精神，遵守职业道德，履行医师职责，尽职尽责为患者服务；③关心、爱护、尊重患者，保护患者的隐私；④努力钻研业务，更新知识，提高专业技术水平；⑤宣传卫生保健知识，对患者进行健康教育。所有选项中只有选项D是医师履行的义务之一，注意B和C选项从事医学研究和接受继续教育属于医师的权利。

2.【答案】A

【解析】具有下列条件之一的，可以参加执业医师资格考试：①具有高等学校医学专业本科以上学历，在执业医师指导下，在医疗、预防、保健机构中试用期满一年的；②取得执业助理医师执业证书后，具有高等学校医学专科学历，在医疗、预防、保健机构中工作满两年的；具有中等专业学校医学专业学历，在医疗、预防、保健机构中工作满五年的。故本题选A。

3.【答案】E

【解析】中止医师执业活动两年以上的，当其中止的情形消失后，需要恢复执业活动的，应当经所在地的县级以上卫生行政部门委托的机构或者组织考核合格，并依法申请办理重新注册。故本题选E。

4.【答案】C

【解析】根据《中华人民共和国执业医师法》第四章第三十一条 受县级以上人民政府卫生行政部门委托的机构或者组织应当按照医师执业标准，对医师的业务水平、工作成绩和职业道德状况进行定期考核。对医师的考核结果，考核机构应当报告准予注册的卫生行政部门备案。所有选项中，只有选项C符合，故本题选C。

7. 医疗机构有下列情形之一的，登记机关可以责令其限期改正
   A. 发生重大医疗事故
   B. 连续发生医疗事故，不采取有效防范措施
   C. 连续发生原因不明的同类患者死亡事件，同时存在管理不善因素
   D. 管理混乱，有严重事故隐患，可能直接影响医疗安全
   E. 省、自治区、直辖市卫生行政部门规定的其他情形

第三节　执业医师法律制度

【A1 型题】

1.《中华人民共和国执业医师法》规定，医师在执业活动中应履行的义务之一是
   A. 在注册的执业范围内，选择合理的医疗、预防、保健方案
   B. 从事医学研究、学术交流，参加专业学术团体
   C. 参加专业培训，接受继续医学教育
   D. 努力钻研业务，更新知识，提高专业水平
   E. 获得工资报酬和津贴，享受国家规定的福利待遇

2.《中华人民共和国执业医师法》规定，在医疗、预防、保健机构中试用期满一年，具有以下学历者可以参加执业医师资格考试
   A. 高等学校医学专业本科以上学历
   B. 高等学校医学专业专科学历
   C. 取得助理执业医师执业证书后，具有高等学校医学专科学历
   D. 中等专业学校医学专业学历
   E. 取得助理执业医师执业证书后，具有中等专业学校医学专业学历

3. 医师中止执业活动两年以上，当其中止的情形消失后，需要恢复执业活动的，应当经所在地的县级以上卫生行政部门委托的机构或者组织考核合格，并依法申请办理
   A. 准予注册手续
   B. 中止注册手续
   C. 注销注册手续
   D. 变更注册手续
   E. 重新注册手续

4. 对医师的业务水平、工作成绩和职业道德状况，依法享有定期考核权的单位是

A. 县级以上人民政府

B. 县级以上人民政府卫生行政部门

C. 受县级以上人民政府卫生行政部门委托的机构或者组织

D. 医师所在地的医学会或者医师协会

E. 医师所在的医疗、预防、保健机构

5. 《中华人民共和国执业医师法》规定对考核不合格的医师,卫生行政部门可以责令其暂停执业活动,并接受培训和继续医学教育。暂停期限是3个月至

A. 5个月

B. 6个月

C. 7个月

D. 8个月

E. 9个月

6. 某县医院妇产科医师计划开展结扎手术业务,按照规定参加了相关培训,培训结束后,有关单位负责对其进行了考核并颁发给相应的合格证书,该有关单位是指

A. 地方医师协会

B. 所在医疗保健机构

C. 国家卫生健康委员会

D. 地方医学会

E. 地方卫生行政部门

7. 医师在执业活动中**不属于**应当履行的义务是

A. 宣传普及卫生保健知识

B. 尊重患者隐私权

C. 人格尊严、人身安全不受侵犯

D. 努力钻研业务,及时更新知识

E. 爱岗敬业,努力工作

8. 医师在执业活动中,违反《中华人民共和国执业医师法》规定,有下列行为之一的,由县级以上人民政府卫生行政部门给予警告或者责令暂停六个月以上一年以下执业活动;情节严重的,吊销其医师执业证书

A. 未经批准开办医疗机构行医的

B. 未经患者或家属同意,对患者进行实验性临床医疗的

C. 在医疗、预防、保健工作中造成事故的

D. 不参加培训和继续教育的

E. 干扰医疗机构正常工作的

5.【答案】B

【解析】对考核不合格的医师,县级以上人民政府卫生行政部门可以责令其暂停执业活动3~6个月,并接受培训和继续医学教育。暂停执业活动期满,再次进行考核,对考核合格的,允许其继续执业;对考核不合格的,由县级以上人民政府卫生行政部门注销注册,收回医师执业证书。本题选B。

6.【答案】E

【解析】从事婚前医学检查、实行结扎手术和妊娠手术的人员以及从事家庭接生的人员,必须经过县级以上地方人民政府卫生行政部门的考核,并取得相应的合格证书。

7.【答案】C

【解析】根据《中华人民共和国执业医师法》第三章第二十二条 医师在执业活动中履行下列义务:

(一)遵守法律、法规,遵守技术操作规范;

(二)树立敬业精神,遵守职业道德,履行医师职责,尽职尽责为患者服务;

(三)关心、爱护、尊重患者,保护患者的隐私;

(四)努力钻研业务,更新知识,提高专业技术水平;

(五)宣传卫生保健知识,对患者进行健康教育。

选项C人格尊严、人身安全不受侵犯属于医师享有的权利,选项A、B、D、E皆是医师的义务。

8.【答案】B

【解析】《中华人民共和国执业医师法》第三十七条 医师在执业活动中,违反本法规定,有下列行为之一的,由县级以上人民政府卫生行政部门给予警告或者责令暂停六个月以上一年以下执业活动;情节严重的,吊销其执业证书;构成犯罪的,依法追究刑事责任:

(一)违反卫生行政规章制度或者技术操作规范,造成严重后果的;

(二)由于不负责任延误急危患者的抢救和诊治,造成严重后果的;

(三)造成医疗责任事故的;

(四)未经亲自诊查、调查,签署诊断、治疗、流行病学等证明文件或者有关出生、死亡等证明文件的;

(五)隐匿、伪造或者擅自销毁医学文书及有关资料的;

(六)使用未经批准使用的药品、消毒药剂和医疗器械的;

(七)不按照规定使用麻醉药品、医疗用毒性药品、精神药品和放射性药品的;

(八)未经患者或者其家属同意,对患者进行实验性临床医疗的;

(九)泄露患者隐私,造成严重后果的;

(十)利用职务之便,索取、非法收受患者财物或者牟取其他不正当利益的;

(十一)发生自然灾害、传染病流行、突发重大伤亡事故以及其他严重威胁人民生命健康的紧急情况时,不服从卫生行政部门调遣的;

(十二)发生医疗事故或者发现传染病疫情,患者涉嫌伤害事件或者非正常死亡,不按照规定报告的。

本题所有选项只有选项B符合第(八)款,故本题选B。

9.【答案】A

【解析】医师在执业活动中享有下列权利:医师在执业活动中享有注册的执业范围内,进行医学诊查、疾病调查、医学处置、出具相应的医学证明文件,选择合理的医疗、预防、保健方案的权利。所有选项中只有获得报酬不包括在内,故本题选A。

10.【答案】B

【解析】根据《中华人民共和国执业医师法》第二十六条 医师应当如实向患者或者其家属介绍病情,但应注意避免对患者产生不利后果。医师进行实验性临床医疗,应当经医院批准并征得患者本人或者其家属同意。这属于医务人员应当切实履行的一些告知义务,故本题选B。

11.【答案】B

【解析】根据《中华人民共和国执业医师法》第二十四条 对急危患者,医师应当采取紧急措施进行诊治;不得拒绝急救处置。故本题选B。

12.【答案】C

【解析】根据《中华人民共和国执业医师法》第二十三条 医师实施医疗、预防、保健措施,签署有关医学证明文件,必须亲自诊查调查,并按照规定及时填写医学文书,不得隐匿、伪造或者销毁医学文书及有关资料。医师不得出具与自己执业范围无关或者与执业类别不相符的医学证明文件。而拒绝以其他医院的检验结果为依据出具诊断证明书是正确的行为,不属于违法违规。故本题选C。其他选项皆属于违法违规。

13.【答案】B

【解析】根据《中华人民共和国执业医师法》第三十九条 未经批准擅自开办医疗机构行医或者非医师行医的,由县级以上人民政府卫生行政部门予以取缔,没收其违法所得及其药品、器械,并处十万元以下的罚款;对医师吊销其执业证书;给患者造成损害的,依法承担赔偿责任;构成犯罪的,依法追究刑事责任。所有选项中只有责令赔偿患者损失不包括在内,故本题选B。

14.【答案】E

【解析】医师包括执业医师和执业助理医师,指依法取得执业医师资格或者执业助理医师资格,经注册在医疗、预防、保健机构中执业的专业医务人员。选项E较为完整地定义了执业医师的概念,而其他答案均有所欠缺。故本题选E。

---

9. 医师医疗权的权利**不包括**
   A. 获得报酬 B. 医学处置
   C. 出具证明文件 D. 选择医疗方案
   E. 医学检查

10. 在医疗活动中,医务人员应当如实向患者告知病情、医疗措施、医疗风险,这是
    A. 医务人员的权利
    B. 医务人员的义务
    C. 医务人员的职业道德
    D. 患者的权利
    E. 患者的义务

11. 对急危患者,医师应该采取的救治措施是
    A. 积极措施
    B. 紧急措施
    C. 适当措施
    D. 最佳措施
    E. 一切可能的措施

12. 医师的下列行为**不属于**违法违规的是
    A. 违反技术操作规范
    B. 延误救治
    C. 拒绝以其他医院的检验结果为依据出具诊断证明书
    D. 未经患者同意实施实验性临床医疗
    E. 泄露患者隐私

13. 未经有关部门批准,医师擅自开办诊所,卫生行政部门可采取的措施**不包括**
    A. 没收违法所得
    B. 责令赔偿患者损失
    C. 没收药品、器械
    D. 吊销执业证书
    E. 取缔

14. 执业医师是指在医疗机构中的
    A. 从业人员
    B. 执业的医务人员
    C. 经注册的医务人员
    D. 取得医师资格的医务人员
    E. 取得医师资格并经注册的执业医务人员

15. 医师拒绝按照其他医院的检验结果开处方,应
    A. 不受处罚
    B. 受纪律处罚
    C. 受党纪处罚
    D. 受行政处罚
    E. 受司法处罚

16. 医师跨省调动工作,需申请办理变更执业注册手续时,应
    A. 向原注册管理部门申请
    B. 向拟执业地注册管理部门申请
    C. 向原或拟执业地任何一个注册管理部门申请
    D. 先向原注册管理部门申请,再向拟执业地注册管理部门申请
    E. 先向拟执业地注册管理部门申请,再向原注册地管理部门申请

17. 对于涂改、伪造病历资料的医务人员,卫生行政部门可给予的行政处罚**不包括**
    A. 行政处分
    B. 纪律处分
    C. 吊销执业证书
    D. 吊销资格证书
    E. 赔偿患者损失

【A2 型题】

1. 某医师,在去年8月至今年6月的执业活动中,为了从个体推销商手中得到好处,多次使用未经批准的药品和消毒药剂,累计获得回扣8 205元。根据《中华人民共和国执业医师法》的规定,应当依法给予该医师的行政处罚是
    A. 警告
    B. 责令暂停9个月执业活动
    C. 罚款1万元
    D. 吊销执业证书
    E. 没收非法所得

2. 中等卫校毕业生林某,在乡卫生院工作,2000年取得执业助理医师执业证书。他要参加执业医师资格考试,根据《中华人民共和国执业医师法》规定,应取得执业助理医师执业证书后,在医疗机构中工作满
    A. 六年   B. 五年   C. 四年
    D. 三年   E. 两年

15.【答案】A
【解析】未经医师亲自诊查、调查,签署诊断、治疗、流行病学等证明文件或者有关出生、死亡等证明文件的,将由县级以上人民政府卫生行政部门给予医师警告或者责令暂停六个月以上一年以下执业活动;情节严重的,吊销执业证书;构成犯罪的,依法追究刑事责任。所以说,某医师拒绝按照其他医院检验结果开处方的行为是正确的,不受处罚。故本题选A。

16.【答案】B
【解析】根据《中华人民共和国执业医师法》第二章第十七条 医师变更执业地点、执业类别、执业范围等注册事项的,应当到准予注册的卫生行政部门依照本法第十三条的规定办理变更注册手续。故应向拟执业地注册管理部门申请。

17.【答案】E
【解析】根据《中华人民共和国执业医师法》第五章第三十七条 隐匿、伪造或者擅自销毁医学文书及有关资料的医师将由县级以上人民政府卫生行政部门给予警告或者责令暂停六个月以上一年以下执业活动;情节严重的,吊销执业证书;构成犯罪的,依法追究刑事责任。所有选项中只有"赔偿患者损失"不包括在内,故本题选E。

1.【答案】D
【解析】《中华人民共和国执业医师法》第五章第三十七条 医师在执业活动中,违反本法规定,有下列行为之一的,由县级以上人民政府卫生行政部门给予警告或者责令暂停六个月以上一年以下执业活动;情节严重的,吊销其执业证书;构成犯罪的,依法追究刑事责任。本题该医师属于其中的第(十)款:利用职务之便,索取、非法收受患者财物或者牟取其他不正当利益的,应给予吊销执业证书。故本题选D。

2.【答案】B
【解析】根据《中华人民共和国执业医师法》第二章第九条 具有下列条件之一的,可以参加执业医师资格考试:
(一)具有高等学校医学专业本科以上学历,在执业医师指导下,在医疗、预防、保健机构中试用期满一年的;
(二)取得执业助理医师执业证书后,具有高等学校医学专科学历,在医疗、预防、保健机构中工作满两年的;具有中等专业学校医学专业学历,在医疗、预防、保健机构中工作满五年的。
本题林某属于第九条第(二)款的情况,故选B。

3.【答案】B

【解析】根据《中华人民共和国执业医师法》第十五条 有下列情形之一的,不予注册:

(一)不具有完全民事行为能力的;

(二)因受刑事处罚,自刑罚执行完毕之日起至申请注册之日止不满两年的;

(三)受吊销医师执业证书行政处罚,自处罚决定之日起至申请注册之日止不满两年的;

(四)有国务院卫生行政部门规定不宜从事医疗、预防、保健业务的其他情形的。

受理申请的卫生行政部门对不符合条件不予注册的,应当自收到申请之日起三十日内书面通知申请人,并说明理由。申请人有异议的,可以自收到通知之日起十五日内,依法申请复议或者向人民法院提起诉讼。本题黄某属于第十五条第(三)款的情况,故本题选B。

1.【答案】A

【解析】《医疗事故处理条例》第四条 根据对患者人身造成的损害程度,医疗事故分为四级。

2.【答案】B

【解析】《医疗事故处理条例》第八条 医疗机构应当按照国务院卫生行政部门规定的要求,书写并妥善保管病历资料。因抢救急危患者,未能及时书写病历的,有关医务人员应当在抢救结束后6小时内据实补记,并加以注明。

3.【答案】A

【解析】《医疗事故处理条例》第十六条 发生医疗事故争议时,死亡病例讨论记录、疑难病例讨论记录、上级医师查房记录、会诊意见、病程记录应当在医患双方在场的情况下封存和启封。封存的病历资料可以是复印件,由医疗机构保管。

4.【答案】C

【解析】《医疗事故处理条例》第二十二条 当事人对首次医疗事故技术鉴定结论不服的,可以自收到首次鉴定结论之日起15日内向医疗机构所在地卫生行政部门提出再次鉴定的申请。

5.【答案】B

【解析】《医疗事故处理条例》第三十七条 发生医疗事故争议,当事人申请卫生行政部门处理的,应当提出书面申请。申请书应当载明申请人的基本情况、有关事实、具体请求及理由等。当事人自知道或者应当知道其身体健康受到损害之日起1年内,可以向卫生行政部门提出医疗事故争议处理申请。

3. 黄某2010年10月因医疗事故受到吊销医师执业证书的行政处罚,2012年9月向当地卫生行政部门申请重新注册。卫生行政部门经过审查决定对黄某不予注册,理由是黄某的行政处罚自处罚决定之日起至申请注册之日止不满

A. 一年   B. 两年   C. 三年

D. 四年   E. 五年

第四节 医疗事故与损害法律制度

【A1型题】

1. 《医疗事故处理条例》将医疗事故分为四级,它们是根据

A. 对患者人身造成的损害程度

B. 医疗事故的责任

C. 患者病情严重程度

D. 医疗事故的定性

E. 患者患病的病种情况

2. 因抢救急危患者,未能及时书写病历的,有关医务人员应当在抢救结束后几小时内据实补记,并加以注明

A. 3小时   B. 6小时

C. 9小时   D. 12小时

E. 24小时

3. 发生医疗事故争议情况,封存和启封病历等资料时应

A. 有医患双方在场

B. 有第三方公证人在场

C. 有医疗事故鉴定委员会专家在场

D. 有卫生行政部门有关人员在场

E. 经请卫生行政部门批准后

4. 当事人对首次医疗事故技术鉴定不服的,可以自收到首次医疗事故技术鉴定结论之日起几日内向所在地卫生行政部门提出再次鉴定的申请

A. 5日   B. 10日   C. 15日

D. 20日   E. 25日

5. 当事人自知道或者应当知道其身体健康受到损害之日起(　　)年内,可以向卫生行政部门提出医疗事故争议处理申请

A. 0.5   B. 1   C. 1.5

D. 2   E. 2.5

6. 医疗事故赔偿的项目有
   A. 7项
   B. 8项
   C. 9项
   D. 10项
   E. 11项

7. 调整医疗活动中医患双方权利和义务,保障医患双方合法权益得以实现的具体卫生行政法规是
   A.《中华人民共和国食品卫生法》
   B.《医疗事故处理条例》
   C.《麻醉药品管理办法》
   D.《中华人民共和国传染病防治法》
   E.《中华人民共和国药品管理法》

8.《医疗事故处理条例》开始施行的日期为
   A. 2002年4月4日
   B. 2002年9月1日
   C. 2003年4月4日
   D. 2002年2月20日
   E. 2003年9月1日

9. 当事人对首次医疗事故技术鉴定结论有异议,申请再次鉴定的,卫生行政部门应当自收到之日起7日内,交由什么组织再次鉴定
   A. 地、市级地方医学会
   B. 省、自治区、直辖市地方医学会
   C. 中华医学会
   D. 人民法院
   E. 以上均不是

10. 医疗机构内死亡的,尸体应立即移放太平间。死者尸体存放时间一般不超过多长时间
    A. 1周
    B. 2周
    C. 3周
    D. 4周
    E. 5周

11. 下列选项中哪种情形不属于医疗事故
    A. 在紧急情况下为抢救垂危患者生命而采取紧急措施造成不良后果的
    B. 在医疗活动中由于患者病情异常或者患者体质特殊而发生医疗意外的
    C. 无过错输血感染造成不良后果的
    D. 经患者同意,对患者实行实验性诊疗发生不良后果
    E. 以上都不是医疗事故

6.【答案】E
【解析】《医疗事故处理条例》第五十条 医疗事故赔偿的项目包括11项,具体为:医疗费、误工费、住院伙食补助费、陪护费、残疾生活补助费、残疾用具费、丧葬费、被抚养人生活费、交通费、住宿费、精神损害抚慰金等,并较为明确地规定了上述赔偿项目的计算标准和计算办法。

7.【答案】B
【解析】《医疗事故处理条例》是国务院2002年4月4日颁布的条例。制定的目的是正确处理医疗事故,保护患者和医疗机构及其医务人员的合法权益,维护医疗秩序,保障医疗安全,促进医学科学的发展。

8.【答案】B
【解析】最新的条例于2002年2月20日国务院第55次常务会议通过,于2002年9月1日起公布施行,共计七章六十三条。

9.【答案】B
【解析】《医疗事故处理条例》第三十九条 当事人对首次医疗事故技术鉴定结论有异议,申请再次鉴定的,卫生行政部门应当自收到申请之日起7日内交由省、自治区、直辖市地方医学会组织再次鉴定。

10.【答案】B
【解析】《医疗事故处理条例》第十九条 患者在医疗机构内死亡的,尸体应当立即移放太平间。死者尸体存放时间一般不得超过2周。逾期不处理的尸体,经医疗机构所在地卫生行政部门批准,并报经同级公安部门备案后,由医疗机构按照规定进行处理。

11.【答案】E
【解析】《医疗事故处理条例》第三十三条 有下列情形之一的,不属于医疗事故:
(一)在紧急情况下为抢救垂危患者生命而采取紧急医学措施造成不良后果的;
(二)在医疗活动中由于患者病情异常或者患者体质特殊而发生医疗意外的;
(三)在现有医学科学技术条件下,发生无法预料或者不能防范的不良后果的;
(四)无过错输血感染造成不良后果的;
(五)因患方原因延误诊疗导致不良后果的;
(六)因不可抗力造成不良后果的。

12.【答案】D
【解析】《医疗事故处理条例》第十八条 患者死亡,医患双方当事人不能确定死因或者对死因有异议的,应当在患者死亡后48小时内进行尸检;具备尸体冻存条件的,可以延长至7日。尸检应当经死者近亲属同意并签字。

13.【答案】E
【解析】《医疗事故处理条例》第十四条 发生医疗事故的,医疗机构应当按照规定向所在地卫生行政部门报告。发生下列重大医疗过失行为的,医疗机构应当在12小时内向所在地卫生行政部门报告:
（一）导致患者死亡或者可能为二级以上的医疗事故;
（二）导致3人以上人身损害后果;
（三）国务院卫生行政部门和省、自治区、直辖市人民政府卫生行政部门规定的其他情形。

14.【答案】A
【解析】《医疗事故处理条例》第五十条 以死者生前或者残疾者丧失劳动能力前实际抚养且没有劳动能力的人为限,按照其户籍所在地或者居所地居民最低生活保障标准计算。对不满16周岁的,抚养到16周岁;对年满16周岁但无劳动能力的,抚养20年;但是,60周岁以上的,不超过15年;70周岁以上的,不超过5年。

15.【答案】B
【解析】《医疗事故处理条例》第四十八条 已确定为医疗事故的,卫生行政部门应医疗事故争议双方当事人请求,进行医疗事故赔偿调解。调解时,应当遵循当事人双方自愿原则,并应当依据本条例的规定计算赔偿数额。经调解,双方当事人就赔偿数额达成协议的,制作调解书,双方当事人应当履行;调解不成或者经调解达成协议后一方反悔的,卫生行政部门不再调解。

16.【答案】A
【解析】《医疗事故处理条例》第五十一条 参加医疗事故处理的患者近亲属所需交通费、误工费、住宿费,参照本条例第五十条的有关规定计算,计算费用的人数不超过2人。医疗事故造成患者死亡的,参加丧葬活动的患者的配偶和直系亲属所需交通费、误工费、住宿费,参照本条例第五十条的有关规定计算,计算费用的人数不超过2人。

17.【答案】C
【解析】《医疗事故处理条例》第二条 本条例所称医疗事故,是指医疗机构及其医务人员在医疗活动中,违反医疗卫生管理法律、行政法规、部门规章和诊疗护理规范、常规,过失造成患者人身损害的事故。

12. 医疗纠纷需进行尸检,尸检时间应在死后
A. 12 小时内
B. 24 小时内
C. 36 小时内
D. 48 小时内
E. 72 小时内

13. 发生重大医疗过失行为,医疗机构应当在规定的时限向当地卫生行政部门报告,重大医疗过失行为是指下列哪种情形
A. 造成患者一般功能障碍
B. 造成患者轻度残疾
C. 造成患者组织损伤导致一般功能障碍
D. 造成患者明显人身损害的其他后果
E. 导致 3 人以上人身损害后果

14. 事故赔偿被抚养人的生活费时,正确的是
A. 不满 16 周岁的,抚养到 16 岁
B. 不满 16 周岁的,抚养到 18 岁
C. 年满 16 周岁但无劳动能力的,抚养 30 年
D. 60 周岁以上的,不超过 20 年
E. 70 周岁以上的,不超过 10 年

15. 进行医疗事故赔偿调解的依据是
A. 卫生行政部门作出的医疗事故技术鉴定结论报告
B. 卫生行政部门审核的、依照条例规定作出的医疗事故鉴定技术结论
C. 双方当事人自行协商解决的医疗事故技术鉴定报告结论
D. 双方当事人有争议的医疗事故鉴定结论
E. 卫生行政部门作出的鉴定结论

16. 《医疗事故处理条例》规定,医院对参加事故处理的患者近亲属交通费、误工费和住宿费的损失赔偿人数**不超过**
A. 2 人
B. 3 人
C. 4 人
D. 5 人
E. 6 人

17. 医疗事故的要件之一是
A. 直接故意
B. 间接故意
C. 过失
D. 意外事件
E. 以上均不对

18. 重大医疗过失行为,例如导致 3 人以上人身损害后果,医疗卫生机构应当在几小时内向所在地卫生行政部门报告
    A. 6 小时内　　　　B. 8 小时内　　　　C. 12 小时内
    D. 24 小时内　　　E. 48 小时内

18.【答案】C
　　【解析】《医疗事故处理条例》第十四条　发生重大医疗过失行为的,医疗机构应当在 12 小时内向所在地卫生行政部门报告。

19. 医疗事故的责任主体是依法取得
    A. 大学毕业证书的医学院校毕业生
    B. 医学教育资格的机构
    C. 医疗机构执业许可证的机构
    D. 考试合格资格的考生
    E. 医学临床研究资格的机构

19.【答案】C
　　【解析】《医疗事故处理条例》第六十条　本条例所称医疗机构,是指依照《医疗机构管理条例》的规定取得《医疗机构执业许可证》的机构。

20. 对事故所作首次鉴定结论不服的,当事人申请再次鉴定的时限应是
    A. 收到首次鉴定结论之日起 20 日后
    B. 收到首次鉴定结论之日起 15 日内
    C. 收到首次鉴定结论之日起 30 日后
    D. 收到首次鉴定结论之日起 10 日内
    E. 收到首次鉴定结论之日起 15 日后

20.【答案】B
　　【解析】《医疗事故处理条例》第二十二条　当事人对首次医疗事故技术鉴定结论不服的,可以自收到首次鉴定结论之日起 15 日内向医疗机构所在地卫生行政部门提出再次鉴定的申请。

第五节　母婴保健法律制度

【A1 型题】

1. 母婴保健技术服务**不包括**
    A. 有关母婴保健的科普宣传、教育和咨询
    B. 婚前医学检查
    C. 产前诊断和遗传病诊断
    D. 助产技术
    E. 内、外科诊疗

1.【答案】E

2. 孕妇有下列情形之一的,医师**不必**对其进行产前诊断
    A. 羊水过多或者过少的
    B. 胎儿发育异常或者胎儿有可疑畸形的
    C. 孕早期接触过可能导致胎儿先天缺陷的物质的
    D. 有遗传病家族史或者曾经分娩过先天性严重缺陷婴儿的
    E. 初产妇年龄不满 35 岁

2.【答案】E

3. 严禁采用技术手段对胎儿进行性别鉴定,对怀疑胎儿可能为伴性遗传病,需要进行性别鉴定的,由（　　）指定的医疗、保健机构按照国务院卫生行政部门的规定进行鉴定
    A. 省、自治区、直辖市人民政府卫生行政部门

3.【答案】A

B. 市级人民政府卫生行政部门
C. 县级人民政府卫生行政部门
D. 乡镇人民政府卫生行政部门
E. 村级人民政府卫生行政部门

4.【答案】C

4. 没有条件住院分娩的,应当由经(　　)许可并取得家庭接生员技术证书的人员接生
A. 省、自治区、直辖市人民政府卫生行政部门
B. 市级人民政府卫生行政部门
C. 县级人民政府卫生行政部门
D. 乡镇人民政府卫生行政部门
E. 村级人民政府卫生行政部门

5.【答案】A

5. 国家推行(　　)喂养
A. 母乳　　　　　　　　B. 混合
C. 母乳代用品　　　　　D. 配方奶
E. 纯牛奶

6.【答案】C

6. 当事人对婚前医学检查、遗传病诊断、产前诊断结果有异议,需要进一步确诊的,可以自接到检查或者诊断结果之日起(　　)向所在地县级或者设区的市级母婴保健医学技术鉴定委员会提出书面鉴定申请
A. 7 日内　　　　B. 10 日内　　　　C. 15 日内
D. 20 日内　　　　E. 25 日内

7.【答案】D

7. 母婴保健医学技术鉴定委员会应当自接到鉴定申请之日起(　　)作出医学技术鉴定意见,并及时通知当事人
A. 15 日内　　　　B. 20 日内　　　　C. 25 日内
D. 30 日内　　　　E. 35 日内

8.【答案】C

8. 当事人对母婴保健医学技术鉴定意见有异议的,可以自接到鉴定意见通知书之日起(　　)向上一级母婴保健医学技术鉴定委员会申请再鉴定
A. 7 日内　　　　B. 10 日内　　　　C. 15 日内
D. 20 日内　　　　E. 25 日内

9.【答案】B

9. 母婴保健医学技术鉴定委员会进行医学鉴定时须有(　　)以上相关专业医学技术鉴定委员会成员参加
A. 3 名　　　　B. 5 名　　　　C. 7 名
D. 9 名　　　　E. 11 名

第六节 传染病防治法律制度

【A1 型题】

1. 《中华人民共和国传染病防治法》规定的乙类传染病有
   A. 鼠疫　　　　　B. 流行性感冒　　　　C. 艾滋病
   D. 风疹　　　　　E. 霍乱

2. 《中华人民共和国传染病防治法》规定,国家对传染病实行的方针与管理办法是
   A. 预防为主,防治结合,统一管理
   B. 预防为主,防治结合,分类管理
   C. 预防为主,防治结合,划区管理
   D. 预防为主,防治结合,分片管理
   E. 预防为主,防治结合,层级管理

3. 对从事传染病预防、医疗、科研的人员以及现场处理疫情的人员,为了保障其健康,他们所在单位应当根据国家规定采取
   A. 防治措施和强制治疗措施
   B. 防治措施和强制隔离措施
   C. 防治措施和医疗保健措施
   D. 防治措施和追踪调查措施
   E. 防治措施和紧急控制措施

4. 在自然疫源地和可能是自然疫源地的地区兴办的大型建设项目开工前,建设单位应当申请当地卫生防疫机构对施工环境进行
   A. 环保调查　　　　　B. 卫生调查
   C. 卫生资源调查　　　D. 环境资源调查
   E. 危害因素调查

5. 对传染病病人或疑似传染病病人污染的场所和物品,医疗保健机构应当及时采取
   A. 封闭场所并销毁物品
   B. 强制隔离治疗
   C. 必要的卫生处理
   D. 报告上级卫生行政机关处理
   E. 提请卫生防疫部门处理

6. 属于乙类传染病,但采取甲类传染病预防和控制措施的疾病是

---

1. 【答案】C
【解析】甲类传染病是指:鼠疫、霍乱。乙类传染病是指:传染性非典型肺炎、艾滋病、病毒性肝炎、脊髓灰质炎、人感染高致病性禽流感、麻疹、流行性出血热、狂犬病、流行性乙型脑炎、登革热、炭疽、细菌性和阿米巴性痢疾、肺结核、伤寒和副伤寒、流行性脑脊髓膜炎、百日咳、白喉、新生儿破伤风、猩红热、布鲁氏菌病、淋病、梅毒、钩端螺旋体病、血吸虫病、疟疾。丙类传染病是指:流行性感冒、流行性腮腺炎、风疹、急性出血性结膜炎、麻风病、流行性和地方性斑疹伤寒、黑热病、棘球蚴病、丝虫病,除霍乱、细菌性和阿米巴性痢疾、伤寒和副伤寒以外的感染性腹泻病。选项C属于乙类传染病,故本题选C。

2. 【答案】B
【解析】根据《中华人民共和国传染病防治法》第二条　国家对传染病防治实行预防为主的方针,防治结合、分类管理、依靠科学、依靠群众。故本题选B。

3. 【答案】C
【解析】根据《中华人民共和国传染病防治法》第六十四条　对从事传染病预防、医疗、科研、教学、现场处理疫情的人员,以及在生产、工作中接触传染病病原体的其他人员,有关单位应当按照国家规定,采取有效的卫生防护措施和医疗保健措施,并给予适当的津贴。故本题应选C。

4. 【答案】B
【解析】根据《中华人民共和国传染病防治法》第二十八条　在国家确认的自然疫源地计划兴建水利、交通、旅游、能源等大型建设项目的,应当事先由省级以上疾病预防控制机构对施工环境进行卫生调查。建设单位应当根据疾病预防控制机构的意见,采取必要的传染病预防、控制措施。故本题选B。

5. 【答案】C

6. 【答案】D
【解析】对乙类传染病中传染性非典型肺炎、炭疽中肺炭疽和人感染高致病性禽流感,采取《中华人民共和国传染病防治法》中甲类传染病的预防、控制措施。

7. 【答案】A

【解析】对可能导致甲类传染病传播的以及国务院卫生行政部门规定的菌种、毒种和传染病检测样本,确需采集、保藏、携带、运输和使用的,实行分类管理,建立健全严格的管理制度。须经省级以上人民政府卫生行政部门批准。

8. 【答案】C

【解析】根据《中华人民共和国传染病防治法》,甲类传染病是指:鼠疫、霍乱。乙类传染病是指:传染性非典型肺炎、艾滋病、病毒性肝炎、脊髓灰质炎、人感染高致病性禽流感、麻疹、流行性出血热、狂犬病、流行性乙型脑炎、登革热、炭疽、细菌性和阿米巴性痢疾、肺结核、伤寒和副伤寒、流行性脑脊髓膜炎、百日咳、白喉、新生儿破伤风、猩红热、布鲁氏菌病、淋病、梅毒、钩端螺旋体病、血吸虫病、疟疾。丙类传染病是指:流行性感冒、流行性腮腺炎、风疹、急性出血性结膜炎、麻风病、流行性和地方性斑疹伤寒、黑热病、棘球蚴病、丝虫病,除霍乱、细菌性和阿米巴性痢疾、伤寒和副伤寒以外的感染性腹泻病。故选项C属于乙类传染病,本题选C。

9. 【答案】C

【解析】医疗机构发现甲类传染病时,应当及时采取下列措施:①对病人、病原携带者,予以隔离治疗,隔离期限根据医学检查结果确定;②对疑似病人,确诊前在指定场所单独隔离治疗;③对医疗机构内的病人、病原携带者、疑似病人的密切接触者,在指定场所进行医学观察和采取其他必要的预防措施。故本题选C。

10. 【答案】E

【解析】根据《中华人民共和国传染病防治法》第四十二条 传染病暴发、流行时,县级以上地方人民政府应当立即组织力量,按照预防、控制预案进行防治,切断传染病的传播途径,必要时,报经上一级人民政府决定,可以采取下列紧急措施并予以公告:

(一)限制或者停止集市、影剧院演出或者其他人群聚集的活动;

(二)停工、停业、停课;

(三)封闭或者封存被传染病病原体污染的公共饮用水源、食品以及相关物品;

(四)控制或者扑杀染疫野生动物、家畜家禽;

(五)封闭可能造成传染病扩散的场所。

故本题选E。

11. 【答案】B

A. 新生儿破伤风

B. 梅毒

C. 百日咳

D. 传染性非典型性肺炎

E. 白喉

7. 国家对传染病菌种毒种的采集、保藏、携带、运输和使用实行的管理方式是

A. 分类管理 　　　　　　B. 行业管理

C. 专项管理 　　　　　　D. 集中管理

E. 分层管理

8. 下列属于《中华人民共和国传染病防治法》规定的乙类传染病的是

A. 鼠疫

B. 流行性感冒

C. 人感染高致病性禽流感

D. 黑热病

E. 霍乱

9. 医疗机构在发现甲类传染病时,对疑似病人在明确诊断前,应在指定场所进行

A. 访视

B. 留验

C. 单独隔离治疗

D. 医学观察

E. 就地诊验

10. 传染病暴发、流行时,县级以上地方人民政府应当

A. 宣布疫区

B. 限制或者停止集市、集会

C. 停业、停工、停课

D. 临时征用房屋、交通工具

E. 立即组织力量防治,切断传播途径

11. 发生传染病流行时,县级以上地方政府有权在本行政区域内

A. 调集各级各类医疗、防疫人员参加疫情控制工作

B. 停工、停业、停课

C. 封锁甲类或按甲类传染病管理的传染病疫区

D. 封锁跨省、自治区、直辖市的疫区

E. 宣布疫区

12. 为查找传染病原因,医疗机构依法对疑似传染病病人尸体进行解剖,应当
    A. 有病人死亡前签署的同意尸检的书面意见
    B. 征得死者家属同意并签字
    C. 征得死者家属同意
    D. 选择性告知死者家属
    E. 告知死者家属

13. 对于住院的甲型肝炎病人使用过的卫生洁具,医疗机构应当采取的措施是
    A. 销毁
    B. 彻底清洗
    C. 必要的卫生处理
    D. 请卫生行政机关处理
    E. 请防疫机构处理

14. 有权对拒绝隔离治疗的霍乱病人采取强制措施的机构是
    A. 医疗机构
    B. 防疫机构
    C. 公安机关
    D. 卫生行政部门
    E. 政府综合执法机构

15. 《中华人民共和国传染病防治法》规定,有关单位应当根据国家规定,对以下人员采取有效的防护措施和医疗保健措施
    A. 从事传染病预防的人员以及在生产、工作中接触传染病病原体的其他人员
    B. 从事传染病预防、医疗的人员
    C. 从事传染病预防、医疗、科研的人员
    D. 医疗、教学的人员,以及在生产、工作中接触传染病病原体的其他人员
    E. 从事传染病预防、医疗、科研、教学的人员,以及在生产、工作中接触传染病病原的其他人员

16. 除《中华人民共和国传染病防治法》规定以外的其他传染病,根据其暴发、流行情况和危害程度,需要列入乙类、丙类传染病的,由哪个部门决定并予以公布
    A. 国务院公安部门
    B. 国务院卫生行政部门
    C. 国务院畜牧兽医部门
    D. 国务院办公厅
    E. 国务院司法部门

12.【答案】E
【解析】根据《中华人民共和国传染病防治法》第四十六条 患甲类传染病、炭疽死亡的,应当将尸体立即进行卫生处理,就近火化。患其他传染病死亡的,必要时,应当将尸体进行卫生处理后火化或者按照规定深埋。为了查找传染病病因,医疗机构在必要时可以按照国务院卫生行政部门的规定,对传染病人尸体或者疑似传染病病人尸体进行解剖查验,并应当告知死者家属。故本题选E。

13.【答案】C
【解析】根据《中华人民共和国传染病防治法》第二十七条 对被传染病病原体污染的污水、污物、场所和物品,有关单位和个人必须在疾病预防控制机构的指导下或者按照其提出的卫生要求,进行严格消毒处理;拒绝消毒处理的,由当地卫生行政部门或者疾病预防控制机构进行强制消毒处理。故本题选C。

14.【答案】C
【解析】医疗机构发现甲类传染病时,应当及时采取下列措施:①对病人、病原携带者,予以隔离治疗,隔离期限根据医学检查结果确定;②对疑似病人,确诊前在指定场所单独隔离治疗;③对医疗机构内的病人、病原携带者、疑似病人的密切接触者,在指定场所进行医学观察和采取其他必要的预防措施。拒绝隔离治疗或者隔离期未满擅自脱离隔离治疗的,可以由公安机关协助医疗机构采取强制隔离治疗措施。故本题选C。

15.【答案】E
【解析】《中华人民共和国传染病防治法》第六十四条 对从事传染病预防、医疗、科研、教学、现场处理疫情的人员,以及在生产、工作中接触传染病病原体的其他人员,有关单位应当按照国家规定,采取有效的卫生防护措施和医疗保健措施,并给予适当的津贴。

16.【答案】B
【解析】《中华人民共和国传染病防治法》第三条 国务院卫生行政部门根据传染病暴发、流行情况和危害程度,可以决定增加、减少或者调整乙类、丙类传染病病种并予以公布。

17.【答案】A

【解析】《中华人民共和国传染病防治法》第五十六条 卫生行政部门工作人员依法执行职务时,应当不少于两人,并出示执法证件,填写卫生执法文书。卫生执法文书经核对无误后,应当由卫生执法人员和当事人签名。当事人拒绝签名的,卫生执法人员应当注明情况。

1.【答案】E

【解析】责任疫情报告人发现甲类传染病和乙类传染病中人感染高致病性禽流感、非典型病原体肺炎、肺炭疽的病人、病原携带者和疑似传染病病人时,应于2小时内向发病地的卫生防疫机构报告。发现乙类和丙类传染病应在12小时内向当地防疫机构报告。故选E。

2.【答案】D

【解析】疑似甲类或乙类中的某些传染病病人在明确诊断前,应就地进行医学观察。根据题干,防疫人员现怀疑杨某患有"人禽流感",故应就地(丁县)进行医学观察,故选D。

1.【答案】B

【解析】根据《中华人民共和国药品管理法》第七十六条 医疗机构配制的制剂,应当是本单位临床需要而市场上没有供应的品种,并应当经所在地省、自治区、直辖市人民政府药品监督管理部门批准;但是,法律对配制中药制剂另有规定的除外。医疗机构配制的制剂应当按照规定进行质量检验;合格的,凭医师处方在本单位使用。经国务院药品监督管理部门或者省、自治区、直辖市人民政府药品监督管理部门批准,医疗机构配制的制剂可以在指定的医疗机构之间调剂使用。医疗机构配制的制剂不得在市场销售。选项B符合题目要求,本题选B。

2.【答案】E

【解析】《中华人民共和国药品管理法》第六十九条 医疗机构应当配备依法经过资格认定的药师或者其他药学技术人员。非药学技术人员不得直接从事药剂技术工作。故本题选E。

17. 卫生行政部门工作人员依法执行职务时,应当不少于
   A. 两人   B. 3 人   C. 4 人
   D. 5 人   E. 6 人

【A2 型题】

1. 患儿刘某,因发热 3 日到县医院就诊,门诊接诊医生张某检查后发现刘某的颊黏膜上有科氏斑,拟诊断为麻疹。张某遂嘱患儿刘某的家长带刘某去市传染病医院就诊。按照《中华人民共和国传染病防治法》的规定,张某应当
   A. 请上级医生会诊,确诊后再转诊
   B. 请上级医生会诊,确诊后隔离治疗
   C. 向医院领导报告,确诊后由防疫部门进行转送隔离
   D. 向医院领导报告,确诊后对刘某就地进行隔离
   E. 在规定时间内,向当地防疫机构报告

2. 甲县某养鸡场发生高致病性禽流感疫情。其相邻养鸡场场主杨某因舍不得灭杀种鸡,便趁夜晚驾车将数十只种鸡运往位于乙县的表哥家藏匿,但在途经乙县、丙县和丁县交界处时,被丁县动物防疫部门截获。遂将车上的种鸡在丁县全部灭杀以及无害化处理。在与杨某的交涉中,丁县动物防疫人员发现杨某体温高、不断咳嗽,随后便通知了上述各县疾病预防控制部门。对于杨某进行医学观察的场所应选择在
   A. 甲县   B. 乙县   C. 丙县
   D. 丁县   E. 上级市

第七节 药品及处方管理法律制度

【A1 型题】

1. 医疗机构配制制剂,应是本单位临床需要而市场上没有供应的品种,并须经所在地哪个部门批准后方可配制
   A. 省级卫生行政部门
   B. 省级药品监督管理部门
   C. 县级卫生行政部门
   D. 地市级药品监督管理部门
   E. 省级工商行政管理部门

2. 医疗机构从事药剂技术工作必须配备
   A. 保证制剂质量的设施
   B. 管理制度
   C. 检验仪器

D. 相应的卫生条件

E. 依法经过资格认定的药师或者其他药学技术人员

3. 医疗机构在药品购销中暗中收受回扣或者其他利益,依法对其给予罚款处罚的机关是

A. 卫生健康主管部门

B. 药品监督管理部门

C. 工商行政管理部门

D. 市场监督管理部门

E. 中医药管理部门

4. 下列**不属于**药品的是

A. 抗生素　　　　　B. 血液　　　　　C. 疫苗

D. 血液制品　　　　E. 血清

5. 医疗机构必须配备药学技术人员,配备的这类人员应是依法经过

A. 学历认定　　　　B. 资历认定　　　　C. 资格认定

D. 资质认定　　　　E. 执业认定

6. 执业医师处方权的取得方式是

A. 被医疗机构聘用后取得

B. 在注册的执业地点取得

C. 在上级医院进修后取得

D. 医师资格考试合格后取得

E. 参加卫生行政部门培训后取得

7. 医疗机构药剂人员调配处方时的**错误**行为是

A. 处方须经过核对,对所有药品不得擅自更改

B. 处方所列药品缺货时用同类药品代用

C. 对有配伍禁忌的处方,应当拒绝调配

D. 对有超剂量的处方,应当拒绝调配

E. 必要时,经处方医师更正或者重新签字,方可调整

8. 每次开处方,每张处方所包含的药品种类上限为

A. 5种　　　　　B. 3种　　　　　C. 6种

D. 4种　　　　　E. 7种

9. 可授予特殊使用级抗菌的药物处方权的医务人员是

A. 主治医师　　　　　　B. 住院医师

C. 乡村医生　　　　　　D. 副主任医师

E. 实习医生

3.【答案】D

【解析】根据《中华人民共和国药品管理法》第一百四十一条　药品上市许可持有人、药品生产企业、药品经营企业或者医疗机构在药品购销中给予、收受回扣或者其他不正当利益的,药品上市许可持有人、药品生产企业、药品经营企业或者代理人给予使用其药品的医疗机构的负责人、药品采购人员、医师、药师等有关人员财物或者其他不正当利益的,由市场监督管理部门没收违法所得,并处三十万元以上三百万元以下的罚款;情节严重的,吊销药品上市许可持有人、药品生产企业、药品经营企业营业执照,并由药品监督管理部门吊销药品批准证明文件、药品生产许可证、药品经营许可证。故本题选D。

4.【答案】B

【解析】药品是指用于预防、治疗、诊断人的疾病,有目的地调节人的生理功能并规定有适应证或功能主治、用法和用量的物质,包括中药材、中药饮片、中成药、化学原料药及其制剂、抗生素、生化药品、放射性药品、血清、疫苗、血液制品和诊断药品等。血液不属于药品。故选B。

5.【答案】C

【解析】详见【A1型题】第2题。故选C。

6.【答案】B

【解析】经注册的执业医师在执业地点取得相应的处方权。进修医师由接收进修的医疗机构对其胜任本专业工作的实际情况进行认定后授予相应的处方权。本题选B。

7.【答案】B

【解析】医疗机构的药剂人员调配处方,必须经过核对,对处方所列药品不得擅自更改或代用。对有配伍禁忌或者超剂量的处方,应当拒绝调配;必要时,经处方医师更正或者重新签字,方可调配。根据上述,A、C、D、E的行为都是正确行为,故选B。

8.【答案】A

【解析】门诊处方一般上限:当日有效,3天效期,5种药物,7日用量,慢性注明延长用量。故本题选A。

9.【答案】D

【解析】具有高级专业技术职任资格的医师,可授予特殊使用级抗菌药物处方权。故本题选D。

10.【答案】D

【解析】《处方管理办法》第十七条 医师开具处方应当使用经药品监督管理部门批准并公布的药品通用名称、新活性化合物的专利药品名称和复方制剂药品名称。医师开具院内制剂处方时应当使用经省级卫生行政部门审核、药品监督管理部门批准的名称。医师可以使用由国家卫生健康委员会公布的药品习惯名称开具处方。

11.【答案】B

【解析】《处方管理办法》第十八条 处方开具当日有效。特殊情况下需延长有效期的,由开具处方的医师注明有效期限,但有效期最长不得超过3天。

12.【答案】B

【解析】《中华人民共和国药品管理法》第八十一条 对已确认发生严重不良反应的药品,由国务院药品监督管理部门或者省、自治区、直辖市人民政府药品监督管理部门根据实际情况采取停止生产、销售、使用等紧急控制措施,并应当在五日内组织鉴定,自鉴定结论作出之日起十五日内依法作出行政处理决定。

13.【答案】A

【解析】《中华人民共和国药品管理法》第一百四十四条 药品上市许可持有人、药品的生产企业、药品经营企业或者医疗机构违反本法规定,给用药者造成损害的,依法承担赔偿责任。

1.【答案】B

【解析】当药品生产企业、药品经营企业、医疗机构发现可能与用药有关的严重不良反应时,在24小时内应向当地省、自治区、直辖市药品监督管理部门和卫生行政部门报告。

2.【答案】B

【解析】假药:药品所含成分与国家药品标准规定的成分不符;以非药品冒充药品或者以他种药品冒充此种药品。按假药论处:国务院药品监督管理部门规定禁止使用的;依照本法必须批准而未经批准生产、进口,或者依照本法必须检验而未经检验即销售的;变质的;被污染的;使用依照本法必须取得批准文号而未取得批准文号的原料药生产的;所标明的适应证或者功能主治超出规定范围的。

10. 医师开具处方**不能**使用
    A. 药品通用名称
    B. 复方制剂药品名称
    C. 新活性化合物的专利药品名称
    D. 药品的商品名或曾用名
    E. 国家卫生健康委员会公布的药品习惯名称

11. 处方开具当日有效。特殊情况下需延长有效期的,由开具处方的医师注明有效期限,但有效期最长**不得**超过
    A. 2 天　　　　B. 3 天　　　　C. 4 天
    D. 5 天　　　　E. 6 天

12. 对已确认发生严重不良反应的药品,可以采取停止生产、销售、使用的紧急控制措施的是
    A. 地方人民政府和药品监督管理部门
    B. 国务院或者省级人民政府的药品监督管理部门
    C. 药品监督管理部门及其设置的药品检验机构
    D. 药品监督管理部门及其设置的药品检验机构的工作人员
    E. 药品生产、经营企业和医疗机构的药品检验机构或者人员

13. 药品的生产企业、经营企业、医疗机构违反《中华人民共和国药品管理法》规定,给药品使用者造成损害的
    A. 依法承担赔偿责任
    B. 依法给予行政处分
    C. 依法给予行政处罚
    D. 依法追究刑事责任
    E. 不予行政处罚

【A2 型题】

1. 某患者到省人民医院就医,接诊医师在诊治过程中,使用了一种新上市的抗生素,致使该患者出现了严重不良反应。按照《中华人民共和国药品管理法》的规定,该医院应当向有关部门报告。接受报告的部门是
    A. 国家工商行政管理部门
    B. 省级药品监督管理部门和卫生行政部门
    C. 国家药品监督管理部门
    D. 国务院卫生行政部门
    E. 国家中医药管理部门

2. 某县药品监督管理部门接到某药店将保健食品作为药品出售给患者的举报后,立即对该药店进行了查处,并依照《中华人

民共和国药品管理法》的规定,将其销售给患者的保健食品认定为

 A. 按假药论处的药   B. 假药

 C. 劣药   D. 食品

 E. 按劣药论处的药

3. M 药厂销售代表在和某医院几名医师达成协议后,医师在处方时使用 M 药厂生产的药品,并按使用量的多少收受了药厂给予的提成。事情曝光以后,对 M 药厂按《中华人民共和国药品管理法》的有关规定处理;对于医师的错误行为,有权决定给予处分、没收违法所得的部门是

 A. 药品监督管理部门   B. 工商行政管理部门

 C. 医师协会   D. 消费者权益保护协会

 E. 卫生健康主管部门

4. F 药厂销售代表和某医院多名医师约定,医师在处方时使用 F 药厂生产的药品,并按使用量的多少给予提成。事情曝光以后,按《中华人民共和国药品管理法》的规定,对 F 药厂可以作出行政处罚的部门是

 A. 市场监督管理部门   B. 工商行政管理部门

 C. 税务管理部门   D. 医疗保险部门

 E. 卫生健康主管部门

5. 李某为中度慢性疼痛患者,医师开具第一类精神药品控制缓解制剂为其治疗,根据《处方管理办法》,每张处方用药量的最多天数是

 A. 15   B. 3   C. 5

 D. 7   E. 10

6. "献血大王"刘某,在过去的 7 年间,献血总量已达 5 600ml。快满 50 周岁的刘某告诉记者,如果身体一直保持健康状态,他满 55 周岁以前,还可争取无偿献血

 A. 7 次   B. 8 次   C. 9 次

 D. 10 次   E. 11 次

7. 某村发生一起民居垮塌事故,重伤者 9 人,急送乡卫生院抢救。市中心血站根据该院用血要求,急送一批无偿献血的血液到该院。抢救结束后,尚余 900ml 血液,该院却将它出售给另一医疗机构。根据《中华人民共和国献血法》规定,对于乡卫生院的这一违法行为,县卫生局除了应当没收其违法所得外,还可以对其处以罚款

 A. 十万元以下   B. 五万元以下

3.【答案】E

【解析】根据《中华人民共和国药品管理法》第一百四十二条 医疗机构的负责人、药品采购人员、医师、药师等有关人员收受药品上市许可持有人、药品生产企业、药品经营企业或者代理人给予的财物或者其他不正当利益的,由卫生健康主管部门或者本单位给予处分,没收违法所得;情节严重的,还应当吊销其执业证书。故本题选 E。

4.【答案】A

【解析】根据《中华人民共和国药品管理法》第一百四十一条 药品上市许可持有人、药品生产企业、药品经营企业或者医疗机构在药品购销中给予、收受回扣或者其他不正当利益的,药品上市许可持有人、药品生产企业、药品经营企业或者代理人给予使用其药品的医疗机构的负责人、药品采购人员、医师、药师等有关人员财物或者其他不正当利益的,由市场监督管理部门没收违法所得,并处三十万元以上三百万元以下的罚款;情节严重的,吊销药品上市许可持有人、药品生产企业、药品经营企业营业执照,并由药品监督管理部门吊销药品批准证明文件、药品生产许可证、药品经营许可证。故本题选 A。

5.【答案】A

【解析】为门(急)诊癌症疼痛患者和中、重度慢性疼痛患者开具的麻醉药品、第一类精神药品注射剂,每张处方不得超过 3 日常用量;控制缓释剂,每张处方不得超过 15 日用量。故本题选 A。

6.【答案】D

【解析】根据《中华人民共和国献血法》第九条 血站对献血者必须免费进行必要的健康检查;身体状况不符合献血条件的,血站应当向其说明情况,不得采集血液。献血者的身体健康条件由国务院卫生行政部门规定。血站对献血者每次采集血液量一般为 200ml,最多不得超过 400ml,两次采集间隔不少于六个月。严格禁止血站违反前款规定对献血者超量、频繁采集血液。在接下来的 5 年内,由于两次采集间隔不少于六个月,刘某还可以无偿献血 10 次,故本题选 D。

7.【答案】A

【解析】根据《中华人民共和国献血法》第十八条,有下列行为之一的,由县级以上地方人民政府卫生行政部门予以取缔,没收违法所得,可以并处十万元以下的罚款;构成犯罪的,依法追究刑事责任:①非法采集血液的;②血站、医疗机构出售无偿献血的血液的;③非法组织他人出卖血液的。故本题选 A。

C. 三万元以下　　　　　　　D. 一万元以下
E. 五千元以下

第八节　血液管理法律制度

【A1 型题】

1.【答案】E

1.《医疗机构临床用血管理办法》经原卫生部部务会议审议通过,施行时间为
A. 2008 年 8 月 1 日　　　　B. 2009 年 8 月 1 日
C. 2010 年 8 月 1 日　　　　D. 2011 年 8 月 1 日
E. 2012 年 8 月 1 日

2.【答案】A

2. 医疗机构的储血设施应当保证运行有效,全血、红细胞的储藏温度应当控制在 2~6℃,同一患者一天申请备血量达到或超过 1 600ml 的,由具有中级以上专业技术职务任职资格的医师提出申请,科室主任核准签发后,报(　　)批准,方可备血
A. 医务部门　　　　B. 护理部门　　　　C. 门诊部门
D. 院办部门　　　　E. 院感部门

3.【答案】B

3. 申请输血应由经治医师逐项填写《临床输血申请单》,由(　　)核准签字,连同受血者血样于预定输血日期前送交输血科(血库)备血。
A. 住院医师　　　　B. 主治医师　　　　C. 副主任医师
D. 主任医师　　　　E. 科主任

4.【答案】D

4. 肝素抗凝的主要机制是
A. 抑制凝血酶原的激活
B. 抑制因子 X 的激活
C. 促进纤维蛋白吸附凝血酶
D. 增强抗凝血酶 III 活性
E. 抑制血小板聚集

5.【答案】D

5. 急性失血输血合理的是
A. 失血量达到总血容量的 20%,输浓缩红细胞及全血
B. 失血量达到总血容量的 35%,只输浓缩红细胞
C. 失血量达到总血容量的 15%,输浓缩红细胞
D. 失血量低于总血容量的 20% 可考虑不输血
E. 失血量达到总血容量的 55% 只输浓缩红细胞及全血

6.【答案】B

6. 原卫生部何年何月颁发的《临床输血技术规范》
A. 2001 年 2 月　　　　　　B. 2000 年 6 月

C. 2002 年 8 月 D. 2003 年 6 月

E. 2003 年 8 月

7. 交叉配血的血样标本必须是输血前（ ）天内的

    A. 2   B. 3   C. 5

    D. 7   E. 9

8. 一次输血**不应**超过

    A. 8 小时   B. 4 小时   C. 2 小时

    D. 6 小时   E. 5 小时

9. 我国健康公民自愿献血的年龄是

    A. 18~50 周岁   B. 20~60 周岁   C. 18~60 周岁

    D. 18~55 周岁   E. 20~55 周岁

10. 献血者每次采集血液量和两次采集间隔为

    A. 献血者每次采集血液量一般为 200ml，最多不超过 400ml，两次采集时间不得少于 3 个月

    B. 献血者每次采集血液量一般为 400ml，两次采集间隔不少于 6 个月

    C. 献血者每次采集血液量一般为 200ml，两次采集间隔不少于 3 个月

    D. 献血者每次采集血液量一般为 200ml，最多不超过 400ml，两次采集间隔不少于 6 个月

    E. 献血者每次采集血液量一般为 200ml，最多不超过 400ml，两次采集间隔不少于 9 个月

第九节　突发公共卫生事件的应急处理条例

【A1 型题】

1. 在突发公共卫生事件应急处理工作中，有关单位和个人不配合有关专业技术人员调查、采样、技术分析和检验的，对有关责任人给予

    A. 警告

    B. 吊销执照

    C. 降级或者撤职的纪律处分

    D. 行政处分或者纪律处分

    E. 追究刑事责任

2. 医疗机构发现发生或者可能发生传染病暴发流行时，应当

    A. 在 1 小时内向所在地县级人民政府卫生行政主管部门

7.【答案】B

8.【答案】B

9.【答案】D

10.【答案】D

1.【答案】D

【解析】根据《突发公共卫生事件应急条例》第五十一条　在突发事件应急处理工作中，有关单位和个人未依照本条例的规定履行报告职责，隐瞒、缓报或者谎报，阻碍突发事件应急处理工作人员执行职务，拒绝国务院卫生行政主管部门或者其他有关部门指定的专业技术机构进入突发事件现场，或者不配合调查、采样、技术分析和检验的，对有关责任人员依法给予行政处分或者纪律处分；触犯《中华人民共和国治安管理处罚条例》，构成违反治安管理行为的，由公安机关依法予以处罚；构成犯罪的，依法追究刑事责任。故本题选 D。

2.【答案】B

【解析】国家建立突发事件应急报告制度。国务院卫生行政主管部门制定突发事件应急报告规范，建立重大、紧急疫情信息报告系统。突发事件监测机构、医疗卫生机构和有关单位发现有下列情形之一的，应当在 2 小时内向所在地县级人民政府卫生行政主管部门报告；接到报告的卫生行政主管部门应当在 2 小时内向本级人民政府报告，并同时向上级人民政府卫生行政主管部门和国务院卫生行政主管部门报告。县级人民政府应当在接到报告后 2 小时内向设区的市级人民政府或者上一级人民政府报告；设区的市级人民政府应当在接到报告后 2 小时内向省、自治区、直辖市人民政府报告。省、自治区、直辖市人民政府应当在接到报告 1 小时内，向国务院卫生行政主管部门报告，国务院卫生行政主管部门对可能造成重大社会影响的突发事件，应当立即向国务院报告：①发生或者可能发生传染病暴发、流行的；②发生或者发现不明原因的群体性疾病的；③发生传染病菌种、毒种丢失的；④发生或者可能发生重大食物和职业中毒事件的。

报告

B. 在 2 小时内向所在地县级人民政府卫生行政主管部门报告

C. 在 4 小时内向所在地县级人民政府卫生行政主管部门报告

D. 在 6 小时内向所在地县级人民政府卫生行政主管部门报告

E. 在 8 小时内向所在地县级人民政府卫生行政主管部门报告

3.【答案】C

【解析】根据《突发公共卫生事件应急条例》第四十二条 有关部门、医疗卫生机构应当对传染病做到早发现、早报告、早隔离、早治疗,切断传播途径,防止扩散。故本题选 C。

3. 《突发公共卫生事件应急条例》规定,医疗卫生机构应当对传染病做到

A. 早发现、早观察、早隔离、早治疗

B. 早报告、早观察、早治疗、早康复

C. 早发现、早报告、早隔离、早治疗

D. 早发现、早报告、早隔离、早康复

E. 早预防、早发现、早治疗、早康复

4.【答案】D

【解析】根据《突发公共卫生事件处理条例》第四十一条 对传染病暴发、流行区域内流动人口,突发事件发生地的县级以上地方人民政府应当做好预防工作,落实有关卫生控制措施;对传染病病人和疑似传染病病人,应当采取就地隔离、就地观察、就地治疗的措施。故本题选 D。

4. 对流动人口中的传染性非典型肺炎病人、疑似病人处理的原则是

A. 就地控制、就地治疗、就地康复

B. 就地隔离、就地治疗、就地康复

C. 就地控制、就地观察、就地治疗

D. 就地隔离、就地观察、就地治疗

E. 就地观察、就地治疗、就地康复

5.【答案】E

【解析】传染病疫情报告是属地管理。教育部所属综合大学的附属医院发现脊髓灰质炎疫情,应当向所在地的疾病预防控制机构报告,故本题选 E。

5. 教育部所属综合大学的附属医院发现脊髓灰质炎疫情,应当报告的部门是

A. 国家教育行政部门

B. 国家卫生行政部门

C. 国家疾病预防控制机构

D. 所在地的政府卫生行政部门

E. 所在地的疾病预防控制机构

6.【答案】A

【解析】《突发公共卫生事件应急条例》由中华人民共和国国务院于 2003 年 5 月 9 日发布,自公布之日起施行。共六章五十四条。

6. 《突发公共卫生事件应急条例》(国务院 376 号令)公布实施的日期为

A. 2003 年 5 月 9 日 　　 B. 2002 年 5 月 9 日

C. 2002 年 9 月 5 日 　　 D. 2003 年 9 月 5 日

E. 2001 年 5 月 9 日

7.【答案】B

【解析】《突发公共卫生事件应急条例》第三十四条 突发事件应急处理指挥部根据突发事件应急处理的需要,可以对食物和水源采取控制措施。

7. 突发公共卫生事件应急处理指挥部根据突发事件应急处理的需要,可以对以下哪些环节采取控制措施

A. 食物　　　　B. 食物和水源　　　C. 水源和交通
D. 交通　　　　E. 水源

8. 对新发现的突发传染病,国家卫生健康委员会根据危害程度、流行强度,依法及时宣布为
   A. 法定传染病　　　　　B. 甲类传染病
   C. 乙类传染病　　　　　D. 丙类传染病
   E. 丁类传染病

9. 突发事件应急工作应当遵循什么方针
   A. 统一领导,分级负责　　B. 预防为主,常备不懈
   C. 反应及时,措施果断　　D. 依靠科学,加强合作
   E. 现场处理,监督检查

10. 全国突发事件应急预案应当包括
    A. 突发事件应急处理指挥部的组成和相关部门的职责
    B. 突发事件信息的收集、分析、报告、通报制度
    C. 突发事件应急处理技术和监测机构及其任务
    D. 突发事件预防、现场控制,应急设施、设备、救治药品和医疗器械以及其他物资和技术的储备与调度
    E. 以上均包括

8.【答案】A
【解析】《突发公共卫生事件应急条例》第三十条　国务院卫生行政主管部门对新发现的突发传染病,根据危害程度、流行强度,依照《中华人民共和国传染病防治法》的规定及时宣布为法定传染病;宣布为甲类传染病的,由国务院决定。

9.【答案】B
【解析】《突发公共卫生事件应急条例》第五条　突发事件应急工作,应当遵循预防为主、常备不懈的方针,贯彻统一领导、分级负责、反应及时、措施果断、依靠科学、加强合作的原则。

10.【答案】E
【解析】《突发公共卫生事件应急条例》第十一条　全国突发事件应急预案应当包括以下主要内容:
(一)突发事件应急处理指挥部的组成和相关部门的职责;
(二)突发事件的监测与预警;
(三)突发事件信息的收集、分析、报告、通报制度;
(四)突发事件应急处理技术和监测机构及其任务;
(五)突发事件的分级和应急处理工作方案;
(六)突发事件预防、现场控制,应急设施、设备、救治药品和医疗器械以及其他物资和技术的储备与调度;
(七)突发事件应急处理专业队伍的建设和培训。

第二章 医学伦理学

第一节 医学伦理学的理论基础和规范体系

【A1 型题】

1. 医学伦理学基本理论**不包括**
   A. 生命神圣论　　　B. 后果论　　　　　C. 美德论
   D. 道义论　　　　　E. 人权论

2. 医学伦理学发展到生命伦理学阶段,其理论基础的核心是
   A. 生命神圣论　　　　　　　B. 美德论
   C. 义务论　　　　　　　　　D. 生命质量与生命价值论
   E. 人道论

3. 下列哪一个**不属于**医学伦理学的理论基础
   A. 生命价值论　　　B. 美德论　　　　　C. 义务论
   D. 社会论　　　　　E. 公益论

4. 关于公益原则,**错误**的是
   A. 当前利益与长远利益兼顾
   B. 局部利益与个体利益兼顾
   C. 与公正原则相辅相成
   D. 以公共利益不受损害为前提
   E. 以整体利益、长远利益为重

5. 生命神圣论的积极意义**不包括**
   A. 对人的生命的尊重
   B. 推行医学人道主义,反对非人道的医疗行为
   C. 反对不平等的医疗制度
   D. 合理公正地分配卫生资源
   E. 实行一视同仁的医德规范

1.【答案】E

2.【答案】D
【解析】生命伦理学是根据道德价值和原则,对生命科学和卫生保健领域内的人类行为进行系统研究的科学,是对传统医学伦理学的继承和发展,它是围绕改进生命和提高生命质量而展开的有关人类行为的各种伦理问题的概括。

3.【答案】D

4.【答案】B
【解析】公益论的内容:兼容观、兼顾观(任何医疗行为都应该兼顾到社会、个人、集体的利益)、社会效益观。

5.【答案】D
【解析】①尊重患者的生命,是医学人道主义最基本的或最根本的思想,医者应当珍重生命,尊重人的价值,尽力救治患者;②尊重患者的人格,患者具有正常人的权利也具有一些特殊的权利,是提高医疗质量及效果的必须要求;③尊重患者的平等,医疗中应当尽量排除非医疗因素,让每个患者都能人道地、平等地实现医疗目的;④尊重患者的生命价值,要求重视患者的生命质量和价值。

6. 下列有关公益论的表述,**不正确**的是
   A. 科学公益　　　　　　B. 后代公益
   C. 医疗群体公益　　　　D. 绝大多数人的利益
   E. 少数人的利益

7. 生命质量的衡量标准**不包括**
   A. 个体生命健康程度　　B. 个体生命德才素质
   C. 个体生命优化条件　　D. 个体生命治愈希望
   E. 个体生命预期寿命

8. 下面关于公益论作用的表述,**不正确**的是
   A. 公正合理地解决医疗活动中出现的各种利益矛盾
   B. 使医疗活动为人类的整体利益服务
   C. 改善人体的生存环境
   D. 促进医学科学的发展
   E. 消除卫生资源的浪费现象

9. 医院以医学人道主义精神服务于人类社会,主要表现的是
   A. 经济效益　　　B. 社会效益　　　C. 功利并重
   D. 功利主义　　　E. 优化效益

10. 下列**不属于**公益论原则的是
    A. 人人享有最基本的医疗权利
    B. 当发生个体利益与群体利益矛盾时,以群体利益为重
    C. 当发生局部利益与整体利益矛盾时,以整体利益为重
    D. 当发生眼前利益与长远利益矛盾时,以长远利益为重
    E. 当发生个人与社会之间的矛盾时,以社会利益为重

11. 医学伦理学的学科性质属于
    A. 医德学　　　　B. 元伦理学　　　C. 规范伦理学
    D. 应用伦理学　　E. 道德哲学

12. 现代生命伦理学面对的矛盾、悖论乃至道德冲突,本质上源于
    A. 新的科技成果在医疗卫生领域特别是临床上的应用
    B. 生命科学与技术的进步
    C. 社会对医学评价标准的全面化提升
    D. 社会传统文化与科技成果广泛运用之间矛盾的反映
    E. 科学主义和市场经济的挑战

13. 道德义务是一种自觉自愿的行为,而法律义务具有的特性是
    A. 约束性　　　　B. 强制性　　　　C. 非强制性
    D. 广泛性　　　　E. 技术性

6.【答案】E
   【解析】公益论的内容:兼容观、兼顾观(任何医疗行为都应该兼顾到社会、个人、集体的利益)、社会效益观。

7.【答案】C
   【解析】生命质量的衡量标准:①主要质量指人体的身体和智力状态;②根本质量指生命的目的、意义及人在社会、道德上的相互作用;③操作质量指利用智商、诊断学的标准来测量智能、生理方面的人性质量。而个体生命优化条件不属于上述范畴。

8.【答案】E
   【解析】公益论就是从社会和全人类的长远利益出发,公正合理地解决医疗活动中出现的各种利益矛盾,使医疗活动不仅有利于患者个体,还有利于群体和后代,有利于社会,有利于人类生存环境的改善,有利于医学科学的发展。

9.【答案】B
   【解析】医学人道主义在医学活动中,特别是在医患关系中表现出来的同情和关心患者、尊重患者的人格与权利、维护患者的利益,珍视人的生命价值和质量的伦理思想和权利观念。

10.【答案】A
   【解析】公益论根据行为是否以社会公共利益为直接目的而确定道德规范的伦理理论。公益论认为确定的道德规范必须直接有利于人类的共同利益。

11.【答案】D

12.【答案】D

13.【答案】B

14.【答案】C

14. "只有当那些最需要卫生保健体系的人能从中得益,卫生保健体系的不平等才情有可原"体现的伦理学理论是
A. 德性论　　　　B. 道义论　　　　C. 正义论
D. 功利论　　　　E. 后果论

15.【答案】C

15. 道德最显著的特征是
A. 继承性　　　　B. 实践性　　　　C. 自律性
D. 他律性　　　　E. 客观性

16.【答案】C

16. 医学伦理最突出的特征是
A. 实践性、继承性　　　　B. 时代性、人道性
C. 人道性、全人类性　　　　D. 全人类性、继承性
E. 人道性、实践性

17.【答案】D

17. 生命伦理学研究的主要内容是
A. 义务公平　　　　B. 公益论
C. 公平理论　　　　D. 生命道德理论
E. 生命科学

18.【答案】C

18. 医学与医学伦理学的关系是
A. 医学实践活动是医学伦理学产生的结果
B. 医学实践活动是医学伦理学的尺度和方式
C. 医学道德是医学工作者实现人类健康服务的保障
D. 只要技术过硬就能够实现全心全意为人民健康服务的目的
E. 在现代医学科学研究中医学道德服从医学成果

19.【答案】E

19. 当代医学科学研究和创新的"双刃剑"效应是指
A. 当代医学科学研究和创新带来了医学的进步
B. 当代医学科研研究和创新带来了道德的进步
C. 当代医学科研和创新促进了人类健康
D. 当代医学科学研究和创新可能用于危害人类健康
E. 当代医学科学研究和创新既有用于促进人类健康的价值又有用于危害人类健康的可能

20.【答案】A

20. 以下关于"不伤害"原则的表达不正确的是
A. 无损伤
B. 尽可能避免身体的伤害
C. 尽可能避免生理的伤害
D. 尽可能避免心理的伤害
E. 尽可能避免经济上的损失

21. 医学伦理的"有利"原则**不包括**
    A. 努力使患者受益
    B. 关心患者的客观利益和主观利益
    C. 选择受益最大、伤害最小的行动方案
    D. 努力预防或减少难以避免的伤害
    E. 把患者的利益看得高于一切

21.【答案】E

22. 医学伦理的"尊重"原则**不包括**
    A. 尊重患者及其家属的自主性或决定
    B. 尊重患者的一切主观意愿
    C. 治疗要获得患者的知情同意
    D. 保守患者的秘密
    E. 保守患者的隐私

22.【答案】B

23. 要尊重患者的医疗自主权,其中自主权内容**不包括**
    A. 自我选择
    B. 按个人意愿服药
    C. 依照个人意愿自我管理
    D. 自我决策
    E. 自由行动

23.【答案】B

24. 尊重患者的医疗自主权,以下哪种情况医方做主才是合理的
    A. 患者昏迷、病情危急
    B. 患者将治疗权全权授予医生
    C. "无主"患者(身边无任何人)需要急救,而本人不能行使自主权
    D. 患者有对他人和社会有危害的疾病,有不合理的要求
    E. 早期癌症患者坚持不接受治疗

24.【答案】B

25. 保护患者的隐私权,其内容**不包括**
    A. 目前健康状况   B. 既往病史资料
    C. 自杀企图   D. 身体私密部位
    E. 医疗自主

25.【答案】C

26. 对隐私权的保护不是无限制的、绝对的,以下需要对隐私权公开的情况,**不包括**
    A. 保护隐私权和公共利益相冲突
    B. 保护隐私权和公民合法知情权相冲突
    C. 保护隐私权和国家法律相冲突
    D. 保护隐私权和他人健康相冲突
    E. 保护隐私权和医院利益相冲突

26.【答案】E

【A2 型题】

1.【答案】A

1. 某医院曾曝出过一起"死者眼球丢失案"。经查,死者眼球是一位专攻角膜移植的眼科医生为了抢救两名将要失明的患者而盗走的。这位医生擅自进入该医院的太平间,摘取了一位死者的双侧眼球,很快给一位氨水烧伤的患者施行了手术,使之复明。同时还将另外一个角膜移植给一位老人,治好了她的眼疾。基于该案例,下列描述合乎伦理的是
   A. 仅以医学行为后果作为评判行为正当与否的依据,有时难以具有充分的说服力
   B. 医学行为的后果是医学行为正当与否的唯一依据
   C. 医学行为的动机是医学行为正当与否的唯一依据
   D. 医学行为只要符合义务的原则要求就是正当的
   E. 以上选项都不对

2.【答案】C

2. 2000 年 6 月,美、英、日、法、德、中六国公布人类基因组序列图的"工作框架图"绘出。这将为人类疾病的本原、新药的设计、新治疗方法的产生提供重要依据。同时人们也担心这一成果如果用于危害人类研究,其后果是不可设想的。上述情况表达的最主要思想是
   A. 科学技术进步的力量是无穷的
   B. 道德在科学技术进步面前是无能为力的
   C. 现代医学科学发展需要医学道德把关
   D. 医学道德制约了医学科学的发展
   E. 基因科学的发展是解决人类全部健康问题的根本

第二节　医患关系伦理

1.【答案】A
【解析】第一,良好的医患关系是医疗活动顺利开展的必要基础。例如从诊断方面看,医患之间没有充分的交往,医生就往往采集不到确切的病史资料。从治疗方面看,患者遵从医嘱是治疗成功的关键。第二,融洽的医患关系会造就良好的心理气氛和情绪反应。对于患者来说,不仅可消除疾病所造成的心理应激,而且可以从良好的情绪反应所致的躯体效应中获益。对于医生来说,从这种充满生气的医疗活动中亦可得到更多的心理上的满足,即良好的医患关系本身就是一种治疗的手段,它不仅可以促进患者的康复,而且对医生的心理健康也是必需的。

【A1 型题】

1. 下列关于良好医患关系的重要性,不包括
   A. 提高患者的社交能力
   B. 提高患者对医务人员的信任度
   C. 有利诊断、治疗得到顺利实现
   D. 造就医患之间良好的心理气氛
   E. 本身就是一种治疗手段

2.【答案】E
【解析】非语言沟通是指医务人员通过仪表、体态、面部表情、眼神、声调、手势、抚触、距离等非语言特性沟通方式与患者进行信息交流,在沟通中可以达到支持、补充和深化语言表达的效果。

2. 下列不属于医务人员非语言沟通技巧的是
   A. 语调　　　　　　　　B. 目光
   C. 身体姿势　　　　　　D. 表情
   E. 文字暗示

3. 下列会直接影响医务人员与患者进行语言沟通的是
   A. 声调　　　　　B. 手势　　　　　C. 谈话地点
   D. 关闭式谈话　　E. 以上均不是

4. 医患冲突的结果,可能造成
   A. 患者的被动 - 攻击行为
   B. 患者不遵从医嘱
   C. 患者难以公开谈出自己的需要
   D. 患者的情绪不好
   E. 以上情况均有可能发生

5. 医患间交往障碍的原因,医生方面可能有
   A. 对患者的病痛缺乏同情心
   B. 以是否有科研价值对待患者
   C. 关心对方能否给自己带来物质利益
   D. 情绪不稳
   E. 以上原因均有可能

6. 在患者处于急性感染但无意识障碍的情况下,通常采用的医患关系模式是
   A. 共同参与型　　　　B. 指导 - 合作型
   C. 主动 - 被动型　　　D. 父母与婴儿式
   E. 以上均不是

7. 对大多数慢性病患者,帮助患者自助属于哪种医患关系模式
   A. 共同参与型　　　　B. 指导 - 合作型
   C. 主动 - 被动型　　　D. 父母与婴儿式
   E. 以上均不是

8. 随着病情的变化,医患关系可以
   A. 一直保持不变
   B. 由主动 - 被动型转化为指导 - 合作型
   C. 由主动 - 被动型转化为共同参与型
   D. 最终都要进入共同参与型
   E. 由一种模式转向另一种模式

9. 医务人员职业道德**不要求**
   A. 无私的奉献
   B. 崇高的爱情
   C. 利他精神
   D. 把患者的痛苦看得高于一切
   E. 以上均不是

3.【答案】D

4.【答案】E

5.【答案】E
【解析】主要是有的人虽有较高的技术,但缺乏医德修养,有的人甚至两者都缺乏。他们在诊治过程中对患者的病痛缺乏应有的同情和责任感,对患者态度冷淡、漠不关心、厌烦甚至鄙视,以权威、救世主自居。在医务工作中,对患者以是否有"治疗价值"或"科研价值"的标准去对待。只注意自己"提高技术"而不关心患者的疾苦;对常见病、多发病不是马虎地诊治,就是一推了之。有些医务人员因受社会上的不良影响,以对方能否给自己带来某种物质利益或获得某种方便来确定医患关系,导致医患关系的紧张。

6.【答案】B
【解析】指导 - 合作型的医患关系模式中,患者有一定意志要求,需要医师帮助,并愿意合作。他们常常把医师置于权威性位置,医师也自觉或不自觉地在防治过程中使用自己的权威,发挥其指导作用,这是目前最常见的医患关系模式,主要适用于急性疾病和外科手术恢复期。在这类模式中,医患双方产生各种心理的相互作用。医师以恩赐者自居、患者对医师的过度依赖都对医患关系有很大影响,有时可能延缓康复过程。因此,随着急性疾病发生的减少,这类模式的应用也将减小。

7.【答案】A
【解析】指导 - 合作型的要点是医生告诉患者做什么,患者缺乏较多的主动性和能力;也相当于父母与儿童式的关系。在主动 - 被动型的医患关系中患者的主动性和能力则更低。故医生帮助患者自助的医患关系属共同参与型。

8.【答案】E

9.【答案】B

10. 【答案】A

11. 【答案】E

12. 【答案】D

13. 【答案】D
【解析】①主动-被动型：是一种传统的医患关系类型，这种模式在现代医学实践中普遍存在，如外科，麻醉、抗菌治疗。这一模型适用于急诊治疗、严重创伤、大出血或休克昏迷等。②指导-合作型：是一种现代医患关系基础的模型。医患间存在着相互作用，患者因某些症状，如急性感染，主动寻求医生帮助。医生则告诉患者做什么，并期望患者对指令性的治疗服从、合作。医生不喜欢患者提问题或表示异议，或不履行应该接受的医嘱。这种关系虽然患者有了一定的地位和主动性，但在总体上医患的权利还是不平等的。③共同参与型：医生和患者有近似相等的权利和地位，医生帮助患者治疗，几乎所有的心理治疗均属于这种模式，大多数慢性病也适用这种模式。这种模型就参与者双方而言，比上述两种模型需要更为复杂的心理要求。

14. 【答案】E
【解析】医患沟通的伦理准则：尊重、有利、公正、诚信。

15. 【答案】E
【解析】医患沟通的伦理意义：①实践"人是目的"的伦理价值；②发挥道德情感的传递作用；③推动人道主义精神的发展；④促进医患双方道德境界的提升。

16. 【答案】B
【解析】现代医学实践中医患关系的常用模式是指导-合作型模式。

17. 【答案】E
【解析】医患纠纷增多的原因：①医疗体制改革相对于市场经济发展的滞后；②医院管理的缺陷；③医务人员的服务态度；④患者缺乏理性态度；⑤媒体的推波助澜。

10. 医务人员职业要求其情绪主要是
A. 积极而稳定　　　　B. 爱憎分明
C. 心境平和　　　　　D. 悲喜有节制
E. 永远快乐

11. 对医务人员记忆力的主要要求是
A. 记忆的准备性　　　B. 记忆的持久性
C. 记忆的专一性　　　D. 记忆的敏捷性
E. 记忆的准确性

12. 心理品质是指
A. 遗传的心理素质
B. 一个人的情绪和行为体系
C. 一个人独特的精神面貌
D. 一个人的认知、情感、意志和行为活动的有机结合
E. 良好的气质

13. 萨斯和荷伦德提出的医患关系基本模式是
A. 主动-被动型、共同参与型
B. 主动型、共同参与型
C. 被动型-主动型、共同参与型
D. 主动-被动型、指导-合作型、共同参与型
E. 主动-被动型、指导-配合型

14. 医患沟通的伦理准则是
A. 尊重　　　　B. 有利　　　　C. 公正
D. 诚信　　　　E. 以上均是

15. 医患沟通的伦理意义是
A. 实践"人是目的"的伦理价值
B. 发挥道德情感的传递作用
C. 推动人道主义精神的发展
D. 促进医患双方道德境界的提升
E. 以上均是

16. 现代医学实践中医患关系的常用模式是
A. 主动-被动型模式　　　B. 指导-合作型模式
C. 指导-参考型模式　　　D. 共同参与型模式
E. 相互协作型模式

17. 医患纠纷增多的原因
A. 医疗体制改革相对于市场经济发展的滞后

B. 医院管理的缺陷

C. 医务人员的服务态度

D. 媒体的推波助澜

E. 以上均是

18. 医患关系的意义包括

A. 有利于医学事业的发展

B. 共同维护患者利益和社会利益

C. 相互信任、支持与协作

D. 相互学习与竞争

E. 彼此平等和相互尊重

19. 良好医患关系的建立有利于

A. 增强尊重患者的权利的意识

B. 建立协调医患关系的组织

C. 确立公正的社会舆论导向

D. 普及医学、伦理学、法律知识

E. 以上均是

20. 改善医患关系的措施包括

A. 提高专业技术、品德修养、尊重患者权利等

B. 尊重医务人员和医院的规章制度,普及医学伦理法律知识,积极配合治疗

C. 完善医疗制度,规范医院的管理,完善卫生补偿体制

D. 建立协调医患关系的组织

E. 以上均是

21. 医患双方都具有独立人格,要求医师做到

A. 不伤害患者 B. 从各方面关心患者

C. 患者是上帝 D. 平等对待患者

E. 以上均不是

22. 医患之间正常的信托关系应该建立于

A. 上下级关系

B. 契约关系

C. 社会主义医德关系和法制关系

D. 亲属关系

E. 以上均不是

23. 下列哪项**不属于**正确处理医务人员之间关系的意义

A. 有利于医学事业的发展

B. 有利于医院整体效益的发挥

18.【答案】A

【解析】医患关系的意义包括:①有利于医学事业的发展;②有利于发挥医院的整体效应而提高各项工作的效率;③有利于建立和谐的医患关系;④有利于医务人员成才。

19.【答案】E

【解析】良好医患关系的建立,有利于:①增强尊重患者的权利的意识,这主要是针对医方而言,因为患方属于弱势群体,其权益更易受到侵害;②建立协调医患关系的组织,如医院伦理委员会会很好的协调医患关系;③确立公正的社会舆论导向,一种公正的舆论导向对于建设良好的医患关系十分重要,因为公众的行为方式极易受到社会舆论的引导;④普及医学、伦理学、法律知识,患者由于医学知识和伦理、法律的欠缺,容易造成医患关系中的被动,医务人员的伦理、法律知识也很缺乏,从而导致对患者权益的忽视和在一些伦理困境中的不知所措。医学、伦理、法律知识的广泛普及,必定是建立理想医患关系的必由之路。

20.【答案】E

【解析】改善医患关系的措施包括:①医方:提高专业技术、品德修养,尊重患者权利等;②患方:尊重医务人员和医院的规章制度,普及医学伦理法律知识,积极配合治疗;③加快卫生体制改革:完善医疗制度、规范医院的管理、完善卫生补偿体制;④建立协调医患关系的组织;⑤确立公正的社会舆论导向。

21.【答案】D

【解析】首先医患双方具有独立人格的前提是具有平等的关系,所以医生要做到平等对待患者。

22.【答案】C

【解析】医患之间的信任关系表现为:一方面患者对医方的信任,把自己的健康和生命交付给医务人员和医院,相信医方能负起这一重责;另一方面医生也信任患者,相信患者对病情的诉说是真实的,患者是尊医的、是能配合医疗的。这种信任关系在法制社会里,应该明显地带有法制关系性质,但不是抽象的法律关系。医患之间的法律关系是医生(医院)与患者双方对有关患者医疗问题达成的一种约定,即医患之间确立、变更、终止医疗民事权利的协议或诺言。医患之间的这种法律关系属性是重要且必需的,但不同于一般的契约关系,既没有订立一般契约的那种程序和条款,也没有考虑经济指标。所以,这种法律约束在医患关系中应位于次要地位,医患关系仍应以伦理道德关系为主。

23.【答案】E

【解析】正确处理医务人员之间关系的意义:①有利于医学事业的发展;②有利于发挥医院的整体效应而提高各项工作的效率;③有利于建立和谐的医患关系;④有利于医务人员成才。

C. 有利于医务人员的成长

D. 有利于建立和谐的医患关系

E. 有利于共同对付患者及其家属

24.【答案】B

24. 确切地说,按规定积极参加会诊,这一做法最能体现的正确处理医务人员之间关系的意义和道德原则是

　A. 有利于建立和谐的医患关系;共同维持社会公益

　B. 有利于医院集体力的发挥;彼此独立、互相支持和帮助

　C. 有利于加深朋友之谊;彼此信任、礼尚往来

　D. 有利于分担风险;彼此独立、相互支持和帮助

　E. 有利于医院集体力量的发挥;彼此信任、礼尚往来

25.【答案】C

【解析】非语言沟通指不以自然语言为载体进行信息传递,而是以人的仪表、服饰、动作、神情等非语言信息作为沟通媒介进行的信息传递。

25. 医生和患者所采取沟通方式,哪项**不属于**非语言沟通

　A. 面部表情　　　　B. 说话声调　　　　C. 书面通知

　D. 身体姿态　　　　E. 眼神手势

26.【答案】C

【解析】"狭义的副语言"指有声现象,如说话时气喘、嗓子沙哑、整句话带鼻音、某个字音拉得很长,压低嗓音、说话不连贯等。

26. 非语言沟通方法有 3 种:动态的、静态的和副语言。下列哪项属于副语言

　A. 手势

　B. 仪表

　C. 语调

　D. 医院的导诊牌

　E. 医生和患者之间的空间距离

27.【答案】B

【解析】在医疗市场竞争日趋激烈的社会背景下,加强与患者的沟通,充分尊重患者的知情权、选择权,能使患者积极支持、配合医疗工作,减少不必要的医患纠纷。①医患沟通是医疗诊断的需要;②医患沟通是医学发展的需要;③医患沟通是减少纠纷的需要;④医患沟通是双向性的。

27. 医患沟通的意义中**不包括**

　A. 是医学目的的需要

　B. 是提高医生技术水平的需要

　C. 是临床治疗的需要

　D. 是医学人文精神的需要

　E. 是医疗诊断的需要

28.【答案】C

28. 患者的知情同意权主要体现在

　A. 医生的技术水平

　B. 对自己健康的维护

　C. 医生的主要诊治手段

　D. 医院的各项规章制度

　E. 自己承担的社会责任

29.【答案】A

【解析】患者的权利包括基本医疗权、疾病认知权、知情同意权、保护隐私权、监督医疗权、免除一定的社会责任权、要求赔偿权。而经济免责权不属于上述范畴。

29. 患者的权利中**不包括**

　A. 经济免责权　　　　　　B. 平等医疗权

　C. 疾病认知权　　　　　　D. 法律诉讼权

　E. 知情同意权

30. 下列各项中**不属于**医患之间非技术关系的是
    A. 道德关系　　B. 利益关系　　　C. 价值关系
    D. 经济关系　　E. 法律关系

30.【答案】D
　　【解析】医患之间的非技术性关系是：道德关系、利益关系、价值关系、法律关系、文化关系。

31. 在诊疗过程中医务人员之间、专业相互之间和科室相互之间通力协作、密切配合和团结一致，共同为患者的康复而努力，该诊疗伦理原则是
    A. 整体性原则　　　　B. 协同一致的原则
    C. 最优化原则　　　　D. 知情同意原则
    E. 病人为中心原则

31.【答案】B

32. 保守患者的秘密，其实质是
    A. 尊重患者自主　　　B. 不伤害患者自尊
    C. 保护患者隐私　　　D. 医患双方平等
    E. 人权高于一切

32.【答案】A

33. 医务人员应当对患者保守的医疗秘密是
    A. 患者的病情
    B. 患者的医疗方案
    C. 患者的性别
    D. 医务人员的家庭住址
    E. 医院及医务人员的特色、特长

33.【答案】D

34. 医疗活动中最基本、最重要的人际关系是
    A. 医患关系　　　　　B. 医疗团体与社会的关系
    C. 医护关系　　　　　D. 医际关系
    E. 护患关系

34.【答案】A

35. 医患关系是契约关系，表明
    A. 医患关系不是民事法律关系
    B. 医患之间是平等的
    C. 医患关系的主体是来就诊的患者
    D. 医患关系是患者出于无奈与医务人员及医疗机构结成的
    E. 医患关系的客体是社会

35.【答案】B

36. 医患关系的性质是
    A. 医患关系是一般的契约关系
    B. 医患关系是纯粹的信托关系
    C. 医患关系是在信托关系基础上的契约关系
    D. 医患关系是信托关系就不是契约关系
    E. 医患关系是契约关系就不是信托关系

36.【答案】C

37.【答案】A

37. 患者的自主性取决于
   A. 医患之间的契约关系
   B. 医患之间的经济关系
   C. 医患之间的政治关系
   D. 医患之间的亲疏关系
   E. 医患之间的工作关系

38.【答案】A

38. 在医患交往中,强调维护患者权益取决于
   A. 患者在信托关系中居于弱势地位
   B. 患者在信托关系中有明确要求
   C. 患者在信托关系中居于强者地位
   D. 医师对患者的承诺
   E. 医师对患者的关心

39.【答案】A

39. 构成医患信托关系的根本前提是
   A. 患者求医行为中包含对医师的信任
   B. 患者在医患交往中处于被动地位
   C. 医师是"仁者"
   D. 现代医学服务是完全可以信赖的
   E. 医患交往中加入一些特殊因素

40.【答案】C

40. 为维护医患之间相互信任的关系,医师必须做到但应**除外**的是
   A. 主动赢得患者信任
   B. 珍惜患者的信任
   C. 对患者所提要求言听计从
   D. 努力消除误解
   E. 对患者出现的疑虑尽量澄清

41.【答案】A

41. 患者的权利受到关注的社会背景是
   A. 人的权利意识、参与意识增强和对人的本质的进一步认识
   B. 医患间医学知识的差距逐渐缩小
   C. 对人的本质有了进一步认识
   D. 意识到医源性疾病的危害
   E. 世界性的医患关系冷漠化

42.【答案】B

42. 在医疗过程中,医生的医疗权应该
   A. 服从医院的发展
   B. 服从患者的权利
   C. 服从社会公益
   D. 服从医院行政领导
   E. 服从家属的意愿

43.【答案】E

43. 尊重患者的疾病认知权需要一定的前提是
   A. 不影响医务人员与家属的关系

B. 不让患者难过

C. 不影响医患关系的确立

D. 不影响医生治疗方案的选择

E. 不加重患者的心理负担和影响治疗效果

44. 患者的道德义务有

A. 保持健康和恢复健康

B. 在医师指导下接受和积极配合医生诊疗

C. 帮助医务人员工作

D. 服从医院的行政领导

E. 要求家属帮助护士工作

44.【答案】B

45. 当患者对医生所实施的诊治手段有质疑时,医生必须详细介绍,在患者愿意时才能继续进行,这属于患者的

A. 平等医疗权　　　　　B. 疾病认知权

C. 知情同意权　　　　　D. 社会责任权

E. 保护隐私权

45.【答案】C

46. 患者的权利**不包括**

A. 基本医疗权　　　　　B. 自我决定权

C. 知情同意权　　　　　D. 要求保密权

E. 保管病志权

46.【答案】E

47. 患者义务应**除外**

A. 完全听从医师的安排　　B. 如实提供病情信息

C. 认真执行医嘱　　　　　D. 不将疾病传播他人

E. 尊重医师及其劳动

47.【答案】A

48. 下列关于患者享有平等医疗权利的表述,**错误**的是

A. 公民享有生命健康权

B. 对所有患者都应一视同仁

C. 对患者的要求都予以满足

D. 患者享有的医疗保健权在实现时是受条件限制的

E. 应充分给患者提供医疗信息

48.【答案】C

49. 对患者知情同意权的做法中,**错误**的是

A. 婴幼儿患者可以由监护人决定

B. 对某些特殊急诊抢救视为例外

C. 无家属承诺,即使患者本人知情同意也不能给予手术治疗

D. 做到完全知情

E. 做到有效同意

49.【答案】C

50.【答案】E

50. 患者在诊治过程中**不能**拒绝
   A. 治疗　　　　　　　B. 公开病情
   C. 手术　　　　　　　D. 实验
   E. 遵守医院制度

51.【答案】E

51. 患者下列义务中应该经其同意后才能合理履行的是
   A. 如实提供病情
   B. 尊重医务人员的劳动
   C. 避免将疾病传播给他人
   D. 遵守住院规章
   E. 支持医学生实习和发展医学

52.【答案】A

52. 医患关系出现物化趋势的最主要原因是
   A. 医学高技术手段的大量应用
   B. 医院分科越来越细,医生日益专科化
   C. 医生工作量加大
   D. 患者对医生的信任感降低
   E. 患者过多依赖医学高技术的检测手段

53.【答案】B

53. 现代诊疗过程中医生越来越依赖于辅助检查所得的指标和数据,医生和患者的直接交流因此减少。这反映出医患关系出现
   A. 民主化趋势　　　　　B. 物化趋势
   C. 法制化趋势　　　　　D. 分化趋势
   E. 商品化趋势

54.【答案】C

54. 共同参与型的医患关系中
   A. 医生有绝对的权威,患者无条件的配合医生
   B. 医生相对主动,患者相对被动
   C. 医生和患者共同商讨病案并决定治疗方案
   D. 患者的主动性大于医生的主动性
   E. 现实中不存在

55.【答案】D

55. 医患双方都具有独立人格,要求医师做到
   A. 不伤害患者　　　　　B. 从各方面关心患者
   C. "患者是上帝"　　　 D. 平等对待患者
   E. 关心患者心理需求

56.【答案】C

56. 下列对医际关系伦理意义的描述,**不准确**的是
   A. 有利于医学事业发展
   B. 有利于医务人员成才
   C. 有利于取得更高的经济收益

D. 有利于医院集体力量的发挥

E. 有利于建立和谐的医患关系

57. 正确处理医际关系的原则是

A. 根据职务、职称不同,区别对待

B. 根据学历、职务的高低,分配发展机会

C. 彼此信任,互相协作和监督

D. 互相尊重,"井水不犯河水"

E. 相互尊重,坚持独立,注重自我发展

57.【答案】C

58. 下列处理医际关系的原则,**不正确**的是

A. 彼此平等、互相尊重

B. 彼此独立、互相支持和帮助

C. 彼此协作,力争最大经济效益

D. 彼此信任,相互协作和监督

E. 相互学习,共同提高和发挥优势

58.【答案】C

【A2 型题】

1. 患者李某,女,26 岁,未婚,体检中发现左侧乳房有肿块来院治疗。经医生诊断后拟进行手术治疗,但患者十分担心手术后会影响今后生活质量,医生积极解释,消除了患者的心理负担,在征得患者家属同意的情况下,进行手术且手术顺利,患者及家属都很满意。本案例集中体现了尊重患者的

A. 基本医疗权

B. 知情同意权

C. 疾病认知权

D. 提出问题并要求医生解答的权利

E. 监督医疗过程的权利

1.【答案】B

2. 因车祸受重伤的男子被送去医院急救,因没带押金,医生拒绝为患者办理住院手续。当患者家属拿来钱时,已错过了抢救最佳时机,患者死亡。本案例违背了患者权利的

A. 享有自主权

B. 享有知情同意权

C. 享有保密和隐私权

D. 享有基本的医疗权

E. 享有参与治疗权

2.【答案】D

3. 甲医师发现邻病房乙医师的诊治失误后,及时反映给主管部门。这体现了正确处理医务人员之间关系的道德原则是

A. 共同维护社会公益

B. 共同维护患者利益

3.【答案】B

C. 开展正当竞争

D. 全心全意为人民服务

E. 以上都不是

4.【答案】C

4. 某医师为不得罪同事,将患者严格区分为"你的"和"我的",对其他医生所负责的患者一概不闻不问,即使同事出现严重失误,也是如此。这种做法违反了正确处理医务人员之间关系的道德原则

A. 彼此平等、互相尊重

B. 彼此独立、相互支持和帮助

C. 彼此信任、互相协作和监督

D. 彼此独立、相互协作和监督

E. 彼此平等、互相协作和监督

5.【答案】C

【解析】医患交往的两种形式:语言形式的交往和非语言形式的交往。前者顾名思义,是用语言传递信息,后者包括语调、表情等。依题意,这位女医生是非语言形式的交往做得好。

5. 一位女医生对患者说话声调柔和、目光亲切、讲话时面带微笑,说明她在下列哪一方面做得好

A. 语言沟通和非语言沟通　　B. 语言沟通技巧

C. 非语言沟通技巧　　　　　D. 目光沟通

E. 以上都不是

第三节　生物医学研究伦理

【A1 型题】

1.【答案】D

1. 《涉及人的生物医学研究伦理审查办法》已于 2016 年 9 月 30 日经国家卫生计生委委主任会议讨论通过,自(　　)起施行

A. 2016 年 9 月 30 日　　　B. 2016 年 10 月 1 日

C. 2016 年 11 月 1 日　　　D. 2016 年 12 月 1 日

E. 2017 年 1 月 1 日

2.【答案】C

2. 伦理委员会的委员应当从生物医学领域和伦理学、法学、社会学等领域的专家和非本机构的社会人士中遴选产生,人数不得少于(　　)人,并且应当有不同性别的委员,少数民族地区应当考虑少数民族委员

A. 3　　　　　　　　B. 5　　　　　　　　C. 7

D. 9　　　　　　　　E. 11

3.【答案】D

3. 伦理委员会委员任期

A. 2 年　　　　　　B. 3 年　　　　　　C. 4 年

D. 5 年　　　　　　E. 6 年

4. 医疗卫生机构应当于每年( )前向备案的执业登记机关提交上一年度伦理委员会工作报告
   A. 1月31日　　　　B. 2月28日　　　　C. 3月31日
   D. 4月30日　　　　E. 5月31日

5. 伦理委员会作出决定应当得到伦理委员会全体委员的( )同意,伦理审查时应当通过会议审查方式,充分讨论达成一致意见
   A. 二分之一以上　　　　B. 三分之二以上
   C. 五分之三以上　　　　D. 七分之四以上
   E. 九分之五以上

6. 对已批准实施的研究项目,伦理委员会应当指定委员进行跟踪审查,跟踪审查包括
   A. 是否按照已通过伦理审查的研究方案进行试验
   B. 研究过程中是否擅自变更项目研究内容
   C. 是否发生严重不良反应或者不良事件
   D. 是否需要暂停或者提前终止研究项目
   E. 以上都是

第四节　医学道德的评价、监督和修养

【A1 型题】

1. 医德修养的根本途径和方法是
   A. 自我批评　　　　B. 自我反思
   C. 见贤思齐　　　　D. 接受患者监督
   E. 与医疗实践结合

2. 医学道德修养的范畴包括
   A. 意志、情操、仪表、品行　　　　B. 举止、仪表、意志、情感
   C. 情操、信念、习惯、举止　　　　D. 情操、举止、仪表、品行
   E. 仪表、品行、情操、信念

3. 医学道德教育的过程**不包括**
   A. 提高道德意识　　　　B. 培养医德情感
   C. 锻炼医德意志　　　　D. 鉴定医德信念
   E. 进行自我教育和自我锻炼

4. 医学道德的意义**不包括**
   A. 有助于形成医务人员的内在品质
   B. 有助于培养医务人员的人文素养和道德情操

4.【答案】C

5.【答案】A

6.【答案】E

1.【答案】E
【解析】与医疗实践相结合是医德修养的根本途径和方法,具体是从以下三个方面做起:①要坚持在为人民健康服务的医疗实践中认识主观世界,改造主观世界;②要坚持在医疗实践中检验自己的品德,自觉地进行自我教育,自我锻炼,提高自己医学修养;③要随着医疗实践的发展,使自己的认识不断提高,医学道德修养不断深入。

2.【答案】D
【解析】医德修养包括医疗实践中所形成的情操、举止、仪表和品行等。

3.【答案】E
【解析】医学道德教育的过程包括提高医德认识、培养医德情感、锻炼医德意志、坚定医德信念以及养成医德行为习惯。

4.【答案】E
【解析】医学道德教育的意义包括:①有助于形成医务人员的内在品质,是把医学和规范转化为内心信念的重要一环;②有助于培养医务人员的人文素养和道德情操,是形成良好医德医风的重要环节;③有助于培养高素质的医学人才,是促进医学科学工作发展的重要措施。

C. 有助于促进医学科学工作发展

D. 是将医学道德原则和规范转化为内心信念的重要环节

E. 是确保维护社会公益的原则

5.【答案】E

【解析】正确把握医德评价依据的观点：①在医学道德评价上，我们应该坚持哲学上的动机与效果辩证统一的观点，即必须从效果上去检验动机，又要从动机上去看待效果，对具体情况做具体分析。②一般情况下目的决定手段，手段服从目的，没有目的的手段是毫无意义的。同时，没有一定的手段相助，目的也是无法实现的。在评价医务人员的医德行为时，不仅要看其目的是否正确，还要看其是否选择了恰当的手段。

5. 正确把握医德评价依据的观点是

A. 动机论

B. 手段论

C. 效果论

D. 目的论

E. 动机与效果、目的与手段辩证统一论

6. 医学道德评价的标准包括

A. 疗效标准、社会标准、科学标准

B. 舆论标准、价值标准、疗效标准

C. 科学标准、社会标准、舆论标准

D. 科学标准、疗效标准、价值标准

E. 社会标准、价值标准、舆论标准

6.【答案】A

【解析】医学道德评价标准有疗效标准、社会标准、科学标准。

7. 对医德评价的意义理解**有误**的是

A. 表明评价者个人的喜好

B. 形成健康的医德氛围

C. 调节医学人际关系

D. 有助于将外在医德规范内化为医务人员的信念

E. 有助于指导医务人员选择高尚的医德行为

7.【答案】A

【解析】医德评价是医务人员行为、医疗卫生保健单位活动的监视器和调节器；维护医德原则、规范和准则的重要保障；使医德原则、规范和准则转化为医务人员行为和医疗卫生保健单位活动的中介和桥梁。

8. 医德品质构成的基本要素是

A. 内心信念　　　B. 社会舆论　　　C. 传统习俗

D. 真诚信仰　　　E. 科学标准

8.【答案】A

【解析】内心信念是指医务人员发自内心地对道德义务的深刻认识、真诚信仰和强烈的责任感，是医务人员对自己行为进行善恶评价的内在动力，是医德品质构成的基本要素，也是医德评价的重要方式。

9. 对医务人员在医德修养方面提倡"慎独"，**不正确**的是

A. "慎独"是古代儒家用语，是封建社会道德特有的范畴

B. "慎独"是道德修养的方法

C. "慎独"是指个人在独处无人监督时，仍能坚持道德原则和道德信念

D. "慎独"是中性名词，在今天使用它可以有崭新的内容和含义

E. 医德修养是有层次的，提倡"慎独"，是希望医务人员的医德修养达到更高境界

9.【答案】A

10.【答案】B

【解析】社会舆论是指公众对某种社会现象、行为和事件的看法和态度，即公众的认识。社会舆论可以形成一种强大的精神力量，调整人们的道德行为，指导人们的道德生活，适宜的评价最普遍、最具有影响力的方式，在医德评价中起着重要作用。

10. 医学评价中最普遍、最具有影响力的方式是

A. 内心信念　　　B. 社会舆论　　　C. 传统习俗

D. 真诚信仰　　　E. 科学标准

11. 市场经济条件下加强医学伦理教育的必要性主要取决于
 A. 公正分配医药卫生资源的要求
 B. 实现医疗活动道德价值的要求
 C. 协调医际关系的要求
 D. 合理解决卫生劳务分配问题的要求
 E. 正确处理市场经济对医学服务正负双重效应的要求

11.【答案】E

12. 医德修养的内容**不包括**
 A. 学习医疗卫生体制改革文件,进行政策修养
 B. 学习科学的医学伦理学理论,进行医德理论修养
 C. 在医疗实践中以医德原则和规范要求自己,进行医德规范认同修养
 D. 以正确的医德思想战胜错误的医德思想,进行医德情感和信念修养
 E. 实践正确的医德认识,进行医德品质和习惯修养

12.【答案】A

13. 应大力宣传医务人员中的先进人物和先进事迹,所根据的医德教育原则是
 A. 目的性原则　　　　B. 理论联系实际原则
 C. 正面引导原则　　　D. 因人施教原则
 E. 实践性原则

13.【答案】C

14. 医德的维系手段是
 A. 强制性力量　　　　B. 非强制力量
 C. 卫生法纪　　　　　D. 经济奖惩
 E. 行政处罚

14.【答案】B

15. 医德评价方式**不包括**
 A. 正式社会舆论　　　B. 非正式社会舆论
 C. 传统习俗　　　　　D. 内心信念
 E. 卫生行政仲裁

15.【答案】E

16. 医学道德评价一般分为
 A. 自我评价与非自我评价
 B. 社会评价
 C. 内心信念
 D. 传统习俗
 E. 社会评价与他人评价

16.【答案】A

17. 原中华人民共和国卫生部颁布的《医务人员医德规范及实施办法》的精神是
 A. 对患者一视同仁　　B. 文明礼貌服务

17.【答案】E

C. 廉洁行医   D. 为患者保守隐私

E. 实行社会主义人道主义

18.【答案】E

18. 临床医师应尽的道德义务中,首要和根本的是

A. 对同事的义务   B. 对医院的义务

C. 对医学的义务   D. 对社会的义务

E. 对患者的义务

19.【答案】E

19. 对"慎独"最正确的理解是

A. 无人监督时注意不违背医德

B. 别人无法监督时注意不违背医德

C. 有错误思想干扰时注意加以抵制

D. 坚持从小事上点点滴滴做起

E. 坚持医德修养的高度自觉性、坚定性、一贯性

20.【答案】D

20. 评价医德行为善恶的根本标准是

A. 患者的个人意见

B. 患者家属的意见

C. 新闻媒体的认定

D. 有利于患者康复、有利于医学发展、有利于人类生存环境
的改善

E. 社会主义医德规范体系

第二部分
专业理论

第一篇　总论

第一章　麻醉前访视、病情评估和麻醉计划的制订

【A1 题型】

1. 术前评估对患者进行 ASA 评级时，ASA 的英文表述为
   A. American Society of Anesthesiologists
   B. American Stomatological Association
   C. American Surgical Association
   D. American Standard Association
   E. American Statistical Association

2. 术前访视患者时，需要了解很多内容，以下哪项最**不重要**
   A. 婚姻史
   B. 过去史
   C. 以往麻醉手术史
   D. 治疗用药史
   E. 过敏史

3. ASA 分级中，ASA Ⅲ级是指
   A. 濒死状态，麻醉手术危险性很大
   B. 重要脏器轻度病变，虽在代偿范围，但对麻醉手术的耐受性差
   C. 重要脏器轻度病变，代偿健全，对麻醉手术的耐受性一般
   D. 重要脏器病变严重，虽在代偿范围，但对麻醉手术的耐受性差
   E. 重要脏器病变严重，代偿不全并已威胁生命，麻醉手术危险性较大

4. 关于术前禁食水，对大于 36 个月小儿的正确建议是
   A. 禁食 10 小时以上，禁饮 6 小时以上
   B. 禁食 8 小时以上，禁饮 6 小时以上
   C. 禁食 8 小时以上，禁饮 4 小时以上
   D. 禁食 6~8 小时，禁饮 2~3 小时
   E. 禁食 4 小时以上，禁饮 2 小时以上

1.【答案】A
【解析】ASA 指的是美国麻醉医师协会（American Society of Anesthesiologists）。
【考点】ASA 分级

2.【答案】A
【解析】术前访视主要了解现病史、个人史、既往史、过敏史、手术麻醉史、药物应用史。
【考点】麻醉前访视内容

3.【答案】D
【解析】ASA Ⅰ级：患者的重要器官功能正常，体格健壮，能耐受手术麻醉；Ⅱ级：有轻微系统疾病，重要器官有轻度病变，但代偿功能健全，日常活动不受限，能耐受一般手术麻醉；Ⅲ级：有严重的系统性疾病，重要器官功能受损，但仍在代偿范围内，日常活动受限，对施行手术麻醉仍有顾虑；Ⅳ级：有严重系统性疾病，重要器官病变严重，功能代偿不全，已威胁安全，施行麻醉和手术均有危险；Ⅴ级：病情已达濒死阶段，不论手术与否难以存活 24 小时。
【考点】ASA 分级

4.【答案】D
【解析】小儿不耐饥饿，其禁食、禁饮时间可以缩短，小儿推荐术前应禁食（奶）4~8 小时，禁水 2~3 小时。6 个月内的新生儿术前 2 小时禁饮，术前 4 小时禁食固体食物包括奶；6 个月的婴儿为禁食配方奶 6 小时，母乳 4 小时，禁饮 2 小时，易消化固体食物 6 小时，不宜消化固体食物 8 小时。
【考点】术前禁食指南

5.【答案】E

【解析】麻醉方式的选择需要综合考虑患者的病情、一般情况、手术部位、方法、大小、时间、麻醉的技术能力和经验等。

【考点】麻醉方式的选择原则

6.【答案】D

【解析】抗高血压药最好用到手术日晨；单胺氧化酶抑制药和三环类抗抑郁药均可影响对麻醉药的耐受性，应于术前停止使用；服用抗凝药物的患者，手术前应停止使用；β受体阻滞药术前患者应用时，可不停药。

【考点】术前药物应用的调整

7.【答案】C

【解析】麻醉前用药的目的：①镇静（消除患者对手术的恐惧、紧张、焦虑情绪，使患者情绪安定、合作，产生必要的遗忘）。②镇痛（提高患者的痛阈，缓和或解除原发疾病或麻醉操作引起的疼痛和不适）。③预防和减少某些麻醉药的副作用，如呼吸道分泌物增加、局麻药的毒性作用等。抑制呼吸道腺体分泌，有利于维持呼吸道通畅。④降低基础代谢和神经反应的应激性、调整自主神经功能，消除或避免不利的神经反射活动，如不良迷走神经反射。

【考点】麻醉前用药的目的

8.【答案】D

【解析】单胺氧化酶抑制药术前最好停药2~3周。

【考点】术前药物应用情况调整

1.【答案】B

【解析】患者生命体征平稳，一般情况可，超声下神经阻滞可以获得满意效果。

【考点】急诊手外伤患者的麻醉选择

2.【答案】D

【解析】老年患者麻醉前评估重点包括心肺功能、糖尿病、肾脏疾病、慢性阻塞性肺疾病（COPD）等。

【考点】老年患者麻醉前评估重点

3.【答案】E

【解析】术前8小时禁食肉类等不易消化食物，术前6小时禁食固体食物及奶制品，术前2小时可饮清饮料。

【考点】术前禁饮禁食指南

---

5. 下面选项与手术时麻醉方式的选择关系**不大**的是
   A. 一般情况
   B. 重要器官损害程度
   C. 手术部位和时间长短
   D. 麻醉设备条件
   E. 麻醉医师的偏执爱好

6. 以下关于术前药物应用情况的描述，正确的是
   A. 麻醉药有降压的作用，因此高血压患者的降压药手术当天应该停用
   B. 长期服用单胺氧化酶抑制药的患者，为了控制患者的病情，手术前也不能停用
   C. 长期服用阿司匹林的患者，只要实施的不是椎管内麻醉，就建议服用至手术当天
   D. 小儿患者术中分泌物容易增多，建议术前应用阿托品
   E. 阿片类药物有降心率作用，因此服用β受体阻滞药的患者术前最好停药

7. 麻醉前用药的作用**不正确**的是
   A. 消除患者恐惧心理
   B. 降低患者基础代谢率
   C. 加强肌肉松弛
   D. 提高痛阈
   E. 减少呼吸道分泌物

8. 单胺氧化酶抑制药，应该术前多久停用方安全
   A. 3 天
   B. 1 周
   C. 10 天
   D. 2 周
   E. 1 个月

【A2 题型】

1. 患者男性，24 岁。因"工伤至右侧桡骨粉碎性骨折"自行来医院就诊，心率 90 次/min，血压 120/70mmHg，外科手术拟行右侧桡骨切开复位内固定术。这个患者的麻醉方法宜选用
   A. 颈丛神经阻滞
   B. 臂丛神经阻滞
   C. 非插管静脉全麻
   D. 气管内插管全身麻醉
   E. 局部浸润麻醉

2. 患者女性，70 岁。因"乙状结肠癌"拟行手术治疗，与围术期风险有密切关系的疾病**不包括**
   A. 缺血性心脏病
   B. 肾功能不全
   C. 糖尿病
   D. 痴呆
   E. 慢性阻塞性肺疾病

3. 患儿男性，10 岁。计划行 Colles 骨折切开复位术，关于术前胃肠道准备的说法，下列说法正确的是
   A. 术前 6 小时患儿吃了一个香肠，这不影响手术的按时进行

B. 只要给患者采取臂丛神经阻滞,禁食与否并不重要

C. 为了缓解饥渴,患儿术前 4 小时可以喝 200ml 牛奶

D. 为了防止术中反流误吸,患儿最好禁食 10 小时

E. 患者术前 2 小时喝了 50ml 水,不影响手术的按时进行

4. 患儿男性,2 岁。右颈胸肿物 1 月余,诊断为右中纵隔、右颈淋巴管肿物,择期行肿物切除术。选择何种麻醉最为合理

　　A. 硬膜外　　　　　　　　B. 颈丛阻滞

　　C. 全麻气管插管　　　　　D. 神经安定基础麻醉

　　E. 局麻

4.【答案】C
　　【解析】小儿手术为了气道的安全,多选用全麻。
　　【考点】麻醉方式的选择原则

5. 患者男性,40 岁。因"外伤性肝破裂"行急诊手术,手术前血压 80/55mmHg,脉搏 130 次/min,下列麻醉处理原则中<u>不正确</u>的是

　　A. 立即开放静脉,加快输血输液

　　B. 待休克纠正后马上手术

　　C. 纠正电解质、酸碱紊乱

　　D. 首选气管内全麻

　　E. 加强呼吸循环功能监测

5.【答案】B
　　【解析】受伤部位出血无法停止的休克患者,要立即手术。
　　【考点】失血性休克的处理

6. 患者女性,30 岁。车祸致股骨干开放性骨折,血压 70/40mmHg,脉搏 130 次/min,呼吸 22 次/min,术前未放置胃肠减压管,拟行切开复位内固定术。术前准备<u>不正确</u>的是

　　A. 静脉注射吗啡 5mg 止痛

　　B. 静脉注射甲氧氯普胺 10mg

　　C. 纠正酸碱平衡

　　D. 快速补液进行抗休克治疗

　　E. 静脉注射雷尼替丁 300mg

6.【答案】A
　　【解析】休克患者麻醉前要慎用止痛药,有可能会导致患者的意识丧失。
　　【考点】休克患者的处理

7. 男性患者,65 岁。因"右上肺支气管扩张"拟行右上肺叶切除术,术前痰量每天超过 50ml,最好的诱导方法和气管导管类型是

　　A. 快速诱导,单腔气管导管

　　B. 快速诱导,双腔气管导管

　　C. 快速诱导,经鼻气管插管

　　D. 慢诱导,单腔气管导管

　　E. 慢诱导,双腔气管导管

7.【答案】B
　　【解析】合并支气管扩张的患者,要快速诱导,插双腔气管导管,尽早实现双肺的隔离。
　　【考点】麻醉方式的选择

8. 患者女性,65 岁。因"尿失禁"拟行尿道悬吊手术,既往无冠心病和高血压病史。拟实施椎管内麻醉时用阿托品,其目的是

　　A. 预防呕吐

　　B. 减少胃肠道腺体分泌

　　C. 减弱迷走神经反射

8.【答案】C
　　【解析】椎管内麻醉可以导致迷走神经反射,从而造成心动过缓。
　　【考点】术前用药的目的

D. 提高痛阈,减少麻醉药用量

E. 镇静催眠

9.【答案】C

【解析】肠梗阻的最佳麻醉方式是全麻。

【考点】麻醉方式的选择原则

9. 患者男性,79 岁。腹胀呕吐 4 天,诊断为粘连性肠梗阻,有肠绞窄可能,拟行急诊剖腹探查。麻醉选择最佳为

　　A. 连续硬膜外阻滞　　　　B. 局麻加静脉辅助用药

　　C. 气管内插管全麻　　　　D. 神经安定镇痛麻醉

　　E. 腰麻

10.【答案】A

【解析】冠心病患者围术期重点预防心肌梗死的发生。

【考点】围术期并发症的预防

10. 患者男性,78 岁。拟行胆囊切除术,患者有活动后胸前不适感 5 年,近 1 个月发作次数增加。围术期重点预防

　　A. 心肌梗死　　　B. 肺栓塞　　　C. 脑栓塞

　　D. 肺水肿　　　E. 心衰

11.【答案】B

【解析】术前简单的肺功能评估方法包括吹火柴试验、屏气试验、吹气试验、胸廓周径法。

【考点】麻醉前重点评估

11. 患者女性,70 岁。因"左上肺叶肺癌"入院,每天咯血约 10ml,拟行肺癌根治术。术前访视时要了解呼吸功能,最简易的测定方法是

　　A. 观察末梢循环颜色　　　　B. 吹火柴试验

　　C. 量胸廓周径　　　　D. 床边 X 线检查

　　E. 肺部听诊

【A3/A4 题型】

(1~3 题共用题干)

患者男性,38 岁。因"酒后开车致车祸"入院,双侧股骨骨折。查体,一般情况差,贫血面貌,心率 120 次 /min,律齐,两肺呼吸音清晰,血压 80/40mmHg。

1.【答案】A

【解析】失血性休克患者术前最重要的就是输液输血补充血容量。

【考点】失血性休克处理

1. 术前准备中,下列哪一项最重要

　　A. 积极进行输液输血

　　B. 用降压药控制性降压,减少失血量

　　C. 纠正酸碱平衡

　　D. 改善凝血功能

　　E. 放置胃管,预防呼吸道窒息

2.【答案】D

【解析】失血性休克患者的麻醉方式选择全麻,饱胃患者的气道管理用声门下气道工具。

【考点】失血性休克和饱胃患者的麻醉原则

2. 这例患者的麻醉方式,下列哪项比较合适

　　A. 硬膜外麻醉　　　　B. 硬膜外联合腰麻

　　C. 腰丛复合坐骨神经阻滞　　D. 气管内插管全麻

　　E. 喉罩全麻

3.【答案】D

【解析】饱胃患者实施清醒气管插管是最安全的一种方式。

【考点】饱胃处理方法

3. 为了避免麻醉时误吸,下列哪个方法最安全

　　A. 推迟麻醉,使禁食时间达 6 小时以上

　　B. 置胃管吸引

C. 诱发患者呕吐后,再开始麻醉

D. 充分表面麻醉后清醒气管插管

E. 放置双管喉罩,通过双管喉罩放置胃管

(4~5 题共用题干)

患者女性,24 岁。停经 45 天,突发腹痛、恶心、呕吐 2 小时,呕吐物为胃内食物。血压 90/40mmHg、心率 110 次 /min,腹胀、后穹窿穿刺抽出不凝血性液体 10ml,拟行剖腹探查术。

4. 本例患者的麻醉方法应该选择

 A. 局麻   B. 气管插管全麻

 C. 腰麻   D. 硬膜外复合全麻

 E. 腰麻合并硬膜外麻醉

5. 患者的血型化验结果为 A 型,RH 阳性,患者麻醉前表示不愿输入陌生人的异体血。最好采取何种方式进行处理

 A. 给患者采取等容血液稀释技术,最大限度地减少输血量

 B. 给患者采取高容血液稀释技术,减少丢失的红细胞数量

 C. 采集患者家属的血,直接输入患者体内

 D. 血库的血即将过期,为了避免浪费,应优先输入异体血

 E. 术中采取自体血回输

(6~7 题共用题干)

患者男性,72 岁。因"右侧腹股沟疝"入院,平素可正常活动,自述有"冠心病"史 3 年,剧烈活动后可出现胸闷、胸痛。高血压病史 10 年,服用药物后控制在 130~140/80mmHg。

6. 根据 ASA 分级,该患者的 ASA 分级和纽约心脏病学会(NYHA)的心功能分级分别是

 A. ASA Ⅰ级,心功能Ⅰ级   B. ASA Ⅰ级,心功能Ⅱ级

 C. ASA Ⅱ级,心功能Ⅰ级   D. ASA Ⅱ级,心功能Ⅱ级

 E. ASA Ⅲ级,心功能Ⅱ级

7. 术前访视对患者进行心功能评估,下列选项中**不属于**常用的心功能评估方法有

 A. 吹气试验   B. 爬楼梯试验

 C. 6 分钟步行试验   D. 起立试验

 E. 运动耐量试验

(8~9 题共用题干)

患者男性,50 岁。上消化道大出血,心率 120 次 /min,血压 70/35mmHg,面色苍白,神清,外科计划手术处理。

4.【答案】B

【解析】失血性休克患者的麻醉方式选择全麻。

【考点】失血性休克处理

5.【答案】E

【解析】失血性休克患者不适合采用等容和高容血液稀释技术;异位妊娠的出血可以进行自体血回输。

【考点】自体血回输的应用

6.【答案】D

【解析】ASA Ⅱ级,患者重要器官功能轻度受损,日常活动不受限制。NYHA 心功能Ⅱ级,体力活动轻度受限,休息时无自觉症状。

【考点】ASA 分级和 NYHA 心功能分级

7.【答案】A

【解析】吹气试验是常用的肺功能评估方法。

【考点】心肺功能的评估

8.【答案】D

【解析】消化道大出血属于饱胃患者,要进行胃肠减压。

【考点】饱胃处理方法

9.【答案】C

【解析】正确的处理是立即将患者置于头低足高位,并将头转向一侧,使声门高于口腔,呕吐物从口腔流出而不误吸,同时将反流物吸出。

【考点】饱胃处理方法

提问1:【答案】ACD

【解析】产妇是误吸反流的高发人群。麻醉时注意对误吸反流的预防。

【考点】饱胃处理方法

提问2:【答案】ABCD

【解析】饱胃患者,围术期可以采用放置胃管胃肠减压、应用不同药物达到抗呕吐、抗酸和减少误吸的危险。急诊手术不要求严格的禁食时间。

【考点】饱胃处理方法

8. 该患者麻醉前准备**不正确**的是
   - A. 已无继续出血时,改善休克后再麻醉
   - B. 维持血压在 80mmHg 以上
   - C. 维持血细胞比容在 30% 以上
   - D. 不进行胃肠减压
   - E. 出血不止时应尽早手术

9. 麻醉诱导期间患者发生呕吐,下列哪项处理是正确的
   - A. 立即压迫环状软骨以闭塞食管,防止胃内容物进一步进入咽部
   - B. 立即将患者置于头高脚低位,并将头转向一侧,同时将反流物吸出
   - C. 立即将患者置于头低脚高位,并将头转向一侧,同时将反流物吸出
   - D. 立即给予支气管解痉药及抗生素
   - E. 立即进行辅助呼吸

【案例分析题】

案例一 患者女性,38 岁。产妇,孕 2 产 1。主诉:停经 39 周,阴道流血 4 小时。既往有哮喘 5 年,近 2 年未发作。妊娠期规律体检,妊娠期糖耐量异常,饮食控制。辅助检查:血常规、凝血功能均正常。患者经阴道试产期间出现胎儿宫内窘迫(胎心晚期减速)需行剖宫产术,术前 1 小时进食。

提问1:下列哪些处理比较合适
   - A. 可在局部麻醉下手术,术中保持产妇意识清醒,备好吸引设备
   - B. 诱发患者呕吐后,行快速顺序诱导气管插管
   - C. 可在椎管内麻醉下接受手术,术中注意防止血压下降引起呕吐,备好吸引设备
   - D. 可评估气道,行快速顺序诱导气管插管全麻
   - E. 可不进行气管插管,全凭静脉麻醉下手术,胎儿娩出如呼吸功能差可辅助通气
   - F. 可评估气道,快速顺序诱导后置入喉罩全麻

提问2:为了降低该产妇术中术后恶心、呕吐以及肺误吸的风险,下列说法哪些正确
   - A. 麻醉前放置粗胃管行胃肠减压尽可能将胃排空
   - B. 麻醉前给患者应用雷尼替丁、5-HT$_3$ 受体拮抗剂
   - C. 术中可以采用地塞米松预防呕吐的发生
   - D. 采用椎管内麻醉,这样患者就不会出现误吸
   - E. 推迟手术时间,产妇禁食时间达到 6 小时后才可以手术
   - F. 采取清醒表面麻醉下气管插管全麻

提问 3:患者在气管插管下进行了紧急剖宫产,当胎儿娩出时,发现产妇氧饱和度将至 90%,气道压升高 10cmH₂O,心率由 90 次 /min 增加至 130 次 /min,BP 下降至 70/40mmHg,呼气末二氧化碳分压显示 25mmHg。建议采取以下哪些处理措施

    A. 使用肾上腺皮质激素抗过敏

    B. 使用解痉药解除支气管痉挛

    C. 加快输液,并采用血管活性药物尽量维持循环稳定

    D. 应用小剂量肾上腺素,纠正休克

    E. 关注凝血功能检查,及时纠正凝血功能障碍

    F. 进行动脉血气分析检查

案例二 患者男性,30 岁。因"酒后骑摩托车至外伤"急诊入院,来院时神志尚清,面色苍白,皮肤湿冷,大腿根部见大片皮肤青紫瘀斑,血压 75/50mmHg,心率 130 次 /min。

提问 1:此时首选治疗措施是哪些

    A. 建立输液通路   B. 迅速输血

    C. 大腿根部热敷   D. 留置导尿,观察尿量

    E. 吸氧   F. 给予镇静镇痛

提问 2:入院后进行检查,超声发现腹腔有液性暗区,腹腔内抽出不凝血,拟行急诊剖腹探查术。和患者交流,发现患者表情淡漠,反应迟钝。该患者此时的状态属于

    A. 没有休克   B. 休克代偿期

    C. 休克失代偿期   D. 休克不可逆期

    E. 多器官脏器衰竭期   F. 休克晚期

提问 3:休克晚期,即进入不可逆期是因为

    A. DIC 形成

    B. 患者意识丧失

    C. 重要器官功能衰竭

    D. 严重的细胞损伤

    E. 微血管麻痹

    F. 动静脉吻合支大量开放

(贾瑞芳 华 震)

提问 3:【答案】ABCDEF

【解析】本例患者出现过敏性休克,可疑羊水栓塞,应采取对症处理措施。

【考点】羊水栓塞的处理方法

提问 1:【答案】ABDE

【解析】失血性休克患者要尽早建立输液通路,输血,并观察尿量,吸氧。

【考点】失血性休克处理

提问 2:【答案】C

【解析】失血性休克早期(代偿期),患者意识清楚,但烦躁不安,脉搏快而有力,血压正常或偏高,及时治疗可终止休克;休克中期(失代偿期),患者神志尚清楚,表情淡漠,反应迟钝,脉搏细弱,收缩压下降至 80mmHg 以下,经充分代偿后不能维持血压,如积极治疗,休克仍可逆转;休克晚期(不可逆期),患者意识障碍甚至昏迷,收缩压下降至 60mmHg 以下,甚至测不到,继而发生多器官功能衰竭。

【考点】失血性休克的分期

提问 3:【答案】ACDE

【解析】休克晚期属于不可逆期的主要原因是出现了弥散性气管内凝血(DIC),微血管麻痹,组织细胞缺氧性损伤,多器官功能衰竭。

【考点】失血性休克的分期

第二章　麻醉前准备

1.【答案】B

【解析】中心供气时氧气管道为蓝色,氧化亚氮为灰色,压缩空气为黄色。

【考点】麻醉常用设备的使用

2.【答案】D

【解析】气管导管的前端斜口对侧管壁上开有一侧孔的可以有效防止斜口紧贴气管壁引起的气道堵塞。

【考点】麻醉常用设备的使用

3.【答案】A

【解析】针对不同年龄段患者,报警器所设定的心率、血压的报警界限有所不同,其中1~3岁小儿推介的心率上下限分别为160次/min和100次/min。

【考点】麻醉常用设备的使用

4.【答案】D

【解析】中心体温<36℃为低体温,轻度低体温32~36℃,中度低体温28~32℃,重度低体温18~32℃,深低体温<18℃。

【考点】麻醉常用设备的相关概念定义

5.【答案】B

【解析】人体各个部位温度的正常参考值有所不同,其中直肠部位的正常参考温度范围为36.9~37.7℃。

【考点】麻醉常用设备的相关概念定义

6.【答案】E

【解析】钠石灰的主要成分有$Ca(OH)_2$、NaOH、少量的硅酸盐以及少量的指示剂。

【考点】麻醉常用设备的原理和使用

【A1 型题】

1. 中心供气时氧气管道的颜色是
   A. 灰色
   B. 蓝色
   C. 黄色
   D. 白色
   E. 棕色

2. 气管导管的前端斜口对侧管壁上开有一侧孔的作用是
   A. 减少通气阻力
   B. 增加通气量
   C. 对应右上肺支气管的开口
   D. 防止斜口紧贴气管壁引起的气道堵塞
   E. 方便导管内吸引

3. 1~3 岁的小儿设置仪器报警界限时心率的上下限分别为
   A. 160 次/min,100 次/min
   B. 180 次/min,120 次/min
   C. 180 次/min,100 次/min
   D. 140 次/min,110 次/min
   E. 140 次/min,100 次/min

4. 中度低体温指的是中心体温
   A. 34~36℃
   B. 32~34℃
   C. 32~36℃
   D. 28~32℃
   E. 18~28℃

5. 直肠部位温度的参考正常值为
   A. 35.0~37.0℃
   B. 36.9~37.7℃
   C. 35.0~37.3℃
   D. 35.7~37.9℃
   E. 36.5~37.7℃

6. 钠石灰的主要成分**不包括**
   A. $Ca(OH)_2$
   B. NaOH
   C. 少量的硅酸盐
   D. 少量的指示剂
   E. $CaCO_3$

7. 下列哪个药物**禁**与钙剂合用
    A. 肾上腺素   B. 阿托品   C. 多巴胺
    D. 毛花苷丙   E. 氨茶碱

8. 下列哪类患者可以应用氯琥珀胆碱进行快速气管插管
    A. 严重挤压伤   B. 高钾血症   C. 脊髓损伤
    D. 孕产妇   E. 脑出血

9. 具有顺行性遗忘作用的麻醉前用药是
    A. 吗啡   B. 哌替啶   C. 咪达唑仑
    D. 阿托品   E. 东莨菪碱

10. **不**属于麻醉前用药目的的是
    A. 镇静
    B. 镇痛
    C. 抑制呼吸道腺体分泌
    D. 稳定患者情绪,减少紧张焦虑等心理反应
    E. 肌肉松弛

【A2型题】

1. 患者男性,35 岁。体重 89kg,身高 166cm,拟行腹腔镜胆囊切除术,根据其体重指数,该患者属于
    A. 正常体重范围   B. 肥胖前期   C. Ⅰ度肥胖
    D. Ⅱ度肥胖   E. Ⅲ度肥胖

2. 患儿女性,4 岁。体重 20kg,拟于全麻下行扁桃体切除术,术前准备下列哪项**不正确**
    A. 心电图
    B. 胸片
    C. 血常规
    D. 禁食 4 小时
    E. 术前访视患者,与家属沟通

3. 检查麻醉机时,完全关闭 APL 阀,打开氧气流量开关,同时用手堵住呼吸螺纹管"Y"形接头,轻轻按下快速给氧开关,发现 30 秒内其压力下降幅度大于 20cmH$_2$O,最可能的原因是
    A. 手控 BAG 破裂
    B. 钠石灰吸收罐安放没有达到指定位置
    C. 螺纹管某端破裂漏气
    D. 挥发罐密闭垫圈老化
    E. 部分紧固螺丝松脱

7.【答案】D
【解析】毛花苷丙可加强心肌收缩力,本品禁与钙剂合用,必要时需间隔 4 小时以上。
【考点】麻醉与围术期治疗用药的相互作用和注意事项

8.【答案】D
【解析】严重挤压伤、脑出血、高钾血症、脑卒中或肿瘤所致的上运动神经元病变、脊髓损伤、近期发作的多发性硬化症、破伤风或弥漫性下运动神经元病变的患者,视网膜脱离、虹膜脱垂、白内障摘除、穿孔伤等眼部开放患者或者手术患者禁用氯琥珀胆碱。
【考点】麻醉常用药物的适应证、用法、作用机制、副作用

9.【答案】C
【解析】咪达唑仑具有顺行性遗忘作用。
【考点】麻醉常用药物的适应证、用法、作用机制

10.【答案】E
【解析】麻醉前用药的目的包括消除患者紧张、焦虑及恐惧的情绪。增强全身麻醉药的效果,减少全麻药用量及其副作用;提高患者的痛阈;抑制呼吸道腺体的分泌功能;消除因手术或麻醉引起的不良反射。
【考点】麻醉常用药物的用法

1.【答案】D
【解析】体重指数(BMI)= 体重(kg) ÷ 身高(m)^2,中国参考指标 BMI<18.5 为体重过低,18.5~23.9 为正常范围,24~26.9 为肥胖前期,27~29.9 为Ⅰ度肥胖,30~39.9 为Ⅱ度肥胖,≥40 为Ⅲ度肥胖,该患者 BMI 为 32.3,属于Ⅱ度肥胖。
【考点】麻醉前评估

2.【答案】D
【解析】我国小儿术前禁食饮料 2 小时、母乳 4 小时、配方奶 6 小时、牛奶 6 小时、固体食物 8 小时。
【考点】麻醉前评估

3.【答案】B
【解析】提示回路漏气,而回路漏气最常见的原因是钠石灰吸收罐安放没有达到指定位置。
【考点】麻醉常用设备的原理和使用

4.【答案】C
【解析】罗哌卡因能产生感觉神经与运动神经分离阻滞。
【考点】麻醉常用药物的适应证、用法、作用机制

5.【答案】B
【解析】阿曲库铵通过霍夫曼水解代谢，对肾功能无影响。
【考点】麻醉常用药物的适应证、用法、作用机制

6.【答案】C
【解析】多巴胺大剂量可兴奋α受体，中剂量兴奋β受体，小剂量增加肾、脑、肠系膜血管及冠状动脉灌注。
【考点】麻醉常用药物的适应证、用法、作用机制

7.【答案】B
【解析】哮喘患者禁用β受体阻滞剂，其抑制β受体激动，导致支气管痉挛，加重哮喘发作。
【考点】麻醉常用药物的适应证、用法、作用机制

8.【答案】C
【解析】气管插管麻醉前常规需准备三根不同型号的气管导管。
【考点】麻醉常用工具的使用

9.【答案】B
【解析】BIS范围0~100，麻醉维持期间合适的BIS值范围为40~60，低于40为麻醉过深，高于60为麻醉过浅。
【考点】麻醉常用设备的使用

4. 患者男性，26岁。拟于腰丛＋坐骨神经阻滞下行膝关节镜手术，下列哪种局部麻醉药物在低浓度时能产生感觉神经与运动神经分离阻滞
   A. 盐酸布比卡因　　　　　B. 盐酸利多卡因
   C. 盐酸罗哌卡因　　　　　D. 盐酸丁卡因
   E. 碳酸利多卡因

5. 患者男性，56岁。慢性肾衰竭，拟于全麻下行肾移植术，最适宜的肌松药是
   A. 罗库溴铵　　　　　　　B. 阿曲库铵
   C. 维库溴铵　　　　　　　D. 泮库溴铵
   E. 氯琥珀胆碱

6. 患者男性，62岁。化脓性胆管炎，血压 90/60mmHg，尿少，拟于全麻下行开腹探查术，最适宜的血管活性药物是
   A. 肾上腺素　　　　　　　B. 去甲肾上腺素
   C. 多巴胺　　　　　　　　D. 去氧肾上腺素
   E. 异丙肾上腺素上腺素

7. 患者男性，54岁。既往哮喘病史，不宜使用的血管活性药物是
   A. 肾上腺素　　　　　　　B. β受体阻滞剂
   C. α受体阻滞剂　　　　　D. 去甲肾上腺素
   E. 异丙肾上腺素上腺素

8. 患者男性，65岁。拟于气管插管全麻下行胃癌根治术，气管插管前通常应准备
   A. 一根气管导管　　　　　B. 两根气管导管
   C. 三根气管导管　　　　　D. 四根气管导管
   E. 五根气管导管

9. 患者男性，65岁。既往脑梗病史，拟于全麻下行结肠癌根治术，为维持合适的麻醉深度，麻醉过程使用 BIS 监测，麻醉维持期间合适的 BIS 值范围是
   A. 20~40　　　　　B. 40~60　　　　　C. 0~40
   D. 40~80　　　　　E. 80~100

【A3/A4 型题】

(1~2题共用题干)

患者女性，65岁，62kg。诊断为风湿性心脏病，二尖瓣狭窄伴关闭不全，全心衰。长期服用地高辛和氢氯噻嗪，近 3 天病情加重，心电图示室性期前收缩二联律，血清钾 2.4 mmol/L。

1. 下列处理方法中哪项是合适的
   A. 静脉注射利多卡因　　　B. 静脉注射葡萄糖酸钙
   C. 静脉泵注胺碘酮　　　　D. 停用地高辛、补钾
   E. 静脉泵注多巴胺

2. 该患者**禁用**下列哪种药物
   A. 异丙肾上腺素　　　　　B. 多巴胺
   C. 利多卡因　　　　　　　D. 去氧肾上腺素
   E. 阿托品

(3~5 题共用题干)
患者男性,58 岁,67kg。双下肢无力麻木伴间歇性跛行 2 年,诊断为腰椎管狭窄,腰椎间盘突出,拟行腰椎管减压椎弓根内固定术。麻醉前访视:患者步行困难,张口见悬雍垂被部分遮挡。

3. 该患者改良 Mallampati 分级为
   A. Class Ⅰ　　　　B. Class Ⅱ　　　　C. Class Ⅲ
   D. Class Ⅳ　　　　E. Class Ⅴ

4. 该患者应选择何种麻醉方式
   A. 气管插管全身麻醉　　　B. 蛛网膜下腔麻醉
   C. 硬膜外麻醉　　　　　　D. 局部麻醉
   E. 喉罩全身麻醉

5. 患者完成气管插管后行机械通气,术中突然出现呼吸机报警,提示压力过高,最常见的原因为
   A. 气管插管过深　　　　　B. 气管导管折曲
   C. 气道痉挛　　　　　　　D. 呼吸回路受压阻断
   E. 气道分泌物

(6~8 题共用题干)
患者男性,71 岁。既往高血压、糖尿病史,血压最高 170/95mmHg,尿蛋白(+),因肾囊肿拟于全麻下行肾囊肿开窗去顶术。

6. 该患者高血压分级为
   A. 高血压病Ⅰ级中危组　　　B. 高血压病Ⅰ级高危组
   C. 高血压病Ⅰ级极高危组　　D. 高血压病Ⅱ级高危组
   E. 高血压病Ⅱ级极高危组

7. 该患者降压治疗的目标值是
   A. <140/90mmHg　　　B. <150/90mmHg　　　C. <130/80mmHg
   D. <150/100mmHg　　E. <120/80mmHg

1. 【答案】D
   【解析】慢性心衰患者服用洋地黄过程中出现心衰加重,心电图示室性期前收缩二联律、血清钾降低,考虑为洋地黄中毒和低钾血症,所以合适的处理方法为停用地高辛并静脉补钾。
   【考点】麻醉与围术期治疗用药的注意事项

2. 【答案】A
   【解析】洋地黄中度患者禁用肾上腺素、异丙肾上腺素。
   【考点】麻醉与围术期治疗用药的注意事项

3. 【答案】B
   【解析】改良 Mallampati 分级为患者坐在麻醉医师面前,用力张口伸舌至最大限度,根据所能看到的咽部结构,给患者分级。Class Ⅰ:软腭、硬腭、悬雍垂;Class Ⅱ:可见软腭、硬腭及部分悬雍垂;Class Ⅲ:可见软腭、硬腭;Class Ⅳ:只可见硬腭。
   【考点】麻醉前准备——气道评估

4. 【答案】A
   【解析】患者已存在的神经压迫症状为椎管内阻滞的禁忌证,同时手术时间长,且手术体位为俯卧位,故应选择气管插管全身麻醉。
   【考点】常见骨科手术的围术期麻醉管理

5. 【答案】B
   【解析】麻醉期间气道压力增高的原因最常见的为气管导管折曲,也是最容易发现的原因。
   【考点】麻醉常用设备的原理和使用

6. 【答案】D
   【解析】该患者老年男性,血压高压 >160mmHg,合并有糖尿病,为高血压病Ⅱ级高危组。
   【考点】围术期高血压的诊断、评估和防治

7. 【答案】C
   【解析】患者合并糖尿病,血压应控制在 <130/80mmHg。
   【考点】围术期高血压的诊断、评估和防治

8.【答案】E

　　【解析】患者合并糖尿病,尿蛋白(+),对该患者具有强适应证的降压药为血管紧张素转换抑制剂。

　　【考点】围术期高血压的诊断、评估和防治

8. 对该患者具有强适应证的降压药是

　　A. 利尿剂

　　B. 钙离子拮抗剂

　　C. α受体阻滞剂

　　D. β受体阻滞剂

　　E. 血管紧张素转换酶抑制剂

【案例分析题】

案例　患者男性,32岁,70kg。晚饭后散步时车祸入院,入院后测血压 78/48mmHg、心率 125 次 /min,面色苍白,神志淡漠,肢端冷,普外科会诊诊断为肝破裂,而行急诊探查手术。

提问 1:下列有关该患者手术的麻醉前准备正确的是

　　A. 先手术治疗,再治疗失血性休克疗

　　B. 先治疗失血性休克,再行手术治

　　C. 抗休克治疗以血管活性药物为主

　　D. 一边抗休克,一边尽快手术治疗

　　E. 抗休克治疗以补充血液为主

　　F. 抗休克治疗以补充胶体液为主

提问 2:患者入室血压 77/44mmHg,心率 132 次 /min,常规监测血压、心率和脉搏氧饱和度。患者应采用哪种麻醉方法后立即开始手术

　　A. 连续硬膜外麻醉

　　B. 静脉快速顺序诱导气管插管全麻

　　C. 静脉快速顺序诱导喉罩全麻

　　D. 蛛网膜下腔麻醉

　　E. 慢诱导气管插管全麻

　　F. 腰硬联合麻醉

提问 3:该患者诱导时最常用的肌松药为

　　A. 维库溴铵　　　　　　B. 阿曲库铵

　　C. 琥珀胆碱　　　　　　D. 罗库溴铵

　　E. 米库氯铵　　　　　　F. 泮库溴铵

提问 1:【答案】D

　　【解析】休克的治疗原则包括:病因治疗,液体复苏,血管活性药物及强心药物的使用,内环境、电解质的维持、重要脏器功能的支持。

　　【考点】抗休克治疗——失血性休克

提问 2:【答案】B

　　【解析】失血性休克患者使用椎管内麻醉会加重低血压,有效循环血容量不足,宜采用全身麻醉。同时该患者为饱胃患者,反流误吸风险高,故应采用静脉快速顺序诱导气管插管全麻。

　　【考点】麻醉前准备——气道管理

提问 3:【答案】CD

　　【解析】琥珀胆碱和罗库溴铵起效快,可以满足静脉快速顺序诱导。

　　【考点】麻醉常用药物的适应证、用法

（杨　明　华　震）

第三章 麻醉诱导

59

【A1 型题】

1. 慢诱导插管前 BIS 至少小于
   A. 90　　　　　　B. 80　　　　　　C. 70
   D. 60　　　　　　E. 50

2. 丙泊酚静脉注射**不是**减少注射痛的预防措施是
   A. 选择较细的静脉
   B. 预先静脉滴注芬太尼
   C. 丙泊酚中混入利多卡因
   D. 减慢注射速度
   E. 选用中长链脂肪乳丙泊酚注射剂

3. 患者禁食时间不足,麻醉诱导前采用具体措施避免反流、误吸的方法**错误**的是
   A. 在病房置入粗大胃管吸引胃内容物并催吐
   B. 口服枸橼酸钠溶液
   C. 静脉注射西咪替丁
   D. 适度头低位减少反流
   E. 为预防反流误吸,对饱胃患者,应尽量推迟手术时间

4. 使气管黏膜毛细血管血流中断的气管导管套囊的压力是
   A. 20mmHg　　　　B. 22mmHg　　　　C. 26mmHg
   D. 28mmHg　　　　E. 30mmHg

5. 起效最快的肌松药
   A. 罗库溴铵　　　　B. 维库溴铵　　　　C. 阿曲库铵
   D. 顺式阿曲库铵　　E. 琥珀胆碱

6. 快速顺序诱导适用患者**不包括**
   A. 饱胃患者　　　　B. 妊娠妇女

1.【答案】C
【解析】慢诱导主要用于困难气道患者,诱导时配合应用表面麻醉、不明显抑制呼吸的镇静催眠药进行诱导,在人工气道建立前不使用肌松药。慢诱导前 BIS 至少小于 70。
【考点】保留自主呼吸慢诱导方法

2.【答案】A
【解析】丙泊酚注射痛比较明显,通过较粗的或中心静脉输注有助于减轻丙泊酚引起的注射痛。
【考点】静脉诱导药物引起的注射痛

3.【答案】D
【解析】适度头高位可减少反流。
【考点】反流误吸的预防措施

4.【答案】E
【解析】毛细血管起始端的压力为 30mmHg。
【考点】气管插管的套囊压

5.【答案】E
【解析】琥珀胆碱是起效最快的肌松药,起效时间为 0.75~1 分钟。
【考点】肌松药的起效时间

6.【答案】E
【解析】快速顺序诱导用于饱胃、肠梗阻、病态肥胖患者和妊娠妇女。
【考点】快速顺序诱导适应证

C. 肠梗阻患者　　　　　　　　D. 病态肥胖患者

E. 小儿

7.【答案】A
【考点】麻醉诱导的通气压

7. 通气压力低于多少一般**不增加**反流
　A. 20cmH$_2$O　　　　　　B. 22cmH$_2$O　　　　　C. 24cmH$_2$O
　D. 26cmH$_2$O　　　　　　E. 28cmH$_2$O

8.【答案】E
【解析】除氧化亚氮外,几乎所有吸入性麻醉药都有循环抑制作用,休克状态下吸入麻醉药诱导速度加快,MAC 值下降,心功能抑制等毒副作用增加。
【考点】休克患者诱导药物的选择

8. 适用于休克患者的诱导药物**不包括**
　A. 依托咪酯　　　　　　　　B. 阿片类药物
　C. 氯胺酮　　　　　　　　　D. 苯二氮䓬类
　E. 吸入性麻醉药

【A2 型题】

1.【答案】E
【解析】全麻插管后患者出现气道阻力增高,潮气量降低,听诊呼吸音微弱,结合哮喘病史,首先考虑哮喘发作。
【考点】哮喘患者的麻醉诱导

1. 患者男,60 岁。诊断结肠癌,拟全麻下行右半结肠切除术,既往高血压,哮喘病史,均控制良好。气管插管后发现气道阻力增高,潮气量降低,听诊呼吸音微弱,最可能发生的情况是
　A. 气管导管阻塞　　　　　　B. 导管误入一侧支气管
　C. 张力性气胸　　　　　　　D. 过敏反应
　E. 哮喘发作

2.【答案】C
【解析】氯胺酮对支气管痉挛有一定的预防和治疗作用。
【考点】哮喘患者的诱导药物选择

2. 患者女,58 岁。有哮喘病史,诊断子宫肌瘤,拟全麻行腹腔镜子宫肌瘤剔除术,为避免诱导期支气管痉挛,以下方法**错误**的是
　A. 预防性应用糖皮质激素
　B. 诱导前吸入沙丁胺醇
　C. 避免使用氯胺酮
　D. 异丙酚具有气道保护作用
　E. 术前应用苯二氮䓬类药物镇静

3.【答案】B
【解析】避免缺氧和高碳酸血症,避免过度通气。
【考点】冠心病患者的诱导原则

3. 患者男,75 岁。诊断结肠癌,拟全麻行左半结肠切除术,既往冠心病 10 年,服药控制可。对于冠心病病史的患者,常规诱导的注意事项**错误**的是
　A. 少量逐次增加麻醉药物用量
　B. 避免缺氧和高碳酸血症,最好过度通气
　C. 控制心率,预防插管后血压上升
　D. 纠正贫血,增加心肌供氧
　E. 适当应用硝酸酯类药物

4.【答案】E
【解析】氯胺酮间接拟交感作用,增加心肌氧耗,禁止单独用于冠心病患者诱导。
【考点】冠心病患者的诱导药物选择

4. 患者男,75 岁。诊断结肠癌,拟全麻行左半结肠切除术,既往冠心病 10 年,服药控制可。冠心病患者诱导**不应**选择药物
　A. 异丙酚　　　　　　　B. 依托咪酯　　　　　C. 巴比妥
　D. 苯二氮䓬类　　　　　E. 氯胺酮

5. 患者男,40岁。全麻下气管插管后心率120次/min,心电图显示Ⅱ、Ⅲ导联ST段明显压低,血压随即在几分钟内从112/65mmHg降至72/45mmHg,考虑出现了
　　A. 心肌缺血　　　　B. 心衰　　　　　C. 麻醉过深
　　D. 肺栓塞　　　　　E. 麻醉过浅

5.【答案】A
　　【解析】气管插管后出现血压下降,心电图ST段改变,考虑可能出现心肌缺血。
　　【考点】冠心病患者的麻醉诱导

6. 患者男,42岁。因车祸伤需急诊行开颅手术,气管插管前进行面罩正压通气时,为防止反流误吸,应压迫
　　A. 甲状软骨　　　　B. 环状软骨　　　　C. 气管
　　D. 舌骨　　　　　　E. 腹部

6.【答案】B
　　【解析】Selick手法时用拇指和示指紧紧压迫患者软骨,阻塞食管,减少反流风险。
　　【考点】Selick手法

7. 患者男,42岁。因车祸伤需急诊行开颅手术,气管插管时发生反流误吸,误吸后的处理错误的是
　　A. 重建气道
　　B. 经气管插管反复吸引
　　C. 应用PEEP 3~5cmH$_2$O纠正低氧血症
　　D. 应用糖皮质激素缓解支气管痉挛
　　E. 利尿,纠正酸中毒并维持血流动力学稳定

7.【答案】C
　　【解析】应用PEEP 5~10cmH$_2$O纠正低氧血症。
　　【考点】误吸处理

8. 患儿女,3岁。拟行腺样体切除术,预行吸入麻醉诱导,宜选用下列哪种药物
　　A. 异氟醚　　　　　B. 地氟醚　　　　　C. 七氟醚
　　D. 恩氟醚　　　　　E. 甲氧氟醚

8.【答案】C
　　【解析】七氟醚对呼吸道无刺激,有芳香气味,麻醉诱导迅速。其他药物对气道具有刺激作用。
　　【考点】吸入麻醉诱导药物选择

9. 患者男,68岁。因急性肠梗阻,需急诊行剖腹探查术,麻醉诱导时发生反流,首先的处理措施为
　　A. 立即压迫环状软骨以闭塞食管,防止胃内容物进一步进入咽部
　　B. 立即将患者置于头低脚高位、头转向一侧,同时将反流物吸出
　　C. 立即进行辅助呼吸
　　D. 立即行气管插管
　　E. 立即给予支气管解痉药物及抗生素

9.【答案】B
　　【解析】麻醉诱导发生反流时,立即将患者置于头低脚高位、头转向一侧,同时将反流物吸出。然后进行其他的处理。
　　【考点】反流误吸的处理

10. 患者男,75岁。诊断结肠癌,拟全麻行左半结肠切除术,既往冠心病10年,服药控制可。拟应用依托咪酯诱导,依托咪酯不宜用于
　　A. 高血压患者
　　B. 冠心病患者
　　C. 眼科手术
　　D. 肠梗阻手术
　　E. 肾上腺皮质功能减退患者

10.【答案】E
　　【解析】依托咪酯对肾上腺皮质内甾体的合成有抑制作用,对于肾上腺皮质功能减退的患者可增加围术期的死亡率。
　　【考点】依托咪酯的禁忌证

11.【答案】E

【解析】氯胺酮使脑血流增加,咪达唑仑、异丙酚、依托咪酯和硫喷妥钠均使脑血流下降。

【考点】氯胺酮的生理作用

12.【答案】A

【解析】预注量是在插管剂量之前就占据较多受体,减低神经肌肉兴奋传递的安全阈,减少了注入插管剂量后达到肌松药阻滞神经肌肉兴奋传递所需占有受体总数的时间,因此缩短了起效时间。

【考点】全麻诱导的肌松药用法

1.【答案】C

【解析】根据患者的手术方式选择气管插管全麻最为恰当。

【考点】麻醉方法选择

2.【答案】B

【解析】气管插管的优点不包括易于维持循环稳定。

【考点】气管插管的优点

3.【答案】C

【解析】气管插管反应常表现为循环的变化。

【考点】气管插管生理反应

4.【答案】B

【解析】患者有哮喘病史,且存在心功能不全。肌松药的选择要避免诱发支气管痉挛的肌松剂。选项中维库溴铵最合适,哌库溴铵是属于长效肌松剂,不适用于短时间手术,如腹腔镜胆囊切除术。

【考点】全麻诱导肌松药选择

11. 患者男,42岁。因车祸伤需急诊行开颅手术,导致颅内压增高的静脉麻醉药是
A. 咪达唑仑　　　B. 异丙酚　　　C. 依托咪酯
D. 硫喷妥钠　　　E. 氯胺酮

12. 患者男,70岁。诊断胆囊结石,拟全麻行腹腔镜胆囊切除术。全麻插管时,为缩短肌松药的起效时间,预注的剂量是插管剂量的
A. 1/10~1/6　　　B. 1/6~1/4　　　C. 1/4~1/3
D. 1/4~1/2　　　E. 1/3~1/2

【A3/A4 型题】

(1~3 题共用题干)

患者男,50岁。食管癌拟行肿瘤切除术,术前情况大致正常,无高血压病史。

1. 该患者选择哪种麻醉最恰当
A. 硬膜外麻醉　　　　B. 局部麻醉
C. 气管插管全麻　　　D. 神经干阻滞
E. 腰麻

2. 患者行气管插管,哪项是**错误**的
A. 易于保持呼吸道通畅
B. 易于维持循环稳定
C. 减少呼吸道无效腔
D. 易于吸出呼吸道分泌物
E. 便于机械通气

3. 患者行气管插管时,血压、心率明显上升,5分钟后逐渐恢复正常,可能的原因是
A. 麻醉太深　　　　B. 麻醉太浅
C. 气管插管反应　　D. 血容量不足
E. 肿瘤导致病理变化

(4~5 题共用题干)

患者男,45岁。胆囊炎拟行腹腔镜胆囊切除术,既往哮喘病史,中度体力活动后即有呼吸困难,夜间需抬高头部,无外周水肿。动脉血气:pH 7.36,PaO_2 60mmHg,$PaCO_2$ 85mmHg,HCO_3^- 36mmol/L。

4. 全麻首选的肌松药是
A. 琥珀酰胆碱　　　B. 维库溴铵　　　C. 哌库溴铵
D. 阿曲库铵　　　　E. 米库氯铵

5. 该患者麻醉期间出现支气管痉挛,**错误**的是
   A. 常见于气道呈高敏感反应的患者
   B. 表现为吸气性呼吸困难,常伴哮鸣音
   C. 浅麻醉下手术刺激可引起反射性支气管痉挛
   D. 吗啡由于具有组胺释放作用可引发支气管痉挛
   E. 严重的支气管痉挛需用 β₂ 受体兴奋剂治疗

5.【答案】B
【解析】支气管痉挛表现为呼气性呼吸困难,常伴哮鸣音。
【考点】全麻中支气管痉挛的原因及处理

(6~7 题共用题干)

患者女,70 岁。外伤致眼球穿透伤,急诊行手术治疗。

6. 全麻**不宜**选用的诱导药物是
   A. 咪达唑仑　　　B. 芬太尼　　　C. 丙泊酚
   D. 利多卡因　　　E. 琥珀胆碱

6.【答案】E
【解析】静脉注射琥珀胆碱可引起眼压升高,眼内容物脱出。
【考点】琥珀胆碱的不良反应

7. 该患者全麻诱导显露咽喉部时,大量胃内容物涌出。立即吸引后气管插管,但 SpO_2 为 80%,气道阻力大,双肺有湿啰音,患者可能为
   A. 支气管哮喘　　　B. 反流误吸　　　C. ARDS
   D. 肺水肿　　　E. 心功能不全

7.【答案】B
【解析】反流误吸的临床表现为喘鸣、低氧血症和肺顺应性下降。一旦发生误吸必须及时处理,处理原则是解除气道梗阻、减轻肺损伤。
【考点】全麻诱导反流误吸的症状

(8~9 题共用题干)

患者男,69 岁。右上肺支气管扩张症,拟行右上肺切除术。痰液每天超过 50ml。

8. 麻醉诱导时应尽量**避免**
   A. 心动过速　　　B. 血压升高　　　C. 血压降低
   D. 呛咳　　　E. 心律失常

8.【答案】D
【解析】此类患者麻醉诱导力求平稳,避免兴奋和呛咳。
【考点】全麻诱导的并发症

9. 该患者 6 个月前发生心室下壁心肌梗死,现病情稳定,心电图示 Ⅱ、Ⅲ、aVF 导联病理性 Q 波。全麻诱导药物宜用
   A. 硫喷妥钠、吗啡、琥珀胆碱
   B. 丙泊酚、芬太尼、琥珀胆碱
   C. 地西泮、芬太尼、箭毒
   D. 咪达唑仑、芬太尼、维库溴铵
   E. 氯胺酮、吗啡、箭毒

9.【答案】D
【解析】对心血管系统影响小,并有效减少插管反应。
【考点】全麻诱导药物选择

【案例分析题】

案例　患者男,30 岁,70kg。工地坠落,导致左股骨干,左小腿多处骨折。准备行骨折切开复位内固定术。入室血压 60/30mmHg,心率 130 次/min。

提问 1:麻醉诱导过程处理**欠妥**的是
　　　A. 立即输血,输液　　　B. 慢诱导气管插管

提问 1:【答案】BDE
【解析】麻醉诱导时,应快速扩容,在抗休克的同时进行诱导。
【考点】休克患者的麻醉诱导

C. 保持呼吸道通畅 D. 待血压正常再诱导

E. 应用强心剂 F. 快速扩容

提问2:麻醉诱导时发生反流,应采取的处理措施为

A. 压迫环状软骨以闭塞食管,防止胃内容物进一步进入咽部

B. 将患者置于头低脚高位、头转向一侧,同时将反流物吸出

C. 进行辅助呼吸

D. 行气管插管

E. 给予支气管解痉药物及抗生素

F. 将患者置于头高足低位

提问3:适合上述患者的诱导药物包括

A. 依托咪酯 B. 阿片类药物

C. 氯胺酮 D. 苯二氮䓬类

E. 吸入性麻醉药 F. 硫喷妥钠

(赵楠楠 华 震)

提问2:【答案】ABCDE

【解析】麻醉诱导发生反流时,压迫环状软骨以闭塞食管,防止胃内容物进一步进入咽部;将患者置于头低脚高位、头转向一侧,同时将反流物吸出;进行辅助呼吸;行气管插管;给予支气管解痉药物及抗生素。

【考点】麻醉诱导时的误吸处理

提问3:【答案】ABCD

【解析】除氧化亚氮外,几乎所有吸入性麻醉药都有循环抑制作用,休克状态下吸入麻醉药诱导速度加快,MAC值下降,心功能抑制等毒副作用增加。硫喷妥钠对心肌抑制作用较强,能降低外周阻力,不适合休克患者诱导。

【考点】休克患者诱导药物的选择

第四章 麻醉维持及术中管理

【A1 型题】

1. 下列哪种情况**不能**应用依托咪酯
   - A. 高龄患者
   - B. 合并心功能不全
   - C. 合并肾功能不全
   - D. 癫痫患者
   - E. 合并肝功能不全

2. 围术期低体温可造成哪种后果
   - A. 血液黏滞度降低
   - B. 外周血管阻力降低
   - C. 氧离曲线左移
   - D. 高凝状态
   - E. 激活免疫系统

3. 合并哮喘的患者,全麻中**不宜**应用的药物是
   - A. 丙泊酚
   - B. 依托咪酯
   - C. 氯胺酮
   - D. 阿曲库铵
   - E. 七氟烷

4. 全麻下侧卧折刀位可使通气血流比(V/Q)
   - A. 不变
   - B. 减少
   - C. 增加
   - D. 先减少后增加
   - E. 先增加后减少

5. 关于每搏量变异(SVV),下列说法哪项正确

1.【答案】 D
【解析】 癫痫患者禁用依托咪酯。因依托咪酯对脑电抑制轻,容易诱发癫痫。依托咪酯对循环系统影响轻微,适用于冠心病和其他心脏功能储备差的患者;不影响肝肾功能;长期应用会抑制肾上腺皮质功能。
【考点】 依托咪酯的药理作用

2.【答案】 C
【解析】 围术期低体温的生理过程:低体温时代谢率降低;神经传导速度变慢;迷走神经比交感神经更容易受到抑制;窦房结收到抑制和心率传导减慢(体温过低可引起室颤);肝代谢率以及解毒功能降低、肾小管的分泌和重吸收功能降低;低体温氧离曲线左移,血红蛋白与氧亲和力增高,低体温下呼吸频率降低,$PaCO_2$升高和组织所产生的酸中毒可使氧解离曲线右移,产生代偿作用,因此低体温下只能适度加强通气;低体温时血管中的液体向组织间隙转移,血浆容量减少,血液浓缩,血液黏度增加,血小板、凝血因子包括纤维蛋白原减少,凝血功能减退;抑制免疫系统功能。
【考点】 围术期低体温

3.【答案】 D
【解析】 阿曲库铵是合成双季铵酯型苄异喹啉化合物,优点是不依赖肝肾功能,而是通过非特异性的酯酶水解和 Hofmann 消除,低温时分解缓慢。快速静脉注射大剂量(1mg/kg)因组胺释放而引起低血压和心动过速,还可能引起支气管痉挛,因此合并哮喘患者在全麻中不宜应用。
【考点】 常用麻醉药物的适应证及用法

4.【答案】 B
【解析】 通气血流比是指每分钟肺泡通气量(V)与每分钟肺血流量(Q)的比值,正常人安静时比值是 0.84。折刀位时胸廓和肺顺应性下降,潮气量及肺活量减小,通气血流比减少。
【考点】 麻醉期间折刀位时肺通气的影响因素

5.【答案】 D
【解析】 SVV 正常值应该小于 15%,心律不齐对 SVV 值影响很大,目前文献支持将 SVV 应用于机械通气时并保持固定的呼吸频率,潮气量设置为 8ml/kg。
【考点】 麻醉期间循环功能的监测

---

6. 【答案】B

【解析】肺泡气最低有效浓度（MAC）是指在一个大气压下，使 50% 的患者对伤害性刺激不产生体动反应时，肺泡气内该麻醉药的浓度。吸入药物的 MAC_{awake} 通常指的是在麻醉苏醒过程中，患者首次对语言指令起反应和维持患者刚好不出现反应时，两者肺泡气最低有效浓度的平均值，通常为 0.4MAC。

【考点】吸入麻醉药物的药代动力学

1. 【答案】C

【解析】患者在输注抗生素后出现血压突然下降，心率加快，考虑为过敏性休克。首先要做的就是脱离过敏原，停止可疑的药物和溶液；药物治疗首选肾上腺素，并辅以多巴胺，进行生命支持；补充血容量；抗过敏治疗；积极防治并发症。

【考点】过敏性休克的抗休克治疗

2. 【答案】C

【解析】患者既往体健，术中出现宽大畸形的 QRS 波，心率在 100~250 次之间，考虑室性心动过速可能性大，该患者出现血流动力学障碍，首选同步或非同步的电复律。

【考点】心源性休克的抗休克治疗

3. 【答案】B

【解析】该患者手术过程中，变动体位为头低脚高位后，患者突然出现血氧饱和度的下降，右肺呼吸音弱，很可能的原因就是气管导管进入左主支气管。

【考点】气道管理

4. 【答案】D

【解析】该患者麻醉方式为静吸复合麻醉，术中突然出现呼气末二氧化碳升高，体温升高至 39℃，心动过速，考虑为恶性高热的早期表现。应停止应用可能诱发恶性高热的药物（吸入麻醉药物）；提高纯氧流量至 10L/min；停止手术；增加每分通气量；准备 2.5mg/kg 的丹曲林静脉注射，快速静脉注射丹曲林，直至患者状态稳定；积极纠正酸中毒及改善电解质失衡状况。

【考点】全麻中严重并发症——恶性高热的诊断及治疗

A. 超过 20% 提示容量不足

B. 特别适合于房颤患者的容量评估

C. 自主呼吸时应在呼气末测量

D. 机械通气时应保持固定的呼吸频率

E. 机械通气的潮气量设为 6ml/kg

6. 吸入麻醉药的 MAC_{awake} 为

A. 0.3MAC   B. 0.4MAC   C. 0.5MAC

D. 0.6MAC   E. 0.7MAC

【A2 型题】

1. 患者男，67 岁，于全麻下行直肠癌根治术。诱导插管后，在输注抗生素期间，患者突然发生血压降低至 70/30mmHg、心率增快至 120 次 /min、气道峰压升高至 40mmHg，怀疑抗生素过敏，此时最有效的治疗措施为

A. 静脉注射氯胺酮   B. 停止输注抗生素

C. 静脉注射肾上腺素   D. 静脉注射去氧肾上腺素

E. 减浅麻醉、加强肌松

2. 患者女，45 岁，于全麻下行子宫内膜癌根治术。既往体健。术中出现 QRS 波增宽，血压 80/40mmHg，心率 200 次 /min，最恰当的治疗是

A. 静脉注射利多卡因   B. 静脉注射普鲁卡因胺

C. 电转复   D. 静脉注射胺碘酮

E. 静脉注射腺苷

3. 患者男，78 岁。拟于全麻下行腹腔镜右半结肠癌根治术，既往有充血性心力衰竭病史。术中将患者置于头低脚高 30° 后，SpO_2 突然由 100% 降至 92%，听诊右肺呼吸音弱时，最可能的原因是

A. 气胸

B. 气管导管进入左侧主支气管

C. 回心血量增加导致心衰

D. 痰栓堵塞右主支气管

E. 腹腔内容物经食管裂孔疝进入胸腔

4. 患儿男，11 岁，在全麻下行脊柱侧弯矫形术。采用静吸复合麻醉（丙泊酚、瑞芬太尼、七氟烷），间断追加肌松药（罗库溴铵）。手术进行 2 小时后，患者突然出现心率 140 次 /min、$P_{ET}CO_2$ 78mmHg、体温 39℃。最有效的治疗措施是

A. 输注冰盐水   B. 增加分钟通气量

C. 静脉注射艾司洛尔   D. 静脉注射丹曲林

E. 暂停手术

5. 患者男,56 岁,在全麻下行腹腔镜左肾癌根治术。术毕拔管后,患者主诉呼吸困难,查体:双侧胸部广泛皮下气肿,左肺呼吸音微弱,BP85/50mmHg,HR120 次 /min,SpO₂90%。最可能的诊断是

A. 肌松药残余作用

B. 腹腔内出血

C. 张力性气胸

D. 充血性心力衰竭

E. 过敏性休克

6. 患者女,34 岁,主因"耳鸣、头痛 2 周"入院。诊断听神经瘤,拟于全麻下行听神经瘤切除术。术中主刀医师要求降低颅内压,下列哪项措施**不妥**

A. 限制液体入量

B. 静脉输注甘露醇

C. 维持 PaCO₂30mmHg

D. 使用皮质激素

E. 静脉注射氯胺酮

7. 患者男,36 岁。因"外伤"导致第 5 颈椎骨折并脱位,拟急症行椎管探查、骨折复位固定术。术中应**禁用**哪种肌松药

A. 琥珀胆碱　　　　　　B. 罗库溴铵

C. 阿曲库铵　　　　　　D. 哌库溴铵

E. 美维库铵

8. 患者女,59 岁,因"左肺肿物"拟行左肺切除术。关于该患者的麻醉管理,哪种说法是正确的

A. 切除肺内含有相当多的液体,应积极输液补充

B. 钳夹患侧肺动脉时常引起心动过缓

C. 肺切除后因通气容量减少可引起左心功能不全

D. 输液量应足以维持尿量 >1ml/(kg·h)

E. 术中需积极补充第三间隙的液体丢失

9. 患者男,70 岁。体检发现左上肺肿物而计划行左肺上叶切除术,插管选用左双腔导管。单肺通气 10 分钟后,脉搏氧饱和度从 100% 降至 90%,此时首选的处理措施为

A. 增加潮气量

B. 增加呼吸频率

C. 通气侧肺加用 5cmH₂O PEEP

D. 非通气侧肺加用 5cmH₂O CPAP

E. 纤维支气管镜检查导管位置

5.【答案】C
【解析】该患者进行腹腔镜左肾癌根治术后出现低血压,心率加快,血氧饱和度下降,双侧胸部广泛皮下气肿,考虑与术中操作过程中左侧胸膜破损,并持续气腹。术中维持正压通气,胸腔内进入气体较少,拔管后恢复负压,导致气体通过破损的胸膜进入胸腔,从而形成张力性气胸,纵隔摆动,影响循环,导致血氧、血压的变化。
【考点】泌尿外科手术围术期的管理

6.【答案】E
【解析】常用的降颅压方法包括:①药物性降颅压措施,包括使用渗透性脱水剂、利尿剂、皮质激素,气体药物如脑血管收缩药物、巴比妥类药物和促肾上腺皮质激素等。②生理性降颅压,包括过度通气,维持 PaCO₂ 在 25~30mmHg 之间,降颅压效果好,且脑缺血风险低;低温疗法;取头高 10°~15°,降低脑静脉压及颅内压;高压氧可使脑血管收缩,脑血流量减少。而氯胺酮可以增加脑血流量和脑耗氧量,颅内压随脑血流量增加而增高。
【考点】神经外科手术的麻醉

7.【答案】A
【解析】琥珀胆碱属于去极化肌松药,会使钾离子有肌纤维细胞膜内向膜外转移,对大面积烧伤、软组织损伤、脑血管意外、脊髓神经损伤可能引起严重的高钾血症,从而引起严重的心律失常,并可偶发心搏骤停。
【考点】肌松药物的药理作用及应用

8.【答案】B
【解析】切除左全肺后,全部右心射血流经仅留的肺脏循环,单位肺容积的循环血量增加 1 倍左右,由于肺循环代偿,并不至于不适应,但如果输液量过多的话,会增加肺水肿的可能性,并可能影响到心功能。
【考点】胸科手术的麻醉管理

9.【答案】E
【解析】单肺通气时,氧合障碍可以通过多种方法处理,其目的在于降低非通气肺的血流(减少分流率)或减少通气肺的肺不张。具体方法有:①纤维支气管镜重新定位导管位置;②吸引器吸引,消除分泌物;③对通气侧肺应用 PEEP 以治疗肺不张,但如果更多的血液被挤入非通气侧肺,可导致动脉血氧饱和度的下降;④对非通气侧肺施行 CPAP,在直视下,将萎缩肺稍加压,使肺膨胀的同时不至于干扰手术,将压力维持在低水平,通常 5~7cmH₂O CPAP;⑤处理无效的话,通知外科,行短暂的双肺通气;⑥低氧血症持续存在,外科医师可压迫或钳闭术侧肺动脉或其分支,以改善通气 / 血流。
【考点】单肺通气的管理

10.【答案】A

【解析】主要是通过减少心肌氧耗量，而不是增加冠脉血流来改善心脏血供。

【考点】心脏及大血管手术的麻醉

11.【答案】E

【解析】围术期出现高血糖应用胰岛素控制。

【考点】围术期糖尿病的防治

12.【答案】A

【解析】阻断左肺上叶静脉并不会改善通气血流比，阻断左肺上叶动脉会有所帮助，改善氧供。

【考点】胸科手术的麻醉管理

13.【答案】D

【解析】主动脉瓣狭窄行主动脉瓣置换术，患者麻醉中要避免心动过速，对快速心律失常，即使仍能维持冠状动脉灌注压，也需积极处理。

【考点】心脏及大血管手术的麻醉

14.【答案】E

【解析】目前临床上常用的血流动力学检测指标主要有心率、血压、尿量、中心静脉压、肺动脉楔压等。但心率、血压、尿量并不能及时准确地反映心脏的容量负荷，尤其是较早期的容量不足。CVP、PAWP主要通过压力代替容积的方法来反映左心前负荷，从而间接反映容量状态，同时还受到心室顺应性、血管张力、机械通气等因素的影响，给临床准确判断带来困难。

【考点】胸科手术的麻醉管理

10. 患者男，68岁。冠心病史10年，冠状动脉造影示三支病变，拟行非体外循环下冠状动脉搭桥术。麻醉中保持心肌氧供需平衡的原则**不包括**

A. 以增加冠脉血流为主
B. 以减少心肌氧耗量为主
C. 避免心率增快
D. 避免血压升高
E. 避免增加心肌收缩力

11. 患者女，62岁，因"上消化道穿孔"拟于全麻下急诊行剖腹探查术。患者既往糖尿病史20年，口服降糖药控制血糖。入院后血糖为15.3mmol/L。术中采用什么方法控制血糖

A. 经胃管应用口服降糖药
B. 调节麻醉深度
C. 输含糖溶液
D. 输注脂肪乳
E. 使用胰岛素

12. 患者男，70岁。体检发现左上肺肿物而计划行左肺上叶切除术，插管选用左双腔导管。单肺通气10分钟后，脉搏氧饱和度从100%降至90%，下列哪项处理措施对改善氧合**没有**效果

A. 阻断左肺上叶静脉
B. 左肺肺应用CPAP（$2\sim5cmH_2O$）
C. 右肺应用PEEP（$5cmH_2O$）
D. 必要时恢复双肺通气
E. 提高FiO_2

13. 患者男，68岁，因主动脉瓣狭窄行主动脉瓣置换术。麻醉管理中正确的是

A. 将血压维持在较低水平
B. 将心率维持在较快水平
C. 维持较低的CVP水平
D. 避免心动过速
E. 常规应用起搏器

14. 患者男，74岁，体检发现左上肺肿物而计划行胸腔镜下左肺上叶切除术。既往高血压病史15年，冠心病史15年，糖尿病史20年。术中输液适合依据哪项指标

A. 中心静脉压　　B. 肺毛细血管楔压
C. 尿量、出血量　　D. 血压、心率
E. 心排出量/每搏量

【A3/A4 型题】

(1~2 题共用题干)

患者女,45 岁,身高 150cm,体重 85kg,主因"全身皮肤瘙痒,黄疸 2 周"入院,拟行"腹腔镜下胆囊切除,胆总管探查术"。

1. 手术进行 1 小时后患者逐渐出现血压升高、心率增快,最可能的原因是
   A. 牵拉胆囊引起的反射　　B. 低体温
   C. 麻醉过深　　D. 头低脚高位位
   E. 二氧化碳蓄积

2. 出现上述情况后的正确处理方法是
   A. 暂停手术　　B. 应用暖风机
   C. 加深麻醉　　D. 调节体位
   E. 增加分钟通气量

(3~4 题共用题干)

患者男,59 岁,75kg,车祸后入院。查体:BP90/70mmHg,脉搏细速,HR 95 次/min。初步诊断肝脾破裂,拟急诊行开腹探查术。

3. 术中心电图显示 ST-T 改变,可能原因是
   A. 冠心病　　B. 失血性休克
   C. 心肌缺血　　D. 电刀干扰
   E. 肺心病

4. 开腹后可见腹腔内大量出现,BP 85/50mmHg,HR 110 次/min,下列哪种处理措施**不当**
   A. 应用艾司洛尔降低心率
   B. 快速输入平衡液和胶体液
   C. 积极输血
   D. 采用头低脚高位
   E. 如无消化道损伤可行腹腔血液回收

(5~6 题共用题干)

患者男,35 岁,因酒后驾车后发生车祸,导致颅内出血,拟于全麻下行急诊开颅血肿清除术。气管内插管后机械通气,气道压力高达 35cmH$_2$O,听诊两肺闻及哮鸣音,吸纯氧时 SpO$_2$ 94%。

5. 最可能是初步诊断是
   A. 上呼吸道梗阻　　B. Mendelson 综合征

1. 【答案】E
   【解析】该患者是在手术进行 1 小时后逐渐出现的血压升高、心率加快,与气腹手术导致的二氧化碳蓄积相关。
   【考点】气腹手术的麻醉管理

2. 【答案】E
   【解析】通过减少来源、增加去路或者交换,以缓解二氧化碳的蓄积。
   【考点】气腹手术的麻醉管理

3. 【答案】C
   【解析】外伤导致的失血性休克,致心肌缺血,心电图显示 ST-T 改变。
   【考点】失血性休克的诊断及处理

4. 【答案】A
   【解析】出现失血性休克应积极纠正原发病,增加有效循环血流量。应用艾司洛尔降心率,会导致心排量的下降,循环血量的下降,是不适当的措施。
   【考点】失血性休克的诊断及处理

5. 【答案】B
   【解析】吸入强酸性胃内容物可以出现低氧、肺水肿、支气管痉挛等,即 Mendelson 综合征。
   【考点】特殊类型的综合征

C. 急性肺水肿　　　　　　　D. 急性心肌梗死

E. 上呼吸道感染

6.【答案】C
【解析】对症处理 Mendelson 综合征中支气管痉挛的症状。
【考点】Mendelson 综合征

6. 这种情况的最佳处理方法是
　　A. 停用吸入性麻醉药
　　B. 更换直径更大的气管导管
　　C. 应用激素、氨茶碱、抗生素,气管内冲洗
　　D. 强心、利尿,以维持循环稳定
　　E. 增加肌松药剂量,降低气道阻力

(7~8 题共用题干)
患儿男,10 岁,拟于全麻下行斜视矫正术。术中突然发生 BP 80/60mmHg,HR 40 次/min。

7.【答案】C
【解析】眼科手术中,按压眼球,会导致迷走神经兴奋,进而导致一过性的血压下降,心率减慢。
【考点】眼科手术的围术期管理

7. 最可能的原因是
　　A. 缺氧　　　　　　　　　B. 二氧化碳蓄积
　　C. 眼心反射　　　　　　　D. 过敏反应
　　E. 眼底出血

8.【答案】E
【解析】A、B、C、D 选项均是可以采取的措施,应用新斯的明有可能会导致心率进一步减慢,十分危险。
【考点】眼科手术的围术期管理

8. 下列哪项处理措施是**错误**的
　　A. 暂停手术操作　　　　　B. 保证足够通气
　　C. 静脉注射阿托品　　　　D. 加深麻醉
　　E. 静脉注射新斯的明

(9~10 题共用题干)
患者男,70 岁,发现胃占位 2 周,拟于全麻下行胃次全切除术。既往肾衰竭 10 年,血液透析 3 次/周。术中心电图出现宽大 QRS 波,HR 45 次/min。

9.【答案】D
【解析】患者既往肾衰竭,间断血透,术中未进行血透,会导致血钾升高,高钾血症心电图表现为早期 T 波高而尖、Q-T 间期延长,随后出现 QRS 波群增宽,PR 间期延长。低钾血症心电图表现为 Q-T 间期延长、S-T 段下降,T 波低平、增宽、双向、倒置,U 波出现。
【考点】合并肾衰竭患者的围术期管理

9. 最可能的原因是
　　A. 急性心肌梗死　　　　　B. 药物过敏
　　C. 肺栓塞　　　　　　　　D. 高钾血症
　　E. 严重低氧血症

10. 这种情况下应给予下列哪种药物
　　A. 垂体加压素　　　B. 氯化钙　　　C. 多巴胺
　　D. 乙胺碘呋酮　　　E. 罂粟碱

10.【答案】B
【解析】高钾血症的处理包括减少来源、增加去路以及增加交换。而氯化钙可以对抗高钾血的毒性反应。
【考点】高钾血症的处理

(11~12 题共用题干)
患者女,33 岁,妊娠 39^{+1} 周,拟行择期剖宫产术。因术前检查发现血小板计数 60×10^9/L,麻醉方式为全麻。消毒铺单后,患者出现 BP 80/60mmHg,HR 97 次/min。

11. 最可能的原因是
    A. 仰卧位综合征　　　　B. 麻醉过深
    C. 过敏反应　　　　　　D. 子宫破裂
    E. 羊水栓塞

12. 下列哪种处理措施是**错误**的
    A. 静脉注射去氧肾上腺素
    B. 将子宫推向左侧
    C. 将手术床向右倾斜
    D. 尽快手术娩出胎儿
    E. 加快输液

(13~14题共用题干)

患者男,64 岁,因食管癌拟行胸腔镜下食管癌根治术。手术历时 5 小时,患者体温从 36.4℃降至 35℃。

13. 低体温可造成哪种危害
    A. 体温每降低 1℃,机体代谢率下降 20%
    B. 低体温减慢麻醉药代谢速度,造成全麻后苏醒延迟
    C. 低体温抑制交感神经,不利于维持血流动力学
    D. 轻度低体温有助于凝块形成,严重低体温则可导致 DIC
    E. 低体温虽然可增强机体免疫功能,但不利于伤口愈合

14. 为什么术中应维持体温正常
    A. 胸腔镜手术中低体温的发生率远低于普通外科手术
    B. 适度低体温有助于减少术后感染
    C. 低体温可减少术中麻醉药用量、加快术后苏醒
    D. 低体温能引起凝血功能障碍
    E. 低体温促使钾转移到细胞外,易发生高钾血症

(15~16题共用题干)

患者男,24 岁,车祸后多发伤,拟于全麻下行肋骨骨折复位内固定。诱导后血压下降至 70/40mmHg,心率增快至 130 次 /min,脉搏氧饱和度下降至 86%,气道阻力升高至 40cmH₂O。

15. 首先应考虑的是
    A. 支气管痉挛　　　　　B. 呕吐误吸
    C. 过敏反应　　　　　　D. 麻醉药的作用
    E. 张力性气胸

16. 如考虑为张力性气胸,应采取的处理措施为
    A. 暂停通气

11.【答案】A
【解析】仰卧位时,子宫压迫下腔静脉,导致静脉回流受阻,有效循环血容量下降,血压下降。
【考点】妇科手术的麻醉管理

12.【答案】C
【解析】应将手术床向左倾,以减少子宫对下腔静脉的压迫,保证有效循环血容量。
【考点】妇科手术的麻醉管理

13.【答案】B
【解析】低体温的严重危害。体温每降低 1℃,机体代谢率下降 8%;低体温引起交感神经兴奋,心率加快,心肌收缩力增强,心排出量增加,血压升高;低体温促使血小板功能减弱,降低凝血物质的活性,从而抑制凝血功能,明显增加失血量和对输血的要求;低体温抑制机体免疫力。
【考点】全身麻醉并发症中低体温的诊断及治疗

14.【答案】D
【考点】全身麻醉并发症中低体温的诊断及治疗

15.【答案】E
【解析】支气管痉挛和误吸以呼吸系统表现为主,早期一般不会影响循环;过敏反应和麻醉药的作用以循环系统的表现为主,过敏反应也会引起支气管痉挛。在积极对症处理的同时,结合病史和表现,首先应考虑的是张力性气胸,后者对呼吸和循环都会造成严重影响。
【考点】全身麻醉并发症中张力性气胸的诊断及治疗

16.【答案】B
【解析】如果是张力性气胸,可以考虑患侧锁骨中线第 2 肋间穿刺放气。
【考点】张力性气胸的诊断及治疗

B. 患侧锁骨中线第 2 肋间穿刺放气

C. 床旁 X 线检查以确诊

D. 应用血管活性药改善循环

E. 请胸外科医师会诊

(17~18 题共用题干)

患者女,26 岁,因"卵巢囊肿"拟于全麻下行卵巢囊肿切除术。既往体健。采用静脉诱导气管内插管,丙泊酚、瑞芬太尼全静脉麻醉。术中患者多次体动,需追加较大剂量肌松剂。

17.【答案】B
【解析】全麻的维持要保证:足够的镇静、镇痛、肌松及顺行性遗忘。
【考点】全麻的维持

17. 患者术中多次体动最可能的原因是

    A. 肌松剂效能差   B. 麻醉深度过浅

    C. 麻醉药失效   D. 手术刺激过强

    E. 患者存在特异性体质

18.【答案】D
【解析】麻醉过浅的最可能并发症即术中知晓。
【考点】全麻的维持

18. 该患者术后最可能出现的并发症是

    A. 呼吸抑制   B. 苏醒延迟   C. 恶性高热

    D. 术中知晓   E. 恶心呕吐

【案例分析题】

案例 患者男,52 岁,体重 77kg,诊断为左肾上腺嗜铬细胞瘤,拟于全麻下开腹行肾上腺嗜铬细胞瘤切除术。既往阵发性高血压病史 5 年,血压最高达 250/130mmHg,间断服用复方利血平氨苯蝶啶片,平时血压 150/100mmHg。入院后查 24 小时尿去甲肾上腺素、肾上腺素、多巴胺、3- 甲氧基 4- 羟苦杏仁酸均显著升高,血儿茶酚胺升高以去甲肾上腺素为主。

提问 1:【答案】DF
【解析】嗜铬细胞瘤患者术前应用酚苄明控制血压,并给予积极的扩容,术前给予咪达唑仑镇静。
【考点】嗜铬细胞瘤患者的围术期管理

提问 1:术前应采取什么措施

    A. 使用硝酸甘油降压

    B. 使用硝普钠降压

    C. 使用钙通道阻滞剂降压

    D. 使用酚苄明降压

    E. 严格限制入量

    F. 术前使用咪达唑仑

提问 2:【答案】ABE
【解析】积极监测有创动脉压,保证循环稳定。积极监测血糖,间接评价术中应激水平及糖皮质激素水平。
【考点】嗜铬细胞瘤患者的围术期管理

提问 2:嗜铬细胞瘤患者术中应常规进行何种监测

    A. 有创动脉血压   B. 中心静脉压

    C. 心排出量   D. 肺动脉压

    E. 血糖   F. 混合静脉血氧饱和度

提问 3:【答案】ACDE
【解析】硝酸甘油 3μg/(kg·min) 作为初始剂量过大,宜从 0.5~1.5μg/(kg·min) 开始泵入。过度通气会导致心动过速,不利于治疗。
【考点】嗜铬细胞瘤患者的围术期管理

提问 3:术中探查肿瘤时循环波动较大,血压最高达 240/120mmHg,心率 130 次 /min,如何处理

    A. 暂停操作

    B. 过度通气

    C. 使用酚妥拉明

D. 使用拉贝洛尔

E. 加深麻醉

F. 立即泵入硝酸甘油 3μg/（kg·min）

提问 4：切除肿瘤后，血压急剧降低到 70/40mmHg、心率 100 次 /min，如何处理

A. 加快输液　　　　B. 使用麻黄碱

C. 使用毛花苷丙　　D. 使用去甲肾上腺素

E. 使用多巴胺　　　F. 使用糖皮质激素

提问 5：肿瘤切除后，患者血压持续偏低，可能原因是

A. 麻醉过深

B. 血容量不足

C. 肾上腺素受体阻滞药的残留作用

D. 低血糖

E. 低钾血症

F. 体内儿茶酚胺分泌骤然减少

（张熙哲　安海燕）

第五章　麻醉苏醒

1.【答案】B
【解析】麻醉苏醒期并发症发生率最高的是恶心呕吐,其次为疼痛。术后恶心呕吐的发生率为20%~30%。
【考点】麻醉恢复期及并发症的管理

2.【答案】D
【解析】在麻醉结束后超过120分钟对外界刺激仍无反应,可视为苏醒延迟。
【考点】麻醉恢复期及并发症的管理

3.【答案】B
【解析】OSAHS患者转回病房后应采取半坐位或侧卧位,以利于改善患者潮气量,减轻舌后坠程度。
【考点】麻醉恢复期及并发症的管理

4.【答案】B
【考点】麻醉恢复期及并发症的管理

【A1 型题】

1. 麻醉苏醒期发生率最高的并发症是
   A. 疼痛　　　　　　　B. 恶心呕吐　　　　　C. 寒战
   D. 低氧血症　　　　　E. 心血管事件

2. 苏醒延迟是指
   A. 麻醉结束后超过 15 分钟对外界刺激无反应
   B. 麻醉结束后超过 30 分钟对外界刺激无反应
   C. 麻醉结束后超过 60 分钟对外界刺激无反应
   D. 麻醉结束后超过 120 分钟对外界刺激无反应
   E. 麻醉结束后超过 180 分钟对外界刺激无反应

3. 下列说法**错误**的是
   A. 合并阻塞型睡眠呼吸暂停低通气综合征(OSAHS)的患者应在完全清醒后再考虑拔出气管导管
   B. OSAHS 患者术后应尽量保持平卧位
   C. 在对 OSAHS 患者拔出气管导管时,应准备好困难气道设备
   D. 麻醉苏醒期发生上气道梗阻主要是由于镇静、镇痛、肌松药残余作用导致咽腔肌肉失去张力、舌后坠
   E. 发生上气道梗阻后应立即托下颌并面罩加压给氧

4. 术后急性高血压的定义是
   A. 血压较基础水平升高 10% 或以上,或收缩压 >160mmHg,或舒张压 >100mmHg
   B. 血压较基础水平升高 20% 或以上,或收缩压 >160mmHg,或舒张压 >100mmHg
   C. 血压较基础水平升高 20% 或以上,或收缩压 >180mmHg,或舒张压 >110mmHg
   D. 血压较基础水平升高 10% 或以上,或收缩压 >180mmHg,或舒张压 >110mmHg

E. 血压较基础水平升高 10% 或以上,或收缩压 >200mmHg,或舒张压 >110mmHg

5. 下列关于 OAA/S 镇静评级说法,**错误**的是
   A. 1 级:对挤捏斜方肌无反应
   B. 2 级:仅对轻度的摇推肩膀或头部有反应
   C. 3 级:仅对大声或反复呼名有反应
   D. 4 级:对正常语调的呼名反应冷漠
   E. 5 级:对正常语调的呼名反应迅速

6. 麻醉苏醒期低血压首先应考虑的原因是
   A. 变态反应　　　　　　　B. 心律失常
   C. 心肌梗死　　　　　　　D. 心功能不全
   E. 血容量不足

【A2 型题】

1. 患者男性,45 岁。全麻下行声带息肉切除后,手术结束后患者尚未完全清醒,但因患者极度烦躁不安,遂拔出气管导管。拔管后患者出现呼吸困难并伴有高调吸气声,患者最可能出现哪种情况
   A. 舌后坠　　　　　B. 支气管痉挛　　　　　C. 喉痉挛
   D. 分泌物阻塞　　　E. 心源性哮喘

2. 患者女性,45 岁,160cm,60kg。既往体健,于全麻下行腹腔镜子宫全切术,手术时间 2.5 小时,术中总入量乳酸钠林格注射液 500ml,出血 50ml,尿量 50ml。手术结束拔出气管导管后,无创血压 90/50mmHg,患者出现术后低血压最可能的原因
   A. 过敏　　　　　　　　　B. 心肌梗死
   C. 腹腔内有活动性出血　　D. 心律失常
   E. 血容量不足

3. 患者男性,60 岁。既往高血压病史,药物控制满意,于全麻下行胸腔镜肺叶切除术,术后拔出气管导管 10 分钟后,患者诉伤口疼痛,表情痛苦,烦躁不安,血压 170/90mmHg,心率 100 次 /min,氧饱和度 100%,此时最佳处理措施为
   A. 给予尼卡地平　　　　　　B. 给予艾司洛尔
   C. 予镇静药　　　　　　　　D. 予镇痛处理
   E. 加大吸氧浓度

4. 患者女性,70 岁。既往体健,全麻下行腰椎减压融合内固定术,术后第一天,患者出现精神亢奋、言语混乱并出现幻觉,最可能的诊断是

5.【答案】A
【解析】5 级:对正常语调的呼名反应迅速;4 级:对正常语调的呼名反应冷漠;3 级:仅对大声或反复呼名有反应;2 级:仅对轻度的摇推肩膀或头部有反应;1 级:对轻度推摇无反应;0 级:对挤捏斜方肌无反应。
【考点】麻醉恢复期及并发症的管理

6.【答案】E
【解析】麻醉苏醒期低血压首先应考虑的原因是血容量不足。
【考点】全身麻醉并发症——低血压的防治

1.【答案】C
【解析】喉痉挛通常诱发于浅麻醉状态下的气道操作,最易发生在拔出气管导管时。
【考点】呼吸道梗阻的防治

2.【答案】E
【解析】麻醉苏醒期低血压首先应考虑的原因是容量不足,其他原因包括心源性原因、变态反应等。该患者为健康女性,手术时间 2.5 小时,术中入量仅 500ml,入量偏少,尿量 50ml,尿量偏少,存在容量不足情况。
【考点】麻醉恢复期及并发症的管理

3.【答案】D
【解析】苏醒期高血压的处理原则是解除诱因、积极镇痛、纠正低氧、保温,必要时应用短效静脉抗高血压药物治疗。
【考点】麻醉恢复期及并发症的管理

4.【答案】A
【解析】术后谵妄是指患者在经历外科手术后出现的谵妄,主要发生在术后 24~72 小时,主要临床表现包括广泛的认知功能障碍、注意力障碍、睡眠 - 觉醒周期障碍、情绪失控。
【考点】麻醉恢复期及并发症的管理

A. 术后谵妄　　　　B. 苏醒期躁动　　　　C. 痴呆

D. 脑卒中　　　　E. 脑肿瘤

5.【答案】A

【解析】甲状腺及颈部手术后,术后有可能出现局部血肿,此时应查看伤口引流情况,解除伤口包扎,必要时拆开伤口缝线,床旁清除血肿,解除气道压迫,做好再次建立人工气道的准备。

【考点】麻醉恢复期及并发症的管理

6.【答案】C

【解析】Ramsay镇静评分标准位:1分:烦躁不安;2分:清醒,能安静合作;3分:嗜睡,对指令反应敏捷;4分:浅睡眠状态,可迅速唤醒;5分:入睡,对呼叫反应迟钝;6分:深睡,对呼叫无反应。

【考点】麻醉恢复期及并发症的管理

7.【答案】A

【解析】OSAHS患者容易发生气道梗阻,在完全清醒并能服从指令前不应该拔出气管插管。OSAHS患者转回病房后应采取半坐位或侧卧位,以利于改善患者潮气量,减轻舌后坠程度。已拔出气管插管的OSAHS患者对阿片类药物非常敏感,这类患者术后镇痛尽可能选择区域阻滞镇痛。肩关节镜检查术中会运用大量凉液体冲洗术野,易造成患者低体温,术后发生寒战应首先考虑低体温。

【考点】呼吸道梗阻的防治、低体温的防治

8.【答案】B

【解析】该患者有发生术后恶心呕吐的危险因素:女性、非吸烟者、行腹腔镜手术妇产科手术等。吸入麻醉药增加发生术后恶心、呕吐的风险。对术后恶心、呕吐高危的患者,应术中充足补液、术后使用非甾体类药物镇痛。无术后恶心呕吐危险因素的患者,不需要预防性用药;中、低危患者可选择1或2种药物预防,高危患者可选2~3种药物组合预防。患者转回病房时,除了评估呼吸、循环和精神系统外,还应处理好麻醉相关并发症。

【考点】术后恶心呕吐的防治

9.【答案】B

【解析】吸烟、哮喘患者气道反应性增高,是发生围术期支气管痉挛的高危人群,浅麻醉下气管插管、拔管,也易诱发支气管痉挛。

【考点】呼吸道梗阻的防治

---

5. 患者女性,20岁。全麻下行甲状腺肿物切除术,术后拔出气管导管。20分钟后,患者出现呼吸困难并逐渐加重,氧饱和度进行性降低,下列做法**错误**的是

A. 继续观察,无须特殊处理

B. 立即通知外科医师

C. 查看伤口引流情况,解除伤口包扎,必要时拆开伤口缝线

D. 准备气管插管

E. 准备床旁清除血肿

6. 患者男性,58岁。全麻下行胃次全切除术,术后拔出气管导管,患者呈嗜睡状态,但对医师所发出的指令能迅速配合,依据Ramsay镇静评分标准,该患者可评为

A. 1分　　　　B. 2分　　　　C. 3分

D. 4分　　　　E. 5分

7. 患者女性,55岁。全麻下行肩关节镜检查术,既往阻塞型睡眠呼吸暂停低通气综合征(OSAHS)病史,下列说法**错误**的是

A. 待自主呼吸恢复后,即可于深麻醉下拔管

B. 患者术后最佳体位为半坐位

C. 最佳术后镇痛方式为连续臂丛神经阻滞镇痛

D. 若患者术后出现寒战,首要原因应考虑低体温

E. 术后返回病房应监测心电图、血氧饱和度和无创血压至少24小时,直至吸空气睡眠时血氧饱和度高于90%

8. 患者女性,20岁。既往体健,否认吸烟、酗酒,拟于全麻下行腹腔镜卵巢囊肿剔除术,下列说法**错误**的是

A. 该患者易发生术后恶心、呕吐,可预防性给予抗呕吐药

B. 患者术中易采用全吸入麻醉维持,以降低患者术后恶心、呕吐的发生率

C. 术中应足量补液,以降低患者术后恶心、呕吐的发生率

D. 为降低术后恶心、呕吐的发生率,术后宜采用非甾体抗炎药镇痛

E. 若患者术后在恢复室发生恶心、呕吐,应进行相应处理,需待症状好转后再考虑转回病房

9. 患者男性,60岁。吸烟30年,哮喘10年,于全麻下行肾癌根治术,术后转入麻醉恢复室。拔管2分钟后患者突发呼吸困难,血氧饱和度进行性降低,听诊双肺哮鸣音,最可能的诊断为

A. 喉痉挛　　　　　B. 支气管痉挛　　　　C. 分泌物阻塞
D. 舌后坠　　　　　E. 心衰

10. 患者女性,60岁,身高155cm,体重75kg。行全麻下乳腺癌根治术,术后拔出喉罩后患者再次入睡并伴有打鼾,此时最可能的诊断是
    A. 分泌物阻塞　　　B. 支气管痉挛　　　C. 喉痉挛
    D. 舌后坠　　　　　E. 喉水肿

11. 患者女性,60岁。行开腹结肠癌根治术,手术时间4小时。术后患者出现明显寒战,下列说法**错误**的是
    A. 患者发生寒战的主要原因是低体温
    B. 术后寒战是手术麻醉后正常现象,无须处理
    C. 可给予曲马多治疗
    D. 应对患者进行保温
    E. 该患者术中应监测体温

12. 患者女性,60岁。既往冠心病伴不稳定心绞痛2年,于全麻下行腹腔镜胃癌根治术,手术时间4小时,术后转入麻醉恢复室。手术结束2.5小时后,刺激患者仍无反应,下列说法**错误**的是
    A. 麻醉结束后超过2小时对外界刺激仍无反应,可诊断为苏醒延迟
    B. 患者苏醒延迟可能与麻醉药物残余作用有关
    C. 患者应进行血气分析
    D. 患者苏醒延迟可能与低体温无关
    E. 应准备将患者转入ICU继续治疗

13. 患者男性,80岁。既往高血压、糖尿病、肾功能不全、腰椎间盘突出症病史,全麻下行膝关节置换术,术后拔出喉罩,患者诉伤口疼痛剧烈,情绪躁动,此时最佳处理方式为
    A. 予阿片类药物　　　　B. 予非甾体抗炎药
    C. 股神经阻滞　　　　　D. 坐骨神经阻滞
    E. 予苯二氮䓬类药物镇静

【A3/A4 型题】

(1~3题共用题干)

患者男性,50岁,身高168cm,体重95kg。既往高血压病史,药物控制血压在120/80mmHg左右,OSAHS病史,腰椎手术史。于全麻下行人工膝关节置换术。麻醉诱导予静脉注射丙泊酚200mg、罗库溴铵60mg、舒芬太尼20μg,可视喉镜下气管插管,术中丙泊酚+瑞芬太尼泵注复合七氟醚吸入,手术结束前30分钟静脉予

10.【答案】D
　【解析】全身麻醉苏醒期间由于镇静、镇痛、肌松药残余作用导致咽腔肌肉失去张力、舌后坠。
　【考点】呼吸道梗阻的防治

11.【答案】B
　【解析】低体温是寒战的主要原因之一,患者行开腹手术,手术时间较长,易发生低体温。术后寒战增加患者的不适感,同时增加全身氧耗、兴奋交感神经、增加心肌氧耗,可增加冠脉事件的发生率,术后寒战需及时处理。超过1个小时的手术应常规监测体温。药物治疗成人选用曲马多1mg/kg静脉注射。
　【考点】体温降低的防治

12.【答案】D
　【解析】苏醒延迟的原因包括电解质紊乱、低血糖、呼吸性酸中毒、低体温、药物残余等。麻醉结束后超过2小时对外界刺激仍无反应,可诊断为苏醒延迟。高危患者行中危或高危手术、术后苏醒延迟,在PACU内2小时仍不能达到离室标准等情况的患者,需转入ICU。
　【考点】苏醒延迟的防治

13.【答案】C
　【解析】全麻患者苏醒期躁动最常见的原因是手术切口疼痛,治疗苏醒期躁动,最重要的是病因治疗。患者老年男性,合并肾功能不全等病史,宜选择区域阻滞镇痛。
　【考点】麻醉恢复期及并发症的管理

氟比洛芬酯 100mg,术中未再与其他镇痛药及肌松药。手术时间 2 小时,术后转入麻醉恢复室。

1. 转入恢复室后,患者意识逐渐清楚,自主呼吸恢复,可依据指令抬腿睁眼,遂拔出气管插管。拔管后患者躁动明显,血压 180/110mmHg,双鼻吸氧 3L/min,血氧饱和度 100%。患者发生躁动、高血压最可能的原因是
   A. 术前高血压控制不满意　　B. 疼痛
   C. 缺氧　　　　　　　　　　D. 麻醉未完全清醒
   E. 术后谵妄

2. 针对上述情况,最适合该患者的处理措施为
   A. 应用降压药　　　　　　　B. 再次给予氟比洛芬酯
   C. 使用阿片类药物　　　　　D. 股神经阻滞镇痛
   E. 无须处理

3. 下面哪种情况**不符合**患者转出恢复室标准
   A. 患者清醒、定向力好
   B. 患者可按照医师指令活动四肢
   C. 静息状态下 VAS 疼痛评分 5 分
   D. 血压 135/90mmHg
   E. 吸空气氧饱和度 95%

(4~6 题共用题干)
患者女性,70 岁,主因"劳力性呼吸困难 2 个月"入院。既往高血压、糖尿病病史,血压、血糖控制较差,否认吸烟、酗酒史,否认药物滥用史。术前诊断主动脉瓣重度狭窄合并中度关闭不全,于全麻下行主动脉瓣置换术,术毕转入重症监护病房,术后第一天顺利脱机拔管。术后第二天患者出现情绪躁动、言语混乱、不听劝阻自行拔出输液管及导尿管,并出现幻觉。

4. 针对患者目前症状,最可能的诊断是
   A. 痴呆　　　　　B. 术后谵妄　　　　C. 精神分裂
   D. 脑卒中　　　　E. 脑恶性肿瘤

5. 该患者发生上述并发症的危险因素**不包括**
   A. 高龄
   B. 行心脏手术
   C. 术前并存疾病多
   D. 术中未使用抗胆碱能药物
   E. 术后转入重症监护病房

1. 【答案】B
   【解析】全麻患者苏醒期躁动最常见的原因是手术切口疼痛,其他原因包括气管导管刺激、导尿管刺激、缺氧等。该患者 50 岁男性,168cm,95kg,行膝关节置换术,共给予舒芬太尼 20μg,氟比洛芬酯 100mg,术中镇痛药量不足。
   【考点】麻醉恢复期及并发症的管理

2. 【答案】D
   【解析】已拔出气管插管的 OSAHS 患者对阿片类药物非常敏感,这类患者术后镇痛尽可能选择区域阻滞镇痛。非甾体抗炎药(NSAID)有封顶效应,若手术结束前已给予足量的 NSAID,苏醒期疼痛不宜再追加用药。
   【考点】急性创伤后(包括手术后)疼痛治疗

3. 【答案】C
   【解析】患者由恢复室转出标准最常用的 Aldrete 评分和 Steward 评分,评估患者呼吸、循环及精神状态,同时还应处理好麻醉后并发症。静息状态下疼痛评分应小于 3 分。
   【考点】麻醉恢复期及并发症的管理

4. 【答案】B
   【解析】术后谵妄是指患者在经历外科手术后出现的谵妄,主要发生在术后 24~72 小时,主要临床表现包括广泛的认知功能障碍、注意力障碍、睡眠 - 觉醒周期障碍、情绪失控。
   【考点】麻醉恢复期及并发症的管理

5. 【答案】D
   【解析】术后谵妄的易感因素包括老年(65 岁以上)、认知功能储备减少(痴呆、认知功能损害、抑郁)、并存疾病、摄入减少、生理功能储备减少、药物(术前应用有精神作用药物、应用多种药物、酗酒等)、遗传因素。促发因素包括药物(苯二氮䓬类药物、抗胆碱能药物)、手术种类(心血管手术、矫形外科手术、长时间体外循环等)、ICU 环境、术后并发症。
   【考点】麻醉恢复期及并发症的管理

6. 防治围术期发生上述并发症的措施**不包括**
   A. 纠正低氧血症
   B. 改善术后疼痛
   C. 应用氟哌啶醇
   D. 持续予苯二氮䓬类药物镇静
   E. 改善睡眠

(7~9 题共用题干)

患者男性,55 岁,170cm,100kg,拟于全麻下腹腔镜胆囊切除术。既往合并高血压、糖尿病,药物控制满意。有 OSAHS 病史。颈椎活动轻度受限,Mallipati Ⅲ 级,予丙泊酚、罗库溴铵、芬太尼诱导后,可视喉镜下气管插管。手术结束转入恢复室,完全清醒后拔出气管导管。

7. 拔出气管插管 5 分钟后,患者出现鼾声并伴呼吸困难,氧饱和度逐渐下降至 85%,此时患者最有可能出现的情况是
   A. 喉痉挛　　　　　　　B. 支气管痉挛
   C. 舌后坠　　　　　　　D. 分泌物堵塞
   E. 肺水肿

8. 此时,首先应进行的是
   A. 托下颌并面罩加压给氧
   B. 给予呼吸兴奋剂
   C. 立即行气管切开
   D. 给予肌松拮抗剂
   E. 无须处理,等待患者自行恢复

9. 该患者转回病房后,最佳体位为
   A. 头低脚高位 10°　　　B. 头低脚高位 15°
   C. 头低脚高位 20°　　　D. 平卧位
   E. 半坐位

【案例分析题】

案例　患者女性,25 岁,既往体健,吸烟 3 年。术前血压 115/70mmHg,心率 65 次/min,呼吸 16 次/min。全麻下行腹腔镜子宫肌瘤剔除术,术中予全吸入维持麻醉,手术时间 1.5 小时,术后转入恢复室。患者拔出气管插管后诉伤口疼痛,静脉予曲马多 100mg,10 分钟后疼痛缓解,但出现剧烈恶心、呕吐症状。追问病史,自述有晕动病史。

提问 1:该患者发生术后恶心、呕吐的危险因素包括
   A. 女性　　　　　　　　B. 吸烟者
   C. 腹腔镜妇科手术　　　D. 应用曲马多

6.【答案】D
【解析】术后谵妄的防治方法包括:改善术前的病生理状态及内环境紊乱;完善术中管理及术后镇痛;及时纠正低氧血症、低灌注状态;预防性应用小剂量的氟哌啶醇、奥氮平、利培酮;ICU 或 PACU 需要镇静时除非是苯二氮䓬类药物或酒精戒断引起谵妄,一般不予苯二氮䓬类药物镇静;避免扰乱患者睡眠等。
【考点】麻醉恢复期及并发症的管理

7.【答案】C
【解析】OSAHS 患者易出现气道梗阻,主要由于镇静、镇痛、肌松药残余作用导致咽腔肌肉失去张力、舌后坠。
【考点】全身麻醉严重并发症的防治

8.【答案】A
【解析】全身麻醉后发生上呼吸道梗阻的基本处理方法是立即托下颌并面罩加压给氧,大部分患者可再次开放气道。
【考点】呼吸道梗阻的防治

9.【答案】E
【解析】OSAHS 患者转回病房后应采取半坐位或侧卧位,以利于改善患者潮气量,减轻舌后坠程度。
【考点】呼吸道梗阻的防治

提问 1:【答案】ACDEG
【解析】术后恶心呕吐的危险因素包括女性;非吸烟者;有术后恶心呕吐史或晕动病史;使用吸入麻醉药、阿片类药物、曲马多等;手术时间长,特别是持续 3 小时以上手术;某些类型手术,如腹腔镜手术、胃肠道手术、妇产科手术、斜视手术等。
【考点】术后恶心呕吐的防治

E. 应用吸入麻醉药　　F. 手术时间短

G. 晕动病史

提问 2：该患者防治发生术后恶心呕吐的措施包括

A. 使用丙泊酚麻醉

B. 术中足量补液

C. 术后使用非甾体类药物镇痛

D. 预防性应用抗呕吐药

E. 可重复应用地塞米松

F. 若患者已预防性应用氟哌啶醇，术后仍发生恶心呕吐，可继续予氟哌啶醇治疗，无须换药

G. 在恢复室内发生术后恶心呕吐时，可考虑静脉注射丙泊酚 20mg

提问 3：该患者经过治疗后，符合转出恢复室的状态有

A. 完全清醒

B. 咳嗽有力

C. 予镇痛药后疼痛部分缓解，静息状态下 VAS 评分 5 分

D. 仍感到轻度恶心，但患者可以耐受

E. 血压 110/60mmHg，心率 70 次 /min

F. 吸室内空气下氧饱和度 99%

G. 寒战

（安海燕）

提问 2：【答案】ABCDG

【解析】防治术后恶心呕吐的措施包括术前禁食、使用丙泊酚麻醉或区域阻滞麻醉、选用短效类阿片类药物、术中充足补液、避免脑缺血缺氧、术后使用非甾体类药物镇痛。5-HT$_3$ 受体抑制药、地塞米松和氟哌啶醇是预防术后恶心呕吐最有效且副作用最小的药。无术后恶心呕吐危险因素的患者，不需要预防性用药；中、低危患者可选择 1 或 2 种药物预防，高危患者可选 2~3 种药物组合预防。已预防性用药，治疗时应换用其他类型药物；若术后恶心呕吐发生在术后 6 小时以后，可考虑重复给予 5-HT$_3$ 受体抑制药和氟哌啶醇。不推荐重复应用地塞米松。

【考点】术后恶心呕吐的防治

提问 3：【答案】ACDEF

【解析】患者由恢复室转出标准最常用的 Aldrete 评分和 Steward 评分，评估患者呼吸、循环及精神状态，同时还应处理好麻醉后并发症，如恶心呕吐、疼痛、低体温 / 寒战等。静息状态下疼痛评分应小于 3 分。无恶心和呕吐，或程度很轻患者可以耐受。

【考点】麻醉恢复期及并发症的管理

第六章 术后急性疼痛

【A1 型题】

1. 臂丛神经解剖,正确的是
   - A. 由第 4~8 颈神经前支和第 1 胸神经前支的大部分组成
   - B. 由第 5~8 颈神经前支和第 1 胸神经前支大部分组成
   - C. 由第 5~8 颈神经前支和第 1 胸神经组成
   - D. 由第 5~8 颈神经前支和第 1~2 胸神经组成
   - E. 由第 4~8 颈神经前支和第 1~2 胸神经前支大部分组成

2. 急性疼痛治疗最危险的并发症是
   - A. 瘙痒
   - B. 慢性疼痛
   - C. 呼吸抑制
   - D. 恶心呕吐
   - E. 尿潴留

3. 周围神经阻滞罗哌卡因单次最大剂量为
   - A. 100mg
   - B. 200mg
   - C. 300mg
   - D. 400mg
   - E. 500mg

4. 关于手术后疼痛,以下说法正确的是
   - A. 是机体的正常反应,不会对机体产生太大的影响
   - B. 通常持续不超过 2 天
   - C. 不会发展为慢性疼痛
   - D. 是手术创伤导致的一种症状
   - E. 不同患者对相同手术术后疼痛感觉和反应差异不大

5. 手术后疼痛对神经内分泌的影响,以下说法**不正确**的是
   - A. 神经内分泌应激反应增强
   - B. 交感神经兴奋导致儿茶酚胺的分泌增加
   - C. 合成代谢性激素分泌降低
   - D. 引发术后低凝状态
   - E. 引发术后免疫兴奋

1.【答案】B
【考点】麻醉学基础理论知识、麻醉解剖、神经阻滞相关的局部解剖

2.【答案】C
【解析】阿片类药物治疗急性疼痛效果确切,但也有副作用,如恶心呕吐、瘙痒、尿潴留、嗜睡、呼吸抑制等,其中最危险的并发症是呼吸抑制,可以导致心搏骤停。
【考点】麻醉学基础理论知识、麻醉药理、麻醉常用药物

3.【答案】B
【考点】麻醉学基础理论知识、麻醉药理、麻醉常用药物

4.【答案】D
【解析】术后疼痛是机体受到创伤或手术刺激(组织损伤)后的一种反应,包括生理、心理和行为上的一系列反应。一般持续不超过 7 天,但术后疼痛如未得到及时有效控制,可能发展为慢性疼痛,其性质也会转化为神经病理性疼痛或混合性疼痛,导致一系列有害的急性与慢性影响,增加发病率和死亡率。术后疼痛也是患者的主观感受,所以每位患者对于术后疼痛的感受和反应个体差异也较大,但疼痛程度还是与手术创伤的大小相关性最高。
【考点】急慢性疼痛、疼痛基本知识

5.【答案】D
【解析】术后疼痛对神经内分泌系统的影响:内分泌应激反应增强,引发术后高凝状态以及中枢免疫炎性反应;交感神经兴奋导致儿茶酚胺和分解代谢激素分泌增加,合成代谢性激素分泌降低。
【考点】急慢性疼痛、疼痛基本知识

6.【答案】B

【解析】锁骨上臂丛神经阻滞并发症包括喉神经阻滞、膈神经阻滞、星状神经节阻滞(Horner征)、损伤锁骨下动静脉、气胸等。

【考点】麻醉学基础理论知识、麻醉解剖、神经阻滞相关的局部解剖;基本技能、临床技能应用基础、神经阻滞、上肢神经阻滞

7.【答案】C

【解析】隐神经是股神经终末分支,起自腰丛。骶丛主要分支有臀上神经、臀下神经、股后皮神经、阴部神经和坐骨神经,胫神经和腓总神经是坐骨神经的两大分支。

【考点】麻醉学基础理论知识、麻醉解剖、神经阻滞相关的局部解剖

8.【答案】A

【解析】氟比洛芬酯应用禁忌包括:消化道溃疡患者;严重的肝、肾及血液系统功能障碍患者;严重的心衰、高血压患者;对本制剂成分有过敏史的患者;阿司匹林哮喘,或有既往史的患者;正在使用依洛沙星、洛美沙星、诺氟沙星的患者。

【考点】麻醉学基础理论知识、麻醉药理、麻醉与围术期治疗用药

9.【答案】A

【解析】椎管内使用阿片类药最常见的副作用是皮肤瘙痒,其次为恶心、呕吐、尿潴留和困倦,呼吸抑制的发生率相对低。

【考点】麻醉学基础理论知识、麻醉药理、麻醉与围术期治疗用药

10.【答案】D

【解析】有研究表明,术后疼痛控制不佳是导致日间(及门诊)手术患者术后留院时间延长或再次入院的首要原因之一,即使麻醉恢复室疼痛已得到控制,出院后中重度疼痛发生率仍可高达35%。大多数门诊手术患者出院后如无禁忌主要应用对乙酰氨基酚或NSAIDs类药物即可控制疼痛,某些患者可使用小剂量缓释阿片类药物或配合外周神经组织、伤口局部浸润等。

【考点】急慢性疼痛、疼痛基本知识

1.【答案】D

【解析】胸腔镜手术术后首选单次肋间神经阻滞+患者自控静脉镇痛(PCIA),无禁忌证时,PCIA用药建议联合应用阿片类药物和NSAIDs类药物。开胸手术首选硬膜外镇痛或持续椎旁阻滞。

【考点】麻醉学基础理论知识、急慢性疼痛、急性创伤后疼痛

6. 以下哪项是锁骨上臂丛神经阻滞的最严重并发症
   A. 喉返神经阻滞
   B. 气胸
   C. 膈神经阻滞
   D. 喉上神经阻滞
   E. 局部血肿

7. 下列神经哪项**不是**起源于骶丛的神经
   A. 臀上、臀下神经
   B. 胫神经
   C. 隐神经
   D. 股后皮神经
   E. 腓总神经

8. 以下患者可以应用氟比洛芬酯的是
   A. COPD 患者
   B. 心力衰竭患者
   C. 肾功能障碍患者
   D. 十二指肠溃疡患者
   E. 阿司匹林哮喘患者

9. 剖宫产后椎管内应用阿片类药行术后镇痛,最常见的副作用是
   A. 皮肤瘙痒　　　　　　B. 恶心
   C. 呕吐　　　　　　　　D. 呼吸抑制
   E. 尿潴留

10. 有关日间或门诊手术患者术后镇痛,以下说法正确的是
    A. 术后只需口服对乙酰氨基酚
    B. 术后只需口服 NSAIDs 类药物
    C. 为保证患者安全,不可应用阿片类药物
    D. 仍需重视采取多模式镇痛方案行术后镇痛
    E. 术后疼痛发生率不高

【A2 型题】

1. 患者男性,45 岁。胸腔镜行左肺下叶切除术,术后镇痛以下哪种方式**不适用**
   A. 硬膜外镇痛
   B. 椎旁阻滞
   C. 肋间神经阻滞
   D. 肋间神经冷冻
   E. 静脉镇痛

2. 患者男性,20岁。因"左踝骨折"行腘窝神经阻滞,为使手术部位完全阻滞,还必须阻滞哪根神经
   A. 胫后神经
   B. 隐神经
   C. 腓深神经
   D. 腓浅神经
   E. 腓肠神经

3. 患者女性,32岁。全麻下行剖宫产,术后行双侧腹横肌平面阻滞,需要警惕哪种不良反应
   A. 恶心
   B. 呕吐
   C. 局麻药中毒
   D. 皮肤瘙痒
   E. 尿潴留

4. 患者男性,45岁。全身麻醉下行鼻内镜鼻息肉切除手术,以下描述哪项**不正确**
   A. 手术后疼痛为轻度,无须应用镇痛药
   B. 术后维持意识清醒和保护性反射非常重要
   C. 尽量选择非阿片类药物
   D. 伤口尽可能实施局麻药浸润和黏膜表面麻醉
   E. 术后需严密监测出血及呼吸道通畅情况

5. 患者女性,40岁。桡骨骨折内固定术,术后经肌间沟留置连续臂丛神经阻滞镇痛泵,首选以下哪种药物
   A. 0.2% 罗哌卡因
   B. 0.5% 罗哌卡因
   C. 0.75% 罗哌卡因
   D. 1% 利多卡因
   E. 0.5% 布比卡因

6. 患者女性,78岁。左股骨颈骨折急诊入院,合并 COPD,术前镇痛拟行髂筋膜间隙阻滞,选择以下哪种局麻药及剂量
   A. 0.75% 罗哌卡因 10ml
   B. 0.5% 罗哌卡因 10ml
   C. 0.4% 罗哌卡因 25ml
   D. 2% 利多卡因 10ml
   E. 1% 利多卡因 20ml

7. 患者男性,40岁。血小板减少性紫癜,PLT 70×10^9/L,**不宜**行以下哪种神经阻滞
   A. 股神经阻滞
   B. 收肌管阻滞
   C. 髂筋膜间隙阻滞
   D. 腰丛神经阻滞
   E. 腘窝上坐骨神经组织

2.【答案】B
【解析】支配踝部的神经主要来自坐骨神经,坐骨神经远端分为胫神经和腓总神经,在腘窝均可阻滞;此外,还有隐神经,隐神经是股神经的分支,支配膝至内踝之间的小腿内侧感觉,行膝以下部位手术时,隐神经也应阻滞。
【考点】麻醉学基础理论知识、麻醉解剖、神经阻滞相关的局部解剖

3.【答案】C
【解析】腹横肌平面阻滞可以引起穿刺部位血肿、局麻药中毒等不良反应,但不会引起恶心、呕吐、皮肤瘙痒、尿潴留,这也是目前推荐应用腹横肌平面阻滞的原因之一。
【考点】麻醉学基础理论知识、急慢性疼痛、急性创伤后疼痛

4.【答案】A
【解析】鼻内镜手术术后多数为轻至中度疼痛,在术中局部麻醉的基础上,术后只需非阿片类药物即可缓解疼痛。术后维持意识清醒和保护性反射存在十分重要,需严密监测出血及呼吸道是否通畅,确需使用阿片类药物时应尽量减少剂量,密切监测,防止嗜睡、呼吸抑制的发生。
【考点】麻醉学、耳鼻喉科手术的麻醉,麻醉学基础理论知识、急慢性疼痛、急性创伤后疼痛

5.【答案】A
【解析】罗哌卡因用于周围神经阻滞的显著特点是运动感觉分离,低浓度时对运动神经阻滞相对弱,且毒性低于布比卡因。
【考点】麻醉学基础理论知识、麻醉药理、麻醉与围术期治疗用药

6.【答案】C
【解析】罗哌卡因较利多卡因作用时间长,更适用于单次神经阻滞时镇痛。髂筋膜间隙阻滞常用于下肢手术后或术前镇痛,髂筋膜间隙为一潜在间隙,因范围较大,需要有足够的药物容量才能取得较好的镇痛效果。
【考点】麻醉学基础理论知识、麻醉药理、麻醉与围术期治疗用药

7.【答案】D
【考点】麻醉学基础理论知识、麻醉解剖、神经阻滞相关的局部解剖

8.【答案】B

【解析】单侧喉返神经阻滞会引起同侧声带麻痹,引起声嘶。颈交感神经阻滞引起 Horner 综合征,气胸很少发生于肌间沟臂丛神经阻滞,膈神经麻痹在肌间沟臂丛阻滞经常发生,只在合并重度肺部疾病的患者会有呼吸困难。

【考点】麻醉学基础理论知识、麻醉解剖、神经阻滞相关的局部解剖

9.【答案】E

【解析】腹腔镜胆囊术后采取多模式镇痛,硬膜外镇痛有效,但因获益/风险比低而不推荐。

【考点】麻醉学基础理论知识、急慢性疼痛、急性创伤后疼痛

10.【答案】E

【解析】该患者血小板低,不适合做硬膜外腔阻滞镇痛,腹横肌平面阻滞可以提供大约 10 小时的术后镇痛,全身不良反应发生很少,是该患者术毕首选的镇痛方法。

【考点】麻醉学基础理论知识、急慢性疼痛、急性创伤后疼痛

11.【答案】A

【解析】1~6 岁儿童术后镇痛可以对乙酰氨基酚混悬滴剂 1.5ml 口服,亦可给予阿片类药物镇痛,但需要密切观察监测。

【考点】麻醉学基础理论知识、急慢性疼痛、急性创伤后疼痛

12.【答案】E

【解析】超声下可以清晰识别出腹外斜肌、腹内斜肌、腹横肌,并可以通过注射生理盐水判断针尖是否到达腹内斜肌和腹横肌之间的筋膜间隙,超声引导下腹横肌平面阻滞具有定位准确,操作简便,安全有效的优点。

【考点】基本技能、临床技能应用基础、神经阻滞、躯干神经阻滞、超声引导神经阻滞

8. 患者女性,36 岁。锁骨骨折在全身麻醉下完成手术,返 PACU 清醒后拔管,疼痛明显,行超声引导下肌间沟臂丛神经阻滞,15 分钟后出现说话困难,最可能的原因是
   A. 颈交感神经阻滞　　　　B. 喉返神经阻滞
   C. 气胸　　　　　　　　　D. 膈神经麻痹
   E. 延迟的全身反应

9. 患者女性,61 岁。因"胆囊息肉"在全身麻醉下行腹腔镜胆囊切除术,术后多模式镇痛**不推荐**以下哪种方式
   A. 对乙酰氨基酚　　　　　B. NSAIDs
   C. 曲马多　　　　　　　　D. 强效阿片类药
   E. 持续硬膜外镇痛

10. 患者女性,32 岁。孕 39^{+1} 周,因胎儿臀位,拟行剖宫产术,妊娠期间发现血小板减少,术前 PLT 74×10^9,选择以下哪种术后镇痛方法可获得最佳的术后镇痛效果和最小副作用
    A. 舒芬太尼 5μg 静脉注射　　B. 曲马多 100mg 静脉注射
    C. 芬太尼 0.05mg 静脉注射　　D. 切口局麻药浸润
    E. 腹横肌平面阻滞

11. 患儿女性,5 岁。全麻下行扁桃体摘除术。术后哭闹,诉"嗓子痛",经语言安慰无效。首选以下哪项处理
    A. 对乙酰氨基酚混悬滴剂 1.5ml 口服
    B. 芬太尼 0.03mg 入壶
    C. 吗啡 1mg 入壶
    D. 舒芬太尼 5μg 入壶
    E. 父母陪伴

12. 患者男性,67 岁。因"右侧腹股沟疝"在蛛网膜下腔麻醉下行腹股沟疝成形术。术后拟行右侧腹横肌平面阻滞,为保证镇痛效果,最好选择以下哪种方法
    A. 突破感引导下腹横肌平面阻滞
    B. X 线下注射造影剂引导下腹横肌平面阻滞
    C. 超声 + 神经刺激仪引导下腹横肌平面阻滞
    D. 神经刺激仪引导下腹横肌平面阻滞
    E. 超声引导下腹横肌平面阻滞

【A3/A4 型题】

(1~2 题共用题干)

患者男性,80 岁,因"左侧股骨颈骨折"急诊入院,既往高血压 10 余年。

1. 患者现疼痛剧烈,VAS 评分 8 分,疼痛对该患者心血管功能可能的影响是
   A. 增加心脏负荷
   B. 心率减慢
   C. 外周血管舒张
   D. 制动导致心肌耗氧量下降
   E. 并不会增加心肌梗死的风险

2. 该患者术前进行疼痛治疗,首选措施是
   A. 腰椎旁神经阻滞　　　B. 口服镇痛药
   C. 静脉镇痛药　　　　　D. 髂筋膜间隙阻滞
   E. 股外侧神经阻滞

(3~5 题共用题干)
患者女性,72 岁,因"骨性关节炎"拟行"人工膝关节置换术"。

3. 患者术后疼痛特点,哪项**不正确**
   A. 中重度疼痛
   B. 术后疼痛时间长
   C. 关节功能锻炼时疼痛加重
   D. 术后疼痛与止血带无关
   E. 术后疼痛与关节局部炎症反应有关

4. 该患者既往高血压、冠心病 10 余年,2 年前置入冠状动脉支架 2 枚,长期服用硝苯地平控释片、美托洛尔、单硝酸异山梨酯、阿司匹林、辛伐他汀等治疗,术后镇痛首选的方法是
   A. 硬膜外镇痛　　　　　B. 静脉镇痛
   C. 连续股神经阻滞镇痛　D. 髂筋膜间隙阻滞
   E. 口服镇痛药

5. 若此患者术后使用连续股神经阻滞镇痛,为防止股神经置管脱出,应采取以下哪项措施
   A. 导管置入 10cm
   B. 嘱患者缓慢活动或制动
   C. 皮下隧道和缝线固定导管
   D. 只能术后留置神经阻滞导管
   E. 降低镇痛泵背景量,以减少渗出

(6~8 题共用题干)
患者男性,78 岁,172cm,87kg,硬膜外麻醉下行"左髋关节翻修术"。10 年前曾行"人工髋关节置换术"。既往患高血压 20 年,冠心病 8 年,口服苯磺酸左旋氨氯地平片和拜阿司匹林治疗。硬

1.【答案】A
　【解析】疼痛对心血管功能的影响包括心率增快、血管收缩、心脏负荷增加、心肌耗氧量增加、降低冠脉血供,增加心脏负荷和心肌耗氧量,对有心血管危险因素的患者,因氧供和氧耗的失衡,心肌缺血、心肌梗死的危险性增加。此外,患者因恐惧疼痛而卧床不动,增加了下肢深静脉血栓栓塞的危险性。
　【考点】麻醉学基础理论知识、急慢性疼痛、疼痛基本知识

2.【答案】D
　【解析】股骨颈骨折患者,患者诊断明确后可在急诊给予患者髂筋膜间隙阻滞从而缓解患者疼痛,为患者转运以及行进一步治疗提供良好的条件。
　【考点】麻醉学基础理论知识、急慢性疼痛、急性创伤后疼痛

3.【答案】D
　【解析】术后疼痛 NRS 评分可达到 6~10 分,属中、重度和剧烈疼痛。术后疼痛时间长,可长达 3~10 天,关节置换手术后需要尽早开始关节功能锻炼,运动时疼痛加重。手术创伤、止血带引起的缺血再灌注损伤会导致局部炎症加重,产生大量炎性因子,进一步加重疼痛。
　【考点】麻醉学基础理论知识、急慢性疼痛、急性创伤后疼痛

4.【答案】C
　【解析】为获得最佳镇痛效果及最小副作用,该患者术后镇痛应首选周围神经阻滞。连续股神经阻滞镇痛,术后镇痛效果满意,可减少术后阿片类镇痛药用量,降低相应并发症的发生。因绝大多数的膝关节手术患者术后常规应用低分子肝素,该患者术后有抗凝指征,不建议首选硬膜外阻滞镇痛。
　【考点】麻醉学基础理论知识、急慢性疼痛、急性创伤后疼痛

5.【答案】C
　【解析】导管脱出是外周神经阻滞置管镇痛常见的并发症,皮下隧道、缝线固定导管可以起到一定作用。
　【考点】基本技能,临床技能应用基础,下肢神经阻滞

膜外穿刺困难,穿刺及置管过程无异感。术后硬膜外镇痛泵镇痛(PCEA):0.1% 罗哌卡因 +0.4μg/ml 舒芬太尼。

6.【答案】E

【解析】该患者术前口服抗血小板药物,硬膜外穿刺困难,留置硬膜外镇痛泵,出现下肢肌力恢复异常时应警惕硬膜外血肿,而硬膜外脓肿出现明显的脓肿症状常需要几天时间。

【考点】基本技能,临床技能应用基础,椎管内麻醉

7.【答案】C

【解析】高度警惕硬膜外血肿,停用硬膜外用药,严密观察下肢运动感觉变化。此刻不宜急于拔出硬膜外导管,即使已发生硬膜外血肿,拔管可能导致硬膜外出血进一步增加。

【考点】基本技能,临床技能应用基础,椎管内麻醉

8.【答案】D

【解析】应立即行磁共振检查,明确硬膜外血肿诊断。

【考点】基本技能,临床技能应用基础,椎管内麻醉

9.【答案】C

【解析】较大(一般 8 岁以上)儿童术后疼痛评估可通过与成人相同的方法进行,如 VAS 或 NRS 评分法,无法配合完成自我评估的小儿则需要通过面部表情评估法或行为、生物学混合评估,常用 CRIES 评分(通过哭泣、呼吸、循环、表情和睡眠等进行评估,适用于新生儿和婴儿)或 FLACC 评分(face,legs,activity,crying,consolability,常用于 2 个月至 7 岁患儿,分值 0~10 分)评估术后疼痛。

【考点】麻醉学基础理论知识、急慢性疼痛、急性创伤后疼痛

10.【答案】A

【解析】小儿术后镇痛药包括对乙酰氨基酚、NSAIDs 及阿片类药物等。对乙酰氨基酚毒副作用小,主要在肝脏代谢,可用于新生儿,但镇痛作用弱,单独应用不适于中重度疼痛。部分 NSAIDs 药物在儿童的安全性尚未得到系统性验证,因此没有批准在儿童使用。阿片类药物仍是 PCIA 运用最为广泛的镇痛药,本例患儿手术创伤大,术后应用 PCIA 泵为最佳选择,但应严密观察可能引起的恶心、呕吐、瘙痒、尿潴留和呼吸抑制等。

【考点】麻醉学基础理论知识、急慢性疼痛、急性创伤后疼痛

6. 术后 4 小时随访,患者伤口疼痛不明显,下肢已能活动,但右腿肌力明显低于左腿,此时应警惕出现
   A. 硬膜外穿刺损伤脊髓
   B. 硬膜外穿刺损伤神经
   C. 局麻药作用
   D. 硬膜外脓肿
   E. 硬膜外血肿

7. 即刻应采取什么措施
   A. 手术清除血肿
   B. 手术清除脓肿
   C. 停止硬膜外用药,严密观察
   D. 给予神经营养药
   E. 拔出硬膜外导管

8. 观察 3 小时后,患者双腿肌力进一步下降,并诉腰腿痛,应如何处理
   A. 继续严密观察
   B. 继续给予神经营养药
   C. 恢复硬膜外用药以镇痛
   D. 立即行磁共振检查
   E. 静脉应用激素

(9~10 题共用题干)

患儿男性,11 个月,体重 6.5kg,因"先天性巨结肠"行腹腔镜辅助下巨结肠根治术。

9. 有关患儿术后疼痛,以下说法正确的是
   A. 术后疼痛评估采用 VAS 评分法
   B. 术后疼痛评估采用 NRS 评分法
   C. 术后疼痛评估采用 CRIES 评分法
   D. 听从家长意愿
   E. 患儿小,神经发育尚未完善,对疼痛不敏感

10. 患儿术后镇痛首选以下哪种方式
    A. PCIA 泵(阿片类药或曲马多)
    B. 患儿哭闹时可肌内注射阿片类药物
    C. 只需手术切口局麻药浸润
    D. 对乙酰氨基酚直肠用药
    E. 必要时曲马多静脉注射

【案例分析题】

案例 患者女性,65 岁,身高 162cm,体重 68kg。因"左肺下叶占

位",在全麻下行"胸腔镜左肺下叶切除术"。既往高血压 5 年,口服氨氯地平,血压控制满意。1 年前曾患肾小球肾炎。无冠心病、糖尿病。

提问 1:该手术术后疼痛特点是

　　A. 胸腔镜是微创手术,术后疼痛不明显

　　B. 术后疼痛程度为中重度

　　C. 咳嗽可加重术后疼痛程度

　　D. 引流管可加重并延长术后疼痛

　　E. 术后疼痛至少持续 48~72 小时

　　F. 术后疼痛程度与伤口缝合方式无关

提问 2:该患者术中镇痛方案包括

　　A. 采用预防性镇痛

　　B. 术前实施椎旁间隙阻滞

　　C. 术前实施神经阻滞

　　D. 老年患者,为避免术后苏醒延迟,术中只使用超短效阿片类药物即可

　　E. 避免术中泵注瑞芬太尼浓度 >0.2μg/(kg·min)

　　F. 芬太尼、舒芬太尼仅用于全麻诱导时,术中不需追加用药

提问 3:该患者术后镇痛方案包括

　　A. 采用多模式镇痛

　　B. 椎旁间隙阻滞

　　C. 肋间神经阻滞

　　D. 外科医师缝合切口时避开肋间神经

　　E. 静脉镇痛泵为减少阿片类药物用量,需加用氟比洛芬酯

　　F. 硬膜外镇痛为首选镇痛方式

(张 红　安海燕)

提问 1:【答案】BCDE

　　【解析】胸腔镜手术的疼痛程度平均为中至重度,至少持续 48~72 小时。其中留置引流的位置疼痛程度最重,持续时间最长,咳嗽等胸廓运动会导致疼痛程度加重,切口处肋间神经损伤会导致疼痛程度加重及持续时间延长,切口缝合时绕过肋间神经也会减轻切口的疼痛。

　　【考点】麻醉学基础理论知识、急慢性疼痛、急性创伤后疼痛

提问 2:【答案】ABCE

　　【解析】胸腔镜手术在术前、术中可选择椎旁阻滞、肋间神经阻滞等,以减少术中全身麻醉用药量。全身麻醉过程中使用超短效阿片类药物时,为预防术后痛觉过敏,需与长效阿片类药物配合使用,保证术中长效阿片类药物总使用量充足,如舒芬太尼不少于 0.5~0.8μg/kg,避免泵注瑞芬太尼浓度 >0.2μg/(kg·min)。

　　【考点】麻醉学基础理论知识、急慢性疼痛、急性创伤后疼痛

提问 3:【答案】ABCD

　　【解析】胸腔镜手术术后镇痛方案包括多模式镇痛:可选择椎旁神经阻滞、前锯肌平面阻滞、肋间神经阻滞、外科医师缝合切口时避开肋间神经、患者自控静脉镇痛(PCIA)等,但腔镜手术硬膜外不作为首选镇痛方案、无禁忌证时,PCIA 用药建议联合应用阿片类药物和 NSAIDs 类药物。该患者 1 年前患肾小球肾炎病史,需关注肾功能情况,氟比洛芬酯禁用于肾功能障碍者。

　　【考点】麻醉学基础理论知识、急慢性疼痛、急性创伤后疼痛

第七章　麻醉后随访

【A1 型题】

1. 以下哪项**不是**术后恶心呕吐的危险因素
　A. 女性　B. 上腹部手术　C. 使用吸入麻醉药
　D. 吸烟　E. 有晕动病史

2. 有关术后镇痛说法**错误**的是
　A. 减轻术后疼痛
　B. 推荐多模式镇痛
　C. 减轻手术所致的应激反应
　D. 可能有恶心、呕吐等副作用
　E. 不利于术后伤口愈合

3. 控制机体恶心呕吐的中枢位于
　A. 脑桥　B. 中脑　C. 脊髓
　D. 延髓　E. 大脑皮质

4. 以下哪项**不是**大量输血的并发症
　A. 急性肺损伤　B. 高钾血症　C. 容量过负荷
　D. 高钙血症　E. 配型困难

【A2 型题】

1. 男性，82 岁。既往高血压、糖尿病、冠心病、陈旧性心肌梗死、脑梗死，全麻下行“左股骨颈骨折切开复位内固定术”。术后第一天随访，患者诉天花板上有蛇，有穿白衣的妖怪要加害于他。最有可能发生了
　A. 心衰　B. 脑梗死　C. 精神分裂症
　D. 术后谵妄　E. 低血糖

2. 女性，78 岁，身高 155cm，体重 35kg。既往高血压，药物控制良好，因“肠梗阻”留置胃管 1 周后，在气管插管全麻下行“肠切

1.【答案】D
【解析】此题主要考查对术后恶心呕吐危险因素的掌握情况。术后恶心呕吐的危险因素包括女性、不吸烟、使用氧化亚氮、有晕动病史、上腹手术等。
【考点】术后恶心呕吐的危险因素

2.【答案】E
【解析】术后镇痛有利于患者的术后恢复。
【考点】术后镇痛

3.【答案】D
【解析】恶心呕吐的中枢位于延髓。
【考点】术后恶心呕吐

4.【答案】D
【解析】大量输血的并发症包括急性肺损伤、容量超负荷、高钾血症、低钙血症、柠檬酸中毒、低体温、配型困难等。
【考点】输血并发症

1.【答案】D
【解析】高龄是术后谵妄的易感因素，尤其是 65 岁以上的老年人。
【考点】术后谵妄

2.【答案】D
【解析】患者老年人、体重轻、营养状况差、术前长期留置胃管，是气管插管环杓关节脱位的高危人群。此外，困难插管也是环杓关节脱位的高危因素。
【考点】术后声嘶的鉴别诊断

除肠吻合术",术后随访时发现患者说话声音嘶哑。查体:生命体征平稳,神志清楚,四肢可自主活动。最有可能发生了

A. 脑梗死　　　　　B. 脑出血　　　　　C. 喉返神经损伤

D. 环枢关节脱位　　E. 口干

3. 男性,28 岁,因"甲状腺结节",拟行甲状腺左叶切除术。行双侧颈浅丛及左侧颈深丛阻滞不太可能看到

A. 左侧眼睑下垂　　　　　　B. 左侧瞳孔缩小

C. 左侧瞳孔扩大　　　　　　D. 左侧球结膜充血

E. 鼻塞

4. 女性,30 岁,因"甲状腺癌"在全麻下行甲状腺癌根治术。既往高血压 2 年,发现肾功能不全 2 年,维持血液透析 1 年。术后第一天诉她手术中听到滴滴的声响以及医师说话,自己想动却动弹不得。最可能出现了

A. 幻听　　　　　　B. 术中知晓　　　　　C. 做梦

D. 癔症发作　　　　E. 脑梗死

5. 男性,70 岁。既往冠心病病史,1 年前放过 2 枚支架,术中曾有大量出血和输血。该患者硬膜外镇痛泵用完要拔出硬膜外导管。此时的操作错误的是

A. 即刻拔出硬膜外导管　　　B. 询问患者口服药物情况

C. 查看医嘱　　　　　　　　D. 查看凝血检查结果

E. 查看血小板数量

6. 女性,70 岁。既往行二尖瓣机械瓣置换术,此次因"膝关节骨关节病"行左膝人工关节置换术,以下哪项术后镇痛方式不合适

A. 静脉阿片类药物持续输注　B. 静脉 NSAIDs

C. 股神经阻滞　　　　　　　D. 持续硬膜外镇痛

E. 口服对乙酰氨基酚

【A3/A4 型题】

(1~4 题共用题干)

女性,30 岁。腰硬膜穿破联合麻醉下剖宫产分娩一婴儿,术后第一天起床后产妇诉头痛。

1. 为鉴别诊断,还应了解

A. 血压情况

B. 椎管内麻醉过程是否顺利

C. 头痛的位置、性质和缓解方式

D. 脑血管畸形病史

E. 以上都是

3.【答案】C

【解析】此题主要考查对颈丛阻滞并发症之一的霍纳综合征的掌握情况,霍纳综合征(Horner's syndrome)的主要表现是患侧眼睑下垂、瞳孔缩小、球结膜充血、鼻塞、面部微红及无汗。

【考点】霍纳综合征

4.【答案】B

【解析】术中知晓会对患者的精神健康产生影响,尤其在创伤、心脏、产科手术中容易发生。危险因素包括年轻患者、药物滥用史、ASA Ⅲ~Ⅳ级和肌松药的使用。

【考点】术中知晓

5.【答案】A

【解析】拔出硬膜外导管需排除抗凝、抗血小板和凝血功能障碍。冠心病冠脉支架术后需要抗血小板治疗,围术期可能用低分子肝素桥接,术中大量出血和输血可能有凝血功能障碍。

【考点】硬膜外术后镇痛

6.【答案】D

【解析】二尖瓣机械瓣置换术后需要长期抗凝治疗,不适合行硬膜外镇痛。

【考点】术后镇痛

1.【答案】E

【解析】产后头痛需要关注头痛的位置、性质、缓解方式,了解既往病史,确诊硬膜穿破后头痛前,应除外器质性病变,如脑出血、脑梗死、静脉窦血栓等。

【考点】椎管内麻醉后头痛的鉴别诊断

2.【答案】A

【解析】硬膜穿破后头痛的特点为起床头痛平卧缓解，可能有脑神经牵拉的症状，并且没有神经系统其他阳性发现。

【考点】硬膜穿破后头痛的特点

3.【答案】D

【解析】85%的硬膜穿破后头痛1周内缓解。

【考点】硬膜穿破头痛的特点

4.【答案】D

【解析】硬膜穿破后头痛超过1周、严重头痛，可以行硬膜外自体血补片治疗。

【考点】硬膜穿破后头痛的处理方法

提问1:【答案】ABCEF

【解析】导致患者术后躁动的因素众多，如疼痛刺激、脑功能障碍、低氧血症、高碳酸血症、低血压、代谢紊乱、中枢神经系统并发症、尿潴留等，应积极寻找原因，对症处理。

【考点】术后躁动

提问2:【答案】ABCDEF

【解析】查体发现脉短绌强烈提示患者为房颤心律。控制不佳的高血压、糖尿病是心脑血管疾病的高危因素，同时合并重症感染可以诱发多器官功能障碍。

【考点】术后器官功能障碍

提问3:【答案】ACDEG

【解析】患者术前感染中毒性休克，术后出现心衰、房颤和肾功能不全少尿，应关注患者心脏方面的检查和器官灌注情况，同时患者有糖尿病史，应关注血糖情况，警惕糖尿病酮症酸中毒和高渗昏迷及低血糖。补钾的原则是见尿补钾。

【考点】术后心衰和肾功能不全

---

2. 产妇诉起床头痛、平躺即缓解，同时有畏光和视物成双，查体血压 100/60mmHg，颈软无抵抗，四肢肌力好，那么最有可能发生了

A. 硬膜穿破后头痛
B. 颅内静脉窦血栓
C. 脑梗死
D. 高血压危象
E. 假性脑脊膜炎

3. 85%的硬膜穿破后头痛会多长时间内缓解

A. 1天
B. 3天
C. 4天
D. 1周
E. 1个月

4. 产后10天，产妇诉起床头痛依然剧烈，影响正常生活，那么应该考虑

A. 继续卧床
B. 继续给予口服NSAIDs
C. 输液
D. 自体血补片
E. 硬膜外置管补液

【案例分析题】

案例 患者男性，62岁，因"腹痛伴皮肤黄染及发热3天"急诊入院。既往高血压、糖尿病20余年，血压血糖控制不佳，查体:意识淡漠，BP 90/50mmHg，HR 130次/min，R 30次/min，体温40℃。术前诊断:急性梗阻性化脓性胆管炎、高血压、糖尿病。急诊行"胆管切开取石+T管引流"，术中给予容量复苏、去甲肾上腺素泵入。术后第2天随访发现患者躁动，端坐位、咳粉色泡沫痰，触摸桡动脉搏动发现脉短绌，体温37.8℃，HR 130次/min，BP 140/70mmHg，近2小时入量500ml，引流100ml，尿量0ml。化验检查提示血肌酐300μmol/L，血钾3.3mmol/L。

提问1:患者躁动可能的原因是

A. 术后疼痛
B. 憋气
C. 术后谵妄
D. 低血压
E. 重症感染
F. 酸碱失衡

提问2:该患者有可能出现的并发症包括

A. 房颤
B. 心肌梗死
C. 左心衰
D. 呼吸衰竭
E. 糖尿病酮症酸中毒
F. 肾功能不全

提问3:以下处理正确的是

A. 做心电图、查心肌酶和BNP
B. 补钾
C. 吸氧
D. 利尿
E. 查血糖、尿酮体
F. 对乙酰氨基酚退热
G. 动脉血气分析

（周 寅 张 鸿）

第八章 手术室核对制度及麻醉文书的书写和签字

【A1 型题】

1. 手术安全核查的实施主体是
   A. 手术医师、麻醉科研究生和手术室护士
   B. 具有执业资质的手术医师、麻醉医师，以及手术室实习护士
   C. 必须是具有执业资质的术者、麻醉医师和手术室护士
   D. 手术医师、麻醉科进修医师和手术室护士
   E. 具有执业资质的手术医师、麻醉医师和手术室护士

2. "Time Out" 指哪个时期
   A. 麻醉诱导前
   B. 麻醉诱导后气管插管前
   C. 麻醉后消毒前
   D. 皮肤切开前
   E. 患者出室前

3. 符合毒麻药管理制度的是
   A. 麻醉医师均可以使用毒麻药品
   B. 毒麻药品可以和其他药品放在一个药柜，但必须分区摆放以防止混淆
   C. 毒麻药品应由一名专人负责保管钥匙和密码
   D. 高年资医师可使用毒麻药品
   E. 毒麻药品应实行双人双锁管理

【A2 型题】

1. 患者男，35 岁，因"颅脑外伤"急诊入院，拟于全麻下行"颅内血肿清除术"。患者入室躁动、不合作。麻醉前如何进行手术安全核查
   A. 患者不合作，无法进行手术安全核查
   B. 麻醉前由手术医师、麻醉医师和手术室护士三方共同核查

1.【答案】E
【解析】此题主要考查对手术安全核查中三方的掌握情况，应由具有执业资质的手术医师、麻醉医师和手术室护士三方进行核查。
【考点】手术安全核查实施主体的资质

2.【答案】D
【解析】此题主要考查对手术安全核查中"Time Out"的掌握情况，"Time Out"必须是在麻醉诱导后皮肤切开前暂停，所有人都必须停止说话和工作，一起大声确认患者的身份、手术名称和手术部位、麻醉方法等，得到所有手术组成员一致肯定后方能开始手术。
【考点】"Time Out"的时间概念

3.【答案】E
【解析】此题主要考查对毒麻药管理制度的掌握，具有麻醉药品和第一类精神药品资格的麻醉医师可以使用毒麻药品；毒麻药品应设立专库或者专柜，实行双人双锁管理。
【考点】毒麻药的管理制度

1.【答案】B
【解析】此题主要考查意识不清楚患者的手术安全核查方法。清醒患者应鼓励其参与核对的全过程，如患者入手术室后处于意识不清楚状态，则由手术医师、麻醉医师和手术室护士三方共同核查(目前许多医院无论择期还是急诊手术都是由手术医师、麻醉医师和手术室护士三方共同核查)。
【考点】意识不清楚患者的手术安全核查方法

C. 给予镇静药待患者入睡后进行三方核查

D. 必须让患者大声说出姓名、手术部位等信息

E. 麻醉医师和手术室护士根据患者腕带核对

2.【答案】D
【解析】此题主要考查住院医师在患者麻醉诱导前的准备工作,入室后首先记录各项监测参数的基础值,如血压、心率、心电图、体温等,吸入空气时脉搏血氧饱和度对拔管时机也有重要的参考价值;住院医师要和主治医师一起确认患者的 ASA 分级;住院医师不能独立进行麻醉诱导。
【考点】住院医师在患者麻醉诱导前的准备工作

2. 患者女,56 岁,因"体检发现甲状腺肿物 2 个月"入院。既往高血压 5 年,规律服药控制血压 130/90mmHg 左右,化验检查大致正常。拟于全麻下行甲状腺大部分切除术。患者入室后,住院医师应该做什么

A. 面罩吸氧,记录脉搏血氧饱和度

B. 根据 ASA 分级标准确认患者的 ASA 分级

C. 为了避免患者紧张,入室后给予镇静药让患者入睡后再连接心电监护

D. 入室后记录各项监测参数的基础值

E. 可以独立诱导

3.【答案】B
【解析】此题结合病例考查麻醉文书的书写规范。麻醉文书中如出现错别字,应在原记录划双线,不应当掩盖原文,并修改人签名;术中重要的手术操作和相应处理要标记在麻醉记录单上;拟施手术与手术同意书中的手术方式一致,手术方式以实际手术名称为准。
【考点】麻醉文书的书写规范

3. 患者男,53 岁,因"腹痛 12 小时"入院,拟急诊行剖腹探查术。患者既往体健,拟全麻下行"剖腹探查术"。术中探查发现阑尾化脓穿孔,行"阑尾切除术"。术中牵拉阑尾时心率减慢、血压下降,暂停手术、加深麻醉后缓解。手术结束后血流动力学平稳拔出气管导管,将患者送入 PACU。该病例麻醉文书书写需注意什么问题

A. 牵拉阑尾属于外科操作,不用记录在麻醉记录单上

B. 手术方式是剖腹探查术、阑尾切除术

C. 麻醉前访视单中如出现错别字,应当掩盖原文,并修改人签名

D. 打印的麻醉记录单不用麻醉医师签名

E. 拟施手术是剖腹探查术、阑尾切除术

【A3/A4 型题】

(1~3 题共用题干)

患者男,23 岁,体重 65kg,既往体健。入室血压 125/78mmHg,心率 76 次 /min,脉搏血氧饱和度 99%。静脉注射舒芬太尼 10μg、维库溴铵 50mg、丙泊酚 100mg 麻醉诱导,给药 1 分钟后头面部潮红,生命体征平稳。给予地塞米松 5mg 静脉推注,血压突然上升至 225/128mmHg,心率 220 次 /min 左右,心电图示室上性心动过速,并迅速转换为心室纤颤。

1.【答案】C
【解析】此题结合病例主要考查对麻醉中意外情况的判断能力。给药后出现与所用药物临床作用不符的血流动力学变化,要立即检查注射器、空安瓿、药物有效期等。麻醉诱导通常会导致血压下降;嗜铬细胞瘤患者多有高血压病史,血流动力学剧烈波动多发生在刺激肿瘤时;过敏反应通常表现为血压下降和心率增快。
【考点】围麻醉期用药错误

1. 该患者发生血流动力学剧烈波动,最可能的原因是

A. 诱导药物的作用   B. 嗜铬细胞瘤

C. 用错药物   D. 地塞米松的作用

E. 过敏反应

2. 该患者最可能使用了哪种药物
    A. 麻黄碱   B. 阿托品
    C. 去氧肾上腺素   D. 肾上腺素
    E. 去甲肾上腺素

3. 在发生围麻醉期用药错误的常见原因中,位居首位的是
    A. 疲劳工作,注意力不集中
    B. 缺乏临床经验
    C. 药物标记错误
    D. 剂量和稀释错误
    E. 含药注射器和安瓿瓶误认

【案例分析题】

案例 患者男,64 岁,因"左眼视物模糊 3 周"入院。诊断"视网膜脱离",拟于全麻下行"左眼网脱复位术"。入室后麻醉主治医师、术者和巡回护士核对患者信息和手术信息(手术方式、手术部位等),核对后全麻诱导置入喉罩。手术眼消毒前三方再次核对患者信息和手术信息,核对后术者刷手,由助手消毒铺巾,手术开始。手术顺利,术后离开手术室前核对患者去向、术中输液、手术器械和患者生命体征。患者入恢复室清醒后发现手术侧眼不是患病侧眼。

提问 1:导致该不良事件发生且医护人员没有及时发现的原因是
    A. 诱导前麻醉医师、手术医师和巡回护士核对患者信息和手术信息(手术方式、手术部位等)
    B. 消毒前三方再次核对患者信息和手术信息
    C. 手术开始前未进行三方核对
    D. 离开手术室前核对患者去向和生命体征
    E. 手术缝合伤口后、离开手术室前未核对手术部位
    F. 离开手术室前核对术中输液和手术器械
    G. 手术安全核对的主体不具备资质

提问 2:"Time Out"的描述正确的是
    A. "皮肤切开前暂停"阶段
    B. 2016 年由医疗机构评审联合委员会提出
    C. 由手术室护士大声宣布核查开始
    D. 其他医护人员可以继续自己的工作
    E. 手术团队在麻醉诱导后皮肤切开前应该有个暂停
    F. 手术护士应及时、如实记录核对过程
    G. 所有的错误手术都是可以且必须预防的

提问 3:WHO 手术安全的基本目标
    A. 确认手术患者和正确的手术部位
    B. 采用已经证实的方法防止麻醉可能带来的伤害,并防止患者疼痛

2.【答案】D
【解析】此题需在前一题判定正确情况下结合血管活性药物特点选择正确答案。阿托品主要使心率增快,去甲肾上腺素主要使血压增高,去氧肾上腺素在使血压增高的同时减慢心率,麻黄碱使血压增高、心率增快,但作用比较温和,肾上腺素可引起强烈的 α 和 β 受体激动作用,导致剧烈的血压增高和心律失常。
【考点】易发生用错药物的血管活性药物的作用特点

3.【答案】E
【解析】此题 5 个答案均是围麻醉期用药错误的常见原因,其中"含药注射器和安剖瓶误认"居首位。
【考点】围麻醉期用药错误的常见原因

提问 1:【答案】CE
【解析】此题需了解手术安全核查的三个时期,即麻醉诱导前、皮肤切开前和手术结束后患者离开手术室前。本例在消毒前三方核对患者信息和手术信息,之后助手在消毒铺巾环节出现错误,由于手术开始前没有进行三方核对,没有及时纠正手术部位的错误。手术缝合伤口后、离开手术室前未核对手术部位,导致医护人员没有及时发现错误。
【考点】手术安全核查的时期

提问 2:【答案】ACEFG
【解析】"Time Out"是 2004 年由医疗机构评审联合委员会提出。手术团队在麻醉诱导后皮肤切开前暂停,由手术室护士大声宣布核查开始,其他医护人员停止说话和工作,保持安静。手术护士应及时、如实记录核对过程。
【考点】"Time Out"的概念

提问 3:【答案】ABCDEFGHIJ
【考点】WHO 手术安全的十个基本目标

C. 识别并有效地准备处理可能威胁生命的气道或呼吸功能丧失

D. 识别并有效地防备可能出现的大出血

E. 避免使用已知可能给患者带来显著危害的过敏性或有副作用的药物

F. 持之以恒的使用已经被证实有效的措施来使手术部位感染的风险降到最小

G. 防止由于疏忽导致敷料或手术器械遗留在手术伤口内

H. 妥善保管并准确标记所有的手术标本

I. 团队内部应针对有关患者的关键信息进行有效的沟通和交流,以确保手术安全进行

J. 医院和公共卫生系统应该建立对手术能力、数量和结果的常规监测体系

(崔　旭)

第二篇 麻醉常用技术

第九章 围术期呼吸监测

【A1 型题】

1. 关于脉搏氧饱和度监测,下列说法正确的是
   A. 脉搏氧饱和度监测属于某些手术的禁忌证
   B. 脉搏氧饱和度监测不能提供组织灌注的信息
   C. 脉搏氧饱和度 90% 提示 PaO_2 低于 65mmHg
   D. 亚甲蓝染料不会影响脉搏氧饱和度仪准确性
   E. 一氧化碳中毒患者,脉搏氧饱和度明显异常

2. 关于二氧化碳波形监测,下列说法正确的是
   A. 二氧化碳波形图不能用于判断气管插管是否误入食管
   B. 呼气相波形突然中断可能是呼吸回路脱落
   C. 恶性高热时呼气末二氧化碳分压无明显变化
   D. $PaCO_2$ 与 $P_{ET}CO_2$ 的差反映弥散速度
   E. 二氧化碳波形图对支气管插管有重要指导意义

3. 下列关于呼气末二氧化碳波形图叙述正确的是

   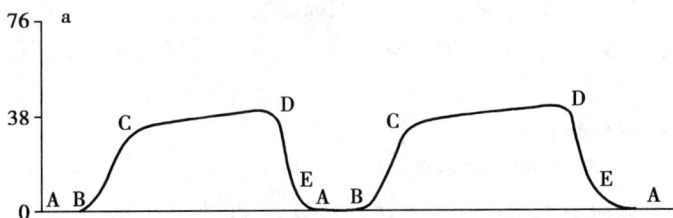

   A. BC 段是吸气段
   B. CD 段是不参与气体交换的非二氧化碳气体
   C. DE 段包括肺泡气和无效腔气体
   D. α 角为 BC 和 CD 段夹角
   E. $P_{ET}CO_2$ 在 BC 段末期测得

4. 血液氧离曲线是表示
   A. Hb 含量与氧解离量关系的曲线

1. 【答案】C
   【解析】脉搏氧饱和度监测适用于所有麻醉手术,监测同时可提供组织灌注和心率的相关信息;亚甲蓝染料会影响仪器对于光线吸收程度的判读,导致数据不准确;COHb 和 HbO_2 在 660nm 处对光波的吸收一样,故某些仪器会产生错误的高饱和度数值;根据氧离曲线,脉搏氧饱和度 90% 提示 PaO_2 低于 65mmHg。
   【考点】脉搏氧饱和度监测的临床意义

2. 【答案】B
   【解析】二氧化碳波形图可快速可靠地显示气管插管误入食管,但对检测导管是否进入支气管并不可靠;呼吸回路脱落时,波形会突然中断;恶性高热时代谢率显著增高,呼气末二氧化碳分压显著增高;$PaCO_2$ 与 $P_{ET}CO_2$ 的差可反映无效腔的大小。
   【考点】二氧化碳波形监测的临床意义

3. 【答案】D
   【解析】DE 段为吸气段;AB 段是不参与气体交换的非二氧化碳气体;CD 段包括肺泡气和无效腔气体;$P_{ET}CO_2$ 在 CD 段末期测得。
   【考点】$P_{ET}CO_2$ 波形图基础知识

4. 【答案】C
   【解析】血液氧离曲线是表示 Hb 氧饱和度与血氧张力关系的曲线。
   【考点】血液氧离曲线的临床意义

B. Hb 氧饱和度与氧含量关系的曲线

C. Hb 氧饱和度与血氧张力关系的曲线

D. 血氧含量与血氧容量关系的曲线

E. 血氧容量与氧分压关系的曲线

5.【答案】E
　【解析】心脏右向左分流时,静脉血进入体循环,解剖分流增加,导致体循环血氧含量降低,出现低氧血症;其余选项均不会导致低氧血症。
　【考点】围术期低氧血症原因分析

5. 有关围术期低氧血症产生的原因,叙述正确的是

A. 吸入性麻醉药浓度较高

B. 气管插管管径过细

C. 潮气量设置不合理

D. 心脏左向右分流

E. 心脏右向左分流

6.【答案】C
　【解析】肺泡通气量 =(潮气量 − 无效腔量)× 呼吸频率;每分通气量 = 潮气量 × 呼吸频率;通气储量百分比 =(最大通气量 − 每分通气量)/ 最大通气量 ×100%;通常采用通气储量百分比估计通气储备能力。
　【考点】通气量相关定义

6. 有关通气量的说法正确的是

A. 肺泡通气量 = 潮气量 × 呼吸频率

B. 每分通气量 =(潮气量 − 无效腔量)× 呼吸频率

C. 最大通气量指尽力做深快呼吸时,每分钟呼吸能吸入或呼出的最大气量

D. 通气储量百分比 =(最大通气量 − 每分通气量)/ 每分通气量 ×100%

E. 通常采用每分通气量估计通气储备能力

7.【答案】B
　【解析】Qs/Qt 指每分钟未经氧合的血流量占心排出量的比率;Qs/Qt 大于 10% 时说明有病理性分流;先天性心脏病右向左分流时,解剖分流增加;慢性阻塞性肺疾病时,血液流经通气不良肺泡时得不到充分氧合,病理性分流增加。
　【考点】肺内分流率基本概念

7. 关于肺内分流率(Qs/Qt),下列说法正确的是

A. Qs/Qt 指每次心搏未经氧合的血流量占心排出量的比率

B. 解剖分流一般不超过 3%~5%

C. Qs/Qt 大于 5% 时说明有病理性分流

D. 先天性心脏病右向左分流时,解剖分流减少

E. 慢性阻塞性肺疾病时病理性分流减少

8.【答案】D
　【解析】P-V 环描绘的是潮气量与相应气道压力相互关系的曲线环,也称肺顺应性环,可以反映呼吸功;高位折点提示肺泡和胸壁过度膨胀。
　【考点】P-V 环的定义与相应图像的意义

8. 关于压力 - 容量环(P-V 环),下列说法正确的是

A. P-V 环描绘的是肺膨胀速度与相应气道压力相互关系的曲线环

B. 也称肺容量环

C. P-V 环不能反映呼吸功

D. 低位折点表示肺泡开始开放时对应的压力和容积

E. 高位折点提示肺泡和胸壁过度萎陷

9.【答案】E
　【解析】健康人在海平面呼吸空气时,PaO_2 的正常值为 80~100mmHg;氧合指数正常值应大于 300;氧摄取率正常值为 22%~32%;氧摄取率低的原因可能是心排出量过多。
　【考点】氧交换功能监测指标的正常值

9. 有关氧交换功能的监测指标,下列说法正确的是

A. 健康人 PaO_2 的正常值为 80~100mmHg

B. 氧合指数正常值应大于 400

C. 氧摄取率正常值为 32%~45%

D. 氧摄取率低的原因可能是心排出量不足

E. 动脉血氧含量正常值为 19ml/100ml

10. 健康成年人静息时,混合静脉血氧饱和度正常值是
    A. 75%(65%~85%)　　　　B. 70%(60%~80%)
    C. 65%(55%~75%)　　　　D. 60%(50%~70%)
    E. 55%(45%~65%)

【A2 型题】

1. 患者男性,67 岁。肺功能检查提示 FEV_1/FVC(%)为 70%,下列说法正确的是
    A. FVC 指最大吸气后缓慢呼气所能呼出的最大气量
    B. 此患者肺功能异常
    C. FEV_1/FVC 主要用于判断较小气道是否有阻塞
    D. FEV_1、FEV_2、FEV_3 百分比分别为 93%、96%、99%
    E. FVC 的临床意义最大

2. 患者女性,55 岁。初步诊断肺腺癌,拟行开胸肺楔形切除术,单肺通气后,吸纯氧,SpO_2 降至 88%,最可能的原因是
    A. 患者疾病相关原因　　　B. 痰栓堵塞气管导管
    C. 吸入氧浓度低　　　　　D. 出现 ARDS
    E. 通气 / 血流失调

3. 患者男性,24 岁。自幼有支气管哮喘病史,规律吸入糖皮质激素控制发作,下列哪项监测**不用于**术中发现哮喘发作
    A. 气道阻力　　　B. 气道压力　　　C. 肺顺应性
    D. 压力 - 容量环　　E. 血氧饱和度

4. 患者男性,37 岁。接触刺激性气体后突发呼吸困难,听诊双肺可闻及呼气相哮鸣音,下列肺功能检查结果合理的是
    A. FEV_1 轻度下降
    B. MMEF 保持不变
    C. RV 增加,但很难达到正常值的 200%
    D. ERV 中度下降
    E. TLC 保持不变

5. 患儿男性,2 岁。急诊行支气管镜异物取出术,取出后约 2 分钟,患儿血氧饱和度下降,呼吸困难,听诊双肺可闻及哮鸣音,最可能诊断为
    A. 喉痉挛　　　B. 支气管痉挛　　　C. 异物残留
    D. 急性左心衰　　E. 舌后坠

6. 患者男性,20 岁,身高 185cm,体重 80kg。行腹腔镜下胆囊切除术,设置潮气量为 500ml,术中发现呼气末二氧化碳分压为 48mmHg,最可能的原因是

10.【答案】A
【解析】健康成年人静息时,混合静脉血氧饱和度正常值是 75%(65%~85%)。
【考点】混合静脉血氧饱和度正常值

1.【答案】B
【解析】FVC 指最大吸气后尽快呼气所能呼出的最大气量;FEV_1/FVC 主要用于判断较大气道是否有阻塞;FEV_1、FEV_2、FEV_3 百分比分别为 83%、96%、99%;FEV_1 临床意义最大。
【考点】肺功能检查正常值

2.【答案】E
【解析】单肺通气后,开胸侧通气血流比值降低,流经无通气侧的血流不能进行正常的气体交换,导致肺静脉血掺杂,肺内分流增加,血氧饱和度下降。
【考点】单肺通气后血氧饱和度下降常见原因

3.【答案】E
【解析】气道阻力、气道压力、肺顺应性和压力 - 容量环均可用于术中监测哮喘发作,血氧饱和度在哮喘发作初期暂无变化,用于监测哮喘发作灵敏度较差。
【考点】合并支气管哮喘病史患者术中监测的要点

4.【答案】D
【解析】哮喘发作期间,FEV_1 严重下降,常低于 FVC 的 50%;MMEF 严重降低;RV 显著增加,常达到正常值的 400%;ERV 中度下降;TLC 增加。
【考点】哮喘发作期间肺功能指标的变化

5.【答案】B
【解析】患者年幼,于支气管内操作后出现此症状,且听诊双肺可闻及哮鸣音,故最可能的诊断为支气管痉挛,其他选项缺乏相应证据支持。
【考点】围术期呼吸功能不全鉴别诊断

6.【答案】B
【解析】患者青年男性,行腹腔镜胆囊切除术,观察到呼气末二氧化碳分压偏高,且术中潮气量设置偏小,最可能的原因是通气不足;恶性高热时也可有此表现,但恶性高热较为罕见。
【考点】呼气末二氧化碳分压升高的原因

A. 过度通气　　　　B. 通气不足　　　　C. 恶性高热

D. 麻醉过浅　　　　E. 麻醉过深

7.【答案】D

【解析】正常自主呼吸时的潮气量为8～12ml/kg。

【考点】正常自主呼吸时的潮气量数值

8.【答案】A

【解析】呼气末平台有规律的切迹，见于肌松恢复的患者；二氧化碳重复吸入时，基线和平台均上移；阻塞性通气功能障碍患者，α角通常增大，β角一般无明显变化。

【考点】常见异常二氧化碳波形图原因分析

7. 患者32岁，体重60kg。则正常情况下，自主呼吸时的潮气量为

A. 240～480ml　　　B. 360～480ml　　　C. 480～600ml

D. 480～720ml　　　E. 600～720ml

8. 患者男性，56岁。全身麻醉下行甲状腺次全切除术，术前肺功能提示"阻塞性通气功能障碍"，呼气末二氧化碳波形如图所示，下列说法正确的是

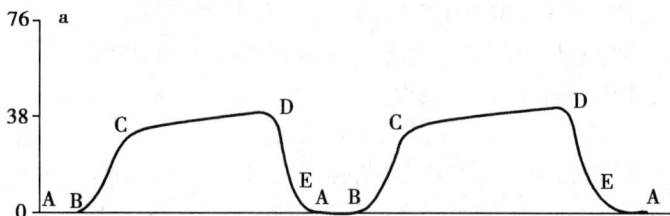

A. 气管插管后见快速消失的不典型波形，提示食管内插管

B. 呼气末平台有规律的切迹，主要是由于手术刺激

C. 平台上移而基线不变，可见于二氧化碳重复吸入

D. 此患者BC段与CD段的夹角α角减小

E. 此患者CD段与DE段的夹角β角增大

9.【答案】E

【解析】根据题干所给数值，此患者肺容量基本正常；肺活量＝潮气量＋补吸气量＋补呼气量，应为4L；吸气容积＝潮气量＋补吸气量，应为3.0L；功能残气量＝残气量＋补呼气量，应为2.5L；肺总量＝潮气量＋补吸气量＋补呼气量＋残气量。

【考点】肺容量与肺容积基本概念

9. 患者男性，20岁。肺功能检查如下：潮气量500ml、补吸气量2 500ml、补呼气量1 000ml、残气量1 500ml，则下列说法正确的是

A. 此患者肺容量异常　　　B. 肺活量3.5L

C. 吸气容积2.5L　　　　　D. 功能残气量2L

E. 肺总量5.5L

10.【答案】B

【解析】患者pH低于正常提示存在酸中毒，BE低于正常值考虑代谢性酸中毒，而PaCO₂低考虑代偿性改变。

【考点】酸碱失衡性质判断

10. 患者男性，61岁。行胃次全切除术后3天，持续胃肠减压中。患者现出现面部潮红，心率增快。血气分析：pH 7.25，$PaCO_2$ 28mmHg，BE −15mmHg，则该患者诊断最可能是

A. 呼吸性酸中毒合并代谢性酸中毒

B. 代谢性酸中毒伴代偿性低 CO_2 血症

C. 呼吸性碱中毒合并代谢性酸中毒

D. 代谢性碱中毒合并呼吸性碱中毒

E. 呼吸性酸中毒合并代谢性碱中毒

11.【答案】B

【解析】解剖无效腔包括从口、鼻至细支气管的整个呼吸道，气管切开术后，气体直接从气管切开处进出肺脏，因此解剖无效腔减少。

【考点】解剖无效腔的定义及临床意义

11. 患者男性，54岁。重度颅脑外伤，气管切开术后，下列哪种无效腔减少

A. 机械无效腔　　　B. 解剖无效腔　　　C. 生理无效腔

D. 肺泡无效腔　　　E. 功能无效腔

12. 患者女性,70 岁。行卵巢癌根治术,既往有下肢深静脉血栓病史,未使用抗凝药物治疗,术中突然发生呼气末二氧化碳分压急剧下降,随后出现心律失常,最合理的解释是
A. 心肌梗死
B. 呼吸回路脱落导致缺氧
C. 肺栓塞
D. 支气管痉挛
E. 手术牵拉所致

13. 患者男性,22 岁。气管插管后气道压力高,听诊双肺可闻及哮鸣音,此患者 $P_{ET}CO_2$ 图形最可能的形态是
A. CO_2 由正常突然降低到极低水平
B. 气管插管后 $P_{ET}CO_2$ 为零或极低水平
C. $P_{ET}CO_2$ 平台期与上升支之间角度增大
D. $P_{ET}CO_2$ 突然降低但不到零点
E. $P_{ET}CO_2$ 突然升高

14. 患者男性,38 岁。因"胆囊结石"拟行择期腹腔镜胆囊切除术,术前访视发现患者正患有上呼吸道感染,且患者既往合并轻度支气管哮喘,下列处理正确的是
A. 无须处理,可以手术
B. 上呼吸道感染症状恢复后即可手术
C. 手术需推迟 3 个月
D. 上呼吸道感染症状恢复后 2~3 周可行手术
E. 上呼吸道感染症状恢复后 1 周可行手术

15. 患者男性,56 岁。诊断肺占位拟行肺叶切除术,单肺通气时提高氧分压的方法有
A. 增加吸入性麻醉药浓度
B. 应用纤维支气管镜检查双腔管位置
C. 维持呼气末二氧化碳分压高于 45mmHg
D. 不可双肺交替通气
E. 增大潮气量

16. 患儿男性,3 岁。进食时哭闹,突发呼吸困难,患儿生命体征最早出现的变化是
A. 缺氧
B. 血压过高
C. 血压下降
D. 心室纤颤
E. 心搏骤停

【A3/A4 型题】

(1~3 题共用题干)
患者男性,72 岁。因"颅内占位性病变"行脑肿瘤切除术,既往有自发性气胸和肺大疱病史,上头架后观察到吸气峰压为 23cmH_2O。

12.【答案】C
【解析】患者恶性肿瘤,处于血液高凝状态,且既往合并 DVT 病史,术中首先出现呼气末二氧化碳分压急剧下降,随后发生心律失常,符合肺栓塞的临床表现。
【考点】术中发生肺栓塞的临床表现

13.【答案】C
【解析】术中突发支气管痉挛时气道阻力增大,$P_{ET}CO_2$ 波形图表现为典型的阻塞性通气功能障碍,平台期与上升支之间角度即 α 角增大。
【考点】支气管痉挛的 $P_{ET}CO_2$ 波形改变

14.【答案】D
【解析】此类患者在此期间处于气道高反应性状态,择期手术应予推迟,推荐哮喘患者在上呼吸道感染临床症状恢复后 2~3 周再行手术。
【考点】支气管哮喘患者合并上呼吸道感染时手术时间选择

15.【答案】B
【解析】增加吸入性麻醉药浓度和增大潮气量对提高氧分压无明显帮助;维持呼气末二氧化碳分压在 40mmHg 可限制缺氧性肺血管收缩,必要时采取双肺交替通气以提高氧分压;应用纤维支气管镜检查双腔管位置可及时发现并调整手术过程中的双腔管位置变化,改善氧合。
【考点】单肺通气时提高氧分压的方法

16.【答案】A
【解析】急性呼吸道梗阻后,患者首先出现缺氧,随着病情进展,梗阻持续不缓解时,会出现其他缺氧和高碳酸血症相关临床表现。
【考点】急性呼吸道梗阻的早期后果

1.【答案】C

【解析】吸气峰压指呼吸周期中气道内达到的最高压力,胸肺顺应性正常的患者应低于20cmH₂O。

【考点】吸气峰压正常值

2.【答案】A

【解析】闭合气量、闭合容量、最大呼气流量-容积曲线、动态肺顺应性的频率依赖性是用于小气道评估的客观指标,气道压力反应呼吸周期中压力的变化,不能用于评价小气道功能。

【考点】小气道功能的监测指标

3.【答案】C

【解析】氧合指数=PaO_2/FiO_2=179.4mmHg;正常氧合指数为400~500mmHg,≤300mmHg提示患者存在急性肺损伤(ALI),≤200mmHg提示发生急性呼吸窘迫综合征;此患者拔管风险较大,应慎重考虑。

【考点】氧合指数的计算方法及ALI/ARDS诊断标准

4.【答案】E

【解析】肺气肿引起的通气功能障碍属于阻塞性通气功能障碍。

【考点】限制性通气功能障碍常见疾病

5.【答案】A

【解析】限制性通气功能障碍患者,潮气量、肺总量、残气量均降低,而最大呼气中期流速保持不变,FEV_1/FVC保持不变或增加。

【考点】限制性通气功能障碍患者肺功能变化

6.【答案】C

【解析】Ⅰ型呼吸衰竭为PaO_2低于60mmHg,伴$PaCO_2$高于50mmHg时为Ⅱ型呼吸衰竭;pH尚在正常范围内,故为代偿性呼吸性酸中毒。

【考点】血气分析结果判读

---

1. 胸肺顺应性正常的患者,吸气峰压应低于

A. 10cmH₂O B. 15cmH₂O C. 20cmH₂O

D. 25cmH₂O E. 30cmH₂O

2. 患者长期吸烟,可能出现小气道功能改变,下列哪项指标**不能**用于评价小气道功能

A. 气道压力

B. 闭合气量

C. 闭合容量

D. 最大呼气流量-容积曲线

E. 动态肺顺应性的频率依赖性

3. 手术持续8小时,出血量2 500ml,血气分析提示,吸入50%氧气时PaO_2为89.7mmHg,则下列说法正确的是

A. 氧合指数为358.8mmHg

B. 应诊断为急性肺损伤

C. 应诊断为急性呼吸窘迫综合征

D. 正常氧合指数为300~400mmHg

E. 此患者拔管无风险

(4~6题共用题干)

患者女性,69岁。因"腰椎间盘突出"需行手术治疗,既往肺间质纤维化病史10年。

4. 下列疾病属于限制性通气功能障碍,**除外**

A. 肺间质纤维化 B. 胸廓畸形

C. 胸腔积液 D. 脊柱后侧凸

E. 肺气肿

5. 下列肺功能检查结果属于限制性通气功能障碍患者的是

A. 潮气量减少 B. 肺总量不变

C. 残气量不变 D. 最大呼气中期流速降低

E. FEV_1/FVC降低

6. 为患者行血气分析,pH 7.365,$PaCO_2$ 61mmHg,PaO_2 70mmHg,CO_2含量36mEq/L。下列诊断最准确的是

A. Ⅱ型呼吸衰竭

B. 失代偿性呼吸性酸中毒

C. 代偿性呼吸性酸中毒

D. 低氧血症+呼吸性酸中毒

E. Ⅰ型呼吸衰竭

(7~9 题共用题干)

患者男性,35 岁,身高 180cm,体重 110kg。拟在全身麻醉下行胃减容术,既往曾有"哮喘"史。

7. 麻醉诱导期间手动通气时发现气道阻力高,**不可能**是以下哪种原因
   A. 舌后坠
   B. 分泌物和呕吐物造成呼吸道梗阻
   C. 发生喉痉挛
   D. 阿片类药物给药过快引发胸壁强直
   E. 面罩通气漏气过多

8. 针对以上可能的原因,下列处理方式哪项**不合理**
   A. 放置口咽通气道
   B. 快速吸净口咽部分泌物
   C. 迅速推注肌松剂
   D. 使用糖皮质激素或肾上腺素
   E. 立即行气管切开术

9. 顺利插管后,观察到呼气末二氧化碳波形图波幅升高,最可能的原因是
   A. 分钟通气量不足
   B. 机体二氧化碳产生增加
   C. 二氧化碳吸收剂耗竭
   D. 二氧化碳测量仪不准确
   E. 中枢性肺泡通气不足

(10~12 题共用题干)

患者男性,18 岁。因"急性阑尾炎"入院,拟于全身麻醉下行腹腔镜阑尾切除术,麻醉过程中患者发生了呕吐与误吸。

10. 对于此情况,初步的处理方案**不包括**
    A. 调整手术台头高脚低位
    B. 按压环状软骨
    C. 快速清理口咽部
    D. 进行气管插管并将套囊充气
    E. 经气管插管行负压吸引

11. 术毕患者送返病房后,出现了呼吸困难,考虑出现急性呼吸窘迫综合征(ARDS),有关 ARDS 下列说法正确的是
    A. 有低氧血症和心力衰竭的证据
    B. 氧合指数小于 200,可诊断 ARDS

7.【答案】E
【解析】麻醉诱导期间手动通气时发现气道阻力高,常见于上呼吸道梗阻(舌后坠、分泌物和呕吐物造成呼吸道梗阻、喉痉挛等)、下呼吸道梗阻(支气管痉挛)或胸壁强直,而不包括面罩通气漏气过多的情况。
【考点】麻醉诱导期间气道压升高的常见原因

8.【答案】E
【解析】针对呼吸道梗阻的处理方式,上呼吸道梗阻可采取放置口咽通气道、快速吸净口咽部分泌物或迅速推注肌松剂缓解,支气管痉挛时应使用糖皮质激素或肾上腺素;气管切开术可用于处理呼吸道梗阻,但并非首选。
【考点】麻醉手术期间气道压升高的处理方式

9.【答案】A
【解析】麻醉插管过程中,体内二氧化碳无法充分排出,且手动通气过程中气道压力较高,容易造成通气量不足的情况,故最可能是由于分钟通气量不足导致二氧化碳波幅升高。
【考点】二氧化碳波形图波幅升高常见原因分析

10.【答案】A
【解析】对于此类患者,应迅速调整手术台为头低脚高位,方便吸入物流出,同时迅速清理口咽部的反流物;按压环状软骨可以减少反流量;行气管插管并将套囊充气可减少误吸量,经气管插管负压吸引可吸出气管深部的吸入物。
【考点】误吸的初步处理方案

11.【答案】B
【解析】ARDS 有低氧血症但无心力衰竭的证据;常由多发创伤、DIC 等引起;双肺絮状阴影为其典型的影像学表现;肺保护性通气策略可改善此类患者预后。
【考点】ARDS 诊断标准和临床表现

C. 较少由多发创伤、DIC 引起

D. 双肺均匀粟粒状阴影为其典型的影像学表现

E. 肺保护性通气策略不能改善此类患者预后

12. 患者血氧饱和度进行性下降,再次行机械通气,在情况进一步改善后考虑脱机拔管,下列哪项符合脱机指征

A. 肺活量大于 6ml/kg

B. 最大吸气力至少为 –30~–20cmH$_2$O

C. 吸入氧浓度为 0.5 时,PaO$_2$ 大于 80mmHg

D. PaCO$_2$ 小于 50mmHg

E. 肺功能未恢复

【案例分析题】

案例一 患者男性,57 岁。2 小时前因车祸导致右胸外伤,初步诊断:开放性气胸,拟行开胸探查术。患者既往无肺部相关慢性病史,血压 86/60mmHg,现意识清,自诉呼吸困难,稍烦躁。

提问 1:患者需行急诊手术,术前应如何有效评估呼吸功能

A. 术前需详细了解既往呼吸系统疾病病史

B. 应注意观察患者呼吸频率和节律

C. 应观察口唇及指端颜色

D. 不必听诊双肺呼吸音

E. 术前行血气分析检查是必要的

F. 此手术为肺部手术,故术前必须做肺功能检查

提问 2:患者术中呼气末二氧化碳波形图波幅升高,可能存在的情况是

A. 发生肺栓塞

B. 分钟通气量不足

C. 二氧化碳吸收剂失效

D. 呼吸环路活瓣失灵

E. 无效腔量增加

F. 酸中毒采用碳酸氢钠纠正

提问 3:患者采用双腔气管插管、单肺通气全麻,术中有哪些提高氧分压的方法

A. 纯氧通气

B. 术侧肺吹入 3L/min 的氧气

C. 健侧肺 PEEP 5cmH$_2$O

D. 改变体位后,纤维支气管镜检查双腔管位置

E. 增加通气量

F. 间断膨胀术侧肺

案例二 患者男性,35 岁,身高 178cm,体重 110kg。主诉"睡眠打鼾 10 年,呼吸暂停 4 年",诊断为睡眠呼吸暂停综合征,拟于全

12.【答案】B

【解析】脱机时,患者肺活量应大于 10ml/kg;吸入氧浓度为 0.4 时,PaO$_2$ 应大于 80mmHg;PaCO$_2$ 小于 45mmHg;应在肺功能恢复后脱机拔管。

【考点】ARDS 患者脱机指征

提问 1:【答案】ABCE

【解析】急诊手术患者,术前需快速有效评估呼吸功能,了解呼吸系统病史可协助判断患者情况和选择用药;通过观察患者呼吸频率、节律及口唇和指端颜色判断患者氧合状态;同时必须听诊是否存在异常呼吸音,并判断肺脏萎陷程度;血气分析可帮助判断酸碱平衡状态和氧合状态,故十分必要;肺功能检查耗时较长,患者目前已出现休克症状,可暂缓检查。

【考点】围术期呼吸功能评估方法与技巧

提问 2:【答案】BCDEF

【解析】术中呼气末二氧化碳波形图波幅升高,可见于分钟通气量不足的情况;而二氧化碳吸收剂失效、呼吸环路活瓣失灵及无效腔量增加的情况,CO$_2$ 波形升高的同时,基线也会有相应抬高;采用碳酸氢钠纠正酸中毒时,CO$_2$ 波形会突然升高;肺栓塞或心搏骤停时,波幅降低。

【考点】CO$_2$ 波形图改变的常见原因

提问 3:【答案】ABCDF

【解析】单肺通气期间,可以采用纯氧通气、术侧肺吹入 3L/min 的氧气、健侧肺 PEEP、间断膨胀术侧肺等方法提高氧分压,改变体位后需要纤维支气管镜重新检查双腔管的位置。而过度增加通气量,反而导致气道阻力增加,血流流向上肺,加重通气血流比例失调。

【考点】单肺通气的管理

麻下行腭咽成形术。

提问1:关于肥胖患者功能残气量,下列哪些说法正确

    A. 功能残气量为正常呼气末肺内所含气体量

    B. 此时,肺的内向弹性回缩力与胸廓向外的弹性回缩力相等

    C. 功能残气量可以通过洗出氮气法或是洗入氦气的方法测定

    D. 肥胖患者功能残气量下降

    E. 直立位转变为仰卧位后,功能残气量减少

    F. 闭合容量约等于功能残气量

提问2:手术期间,发现气道峰压升高至 $40cmH_2O$,考虑哪些原因

    A. 肌松药物作用消失,自主呼吸恢复,与呼吸机对抗

    B. 气管导管过深

    C. 支气管痉挛

    D. 分泌物过多

    E. 气管导管打折

    F. 呼吸环路脱开

提问3:如何鉴别诊断并处理

    A. 检查气管导管

    B. 吸痰

    C. 听诊双肺

    D. 适时追加肌松剂,并加深麻醉

    E. 立即更换导管

    F. 如发生支气管痉挛,给予 β 受体激动剂,无效者给予小剂量肾上腺素

(赵 磊 安 奕)

提问1:【答案】ABCDE

【解析】功能残气量为正常呼气末肺内所含气体量,此时,肺的内向弹性回缩力与胸廓向外的弹性回缩力相等。功能残气量可以通过洗出氮气或是洗入氦气的方法测定。肥胖患者功能残气量下降,直立位转变为仰卧位后,功能残气量减少。闭合容量为肺下垂部位小气道开始关闭时肺容量。通常低于功能残气量,随年龄增加等于或逐渐超过功能残气量。

【考点】功能残气量的概念

提问2:【答案】ABCDE

【解析】机械通气期间气道压力突然升高,考虑鉴别诊断以下因素,包括呼吸机对抗、气管导管打折、分泌物堵塞、导管过深、支气管痉挛等,呼吸环路脱开常报警为气道压力低。

【考点】机械通气管理

提问3:【答案】ABCDF

【解析】机械通气期间气道压力突然升高,考虑鉴别诊断以下因素,包括呼吸机对抗、气管导管打折、分泌物堵塞、导管过深、支气管痉挛等,呼吸环路脱开常报警为气道压力低。立即检查气管导管位置并排除打折,听诊双肺,如有痰鸣音则实施吸痰,如双肺呼吸音消失则考虑支气管痉挛,给予 β 受体激动剂,无效者给予小剂量肾上腺素。麻醉过浅、肌力恢复者,立即加深麻醉并追加肌松剂。不应仓促更换导管。

【考点】机械通气管理

第十章　围术期循环监测

左栏（答案解析）

1.【答案】B
【解析】中心静脉穿刺点常选用颈内静脉的原因是并发症少、气胸风险小、穿刺进入颈动脉后容易处理，对于穿刺经验不足的麻醉医师，颈内静脉是中心静脉穿刺的首选部位。
【考点】中心静脉穿刺

2.【答案】D
【解析】PAWP是肺毛细血管楔压的英文缩写，可反映左心室前负荷和右心室后负荷，以评估左右心室功能。
【考点】血流动力学指标的意义

3.【答案】E
【解析】EF（ejection fractions）射血分数是指每搏输出量占心室舒张末期容积的百分比。
【考点】射血分数定义

4.【答案】E
【解析】Allen实验是检查手部的血液供应，桡动脉与尺动脉之间的吻合情况的方法。手掌颜色15秒内迅速变红或恢复正常，即Allen试验正常，表明尺动脉和桡动脉之间有良好的血供。
【考点】Allen实验

5.【答案】D
【解析】与心肌氧耗有关的指标为心肌收缩力大小、心率快慢、室壁张力（前负荷、后负荷）、基础要量的多少。冠脉直径与心肌氧供有关。
【考点】心脏的氧供氧耗

6.【答案】C
【解析】

$$肺血管阻力 = \frac{肺平均动脉压 - 肺毛细血管楔压}{心排出量} \times 80$$

右栏（题目）

【A1 型题】

1. 临床最常选用测量中心静脉压的穿刺静脉是
   A. 颈外静脉　　　　B. 颈内静脉　　　　C. 股静脉
   D. 锁骨下静脉　　　E. 腋静脉

2. 下列哪项指标可以反映左心功能
   A. SVR　　　　　　B. CVP　　　　　　C. RVSW
   D. PAWP　　　　　E. ARDS

3. EF 是指
   A. 心排量　　　　　B. 心脏指数　　　　C. 每搏功
   D. 每搏量　　　　　E. 射血分数

4. 一般表示 Allen 实验异常的时间
   A. 5~7 秒　　　　　B. 7~9 秒　　　　　C. 9~11 秒
   D. 11~13 秒　　　　E. >15 秒

5. 下列哪项指标与心肌氧耗无关
   A. 心肌收缩力　　　B. 心率　　　　　　C. 室壁张力
   D. 冠脉直径　　　　E. 基础需要量

6. 下列公式正确的是

   A. $肺血管阻力 = \dfrac{肺平均动脉压 - 右心房压}{心排出量} \times 80$

   B. $周围血管阻力 = \dfrac{周围动脉平均压 - 肺毛细血管楔压}{心排出量}$

   C. $每搏量(SV) = \dfrac{心排出量(CO)}{心率(HR)} \times 1\,000$

   D. $每搏量(SV) = \dfrac{每搏指数(SI)}{体表面积(BAS)}$

E. 心排出量(CO)＝$\dfrac{\text{心脏指数(CI)}}{\text{体表面积(BAS)}}$

7. 下列哪项指标反映右心功能

   A. SVV   B. IABP   C. CVP

   D. RVSP   E. PAWP

8. 控制性降压最常见的并发症是

   A. 出血   B. 血栓

   C. 持续性低血压   D. 器官缺血

   E. 苏醒延迟

9. 决定心排出量的主要因素是

   A. 心率和每搏输出量

   B. 血容量和外周血管阻力

   C. 呼吸幅度和心率

   D. 周围组织需氧量和回心血量

   E. 回心血量和每搏输出量

10. 通过心脏前负荷的增加,改善心排出量的根本原因是由于

   A. Cushing 反射

   B. Bezold-Jarisch 反射

   C. Bainbridge 反射

   D. Starling 机制

   E. Bohr 效应

【A2 型题】

1. 患者男性,66 岁。拟因"听神经瘤"行坐位听神经瘤切除术,拟行中心静脉压监测。下列说法正确的是

   A. 中心静脉压反映右心前负荷

   B. 中心静脉压反映左心后负荷

   C. 传感器必须放置于肝脏水平

   D. 如发生静脉气栓,需经中心静脉导管抽气,因此导管尖端尽量接近三尖瓣

   E. 右心功能不全时,中心静脉压降低

2. 患者男性,65 岁。有冠心病病史,拟行腹腔镜下胆囊切除术,避免麻醉诱导血压过度下降,最合适的静脉麻醉诱导药是

   A. 氯胺酮   B. 硫喷妥钠

   C. 丙泊酚   D. 依托咪酯

   E. 咪达唑仑

周围血管阻力＝$\dfrac{\text{周围动脉平均压}-\text{右心房压}}{\text{心排出量}}$

每搏量(SV)＝$\dfrac{\text{心排出量(CO)}}{\text{心率(HR)}}\times 1\,000$

每搏指数(SI)＝$\dfrac{\text{每搏量(SV)}}{\text{体表面积(BAS)}}$

心脏指数(CI)＝$\dfrac{\text{心排出量(CO)}}{\text{体表面积(BAS)}}$

【考点】重要血流动力学计算公式

7.【答案】C

【解析】中心静脉压是上、下腔静脉进入右心房处的压力,通过上、下腔静脉或右心房内置管测得,它反映右房压,是临床观察血流动力学的主要指标之一,它受心功能、循环血容量及血管张力 3 个因素影响。

【考点】血流动力学指标的意义

8.【答案】D

【解析】控制性降压指在全麻手术下期间,在保证重要脏器氧供情况下,采用降压药物与技术等方法,人为的将平均动脉血压(MAP)减低至基础血压的 70%,使手术野出血量随血压降低而减少,不至有重要器官的缺血缺氧性损害,终止降压后血压可以迅速回复至正常水平,不产生永久性器官损害。

【考点】控制性降压

9.【答案】A

【解析】心排出量(CO)是指一侧心室每分钟射出的总血量。

【考点】心排出量

10.【答案】D

【解析】通过增加心室舒张末期容积(心脏前负荷)可以提高每搏量,这种通过心肌细胞本身初长的改变而引起心肌收缩强度的变化称异长自身调节。

【考点】重要血流动力学自主调节机制

1.【答案】A

【解析】中心静脉压反映右心前负荷;传感器必须放置于心脏的三尖瓣水平;如发生静脉气栓,需经中心静脉导管抽气,导管尖端应放置于右房接近于右房-上腔静脉交界处,气栓易聚集此处;右心功能不全时,中心静脉压升高。

【考点】中心静脉压监测

2.【答案】D

【解析】依托咪酯对循环几乎无不良影响,很少引起血压和心率的变化,心排出量和每搏输出量也无显著改变。因此,依托咪酯特别适用于重症心脏病、病危、休克和老年患者。

【考点】静脉麻醉药物的血流动力学效应

3.【答案】A

【解析】二尖瓣狭窄患者流出道狭窄，心排出量减少，故需要维持一定的容量负荷，同时要维持一定的左心负荷，避免因体循环血压骤降而导致的代偿性心动过速。心动过速会减少有效射血，同时影响冠脉充盈，导致心肌缺血。因轻度二尖瓣狭窄患者心脏功能尚好，故无须常规使用正性肌力药物。

【考点】二尖瓣狭窄患者管理要点

4.【答案】C

【解析】心肺复苏抢救要的最佳给药途径是静脉给药，为首选给药途径，若开放中心静脉，中心静脉为给药最佳部位。若无法及时开放静脉，则可选气管内给药。

【考点】心肺复苏

5.【答案】A

【解析】对冠心病患者接受非心脏手术实施麻醉的基本要求为维持循环状态稳定，保证心肌氧供和氧耗的平衡。心动过速和低血压对心肌氧供的影响极大，对严重冠心病患者往往是致命性的打击。前者增加心肌氧耗缩短冠脉灌注时间，后者降低灌注压力。

【考点】冠心病患者管理要点

6.【答案】B

【解析】控制性降压的度应以维持心、脑、肾重要脏器的充分灌注为原则。正常体温患者，MAP安全低限为50~55mmHg，此范围内脑血流自身调节能力仍保持正常。

【考点】控制性降压

7.【答案】A

【解析】嗜铬细胞瘤患者显著特征是特发性高血压和低血容量，故在术前需要将血压控制在合适的水平。通常使用α受体阻滞剂（常用酚苄明），缓解和防止儿茶酚胺引起的血管收缩，降低血压，恢复正常血压，增加血容量。

【考点】嗜铬细胞瘤管理

8.【答案】D

【解析】眼心反射(oculocardiac reflex, OCR)：是三叉神经-迷走神经反射，诱发因素为手术牵拉眼外肌、眼球操作、眼压增高，主要表现为心率和血压下降。

【考点】眼心反射

3. 患者男性，54岁。拟全麻下行甲状腺次全切除术，术前超声心动图示二尖瓣轻度狭窄，术中管理要点**不包括**

A. 常规使用正性肌力药物
B. 维持一定的后负荷
C. 避免心动过速
D. 维持适当的血容量
E. 控制心室率

4. 患者男性，42岁。突然心搏骤停，呼吸停止，急行胸外按压，气管插管人工呼吸，此时最适合的抢救药给药途径是

A. 皮下注射   B. 肌内注射
C. 静脉注射   D. 气管内注射
E. 心内注射

5. 患者女性，65岁。既往冠心病史，最近一次发作为6个月前，拟行全麻下乳腺癌根治术，为防止术中出现心肌梗死，主要麻醉关注点为

A. 控制心率，避免心动过速
B. 避免麻醉过深
C. 增大后负荷
D. 增大前负荷
E. 过度通气

6. 患者女性，68岁。全麻下行颅脑肿瘤切除术，术中要求控制性降压。在实施控制性降压过程中，MAP安全低限为

A. 40~50mmHg   B. 50~55mmHg
C. 55~60mmHg   D. 60~65mmHg
E. 65~70mmHg

7. 患者男性，52岁。因"嗜铬细胞瘤"拟行肾上腺肿瘤切除术，术前要用药物将血压控制到合适的水平，最常用的药物为

A. 酚苄明   B. 硝酸甘油
C. 硝普钠   D. 呋塞米
E. 卡托普利

8. 患者女性，35岁。行全麻下玻璃体切割术，平日体健，入室血压、心率正常，术中突发心率降低，最可能的原因是

A. 麻醉过深
B. 缺氧
C. 过度通气
D. 眼心反射
E. 呼吸道梗阻

9. 患者男性,30 岁。因反复心悸入院,心电图示 P 波消失呈锯齿状,频率 300 次 /min,心室率 100 次 /min,律齐,最可能的诊断是
　　A. 正常心电图
　　B. 完全性房室传导阻滞
　　C. 房性心动过速
　　D. 心房纤颤伴房室传导阻滞
　　E. 心房扑动伴 3：1 房室传导

9.【答案】E
　　【解析】当心房异位起搏点频率达到 250~350 次 /min 且呈规则状态的时候,引起心房快而协调的收缩称为心房扑动。当心室比例呈 3：1 或 4：1 下传时,则心率减慢。
　　【考点】房性心律失常

10. 患者男性,76 岁。喉癌,拟行全喉切除术,术中暴露分离右侧颈动脉鞘,患者突然心动过缓、血压下降,最可能的原因是
　　A. 颈动脉体反射　　　　B. 颈动脉窦反射
　　C. 有效循环血量不足　　D. 麻醉过深
　　E. 误吸

10.【答案】B
　　【解析】颈动脉由舌咽神经分支支配,在喉手术或颈淋巴结根治手术时,如压迫颈动脉窦以及结扎颈外动脉时,都可能引起颈动脉窦反射,出现血压下降和心动过缓。
　　【考点】颈动脉窦反射

11. 患者男性,73 岁。粘连性肠梗阻,拟急诊剖腹探查。麻醉苏醒期血压升高,关键处理措施是
　　A. 降压药　　　　　　　B. 针对病因处理
　　C. 必要时利尿　　　　　D. 镇静药
　　E. 适当控制输液速度

11.【答案】B
　　【解析】麻醉苏醒期发生高血压时,关键处理措施是针对病因处理。
　　【考点】麻醉期间血压维护

12. 患者女性,35 岁。外伤后脾破裂,入室血压 75/55mmHg,心率 145 次 /min,呼吸 30 次 /min,术中血压 80/55mmHg,心率 115 次 /min,CVP $5cmH_2O$,无尿,pH 7.31,$PaCO_2$ 40mmHg,应做何处理
　　A. 使用呋塞米　　　　　B. 应用缩血管药
　　C. 给碳酸氢钠　　　　　D. 继续扩容
　　E. 小剂量扩血管药

12.【答案】D
　　【解析】该患者存在严重出血性休克,应快速补充晶体液及胶体液的同时积极准备血液制品,补充浓缩红细胞。
　　【考点】出血性休克处理原则

13. 患者男性,40 岁。双股碾压伤,逐渐肿胀,血压 80/60mmHg,尿量 10ml/h,休克类型为
　　A. 感染性休克　　　　　B. 低血容量性休克
　　C. 心源性休克　　　　　D. 神经源性休克
　　E. 过敏性休克

13.【答案】B
　　【解析】尽管没有外出血,但血液或体液大量外渗也可使有效循环血量不足而出现休克。
　　【考点】休克鉴别诊断

14. 患者女性,43 岁。近 3 个月来劳力后心悸,气短收入院。后经治疗病情好转,拟接受手术治疗,最必要的术前检查是
　　A. 心电图　　　　　　　B. 冠脉造影
　　C. 多普勒超声心动图　　D. 心脏磁共振检查
　　E. 心脏核素检查

14.【答案】C
　　【解析】超声心动图是明确和量化诊断的可靠方法。
　　【考点】冠心病患者术前监测

15. 患者男性,78 岁。结肠癌,硬膜外阻滞下行左半结肠切除。麻醉前 HR 84 次 /min,BP 150/100mmHg,$T_{12}~L_1$ 穿刺向骶端置

15.【答案】E
　　【解析】试验剂量 5 分钟后平面为 T_7,血压下降,应停止给药,继续观察,而药量追加太多,造成麻醉的平面宽。
　　【考点】低血压鉴别诊断

管 4cm,给 1.3% 利多卡因、0.2% 丁卡因(1∶400 000 肾上腺素)
混合液 4ml,5 分钟后平面为 T_7,血压降至 110/90mmHg,追加
药液 8ml,5 分钟后,BP 降至 60/30mmHg,脉搏细弱,呼吸困难。
该患血压下降、呼吸困难的主要原因是

A. 心功能不全

B. 缺氧

C. 高龄

D. 贫血

E. 药液偏多、麻醉平面过广

16.【答案】B
　　【解析】前间壁:V_1~V_2;前壁:V_3、V_4;前侧壁:V_5、V_6、Ⅰ、aVL;广泛前壁 V_1~V_6;高侧壁Ⅰ、aVL,高一肋间的 V_5、V_6;下壁:Ⅱ、Ⅲ、aVF;下侧壁:Ⅱ、Ⅲ、aVF、Ⅰ、aVL、V_5、V_6;下间壁:Ⅱ、Ⅲ、aVF、V_1、V_2;正后壁:V_7、V_8、V_9;右室:V_3R~V_7R。
　　【考点】心肌梗死的心电图表现

16. 患者女性,59 岁。突发胸痛 1 小时,心电图示 V_1~V_3 病理性 Q 波,ST 段弓背向上抬高,T 波倒置,诊断为 ST 段抬高心肌梗死,梗死部位为

A. 下壁　　　　　B. 前间壁　　　　　C. 前壁
D. 广泛前壁　　　E. 右室

【A3/A4 型题】

(1~2 题共用题干)
患者男性,55 岁。有高血压病史 8 年,高脂血症 5 年,超声心动图示二尖瓣轻度反流,心肌收缩力减弱,射血分数 50%,左心功能减弱,服用降压药硝苯地平、美托洛尔控制血压,拟行腹腔镜下胆总管探查术。

1.【答案】B
　　【解析】二尖瓣狭窄多见于风湿性心脏病,瓣口面积正常为 4~6cm^2,2.5~1.5cm^2 轻度狭窄,1.5~1.1cm^2 中度狭窄,<1.0cm^2 重度狭窄。
　　【考点】二尖瓣狭窄

1. 下列关于二尖瓣口面积(MVA)的叙述,哪项**不正确**

A. 成人 MVA 正常为 4~6cm^2

B. 成人 MVA 正常为 3~5cm^2

C. 2.5~1.5cm^2 轻度狭窄

D. 1.5~1.1cm^2 中度狭窄

E. <1.0cm^2 重度狭窄

2.【答案】D
　　【解析】二尖瓣反流患者在接受麻醉时,处理重点也是维持其心排出量,但遵循的原则却不同于二尖瓣狭窄的患者。主要包括维持正常或者稍快心率、避免体循环阻力增加过快过高、尽可能减轻麻醉药物引起的心肌抑制、必要时监测反流程度。
　　【考点】二尖瓣反流患者麻醉管理

2. 下列哪项**不是**二尖瓣反流患者术中麻醉关注点

A. 适当加快心率

B. 适当降低后负荷

C. 维持一定的前负荷

D. 给予正性肌力药物,加强心肌收缩力

E. 维持适当的麻醉深度

(3~4 题共用题干)
患者女性,36 岁。孕 39^{+2} 周,劳累后心悸,心电图示频发房性期前收缩,室性期前收缩,不规律服用美托洛尔。拟行腰硬联合下行剖宫产术。

3. 关于心律失常与麻醉危险性关系,以下说法哪种**错误**
   A. 年龄 <30 岁的患者,其偶发房性期前收缩与室性期前收缩多为功能性,麻醉危险性小
   B. 单纯右束支传导阻滞,无临床症状一般不增加麻醉危险性
   C. 室上性心动过速,麻醉危险性小
   D. 老年人窦性心动过缓,阿托品试验阳性,麻醉危险性大
   E. Ⅱ度房室传导阻滞实施麻醉前应做好心脏起搏准备

4. 术中患者突感心悸,胸闷,心率 180 次/min,律齐,正常波形中可见宽大畸形的 QRS 波,血压正常,意识清楚,应考虑最可能的是
   A. 心房颤动
   B. 心室颤动
   C. 室上性心动过速伴差异性传导
   D. 室性心动过速
   E. 窦性心动过速

(5~6 题共用题干)

患者男性,78 岁。拟行胆囊切除术,该患者原有冠心病,心绞痛,2 年前有过心肌梗死病史。心率 107 次/min,心律不齐,血压 164/108mmHg,心电图提示 ST 段改变。

5. 既往心肌梗死的患者择期手术一般要推迟多长时间最适宜
   A. 2 周   B. 3 周   C. 3 个月
   D. 6 个月   E. 1 年

6. 下列哪种因素**不加重**患者的心律失常
   A. 全麻诱导   B. 麻醉过浅   C. 气管内插管
   D. 心率加快   E. 利多卡因

(7~8 题共用题干)

患者,女,46 岁,因"急性胆囊炎"行胆囊切除术,手术顺利,术毕拔管出现呼吸急促,颜面潮红,神志逐渐淡漠。

7. 该情况应考虑为
   A. 缺氧   B. 二氧化碳潴留
   C. 低血糖   D. 疼痛刺激
   E. 脑出血

8. 正确的处理方式是
   A. 再次手术   B. 面罩供氧
   C. 静脉滴注碳酸氢钠   D. 手控过度通气
   E. 术后镇痛

3.【答案】C
【解析】偶发的房性期前收缩与室性期前收缩无须特殊处理,正常成人可在劳累,情绪激动时出现,可不予处理,麻醉风险小;单纯的束支传导阻滞,无症状可不处理,同时不增加麻醉风险;偶发的室上性心律失常无须处理,但室上性心动过速增加麻醉风险,尤其是心室率增快的室上速;阿托品实验的目的是鉴别病态窦房结综合征,给予阿托品后,若心率 <90 次/min,则提示可能为病窦,麻醉风险大;Ⅱ度房室传导阻滞为防止术中突发心搏骤停,在实施麻醉前应做好心脏起搏准备。
【考点】心律失常

4.【答案】C
【解析】室上速的特点:①心率 150~250 次/min,节律规则;②QRS 波群形态与时限正常,但发生室内差异性传导或原来存在束支传导阻滞时,QRS 波形可宽大畸形;③逆行 P 波(Ⅱ、Ⅲ、aVF 导联倒置)常埋藏于 QRS 波群内或位于其终末部分,P 波与 QRS 波群保持恒定关系;④起始突然,通常由一个房性期前收缩触发,下传的 PR 间期显著延长,随之引起心动过速发作。
【考点】室上性心动过速

5.【答案】D
【解析】心肌梗死患者择期手术一般推迟 6 个月之后最适宜,否则围术期再次发生心肌梗死风险增大,再发后死亡率仍可达 50%。
【考点】冠心病患者管理

6.【答案】E
【解析】利多卡因是 IB 类抗心律失常药,常用来纠正室性心律失常,尤其适用于心肌缺血和急性心肌梗死引起的心律失常。而气管插管等操作会对患者产生刺激,有可能会加重心律失常。
【考点】冠心病患者管理

7.【答案】B
【解析】此患者为呼吸性酸中毒表现。
【考点】呼吸性酸中毒诊断

8.【答案】D
【解析】手控过度通气加快二氧化碳排出。
【考点】呼吸性酸中毒处理

(9~10 题共用题干)

患者男性,48 岁。结肠癌术后要求镇痛,拟硬膜外给予吗啡。

9.【答案】D

　【解析】可能会出现延迟性呼吸抑制。

　【考点】阿片药物副作用

9. 术后最需要的监测为
　A. 血压　　　　　B. 心率　　　　　C. 心电图
　D. 血氧饱和度　　E. 尿量

10.【答案】B

　【解析】硬膜外吗啡镇痛最常见的不良反应为恶心、呕吐、全身瘙痒及尿潴留等。

　【考点】阿片药物副作用

10. 术后 8 小时,患者出现恶心、呕吐及全身瘙痒,最可能的原因是
　A. 皮肤湿疹　　　　　B. 吗啡不良反应
　C. 休克　　　　　　　D. 过敏反应
　E. 术后肠梗阻

(11~12 题共用题干)

患者女性,48 岁。全麻腹腔镜下行子宫肌瘤切除术,术中患者出现呼气末 CO_2 压力突然下降,心动过缓,动脉血氧饱和度下降,心前区听诊闻及大水泡音。

11.【答案】C

　【解析】腹腔镜手术过程中,患者突然出现呼气末 CO_2 压力突然下降,心动过缓,动脉血氧饱和度下降,心前区听诊闻及大水泡音,此为空气栓塞的临床表现。

　【考点】空气栓塞诊断

11. 此种情况应首先考虑为
　A. 气管导管位置过深　　B. 麻醉过深
　C. 空气栓塞　　　　　　D. 心功能不全
　E. 肺水肿

12.【答案】E

　【解析】避免更多的气体进入血管,加重病情。

　【考点】空气栓塞治疗

12. 应立即进行的处理是
　A. 减浅麻醉
　B. 强心治疗
　C. 脱水利尿
　D. 调整气管导管位置
　E. 立即停止向腹腔内注气

【案例分析题】

案例一　患儿女性,4 岁,体重 4kg,脉搏 92 次/min,血压 90/52mmHg(右上肢)。超声心动图示左心房左心室增大,肺动脉增宽;右心室增大,在主动脉与肺动脉分叉之间可见异常的管道交通,直径 4.5mm,长度 3mm。诊断为先天性心脏病,肺动脉导管未闭,肺动脉高压,主动脉狭窄待排。拟在全身麻醉控制性降压下行肺动脉导管切断缝合术。

提问 1:【答案】ABCDEF

　【解析】对于先天性心脏病手术,麻醉过程中需要关注以下几点:稳定心率、维持适当的心排出量、维持适当的前负荷、避免肺血管阻力明显波动、避免体循环阻力明显波动、保持心肌收缩力的稳定。

　【考点】先天性心脏病麻醉管理

提问 1:对于小儿的先天性心脏病手术,麻醉过程中应维持循环总的要求是
　A. 维持适当的前负荷
　B. 避免体循环阻力明显波动
　C. 稳定心率

D. 避免肺血管阻力明显波动

E. 保持心肌收缩力的稳定

F. 维持适当的心排出量

提问 2：由于手术的特殊性，PDA 结扎或切断缝合术常规用下肢动脉测压。术中血压维持正常，在进行 PDA 结扎时，血压突然下降至 60/42mmHg，最可能的原因是

A. 过敏性休克

B. 误将降主动脉当 PDA 结扎

C. 麻醉过深

D. 缺氧

E. 心力衰竭

F. 容量不足

提问 3：为提供清晰的术野及降低术中出血风险，术中游离，结扎肺动脉时需要实行控制性降压。下列有关控制性降压的说法正确的是

A. 控制性降压的时间不超过 20 分钟

B. 控制性降压时平均动脉压的安全低限一般为 50~55mmHg

C. 控制性降压最易受损的器官是肾

D. 控制性降压首选药为硝酸甘油

E. 控制性降压最易出现的并发症为反应性出血

F. 加深麻醉为控制性降压首选手段

案例二 患者女性，62 岁，既往高血压 8 年。5 年前因冠状动脉三支病变行冠脉搭桥手术。本次因"卵巢癌"，欲行卵巢癌根治术。患者呼吸急促，前胸部憋闷、不能平卧。入室发现：患者血压 87/47mmHg、心率 118 次/min，面罩吸纯氧脉搏血氧饱和度 94%，心电图 S-T 段低平。Hb70g/L，X 线检查发现患者心影大，心脏扩张。超声心动图检查：EF30%。

提问 1：对于这位患者建议放置肺动脉导管，对于其意义说法正确的是

A. 可用来计算全身血管阻力和肺血管阻力

B. 可以实时监测肺动脉压力和心排出量的变化

C. 连续心排出量监测可以监测左心排出量

D. 帮助指导合理使用正性肌力药和肺血管扩张药

E. 连续混合静脉血氧饱和度可反映机体的氧供需平衡状态

F. 可判断肺动脉高压源于肺动脉阻力增加还是左心功能不良

提问 2：对于此类患者的麻醉说法正确的是

A. 避免体温过低，使用温毯，液体加温

B. 选择静吸复合用药的方式，维持心血管稳定及良好

通气

C. 对围术期出血需要重视,积极查找原因并处理

D. 终末期心衰患者有条件时应常规监测 TEE

E. 术中如中心静脉压升高,提示容量充足

F. 手术结束后积极使用对抗药物,尽快拔管

提问3:关于术中经食管超声(TEE)监测的意义,说法正确的是

A. 监测术中左室充盈状态,指导维持血流动力学稳定

B. 监测有无气栓

C. 气栓一旦进入高位的右冠状动脉,会对右心室造成严重影响

D. 监测术后左室功能的恢复情况

E. 不能对三尖瓣和右心室状态进行评估

F. 可以实时观察左心室负荷和收缩状态

提问4:患者手术中出血较多,血压低、心率增快,此时的处理包括

A. 加快输液

B. 减浅麻醉

C. 使用β受体阻滞剂降心率

D. 使用缩血管药升血压

E. 积极查血气了解血红蛋白情况,准备输血

F. 维持体温,减少对凝血的影响

(赵 磊 王 萍 李丽霞)

提问3:【答案】ABCDF

【解析】TEE 可以对三尖瓣和右心室状态进行评估,对术中和术后处理提供指导。

【考点】TEE 监测意义

提问4:【答案】ADEF

【解析】此类手术患者失血量较大,加上患者贫血、心功能差,需积极输血。间断给予缩血管药物维持血压,积极维护体温。

【考点】大失血的监测和处理

第十一章　肌松及肌松监测

【A1 型题】

1. 组胺释放作用最强的肌松药是
   A. 筒箭毒碱　　　　　　　B. 维库溴铵
   C. 罗库溴铵　　　　　　　D. 琥珀胆碱
   E. 阿曲库铵

2. 体内不进行代谢,完全以原形经肾排出的肌松药是
   A. 阿曲库铵　　　　　　　B. 维库溴铵
   C. 罗库溴铵　　　　　　　D. 加拉碘铵
   E. 泮库溴铵

3. 给予肌松药后,人体最后松弛的肌肉是
   A. 眼轮匝肌　　　B. 拇内收肌　　　C. 肋间肌
   D. 膈肌　　　　　E. 喉肌

4. 关于Ⅱ相阻滞说法错误的是
   A. 琥珀胆碱的总用量超过 1g 容易引起Ⅱ相阻滞
   B. 典型的Ⅱ相阻滞可以用新斯的明或依酚氯铵拮抗
   C. 强直刺激后单刺激出现肌肉收缩易化
   D. 与异氟醚合用可以抑制琥珀胆碱Ⅱ相阻滞的发生
   E. Ⅱ相阻滞 $T_4/T_1 \leqslant 0.5$

5. 下列吸入麻醉药增强肌松药神经肌肉阻滞作用最强的是
   A. 异氟醚　　　　B. 七氟醚　　　　C. 安氟醚
   D. 地氟醚　　　　E. 氟烷

6. 下列哪种方法在无记录装置情况下可以监测肌松残余作用
   A. 强直刺激　　　　　　　B. 强直后计数
   C. 双重爆发刺激　　　　　D. 强直后单刺激
   E. 四个成串刺激

1. 【答案】A
   【解析】组胺释放作用最强的肌松药是筒箭毒碱。
   【考点】肌松药

2. 【答案】D
   【解析】完全以原形经肾脏排泄的肌松药是加拉碘铵。
   【考点】肌松药

3. 【答案】D
   【解析】对神经肌肉阻滞最具抵抗性的肌肉是膈肌。
   【考点】肌松药

4. 【答案】D
   【解析】与吸入麻醉药或局部麻醉药合用,发生Ⅱ相阻滞时的琥珀胆碱的药量降低,Ⅱ相阻滞更易出现。
   【考点】肌松药

5. 【答案】D
   【解析】增强肌松药效能的顺序为:地氟醚 > 七氟醚 > 异氟醚 > 安氟烷 > 氟烷 > 氧化亚氮。
   【考点】肌松药

6. 【答案】C
   【解析】双重爆发刺激主要用以判断肌松药残留阻滞作用,为麻醉提供了通过触觉和目测就能正确有效判断衰减的方法,在无记录装置情况下仅凭神经刺激仪就可以对肌松残余作用作出合理可信的判断。
   【考点】肌松监测

7.【答案】B
【解析】神经肌肉传导被完全阻滞时,需要占据乙酰胆碱受体95%以上。
【考点】肌松监测

8.【答案】E
【解析】非去极化肌松药是乙酰胆碱N_2受体阻断剂;用后不会出现肌颤反应;与抗胆碱酯酶药具有拮抗作用;四个成串刺激$T_4/T_1<0.7$;给予强直刺激后单刺激,肌肉收缩增强出现易化。
【考点】肌松药及肌松监测

1.【答案】E
【解析】腹部手术肌松要求肌肉收缩抑制达到90%以上。
【考点】肌松监测

2.【答案】A
【解析】重症肌无力病患者对琥珀胆碱相对不敏感,采用琥珀胆碱诱导时,因其不能有效地使运动终板去极化,常需要较大诱导剂量。重症肌无力患者采用刺激面神经,监测眼轮匝肌更适合于重症肌无力患者。
【考点】肌松药及肌松监测

3.【答案】A
【解析】动脉瘤夹闭手术,要求术中绝对无体动,为防止术中出现体动和呛咳,要求PTC计数达到0~1。
【考点】肌松监测

4.【答案】D
【解析】肌肉收缩抑制90%以上时可顺利完成气管插管。
【考点】肌松监测

5.【答案】C
【解析】肺活量和吸气力恢复正常所需的TOF比值为至少0.8。
【考点】肌松监测

7. 神经肌肉传导被完全阻滞时,需要占据乙酰胆碱受体
A. 99%　　B. 95%　　C. 91%
D. 85%　　E. 80%

8. 下列关于非去极化肌松药的说法正确的是
A. 非去极化肌松药是乙酰胆碱N_2受体激动剂
B. 非去极化肌松药用后会出现肌颤反应
C. 与抗胆碱酯酶药具有协同作用
D. 四个成串刺激$T_4/T_1>0.9$
E. 给予强直刺激后单刺激,肌肉收缩增强

【A2 型题】

1. 患者男性,45岁。全麻下行全胃切除术,为满足术中肌松要求,肌肉收缩抑制应达到
A. 50%以上　　B. 60%以上　　C. 70%以上
D. 80%以上　　E. 90%以上

2. 患者女性,27岁。乙状结肠癌,既往重症肌无力病史,全麻下行乙状结肠癌根治术,下列表述**错误**的是
A. 较小剂量的琥珀胆碱即可完成诱导
B. 使用去极化肌松药出现Ⅱ相阻滞时,阻滞时间会显著延长
C. 重症肌无力患者对非去极化肌松药非常敏感
D. 术中追加肌肉松弛药的指征是肌肉收缩恢复至对照值25%
E. 神经肌肉功能监测时最好选择刺激面神经

3. 患者男性,50岁。CT示脑动脉瘤破裂出血,入院急诊手术治疗,为防止术中出现体动和呛咳,PTC计数应为
A. 0~1　　B. 2~3　　C. 4~5
D. 6~7　　E. 8~9

4. 患者女性,26岁,体重110kg。全身麻醉选择芬太尼+丙泊酚+罗库溴铵快速诱导,肌肉收缩抑制达到多少以上时方可实施插管
A. 70%　　B. 80%　　C. 85%
D. 90%　　E. 95%

5. 患者男性,44岁。既往体健,全麻下行胰十二指肠切除术,术中给予丙泊酚复合瑞芬太尼全凭静脉麻醉,顺式阿曲库铵维持肌松,术毕肺活量和吸气力恢复正常所需的最小TOF比值为
A. 0.6　　B. 0.7　　C. 0.8
D. 0.85　　E. 0.9

6. 患者男性,35 岁。Ⅲ度烧伤面积 25%,烧伤后 13 天,全麻下行清创和皮肤移植术,下列说法正确的是
   A. 患者对去极化和非去极化肌松药的敏感性都增加
   B. 患者对去极化肌松药的敏感性都增加,对非去极化肌松药的敏感性降低
   C. 患者对非去极化肌松药的敏感性都增加,对去极化肌松药的敏感性降低
   D. 患者对去极化肌松药的敏感性都增加,对非去极化肌松药的敏感性没有变化
   E. 患者对非去极化肌松药的敏感性都增加,对去极化肌松药的敏感性降低

6.【答案】B
【解析】大面积烧伤后患者血钾升高,去极化肌松药的敏感性增加,禁用琥珀胆碱;烧伤患者对非去极化肌松药有耐药性,使得非去极化肌松药起效时间延长,作用时间延长,尤其是烧伤面积达到 30% 以上的患者,这种耐药性变现的会更加明显。
【考点】肌松药

7. 患者女性,73 岁。行卵巢肿物切除术,既往高血压 10 年,服用美托洛尔和硝苯地平,控制尚可,术中麻醉维持采用异氟烷、芬太尼和维库溴铵,术中循环平稳,术毕采用溴吡斯的明和阿托品拮抗残余肌松,拔管后给予吗啡镇痛,术后 1 小时,患者心率为 41 次 /min,最可能的原因是
   A. 美托洛尔   B. 芬太尼后遗作用
   C. 阿托品   D. 吗啡
   E. 溴吡斯的明

7.【答案】E
【解析】溴吡斯的明消除半衰期达 112 分钟,作用时间长,在患者使用了 β 受体阻滞剂的情况下,易引起心动过缓。
【考点】肌松药

8. 患者男性,23 岁。外伤导致截瘫,截瘫后多长时间内应用琥珀胆碱是安全的
   A. 48 小时   B. 1 周   C. 2 周
   D. 4 周   E. 5 个月

8.【答案】A
【解析】脊髓损伤造成截瘫的患者,损伤 48 小时后肌细胞乙酰胆碱受体急剧增加,对去极化肌松药超常敏感,在损伤后 4 周至 5 个月血清钾升高最为明显,可引起室颤或心脏停搏,故损伤 48 小时后禁用琥珀胆碱。
【考点】肌松药

9. 患者女性,65 岁。全麻下拟行嗜铬细胞瘤切除术,术中选择哪种肌松药最合理
   A. 米库氯铵   B. 泮库溴铵   C. 筒箭毒碱
   D. 维库溴铵   E. 琥珀胆碱

9.【答案】D
【解析】维库溴铵无交感神经兴奋作用,无组胺释放作用,是嗜铬细胞瘤切除手术麻醉的理想肌松药;琥珀胆碱可以引起肌纤维束收缩增高腹内压,机械性挤压肿瘤诱发儿茶酚胺的释放。米库氯铵和筒箭毒碱有组胺释放作用,泮库溴铵抑制儿茶酚胺在神经末梢的吸收,可致心率增快,血压升高。
【考点】肌松药

10. 患者男性,86 岁,体重 55kg。肝肾功能不全,拟行直肠癌根治术,全身麻醉维持选择下列哪种肌松药理想
    A. 加拉季铵   B. 泮库溴铵
    C. 顺式阿曲库铵   D. 罗库溴铵
    E. 筒箭毒碱

10.【答案】C
【解析】顺式阿曲库铵消除主要通过血浆 Hofmann 效应消除,不受肝肾功能及年龄的影响,故选 C。
【考点】肌松药

11. 患者女性,30 岁。全麻手术结束后,带管入恢复室,20 分钟后可按指令抬头 5 秒,此时患者被阻滞的神经肌肉受体约占
    A. 0   B. 5%   C. 15%
    D. 33%   E. 66%

11.【答案】D
【解析】当患者可抬头 5 秒时,表明肌力基本恢复,此时被阻滞的神经肌肉受体大约占 30%。
【考点】肌松药及肌松监测

12.【答案】C

【解析】非去极化肌松药预给药技术一般提前 2~4 分钟先给予插管剂量的 1/10~1/6，维库溴铵的插管常用剂量为 0.1mg/kg，故选 C。

【考点】肌松药及肌松监测

1.【答案】C

【解析】患者有过敏性哮喘且属饱胃，琥珀胆碱增加胃内压并可释放组胺、阿曲库铵有组胺释放、罗库溴铵不增加胃内压，无组胺释放作用，起效时间较短，综合考虑罗库溴铵为最佳选择。

【考点】肌松药及肌松监测

2.【答案】D

【解析】腹腔镜手术对肌松药要求非常高，需要达到深肌松，TOF 消失，PTC>2 为中度肌松，PTC≤2 为深度肌松。PTC 主要用于使用非去极化肌松药后对 SS 或 TOF 刺激无反应时对神经肌肉阻滞程度的评估。

【考点】肌松药及肌松监测

3.【答案】D

【解析】非去极化肌松药前后复合应用，先应用的肌松药影响后应用的肌松药的时效，术中选用中时效肌松药，关腹时给予短时效肌松药，将使短时效肌松药时效延长，其短时效并不能体现，将会导致肌松恢复延迟和肌松药残留作用发生，故选 D。

【考点】肌松药及肌松监测

4.【答案】C

【解析】通常选择阿托品 0.02mg/kg+ 新斯的明 0.04mg/kg 拮抗肌松，故选 C。

【考点】肌松药及肌松监测

12. 患者女性，43 岁，体重 60kg。选择芬太尼 + 丙泊酚 + 维库溴铵进行快速顺序诱导，为缩短诱导时间，采用肌松药预给药技术，剂量大约为

A. 3mg   B. 1.5~2mg   C. 0.6~1mg

D. 0.4mg   E. 0.3mg

【A3/A4 型题】

（1~5 题共用题干）

男性，45 岁，体重 50kg，身高 170cm。进餐饮酒后 1 小时出现右上腹疼痛，入院诊断为慢性胆囊炎急性发作，既往有过敏性哮喘病史，现急诊行腹腔镜下胆囊摘除术。

1. 该患者诱导选择哪种肌松药最为合理

A. 琥珀胆碱   B. 顺势阿曲库铵

C. 罗库溴铵   D. 维库溴铵

E. 阿曲库铵

2. 患者术中进行肌松监测，采用下列哪种肌松监测最为合适

A. 单刺激（SS）

B. 四个成串刺激（TOF）

C. 强直刺激（TS）

D. 强直刺激后单刺激计数（PTC）

E. 双短强直刺激（DBS）

3. 手术历时 45 分钟，术中未追加肌松药，此时冰冻病理结果回报为胆囊癌，决定改开腹胆囊癌根治术，预计后续手术时间 >2 小时，对于后续肌松药使用说法**错误**的是

A. 肌松药追加量一般为初量 1/5~1/3

B. 同一类型的肌松药复合应用作用相加，不同类型的肌松药复合应用作用协同

C. 除非预期术后保留气管导管并行机械通气，一般不主张使用长效肌松药

D. 术中选用中时效非去极化肌松药，关腹时给予短时效非去极化肌松药

E. 术中用非去极化肌松药，术毕时用琥珀胆碱可能会产生 II 相阻滞

4. 手术历时 4 个小时结束，术中肌松维持选用罗库溴铵，术毕前 20 分钟给予罗库溴铵 10mg，术毕选择阿托品和新斯的明拮抗肌松，常用剂量是

A. 阿托品 0.1mg+ 新斯的明 2mg

B. 阿托品 0.4mg+ 新斯的明 2mg

C. 阿托品 1mg+ 新斯的明 2mg

D. 阿托品 0.5mg+ 新斯的明 0.5mg

E. 阿托品 1mg+ 新斯的明 1mg

5. 患者肌松恢复最可靠的临床体征为

    A. 抬臂持续 15 秒

    B. TOF>0.7

    C. 抬头持续 5 秒

    D. 最大吸气负压达 –25mmHg

    E. 正常潮气量

(6~7 题共用题干)

患者女性,52 岁,50kg。直肠癌肝转移,全麻下行右半肝 + 左肝部分切除术,手术持续约 6 小时,术中以七氟醚 + 瑞芬太尼维持麻醉,给予罗库溴铵维持肌松,术中出血 2 600ml,术毕以新斯的明 3.5mg+ 阿托品 1mg 拮抗肌松,效果不明显。

6. 以下处理**错误**的是

    A. 血气分析   B. 监测体温

    C. 加大新斯的明用量   D. 继续机械通气

    E. 给予舒更葡糖钠注射液

7. 查血气分析提示:pH 7.43,$PaCO_2$ 48mmHg,PaO_2 451mmHg,K^+ 4.6mmol/L,Na^+ 149mmol/L,Ca^{2+} 0.78mmol/L,鼻温 36.1 ℃,肌松拮抗效果不佳最可能的原因

    A. 呼吸性酸中毒   B. 低温

    C. 高钾血症   D. 高钠血症

    E. 低钙血症

(8~9 题共用题干)

患者女性,48 岁,体重 45kg,身高 150cm。诊断胃间质瘤入院,既往体健。术前检查未发现其他异常,拟行胃间质瘤切除术。患者入室无创血压 126/75mmHg,心率 73 次 /min,建立静脉通路,输注乳酸林格液 500ml。麻醉诱导给予咪达唑仑 2mg,芬太尼 0.1mg,丙泊酚 100mg,阿曲库铵 30mg,顺利插入气管导管。插管后有一过性血压升高、心率增快,随后血压持续下降,最低至 67/38mmHg,心率 119 次 /min。检查见胸前区及上肢皮肤潮红。

8. 患者症状首先考虑哪种药物引起

    A. 咪达唑仑   B. 芬太尼   C. 丙泊酚

    D. 阿曲库铵   E. 乳酸林格液

5.【答案】C

【解析】肌松药残留作用基本消除较为可靠的临床体征是:呛咳吞咽反射恢复,抬头持续 5 秒,最大吸气负压达 ≤–50mmHg,$PaCO_2$≤45mmHg,TOF≥ 0.9,故选 C。

【考点】肌松药及肌松监测

6.【答案】C

【解析】新斯的明拮抗肌松的量为 0.04~0.07mg/kg,本例患者已达最大剂量,仍不能拮抗肌松,最好不要再增加剂量,过多使用反而会使患者更无力,此时应该排查其他原因。舒更葡糖钠注射液是第一个肌松药选择性拮抗剂,逆转罗库溴铵或维库溴铵诱发的神经肌肉阻滞,故应选 C。

【考点】肌松药

7.【答案】E

【解析】此患者 pH、体温、血钾均正常,Na^+ 149mmol/L,轻微高钠,Ca^{2+} 0.78mmol/L,缺钙比较严重,故考虑低钙血症是肌松拮抗效果不佳最可能的原因。

【考点】肌松药

8.【答案】D

【解析】患者的症状表现为典型的药物过敏反应。患者接触到这些药物中,阿曲库铵有组胺释放作用,易引起类过敏反应,故首先考虑阿曲库铵。

【考点】肌松药

9.【答案】C

【解析】阿曲库铵剂量达到 0.5mg/kg 时,易引起组胺释放。

【考点】肌松药

提问1:**【答案】ACE**

【解析】此例患者既往有慢性肝炎病史,目前肝脏谷丙转氨酶和谷草转氨酶升高,为了保护肝功能,最好选择不经肝脏代谢和排泄的肌松药物。阿曲库铵、顺式阿曲库铵主要经霍夫曼效应代谢,琥珀胆碱主要经假性胆碱酯酶水解,患者可以使用。

【考点】肌松药

提问2:**【答案】BDE**

【解析】从血气结果看,患者属于呼吸性的酸中毒,其余基本正常。患者高碳酸血症,低体温,这些因素都可以延长肌松药作用时间。因此,保持机械通气,增加潮气量及频率进行调整,不需要给予碳酸氢钠,使用保温设备恢复患者体温。患者无自主呼吸,肌松拮抗时机未到,应继续让患者保持睡眠状态,减少恐惧感,先静脉给予丙泊酚,如患者心率血压依然较高,可再考虑给予降心率和降血压药物。

【考点】肌松药

提问3:**【答案】ABCDEF**

【解析】肌松药残留作用基本消除较为可靠的临床体征包括呛咳吞咽反射恢复,呼吸频率10~20次/min,抬头持续5秒,最大吸气负压达≤-50mmHg,PaCO₂≤45mmHg,TOF≥0.9,故选ABCDEF。

【考点】肌松药与肌松监测

9. 阿曲库铵组胺释放阈剂量为

A. 0.3mg/kg B. 0.4mg/kg C. 0.5mg/kg
D. 0.6mg/kg E. 0.8mg/kg

【案例分析题】

案例 患者男性,73岁,体重75kg,身高175cm。诊断食管癌入院,拟行颈腹胸三切口食管癌根治术。既往高血压5年,口服硝苯地平缓释片控制尚可,乙型肝炎11年,慢性支气管炎20年。化验检查:ALT60IU/L,ALT 55IU/L,余正常。术前入室 $SPO_2$98%,心率79次/min,血压145/90mmHg,体温36.7℃。

提问1:该患者麻醉诱导适合选择哪种肌松药

A. 琥珀胆碱 B. 罗库溴铵
C. 阿曲库铵 D. 维库溴铵
E. 顺式阿曲库铵 F. 泮库溴铵

提问2:术中选择丙泊酚+瑞芬太尼+顺式阿曲库铵维持麻醉,手术历时6个小时,术毕前20分钟给予顺式阿曲库铵2mg,术毕前5分钟停止输注丙泊酚和瑞芬太尼。术后1个小时患者意识恢复,没有自主呼吸,$SPO_2$98%,血压170/97mmHg,心率104次/min。查血气分析:pH 7.29,$PaCO_2$ 58mmHg,PaO_2 420mmHg,BE-3mmol/L,K^+ 4.9mmol/L,Na^+ 137mmol/L,Ca^{2+} 1.09mmol/L,Hb102g/L,血糖7.3mmmol/L,鼻温35.2℃。下列处理正确的是

A. 给予阿托品和新斯的明拮抗肌松
B. 给予丙泊酚继续让患者保持睡眠状态
C. 给予碳酸氢钠
D. 使用保温设备
E. 继续机械通气增加潮气量和呼吸频率
F. 立即给予降压药物和降心率药物,保持患者循环平稳

提问3:该患者肌松药残留作用基本消除的临床体征是

A. 呛咳吞咽反射恢复
B. 抬头持续5秒
C. 最大吸气负压达≤-50mmHg
D. $PaCO_2$≤45mmHg
E. TOF≥0.9 维库溴铵
F. 呼吸平稳,呼吸频率10~20次/min

(朱文智)

第十二章　围术期其他监测

【A1 型题】

1. 监测内源性凝血因子缺乏最可靠的试验是
   A. CT　　　　　　　　　B. ACT
   C. APTT　　　　　　　　D. PT
   E. TT

2. 下列哪项 TEG 参数可以反映纤维蛋白溶解情况
   A. R　　　　　　　　　　B. MA
   C. α 角　　　　　　　　　D. k 值
   E. LY30

3. 血浆胶体渗透压主要由下列哪种血液成分产生
   A. 氯离子　　　　　　　　B. 钠离子
   C. 球蛋白　　　　　　　　D. 白蛋白
   E. 钾离子

4. 成人发生室颤的临界体温是
   A. 32℃　　　　　　　　　B. 30℃
   C. 28℃　　　　　　　　　D. 26℃
   E. 24℃

5. 人处于麻醉状态时的脑电图波形为
   A. α 波　　　　　　　　　B. β 波
   C. δ 波　　　　　　　　　D. θ 波
   E. γ 波

6. 麻醉后,正常人最后丧失的感觉是
   A. 触觉　　　　　　　　　B. 味觉
   C. 视觉　　　　　　　　　D. 嗅觉
   E. 听觉

1.【答案】C
【解析】A、B、C 选项均可以监测内源性凝血系统,但 A,B 不特异,APTT 是内源性凝血系统最可靠的筛选试验,凝血因子低于 15%~30% 即可出现异常,大于正常值 10 秒为延长。PT 主要监测外源性凝血系统,而 TT 常作为纤溶系统的筛选试验。
【考点】凝血功能监测

2.【答案】E
【解析】TEG 参数中 R 反映凝血因子状况,MA 反映血小板功能,k 值和 α 角反映纤维蛋白原水平,LY30 可以反映纤维蛋白溶解情况。
【考点】凝血功能监测

3.【答案】D
【解析】人体胶体渗透压的 83% 由白蛋白产生,人体正常胶体渗透压约为 25mmHg。COP= 白蛋白(g/l)×0.554+ 球蛋白(g/l)×0.143。
【考点】血浆胶体渗透压监测

4.【答案】D
【解析】体温 26℃ 是发生室颤的临界温度。
【考点】体温监测

5.【答案】C
【解析】α 波见于清醒闭眼时;β 波见于情绪紧张激动或服用巴比妥类药物时;θ 波见于浅睡眠时;δ 波见于麻醉和深睡眠状态;γ 波见于清醒并专注于某一事时。
【考点】神经系统监测

6.【答案】E
【解析】听觉是人麻醉过程中最后消失的感觉。
【考点】神经系统监测

7.【答案】B
【解析】临床体征是判断麻醉深度最基本的方法。
【考点】麻醉深度监测

8.【答案】D
【解析】怀疑可能患恶性高热的患者应监测肌肉温度。
【考点】体温监测

1.【答案】B
【解析】肝素6 250IU相当于肝素50mg,而鱼精蛋白与肝素中和最常用的比例为1:1,故最合适的剂量是50mg。
【考点】凝血功能监测

2.【答案】E
【解析】TEG参数中R正常值范围为4~8分钟,MA正常值范围为55~73mm,α角正常值范围为47°~74°。α角40°小于47°,表明纤维蛋白原水平低,故应给患者补充纤维蛋白原。
【考点】凝血功能监测

3.【答案】B
【解析】鼻咽部是术中监测体温最常用部位。
【考点】体温监测

4.【答案】A
【解析】Ⅰ相指核心体温全麻后第一个小时,核心体温降低1~2℃,随后3~4小时核心体温缓慢下降为Ⅱ相,最终达到一个稳定状态为Ⅲ相,对流是围术期最重要的热丢失机制,全身麻醉引起冷觉反应阈值的降低。
【考点】体温监测

5.【答案】D
【解析】体温每升高1℃,从皮肤丧失低渗液体约4ml/kg。
【考点】体温监测

6.【答案】D
【解析】患儿体重12kg,肌内注射阿托品0.5mg,用量过大,抑制了患儿的汗腺分泌,导致体温升高。
【考点】体温监测

7. 全身麻醉判断深度最基本的方法是
   A. BIS
   B. 临床体征
   C. 脑电图
   D. 诱发电位
   E. 熵

8. 恶性高热的患者监测体温最好选择身体哪个部位
   A. 口腔
   B. 鼻咽
   C. 食管
   D. 肌肉
   E. 直肠

【A2 型题】

1. 患者女性,42岁。行左髂总动脉人工血管置换术,术中给予6 250IU肝素,需要鱼精蛋白拮抗,最合适的剂量是
   A. 25mg
   B. 50mg
   C. 75mg
   D. 100mg
   E. 150mg

2. 患者男性,58岁。车祸致肝脾破裂,术中做TEG检测,指标显示为:R 8分钟,α角40°,MA60mm,应给予下列哪种血制品
   A. 血小板
   B. FFP
   C. 凝血酶原复合物
   D. 白蛋白
   E. 纤维蛋白原

3. 患者女性,55岁。行拟行胰十二指肠切除术,术中持续体温监测最常用的是
   A. 腋窝温度
   B. 鼻咽温度
   C. 直肠温度
   D. 鼓膜温度
   E. 食管温度

4. 患者男性,68岁。全麻下行回肠代膀胱术,术中体温下降到35.2℃,全麻过程对其体温的影响,以下叙述正确的是
   A. Ⅲ相指核心体温达到一个稳定状态
   B. 蒸发是围术期最重要的热丢失机制
   C. Ⅱ相指Ⅰ相后2小时核心体温缓慢下降
   D. Ⅰ相指全麻后半个小时,核心体温降低1~2℃
   E. 全身麻醉引起冷觉反应阈值的升高

5. 患者男性,56岁,体重70kg。全胃切除术后,体温40℃,该患者因体温升高补液时,需要增加补充多少液体
   A. 1 680ml
   B. 2 000ml
   C. 1 260ml
   D. 840ml
   E. 420ml

6. 患儿男性,2岁,体重12kg。拟行唇腭裂修复手术,术前药误肌内注射阿托品0.5mg后,出现发热副作用,其发热原因是
   A. 散热中枢功能障碍
   B. 产热中枢功能障碍

C. 调定点上移

D. 发汗功能障碍

E. 下丘脑体温调节功能障碍

7. 患者男性,58 岁,体重 66kg。既往无并发症,拟行原位肝移植术,术前检查示:白蛋白 30g/L,Hb 81g/L,PLT 110 × 10⁹/L,APTT 69 秒,PT 21 秒,最重要的术前准备是

A. 补充白蛋白   B. 输少白洗涤红细胞

C. 输入血小板   D. 给予纤维蛋白原

E. 输入新鲜冰冻血浆

7.【答案】E
【解析】 APTT 69 秒,PT 21 秒说明凝血因子缺乏,需要输入新鲜冰冻血浆,补充凝血因子。
【考点】 凝血功能监测

8. 患者男性,28 岁。因从高处不慎坠落急诊入院,GCS 评分 8 分,CT 显示大脑右半球有严重挫伤,无颅骨骨折和颈椎损伤,此时患者最需要做哪项监测

A. BIS   B. ICP   C. BAEP

D. 脑电图   E. 熵

8.【答案】B
【解析】 BIS 和熵主要用来进行麻醉深度监测的,脑干听觉诱发电位(BAEP)和脑电图主要用来判断病情和预后。GCS 评分 8 分属于重度昏迷,此时是否进行降颅压治疗则要依据颅内压(ICP)的测量结果,故选 B。
【考点】 脑功能监测

9. 患者男性,33 岁。颅脑外伤入院行急诊手术,ICP26mmHg,麻醉管理叙述正确的是

A. 采用氯胺酮诱导

B. 平均动脉压维持在 120mmHg 以上

C. 降低 $PaCO_2$ 至 30mmHg 以下

D. 注意保温,体温维持在 37℃ 以上

E. PaO_2 维持在 60~300mmHg 之间

9.【答案】E
【解析】 患者 ICP26mmHg,颅压显著升高。氯胺酮有升高颅压作用,麻醉中禁用;平均动脉压(MAP)在 120mmHg 上时,ICP 将随血压的升高而升高,术中 $PaCO_2$ 低于 30mmHg 以下时,对 ICP 的急性作用较小;颅内压增高时需要降温。PaO_2 维持在 60~300mmHg 之间时,脑血流和 ICP 基本不变,故选 E。
【考点】 脑功能监测

10. 患者男性,45 岁。胃癌合并幽门梗阻,行腹腔镜胃癌根治术,术中血气分析示:pH 7.36,$PaCO_2$ 68mmHg,PaO_2 80mmHg,该患者可能存在

A. 代谢性酸中毒

B. 代谢性碱中毒

C. 呼吸性酸中毒

D. 呼吸性酸中毒合并代谢性碱中毒

E. 呼吸性酸中毒合并代谢性酸中毒

10.【答案】D
【解析】 患者 $PaCO_2$ 68mmHg 大于 45mmHg,说明存在呼吸性酸中毒,但 pH 正常,结合患者幽门梗阻病史,考虑并存代谢性碱中毒。
【考点】 血气监测

11. 患者女性,40 岁。行全结肠切除术,术中血气分析示:pH 7.22,$PaCO_2$ 54mmHg,BE –6mmol/L,该患者可能存在

A. 代谢性酸中毒

B. 代谢性碱中毒

C. 呼吸性酸中毒

D. 呼吸性酸中毒合并代谢性碱中毒

E. 呼吸性酸中毒合并代谢性酸中毒

11.【答案】E
【解析】 患者 $PaCO_2$ 54mmHg 大于 45mmHg,说明存在呼吸性酸中毒,BE –6mmol/L,说明存在代谢性酸中毒。
【考点】 血气监测

12.【答案】B

【解析】补充碳酸氢钠的 mmol=BE×0.25×kg(体重),首次用计算量的 1/2,因此选 B。

【考点】血气监测

12. 患者女性,40 岁,体重 60kg。行胰十二指肠切除术,术中血气分析示 pH 7.1,BE −15mmol/L,首次需要补充的碳酸氢钠量是

A. 800mmol B. 120mmol C. 180mmol

D. 200mmol E. 240mmol

【A3/A4 型题】

(1~3 题共用题干)

患者女性,63 岁,60kg,拟行乙状结肠癌根治术。既往冠心病 6 年,长期口服阿司匹林,实验室检查肝肾功能均正常。患者术前未停用阿司匹林。

1.【答案】B

【解析】患者长期服用阿司匹林,且术前未停药,而阿司匹林抑制血液中血小板聚集功能,出血时间(BT)是反映血小板黏附聚集功能的凝血试验,故选择 B。

【考点】凝血功能监测

1. 患者术前凝血功能检查中,最可能出现异常的指标是

A. CT B. BT C. TT

D. APTT E. PT

2.【答案】E

【解析】此患者是血小板减少引起的凝血功能障碍,因此需要及时补充血小板,恢复凝血功能。

【考点】凝血功能监测

2. 患者术中出现渗血不止,最恰当的处理为

A. 输注新鲜冰冻血浆

B. 输注纤维蛋白原

C. 输注凝血酶原复合物

D. 给予葡萄糖酸钙

E. 输注新鲜血小板

3.【答案】B

【解析】阿片类药是预防和治疗术后寒战最常用的药物。

【考点】体温监测

3. 患者术后出现寒战,预防寒战的首选药物是

A. 肌松药 B. 阿片类药物

C. 吩噻嗪类药物 D. 巴比妥类药物

E. 苯二氮䓬类药物

(4~6 题共用题干)

患者女性,51 岁,体重 62kg,因肝脏巨大占位入院,拟行肝脏肿瘤切除术。入室 SPO_2 98%,心率 72 次/min,血压 115/68mmHg,体温 36.5℃。

4.【答案】B

【解析】BIS 值 40~65 为临床麻醉抑制状态,如果 BIS 值小于 45,术后死亡风险增加。

【考点】麻醉深度监测

4. 该患者术中 BIS 值应维持在哪个范围

A. 80~100 B. 40~60 C. 60~80

D. 20~40 E. 0~20

5.【答案】D

【解析】TEG 能够在 10~20 分钟内提供凝血因子、纤维蛋白原、血小板功能和纤溶等相关信息,可以全面诊断手术期凝血功能紊乱,并且指导输血和用药。PT 监测外源性凝血系统,用于监测口服抗凝剂;APTT 监测内源性凝血系统,常用于监测肝素量;TT 主要反映纤维蛋白原转为纤维蛋白的时间;ACT 可反映内源性凝血系统,常用来监测肝素水平和鱼精蛋白用量。

【考点】凝血功能监测

5. 该患者手术过程中创面广泛渗血,血压下降,下列哪项凝血检查最为适合

A. PT B. APTT C. TT

D. TEG E. ACT

6. 该患者术中为稳定血容量、预防组织水肿,下列哪项监测最为重要
   A. 动脉压
   B. 中心静脉压
   C. 阴离子间隙
   D. 血浆胶体渗透压
   E. 尿量

(7~9 题共用题干)

患者女性,73 岁,体重 80kg,急性肠梗阻,拟行全麻下开腹探查术,既往高血压病史。诱导后 SPO_2 98%,心率 80 次/min,血压 105/72mmHg,BIS 值 52。丙泊酚 10ml/h 复合 2% 七氟醚,间断追加阿曲库铵维持麻醉。

7. 诱导 10 分钟后手术开始,切皮时出现体动,血压升至 172/95mmHg,心率 93 次/min,BIS 值 50~60,此时给予的正确处理是
   A. 给予肌松药
   B. 追加苯二氮䓬类药物
   C. 给予阿片类药
   D. 给予降压药物和降心率药物
   E. 加大吸入七氟醚浓度

8. 手术 50 分钟时,BIS 值升高至 72,EMG 值升高,排除干扰因素后,此时给予的正确处理是
   A. 给予肌松药
   B. 追加苯二氮䓬类药物
   C. 给予阿片类药
   D. 给予心血管活性药物
   E. 加大吸入七氟醚浓度

9. 手术结束后给予肌松拮抗肌,肌电条图填充至顶端,BIS 值恢复到多少唤醒患者较为理想
   A. 50~60
   B. 60~70
   C. 70~80
   D. 80~90
   E. 90~100

【案例分析题】

案例一 患者男性,72 岁,体重 70kg,身高 173cm,因腹部肿物入院,CT 及 MR 示腹膜后脂肪肉瘤(巨大),拟行腹膜后肿物联合脏器切除术。既往糖尿病 5 年,注射胰岛素控制尚可。术前检查示:白蛋白 39g/L,ALT 19IU/L,ALT 25IU/L,肌酐 86μmol/L,尿素 4.32mmol/L,K^+ 4.6mmol/L,葡萄糖 6.4mmol/L,血常规及凝血检查示:Hb 110g/L,PLT240×10^9/L,APTT 37 秒,PT 14 秒。术前入室 SPO_2 98%,心率 69 次/min,血压 126/63mmHg,体温 36.5℃。
提问 1:该患者术中可选用的监测是
   A. 双频指数
   B. 尿量监测

6.【答案】D
   【解析】血浆胶体渗透压是由血浆中的蛋白质形成,调节血管内外水平衡,维持血容量,可以用来指导晶体液和胶体液的输注。COP 正常值范围是 25~28mmHg,低于 25mmHg 为低渗透压,高于 28mmHg 为高渗透压。血浆胶体渗透压(COP)可以运用公式进行计算或通过模式渗透压仪直接测量。动脉压、中心静脉压、尿量可以用来判断血容量状态,但不能作为预防组织水肿的参考指标。阴离子间隙(AG)用于鉴别代谢性酸中毒的病因及类型。
   【考点】血浆胶体渗透压监测

7.【答案】C
   【解析】患者 BIS 值 50~60,达到麻醉抑制状态,此时出现体动,血压和心率升高,说明镇痛深度不够,需要给予阿片类药物拮抗伤害性刺激。
   【考点】麻醉深度监测

8.【答案】A
   【解析】患者肌电图(EMG)值升高,可使 BIS 值也相应升高,考虑肌松恢复,应追加肌松药。
   【考点】麻醉深度监测

9.【答案】E
   【解析】BIS 值在 90 以上,患者可以对言语作出正确的判断,并且出现呼吸道梗阻和喉痉挛的风险最低。
   【考点】麻醉深度监测

提问 1:【答案】ABCDEFG
   【解析】腹膜后肿物切除手术一般时间较长,切除范围较大,出血较多,术中监测应准备充分全面,以上各项监测均需考虑。
   【考点】围术期监测

C. 体温检测　　　　　　　D. 有创动脉压及 CVP

E. 肌松监测　　　　　　　F. 血气监测

G. TEG

提问 2：术中因肿瘤与肝右后叶界限粘连严重，创面渗血严重，出血约 3 800ml，给予输血补液后，心率 108 次 /min，血压 76/40mmHg，SPO₂ 98%。血气分析示：pH 7.21，PaCO₂ 44mmHg，PaO₂ 107mmHg，BE −7mmol/L，K⁺ 4.9mmol/L，Na⁺ 137mmol/L，Ca²⁺ 0.89mmol/L，Hb 62g/L，血糖 14mmmol/L。根据血气监测结果需要做的处理是

A. 输注碳酸氢钠

B. 给予升压药物

C. 继续加快输液

D. 给予葡萄糖酸钙

E. 给予胰岛素

F. 增加潮气量和呼吸频率

提问 3：TEG 检测显示：R 13 分钟，α 角 55°，MA 40mm，根据血栓弹力图结果，此时需要做的处理是

A. 输注新鲜冰冻血浆

B. 补充纤维蛋白原

C. 输注凝血酶原复合物

D. 输注悬浮少白红细胞

E. 输注新鲜血小板

F. 输注胶体液

案例二　患者女性，66 岁，体重 53kg，身高 155cm，行胰十二指肠切除术，既往高血压 6 年，服用硝苯地平药物控制尚可。术前检查示：K⁺ 3.9mmol/L，葡萄糖 4.8mmol/L，Hb 10.5g/L，PLT 200×10⁹/L，APTT 39 秒，PT 13 秒。术前入室 SPO₂ 98%，心率 55 次 /min，血压 145/86mmHg，体温 36.2℃。

提问 1：以下说法正确的是

A. 术中应监测体温

B. 输注新鲜冰冻血浆

C. 术中应进行肌松监测

D. 术中应进行血气监测

E. 输注悬浮少白红细胞

F. 术中血压应控制在 140/90mmHg 以下

提问 2：患者术中血气分析示：pH 7.14，PaCO₂ 44mmHg，PaO₂ 107mmHg，BE −12mmol/L，Na⁺ 142mmol/L，K⁺ 3.1mmol/L，Ca²⁺ 0.90mmol/L，Hb 62g/L，血糖 7.2mmmol/L。体温 35.2℃，下列说法正确的是

A. 补充血钙

B. 补充血钾

提问 2：【答案】ABCDE

【解析】此例患者出血引起循环低血红蛋白和容量不足，导致机体组织代谢性酸中毒。在充分输血补液的基础上，可以给予升压药，维持平均动脉压在 60mmHg 以上，保持组织的有效灌注，同时可以给予一定量碳酸氢钠纠正机体的代谢性酸中毒。由于出血和输血导致低钙，需要积极补钙，患者有多年糖尿病，需要给予胰岛素调整血糖。

【考点】血气监测

提问 3：【答案】ACE

【解析】TEG 参数中 R 正常值范围为 4~8 分钟，MA 正常值范围为 55~73mm，α 角正常值范围为 47°~74°。R 13 分钟，表明凝血因子不足，因此需要补充凝血酶原复合物和新鲜冰冻血浆；MA 40mm 表明血小板聚集功能不足，可以输注新鲜血小板。

【考点】凝血功能监测

提问 1：【答案】ACD

【解析】胰十二指肠切除手术比较复杂且时间长，要保证术中循环及内环境的稳定，因此体温、血气、肌松及麻醉深度监测十分必要。根据术前检查结果，患者不需要补充红细胞和凝血因子，患者术中血压需要控制到术前基础血压 ±25mmHg 即可。

【考点】围术期监测

提问 2：【答案】ABDE

【解析】根据血气结果需要补充血钾及血钙，输注悬浮少白红细胞，维持血红蛋白在≥70g/L；患者存在代谢性酸中毒应给予碳酸氢钠纠正；血糖小于 8.3mmmol/L，暂时不需要给予胰岛素；患者低体温应及时纠正，给予保温措施。

【考点】围术期监测

C. 患者存在呼吸性酸中毒,应给予碳酸氢钠纠正

D. 输注悬浮少白红细胞

E. 保温

F. 给予胰岛素

提问3:低体温可能对患者机体造成的影响是

A. 凝血功能障碍

B. 苏醒延迟

C. 伤口感染率增加3倍

D. 血管外周阻力增加,心律失常发生率增加3倍

E. 肌松药代谢时间延长

F. 氧离曲线右移

G. 术后应激反应增加

（朱文智）

第十三章 气道控制及困难气道

1.【答案】D

【解析】改良的 Mallampati 分级 Ⅰ级可见软腭、咽腭弓、悬雍垂；Ⅱ级可见软腭、咽腭弓、部分悬雍垂；Ⅲ级仅见软腭、悬雍垂基底部；Ⅳ级看不见软腭。

【考点】改良的 Mallampati 分级

2.【答案】A

【解析】观察胸廓起伏、颈部触诊充气套囊和导管内水蒸气凝结都是判断气管插管成功不可靠的方法；呼气末二氧化碳波形是判断气管插管成功比较可靠的方法，但仍有假阳性和假阴性的可能；直视下见气管导管位于声带之间以及纤维支气管镜检查可见气管软骨环和隆凸是判断气管插管成功最可靠的方法。

【考点】判断气管插管是否成功的不可靠、较可靠和最可靠方法

3.【答案】C

【解析】喉镜显露分级（Cormack-Lehane 分级）Ⅰ级可见全部声门；Ⅱ级可见部分声门；Ⅲ级仅可见会厌；Ⅳ级会厌不可见。

【考点】喉镜显露分级（Cormack-Lehane 分级）

4.【答案】B

【解析】喉镜显露分级（Cormack-Lehane 分级）Ⅰ级可见全部声门；Ⅱ级可见部分声门；Ⅲ级仅可见会厌；Ⅳ级会厌不可见。

【考点】喉镜显露分级（Cormack-Lehane 分级）

5.【答案】D

【解析】选项中环甲膜切开术属于声门下开放气道的方法，其他选项都属于声门上开放气道的方法。

【考点】区别声门上与声门下开放气道的方法

A1 型题

1. 改良的 Mallampati 分级Ⅲ级可观察到的结构是
   A. 可见软腭、咽腭弓、悬雍垂
   B. 看不见软腭
   C. 可见软腭、咽腭弓、部分悬雍垂
   D. 仅见软腭、悬雍垂基底部
   E. 仅见硬腭

2. 判断气管插管是否成功，最可靠的方法是
   A. 纤维支气管镜检查可见气管软骨环和隆凸
   B. 出现呼气末二氧化碳波形
   C. 观察双侧胸廓有起伏
   D. 气管导管内有水蒸气凝结
   E. 颈部能触诊到气管导管的充气套囊

3. 喉镜显露分级（Cormack-Lehane 分级）中仅可见会厌是
   A. Ⅰ级　　　　　B. Ⅱ级　　　　　C. Ⅲ级
   D. Ⅳ级　　　　　E. Ⅴ级

4. 喉镜显露分级（Cormack-Lehane 分级）Ⅱ级指的是
   A. 可见全部声门　　　　B. 可见部分声门
   C. 仅可见会厌　　　　　D. 会厌不可见
   E. 声门、会厌均不可见

5. 以下方法中声门下开放气道的方法是
   A. 置入食管气管联合导管
   B. 置入口咽通气道
   C. 置入喉罩
   D. 环甲膜切开术
   E. 置入鼻咽通气道

6. 临床麻醉中出现上呼吸道梗阻最常见的原因是
　　A. 分泌物过多　　　　　B. 舌后坠
　　C. 误吸　　　　　　　　D. 喉痉挛
　　E. 气管导管打折

7. 经鼻插管深度与经口插管深度相比
　　A. 前者比后者深 2~3cm　　　B. 后者比前者深 2~3cm
　　C. 前者比后者深 4~5cm　　　D. 后者比前者深 4~5cm
　　E. 一样深

8. 麻醉前对患者进行气道评估,下面哪种情况提示患者可能存在气管插管困难
　　A. Mallampati 分级为 Ⅱ 级　　B. 胡须茂盛
　　C. 甲颏距离 5cm　　　　　　　D. 头颈活动度 90°
　　E. 上下门齿间距 3.5cm

9. 成人气管插管过程中气管导管经过的最狭窄部分是
　　A. 喉口　　　　　B. 前庭裂　　　　　C. 喉中间裂
　　D. 声门裂　　　　E. 声门下腔

10. 具有支撑气管作用的重要软骨
　　A. 甲状软骨　　　　　　B. 会厌软骨
　　C. 环状软骨　　　　　　D. 杓状软骨
　　E. 以上均不是

11. 喉罩可以安全地用于
　　A. 饱胃患者　　　　　　B. COPD 患者
　　C. 咽喉肿物患者　　　　D. 产妇
　　E. 高血压患者

12. 气管插管时用直喉镜片挑起会厌暴露声门适合哪种患者
　　A. 年轻女性　　　　B. 年轻男性　　　　C. 老年患者
　　D. 婴儿　　　　　　E. 儿童

13. 成人气管插管插入过深易进入
　　A. 左主支气管　　　　　　B. 右主支气管
　　C. 左肺上叶支气管　　　　D. 右肺上叶支气管
　　E. 左肺下叶支气管

14. 面罩通气分级 2 级是指
　　A. 通气顺畅　　　　B. 通气受阻　　　　C. 通气困难
　　D. 通气失败　　　　E. 通气良好

6.【答案】B
　【考点】呼吸道梗阻最常见的原因

7.【答案】A
　【考点】气管插管深度

8.【答案】C
　【解析】甲颏距离 <6cm,提示可能存在气管插管困难。
　【考点】困难气道的评估

9.【答案】D
　【考点】气道解剖知识

10.【答案】C
　【解析】环状软骨是人体内唯一一块完整的环形软骨,对支撑气管具有重要意义。
　【考点】气道解剖知识

11.【答案】E
　【考点】喉罩的适应证

12.【答案】D
　【考点】直喉镜片的适应人群

13.【答案】B
　【解析】成人右主支气管较粗短,走向陡直,故气管插管插入过深多进入右主支气管;而幼儿气管插管插入过深时,进入左、右主支气管的机会相等。
　【考点】气道解剖知识

14.【答案】B
　【解析】面罩通气1级是指通气顺畅;2级是指通气受阻;3级是指通气困难;4级是指通气失败。
　【考点】面罩通气分级

127

15.【答案】C
　　【考点】预充氧

15. 预充氧的目标是
　　A. 使 ETO$_2$≥80%　　　　　B. 使 ETO$_2$≥85%
　　C. 使 ETO$_2$≥90%　　　　　D. 使 ETO$_2$≥95%
　　E. 使 ETO$_2$≥98%

【A2 型题】

1.【答案】A
　　【解析】头低并转向一侧利于呕吐物清除,同时还能降低呕吐物误吸的可能性。
　　【考点】呕吐患者的气道控制

1. 患者男性,30 岁。拟在全麻下行胃次全切除术,全麻诱导期间患者出现呕吐,应立即将其置于何种体位
　　A. 头低位并将头转向一侧　　B. 头低位
　　C. 头高位并将头转向一侧　　D. 头高位
　　E. 截石位

2.【答案】B
　　【解析】保证氧合永远是第一位,另外喉痉挛时面罩加压给氧,一般可以冲轻轻到中度的声门闭合。
　　【考点】喉痉挛的处理原则

2. 患儿男性,4 岁。因"先天性尿道下裂"在全麻下行尿道下列成形术,患儿原有支气管哮喘。手术结束拔出气管导管后患者出现喉鸣音,首要处理措施为
　　A. 静脉注射琥珀胆碱迅速解除痉挛
　　B. 面罩加压给氧
　　C. 立即气管插管行人工通气
　　D. 粗静脉针行环甲膜穿刺吸氧
　　E. 去除局部刺激

3.【答案】B
　　【解析】饱胃患者诱导时头高脚低位 10°,可使其胃内容物因重力作用往下,从而降低反流、误吸的风险。
　　【考点】饱胃患者麻醉时的气道控制

3. 患者女性,40 岁。饱餐 2 小时遭遇车祸,怀疑肝脏破裂,拟在全麻下行剖腹探查术。行气管插管时,为避免反流误吸,宜采用什么体位
　　A. 头低脚高位 10°　　　　　B. 头高脚低位 10°
　　C. 头低脚高位 30°　　　　　D. 头高脚低位 30°
　　E. 侧卧位

4.【答案】D
　　【解析】小儿导管选择:ID= 年龄(岁)/4+4。
　　【考点】选择小儿导管型号的公式

4. 患儿男性,6 岁。标准身高体重,因"右耳畸形"拟在全麻下行右耳畸形矫正术。小儿气管插管选用的导管型号是
　　A. 4.0　　　　　B. 4.5　　　　　C. 5.0
　　D. 5.5　　　　　E. 6.0

5.【答案】D
　　【考点】支气管痉挛的诱发因素

5. 患者男性,50 岁。既往有支气管哮喘病史,患者在麻醉诱导期发生支气管痉挛,下列哪项最有可能是诱发因素
　　A. 高浓度吸氧　　　　　B. 吸入性麻醉药
　　C. 皮质醇　　　　　　　D. 浅麻醉下气管插管
　　E. β 受体激动剂

6.【答案】E
　　【解析】颈椎骨折患者插管时切忌头部后仰或移动头部,另外不知患者有无插管困难,故保留自主呼吸的纤维支气管镜引导下清醒插管最为安全。
　　【考点】颈椎骨折患者气管插管注意事项

6. 患者女性,31 岁。因"从高处坠地致四肢麻木、不能行走 3 天"入院,经检测诊断为 C$_5$ 骨折并脱位,拟急诊行椎管探查骨折复位固定术,最佳的诱导插管方式为

A. 快速诱导直接喉镜插管

B. 快速诱导可视喉镜插管

C. 快速诱导纤维支气管镜引导插管

D. 直接喉镜下清醒插管

E. 纤维支气管镜引导下清醒插管

7. 患儿男性，2岁。因"支气管异物"在急诊下行支气管镜检异物取出术，异物取出后患儿立即出现呼吸困难，吸气粗长伴喘鸣，呼气呈持续的犬吠声，SpO_2 降至 60%，心率增至 186 次/min。最可能的诊断是

A. 支气管内异物残留　　　B. 喉痉挛

C. 支气管痉挛　　　　　　D. 舌后坠

E. 急性左力衰

8. 患者女性，23岁。因"右侧乳腺癌"在全麻下行右侧乳腺癌根治术，手术过程顺利，苏醒拔出气管导管后，患者吸气时出现明显的三凹征，可闻及喉鸣音，怀疑患者发生喉痉挛，以下处理错误的是

A. 小剂量琥珀胆碱松弛喉肌

B. 加深麻醉

C. 面罩持续加压给氧

D. 消除刺激，例如停止气道吸引，拔出口咽通气道

E. 为赢得抢救时间，立即行环甲膜穿刺通气

9. 患者男性，29岁。因"颞下颌关节僵直"入院，既往无特殊疾病史，拟在全麻下行颞下颌关节成形术，首选何种插管方式

A. 顺行引导插管

B. 经鼻盲探插管

C. 经口盲探插管

D. 逆行引导插管

E. 经纤维支气管镜引导插管

10. 患者男性，35岁。在气管插管全麻下行"双侧下颌角弧形切除术"，手术结束时引流管引流血较多，怀疑骨面渗血，为避免形成血肿后压迫气道，术后保留气管导管。对于这种术后留置气管导管的患者，为避免套囊压迫气管黏膜造成局部缺血坏死，通常应每隔几小时放气1次

A. 4~6 小时　　　B. 5~6 小时　　　C. 2~3 小时

D. 1 小时　　　　E. 半小时

11. 患者男性，43岁。车祸后行颧骨骨折复位固定及腹腔探查术，患者小颌畸形，体重 150kg。建立可靠气道最有效的方法是

7.【答案】C

【解析】 吸气粗长伴喘鸣，呼气呈持续的犬吠声，SpO_2 下降提示支气管痉挛。

【考点】 支气管痉挛的症状及诊断

8.【答案】E

【解析】 根据气道梗阻程度喉痉挛分为轻度、中度、重度喉痉挛。轻度喉痉挛仅在吸气时出现喉鸣，去除局部刺激即可自行缓解；中度喉痉挛时，吸气和呼气时均可出现喉鸣，大部分情况下面罩加压吸氧即可缓解；重度喉痉挛，声门紧闭，气道完全阻塞，可用粗静脉穿刺针行环甲膜穿刺通气，或静脉注射琥珀胆碱松弛喉肌，然后加压给氧或立即行气管插管进行人工通气。因此，不分喉痉挛的轻重，直接行环甲膜穿刺通气显然不妥。

【考点】 喉痉挛的处理

9.【答案】E

【考点】 不同插管方式的适应证

10.【答案】C

【考点】 长期留置气管导管的护理要点

11.【答案】B

【解析】 小颌畸形，体重 150kg 提示困难气道，所以选择保留自主呼吸的清醒纤维支气管镜气管插管。

【考点】 可疑困难气道的插管

A. 喉罩通气

B. 清醒纤维支气管镜气管插管

C. 快速序贯诱导下经喉镜气管插管

D. 经鼻盲气管插管

E. 面罩加压给氧

12.【答案】A

【解析】支气管痉挛时应用β受体兴奋剂、吸入异氟醚加深麻醉、静脉注射肾上腺皮质激素以及静脉注射氨茶碱都是缓解支气管痉挛的治疗,而快速扩容反而会增加心肺负担,加重症状。

【考点】支气管痉挛的处理

12. 患者女性,52岁。因"乳腺癌"拟在全麻下行乳腺癌改良根治术。既往哮喘10年,每年春季发作频繁,吸入激素和沙丁胺醇维持治疗,症状控制尚可。麻醉诱导插管后,气道阻力大,双肺可闻及哮鸣音,麻醉机正压通气时气道压 >40cmH₂O,以下处理措施不当的是

A. 快速扩容　　　　B. 应用β受体兴奋剂

C. 吸入异氟醚　　　　D. 静脉注射肾上腺皮质激素

E. 静脉注射氨茶碱

13.【答案】E

【解析】婴幼儿气道最狭窄部位是声门下,使用带套囊的导管行气管插管后黏膜水肿易造成气道梗阻。

【考点】婴幼儿气管插管并发症

13. 患儿男性,7个月。额顶部肿块,拟诊"脑脊液膨出"。在全麻气管内插管(ID 4.5带套囊)下行肿物切除术。拔管后3小时逐渐发生呼吸困难、躁动,心率160次/min。经面罩吸氧、应用激素、雾化吸入和镇痛治疗1小时后,情况逐渐好转。术后逐渐发生呼吸困难和躁动最可能的原因是

A. 咽炎、喉炎　　　　B. 声带麻痹

C. 气管狭窄　　　　D. 杓状软骨脱臼

E. 喉水肿或声门下水肿

14.【答案】C

【解析】Sellick手法是指拇指和示指向脊柱方向下压环状软骨,暂时压瘪食管入口,完成气管插管后,立即将套囊充气,再松开手指,行手控或机械通气。

【考点】Sellick手法

14. 患者男性,35岁。饱餐后1小时不幸坠楼,怀疑脏器破裂,拟在全麻下行剖腹探查术。行气管插管时,为避免胃内容物反流误吸而采用Sellick手法,正确的做法是

A. 压迫甲状软骨　　　　B. 压迫腹部

C. 压迫环状软骨　　　　D. 压迫气管

E. 压迫舌骨

15.【答案】D

【解析】颅脑损伤时行经鼻气管插管前应排除颅底骨折、脑脊液漏。

【考点】经鼻气管插管的禁忌证

15. 患者男性,35岁。饱餐后1小时不幸坠楼,CT示颧骨、眶骨等多处颅脑外伤,拟在全麻下行骨折复位内固定术,经鼻气管插管前应排除

A. 牙齿松动　　　　B. 下颌关节脱位

C. 下颌骨骨折　　　　D. 颅底骨折

E. 舌外伤

16.【答案】C

【解析】张口度2横指、小下颌、头部后仰受限、Mallampati分级Ⅳ级、平卧时需将头部垫高,这些信息都提示插管困难,应按困难插管进行准备。直接快诱导气管插管很有可能把不紧急困难气道直接转变成紧急困难气道。

【考点】不紧急困难气道的处理

16. 患者女性,14岁。因"12年前烫伤导致面颈部瘢痕挛缩"入院,拟在全麻下行皮肤扩张器置入术。查体:张口度2横指,小下颌,头部后仰受限,Mallampati分级Ⅳ级,平卧时将头部垫高。针对此患者的麻醉处理错误的是

A. 气管插管前给予抗胆碱药,减少气道分泌物

B. 备好口咽通气道

C. 快诱导气管插管

D. 气管插管时保持头部垫高位

E. 纤维支气管镜引导气管插管

17. 患者女性,58岁,吸烟20年,诊断"卵巢癌"拟在全麻下行"腹腔镜下卵巢癌根治术"。术中机械通气,吸纯氧,血氧饱和度92%。听诊右下肺呼吸音略弱,增加5cmH₂O的PEEP后,血氧饱和度逐渐上升到100%。PEEP一般**不用于**

A. 肺炎、肺不张患者　　　B. 肺水肿患者

C. ARDS患者　　　　　　D. 左心衰患者

E. 右心衰患者

17.【答案】E
【解析】PEEP增加右心后负荷,加重右心力衰竭。
【考点】PEEP适应证

18. 患者女性,38岁,身高165cm,体重55kg。诊断"右肾癌",拟在全麻下行"腹腔镜下右肾癌根治术"。麻醉前防视气道检查与评估未见明显困难气道危险因素,采用全麻常规诱导,面罩通气顺畅,直接喉镜插管时发现舌根部有一肿物,与会厌相连,大小约3cm×4cm,肿物阻挡视野,无法看见声门。对于该患者,以下处理**错误**的是

A. 立即寻求帮助

B. 保持气道通畅、继续面罩正压通气纯氧吸入

C. 为缩短缺氧时间,直接喉镜下行盲探插管

D. 纤维支气管镜辅助气管插管

E. 准备好环甲膜切开套装

18.【答案】C
【解析】直接喉镜下行盲探插管有可能损伤肿物引起出血,还有可能使肿物脱落堵住气道。
【考点】未预料的困难气道的处理

19. 患儿女性,1岁,因"唇裂"拟在气管插管全麻下行"唇裂修复术"。关于小儿气管插管,以下**错误**的是

A. 婴儿喉头位置较低

B. 6岁以上儿童喉头最狭窄部位是声门

C. 气管导管选择(ID)=4+患儿年龄(岁)/4

D. 插管深度=12+患儿年龄(岁)/2

E. 婴儿插管喉镜片可选直喉镜片

19.【答案】A
【解析】婴儿喉头位置较高。
【考点】小儿气道知识

20. 患者男性,59岁,身高172cm,因"肾癌"在全麻下行"肾癌根治术"。麻醉前访视气道检查与评估未见明显困难气道危险因素。采用全麻常规诱导,使用直接喉镜显露声门,只可见会厌边缘,于是行盲探气管插管,插管时出现导管探插受阻,管口呼吸音中断,并且可见颈侧近喉结处隆起包块,此时可能发生的情况是

A. 导管滑入一侧梨状隐窝

B. 导管误入咽后间隙

20.【答案】A
【解析】导管误入声门旁软组织,常见为一侧梨状隐窝。
【考点】盲探气管插管

C. 导管误入食管

D. 导管打折

E. 导管进入气管

21.【答案】D

　　【解析】舌后坠导致的呼吸道完全梗阻,患者鼾声消失,患者可见呼吸动作但无气体交换。

　　【考点】舌后坠的临床表现

21. 患者女性,29岁,因"胃癌"拟在全麻下行"胃癌根治术"。麻醉诱导后,手控通气困难,怀疑舌后坠,插入口咽通气道后手控通气顺畅。关于舌后坠,以下错误的是

A. 舌体过大、身材矮胖、短颈和咽后壁淋巴组织增生的患者容易发生

B. 发生舌后坠时,可导致 SPO_2 下降

C. 不完全梗阻时患者随呼吸发出强弱不等的鼾声

D. 完全梗阻时既无鼾声也无呼吸动作

E. 是最常见的上呼吸道梗阻

22.【答案】D

　　【解析】小儿气管导管ID=年龄(岁)/4+4,临床上通常会再准备一根大半号、一根小半号的气管导管备用。

　　【考点】选择小儿气管导管ID公式

22. 患儿男性,4岁,因"尿道下裂"拟在全麻下行"尿道下裂修复术"。气管插管前应该准备的三根无囊气管导管的内径(mm)分别是

A. 3.0,3.5,4.0

B. 3.5,4.0,4.5

C. 4.0,4.5,5.0

D. 4.5,5.0,5.5

E. 5.0,5.5,6.0

23.【答案】D

　　【解析】困难气道包括面罩通气困难和气管内插管困难,所以面罩通气困难也是困难气道。

　　【考点】困难气道的定义

23. 患者男性,35岁,因"肝癌"拟明日在全麻下行"肝脏移植术"。术前麻醉大夫访视患者,评估患者气道,发现患者气道为困难气道。以下关于气道的说法,错误的是

A. 根据麻醉前气道评估情况,将困难气道分为已预料的困难气道和未预料的困难气道

B. 已预料的困难气道分为明确的困难气道和可疑困难气道

C. 气道也可以分为非紧急气道和紧急气道

D. 面罩通气困难不一定是困难气道

E. 面罩通气困难,气管插管不一定困难

24.【答案】A

　　【解析】怀疑或确认为困难插管的患者,保留自主呼吸的清醒插管是最安全的插管方法。

　　【考点】对已预料困难气道的处理

24. 患者男性,56岁,拟在全麻下行"胃癌根治术"。麻醉前询问病史,了解到患者3年前曾行脑膜瘤切除术,术后麻醉医师告知患者,其喉部解剖异常,麻醉插管异常困难。对于此患者,下列插管方法最安全的是

A. 清醒插管

B. 喉罩通气

C. 气管切开

D. 全麻下纤维支气管镜插管

E. 快诱导气管插管

A3/A4 型题

（1~2 题共用题干）

患者男性，45 岁，身高 170cm，体重 70kg。诊断"慢性结石性胆囊炎"，拟于全麻下行"腹腔镜下胆囊切除术"。既往体健，术前心肺体检及实验室检查等未见明显异常，选择喉罩实施全身麻醉。

1. 对于该患者，选择的喉罩型号为
   A. 2 号　　　　　B. 2.5 号　　　　　C. 3 号
   D. 4 号　　　　　E. 5 号

2. 置入喉罩后，通气满意，机械通气气道峰压 14cmH$_2$O，气道密封压可达 30cmH$_2$O。手术开始后 40 分钟时气道阻力突然增加到 27cmH$_2$O，以下原因不可能的是
   A. 术中改变体位，导致喉罩移位
   B. 气腹
   C. 麻醉加深
   D. 支气管痉挛
   E. 肌松恢复

（3~4 题共用题干）

患者男性，40 岁，身高 175cm，体重 72kg，因"发现甲状腺肿物半年"入院，拟全麻下行甲状腺大部切除术。麻醉前行气道评估：张口度 5cm，张口仅见软腭、悬雍垂基底部；打鼾史，时有憋醒；甲颏距离 5cm。

3. 患者的 Mallampati 分级为
   A. Ⅰ 级　　　　　B. Ⅱ 级　　　　　C. Ⅲ 级
   D. Ⅳ 级　　　　　E. Ⅴ 级

4. 普通喉镜插管时，仅可见会厌边缘，那么喉镜显露分级（Cormack-Lehane 分级）是
   A. Ⅰ 级　　　　　B. Ⅱ 级　　　　　C. Ⅲ 级
   D. Ⅳ 级　　　　　E. Ⅴ 级

（5~7 题共用题干）

患者男性，35 岁，醉酒后驾车遭遇车祸，怀疑脾破裂，拟在全麻下行剖腹探查术。BP：85/45mmHg，心率 120 次/min。

5. 关于此患者，以下说法及处理错误的是
   A. 在应激情况下胃排空加速

---

1. 【答案】D
   【考点】喉罩型号的选择

2. 【答案】C
   【解析】术中改变体位、气腹、麻醉减浅、肌松恢复都有可能导致喉罩麻醉术中气道压突然升高，而加深麻醉反而可以改善。
   【考点】喉罩麻醉的术中管理

3. 【答案】C
   【解析】Mallampati 分级 Ⅰ 级可见软腭、咽腭弓、悬雍垂；Ⅱ 级可见软腭、咽腭弓、部分悬雍垂；Ⅲ 级仅见软腭、悬雍垂基底部；Ⅳ 级看不见软腭。
   【考点】Mallampati 分级

4. 【答案】C
   【解析】喉镜显露分级（Cormack-Lehane 分级）Ⅰ 级可见全部声门；Ⅱ 级可见部分声门；Ⅲ 级仅可见会厌；Ⅳ 级会厌不可见。
   【考点】喉镜显露分级（Cormack-Lehane 分级）

5. 【答案】A
   【解析】人在应激情况下胃排空减速。
   【考点】饱胃患者的麻醉

B. 此患者不可使用喉罩麻醉

C. 麻醉诱导采用快速序贯诱导

D. 患者病情紧急,不能等待禁食,应立即手术

E. 应采取避免呕吐误吸的措施

6.【答案】E

【解析】Sellick 手法:拇指和示指向脊柱方向下压环状软骨,暂时压瘪食管入口,完成气管插管后,立即将套囊充气,再松开手指,行手控或机械通气。

【考点】Sellick 手法

6. 行气管插管时,为避免胃内容物反流误吸而采用 Sellick 手法,正确的做法是

A. 压迫甲状软骨　　　　B. 压迫气管

C. 压迫舌骨　　　　　　D. 压迫腹部

E. 压迫环状软骨

7.【答案】E

【考点】麻醉中出现反流、误吸时的处理方法

7. 气管插管时虽然严格预防,还是不幸发生了误吸,紧急处理,下列哪项**不恰当**

A. 插管后气管内吸引

B. 气管内给予生理盐水冲洗并吸引

C. 给予 5~10cmH$_2$O 的 PEEP 通气

D. 大剂量激素应用

E. 应用扩血管药

(8~9 题共用题干)

患者女性,32 岁,诊断"腹部脂肪堆积",在局麻加镇静下行"腹部脂肪抽吸术"。术中随着镇静深度加深,患者出现打鼾,随后打鼾声消失,只有呼吸动作,无呼吸气流,脉搏 SPO$_2$ 从 100% 逐渐降低至 66%。

8.【答案】E

【解析】临床上最常见的呼吸道梗阻是舌后坠。

【考点】舌后坠的诊断

8. 该患者最可能的诊断为

A. 喉痉挛　　　　　　　B. 喉水肿

C. 支气管痉挛　　　　　D. 气管内痰堵塞

E. 舌后坠

9.【答案】D

【解析】舌后坠的处理一般不需要行环甲膜穿刺,一般只需要双手托起患者下颌,加压给氧,将患者头偏向一侧,或者放置口咽通气道即可解决。如果患者镇静度较深,也可放置喉罩来处理。

【考点】舌后坠的处理

9. 对该患者的处理**不正确**的是

A. 双手托起患者下颌,加压给氧

B. 将患者头偏向一侧

C. 放置口咽通气道

D. 立即停止手术,并用一粗静脉穿刺针行环甲膜穿刺通气

E. 放置喉罩

(10~11 题共用题干)

患者男性,50 岁,体重 66kg,身高 174cm。诊断"三叉神经痛",因药物及局部封闭治疗无法缓解入院。拟择期行"开颅微血管减压术"。既往无高血压、糖尿病、心脏病史,无手术外伤史,无药物过敏史。术前访视发现患者因长期于颞下颌关节处封闭治疗三

叉神经痛,致使颞下颌关节活动度减低,张口度 2cm。甲颏间距 6cm,颈部活动正常。

10. 以下控制气道的方法,较为安全的是
　　A. 快诱导直接喉镜插管
　　B. 快诱导可视喉镜插管
　　C. 快诱导纤维支气管镜插管
　　D. 快诱导插入喉罩
　　E. 清醒纤维支气管镜插管

11. 对此患者气道处理前做以下准备,**错误**的是
　　A. 保证至少两名麻醉医师到位
　　B. 准备合适型号的口 / 鼻咽通气道
　　C. 充分预充氧
　　D. 准备开口器,以利于喉镜可以顺利进入口腔
　　E. 术前给予抗胆碱药

(12~14 题共用题干)

患儿男性,4 岁,因"尿道下裂",在全麻下行"尿道下裂修复术"。患儿既往有哮喘病史,春秋季节易发病,近 2 个月未发作。常规全麻诱导后,行气管插管,插管成功后手控呼吸阻力大,机控时,气道压 35cmH$_2$O,听诊双肺呼吸音可闻及哮鸣音,SpO$_2$ 降至 80%,心率增至 146 次 /min。

12. 该患者最可能的诊断是
　　A. 反流、误吸　　　　　B. 喉痉挛
　　C. 支气管痉挛　　　　　D. 舌后坠
　　E. 急性左力衰

13. 患者出现此情况,最有可能的诱发因素是
　　A. 高浓度吸氧
　　B. 吸入性麻醉药
　　C. 皮质醇
　　D. 浅麻醉下气管插管
　　E. 患者处于哮喘发作期

14. 对此患儿,以下处理**错误**的是
　　A. 双手控制呼吸囊,快速加压给予纯氧
　　B. 加大吸入性麻醉药
　　C. 激素静脉注射
　　D. 氨茶碱滴注
　　E. β 受体抑制剂

(15~17 题共用题干)

患者女性，30 岁，因"面颈胸部烧伤后瘢痕挛缩畸形伴抬头受限 23 年"入院。患者身体健康，长期从事体力劳动，无特殊病史，拟在全麻下行"瘢痕粘连松解，复合组织皮瓣成形术"。术前气道评估：患者张口度 2 指，Mallampati 分级 Ⅳ 级，头部后仰严重受限。

15.【答案】A
　【考点】困难气道的分类方法

15. 该患者的气道为
　　A. 已预料的困难气道　　　B. 未预料的困难气道
　　C. 非紧急气道　　　　　　D. 紧急气道
　　E. 正常气道

16.【答案】D
　【解析】面罩通气 1 级是指通气顺畅，仰卧嗅物位，单手扣面罩即可获得良好通气；2 级是指通气受阻，置入口咽、鼻咽通气道，单手扣面罩或单人双手托下颌紧扣面罩，同时打开麻醉呼吸机，即可获得良好通气；3 级是指通气困难，以上方法无法获得良好通气，需要双人加压辅助通气，能够维持 $SPO_2 \geq 90\%$；4 级是指通气失败，双人加压辅助通气下，仍然不能维持 $SPO_2 \geq 90\%$。
　【考点】面罩通气分级

16. 对此患者的麻醉处理，一住院医师选择了快诱导气管插管，诱导后双人加压辅助通气下，仍然不能维持 $SPO_2 \geq 90\%$，则该患者的面罩通气分级为
　　A. 1 级　　　　　B. 2 级　　　　　C. 3 级
　　D. 4 级　　　　　E. 5 级

17.【答案】E
　【考点】紧急气道的处理流程

17. 对该患者的下一步处理正确的是
　　A. 环甲膜切开
　　B. 环甲膜穿刺
　　C. 尝试置入喉罩，若失败直接行气管切开
　　D. 尝试气管插管，若失败直接行气管切开
　　E. 尝试喉罩和气管插管均失败，可尝试其他紧急无创方法，例如联合导管、喉管，仍然失败再考虑环甲膜切开

(18~19 题共用题干)

患者女性，45 岁，因"发现甲状腺癌"拟全麻下行甲状腺癌根治术。既往无特殊病史，术前气道评估无困难气道危险因素。诱导插管顺利，手术顺利。

18.【答案】B
　【考点】喉痉挛的处理原则

18. 手术结束，患者拔管后出现吸气呼气均有喉鸣音，可见三凹征。此时的首要处理措施为
　　A. 去除局部刺激
　　B. 面罩加压吸氧治疗
　　C. 粗静脉针行环甲膜穿刺吸氧
　　D. 静脉注射琥珀胆碱迅速解除痉挛
　　E. 立即行气管插管进行人工通气

19.【答案】D
　【解析】喉痉挛表现为吸气性呼吸困难。
　【考点】喉痉挛相关知识

19. 下列关于喉痉挛的描述不正确的是
　　A. 多发生于全麻 Ⅰ～Ⅱ 期
　　B. 缺氧可诱发
　　C. 可闻及高调哮鸣音

D. 表现为呼气性呼吸困难

E. 需立即处理

【案例分析题】

案例 患儿男性,8岁。家长述患儿自从颈部遭砖头击伤后,一直头晕、颈部痛,但可忍受,患儿及家长均未在意。但患儿于伤后7天如厕过程中,突然出现截瘫。入院检查:神志清、可正确问答,伸舌居中,颈软,C_4、C_5 棘突压痛(+),四肢不能活动,呈软瘫,生理反射消失,病理反射(-)。诊断为颈椎骨折所致脊髓损伤高位截瘫。CT 示 C_4 椎体右侧上关节突及右横突骨折,椎体向左移位。拟在全麻下行颈椎前入路骨折复位内固定术。

提问 1:对此患者的气道管理正确的是

    A. 必要时纤维支气管镜插管

    B. 也可以使用喉罩全麻

    C. 气管插管时最低程度移动寰椎关节

    D. 若需使用肌松药首选琥珀胆碱

    E. 对严重颈椎受损的患者行气管插管时,要保持颈椎的稳定

    F. 必要时清醒插管

提问 2:对此患者麻醉诱导选择快诱导气管插管,诱导后通气受阻,置入口咽通气道单手扣面罩即可获得良好通气,则该患者的面罩通气分级为

    A. 1 级   B. 2 级

    C. 3 级   D. 4 级

    E. 5 级   F. 6 级

提问 3:关于小儿气管插管,以下正确的是

    A. 婴儿喉头位置较高,位于第 5~6 颈椎水平

    B. 6 岁以上儿童,喉头最狭窄部位是声门

    C. 导管内径(mm)= 患儿年龄(岁)/4+4

    D. 该患儿也可选择喉罩麻醉

    E. 插管深度 =12+ 患儿年龄(岁)/2

    F. 婴儿喉头最狭窄部位是声门下环状软骨处

(陈春梅 孙玉蕾)

提问 1:【答案】ABCEF

    【解析】脊髓损伤发生截瘫的患者往往存在高钾血症,尤其在发病 6 天至 6 周内应避免导致血钾进一步升高的诱发因素存在。而静脉注射琥珀胆碱可促进钾离子从骨骼细胞释放,导致血钾增高,严重的可引起心搏骤停。

    【考点】颈椎损伤患者的气道管理及注意事项

提问 2:【答案】B

    【解析】面罩通气 1 级是指通气顺畅,仰卧嗅物位,单手扣面罩即可获得良好通气;2 级是指通气受阻,置入口咽、鼻咽通气道,单手扣面罩或单人双手托下颌紧扣面罩,同时打开麻醉呼吸机,即可获得良好通气;3 级是指通气困难,以上方法无法获得良好通气,需要双人加压辅助通气,能够维持 $SPO_2 \geq 90\%$;4 级是指通气失败,双人加压辅助通气下,仍然不能维持 $SPO_2 \geq 90\%$。

    【考点】面罩通气分级

提问 3:【答案】BCDEF

    【解析】婴儿喉头位置较高,位于第 3~4 颈椎水平;成人喉头位于第 5~6 颈椎水平。

    【考点】小儿的气道解剖及小儿麻醉的气道管理相关知识

第十四章　中心静脉穿刺置管

1.【答案】B
【解析】中心静脉压是指上腔或下腔即将进入右心房的压力或右心房压力,正常值为5~12cmH2O。
【考点】中心静脉压概念

2.【答案】C
【解析】中心静脉压反映右心室前负荷,不能直接反映左心功能。
【考点】中心静脉压意义

3.【答案】E
【解析】中心静脉穿刺置管适应证包括测量中心静脉压、低血容量和休克的液体治疗、输注对外周静脉刺激较大的药物、全静脉营养、气体栓子取出、安放经皮起搏器电极、为外周静脉条件差的患者建立静脉输液通路、需要反复抽血采样或暂时性血液透析。
【考点】中心静脉穿刺置管适应证

4.【答案】E
【解析】中心静脉穿刺置管禁忌证包括上腔静脉综合征、凝血功能障碍、穿刺部位感染、近期安装起搏器的患者。开颅手术不是中心静脉穿刺置管禁忌证。
【考点】中心静脉穿刺置管禁忌证

5.【答案】E
【解析】中心静脉穿刺置管并发症包括损伤血管;气胸、液胸或血胸;出血及血肿;空气栓塞;感染。导丝遗留患者体内属于责任事故。
【考点】中心静脉穿刺置管并发症

【A1 型题】

1. 中心静脉压正常值是
   A. 0~8cmH2O
   B. 5~12cmH2O
   C. 5~18cmH2O
   D. 6~12cmH2O
   E. 8~20cmH2O

2. 有关中心静脉压,**不正确**的是
   A. 主要反映右心室前负荷
   B. 中心静脉压高低与血容量有关
   C. 直接反映左心功能
   D. 与静脉张力有关
   E. 中心静脉压高低与右心功能有关

3. 下列哪项**不是**中心静脉穿刺置管适应证
   A. 测量中心静脉压
   B. 低血容量和休克的液体治疗
   C. 输注对外周静脉刺激较大的药物
   D. 全静脉营养
   E. 冠状动脉造影

4. 下列哪项**不是**中心静脉穿刺置管禁忌证
   A. 上腔静脉综合征
   B. 凝血功能障碍
   C. 穿刺部位感染
   D. 近期安装起搏器的患者
   E. 开颅手术患者

5. 中心静脉穿刺置管并发症**不包括**
   A. 损伤血管
   B. 气胸、液胸或血胸
   C. 空气栓塞
   D. 感染
   E. 导丝遗留患者体内

6. 颈内静脉穿刺置管的导管尖端位于
   A. 右心房开口处或稍高位置
   B. 颈内静脉与锁骨下静脉交汇处
   C. 右心房内
   D. 右心室内
   E. 下腔静脉开口处

6.【答案】A
【解析】颈内静脉穿刺置管的导管尖端位于上腔静脉右心房开口处或稍高位置。
【考点】颈内静脉穿刺置管

7. 关于颈内静脉穿刺置管患者体位**错误**的是
   A. Trendelenburg 体位
   B. 头低 15°
   C. 用薄枕将头部稍垫高并且保持头居中时，右颈内静脉直径最大
   D. 头部尽量伸展并尽量偏向对侧
   E. 头部稍偏向对侧

7.【答案】D
【解析】超声证实头低脚高位（trendelenburg）可增加颈内静脉近 37% 的横截面。头部旋转 80° 时，颈内静脉和颈动脉重叠率比头部旋转 0°~40° 时更高。
【考点】颈内静脉穿刺

8. 需要长期保留中心静脉导管的患者首选哪个穿刺位点
   A. 右颈内静脉　　　　B. 左颈内静脉
   C. 股静脉　　　　　　D. 右侧锁骨下静脉
   E. 左侧锁骨下静脉

8.【答案】D
【解析】需要紧急穿刺行液体复苏或长期保留中心静脉导管的情况下首选锁骨下静脉。清醒患者舒适度高于颈内静脉。
【考点】锁骨下静脉穿刺

9. 如果静脉导管的内径扩大 1 倍，腔内液体经过该导管的流量将
   A. 减少 2 倍　　　B. 减少 4 倍　　　C. 增加 2 倍
   D. 增加 8 倍　　　E. 增加 16 倍

9.【答案】E
【解析】Hagen-Poiseuille 定律，导管内流量与半径的 4 次方成正比。
【考点】血流动力学原理

【A2 型题】

1. 患者男性，57 岁，因"右侧肝血管瘤"在全麻下行肝血管瘤切除术。诱导完成后行右侧颈内静脉穿刺置管，小针试探为静脉后换用大号穿刺针，误入动脉。正确的处理是
   A. 继续置入导管
   B. 拔出穿刺针，换左侧颈内静脉继续穿刺
   C. 拔出穿刺针，按压右侧穿刺点
   D. 血管外科切开缝合
   E. 按压右侧颈内动脉

1.【答案】C
【解析】如果已经行管腔扩张并导管置入，应不急于拔出，严密观察患者，并请血管科或其他相关科室会诊。
【考点】颈内静脉穿刺

2. 患者男性，67 岁，因"胃癌"在全麻下行胃次全切除术。既往胸壁结核病史。HGB 9g/L；B 超示下腔静脉癌栓。首选哪个深静脉穿刺位点
   A. 右颈内静脉　　　　B. 左颈内静脉
   C. 股静脉　　　　　　D. 右侧锁骨下静脉
   E. 左侧锁骨下静脉

2.【答案】A
【解析】患者术前贫血，术中处理下腔静脉时有大量失血可能，应该建立深静脉通路。股静脉穿刺不适用腹部手术。患者胸部结核至胸膜粘连，不建议锁骨下静脉穿刺。
【考点】颈内静脉穿刺

3.【答案】B
　【解析】身高 /10-1cm(身高不超过 100cm),身高 /10-2cm(身高大于 100cm)。
　【考点】颈内静脉穿刺

4.【答案】A
　【解析】右锁骨下静脉置入深度比右侧颈内静脉导管置入深 3~5cm。
　【考点】颈内静脉穿刺 / 锁骨下静脉穿刺

5.【答案】C
　【解析】右颈内静脉置入深度比左侧颈内静脉导管入浅 2~5cm。
　【考点】颈内静脉穿刺

6.【答案】A
　【解析】控制性降压通常使平均动脉压降至 50~70mmHg 或中心静脉压低于 5cmH$_2$O。
　【考点】控制性降压

7.【答案】C
　【解析】控制性降压的主要目的是减少手术野出血,改善手术操作条件,血液保护。
　【考点】控制性降压

8.【答案】A
　【解析】股静脉穿刺置管的血栓发生率为 21.5%。
　【考点】股静脉穿刺

9.【答案】A
　【解析】下肢深静脉血栓形成后应血管外科会诊,予以相应处理。
　【考点】股静脉穿刺

3. 患儿男性,1 岁,身高 90cm,体重 10kg。颈内静脉导管置入深度一般为
　A. 6cm　　　　　B. 8cm　　　　　C. 10cm
　D. 11cm　　　　E. 12cm

4. 患者男性,27 岁,175cm。右锁骨下静脉置入深度比右侧颈内静脉导管置入
　A. 深 3~5cm　　B. 深 1~3cm　　C. 浅 3~5cm
　D. 浅 1~3cm　　E. 一样

5. 患者女性,27 岁,165cm。右颈内静脉置入深度比左侧颈内静脉导管置入
　A. 深 2~5cm　　B. 深 1~3cm　　C. 浅 2~5cm
　D. 浅 1~3cm　　E. 一样

6. 患者女性,27 岁。全麻后拟行控制性降压,控制目标为
　A. 平均动脉压降至 50~70mmHg
　B. 平均动脉压较术前下降 10%
　C. 中心静脉压低于 10cmH$_2$O
　D. 中心静脉压低于 8cmH$_2$O
　E. 中心静脉压低于 3cmH$_2$O

7. 患者女性,27 岁。全麻后拟行控制性降压的目的是
　A. 减少耗材使用
　B. 术后恢复快
　C. 减少手术野出血,血液保护
　D. 减少麻醉药用量
　E. 术者要求

8. 患者女性,27 岁。开颅术后第 2 天出现右侧下肢肿胀、疼痛,右侧股静脉穿刺点未见异常,最有可能的诊断是
　A. 右下肢深静脉血栓形成
　B. 穿刺后感染
　C. 中枢神经损伤
　D. 术中下肢神经卡压
　E. 股静脉导管移位

9. 患者女性,27 岁,开颅术后第 2 天出现右侧下肢肿胀、疼痛,右侧股静脉穿刺点未见异常,诊断是右下肢深静脉血栓形成,应怎么处理
　A. 血管外科会诊　　B. 溶栓　　　　C. 抬高下肢
　D. 按压穿刺点　　　E. 加快输液

10. 患者女性,42 岁,既往体健。全麻下行肝叶切除术,中心静脉压 5cmH$_2$O,袖带压 80/60mmHg,一般判断为
    A. 血容量不足　　　　　　B. 心功能不全
    C. 周围血管阻力增加　　　D. 肺血管阻力增加
    E. 容量超负荷

10.【答案】A
　　【解析】中心静脉压和血压均降低的患者首先考虑血容量不足,应快速补液。
　　【考点】中心静脉压

11. 患者女性,42 岁,既往体健。全麻下行肝叶切除术,术中中心静脉压 5cmH$_2$O,袖带压 100/70mmHg,一般判断为
    A. 血容量轻度不足　　　　B. 心功能不全
    C. 周围血管阻力增加　　　D. 肺血管阻力增加
    E. 容量超负荷

11.【答案】A
　　【解析】中心静脉压低和血压正常的患者首先考虑血容量轻度不足,应适当加快补液。
　　【考点】中心静脉压

12. 患者女性,42 岁,既往体健。全麻下行肝叶切除术,术中中心静脉压 15cmH$_2$O,袖带压 80/60mmHg,一般判断为
    A. 血容量轻度不足　　　　B. 心功能不全
    C. 周围血管阻力增加　　　D. 肺血管阻力增加
    E. 容量超负荷

12.【答案】B
　　【解析】中心静脉压高和血压低的患者首先考虑心功能不全,应减慢输液,强心及缩血管药物慎用。
　　【考点】中心静脉压

13. 患者女性,42 岁,既往体健。全麻下行肝叶切除术,术中中心静脉压 15cmH$_2$O,袖带压 120/70mmHg,一般判断为
    A. 血容量轻度不足
    B. 心功能不全
    C. 周围血管阻力增加或肺血管阻力增加
    D. 血容量不足
    E. 容量超负荷

13.【答案】C
　　【解析】中心静脉压高和血压正常的患者首先考虑周围血管阻力增加或肺血管阻力增加,可使用血管扩张药,酌情使用强心药。
　　【考点】中心静脉压

14. 患者女性,42 岁,既往体健。全麻下行肝叶切除术,术中中心静脉压 5cmH$_2$O,袖带压 80/60mmHg,应怎样处理
    A. 快速补液　　　　　　　B. 使用缩血管药物
    C. 强心药　　　　　　　　D. 血管扩张药物
    E. 利尿

14.【答案】A
　　【解析】中心静脉压和血压均降低的患者首先考虑血容量不足,可使用血管收缩药,应快速补液。
　　【考点】中心静脉压

15. 患者男性,45 岁,既往体健。全麻下行颅底肿瘤切除术,诱导后右侧颈内静脉穿刺置管,穿刺顺利,导管留置后半小时行翻身及头架固定,通路流速减慢,最可能发生
    A. 导管打折　　　B. 血栓形成　　　C. 导管断裂
    D. 导管夹闭　　　E. 导管受压

15.【答案】A
　　【解析】神经外科手术摆放体位时,为了更好地暴露术野,经常使患者颈部屈曲,导致深静脉导管打折。
　　【考点】中心静脉压

16. 患者女性,56 岁,坐位神经外科手术中怀疑静脉空气栓塞,下列措施中,效果最差的是
    A. 应用 10cmH$_2$O 的 PEEP
    B. 停止使用 N$_2$O

16.【答案】A
　　【解析】术野高于心脏的手术,均存在空气栓塞的危险。处理措施包括预防空气进一步入血、抽出右房空气、血流动力学支持、停止 N$_2$O 吸入防止气栓扩大。
　　【考点】空气栓塞

C. 切口骨缘涂抹骨蜡

D. 头低足高位

E. 生理盐水覆盖术野

【A3/A4 型题】

(1~2 题共用题干)

患者女性,65 岁。拟全麻下行"二尖瓣置换术"。诱导后行右侧颈内静脉穿刺置入置管。导丝置入过程中,患者出现室上性心动过速。

1. **【答案】D**
   【解析】颈内静脉穿刺过程应密切关注心律变化,避免导丝过深引起心律失常。
   【考点】颈内静脉穿刺

2. **【答案】D**
   【解析】心律失常因导丝过深导致,应后撤至深度 10cm。
   【考点】颈内静脉穿刺

1. 该患者发生心律失常的原因可能为
   A. 原发病   B. 血压低
   C. 麻醉药物导致   D. 导丝置入过深
   E. 导丝打折

2. 此时的处理为
   A. 请心脏科会诊   B. 输液
   C. 减浅麻醉   D. 后撤导丝至深度 10cm
   E. 拔出导丝

(3~4 题共用题干)

患者男性,45 岁,既往无特殊。拟全麻下行"右额脑膜瘤切除术"。诱导后行右侧颈内静脉穿刺置管。

3. **【答案】E**
   【解析】颈内静脉穿刺完成后应及时确认导管位置和通畅,如果推注有阻力,提示导管打折或腔内堵塞。
   【考点】颈内静脉穿刺

3. 穿刺完成后确认导管位置**错误**的是
   A. 回抽确认每个管腔通畅
   B. 排尽腔内空气
   C. 超声判断导管位置
   D. 确认导管深度 12cm
   E. 导管推注有阻力时,加压使管腔通畅

4. **【答案】C**
   【解析】颈内静脉穿刺完成后如果回抽不通畅,应检查导管位置。
   【考点】颈内静脉穿刺

4. 如果导管置入后回抽没有回血,应如何处理
   A. 继续留置观察   B. 拔出导管
   C. 超声判断导管位置   D. 继续置入导管 1cm
   E. 加压使管腔通畅

(5~6 题共用题干)

患者男性,75 岁。拟全麻下行"右侧肝癌切除术"。诱导后拟行右侧颈内静脉穿刺置管。

5. **【答案】C**
   【解析】颈内静脉穿刺时应适度减少机械通气潮气量,减小气胸可能。
   【考点】颈内静脉穿刺

5. 关于颈内静脉穿刺准备,**错误**的是
   A. 头低 15°   B. 右肩部稍垫高

C. 调大机械通气潮气量　　D. 超声检查颈部血管

E. 头轻度左偏

6. 如果穿刺针回抽到气体,处理**不当**的是
   A. 拔出穿刺针　　　　　　B. 按压穿刺点
   C. 调大机械通气潮气量　　D. 听诊肺部
   E. 必要时胸片

6.【答案】C
　　【解析】颈内静脉穿刺回抽到气体,可能误入气管或胸腔。
　　【考点】颈内静脉穿刺

(7~9题共用题干)

患者女性,26岁,60kg,于全麻下行右侧脑膜瘤切除术。手术切除骨瓣时,患者血压突然降低。

7. 患者血压突降的原因最可能是
   A. 静脉空气栓塞　　　　　B. 静脉窦破裂
   C. 神经牵拉　　　　　　　D. 麻醉过深
   E. 仪器故障

7.【答案】A
　　【解析】颅骨板障及头颅静脉粗大,在手术过程中可能出现静脉栓塞、静脉窦破裂出血。神经牵拉的可能性较小。
　　【考点】空气栓塞

8. 如果监护仪出现一过性二氧化碳分压降低,怀疑空气栓塞,**不正确**的处理是
   A. 头低位　　　　　　　　B. 左侧卧位
   C. 生理盐水封闭切口　　　D. TEE检查
   E. 右侧卧位

8.【答案】E
　　【解析】空气栓塞处理包括封闭局部血管破口、头低左侧卧位。TEE是确诊空气栓塞的手段。
　　【考点】空气栓塞

9. 此时正确的处理是
   A. 增大PEEP　　　　　　　B. 上腔静脉置管抽出气体
   C. 扩张外周血管　　　　　D. 收缩外周血管
   E. 强心

9.【答案】B
　　【解析】空气栓塞处理可使用上腔静脉置管抽出气体。
　　【考点】中心静脉穿刺

【案例分析题】

案例　患者男性,42岁。诊断为急性重症胰腺炎,外科请麻醉科会诊,行中心静脉穿刺置管,建立肠外营养。

提问1:如何进行中心静脉穿刺置管评估及准备
   A. 了解患者生命体征
   B. 了解有无深静脉穿刺置管禁忌证
   C. 深静脉穿刺置管知情同意书签署
   D. 患者行常规监测
   E. 穿刺前常规应用镇静药物
   F. 必须全麻下穿刺

提问2:该患者中心静脉穿刺位点应选择
   A. 右侧颈内静脉　　　　　B. 左侧颈内静脉
   C. 股静脉　　　　　　　　D. 右侧锁骨下静脉
   E. 左侧锁骨下静脉　　　　F. 肘正中静脉

提问1:【答案】ABCD
　　【解析】受外科室会诊邀请,行深静脉穿刺置管时,应该注意观察患者生命体征等病情,判断有无深静脉穿刺置管禁忌证,签署深静脉穿刺置管知情同意书,并行常规监测后,进行操作。
　　【考点】中心静脉穿刺

提问2:【答案】AD
　　【解析】肠外营养途径包括经锁骨下静脉、经颈内静脉、经股静脉和经外周中心静脉导管途径。该患者应首选右侧颈内静脉或右锁骨下静脉,避免股静脉置管预防感染。
　　【考点】中心静脉穿刺

提问3:【答案】ABE

【解析】中心静脉导管相关感染与预防:尽量避免股静脉置管;尽量选用单腔导管;穿刺过程严格无菌操作,提高一次穿刺成功率;穿刺后每日消毒更换敷料;尽量减少导管留置时间,达到治疗目的即可停用;一旦确诊导管相关感染后,应立即拔出中心静脉导管,尖端送细菌培养;如需重新留置导管,必须更换穿刺部位。

【考点】中心静脉穿刺

提问3:患者行右侧锁骨下静脉穿刺置管肠外营养后病情平稳,2周后突然出现发热,化验检查白细胞增高,锁骨下静脉穿刺处发现脓性分泌物,高度怀疑导管相关性感染,应如何处理

    A. 确诊导管相关感染后,应立即拔出中心静脉导管,尖端送细菌培养

    B. 如需重新留置导管,必须更换穿刺部位

    C. 保留导管,更换广谱抗生素

    D. 穿刺后每3天消毒更换敷料

    E. 尽量选用单腔导管

    F. 保留导管,严格消毒

(陆 瑜 韩如泉)

第十五章 吸入麻醉

【A1 型题】

1. 关于麻醉用气源,以下哪项是**错误**的
   A. 中心供氧氧压恒定在 3.5kg/cm^2
   B. 压缩筒氧压 150kg/cm^2
   C. 压缩 N$_2$O 筒压满筒时应为 52kg/cm^2
   D. 使用 N$_2$O 时,N$_2$O 逐渐消耗,压力逐渐下降
   E. N$_2$O 筒压为 25kg/cm^2 时应更换新筒

2. 有关地氟烷蒸发器的叙述,下列哪项是**错误**的
   A. 地氟烷蒸发器也是采用可变旁路型的设计
   B. 蒸发室内的地氟烷蒸气压保持在 200kPa(2 个大气压)
   C. O$_2$ 不进入蒸发室
   D. 需要电加热并保持 39℃恒温
   E. N$_2$O 不进入蒸发室

3. 体内代谢最低的吸入麻醉药是
   A. 氟烷
   B. 恩氟烷
   C. 异氟烷
   D. 七氟烷
   E. 地氟烷

4. 在使用氧和氧化亚氮混合气时,一旦氧压低于多少时,低氧压自动切断调节器可以切断氧化亚氮的输出,防止患者缺氧
   A. 1.5kg/cm^2
   B. 2.0kg/cm^2
   C. 2.5kg/cm^2
   D. 3.0kg/cm^2
   E. 3.5kg/cm^2

1. 【答案】D
   【解析】中心供氧氧压表必须始终恒定在 3.5kg/cm^2,压缩氧筒满筒时压力应为 150kg/cm^2,含氧量约为 625L。中心供 N$_2$O 气压表必须始终恒定在 52kg/cm^2,不足此值时表示供气即将中断,不能再用。压缩 N$_2$O 筒满筒时为 52kg/cm^2,含 N$_2$O 量约为 215L,由于 N$_2$O 在筒内为液态,在使用过程中液体不断蒸发为气态而筒内压应保持不变;当液态的 N$_2$O 蒸发完毕,气态的 N$_2$O 压力减少,没有液态 N$_2$O 挥发进行补充时,筒内压开始下降,表示筒内 N$_2$O 实际含量已经非常有限;当压力降到 25kg/cm^2,提示筒内 N$_2$O 气量已只剩 100L,若继续以 3L/min 输出,仅能供气 30 分钟,因此必须更换新筒。
   【考点】麻醉前准备基础知识

2. 【答案】A
   【解析】地氟烷蒸发器不采用可变旁路型的设计,而用电加热并保持 39℃恒温,使蒸发室内的地氟烷蒸气压保持 200kPa(2 个大气压)。新鲜气(O$_2$ 和 N$_2$O)并不进入蒸发室。根据调节组的开启位置和流量传感器测得的新鲜气的大小,蒸发室自动释放出一定量的地氟烷蒸气,与新鲜气混合后输出。
   【考点】麻醉机原理相关基础知识

3. 【答案】E
   【解析】吸入麻醉药在体内的代谢由高到低依次为:氟烷(10.6%~23.2%) > 七氟烷(3.0%) > 恩氟烷(2.4%~2.9%) > 异氟烷(0.17%~0.20%) > 地氟烷(0.1%)。
   【考点】吸入麻醉药相关基础知识

4. 【答案】C
   【解析】低氧压自动切断调节器在使用氧和氧化亚氮混合气时,一旦氧压低于 0.25mPa(2.5kg)/cm^2,能自动截断氧化亚氮的输出,防止患者缺氧。
   【考点】麻醉机原理相关基础知识

5.【答案】C

【解析】MAC 越大,麻醉效能越弱。

【考点】吸入麻醉药相关基础知识

6.【答案】B

【解析】吸入麻醉药的 MAC 分别为:乙醚 1.92、氟烷 0.77、甲氧氟烷 0.16、恩氟烷 1.68、异氟烷 1.15、七氟烷 1.71、地氟烷 6.0、疝气 71、氧化亚氮 105。

【考点】吸入麻醉药相关基础知识

7.【答案】E

【解析】降低 MAC 的因素包括:①$PaCO_2 > 90mmHg$ 或 $PaCO_2 < 10mmHg$(动物);②低氧血症,$PaO_2 < 40mmHg$(动物);③代谢性酸中毒;④贫血(血细胞比容在 10% 以下,血中含氧量 <4.3ml/dl(动物));⑤平均动脉压在 50mmHg 以下(动物);⑥老年人;⑦使中枢神经儿茶酚胺减少的药物(如利血平、甲基多巴等,动物);⑧巴比妥类及苯二氮䓬药物(人和动物);⑨麻醉药物,如氯胺酮或并用其他吸入麻醉药及局麻药(人和动物);⑩妊娠(动物);⑪低体温(动物);⑫长期应用苯丙胺(动物);⑬胆碱酯酶抑制剂(动物)。麻醉时间对 MAC 没有影响。

【考点】吸入麻醉药相关基础知识

8.【答案】D

【解析】升高 MAC 的因素:①体温升高时 MAC 升高,但 42℃ 以上时 MAC 则减少(动物);②使中枢神经儿茶酚胺增加的药物,如右旋苯丙胺等(动物);③脑脊液中 Na^+ 增加时(静脉输注甘露醇、高渗盐水等);④长期饮酒者可增加异氟烷或氟烷 MAC 30%~50%;⑤甲状腺功能亢进(动物)。甲状腺功能减退对 MAC 没有影响。

【考点】吸入麻醉药相关基础知识

9.【答案】C

【解析】MAC_{95} 为 95% 的患者切皮无体动时吸入麻醉药的肺泡浓度,也称为 AD_{95}。一般情况下 $MAC_{95}(AD_{95})=1.3MAC$,但对手术刺激较大时常需要 1.5MAC,甚至 2.0MAC。因此单纯吸入麻醉时应维持呼气末吸入麻醉药在 1.3~2.0MAC。

【考点】吸入麻醉药物的临床应用知识

10.【答案】D

【解析】N_2O 在肝脏内没有代谢,而是经肠道内细菌与维生素 B_{12} 反应以单纯电子传递形式产生 N_2 和自由基。吸入麻醉药在血液中的溶解度即血/气分配系数相关,溶解度越大,血/气分配系数越高,吸入麻醉药的起效越慢,反之亦然,N_2O 只有 0.47,因此其起效和苏醒时间很短。油/气分配系数多与麻醉药的强度成正比,N_2O 油/气分配系数为 1.4,在所有的吸入麻醉药中是最低的,因此其麻醉效能最差。除外 N_2O 所有的吸入麻醉药均对血压产生剂量依赖性降低。N_2O 有拟交感神经作用,可增加心排出量(高大剂量时也可引起心肌抑制)。氧化亚氮可提高肺血管阻力,尤其使原有肺动脉高压症更趋升高。氧化亚氮有升高颅内压作用。

【考点】吸入麻醉药物的基本知识

5. 有关 MAC 的叙述,以下哪项是**错误**的

A. MAC 是在一个大气压下疼痛刺激时,50% 患者(或动物)不出现体动或逃避反应时的肺泡气中某吸入全麻药的浓度

B. 吸入全麻药的强度可用 MAC 来表示

C. MAC 愈大,吸入麻醉药的麻醉效能愈强

D. MAC 可用于表示麻醉药的吸入剂量

E. MAC 是评价吸入全麻药药理特性的重要参数

6. 常用吸入麻醉药 MAC 的大小顺序依次为

A. 氧化亚氮 > 地氟烷 > 安氟烷 > 七氟烷 > 异氟烷 > 氟烷

B. 氧化亚氮 > 地氟烷 > 七氟烷 > 安氟烷 > 异氟烷 > 氟烷

C. 氧化亚氮 > 地氟烷 > 七氟烷 > 异氟烷 > 安氟烷 > 氟烷

D. 氧化亚氮 > 地氟烷 > 七氟烷 > 安氟烷 > 氟烷 > 异氟烷

E. 氧化亚氮 > 七氟烷 > 安氟烷 > 异氟烷 > 地氟烷 > 氟烷

7. 下列降低 MAC 的因素中**错误**的是

A. 老年人

B. 使中枢神经儿茶酚胺减少的药物

C. 妊娠

D. 合用麻醉学镇痛药和静脉麻醉药

E. 麻醉时间

8. 下列升高 MAC 的因素中,**不包括**

A. 体温严重升高(<42℃)

B. 脑脊液中 Na^+ 增加

C. 使中枢神经儿茶酚胺增加的药物

D. 甲状腺功能减退

E. 长期饮酒者可增加异氟烷或氟烷 MAC

9. 单纯吸入麻醉维持时应维持呼气末吸入气浓度一般在

A. 1MAC 左右 　　　　B. 1~1.3MAC 左右

C. 1.3~2.0MAC 　　　D. 1.5~2.0MAC

E. 2.0 以上 MAC

10. 有关 N_2O 的描述,下列**错误**的是

A. N_2O 在肝脏内没有代谢,部分通过肠道排出

B. N_2O 的血/气分配系数很低,诱导和苏醒非常迅速

C. N_2O 的油/气分配系数最低,因此其麻醉效能最差

D. 对血压产生剂量依赖性降低

E. 升高颅内压,不适合用于颅内压升高的患者

11. 关于异氟烷对循环的影响,下列说法**错误**的是
    A. 异氟烷对心功能的抑制小于恩氟烷及氟烷
    B. 血压的下降主要是外周血管扩张,心肌抑制作用较小
    C. 使心率增快
    D. 对心律稳定
    E. 对心排出量基本没有影响

12. 目前最常用的可变旁路蒸发器虽然已接近理想的要求,但仍然受一些因素的影响,下列相关的描述**错误**的是
    A. 大气压高输出浓度减低,大气压低输出浓度高
    B. 1个大气压下时输出3%蒸气,同样的设置下在3个大气压的高压舱内只输出1%蒸气
    C. 可变旁路型蒸发器在新鲜气流量低于250ml/min时,实际输出浓度低于设置的刻度值
    D. 当流量高于15L/min时,实际输出浓度高于设置的刻度值
    E. 温度在20~35℃之间可保持输出浓度恒定

13. 恩氟烷对循环的影响下列描述正确的是
    A. 抑制心肌
    B. 扩张血管
    C. 抑制心肌 + 扩张血管
    D. 增快心率
    E. 减慢心率

14. 吸入麻醉药的分压梯度是
    A. 麻醉开始时:挥发罐 > 肺毛细血管 > 肺内 > 周围组织(脑)
    B. 麻醉开始时:挥发罐 > 肺内 > 肺毛细血管 > 周围组织(脑)
    C. 麻醉开始时:挥发罐 > 肺毛细血管 > 肺内 > 周围组织(脑)
    D. 麻醉恢复时:肺内 > 周围组织(脑)> 肺毛细血管 > 挥发罐
    E. 麻醉恢复时:周围组织(脑)> 肺内 > 肺毛细血管 > 挥发罐

15. 脑组织内吸入麻醉药的分压受以下因素的影响,但**除外**
    A. 麻醉药的吸入浓度
    B. 循环系统的功能状态
    C. 新鲜气流量
    D. 经血脑屏障向脑细胞内的扩散状态
    E. 麻醉药在肺内的分布

16. 有关吸入麻醉的叙述,下列哪项是**错误**的
    A. 单纯吸入麻醉时呼气末麻醉药浓度一般要维持在1.3~2.0MAC
    B. 复合麻醉性镇痛药和肌松药时呼气末麻醉药浓度一般要维持在1.0~1.5MAC

11.【答案】E
【解析】异氟烷对心功能的抑制小于恩氟烷及氟烷,随吸入浓度的增加,心排出量明显减少。异氟烷使心率稍增快,但心律稳定。
【考点】吸入麻醉药物的基本知识

12.【答案】D
【解析】大气压升高输出浓度减低,大气压降低输出浓度高。可变旁路型蒸发器在流量低于250ml/min时,因挥发性麻醉药蒸气的比重较大,进入蒸发室的气流压力较低,不足以向上推动麻醉药蒸气,使输出浓度低于调节盘的刻度值。相反,当流量高于15L/min时,蒸发室内麻醉药的饱和及混合不完全,使输出浓度低于调节盘的刻度值。此外,在较高流量时,旁路室与蒸发室的阻力特性可能发生改变,导致输出浓度下降。温度在20~35℃之间可保持输出浓度恒定。
【考点】麻醉机原理相关基础知识

13.【答案】C
【解析】恩氟烷麻醉时血压下降是直接抑制心肌与扩张血管的结果。恩氟烷麻醉时心率变化不定,与麻醉前的心率相关。
【考点】吸入麻醉药物的基本知识

14.【答案】B
【解析】气体的扩散是从高分压区向低分压区进行,当吸入麻醉药时的分压梯度是挥发罐 > 肺内 > 肺毛细血管 > 周围组织(脑)。麻醉恢复时相反。
【考点】吸入麻醉药物的基本知识

15.【答案】C
【解析】脑组织内吸入麻醉药的分压受五个因素的影响:①麻醉药的吸入浓度;②麻醉药在肺内的分布;③麻醉药跨肺泡膜扩散到肺毛细血管内的过程;④循环系统的功能状态;⑤经血脑屏障向脑细胞内的扩散状态。
【考点】吸入麻醉药物的基本知识

16.【答案】E
【解析】需要快速加深麻醉时可以提供吸入浓度和/或提高新鲜气流量,减浅麻醉时降低吸入浓度,同样还要提高新鲜气流量。
【考点】吸入麻醉药物的临床应用知识

C. 联合静脉麻醉药或神经阻滞时,呼气末麻醉药物的浓度不能低于 0.6MAC,以防术中知晓

D. 需要快速加深麻醉时可以提高吸入麻醉药浓度和 / 或提高新鲜气流量

E. 减浅麻醉时降低吸入浓度,减低新鲜气流量

17. N_2O 吸入麻醉时,吸入氧浓度**不得**低于

A. 25%　　　　B. 30%　　　　C. 40%

D. 50%　　　　E. 60%

18. 影响组织对吸入麻醉药摄取的因素与下列哪项**无关**

A. 麻醉药在组织的溶解度

B. 组织的血流量

C. MAC

D. 动脉血 - 组织间麻醉药的分压差

E. 吸入麻醉药的组织 / 血分配系数

19. 常用吸入麻醉药血 / 气分配系数大小顺序依次为

A. 甲氧氟烷 > 异氟烷 > 氟烷 > 恩氟烷 > 七氟烷 > 地氟烷

B. 甲氧氟烷 > 氟烷 > 异氟烷 > 恩氟烷 > 七氟烷 > 地氟烷

C. 甲氧氟烷 > 氟烷 > 恩氟烷 > 异氟烷 > 七氟烷 > 地氟烷

D. 甲氧氟烷 > 氟烷 > 恩氟烷 > 七氟烷 > 异氟烷 > 地氟烷

E. 七氟烷 > 地氟烷 > 甲氧氟烷 > 氟烷 > 恩氟烷 > 异氟烷

20. 关于麻醉气体在血液中的溶解度和诱导及清醒速度的关系,正确的是

A. 麻醉药的溶解度越小,血液分压升高越快,诱导越迅速,清醒也快

B. 麻醉药的溶解度越小,血液分压升高越慢,诱导迅速,清醒慢

C. 麻醉药的溶解度越小,血液分压升高越慢,诱导缓慢,清醒快

D. 麻醉药的溶解度越小,血液分压升高越慢,诱导缓慢,清醒也慢

E. 麻醉药的溶解度越大,血液分压升高越快,诱导越迅速,清醒也快

21. 吸入性麻醉药的油气分配系数由高到低依次为

A. 氟烷 > 恩氟烷、异氟烷 > 地氟烷 > 七氟烷 > 氙 > 氧化亚氮

B. 氟烷 > 恩氟烷、异氟烷 > 七氟烷 > 地氟烷 > 氙 > 氧化亚氮

17.【答案】B
【考点】吸入麻醉药物的临床应用知识

18.【答案】C
【考点】吸入麻醉药物的临床应用知识

19.【答案】C
【解析】吸入麻醉药的血/气分配系数分别为:乙醚 12.0(《现代麻醉学》12),氟烷 2.3~2.5(《现代麻醉学》2.5、《麻省总医院临床麻醉手册》2.3),甲氧氟烷 13.0(《现代麻醉学》13),恩氟烷 1.8(《现代麻醉学》和《麻省手册》1.8),异氟烷 1.4(《现代麻醉学》《米勒麻醉学》和《麻省手册》1.4),七氟烷 0.60~0.69(《现代麻醉学》0.65、《米勒麻醉学》0.6、《麻省手册》0.69),地氟烷 0.42(《现代麻醉学》《米勒麻醉学》和《麻省手册》0.42),氧化亚氮 0.47(《现代麻醉学》《米勒麻醉学》和《麻省手册 0.47),氙(《现代麻醉学》0.115、《米勒麻醉学》0.14)。
【考点】吸入麻醉药物的基础知识

20.【答案】A
【解析】血/气分配系数是麻醉药分压在血气两相中达到平衡时每单位容积溶剂所能吸收的气体容积数,它符合亨利(Henry)定律:温度恒定时,气体溶解在溶剂中的分子数与液面上气体分压成正比。溶解度越大意味着单位血液内溶解的麻药越多,其血中分压升高就越慢,也就是说气体的溶解度越大,麻醉起效也就越慢,麻醉恢复期麻药排出的速度也越慢,麻醉诱导时间长、恢复越慢。
【考点】吸入麻醉药物的基础知识

21.【答案】B
【解析】吸入性麻醉药的油/气分配系数由高到低异常为:甲氧氟烷(970)> 氟烷(224)> 恩氟烷、异氟烷(98)> 乙醚(65)> 七氟烷(55)> 地氟烷(18.7)> 氙(1.85)> 氧化亚氮(1.4)。氧化亚氮血/气分配系数很低因此诱导和苏醒很快,但其油/气分配系数最低,因此其麻醉效能最弱。
【考点】吸入麻醉药物的基础知识

C. 氟烷 > 恩氟烷、异氟烷 > 地氟烷 > 氙 > 七氟烷 > 氧化亚氮

D. 氟烷 > 恩氟烷、异氟烷 > 地氟烷 > 氧化亚氮 > 氙 > 七氟烷

E. 氟烷 > 恩氟烷、异氟烷 > 氧化亚氮 > 氙 > 七氟烷 > 地氟烷

22. 关于吸入性麻醉药的油气分配系数,下列叙述正确的是
   A. 油 / 气分配系数多与麻醉药的强度成反比
   B. 血 / 气分配系数越高,油 / 气分配系数越高
   C. 血 / 气分配系数越高,油 / 气分配系数越低
   D. 麻醉强度和血 / 气分配系数有关,和油 / 气分配系数无关
   E. 血 / 气分配系数决定诱导和苏醒的快慢,油 / 气分配系数多与麻醉强度成正比

【A2 题型】

1. 患者,男,75 岁。轻度活动后气短胸闷,ECG 示窦性心律,未见明显异常;胸片心胸比例增大,心脏超声 EF 48%,拟在全身麻醉下行腹腔镜下胆囊切除术,如果选择吸入麻醉,吸入麻醉药对心肌的抑制由大到小依次为
   A. 恩氟烷 > 氟烷 > 异氟烷 > 七氟烷,地氟烷
   B. 氟烷 > 恩氟烷 > 异氟烷 > 七氟烷,地氟烷
   C. 氟烷 > 异氟烷 > 恩氟烷 > 七氟烷,地氟烷
   D. 恩氟烷 > 异氟烷 > 七氟烷,地氟烷 > 氟烷
   E. 氟烷 > 七氟烷,地氟烷 > 恩氟烷 > 异氟烷

2. 患者,女,29 岁,因 "突然剧烈腹痛 5 小时" 急诊入院。入院后 BP 85/40mmHg,HR 110 次 /min,腹腔穿刺抽出不凝血液,腹部超声提示腹腔存在大量液性暗区,结合患者停经史考虑患者为异位妊娠破裂出血、失血性休克,拟在全身麻醉下实施剖腹探查术,如果选择静吸复合麻醉,吸入选择哪种麻醉药对循环最有利
   A. N_2O　　　　B. 恩氟烷　　　　C. 异氟烷
   D. 七氟烷　　　　E. 地氟烷

3. 患者,男,28 岁,因 "突发头痛,呕吐,继而意识丧失" 急诊入院。入院后外科诊断:脑出血,脑血管畸形破裂可能? 拟在全身麻醉下行颅内血肿清除,畸形脑血管夹闭术。下列**不增加**颅内压的药物是
   A. 恩氟烷　　　　B. 异氟烷　　　　C. 七氟烷
   D. 丙泊酚　　　　E. 氯胺酮

22.【答案】E
【解析】吸入麻醉药的药代动力学受溶解度的影响很大。麻醉诱导与苏醒的速度多与含水组织的溶解度有关,如与血 / 气分配系数成正比;而油 / 气分配系数多与麻醉药的强度成正比。氧化亚氮两者分配系数均最低,所以诱导迅速而作用很弱。此外,易溶于橡胶的麻醉药,诱导时一部分可被橡胶吸收,停药后又可不断从橡胶中释出,影响麻醉的诱导和苏醒。
【考点】吸入麻醉药物的基础知识

1.【答案】B
【解析】患者为心功能降低,对麻醉要的选择应选择对心肌抑制最小的吸入麻醉药。吸入麻醉药对心肌的抑制由大到小依次为:氟烷 > 恩氟烷 > 异氟烷 > 七氟烷,地氟烷
【考点】吸入麻醉的临床应用

2.【答案】A
【解析】N_2O 对心肌无直接抑制作用,对心率、心排出量、血压、静脉压、周围血管阻力等均无影响。氧化亚氮有 α- 肾上腺素作用,可以引起血压轻度升高。
【考点】吸入麻醉的临床应用

3.【答案】D
【解析】所有的挥发性吸入麻醉药可以导致剂量依赖的脑血管扩张,在灌注压稳定时,脑血管扩张导致的脑血流明显增加会不同程度地增加颅内压。静脉麻醉药除氯胺酮外均可降低脑血流和脑氧代谢率,降低脑血容量和颅内压,而氯胺酮则增加脑血流量和脑氧代谢率,增加颅内压。
【考点】吸入麻醉药和神经系统麻醉的知识点

4.【答案】B

【解析】吸入麻醉药加强维库溴铵肌松作用的顺序是：七氟烷 > 恩氟烷 > 异氟烷 > 氟烷（《现代麻醉学》第 3 版）。地氟烷的神经肌肉阻滞作用虽然较其他氟化烷类吸入麻醉药强（《现代麻醉学》第 3 版），但由于其有刺激性气味，不适宜于麻醉诱导。因此，在重症肌无力的手术麻醉时七氟烷可以产生较好的肌松效果，在复合阿片类镇痛药、镇静药的同时，可以不使用肌松药而维持满意的肌松，从而完成手术。

【考点】吸入麻醉的临床应用

5.【答案】D

【解析】患者巨大脑膜瘤，术前已经并存颅内高压。吸入麻醉单独使用时都会增加脑血流，升高颅内压，对已经存在颅内压较高的患者不宜单独使用，宜选择静脉麻醉或静吸复合麻醉。巨大脑膜瘤手术预计术中出血较多，再加上患者基础血压较低，颅内手术刺激小，因此术中出现低血压的可能性比较大，严重低血压时临床上往往会采取减浅麻醉深度的方法，全凭静脉麻醉的缺点就是麻醉减浅时容易出现术中知晓。因此此例患者最适宜的麻醉方式是静脉诱导静吸复合维持，术中维持 0.65MAC 的吸入，低浓度的吸入联合静脉既可消除吸入麻醉药对颅内压的影响，又可防止术中知晓。

【考点】吸入麻醉的临床综合应用

6.【答案】D

【解析】吸入麻醉药均可抑制肺的缺氧性肺血管收缩而加重通气侧肺内的分流，加重低氧血症的发生。因此在单肺通气时如果出现 SpO_2 明显降低，应该减少甚至停止吸入麻醉药，以减少吸入麻醉药对肺内分流的影响。

【考点】吸入麻醉的临床综合应用

7.【答案】C

【解析】氟烷对呼吸道无刺激性，不引起咳嗽及喉痉挛，小儿可用做麻醉诱导，且其有抑制腺体分泌及扩张支气管，易于进行控制呼吸。恩氟烷对呼吸道无刺激性，不增加气道分泌，不引起咳嗽或喉痉挛等并发症。异氟烷有刺激性气味影响小儿的诱导，不宜用于吸入诱导。氧化亚氮对呼吸道无刺激性，亦不引起呼吸抑制，可以用于吸入诱导，但由于其麻醉效能低，不宜单独使用，宜和其他吸入麻醉药共同使用。七氟烷为无色透明、带香味无刺激性液体，对气道的刺激非常小，经常通过面罩吸入进行小儿的麻醉诱导，与氟烷相似。

【考点】吸入麻醉药的特点和临床应用

8.【答案】E

【解析】地氟烷是已知的在机体内生物转化最少的吸入麻醉药，在血和尿中所测到的氟离子浓度远小于其他氟化烷类麻醉药。

【考点】吸入麻醉药物的临床应用知识

---

4. 患者，男，53 岁。胸腺瘤，重症肌无力，拟在胸腔镜下行胸腺切除术，为减少术后肌松药对呼吸的抑制，拟行吸入麻醉诱导和维持，下列哪种吸入麻醉药最为适合

  A. 异氟烷   B. 七氟烷

  C. 恩氟烷   D. 地氟烷

  E. N_2O

5. 患者，女，49 岁。因"头痛、呕吐"行颅脑 MRI 检查发现巨大脑膜瘤（10cm×8cm），拟在全身麻醉下行脑膜瘤切除术，术前 BP 90/50mmHg，HR 73 次 /min，颅内压较高，其他辅助检查和实验室检查基本正常，选择哪种麻醉较为合适

  A. 单纯吸入诱导和维持

  B. 全凭静脉麻醉

  C. 静脉诱导，吸入维持

  D. 静脉诱导，静吸复合维持

  E. 对所有的麻醉药没有禁忌，可随意选用

6. 患者，男，21 岁。因"右侧多发性肺大疱反复破裂、自发性气胸"拟在全身麻醉下行开胸探查术，如果术中选择静吸复合全身麻醉，单肺通气时 SpO_2 逐渐下降低至 90% 并且还有下降趋势，下列哪项处理**不正确**

  A. 提高吸入氧浓度甚至纯氧通气

  B. 对萎陷肺采用间断膨胀

  C. 减少或停止吸入麻醉，改为全凭静脉麻醉

  D. 减少或停止静脉麻醉，提高吸入麻醉浓度

  E. 必要时采取纯氧短暂双肺通气

7. 患儿，男，4 岁，身高 90cm，体重 28kg，因"先天性髋关节脱位"拟在全身麻醉下行髋关节切开复位术。患儿术前病房带液体进入手术室，但由于患儿哭闹液体通路脱落，重度肥胖（BMI：34.5），外周液体通路建立困难，拟行吸入麻醉诱导，下列哪个药物**不宜**用于吸入诱导

  A. 氟烷   B. 恩氟烷

  C. 异氟烷   D. 七氟烷

  E. 氧化亚氮

8. 患者，男，38 岁。尿毒症，拟在全身麻醉下进行同种异体移植术，如果使用吸入麻醉，下列哪种吸入麻醉药有可能成为肾衰竭患者的首选

  A. 氟烷   B. 恩氟烷

  C. 异氟烷   D. 七氟烷

  E. 地氟烷

9. 患者,女,68 岁,因"结肠占位、完全性肠梗阻"拟择期在全身麻醉下进行剖腹探查术。下列哪种药物**不能**使用
   A. 异氟烷　　　　　B. 恩氟烷　　　　　C. 地氟烷
   D. N₂O　　　　　　E. 七氟烷

10. 患者,女,49 岁,因"反复呕吐 10 天,腹痛、腹胀"入院。既往 5 年前因胃癌行胃癌根治术。外科诊断为肠梗阻,拟在全身麻醉下实施剖腹探查术,下列麻醉处理哪项是正确的
    A. 麻醉诱导和维持可以并用 N₂O
    B. 麻醉诱导剂量没有特殊,常规剂量即可
    C. 麻醉诱导首选吸入诱导
    D. 术前放置胃管引流减压,不会明显增加反流误吸的风险
    E. 麻醉诱导首选静脉诱导

11. 患儿,女,6 岁,拟在气管插管全身麻醉下行腺样体切除术。患儿入室后外周液体建立困难,拟行吸入诱导下气管插管,如果计划缩短诱导时间,下列哪项**不合适**
    A. 使用血 / 气分配系数小、组织溶解度低的药物
    B. 提高吸入浓度
    C. 提高新鲜气体流量
    D. 增加每分通气量
    E. 增加心排出量

12. 患者,女,63 岁,因"右肺上叶占位"拟在胸腔镜下进行右肺上叶切除术。术中需要进行单肺通气,下列吸入麻醉药哪种最合适
    A. 氟烷　　　　　　B. 七氟烷　　　　　C. 异氟烷
    D. N₂O　　　　　　E. 地氟烷

13. 患者,男,56 岁。风湿性心脏病,二尖瓣狭窄,拟在全身麻醉体外循环下进行二尖瓣机械瓣置换术,下列哪种吸入麻醉药最适合用于心脏手术的麻醉
    A. 恩氟烷　　　　　B. 异氟烷　　　　　C. 七氟烷
    D. 地氟烷　　　　　E. 氟烷

14. 患儿,男,2 岁。先天性心脏病,房间隔缺损,拟在全身麻醉下进行室间隔缺损修补术,麻醉诱导采用吸入诱导,下列有关叙述哪项是**错误**的
    A. 吸入诱导适合所有的患者
    B. 存在右向左分流的先天性心脏病患者吸入诱导时间会相应延长
    C. 存在左向右分流的先天性心脏病患者吸入诱导时间会相

9.【答案】D
【解析】由于氧化亚氮弥散率大于氮,氧化亚氮麻醉可以使体内含气腔隙容积增大,故肠梗阻、气腹、气脑造影等体内有闭合空腔存在时,氧化亚氮麻醉应列为禁忌。
【考点】吸入麻醉药物的基本知识

10.【答案】E
【解析】颅内高压、饱胃患者禁用吸入诱导。肠梗阻、空气栓塞、气胸等患者及能增加空气栓塞可能的手术,如体外循环或部分体外循环的患者都禁用 N₂O。肠梗阻患者避免使用吸入诱导,因为吸入诱导时可能会引起患者呛咳,会增加反流误吸的风险,即使低位肠梗阻、麻醉前已经放置胃管引流的情况也不宜首选吸入诱导。患者术前可能存在血容量不足,常规麻醉诱导时易发生低血压。
【考点】吸入麻醉的临床综合应用

11.【答案】E
【解析】缩短诱导时间的因素:使用血 / 气分配系数小、组织溶解度低的药物;提高吸入浓度;提高新鲜气体流量;增加每分通气量;复合吸入 N₂O;联合使用静脉麻醉药、镇痛药;心排出量降低。
【考点】吸入麻醉的临床应用

12.【答案】B
【解析】N₂O 可增大体内已有的闭合空腔,腔镜手术时易引起胸腹腔容积增加,压力增加,不宜选用。除外 N₂O,其他吸入麻醉药中七氟烷抑制肺血管对低氧的收缩作用最弱,有动物实验显示不抑制肺血管对低氧的收缩作用。
【考点】吸入麻醉的临床综合应用

13.【答案】C
【解析】吸入麻醉药对心肌的抑制由大到小依次为:氟烷 > 恩氟烷 > 异氟烷 > 七氟烷,地氟烷。从对心血管的抑制方法七氟烷和地氟烷都比较适合,但地氟烷在深麻醉时(1.24MAC 和 1.66MAC)出现与剂量相关的心率增加,因此对冠心病患者七氟烷更为合适。
【考点】吸入麻醉的临床应用

14.【答案】A
【解析】颅内高压、饱胃患者不适合吸入诱导,有可能引起反流和误吸。左向右分流的先天性心脏病患者肺血流增加,相当于右心的输出量增加,诱导加快,右向左分流时肺血流减少,诱导时间延长。由于吸入诱导时吸入浓度远高于维持浓度,因此对循环的抑制会更加明显,对心功能较差和容量严重不足时易导致低血压。
【考点】吸入麻醉的临床应用

15.【答案】E

【解析】所有的挥发性吸入麻醉药可以导致剂量依赖的脑血管扩张,其扩张血管的程度为:氟烷>恩氟烷>异氟烷>地氟醚>七氟烷>氧化亚氮。氟烷最强,异氟烷、地氟醚和七氟烷影响不明显,氧化亚氮单独使用时对脑血流(CBF)影响明显,与麻醉性镇痛药、丙泊酚合用时影响很小,与其他挥发性麻醉药合用时影响中等。

【考点】吸入麻醉药和神经系统麻醉的知识点

16.【答案】B

【解析】吸入3%~3.5%的恩氟烷,可产生暴发性中枢神经的抑制,有单发或重复发生的惊厥性棘波。临床上可伴有面及四肢肌肉强直性阵挛性抽搐。惊厥性棘波是恩氟烷深麻醉的脑电波特征,$PaCO_2$ 低于正常时棘波更多。当 $PaCO_2$ 升高时,棘波的阈值也随之升高。所以减浅麻醉与提高 $PaCO_2$ 值,可使这种运动神经受刺激的症状立即消失。对儿童若吸入3%恩氟烷并有中等度 $PaCO_2$ 下降,即见到癫痫样脑电活动。

【考点】吸入麻醉的临床应用

17.【答案】A

【解析】吸入全身麻醉药对循环都有剂量依赖的循环抑制作用,因此吸入全麻药不宜高浓度单独应用于心功能较差的心脏手术的麻醉,但较低浓度和静脉复合时均可安全使用。N_2O 可用于心脏麻醉的诱导和维持,但从转流开始即应停止吸入,以防发生张力性气胸或气栓等并发症。

【考点】吸入麻醉的临床应用

18.【答案】C

【解析】N_2O 对心肌无直接抑制作用,而且有 α- 肾上腺素能作用,因此对循环影响最小。其他吸入麻醉药均对血压产生剂量依赖性降低。吸入麻醉药对心肌的抑制由大到小依次为:氟烷>恩氟烷>异氟烷>七氟烷,地氟醚;扩张血管的程度为:氟烷>恩氟烷>异氟烷>地氟醚>七氟烷>氧化亚氮。因此,上述吸入麻醉药中恩氟烷在相同的 MAC 时对循环的影响抑制最为明显。

【考点】吸入麻醉的临床应用

19.【答案】A

【解析】吸入麻醉药对降低肝脏灌注压的程度由大到小依次为:氟烷>恩氟烷>异氟烷,地氟醚,七氟烷

【考点】吸入麻醉药基础知识

应缩短

D. 心功能较差、严重低血容量的患者诱导期间应严密监测生命体征

E. 患者意识消逝后尽快建立静脉通路

15. 患者,男,25 岁,因"车祸致颅脑外伤、颅内血肿"拟在全身麻醉下开颅行颅内血肿清除术。患者自发病以来频繁出现喷射性呕吐,麻醉拟行静吸复合麻醉,哪种吸入性麻醉药较为适合

A. 氟烷   B. 恩氟烷   C. 异氟烷

D. 地氟醚   E. 七氟烷

16. 患者,女,65 岁,因"肝脏占位"拟在全身麻醉下行左半肝切除术。既往癫痫病史 10 年,平时规律使用卡马西平治疗,近 2 年没有发作。考虑到患者的癫痫并发症,下列哪种吸入麻醉药**不适合**使用

A. N_2O B. 恩氟烷   C. 异氟烷

D. 地氟烷   E. 七氟烷

17. 患者,男,75 岁。冠心病三支病变,拟在全身麻醉体外循环下进行冠脉搭桥术。术前 BP 150/90mmHg,HR 85 次 /min,ECG 提示下壁、广泛前壁心肌缺血,心脏超声提示:EF 55%,左室前壁运动不协调。如果使用静吸复合麻醉全身麻醉,体外循环开始后,下列哪种药物**不适合**使用

A. N_2O B. 地氟烷   C. 安氟醚

D. 异氟醚   E. 七氟醚

18. 患者,男,50 岁。外伤后脾破裂,拟在全身麻醉下实施剖腹探查术。术前 BP 80/40mmHg,HR 130 次 /min,意识淡漠,四肢湿冷。麻醉诱导前快速扩容,麻醉诱导给予氯胺酮 + 舒芬太尼 + 维库溴铵,气管插管后 BP 75/41mmHg,HR 140 次 /min,给予快速扩容,血压相对于术前较为稳定,麻醉维持给予丙泊酚 + 瑞芬太尼,为了避免低血压时全凭静脉麻醉可能造成的术中知晓,麻醉维持计划复合较低浓度的吸入,下列吸入麻醉药中哪种药物尽可能**避免**使用

A. N_2O B. 地氟烷   C. 安氟醚

D. 异氟醚   E. 七氟醚

19. 患者,女,70 岁。肝左叶占位,拟在全身麻醉下实施左肝叶部分切除术。患者既往慢性肝炎 20 余年,发现肝硬化 6 年。麻醉拟进行静吸复合麻醉,下列关于吸入麻醉药对肝脏灌注压的影响,描述正确的是

A. 氟烷 > 恩氟烷 > 异氟烷, 地氟烷, 七氟烷

B. 氟烷 > 异氟烷, 地氟烷, 七氟烷 > 恩氟烷

C. 恩氟烷 > 异氟烷, 地氟烷, 七氟烷 > 氟烷

D. 恩氟烷 > 异氟烷, 地氟烷, 七氟烷

E. 异氟烷, 地氟烷, 七氟烷 > 氟烷 > 恩氟烷

20. 患者, 女, 65 岁, 因"宫颈癌"拟在全身麻醉下行宫颈癌根治术。术前实验室检查血肌酐 150μmol/L, 尿素氮 12mmol/L, 原因不明, 术中使用吸入麻醉药对肾脏的影响, 下列哪项是**错误**的

A. 吸入麻醉药对肾功能的影响和其对循环的抑制有关

B. 吸入麻醉对肾小管的毒性和血清无机氟的浓度有关

C. 吸入麻醉对肾小管的毒性和血清无机氟接触的时间有关

D. 肾脏是清除血内氟化物的唯一器官

E. 肾功能的阈值 (50~80μmol/L)

21. 患者, 男, 78 岁, 因"股骨颈骨折拟在腰丛 + 坐骨神经阻滞"在全身麻醉下行人工股骨头置换术。神经阻滞完成后进行全身麻醉, 下列术中预防术中知晓的措施, 哪项是**错误**的

A. 全凭静脉麻醉可以完全避免术中知晓的发生

B. 术前和术中麻醉减浅时给予苯二氮䓬类可以预防术中知晓

C. 术中维持吸入麻醉药 >0.7MAC

D. 使用麻醉深度监测维持 BIS<60

E. 使用肌松药增加术中知晓的发生率

22. 患者, 女, 65 岁, 体重 70kg, 因"直肠癌"在静吸复合麻醉下行直肠癌根治术。术中麻醉维持采用 1% 丙泊酚 (20ml/h) + 瑞芬太尼 [0.2μg/(kg·min)] 持续输注, 维库溴铵间断静脉注射, 同时吸入七氟烷 1.0%, 氧流量 0.5L/min。手术结束前 20 分钟停止丙泊酚和瑞芬太尼输注, 同时单次给予舒芬太尼 10μg。缝皮时停止七氟烷吸入, 氧流量维持 0.5L/min。手术结束 20 分钟呼吸恢复, 给予新斯的明 1mg 后潮气量恢复满意, 但患者意识始终恢复较差, 呼唤没有反应, 患者血压和血氧饱和度正常。下列哪项处理是正确的

A. 给予佳苏仑进行催醒

B. 给予纳洛酮或纳美芬拮抗瑞芬太尼

C. 增加氧流量至 8L/min

D. 给予强刺激进行唤醒

E. 提高氧流量至 2L/min

23. 患者, 男, 56 岁, 因"胰头癌"在静吸复合麻醉下行胰头癌根治术。术前 BP130/75mmHg, HR70 次 /min, 术中麻醉维持

20. 【答案】D

【解析】吸入麻醉药对循环的抑制程度和剂量相关。随着血压的下降, 肾小球滤过率下降和肾血流减少, 但一般在停药后能较快恢复。但如发生休克或缺氧, 会加重抑制而导致恢复延迟。肾毒性发生与无机氟峰值和持续高浓度时间两者相关。若血浆内无机氟的高浓度持续时间很短, 瞬间一过性明显超阈值, 尚不致产生不可逆的肾功能损害。氟离子对肾小管的毒性除与氟离子浓度有关外, 还与肾小管上皮细胞接触高浓度无机氟离子的时间长短有关。肾脏不是清除血内氟化物的唯一器官, 骨组织可能是清除氟化物的有效器官。血清无机氟产生肾功能损害的阈值为 50~80μmol/L。

【考点】吸入麻醉药物的临床应用知识

21. 【答案】A

【解析】全凭静脉麻醉由于难于监测静脉麻醉药浓度, 在没有麻醉深度监测、术中出现严重低血压减浅麻醉时容易发生术中知晓, 术前和术中使用苯二氮䓬类药物可以产生顺行性遗忘作用, 即使术中麻醉减浅术中发生体动, 术后可能没有回忆和记忆。另外术中复合 0.65~0.7MAC 基本可以避免术中知晓的发生。可以完全避免术中知晓的发生。

【考点】吸入麻醉药的临床综合应用

22. 【答案】C

【解析】根据术中丙泊酚和瑞芬太尼的用量和停药时间, 患者意识恢复延迟和丙泊酚、瑞芬太尼关系较小, 因此使用佳苏仑、纳洛酮催醒效果较差。吸入麻醉恢复期需要增加氧流量将吸入麻醉药洗出, 该患者直到手术结束才停止七氟烷, 而且氧流量仍然维持在低流量, 因此患者意识基本考虑由于七氟烷没有洗出引起的苏醒延迟, 加大新鲜气流量加速七氟烷排出患者意识很快就会清醒。在吸入麻醉药没有完全排出前, 禁忌对患者采取其他额外刺激, 以防苏醒期躁动。

【考点】吸入麻醉药的临床综合应用

23. 【答案】D

【解析】吸入诱导时因新鲜气流量较大, 减压阀开放或低压仓含有麻醉药的多余气体会直接释放到手术室内, 明显增加吸入麻醉气体的污染。

【考点】吸入麻醉药的基础知识

丙泊酚 + 瑞芬太尼 +1.5% 异氟烷,术中血压较高,维持在 160/90mmHg,HR 95 次 /min 左右,随将异氟烷增加至 2.0%,氧流量 4L/min。手术进行至 4 小时,手术室多人闻到一阵刺激性气味,立即检查麻醉机废气排放系统,发现废气排放负压消失,废气排放故障,考虑手术受到异氟烷的明显污染。减少手术室麻醉气体泄漏的操作方法以下哪种是**错误**的

A. 选用密闭度适宜的麻醉面罩

B. 气管内吸引时先关闭麻醉气源,排尽气囊内残余气体后方可吸引

C. 气管插管机械通气后再启用麻醉气体

D. 吸入诱导不增加麻醉气体的污染

E. 麻醉期间不应向挥发器内添加麻醉药物,并尽量防止麻醉药物外漏

24.【答案】E

【解析】氟烷对呼吸道无刺激性,有扩张支气管的作用,但患者既往肝病不宜使用。恩氟烷麻醉可引起支气管收缩反应,异氟烷麻醉增加肺阻力,并使顺应性和功能残气量稍减。七氟烷可松弛支气管平滑肌,抑制乙酰胆碱、组胺引起的支气管收缩作用,具有良好的气管和支气管扩张作用。

【考点】吸入麻醉的临床综合应用

24. 患者,女,55 岁,因"胆囊结石"拟在全身麻醉气管插管下行保胆取石术。既往患者慢性支气管炎病史 10 年,慢性肝炎 5 年。麻醉诱导丙泊酚 150mg、舒芬太尼 20μg、苯磺顺阿曲库铵 15mg,面罩通气良好,肌松药后 3 分钟进行气管插管,喉镜下声门暴露清楚,气管插管后接麻醉机手控通气气道阻力异常高,确认插管无误,考虑患者为严重的支气管痉挛,给予哪种吸入麻醉药可以起到缓解支气管痉挛的作用

A. 氟烷　　　　B. 恩氟烷　　　　C. 异氟烷

D. N_2O　　　　E. 七氟烷

25.【答案】C

【解析】单肺通气最容易出现低氧血症,其原因有很多影响因素,对本患者最主要原因为单肺通气时,患侧肺内的血液通过没有通气的患侧肺造成的肺内分流,同时低血压也降低了健侧肺氧合。吸入麻醉药可以抑制肺血管的低氧性肺血管收缩作用,在已经存在分流的情况下加重低氧血症的发生,因此单肺通气时要避免使用或减低吸入麻醉药的肺泡浓度。术中低血压减浅麻醉,在没有麻醉深度检查、没有吸入麻醉的情况下应注意预防术中知晓的发生。

【考点】吸入麻醉的临床综合应用

25. 患者,男,61 岁,因"左肺上叶周围性肺癌"在单肺通气下行左肺上叶切除术。麻醉采用静吸复合麻醉:丙泊酚持续泵注、舒芬太尼和维库溴铵间断静脉注射,异氟烷 1.2%,FiO_2 60%,新鲜气体流量 2L/min,单肺通气 15 分钟后出现 SpO_2 持续下降,此时 BP 85/50mmHg,HR 50 次 /min,下列哪项处理**不正确**

A. 调大氧流量,提高吸入氧浓度

B. 使用去氧肾上腺素适当提高血压

C. 停止丙泊酚输注,提高异氟烷吸入浓度

D. 停止异氟烷吸入,提高吸入氧浓度

E. 使用苯二氮䓬类药物预防术中知晓

26.【答案】A

【解析】加深吸入麻醉时,在提高吸入麻醉药浓度的同时,一定避免使用全紧闭循环麻醉,提高吸入麻醉药浓度和提高新鲜气体流量,条件具备时同时吸入 N_2O,必要时要结合血管活性药,以防麻醉过深对循环的过度抑制。

【考点】吸入麻醉的临床综合应用

26. 患者,女,59 岁,身高 155cm,体重 90kg,因"多发子宫肌瘤"拟在气管插管全身麻醉下行子宫全切术。患者既往高血压 15 年,使用硝苯地平控制血压,用药不规律,血压波动较大。丙泊酚、舒芬太尼和维库溴铵诱导后采用七氟烷静吸复合麻醉维持,手术开始前丙泊酚 20ml/h,单次给予舒芬太尼 20μg、维库溴铵 4mg,麻醉维持吸入七氟烷 1.5%,氧流

量 0.5L/min,BP 110/65mmHg,HR 67 次 /min,手术切皮后 BP 180/95mmHg,HR 110 次 /min,开大七氟烷至 3%,氧流量不变,血压、心率没有改变,下列哪项处理**不合适**

A. 七氟烷提高到 5%,其他不变

B. 七氟烷提高到 5%,氧流量调至 5L/min

C. 单次给予丙泊酚

D. 单次给予舒芬太尼

E. 必要时给予血管活性药降低血压

27. 患者,男,75 岁,因"腰椎椎管狭窄"在静吸复合麻醉下行椎管减压椎弓根内固定术。麻醉历时 6.5 小时,手术结束前关闭异氟烷,调节氧流量至 6L/min 进行异氟醚洗出,10 分钟后患者出现明显的躁动,下列哪种判断和处理**不合适**

A. 患者的躁动和吸入异氟醚相关

B. 给予佳苏仑和纳洛酮促进患者苏醒

C. 给予丙泊酚 50mg

D. 单次给予舒芬太尼

E. 必要时联合使用丙泊酚和舒芬太尼

28. 患者,男,21 岁,因"先天性脊柱侧弯"拟在全身麻醉下进行腰椎截骨脊柱矫形内固定术。既往体健,家族史中其父也是先天性脊柱侧弯,未经手术治疗;其母患有先天性左眼外斜视,未经治疗。患者麻醉选择以下哪些是**错误的**

A. 避免使用吸入麻醉药

B. 术中注意出血和容量补充,其他没有特殊

C. 避免使用肌松药琥珀胆碱

D. 术中注意检查呼气末二氧化碳,注意突然或短时间内快速升高

E. 如突然出现体温进行性升高和呼气末二氧化碳快速升高应高度警惕恶性高热的发生

【A3/A4 题型】

(1~3 题共用题干)

患者,男,41 岁,身高 165cm,体重 205kg,主因"阻塞性睡眠呼吸暂停低通气综合征(OSAHS)"拟在全是麻醉下进行腭垂、腭、咽成形术。

1. 肥胖患者吸入麻醉药首选

A. 异氟烷   B. 恩氟烷   C. N_2O

D. 氟烷   E. 甲氧氟烷

2. 下列哪种吸入麻醉药长时间用于肥胖患者时可能会引起肾损害

27.【答案】B

【解析】吸入麻醉时,患者较静脉麻醉容易出现躁动,主要和吸入麻醉洗出不充分、疼痛刺激诱发,一般具有自限性,10~20 分钟后会逐渐缓解。躁动时切忌给予拮抗药进行催醒,这样躁动会更加严重,相反给予适量的镇痛药和丙泊酚等镇静药让患者安静下来,等吸入麻醉药成分排出后躁动自然消除。躁动虽然有自限性,但严重躁动会影响循环稳定和发生其他一些意外,应尽量避免。

【考点】吸入麻醉的临床综合应用

28.【答案】B

【解析】吸入麻醉药严重的并发症为恶性高热,术前并存先天性疾病如脊柱侧弯、上睑下垂、斜视等为高危患者,诱发因素为使用吸入麻醉药和琥珀胆碱,尤其是禁用氟烷。对此类患者首先思想上高度警惕,同时加强监测如体温、肌松情况和呼气末二氧化碳等恶性高热的一些早期指标。

【考点】吸入麻醉的临床综合应用

1.【答案】A

【解析】肥胖患者吸入甲氧氟烷后,其生物转化显著增加;吸入氟烷后血浆氟离子浓度可高达 10.4μmol/L,虽不致产生肾中毒,也不是"氟烷性肝炎"的主要因素,但仍有 38% 的肥胖患者在氟烷麻醉后出现不明原因的黄疸。吸入恩氟烷少于 2MAC/h,肥胖人血清无机氟化物升高速度更快、峰浓度更高、维持时间更长,虽然短时间麻醉后临床上未发现肾损害,但长时间吸入恩氟烷有可能造成肾损害(30μmol/L)或严重的肾毒性反应(90μmol/L);肥胖患者吸入七氟烷 1.4MAC/h 后的氟离子浓度较正常人升高更快;肥胖患者吸入异氟烷 2.5MAC/h 后血浆无机氟离子浓度仅 6.5μmol/L,故异氟烷可列为肥胖患者吸入麻醉药的首选。

【考点】吸入麻醉的临床综合应用

2.【答案】A

【解析】肥胖患者吸入恩氟烷 4MAC/h 后,血浆氟离子浓度峰值可达 52μmol/L,平均 22μmol/L。与正常人比较,即使吸入恩氟烷少于 2MAC/h,肥胖人血清无机氟化物升高速度也会更快、峰浓度更高、维持时间更长,虽然短时间麻醉后临床上未发现肾损害,但长时间吸入恩氟烷有可能造成肾损害(30μmol/L)或严重的肾毒性反应(90μmol/L)。

【考点】吸入麻醉的临床综合应用

A. 恩氟烷　　　　　　B. N_2O　　　　　　C. 异氟烷

D. 七氟烷　　　　　　E. 地氟烷

3.【答案】C

【解析】卤素类吸入麻醉药在肥胖人体内的代谢高于正常人,其生物转化率增高的确切机制不明,可能和肝内脂肪组织浸润,增加了脂溶性麻醉药的摄取和微粒体酶的代谢有关,也可能和肥胖人体内较高的细胞色素P450酶的作用有关。肥胖患者使用吸入麻醉药后体内血清氟离子浓度较体重正常者会不同程度地升高,但较少有临床证据会引起明显的肝肾功能损害。七氟醚和地氟醚的血气分配系数分别为 0.65 和 0.45,和 N_2O(0.47) 相似,较氮(0.115)稍高,但远低于其他吸入麻醉药,这可加速麻醉药的摄取和分布,以及在停药后更快地恢复。肥胖患者胸顺应性降低、膈肌升高导致功能余气量(FRC)、肺活量(VC)及肺总量(TLC)减少。远端肺泡的通气减少又会导致通气血流比例失调,因此肥胖患者较体重正常人容易出现低氧血症,因此在复合 N_2O 吸入麻醉时,须吸入 50% 以上的氧才能维持足够的PaO_2。

【考点】吸入麻醉的临床综合应用

4.【答案】C

【解析】吸入麻醉药产生气道刺激的大小依次为:地氟烷>异氟烷>恩氟烷>氟烷>七氟烷。因此七氟烷最为适合应用于小儿吸入麻醉诱导。

【考点】吸入麻醉的临床综合应用

5.【答案】B

【解析】存在左向右分流的心脏病患者,肺血流较正常增加,血液带走的麻醉药增加,诱导时间会相应的缩短,使用正常吸入浓度时可能会出现麻醉过深,应适当减少吸入浓度。

【考点】特殊患者吸入麻醉的要点

6.【答案】B

【解析】联合静脉麻醉药和阿片类镇痛药时,呼气末吸入麻醉药浓度维持在 0.6MAC 即可,七氟烷的 MAC 为1.71,因此七氟烷呼气末浓度维持在1% 即可保持患者术中没有术中知晓。

【考点】特殊患者吸入麻醉的要点

3. 肥胖患者在使用吸入麻醉时,下列哪项叙述是**错误**的

　　A. 卤素类吸入麻醉药在肥胖人体内的代谢高于正常人

　　B. 七氟烷和地氟烷的血气分配系数低,利于吸入麻醉药的起效和恢复

　　C. 复合 N_2O 吸入麻醉时,N_2O 的使用原则和体重正常的人没有区别

　　D. 使用吸入麻醉药时虽然血浆氟离子增高较正常人明显,但不致会引起肝肾损害

　　E. 肥胖患者对挥发性吸入麻醉药生物转化率增高的确切机制不明确

(4~6题共用题干)

患儿,男,5 岁,因"先天性心脏病、室间隔缺损"拟在全麻体外循环下行室间隔缺损修补术。心脏超声提示室间隔缺损为膜部,缺损大小 1.2cm × 2.2cm,心室水平分流主要为左向右分流,EF 为56%,其他各项检查均未发现异常。患儿外周静脉穿刺困难。

4. 如果选用吸入麻醉诱导,下列哪种吸入麻醉药最为适合

　　A. 恩氟烷　　　　　　B. 异氟烷　　　　　　C. 七氟烷

　　D. 地氟烷　　　　　　E. 乙醚

5. 对心室水平存在左向右分流的患儿使用七氟烷吸入诱导时,下列关于七氟烷的使用,哪项是正确的

　　A. 七氟烷吸入浓度和心脏正常的患儿没有区别

　　B. 应该适当减小七氟烷的吸入浓度

　　C. 应该适当增大七氟烷的吸入浓度

　　D. 正常浓度吸入时诱导时间会延长

　　E. 正常浓度吸入诱导时时间没有变化

6. 术中麻醉维持采用七氟烷吸入、静脉丙泊酚泵注、舒芬太尼和维库溴铵间断静脉注射,呼气末七氟烷浓度维持在多少可以预防患儿术中知晓

　　A. 0.7%　　　　　　B. 1.0%　　　　　　C. 1.4%

　　D. 1.7%　　　　　　E. 2.2%

(7~9题共用题干)

患者,女,47 岁,身高155cm,体重62kg,因"右侧肺大疱自发破裂引起自发性气胸"1 周入院。术前胸片显示右肺压缩60%,自感稍憋气,活动后明显加重,拟在气管插管全身麻醉下行肺大疱切

除术。患者入室后开放外周静脉困难，多次穿刺失败，并且高度紧张，不能合作，拟在吸入麻醉诱导下进行气管插管。

7. 下列哪种诱导方法最为合适
   A. 单纯吸入七氟烷诱导　　B. 单纯吸入异氟烷诱导
   C. 单纯吸入地氟烷诱导　　D. 单纯吸入 N_2O 诱导
   E. 吸入七氟烷 + N_2O 诱导

8. 下列哪种情况可以缩短诱导时间
   A. 浓度递增诱导法
   B. 潮气量法(8% 七氟烷)
   C. 潮气量法(8% 七氟烷)+ 回路预冲
   D. 肺活量法(8% 七氟烷)
   E. 肺活量法(8% 七氟烷)+ 回路预冲

9. 最常用的吸入诱导方法是
   A. 浓度递增诱导法　　　　B. 潮气量法
   C. 肺活量法　　　　　　　D. 回路预冲 + 潮气量法
   E. 回路预冲 + 肺活量法

(10~15 题共用题干)

患者，男，35 岁。阑尾周围脓肿，弥漫性腹膜炎，术前体温 39.5℃，BP 95/60mmHg，HR 95 次 /min，术前动脉血气 PaO_2 95mmHg，$PaCO_2$ 41mmHg。拟在全身麻醉下行剖腹探查术，麻醉维持 2.0% 异氟烷吸入 + 舒芬太尼 + 维库溴铵，气管插管后机械通气，采用异氟烷紧闭循环吸入麻醉。吸入氧浓度 90%，氧流量 0.4L/min。手术开始 90 分钟后复查动脉血气 PaO_2 150mmHg，SpO_2 100%，呼气末麻醉气体监测显示异氟烷 1.4%，恩氟烷 0.3%。

10. 患者在吸入氧浓度 90% 时 PaO_2 150mmHg，麻醉气体监测显示没有吸入的恩氟烷，原因最可能是
    A. 严重低血压
    B. 可能出现肺不张
    C. 可能严重感染引起的肺损伤
    D. 可能回路中出现一氧化碳聚集
    E. 吸入氧流量不足

11. 呼吸回路内钡石灰或钠石灰通过降解吸入麻醉药可以产生 CO，在相同的 MAC 浓度下 CO 产生的量从大到小依次为
    A. 地氟烷 > 恩氟烷 > 异氟烷 > 氟烷 > 七氟烷
    B. 恩氟烷 > 异氟烷 > 地氟烷 > 七氟烷 > 氟烷
    C. 七氟烷 > 氟烷 > 恩氟烷 > 异氟烷 > 地氟烷

7.【答案】A
【解析】由于异氟烷、地氟烷都有刺激性气味，在没有镇静的情况下不宜用于吸入诱导。七氟烷没有刺激性气味，血 / 气分配系数较低，诱导速度快。吸入七氟烷 + N_2O 诱导快，麻醉平稳的效果。但患者术前存在自发性气胸，而且没有放置闭式引流，使用 N_2O 会诱发张力性气胸，故不宜合用 N_2O。
【考点】特殊患者吸入麻醉的要点

8.【答案】C
【解析】浓度递增法诱导时间长，容易出现呛咳和喉痉挛。潮气量法 + 回路预冲诱导速度快、平稳，较少发生呛咳和喉痉挛，适用于合作或不合作患者。肺活量法 + 回路预冲法诱导速度最快，也很平稳，缺点是需要患者配合。
【考点】特殊患者吸入麻醉的要点

9.【答案】D
【解析】浓度递增诱导法适用于强效的吸入麻醉药，诱导时间长，在麻醉深度不足时刺激患者会导致呛咳、挣扎、喉痉挛和气道梗阻等不良反应，较适合于氟烷，不适合七氟烷。回路预冲 + 潮气量法诱导速度快，平稳，较少发生呛咳、屏气和喉痉挛等不良反应，是诱导吸入最常用的方法，缺点是需要患者的配合，并且不适合效能强的麻醉药如氟烷，因其可能会引起循环的严重抑制。
【考点】吸入麻醉的临床应用

10.【答案】D
【解析】患者术前动脉血气正常，说明肺脏没有明显异常。在肺功能正常时，PaO_2/FiO_2>300mmHg，也就是说在 FiO_2 为 0.9 时，PaO_2 应该在 270mmHg 以上。而该患者 PaO_2 只有 150mmHg，说明呼吸回路中可能存在其他气体：麻醉气体、氮气和其他少见气体如 CO；PaO_2 较正常偏低还可能和低血压、痰栓引起的肺不张、氧流量计故障引起的实际氧浓度不足有关。麻醉气体监测上除了麻醉中吸入的异氟烷，还出现了没有吸入的恩氟烷，由此，最大的可能是呼吸回路出现了一氧化碳(CO)的集聚，恩氟烷可能是异氟烷通过碱石灰降解的产物。
【考点】吸入麻醉的临床应用

11.【答案】A
【解析】在相同的 MAC 浓度下 CO 产生的量从大到小依次为：地氟烷 > 恩氟烷 > 异氟烷 > 氟烷 > 七氟烷。
【考点】吸入麻醉的基础知识

D. 七氟烷 > 氟烷 > 地氟烷 > 恩氟烷 > 异氟烷

E. 地氟烷 > 七氟烷 > 氟烷 > 恩氟烷 > 异氟烷

12. CO_2 吸收剂和吸入麻醉药接触容易产生 CO 的顺序为

A. 钠石灰 > 钡石灰 > 钙石灰

B. 钡石灰 > 钠石灰 > 钙石灰

C. 钡石灰 > 钙石灰 > 钠石灰

D. 钠石灰 > 钙石灰 > 钡石灰

E. 钙石灰 > 钡石灰 > 钠石灰

13. 容易和碱石灰发生反应的吸入麻醉药为

A. 恩氟烷 B. 七氟烷

C. 异氟烷 D. 氧化亚氮

E. 地氟烷

14. 呼吸回路内钡石灰或钠石灰通过降解吸入麻醉药可以产生 CO，下列描述哪项是**错误**的

A. 地氟烷产生的 CO 最多

B. 七氟烷产生的 CO 最少

C. 吸入麻醉一旦诱发恶性高热时 CO 产生会明显增多

D. 术中 CO 监测不容易发现

E. CO 的产生和麻醉药的吸入浓度无关

15. 避免产生更多 CO 的措施**不包括**

A. 使用钙石灰

B. 手术结束关闭麻醉机切断新鲜气流防止吸收剂干燥

C. 更换钙石灰后加入少量清水

D. 不用考虑麻醉药的吸入浓度

E. 避免 CO_2 吸收剂温度过高

（16~18 题共用题干）

患者，男，56 岁，因"尿毒症进行肾移植术后 24 小时腹腔出血"拟在全身麻醉下进行剖腹探查术。

16. 下列哪种吸入麻醉药最合适使用

A. 氟烷 B. 恩氟烷

C. 异氟烷 D. 七氟烷

E. 地氟烷

17. 吸入麻醉药在体内代谢产生的无机氟对肾脏的影响，下列哪些是正确的

A. 氟离子对肾小管的毒性与氟离子浓度有关

12.【答案】B

【解析】CO_2 吸收剂和吸入麻醉药接触容易产生 CO 的顺序为：钡石灰 > 钠石灰 > 钙石灰。

【考点】吸入麻醉的基础知识

13.【答案】B

【解析】七氟烷化学性质不够稳定，与碱石灰接触可产生五种分解产物：氟甲基二氟（三氟甲基）乙烯醚（P_1），为七氟烷的脱羟基氟化产物；氟甲基甲氧二氟（二氟甲烯）乙醚（P_2）；氟甲基甲氧二氟（三氟甲基）乙醚（P_3）；P_4 和 P_5 氟甲基甲氧二氟（三氟甲基）乙烯醚有相同的质谱峰，可能是同一结构的顺式与反式。反应产物的产生与温度有关，室温与 40℃ 时只产生 P_1，此物质为七氟烷中的不纯物，有微弱的麻醉作用，对机体无害。其余分解产物在 45℃ 以上出现，其中 P_3 对机体毒性尚不明确。

【考点】吸入麻醉的基础知识

14.【答案】E

【解析】吸入麻醉药产生 CO 的多少依次为：地氟烷 > 恩氟烷和异氟烷 > 七氟烷和氟烷。产生高一氧化碳的因素有：干燥的吸收剂、二氧化碳吸收所产生的高温、钡石灰（相对于钠石灰），吸入高浓度挥发性麻醉药等。术中一般不易发现一氧化碳中毒，双波长脉搏血氧饱和度不能区别碳氧血红蛋白和血红蛋白。地氟烷和异氟烷的降解产物三氟甲烷可与吸收剂反应生成一氧化碳和恩氟烷。在地氟烷和异氟烷麻醉期间，若气体分析屏上出现恩氟烷，就说明已经有一氧化碳的存在。

【考点】吸入麻醉的基础知识

15.【答案】D

【考点】吸入麻醉的基础知识

16.【答案】E

【解析】吸入麻醉药肾毒性的发生，与吸入麻醉药在体内的代谢产物无机氟的峰值和持续高浓度的时间密切相关。上述吸入麻醉药在体内的代谢率分别为：氟烷 10.6%~23.2%，恩氟烷 2.4%~2.9%，异氟烷 0.17%~0.20%，七氟烷 3.0%，地氟烷 0.1%。

【考点】吸入麻醉的基础知识

17.【答案】C

【解析】氟离子对肾小管的毒性除与氟离子浓度有关外，还与肾小管上皮细胞接触高浓度无机氟离子的时间长短有关。肾脏不是清除血内氟化物的唯一器官，骨组织可能是清除氟化物的有效器官。苯巴比妥不增加恩氟烷的代谢。重复麻醉也不增加尿中无机氟排出量。

【考点】吸入麻醉的基础知识

B. 氟离子对肾小管的毒性与氟离子接触高浓度的时间有关

C. 氟离子对肾小管的毒性既与氟离子浓度有关,也和接触时间相关

D. 巴比妥类药物可以使恩氟烷产生的无机氟浓度增加

E. 肾脏是清除血内氟化物的唯一器官

18. 吸入麻醉药在体内代谢产生的无机氟引起肾功能损害的血清浓度阈值是

A. 30~50μmol/L　　　　　B. 50~80μmol/L

C. 80~100μmol/L　　　　　D. 100~120μmol/L

E. 不确定

18.【答案】C
【考点】吸入麻醉的基础知识

(19~21题共用题干)

患者,男,18岁。先天性脊柱侧弯,在全身麻醉下拟行后路器械矫形融合术,麻醉采用丙泊酚、舒芬太尼和罗库溴铵诱导,七氟烷吸入、瑞芬太尼和丙泊酚持续泵注,罗库溴铵间断推注麻醉维持,手术开始后出现体温不明原因的升高,最高达到41.5℃,呼气末二氧化碳迅速升高到90mmHg,BP 160/90mmHg,HR 130次/min,初步考虑患者可能出现恶性高热。

19. 下列有关恶性高热的叙述,哪项是**错误**的

A. 吸入麻药可能会诱发恶性高热

B. 恶性高热肌强直时可以使用琥珀胆碱解除

C. 丹曲林(Dantrolene)可以解除骨骼肌挛缩

D. 特发性脊柱侧弯、斜视、上睑下垂、脐疝、腹股沟疝等患者为易患人群

E. 咖啡因氟烷离体骨骼肌收缩试验是目前筛查及诊断恶性高热的金标准

19.【答案】B
【解析】琥珀胆碱也会诱发恶性高热。易患人群恶性高热在先天性疾病如中央轴空病、特发性脊柱侧弯、斜视、上睑下垂、脐疝、腹股沟疝等患者中多见,在其他外科疾病中也有散在报道。
【考点】吸入麻醉的临床应用

20. 有关恶性高热的临床表现,下列哪项是**错误**的

A. 使用吸入麻醉药和/或琥珀胆碱

B. 骨骼肌僵直

C. 体温急剧升高,体温可快速升高到40℃以上

D. CK-MM异常升高,乳酸脱氢酶(LDH)和谷丙转氨酶也升高

E. 低氧血症,$PaCO_2$快速升高,pH下降(<7.00),并迅速转成混合型酸中毒,高钾血症

20.【答案】D
【解析】肌酸激酶(CK)异常升高(>2 000IU/L),在发病后12~24小时血内达到峰值,主要是CK-BB同工酶增高,而不是CK-MM的增加。同时,乳酸脱氢酶(LDH)和谷丙转氨酶也升高。
【考点】吸入麻醉的临床应用

21. 吸入麻醉药中最易诱发恶性高热的药物为

A. 氟烷　　　　　B. 恩氟烷

C. 异氟烷　　　　D. 七氟烷

E. 地氟烷

21.【答案】A
【解析】易于诱发恶性高热的药物,最常见的为氟烷和琥珀胆碱。此外,还有地氟烷、异氟烷、安氟烷、七氟烷、环丙烷和乙醚等。
【考点】吸入麻醉的临床应用

提问 1:【答案】CDE
【解析】腹腔镜手术不适合选择椎管内麻醉,因为呼吸难于管理。全凭静脉麻醉和吸入麻醉都可以选择,两者各有优缺点,静吸复合可以起到扬长避短的效果。
【考点】吸入麻醉的综合临床应用

提问 2:【答案】BCDE
【解析】氟烷有抑制腺体分泌及扩张支气管的作用,使支气管松弛,对哮喘患者有利,但氟烷肝脏毒性大,对肝脏本身有异常的患者禁忌使用。恩氟烷能降低肺顺应性,有少数研究表明恩氟烷麻醉引起支气管收缩反应。异氟烷麻醉增加肺阻力,并使顺应性和功能残气量稍减。七氟烷可松弛气管平滑肌,抑制乙酰胆碱、组胺引起的支气管收缩作用,七氟烷可治疗实验性喘息,故适合用于喘息患者的麻醉。氧化亚氮对呼吸道没有刺激性,不引起呼吸抑制,但麻醉效能较低,需和其他吸入药物联合应用。
【考点】吸入麻醉的综合临床应用

提问 3:【答案】D
【解析】同上。
【考点】吸入麻醉的综合临床应用

提问 4:【答案】ABCE
【解析】吸入麻醉药的吸入浓度和肺通气量是决定肺泡气(F_A)达到吸入气浓度(F_I)的速率。在提高吸入浓度、提高新鲜气体流量、增加每分通气量、复合使用 N_2O 是快速提高肺泡气麻醉药浓度的方法。同时吸入 N_2O 利用第二气体效应间接提高了七氟烷的吸入浓度。上述效果最好的为 B,其次为 A、E、C。
【考点】吸入麻醉的综合临床应用

提问 5:【答案】AE
【解析】吸入麻醉药恢复期的洗出有浓度递减洗出法和低流量洗出法。对溶解度高的吸入麻醉药如氟烷、恩氟烷和异氟烷最好使用低流量洗出法。手术结束前 30 分钟关闭挥发罐,同时减低新鲜气体流量,缝皮时将新鲜气流量增加至 4L/min 以上。浓度递减洗出法适合于所有的吸入麻醉药:手术结束前 30 分钟,静脉给予芬太尼 50~100μg(或者舒芬太尼 5~10μg),降低吸入麻醉药浓度(维持在 0.5MAC 左右)。手术结束时,停止吸入麻醉药,同时增加新鲜气流量(5~10L/min,需要避免过度通气产生的呼吸性碱中毒),能够促进吸入麻醉药的洗出。
【考点】吸入麻醉的综合临床应用

【案例分析题】

案例一 患者,女,50 岁,身高 165cm,体重 56kg,主因"胆囊结石反复出现腹痛"拟在腹腔镜下进行胆囊切除术。患者既往哮喘 10 年,每日使用药物,最近两个月没有严重发作;实验室检查肝功能轻度异常,谷丙转氨酶轻度升高,原因不明。

提问 1:对本患者可选择的麻醉方法为

    A. 连续硬膜外麻醉

    B. 蛛网膜下腔麻醉

    C. 全凭静脉麻醉(TIVA)

    D. 全程吸入麻醉

    E. 静吸复合全身麻醉

    F. 以上麻醉方法均可选用

提问 2:如果复合吸入麻醉,下列哪些吸入麻醉药可以选用

    A. 氟烷   B. 恩氟烷

    C. 异氟烷   D. 七氟烷

    E. N_2O F. 地氟烷

提问 3:本患者吸入麻醉药首选

    A. 氟烷   B. 恩氟烷

    C. 异氟烷   D. 七氟烷

    E. N_2O F. 地氟烷

提问 4:气管插管后进行机械通气示潮气量 500ml,呼吸频率 12 次/min,吸呼比 1:2,气道峰压 25cmH₂O,BP 150/85mmHg,HR 80 次/min,SpO₂ 100%。麻醉维持七氟烷挥发罐刻度 1.5%,氧流量 2L/min,切皮前呼气末七氟烷浓度为 0.7%,此时想将呼气末七氟烷浓度迅速提高到 2.0%。下列哪项措施有效

    A. 七氟烷挥发罐刻度调高至 5%,O₂ 流量开至 8L/min

    B. 七氟烷挥发罐刻度调高至 5%,O₂ 流量维持 2L/min,N_2O 开至 6L/min

    C. 七氟烷挥发罐刻度调高至 5%,新鲜气 O₂ 流量不变

    D. 七氟烷挥发罐刻度调高至 5%,调节潮气量至 1L

    E. 七氟烷挥发罐刻度调高至 5%,O₂ 流量开至 4L/min

    F. 维持现有浓度和氧流量不变即可

提问 5:手术结束前约 30 分钟七氟烷挥发罐刻度 1.7%,O₂ 流量为 1L/min,N_2O 1L/min,为使患者尽快清醒拔管,下列哪项合适

    A. 七氟烷挥发罐刻度调至 0.8%,静脉给予舒芬太尼 10μg,维持 N_2O 和 O₂ 流量不变至手术结束,停止七氟烷和 N_2O,然后将 O₂ 流量调至 8L/min 5~10 分钟

    B. 维持七氟烷挥发罐刻度 1.7%,关闭 N_2O,O₂ 流量维持 2L/min 至手术结束,然后关闭七氟烷将 O₂ 流量调至 8L/min

    C. 维持七氟烷挥发罐刻度 1.7%,维持 N_2O 1L/min,O₂ 流

量维持 1L/min 至手术结束，然后关闭七氟烷和 N_2O，将 O_2 流量调至 8L/min

  D. 关闭七氟烷挥发罐，维持 N_2O 1L/min+ O_2 流量维持 2L/min 至手术结束，然后将 O_2 流量调至 8L/min 5~10 分钟将 N_2O 洗出

  E. 关闭七氟烷挥发罐，关闭 N_2O，静脉给予适量的舒芬太尼和丙泊酚至手术结束，O_2 流量调至 0.5L/min，手术皮肤缝合时将 O_2 流量增至 6~8L/min

  F. 直接关闭七氟烷和 N_2O，将 O_2 流量增至 6~8L/min

提问 6： 麻醉维持期间吸入七氟烷挥发罐刻度 1.5%，O_2 流量 2L/min，N_2O 2L/min，每小时消耗大约多少七氟烷

  A. 10ml   B. 15ml

  C. 20ml   D. 24ml

  E. 30ml   F. 35ml

提问 7： 下列哪些吸入麻醉药在麻醉恢复期**不会**产生弥散性缺氧

  A. 恩氟烷   B. 异氟烷

  C. 七氟烷   D. 地氟烷

  E. N_2O F. 甲氧氟烷

提问 8： 有关吸入麻醉恢复期躁动的预防和处理，下列哪项叙述是正确的

  A. 采用浓度递减洗出法排出吸入麻药即可完全避免躁动

  B. 给予适量的丙泊酚镇静

  C. 给予适量的右美托咪定镇静

  D. 给予适量的镇痛药（芬太尼 / 舒芬太尼）

  E. 联合使用丙泊酚和芬太尼 / 舒芬太尼

  F. 吸入麻醉药充分的洗出可以减少躁动的发生

  G. 减少不良刺激有助于减少躁动的发生

提问 9： 患者术后出现恶心呕吐，下列有关术后恶心呕吐（PONV）的叙述哪项是正确的

  A. 女性、非吸烟者、11~14 岁的青少年和术前焦虑为高危因素

  B. 吸入麻醉药尤其是 N_2O，是引起 PONV 的主要原因

  C. 阿片类镇痛药是引起 PONV 的主要原因

  D. 丙泊酚、依托咪酯都增加 PONV 的发生率

  E. 术中使用抗胆碱药可以降低 PONV 的发生率

  F. 对高危人群预防和联合使用止吐药教使用单一止吐药效果较好

  G. 手术时间较长、胃肠道手术、神经外科手术、妇产科手术是 PONV 的高危因素

提问 6：【答案】D

  【解析】 挥发性麻醉药的蒸气接近于理想气体（22.4L/mol），1ml 吸入麻醉药（20℃）产生的气体量计算如下（ml）：

$$\dfrac{吸入麻醉药的液体密度}{分子量} \times 22.4 \times \dfrac{293}{273}，常$$

用吸入麻醉药 1ml 液体产生的气体数量分别为：乙醚 234ml、氟烷 227ml、甲氧氟烷 208ml、恩氟烷 198ml、异氟烷 195ml、七氟烷 150ml、地氟烷 207ml。

$$吸入麻醉药消耗的量（ml）=$$
$$\dfrac{新鲜气流量 \times 1\,000 \times 吸入浓度 \times 60}{该药 1ml 液体产生的气体量}$$

  如使用 1.5% 七氟烷，新鲜气流量为 4L/min 时 1 小时约消耗七氟烷为 =

$$\dfrac{4 \times 1\,000 \times 0.015 \times 60}{150} = 24ml。$$

  【考点】 吸入麻醉的综合临床应用

提问 7：【答案】ABCD

  【解析】 N_2O 的血 / 气分配系数很低，只有 0.47，在血液中的溶解度很低，因此在麻醉结束停止 N_2O 吸入时，新鲜气流量里 N_2O 浓度迅速减低，血中溶解的氧化亚氮迅速从血液中游离出来弥散至肺泡内，冲淡肺泡内的氧浓度，使肺泡内氧浓度下降而导致缺氧，这种缺氧称为弥散性缺氧。研究表明在 N_2O 麻醉后 3~5 分钟（此时氧化亚氮呼出量最大），自主呼吸状态下吸空气时的测定结果 PaO_2 由 69mmHg 下降至 54mmHg，而 $PaCO_2$ 由 50mmHg 减至 42mmHg。因此为防止发生低氧血症，在氧化亚氮麻醉后继续吸纯氧 5~10 分钟是必要的。

  【考点】 吸入麻醉的综合临床应用

提问 8：【答案】BCDEFG

  【解析】 采用浓度递减洗出法可以促进吸入麻醉药的有效排出，但随着吸入麻醉药的排出，其镇痛和镇静作用随之减弱、消逝，疼痛和气管导管的刺激逐步显现。患者在意识恢复期，意识未能完全自控时，疼痛和气管刺激是导致躁动的主要原因，因此在吸入麻醉药排出的同时要给予适量的镇痛药，以对抗手术所致的疼痛伤害，再复合适量的镇静药如丙泊酚、右美托咪定，既能预防患者苏醒期的烦躁，又不影响患者的苏醒。

  【考点】 吸入麻醉的综合临床应用

提问 9：【答案】ABCEFG

  【解析】 PONV 的原因很多。①患者因素：女性、非吸烟者、有 PONV 史、11~14 岁的青少年、术前有无焦虑；②麻醉因素：使用吸入麻醉药、使用阿片类镇痛药、使用 N_2O、使用硫喷妥钠、依托咪酯和氯胺酮；③手术原因：手术时间较长、腹腔镜手术、胃肠道手术、神经外科手术、妇产科手术和头面部整形手术。术中使用抗胆碱药、丙泊酚、氟哌利多、昂丹司琼、托烷司琼可以减轻和预防 PONV。

  【考点】 吸入麻醉的综合临床应用

提问10：【答案】BCDEF
　　【考点】吸入麻醉的综合临床应用

提问1：【答案】　C
　　【解析】　N_2O对呼吸道无刺激性，单独使用不引起呼吸抑制，对心肌无直接抑制作用，对心率、心排出量、血压、静脉压、周围血管阻力等均无影响，麻醉诱导与苏醒迅速。氧化亚氮对于宫收缩力有增强作用，使子宫缩力与频率增加。其他吸入麻醉药包括氟烷、异氟烷、七氟烷和地氟烷在吸入时需要麻醉机、专用挥发器及吸入麻醉药浓度测定仪等设备，需要麻醉医师亲自操作，麻醉稍深容易出现妊娠妇女意识消失、血压下降和呼吸抑制，而且不同程度对子宫的收缩有影响，故较少应用于无痛分娩。
　　【考点】吸入麻醉药和产科麻醉的特点

提问2：【答案】ABCEF
　　【解析】　N_2O面罩吸入为无痛分娩常用的方法之一，适用于第一产程和第二产程，而且要求产妇清醒合作，并在使用前详细说明其特点和使用方法。N_2O既不影响产妇的血压和呼吸，而且不影响宫缩，而且掌握好吸入时间可以达到既能镇痛又不影响产妇意识的效果。一般由产妇自持麻醉面罩置于口鼻部，在宫缩前20~25秒吸入50%N_2O和50%氧，于深呼吸3次后即改为30%N_2O和70%氧吸入，待产痛消失即移开面罩。由于N_2O的镇痛效果有30~45秒的潜伏期，故必须抢先在宫缩开始前吸入方称有效。氧化亚氮吸入不宜续时间过长，疼痛消失或明显减轻即停，否则可致产妇意识消失，并出现躁动兴奋。
　　【考点】吸入麻醉药和产科麻醉的特点

提问3：【答案】ABC
　　【解析】　阿片类镇痛药除外瑞芬太尼都会对胎儿的呼吸产生抑制作用，因此在胎儿娩出前尽量避免使用。瑞芬太尼由于半衰期1.3分钟，静脉使用后对胎儿的呼吸抑制很小，临床有安全用于剖宫产的资料，但其安全性还待临床验证。丙泊酚使用说明书禁用于产科麻醉，但实际临床使用剂量在2mg/kg以内是安全的，对新生儿呼吸抑制很小，临床小剂量使用未见对新生儿的呼吸抑制。依托咪酯0.2~0.3mg/kg可安全用于产妇的麻醉诱导。氯胺酮在1~1.5mg/kg可产生很好的镇痛和镇静作用，对呼吸和循环都没有影响，除外妊高征和使用有禁忌证者外，氯胺酮可安全使用于产科。肌松药无论去极化还是非去极化都可安全使用。吸入麻醉药N_2O可增加子宫收缩对母体有利，虽然可以快速通过胎盘但对胎儿无明显影响。其他吸入麻醉药对子宫收缩都存在剂量相关的抑制，氟烷>恩氟烷>异氟烷，因此氟烷剖宫产术禁用。0.5MAC的恩氟烷、异氟烷、七氟烷对于子宫收缩影响较小，因此胎儿娩出前麻醉原则是阿片类镇痛药不用，可用小剂量丙泊酚、氯胺酮、依托咪酯或0.5MAC的异氟烷/七氟烷+N_2O，复合肌松药麻醉诱导和维持。
　　【考点】吸入麻醉药和产科麻醉的特点

提问10：下列关于预防和减少手术后恶心呕吐的叙述，哪项是正确的
　　A. 麻醉维持采取单纯吸入麻醉
　　B. 麻醉维持采取静吸复合麻醉
　　C. 术中给予氟哌利多
　　D. 高危人群术中预防性给予昂丹司琼/托烷司琼/格拉司琼
　　E. 麻醉诱导和维持尽量减少或避免吸入麻醉尤其是N_2O
　　F. 对高危人群预防和联合使用止吐药可有效降低恶心呕吐的发生率

案例二　患者，女，28岁。妊娠39^+周，出现不规律腹痛入院，经查腹痛为宫缩所致，遂进行常规检查并进入产房进行待产，患者对疼痛敏感，要求使用无痛分娩。患者既往慢性腰痛3年，原因和治疗不详且效果不佳，综合考虑患者本身情况和要求，计划使用吸入麻药方法实施无痛分娩。

提问1：临床最适宜作为无痛分娩的吸入麻醉药为
　　A. 氟烷
　　B. 七氟烷
　　C. N_2O
　　D. 地氟烷
　　E. 异氟烷
　　F. 甲氧氟烷

提问2：吸入N_2O进行分娩镇痛时，下列哪项是正确的
　　A. 保证产妇在第一、第二产程中有正常的喉反射及清醒合作
　　B. 大约吸50秒才能达到有效止痛
　　C. 不影响宫缩和产程
　　D. 出现宫缩时开始吸入氧化亚氮
　　E. 不影响产妇血压
　　F. 使用前须向产妇详细说明使用方法

提问3：在待产过程中发现部分胎盘前置，阴道出血较多，拟急症实施剖宫产。术前 BP 95/45mmHg，HR 120 次/min，阴道有活动性出血，麻醉拟行全身麻醉产，下列哪些麻醉药物组合**不适合**剖宫产胎儿娩出前的麻醉
　　A. 丙泊酚+芬太尼+肌松药
　　B. 丙泊酚+舒芬太尼+肌松药
　　C. 氧化亚氮+舒芬太尼+肌松药
　　D. 丙泊酚/依托咪酯/氯胺酮+肌松药诱导，0.5MAC的异氟烷/七氟烷+氧化亚氮+肌松药维持
　　E. 七氟烷+氧化亚氮+肌松药
　　F. 依托咪酯+右旋氯胺酮+氧化亚氮+肌松药

提问4：胎儿娩出后麻醉维持下列哪项较为合适

    A. 单纯异氟烷或七氟烷吸入麻醉

    B. 异氟烷/七氟烷+N_2O

    C. 丙泊酚+芬太尼/舒芬太尼+氧化亚氮+肌松药维持

    D. 七氟烷+氧化亚氮+芬太尼/舒芬太尼+肌松药维持

    E. 丙泊酚+氯胺酮+肌松药

    F. 丙泊酚+舒芬太尼或瑞芬太尼+肌松药维持

提问5：吸入麻醉药对妊娠妇女和胎儿的影响，下列哪些是正确的

    A. 所有的吸入麻醉药都可快速通过胎盘进入胎儿

    B. 妊娠期间妊娠妇女对吸入麻醉药的需要减少，MAC较非妊娠期女性减低

    C. N_2O可促进子宫收缩，使子宫收缩力和频率增加，对母体有利

    D. N_2O用于剖宫产全身麻醉时和其他患者的使用时没有区别

    E. 对宫缩的抑制作用：氟烷>安氟烷>异氟烷

    F. 使用高浓度的吸入麻醉药会降低新生儿第1min的Apgar评分、脐静脉血的PaO_2和pH

    G. 胎儿剖出后可以放心吸入高浓度的吸入麻醉药

    H. 产妇的胎儿宫内手术禁止使用任何麻醉药

提问6：妊娠妇女出现明显的术后恶心呕吐（PONV），关于产科术后恶心呕吐的叙述，下列哪些是正确的

    A. 全身麻醉较椎管内麻醉术后PONV的发生率高

    B. 吸入麻醉药增加PONV的发生率

    C. N_2O不增加PONV的发生率

    D. 阿片类镇痛药可增加PONV的发生率

    E. 丙泊酚可以降低PONV的发生率

    F. 止吐药预防和联合使用可有效降低PONV的发生率

提问7：为预防全麻后的呕吐反流和误吸，下列哪些措施是正确的

    A. 麻醉前严格禁食水时间

    B. 清醒气管内插管可有效预防误吸的发生

    C. 麻醉诱导前给予格隆溴铵可以减少反流误吸的风险

    D. 采用琥珀胆碱快速诱导插管首先控制呼吸道可以避免和减少反流误吸的风险

    E. 术后待产妇完全清醒、肌力和呼吸恢复满意时后再拔除气管插管

    F. 诱导时可把环状软骨向后施压于颈椎体上，以期闭合食管来防止误吸

    G. 面罩通气时避免气道压明细升高和患者呛咳

提问4：【答案】CDF

【解析】胎儿娩出后减少或停止异氟烷/七氟烷吸入浓度以减轻对子宫收缩的影响，N_2O可以提高浓度。加用芬太尼/舒芬太尼/瑞芬太尼的用量，继续使用丙泊酚，手术结束时注意吸入麻醉药的洗出。氯胺酮较大剂量在成人使用，术后恢复不如丙泊酚+舒芬太尼。

【考点】吸入麻醉药和产科麻醉的特点

提问5：【答案】ABCEF

【解析】吸入麻醉药，由于分子量小，脂溶性高，也能够迅速进入胎体。妊娠期间妊娠妇女对吸入麻醉药的需要量减少，七氟烷和异氟烷的最低肺泡有效浓度分别比正常降低30%~40%。妊娠后，膈肌上升，补呼气量及余气量下降，功能余气量下降，因此使用高浓度的氧化亚氮时，应警惕缺氧的发生。吸入麻醉药有剂量依赖性子宫血管扩张作用，并且降低子宫的收缩力，对宫缩的抑制作用：氟烷>安氟烷>异氟烷。

【考点】吸入麻醉药和产科麻醉的特点

提问6：【答案】ABDEF

【解析】吸入麻醉药包括N_2O，都会增加PONV的发生率。

【考点】吸入麻醉药和产科麻醉的特点

提问7：【答案】ABCEFG

【解析】麻醉前严格禁食至少6小时对预防反流和误吸有一定预防功效。静脉注射格隆溴铵0.2mg，以增强食管括约肌张力。清醒气管插管是大多数全麻气管插管的首选，虽然反流和呕吐的发生率不会降低，但可明显降低误吸的可能性。快速诱导插管时如果选用琥珀胆碱，需要在给予琥珀胆碱前先给予维库溴铵或泮库溴铵1mg以消除琥珀胆碱引起的肌颤，否则琥珀胆碱引起的肌颤会升高胃内压，增加反流的发生。诱导期避免过度正压通气，并施行环状软骨压迫以闭锁食管。术后待产妇完全清醒后、肌力和呼吸恢复满意后再拔出气管插管。

【考点】吸入麻醉药和产科麻醉的特点

提问 1:【答案】ACDEF

　　【解析】除 N_2O 外,所有的吸入麻醉药均对血压产生剂量依赖性降低,一方面是吸入麻醉药抑制心肌的手术,一方面会降低全身血管阻力。N_2O 对心肌无直接抑制作用,而且其有拟交感作用,外周血管阻力增加,对失血性休克患者较为有利。七氟烷对心肌和外周血管的扩张作用较小,低浓度可以安全使用。

　　【考点】吸入麻醉的临床综合应用

提问 2:【答案】ACDEF

　　【解析】同时吸入高浓度和低浓度两种气体时,高浓度气体很快被吸收,而低浓度气体也同时被吸入,其吸收的速率比单独吸入时为快。也就是说,当高浓度气体被大量吸收后,肺泡内低浓度气体的浓度就相应升高,其吸收的速度就会加快,即第二气体效应。

　　【考点】吸入麻醉的临床综合应用

提问 3:【答案】BEF

　　【解析】N_2O 的血/气分配系数很低,N_2O 血液中的溶解度很低,因此在麻醉结束关闭 N_2O 吸入时,血中溶解的氧化亚氮迅速弥散至肺泡内,使肺泡内 N_2O 升高,同时将肺泡内的氧和二氧化碳稀释和浓度下降,严重时引起血氧饱和度下降,这种缺氧称为弥散性缺氧。因此为防止发生低氧血症,在氧化亚氮麻醉后继续吸纯氧 5~10 分钟是必要的。

　　【考点】吸入麻醉的临床综合应用

提问 4:【答案】ABCDFG

　　【解析】N_2O 的血/气分配系数很低只有 0.47,在血液中的溶解度很低,因此在麻醉结束停止 N_2O 吸入时,新鲜气流量里 N_2O 浓度迅速减低,血中溶解的氧化亚氮迅速从血液中游离出来弥散至肺泡内,冲淡肺泡内的氧浓度,使肺泡内氧浓度下降而导致缺氧,这种缺氧称为弥散性缺氧。研究表明在 N_2O 麻醉后 3~5 分钟(此时氧化亚氮呼出量最大),自主呼吸状态下吸空气时的测定结果 PaO_2 由 69mmHg 下降至 54mmHg,而 $PaCO_2$ 由 50mmHg 减至 42mmHg。因此为防止发生低氧血症,在氧化亚氮麻醉后继续吸纯氧 5~10 分钟是必要的。

　　【考点】吸入麻醉的临床综合应用

提问 5:【答案】BCDEFG

　　【解析】儿童和青少年发生率高。

　　【考点】吸入麻醉的临床综合应用

案例三　患者,男,47 岁,主因"外伤后腹痛、脸色苍白、意识淡漠、冷汗急诊"入院。腹腔抽查不凝血液,腹部超声提示脾破裂,拟在全是麻醉下行剖腹探查手术。

提问 1:如果全身麻醉,下列哪些麻醉药较为适合

　　A. 氯胺酮　　　　　　　B. 氟烷

　　C. N_2O　　　　　　　　D. 七氟烷

　　E. 舒芬太尼　　　　　　F. 右旋氯胺酮

提问 2:术中麻醉维持采用 60% N_2O+40%O_2+1.3% 的七氟烷、静脉间断给予舒芬太尼和维库溴铵维持麻醉。在新鲜气流量不变时,N_2O 和七氟烷同时吸入较单独吸入七氟烷麻醉时,七氟烷的吸收变化下列哪项是**错误**的

　　A. 七氟烷的吸收减慢

　　B. 七氟烷的吸收加快

　　C. 不确定,可能减慢也可能加快

　　D. 和舒芬太尼的用量有关

　　E. 和维库溴铵的用量有关

　　F. 和舒芬太尼、维库溴铵的均用量有关

提问 3:在麻醉结束时关闭七氟烷和 N_2O,新鲜气流量为 O_2 1L/min+ 空气 1L/min,这时肺泡的氧分压和二氧化碳分压可能会出现何种变化

　　A. 肺泡的氧分压升高

　　B. 肺泡的氧分压减低

　　C. 肺泡氧分压变化不确定

　　D. 二氧化碳分压升高

　　E. 二氧化碳分压都减低

　　F. 肺泡的氧分压和二氧化碳分压都降低

　　G. 肺泡的氧分压和二氧化碳分压都升高

提问 4:下列哪种吸入麻醉药**不会**产生弥散性缺氧

　　A. 恩氟烷　　　　　　　B. 异氟烷

　　C. 七氟烷　　　　　　　D. 地氟烷

　　E. N_2O　　　　　　　　F. 氟烷

　　G. 甲氧氟烷

提问 5:下列有关吸入麻醉后躁动的叙述,哪项是正确的

　　A. 老年人发生率高

　　B. 苏醒期疼痛可能是引起躁动的主要因素

　　C. 和吸入麻醉药排出不充分有关

　　D. 适量的阿片类镇痛药和丙泊酚可以减轻其发生率和烦躁程度

　　E. 具有自限性,一般 10~20 分钟

　　F. 躁动发生的机制不清,可能与苏醒过快、大脑皮质和皮质下中枢恢复不平衡有关

　　G. 不良刺激包括胃管、尿管是麻醉恢复期躁动的诱因

提问6:关于预防和处理吸入麻醉后躁动的叙述,哪项是正确的

    A. 避免单纯吸入高浓度的吸入麻醉药维持麻醉

    B. 较长时间吸入高溶解度挥发性麻醉药时,应避免手术结束时突然停药,加大新鲜气体流量冲洗回路

    C. 高溶解度的药物提前30分钟关闭吸入同时给予静脉镇痛药和镇静药,手术结束时再用高流量新鲜气体洗出

    D. 手术结束前30分钟静脉给予镇痛药,维持吸入0.5MAC。手术结束时停止吸入麻醉药再进行洗出

    E. 由于其具有自限性,不需要另外处理

    F. 术后躁动和术后谵妄概念相似

提问7:下列关于吸入麻醉术后恶心呕吐(PONV)的描述,正确的是

    A. PONV和吸入麻醉药的剂量有关

    B. PONV和手术种类有关

    C. 昂丹司琼和托烷司琼可以起到一定的预防作用

    D. 联合丙泊酚可以减低PONV的发生率

    E. 麻醉性镇痛药可以预防和减少PONV的发生率

    F. 抗组胺药苯海拉明、糖皮质激素、5-HT$_3$受体拮抗剂(司琼类药物)等抗呕吐药物联合应用,其抗吐作用相加而副作用不相加

(杨改生　叶博　陶天柱)

提问6:【答案】ABCD

    【解析】较长时间吸入高溶解度挥发性麻醉药(如氟烷、安氟醚和异氟醚)时,应避免手术结束时突然停药,加大新鲜气体流量冲洗回路,这样有可能造成患者苏醒延迟或苏醒期躁动。低流量洗出法:手术结束前约30分钟,静脉给予阿片类药物后关闭蒸发器,同时降低新鲜气体流量至0.3~0.5L/min,直至外科缝皮时方增加新鲜气体流量至4L/min,加快挥发性麻醉药的洗出。此法特别适合高溶解度的药物。浓度递减洗出法:手术结束前30分钟,静脉给予芬太尼50~100μg(或者舒芬太尼5~10μg),降低吸入麻醉药浓度(维持在0.5MAC左右)。手术结束时,停止吸入麻醉药,同时增加新鲜气流量(5~10L/min,需要避免过度通气产生的呼吸性碱中毒),能够促进吸入麻醉药的洗出。此法适合于各种挥发性麻醉药的恢复。烦躁会引起呼吸循环的剧烈波动,因此吸入麻醉时,苏醒期应该积极预防和处理。术后躁动发生于麻醉后苏醒期,患者因麻醉未完全清醒、疼痛或其他不适而出现的言语和活动不配合症状。谵妄多发生于术后24~72小时内,症状可出现反复波动,是一种意识水平紊乱和认知功能障碍。

    【考点】吸入麻醉的临床综合应用

提问7:【答案】ABCDF

    【解析】PONV的发生与吸入麻醉药剂量、麻醉性镇痛药和手术种类相关。

    【考点】PONV发生的风险因素及预防措施

第十六章　静脉麻醉

1.【答案】C

【解析】理想的静脉麻醉药应有的特点:起效迅速,恢复迅速;在亚麻醉浓度下有镇痛作用;对心血管和呼吸中枢抑制效应最小;无致吐作用;诱导时无兴奋现象(如咳嗽、呃逆、不自主运动等);与神经肌肉阻滞药无相互作用;无注射痛;无静脉后遗症;误入动脉无伤害;对其他器官无毒性作用;无组胺释放作用;无高敏反应;水溶制剂;保存时间长。

【考点】理想的静脉麻醉药应有的特点

2.【答案】E

【解析】静脉麻醉药的大部分首先分布到血液灌注好的器官(富含血管的组织或内脏——主要是大脑、肝脏、肾脏)。由于肌肉组织所含的脂质成分较低,故向肌肉组织的分布较慢,但从数量上来讲却是很重要的,因为其血液供应较好且数量相对大。尽管静脉麻醉药具有较高的脂溶性,但它们向脂肪组织的分布却是很缓慢的,因为这些组织的血液供应很差。

【考点】静脉麻醉药药物动力学相关因素

3.【答案】E

【考点】静脉麻醉药物的分类

4.【答案】E

【解析】硫喷妥钠极易通过胎盘,注药后3分钟胎儿血内便能达到高峰浓度,新生儿对此药极敏感,出生后四肢无力,反应迟钝,甚至持续1周之久,故不推荐用于剖宫产。

【考点】硫喷妥钠的药理作用

5.【答案】D

【解析】氯胺酮有镇静及镇痛作用,且体表镇痛作用强大。对支气管平滑肌有松弛作用。应用氯胺酮麻醉时骨骼肌张力增加,肢体有不自主运动或抽动,眼外肌由于肌紧张而失去平衡,可产生眼球震颤现象,并导致眼压升高。

【考点】氯胺酮的药理作用

【A1 型题】

1. 以下哪项是理想的静脉麻醉药应具备的特点
   - A. 起效迅速,恢复缓慢
   - B. 在亚麻醉浓度下无镇痛作用
   - C. 对心血管和呼吸中枢抑制效应最小
   - D. 与神经肌肉阻滞药有相互作用
   - E. 有组胺释放作用及高敏反应

2. 静脉麻醉药向下列哪项组织或器官分布是最慢的
   - A. 大脑
   - B. 肝脏
   - C. 肾脏
   - D. 肌肉
   - E. 脂肪

3. 下列药物属于巴比妥类的是
   - A. 氯胺酮
   - B. 丙泊酚
   - C. 依托咪酯
   - D. 咪达唑仑
   - E. 硫喷妥钠

4. 关于硫喷妥钠下列说法正确的是
   - A. 增加脑氧代谢
   - B. 兴奋呼吸中枢
   - C. 镇痛作用强大
   - D. 对心血管无影响
   - E. 易通过胎盘屏障

5. 下列关于氯胺酮的药理作用正确的是
   - A. 仅有镇静作用
   - B. 抑制心血管系统
   - C. 收缩支气管平滑肌
   - D. 升高眼压
   - E. 体表镇痛效果差

6. 关于氯胺酮,下列说法正确的是
 A. 只能经静脉和肌肉用药
 B. 静脉给药起效迅速
 C. 肌内注射常用剂量为 2mg/kg
 D. 禁用于烧伤患者的换药
 E. 常用于癫痫患者

7. 关于丙泊酚的药理作用,正确的是
 A. 有催眠、镇静和遗忘作用
 B. 可增加脑氧代谢率
 C. 对循环系统有兴奋作用
 D. 对呼吸系统有兴奋作用
 E. 具有致吐作用

8. 有关丙泊酚,叙述正确的是
 A. 对循环和呼吸系统有抑制作用
 B. 不会引起注射痛和局部静脉炎
 C. 镇静及镇痛作用强大
 D. 对肝肾功能影响明显
 E. 可长期应用,无成瘾的潜在危险

9. 关于依托咪酯,下列说法正确的是
 A. 降低颅内压,可长期用于高颅压患者
 B. 有抗惊厥作用,可用于治疗癫痫状态
 C. 对心血管系统影响较重,不适用于心脏病患者
 D. 有组胺释放作用,不适用于呼吸道敏感患者
 E. 能促进肾上腺皮质醇的合成

10. 下列哪项是依托咪酯的副作用
 A. 血压剧升　　　　B. 谵妄多语
 C. 肌肉震颤　　　　D. 呼吸抑制
 E. 注射疼痛

11. 关于地西泮,说法正确的是
 A. 肌内注射吸收完全迅速
 B. 静脉用药起效快,消失缓慢
 C. 口服吸收完全迅速
 D. 反复用药不会引起蓄积
 E. 不易透过胎盘,适用于产妇

12. 下列关于瑞芬太尼,说法正确的是
 A. 为超长效镇痛药　　B. 反复给药易蓄积

6.【答案】B
【解析】可直肠给药。全麻诱导常用剂量为 2mg/kg,肌内注射常用剂量为 4~5mg/kg。可用于体表短小手术,如烧伤患者换药。因可升高颅内压,不宜用于癫痫患者。
【考点】氯胺酮的临床应用

7.【答案】A
【解析】可降低脑氧代谢率、脑血流量及颅内压。对循环系统具有直接的心肌抑制作用,并可使外周血管阻力降低。有剂量依赖的呼吸抑制作用。有止吐作用,麻醉后呕吐的发生率很低。
【考点】丙泊酚的药理作用

8.【答案】A
【解析】丙泊酚镇痛作用轻微;有潜在的成瘾性。
【考点】丙泊酚的药理作用及临床应用

9.【答案】B
【解析】依托咪酯虽可降低颅内压,但因其对皮质醇合成有抑制作用,不能长期输注,限制了其在颅内压升高患者长期治疗中的应用。对心血管系统影响轻微,适用于心肌功能不全和心脏储备功能差的患者。用于麻醉诱导后咳嗽和呃逆不多见,且无组胺释放作用,故适用于呼吸道敏感的患者。
【考点】依托咪酯的药理作用

10.【答案】C
【解析】依托咪酯对心血管系统影响轻微。静脉注射依托咪酯后,大多数患者先呈过度通气,很快转为平稳,一般认为其对呼吸系统无明显抑制作用。
【考点】依托咪酯的副作用

11.【答案】C
【解析】口服吸收完全迅速,肌内注射吸收缓慢且不完全。静脉用药迅速进入中枢神经系统,作用出现快,消失也快。大部分经肝脏代谢,半衰期长,反复用药可引起蓄积。此药可透过胎盘,不宜用于产妇。
【考点】地西泮的药代动力学及临床应用

12.【答案】C
【解析】为超短效镇痛药,反复用药不易蓄积。因对意识消除不满意,并可能导致明显的肌肉强直,不能单一用于麻醉诱导。瑞芬太尼制剂含有载体氨基酸,是一种抑制性神经递质,不能用于椎管内。
【考点】瑞芬太尼的药理作用和临床应用

C. 可使颅内压降低　　　　D. 可单独用于麻醉诱导

E. 可于椎管内给药

13.【答案】A
　　【解析】全凭静脉麻醉使用中短效镇痛及镇静药,起效迅速,药效消失快,可控性强。有术中知晓的风险,应加以积极预防。需要具备全身麻醉所应该具备的四要素,即意识消失、无痛、肌肉松弛和适度的应激反应,能充分满足手术镇静镇痛的要求。
　　【考点】全凭静脉麻醉

13. 关于全凭静脉麻醉(TIVA),下列说法正确的是
　　A. 是指全身麻醉的诱导和维持用药均经静脉给予
　　B. 诱导迅速,麻醉作用持久,苏醒缓慢
　　C. 无发生术中知晓的风险
　　D. 仅适用于挥发性麻醉药不耐受的患者
　　E. 难以充分满足手术对镇静及镇痛的要求

14.【答案】D
　　【考点】氯胺酮对中枢神经系统的副作用

14. 下列静脉麻醉药可引起脑血流量、脑灌注、脑氧代谢率及颅内压增高的是
　　A. 硫喷妥钠　　　　B. 丙泊酚　　　　C. 咪达唑仑
　　D. 氯胺酮　　　　E. 依托咪酯

【A2 型题】

1.【答案】E
　　【解析】休克是椎管内麻醉的禁忌证;氯胺酮对重度休克患者可引起血压下降;肌松剂对休克患者无禁忌;丙泊酚对循环系统抑制明显,休克患者不宜常规使用。
　　【考点】异位妊娠患者的麻醉注意事项

1. 患者女,35 岁,63kg,突发腹痛 3 小时入院,诊断为异位妊娠,拟行急诊探查手术。入手术室血压 83/44mmHg,心率 130 次 / min。针对此患者,下列说法正确的是
　　A. 首选腰硬联合麻醉
　　B. 氯胺酮在休克患者均可提升血压
　　C. 肌松剂禁用于休克患者
　　D. 可用常规剂量丙泊酚行全麻诱导
　　E. 紧急情况时可在局麻下进行手术

2.【答案】D
　　【解析】患者凝血功能异常,不宜选择椎管内麻醉;氟烷有肝损害,肝炎患者禁用。
　　【考点】肝功能异常患者的麻醉注意事项

2. 患者男,55 岁,因慢性肝炎、肝硬化、肝癌,拟行左半肝切除术。患者 Hb 83g/L,血小板 68×10^9/L,肝功能 ALT 64IU/L,TBil 21mmol/L,总蛋白 51g/L,白蛋白 26g/L,凝血酶原时间(PT)17 秒。B 超示:中量腹水。该患者适宜的麻醉方法是
　　A. 连续硬膜外麻醉
　　B. 腰硬联合麻醉
　　C. 氟烷吸入 + 静脉麻醉
　　D. 全凭静脉麻醉
　　E. 连续硬膜外 + 喉罩全麻

3.【答案】B
　　【解析】老年人循环时间延长会导致静脉药物起效时间延长。老年人保护性喉反射减弱,胃排空能力下降,急诊或胃肠手术易引起致命性的吸入性肺炎。老年人所需镇静、镇痛药较青壮年人减少,应尽可能选用短效麻醉药,避免术后苏醒延迟。虽然老年人迷走神经张力增强,但患者有高血压、冠心病,阿托品会增加心率,增加心肌耗氧量,应避免应用。
　　【考点】老年人麻醉注意事项

3. 患者女,79 岁,诊断为"肠梗阻"拟行急诊剖腹探查。患者腹胀,不能进食 3 日。既往有冠心病变异性心绞痛;高血压 10 余年,口服美托洛尔,血压控制于 140~150mmHg/85~90mmHg;有糖尿病,控制不佳,入院血糖 12mmol/L;行动迟缓,反应较差。此例患者麻醉,下列说法正确的是
　　A. 老年人循环时间缩短,可导致静脉药物起效时间缩短
　　B. 老年人心脏储备减少,全麻诱导时易致循环剧烈波动

C. 老年人保护性喉反射增强,围术期不易发生反流误吸

D. 为减轻术后拔管反应,宜选用长效麻醉镇痛药

E. 老年人迷走神经张力增强,术前应给予足量阿托品

4. 患者女,40 岁,因"消瘦、颈部肿大 2 年"入院。入院查体:身高 165cm,体重 40kg,心率 120 次 /min,血压 160/100mmHg,体温 37.5℃,呼吸 30 次 /min,双眼外凸,瞬目减少,甲状腺Ⅲ度肿大。此患者拟行甲状腺次全切除术,下列说法正确的是

A. 首选颈丛阻滞或局部麻醉

B. 首选气管插管全麻

C. 氟烷和氯胺酮可用于该患者

D. 丙泊酚和七氟烷不宜用于该患者

E. 麻醉时应避免交感神经系统抑制

5. 患者女,35 岁,诊断为右肾上腺嗜铬细胞瘤,拟行右肾上腺切除术。术前一般状态良好,血压 120~160mmHg/80~100mmHg,脉搏 82 次 /min,余未见明显异常。为该患者实施麻醉,下列说法正确的是

A. 首选腰硬联合麻醉

B. 吸入麻醉药首选地氟醚

C. 镇痛药可选氯胺酮或吗啡

D. 肌松药首选泮库溴铵或琥珀胆碱

E. 镇静药可选用丙泊酚或依托咪酯

6. 患者女,30 岁。拟在门诊行无痛胃肠镜检查。既往体检,无特殊病史。下列说法正确的是

A. 门诊无痛胃肠镜检查常采用静吸复合麻醉

B. 常用药物包括丙泊酚、肌松剂、舒芬太尼等

C. 静脉给药方式包括单次给药、间断给药、持续输注和靶控输注

D. 因手术短小、麻醉简单,故不需配备吸氧和急救设备

E. 因丙泊酚镇痛作用强,故不需复合阿片类药物

7. 患者女,55 岁。因"左肺中央型肺癌,左全肺切除术后 6 个月,咯血伴憋气 2 周,CT 发现气管、右主支气管外压性狭窄"入院。拟行"硬质支气管镜下支架植入术"。此例患者实施麻醉,下列说法正确的是

A. 首选快诱导气管插管吸入全麻

B. 首选快诱导气管插管静吸复合麻醉

C. 首选全凭静脉麻醉,保留自主呼吸

D. 为便于呼吸道管理,需使用肌松药

E. 手术刺激强,需复合大剂量阿片类药

8.【答案】C

【解析】依托咪酯对肾上腺皮质合成功能有抑制作用,长时间持续应用应视为禁忌。正确的镇痛镇静方案应使患者机械通气时间缩短、更容易脱机、ICU 留治时间减少。丙泊酚持续输注的优点为便于控制镇静的重点,但机械通气时间延长、ICU 住院天数增加,所以丙泊酚持续输注时需采用最小的剂量、最短的输注时间。应用右美托咪定持续输注,谵妄发生率低,拔管时间明显缩短,ICU 住院天数明显减少。

【考点】ICU 患者的镇静药物选择

9.【答案】C

【解析】该患者平时血压控制理想,术前维持在平时的基础水平即可,不应过度降压。除利血平、排钾性利尿剂和长效 ACEI 以外,所有抗高血压药物都应用至手术当日。氯胺酮有交感神经兴奋作用,禁用于高血压患者。浅麻醉时镇痛镇静不全,对循环影响更大。

【考点】高血压患者的麻醉用药原则

10.【答案】E

【解析】此患者为老年人,有高血压、心脏病,术前访视应注意平时血压控制情况,是否有心绞痛发作等;丙泊酚可通过直接抑制心肌或外周血管作用而加重心肌缺血,宜谨慎使用。神经阻滞复合喉罩全麻对血流动力学影响小,可选。麻醉药物的选择应以对心血管系统的代偿功能影响小、对心肌收缩力无明显抑制、不增加心肌氧耗及诱发心律失常为主要考虑因素,麻醉中尽量减少心肌氧耗、增加心肌氧供,麻醉诱导可分次、缓慢给药,要求平稳,避免高血压、低血压及心动过速。

【考点】冠心病患者的麻醉用药原则

11.【答案】B

【解析】患者为颅脑外伤,麻醉诱导力求迅速平稳,避免呛咳、屏气等加重颅内高压的因素。慢诱导与表麻下气管插管刺激大,不宜选用。七氟烷可引起颅内压增高,不宜使用。

【考点】颅脑外伤患者的麻醉诱导原则

8. 患者男,70 岁。诊断为左下肺中心型肺癌,在静脉复合麻醉下完成左全肺切除术。术中生命体征平稳,术毕送 ICU。送 ICU 后如需继续机械通气,维持镇静应选用下列哪种药物

A. 依托咪酯持续输注

B. 丙泊酚大剂量持续输注

C. 右美托咪定持续输注

D. 地西泮按需间断静推

E. 大剂量咪达唑仑间断静推

9. 患者女,52 岁,体重 65kg。入院诊断"子宫肌瘤",拟行开腹子宫全切术。既往:高血压病史 5 年,血压最高 160/100mmHg,规律服用氨氯地平和美托洛尔治疗,平时血压控制在 130/70mmHg 左右。否认冠心病、糖尿病、脑梗死等病史,无吸烟饮酒史。入院查体:血压 139/75mmHg,心率 66 次 /min,呼吸 16 次 /min,双肺呼吸音清,心脏各瓣膜区未闻及病理性杂音。心电图:正常。血常规及凝血五项结果正常。此患者的麻醉选择及麻醉注意事项正确的是

A. 术前应使血压降至 110/65mmHg 左右

B. 术前停用降压药

C. 可选腰硬联合麻醉或全身麻醉

D. 麻醉诱导可选择氯胺酮

E. 术中应维持较浅麻醉深度

10. 患者女,72 岁。入院诊断:左股骨转子间骨折,冠心病,高血压,心脏支架术后。拟行左股骨转子间骨折内固定术。对此患者施行麻醉,下列说法正确的是

A. 术前详细评估心血管功能状况

B. 充分告知麻醉风险

C. 可选神经阻滞 + 喉罩全麻

D. 丙泊酚可小剂量缓慢分次给予

E. 以上都对

11. 患者男,25 岁。脑外伤昏迷半小时,清醒 5 小时又转入昏迷并伴右侧瞳孔散大、左侧肢体瘫痪入院。现拟行手术治疗,入室时仍昏迷,呼吸 10 次 /min,室性期前收缩 4 次 /min。此患者如选择全麻插管,其最适宜的诱导方式为

A. 慢诱导保留自主呼吸气管插管

B. 快诱导气管插管

C. 慢诱导表麻下气管插管

D. 七氟烷吸入诱导下插管

E. 表麻下直接气管插管

12. 患者女,50 岁,拟在全麻下行腰椎板切除术。既往有癫痫发作史,现服用卡马西平和苯妥英钠。下列哪种静脉麻醉药应**避免**使用

    A. 咪达唑仑   B. 丙泊酚   C. 氯胺酮

    D. 硫喷妥钠   E. 依托咪酯

13. 患儿男,3 岁,因"双侧扁桃体肥大"拟在全麻下行双侧扁桃体切除术。患儿既往有哮喘病史,且经常发作。术前检查正常。该患儿宜选用的药物是

    A. 哌替啶   B. 泮库溴铵   C. 硫喷妥钠

    D. 吗啡   E. 氯胺酮

14. 患者男,65 岁。诊断为"升主动脉夹层动脉瘤",拟行主动脉瘤切除 + 人造血管替换术。既往高血压及冠心病史 10 余年。入院 ECG 示冠脉供血不足。入室血压 150/105mmHg,心率 75 次 /min。该患者麻醉诱导时下列哪种静脉麻醉药应列为**禁忌**

    A. 咪达唑仑   B. 丙泊酚   C. 依托咪酯

    D. 氯胺酮   E. 硫喷妥钠

15. 患者男,28 岁。被高压电击伤,入口为左手,出口为右侧腹股沟部,右侧股动脉、股静脉、股神经断裂,现场心搏骤停,行心肺复苏后恢复自主循环,救护车送至我院烧伤科,拟急诊行右侧股动脉、股静脉吻合术。入室时患者血压 97/48mmHg,心率 123 次 /min,呼吸 32 次 /min,SPO$_2$ 99%,肾上腺素 0.03μg/(min·kg)微量泵入维持血压。对于该患者,下列说法正确的是

    A. 可以选择全身麻醉或椎管内麻醉

    B. 足量全麻诱导药以消除气管插管反应

    C. 应大量输血输液补充血容量

    D. 应用 β 受体阻滞剂将心率降至 70~80 次 /min

    E. 围术期定期监测肾功能及血气分析

16. 患儿男,12 岁。特发性脊柱侧弯,择期行脊柱侧弯矫形术。对于该患儿,下列说法正确的是

    A. 应首选静吸复合麻醉

    B. 麻醉维持应以吸入麻醉药为主

    C. 麻醉方式宜选用腰硬联合麻醉

    D. 全麻诱导可用依托咪酯 + 芬太尼 + 琥珀胆碱

    E. 特发性脊柱侧弯患者是恶性高热的易感人群

17. 患儿 3 岁,诊断为"法洛四联症",拟行手术治疗。术前心功能Ⅲ级。麻醉诱导时下列哪种药物可加重右向左分流

12.【答案】C

  【解析】氯胺酮有诱发癫痫发作的可能。

  【考点】癫痫患者的用药禁忌

13.【答案】E

  【解析】泮库溴铵、硫喷妥钠、哌替啶、吗啡可引起组胺释放而诱发哮喘。氯胺酮可松弛支气管平滑肌,对支气管痉挛有一定的预防作用。

  【考点】哮喘患者的静脉麻醉用药

14.【答案】D

  【解析】氯胺酮有心血管兴奋作用,主动脉瘤患者麻醉诱导时应维持循环系统的稳定以防瘤体破裂。

  【考点】主动脉瘤患者的麻醉诱导注意事项

15.【答案】E

  【解析】电击伤患者常有神经损伤,且目前患者循环不稳定,故不宜选择椎管内麻醉。电击伤后,患者全身反应严重,机体生命器官与神经内分泌系统功能储备均已大量消耗,常常难以承受深麻醉以及对呼吸、循环等抑制作用强的麻醉药物。患者曾有心搏骤停,输液量应适当控制,以免加重心脏负担,也不应该使用对心脏有抑制作用的 β 受体阻滞剂。电击伤患者常有血红蛋白尿或肌红蛋白尿,应及时碱化尿液,增加尿量,避免阻塞肾小管引起急性肾功能障碍。

  【考点】电击伤患者的麻醉处理

16.【答案】E

  【解析】特发性脊柱侧弯患者是恶性高热的易感人群,故应避免使用吸入挥发性麻醉药和琥珀胆碱。此类患者如选椎管内麻醉常有穿刺困难,故麻醉方式宜选用全凭静脉麻醉。

  【考点】特发性脊柱侧弯患者麻醉注意事项

17.【答案】B

  【解析】硫喷妥钠可降低体循环阻力,加大右向左分流。

  【考点】法洛四联症的麻醉用药原则

A. 氯胺酮   B. 硫喷妥钠   C. 依托咪酯

D. 咪达唑仑   E. 七氟醚

18. 【答案】E

【解析】肝硬化的患者各种药物的药代动力学变化很大,药物代谢和消除能力下降。

【考点】肝硬化患者的药物代谢

18. 患者男,55 岁。诊断为:肝硬化,肝癌,拟行肝部分切除术。该患者应用下列哪种麻醉药物可引起药效时间延长

A. 咪达唑仑   B. 丙泊酚   C. 舒芬太尼

D. 依托咪酯   E. 以上均是

19. 【答案】C

【解析】吗啡对胎儿有抑制。氯胺酮全麻诱导剂量 1~1.5mg/kg,对胎儿无影响。大剂量丙泊酚对胎儿有抑制,推荐剂量 <2.5mg/kg。非去极化肌松剂分子量大,解离程度高,与血浆蛋白结合,不宜通过胎盘,一般认为使用安全。N_2O 与氧气 1:1 吸入,浓度一般不超过 60%,镇痛作用强,对胎儿影响小。

【考点】全麻药对胎儿的影响

19. 患者女,30 岁。诊断为:宫内孕 38$^+$ 周 LOA 未临产,前置胎盘,拟行剖宫产术。如选择全麻,下列哪种药对胎儿有抑制作用

A. 氯胺酮   B. 丙泊酚

C. 吗啡   D. 非去极化肌松剂

E. N_2O

20. 【答案】E

【解析】丙泊酚中长链脂肪乳注射液注射痛的发生率明显低于普通丙泊酚。

【考点】丙泊酚注射痛的预防措施

20. 患者女,40 岁。因"上腹部不适 3 月余"至消化科门诊就医,拟行无痛胃肠镜检查。为了预防丙泊酚注射痛,下列措施正确的是

A. 选择较粗静脉

B. 预先给予芬太尼等麻醉性镇痛药

C. 选用中长链脂肪乳丙泊酚制剂

D. 减慢注药速度

E. 以上都对

21. 【答案】E

【解析】椎管内阻滞对血糖影响小可选用,但因糖尿病患者对感染抵抗力差,应严格无菌操作。全麻便于对呼吸及循环系统的管理,可选用异氟醚、七氟醚等对血糖影响小的药物。尽可能选用对糖代谢影响小的麻醉方法及药物,氯胺酮可增加肝糖原分解为葡萄糖,不宜选用。糖尿病患者术前血糖一般不要求控制到完全正常水平,以免发生低血压,一般认为择期手术患者术前空腹血糖 <8.3mmol/L,最高不应超过 11.1mmol/L。

【考点】糖尿病患者的麻醉原则

21. 患者女,55 岁。诊断为:右卵巢肿瘤,拟行右侧卵巢及附件切除术。既往糖尿病史 10 余年,口服降糖药血糖控制平稳。否认高血压、心脏病等其他病史。关于该患者,下列说法正确的是

A. 椎管内阻滞对血糖影响大,不宜选用

B. 异氟醚和七氟醚对血糖影响大,不宜使用

C. 氯胺酮可降低血糖,推荐使用

D. 术前必须使血糖 <6.1mmol/L

E. 疼痛、缺氧、二氧化碳蓄积可使血糖升高,应予以避免

22. 【答案】A

【解析】琥珀胆碱升高眼压;非去极化肌松药、吸入性麻醉药、瑞芬太尼均可降低眼压。

【考点】麻醉药物对眼压的影响

22. 患者女,64 岁。因"右眼视物不清 5 天",门诊以"右眼急性闭角型青光眼"收住院,拟在全麻下行手术治疗。下列说法正确的是

A. 丙泊酚可降低眼压

B. 琥珀胆碱对眼压无影响

C. 非去极化肌松药可升高眼压

D. 吸入性麻醉药可升高眼压

E. 瑞芬太尼可升高眼压

23. 患者女,45 岁。因"反复右上腹隐痛 1 年"至消化科门诊就诊,行 B 超检查发现"胆囊结石",转至胆道外科门诊,拟行日间手术"腹腔镜下胆囊切除术"。患者既往有高血压病史 5 年,血压最高达 160/90mmHg,口服硝苯地平控制于 130/80mmHg,平素无胸闷、胸痛、心悸等不适。辅助检查心电图示窦性心律、T 波改变;胸片未见明显异常;各项实验室检查结果无特殊异常。关于日间手术,下列说法**错误**的是
    A. 日间手术提倡"快通道"麻醉
    B. 常用复合低浓度七氟烷的静吸复合麻醉
    C. 常用丙泊酚 + 瑞芬太尼 + 长效肌松药的全凭静脉麻醉
    D. 可用短效镇痛药 + 短效静脉麻醉药 + 短效肌松药
    E. 使用 BIS 监测麻醉镇静深度可减少全麻药的用量

24. 患者男,65 岁,170cm,80kg。因"右半结肠癌"拟行腹腔镜下结肠癌根治术。采用全凭静脉麻醉,麻醉诱导给予咪达唑仑 2mg+ 舒芬太尼 20μg+ 丙泊酚 120mg+ 罗库溴铵 6mg,术中用丙泊酚 + 瑞芬太尼 + 罗库溴铵维持麻醉。下列说法正确的是
    A. 挥发性吸入麻醉药可减弱非去极化肌松药的作用
    B. 大多数静脉麻醉药之间是拮抗作用
    C. 苯二氮䓬类可减弱阿片类药物的作用
    D. 丙泊酚与咪达唑仑在镇痛方面表现为拮抗作用
    E. 丙泊酚与阿片类药物之间是协同作用

25. 患者男,75 岁,因"股骨颈骨折"在全麻下行股骨头置换术。既往高血压病史 5 年,糖尿病史 4 年,口服降压药及降糖药,血压及血糖控制稳定,无其他并发症,无精神病史及精神病家族史。术后带静脉镇痛泵安返病房。2 小时后突然出现躁动、幻觉、胡言乱语、不听劝阻且自行拔出静脉输液针,强行下床。关于苏醒期躁动,下列说法正确的是
    A. 是麻醉苏醒期发生率最高的并发症
    B. 一般发生在术后 24~72 小时,为持续性,成年人多见
    C. 咪达唑仑、依托咪酯、氯胺酮可能是其诱发因素
    D. 其发生与肌松药残留、术后镇痛不全、缺氧等无关
    E. 麻醉术前用药如东莨菪碱、阿托品不会诱发躁动

26. 患者男,45 岁,身高 178cm,体重 146kg。因"阻塞性睡眠呼吸暂停综合征"拟行手术,给予全身麻醉。关于肥胖患者的麻醉,下列说法正确的是
    A. 肥胖患者对苯二氮䓬类药物极度不敏感
    B. 单纯抬高上半身有利于提高肥胖患者肺的顺应性
    C. 全麻诱导时丙泊酚用量应按全部体重计算

23.【答案】C
【解析】日间手术提倡"快通道"麻醉,宜使用短效肌松药。
【考点】日间手术的麻醉特点

24.【答案】E
【解析】挥发性吸入麻醉药可增强非去极化肌松药的作用。绝大多数静脉麻醉药之间是协同作用,个别是相加或拮抗作用。苯二氮䓬类与阿片类药物是协同作用。丙泊酚与咪达唑仑在催眠与镇痛方面均表现为协同作用。
【考点】静脉麻醉药之间的相互作用

25.【答案】C
【解析】恶心、呕吐是麻醉苏醒期发生率最高的并发症;苏醒期躁动一般为一过性,持续时间较短,见于各年龄人群;肌松药的残留作用,术后镇痛不全,缺氧,麻醉术前用药如东莨菪碱、阿托品等是苏醒期躁动的诱发因素。
【考点】苏醒期躁动的诱发因素

26.【答案】C
【解析】肥胖患者对苯二氮䓬类药物甚是敏感,术前晚最好避免术前用药,如确实需要,可用短效药物如咪达唑仑,但必须连续监测。头高 30° 体位有利于提高肥胖患者肺的顺应性,而单纯抬高上半身会压迫腹部脂肪而降低功能残气量。芬太尼、罗库溴铵应该按照理想体重计算,丙泊酚按照全部体重计算剂量。肥胖患者如何计算静脉麻醉药物的诱导和维持剂量:如果药物主要分布在瘦的组织(肌肉、骨骼和器官),则诱导药物剂量选择理想体重;如果药物平均分布在瘦的组织和脂肪组织,药物剂量则选择总体重来计算;如果麻醉药物清除率在肥胖患者中低,或与正常体重患者无异,则应该以理想体重来计算维持药物剂量;如果药物清除率在肥胖患者中高,则应该以总体重来计算维持药物的剂量。
【考点】肥胖患者静脉麻醉药物剂量的计算

D. 全麻诱导时芬太尼用量应按全部体重计算

E. 全麻诱导时用量罗库溴铵应按全部体重计算

27.【答案】C

【解析】氯胺酮、丙泊酚、硫喷妥钠对神经肌肉冲动传导影响较轻，可酌情使用。重症肌无力患者对去极化肌松药表现为耐药，而对非去极化肌松药敏感，只需常用剂量的1/5~1/4即可满足肌松要求。

【考点】重症肌无力患者的麻醉用药

27. 患者女,48岁,65kg,因"重症肌无力"拟行胸腺摘除术。患者有眼睑下垂和复视现象。平时口服吡斯的明660mg和泼尼松20mg,分次口服,已服2年。下列说法正确的是

A. 禁忌使用氯胺酮

B. 对去极化肌松药极敏感

C. 阿片类药物可引起呼吸抑制,应谨慎使用

D. 丙泊酚、硫喷妥钠对神经肌肉冲动传导影响较重,应避免使用

E. 对非去极化肌松药不敏感,需加大剂量方可满足肌松要求

28.【答案】D

【解析】患者目前处于休克代偿期:①选择椎管内麻醉会加重休克程度,不宜选用;②全麻时应选择对循环影响小的药物且应小量、分次给予;③肝脾破裂出血量大,应行中心静脉穿刺置管和有创血压监测,并积极抗休克治疗。

【考点】失血性休克的麻醉要点

28. 患者男,20岁,车祸后上腹部疼痛1小时入院,诊断为肝脾破裂,拟行剖腹探查术。患者入室时神志淡漠,面色苍白,袖带血压95/52mmHg,心率135次/min。下列说法正确的是

A. 患者目前循环尚稳定,首选椎管内麻醉

B. 患者年轻,耐受力强,无须行中心静脉穿刺置管及有创血压监测

C. 患者目前循环尚稳定,如行全麻,麻醉诱导药应足量使用

D. 静脉麻醉药如芬太尼、依托咪酯对循环影响小,可选用

E. 患者目前血压尚稳定,无须抗休克治疗

29.【答案】B

【解析】琥珀胆碱可使血钾升高,肾功能不全者应禁用。

【考点】肾功能不全患者的麻醉用药

29. 患者女,61岁,因"鼻息肉"拟行"鼻息肉摘除、鼻窦开放术"。既往高血压病史10年,糖尿病病史8年,目前血压及血糖控制平稳。化验肾功能血肌酐436μmol/L,尿素氮26mmol/L。下列药物中该患者**禁用**的是

A. 七氟醚　　　　B. 琥珀胆碱　　　　C. 咪达唑仑

D. 阿曲库铵　　　　E. 丙泊酚

30.【答案】C

【解析】氟烷能使肝血流减少30%,且可使术后转氨酶一过性升高,此患者禁用。丙泊酚和瑞芬太尼为短效麻醉药,肝功异常患者可使用。阿曲库铵的代谢不依赖肝肾功能,且对于中枢神经系统无明显影响,不会造成苏醒延迟。

【考点】肝功异常患者的麻醉用药

30. 患者男,55岁,因"慢性肝炎、肝硬化、门静脉高压症"拟行脾切除+分流术。术前查Hb 82g/L,血小板85×10⁹/L,肝功能ALT 65IU/L,TBil 20mmol/L,总蛋白52g/L,白蛋白25g/L,凝血酶原时间(PT)18秒。B超示少量腹水。给予全身麻醉,术中以丙泊酚+瑞芬太尼+阿曲库铵维持麻醉。下列说法正确的是

A. 术中可选择氟烷吸入完善镇痛

B. 丙泊酚易发生蓄积作用,此患者不宜使用

C. 每种麻醉药均应选择最小有效剂量

D. 患者肝功能差,阿曲库铵代谢障碍易致苏醒延迟

E. 瑞芬太尼经肝脏代谢,肝功能差的患者禁用

31. 患者男,24 岁,因"严重烧伤(Ⅱ度烧伤面积 50%,Ⅲ度烧伤面积 15%)"于入院 48 小时后行早期切痂植皮手术。该患者使用下列哪种药有引起血钾升高的风险
    A. 氯胺酮　　　　　B. 琥珀胆碱　　　　C. 丙泊酚
    D. 咪达唑仑　　　　E. 舒芬太尼

31.【答案】B
　【解析】烧伤患者用琥珀胆碱可导致重度高钾血症和心搏骤停,大面积烧伤患者禁用该药。
　【考点】烧伤患者的用药禁忌

32. 患者男,50 岁,身高 167cm,体重 85kg,因"入睡打鼾伴憋醒 2 年"入院。患者伴有经常性夜间憋醒和失眠症。白天嗜睡、记忆力下降,伴有头痛和头晕,监测发现夜间出现心律失常。诊断为阻塞性睡眠呼吸暂停低通气综合征,入院接受手术治疗。关于该患者,下列说法正确的是
    A. 首选纤维支气管镜引导下快诱导气管插管
    B. 不宜选择适度镇静 + 表麻下清醒气管插管
    C. 清醒插管前可给予咪达唑仑 5mg+ 芬太尼 0.2mg 快速静推
    D. 为防止呼吸道感染,此患者术后宜选择尽早拔管
    E. 此类患者围术期最核心的问题就是气道管理和脏器功能保护

32.【答案】E
　【解析】麻醉诱导前应对气道进行充分评估,避免盲目选择快速诱导插管,此患者选择镇静和表麻下清醒气管插管较为安全,清醒插管前可给予小剂量咪达唑仑和芬太尼,以不抑制呼吸为宜。此类患者术后上气道常有水肿,易造成气道堵塞,宜选择延迟拔管。
　【考点】阻塞性睡眠呼吸暂停综合征患者的麻醉管理要点

【A3/A4 型题】

(1~4 题共用题干)

患儿男,3 岁,主因"食用花生米后呛咳伴呼吸困难 2 小时"急诊入院。发病以来神志欠清,未进食水。入院查体:口唇发绀,听诊右侧呼吸音减弱,呼吸浅快,34 次 /min,"三凹征"明显,心率 175 次 /min,血压 108/69mmHg,SPO$_2$ 87%~89%,诊断为"气管异物",拟在气管镜下行气管异物取出术。

1. 患儿入手术室后,首先应采取的措施
    A. 深度镇静　　　　　　B. β 受体阻滞剂降低心率
    C. 面罩吸氧　　　　　　D. 气管插管
    E. 拍打后背

1.【答案】C
　【解析】患儿脉搏血氧饱和度低,首先应吸氧。镇静药、气管插管等措施在监测及各项准备未就绪前不应给予。
　【考点】气管异物患者的麻醉管理

2. 麻醉前准备完善,该患儿最适宜的麻醉方式是
    A. 利多卡因表麻后放牙垫直接取异物
    B. 不插管七氟醚吸入全麻
    C. 快速顺序诱导气管插管静吸复合全麻
    D. 保留自主呼吸气管插管静脉全麻
    E. 以上均可

2.【答案】D
　【解析】表麻下操作患儿无法耐受,需选择全麻。该患儿气道有异物堵塞,应保留自主呼吸气管插管,不应使用肌松药。因操作过程中气道处于开发状态,不宜选择吸入麻醉。
　【考点】气管异物患者的麻醉方式

3. 该患儿麻醉诱导及维持中,避免应用的药物是
    A. 芬太尼　　　　　B. 咪达唑仑　　　　C. 七氟烷
    D. 肌松药　　　　　E. 利多卡因(表麻)

3.【答案】D
　【解析】该患儿气道有异物堵塞,应保留自主呼吸气管插管,不应使用肌松药。
　【考点】气管异物患者的麻醉用药

4.【答案】E
【考点】气管异物患者的麻醉用药

5.【答案】C
【解析】休克的治疗原则包括病因治疗、液体复苏、血管活性药物及强心药物的使用，内环境、电解质的维持，重要脏器功能的支持。
【考点】失血性休克的治疗原则

6.【答案】A
【解析】此例为饱胃患者，诱导时有误吸风险，可选择慢诱导清醒插管或快速顺序诱导，同时因患者有多种基础疾病，为减少刺激，首选快速顺序诱导。
【考点】饱胃患者全麻诱导方式的选择

7.【答案】E
【解析】除氧化亚氮外几乎所有的吸入麻醉药都有循环抑制作用，低血容量状态下吸入麻醉药诱导速度加快，MAC值下降，心功能抑制等副作用增加，故吸入麻醉药较少用于失血性休克患者的全麻诱导。虽然依托咪酯对循环影响小，但休克或血容量不足的患者诱导时应减少剂量。苯二氮䓬类药物有顺行性遗忘作用，小剂量应用于休克患者可减少浅麻醉状态下可能出现的术中知晓。氯胺酮可升高血压和心率，适合应用于休克患者，但该患者术前有冠心病，故不宜应用于麻醉诱导。
【考点】适用于休克患者的麻醉诱导药物

8.【答案】E
【解析】吗啡、硫喷妥钠、哌替啶可诱发支气管痉挛，应避免选用。氯胺酮对支气管痉挛有一定的预防作用，但该患者有高血压、冠心病史，不宜应用。
【考点】可能诱发支气管痉挛的静脉麻醉药

4. 手术期间有可能出现的并发症
   A. 血压升高 　　 B. 心率过快 　　 C. 心力衰竭
   D. 支气管痉挛 　　 E. 以上都是

(5~8 题共用题干)
患者男，73 岁，4 小时前午餐后被车撞倒。主诉腹部剧痛，现血压 70/40mmHg，心率 110 次 /min。患者既往高血压病史 20 年，服用氨氯地平 5mg/d，血压控制良好。冠心病史 10 年，激动、劳累后有心绞痛发作，受伤前心功能 II 级。有哮喘病史 15 年，偶有发作，使用沙丁胺醇气雾剂治疗。现拟行剖腹探查术。血常规示血红蛋白 50g/L，心电图提示窦性心动过速，左心室肥大，T 波改变。超声示腹部、盆腔积液(积血?)，脾脏大，脾脏回声异常，脾破裂合并包膜下血肿形成。

5. 下列关于该患者的麻醉前准备正确的是
   A. 先治疗失血性休克，再行手术治疗
   B. 先手术治疗，再治疗失血性休克
   C. 一边抗休克，一边尽快手术
   D. 抗休克治疗以血管活性药为主
   E. 抗休克治疗以补充血液为主

6. 该患者入室血压 70/40mmHg，心率 110 次 /min，常规开放静脉、监测生命体征后，应选择哪种全麻诱导方式
   A. 静脉快速顺序诱导
   B. 吸入麻醉诱导
   C. 保留自主呼吸的慢诱导
   D. 浓度递增法吸入诱导
   E. 高浓度快速诱导法吸入诱导

7. 该患者既往高血压病史 20 年，服用氨氯地平 5mg/d，平时血压控制良好。冠心病史 10 年，激动、劳累后有心绞痛发作，受伤前心功能 II 级，则麻醉诱导时应如何选择合适药物
   A. 吸入麻醉药高浓度吸入
   B. 依托咪酯常规剂量应用
   C. 苯二氮䓬类药不宜使用
   D. 氯胺酮优先使用
   E. 舒芬太尼可以使用

8. 该患者有哮喘病史 15 年，偶有发作，平时使用沙丁胺醇气雾剂治疗，则全麻诱导期可以选用的麻醉药物有
   A. 吗啡 　　　 B. 硫喷妥钠 　　　 C. 哌替啶
   D. 氯胺酮 　　 E. 咪达唑仑

(9~12 题共用题干)

患者女,80 岁,体重 53kg,因"胆囊结石"拟行腹腔镜下胆囊切除术。入院后 BP138/80mmHg,无呼吸及循环系统疾病。

9. 该患者适宜选择哪种麻醉方式
    A. 胸段硬膜外麻醉
    B. 气管插管或喉罩全麻
    C. 腰硬联合麻醉
    D. 单次腰麻
    E. 胸椎旁阻滞 + 基础麻醉

9. 【答案】B
【解析】高龄患者行椎管内麻醉易穿刺失败,且硬膜外麻醉及椎旁阻滞易引起镇痛不全及牵拉反应;腰硬联合麻醉对循环影响较大;单次腰麻平面不易达到手术要求,且麻醉维持时间有限。
【考点】老年患者的麻醉方式选择

10. 患者为 80 岁老年人,平时无呼吸及循环系统疾病,如行全麻诱导,下列哪项说法正确
    A. 患者无心肺疾患,可足量应用麻醉诱导药物
    B. 诱导过程中循环波动不会对该患者造成任何影响
    C. 麻醉诱导药物要减量,宜小量、分次、缓慢给予
    D. 可选用长效镇痛药 + 长效肌松药诱导
    E. 可用足量丙泊酚快速推注

10. 【答案】C
【考点】老年人的用药原则

11. 该患者麻醉诱导药物的选择,以下哪组更合适
    A. 咪达唑仑 5mg+ 芬太尼 0.1mg+ 丙泊酚 100mg+ 维库溴铵 5mg
    B. 咪达唑仑 1mg+ 芬太尼 0.2mg+ 依托咪酯 8mg+ 丙泊酚 30mg+ 维库溴铵 5mg
    C. 咪达唑仑 5mg+ 芬太尼 0.1mg+ 丙泊酚 120mg+ 维库溴铵 5mg
    D. 咪达唑仑 5mg+ 芬太尼 0.1mg+ 丙泊酚 150mg+ 维库溴铵 5mg
    E. 咪达唑仑 2mg+ 芬太尼 0.2mg+ 丙泊酚 150mg+ 维库溴铵 5mg

11. 【答案】B
【解析】80 岁的老年人,咪达唑仑、芬太尼、丙泊酚用量宜减量,避免对呼吸及循环系统的抑制。
【考点】老年人的用药原则

12. 老年人的药效及药代学特点,正确的是
    A. 脂溶性药物分布容积小,药物作用时间缩短
    B. 血浆蛋白降低,血浆内游离型药物浓度降低
    C. 肝脏酶水平降低,药物代谢速度减慢
    D. 对兴奋性药物反应敏感,对抑制性药物反应差
    E. 阿曲库铵的代谢受高龄影响较大

12. 【答案】C
【解析】脂溶性药物分布容积大,药物作用时间延长。血浆蛋白降低,血浆内游离型药物浓度增加。对兴奋性药物反应差,对抑制性药物敏感。阿曲库铵在体内主要经霍夫曼消除快速代谢,作用时间不受肝肾功能影响。
【考点】老年人的药效及药代学特点

(13~16 题共用题干)

患者男,32 岁,体重 65kg。诊断为"胆囊炎,胆石症",在腹腔镜下行胆囊切除术。麻醉选择为全凭静脉麻醉,诱导药物为丙泊酚,芬太尼,维库溴铵。静脉输注丙泊酚维持,间断给予芬太尼,手术

2 小时。术毕患者清醒拔管,安返病房。第二天患者述说术中听到医师谈话。

13.【答案】D
【考点】术中知晓的定义

13. 患者术中听到医师谈话的原因,下列正确的是
    A. 术中做梦　　　　　　　　B. 术后谵妄
    C. 心理疾病　　　　　　　　D. 术中知晓
    E. 术后认知功能障碍

14.【答案】E
【考点】术中知晓的危险因素

14. 发生术中知晓的危险因素有
    A. 有知晓发生病史
    B. 体外循环手术
    C. 大量或滥用阿片类药物
    D. 长期使用镇静剂或酗酒
    E. 以上都是

15.【答案】C
【考点】术中知晓的最主要原因

15. 术中知晓的最主要原因是
    A. 未用苯二氮䓬类药　　　　B. 未行 BIS 监测
    C. 肌松药的应用　　　　　　D. 全静脉麻醉
    E. 镇痛药的应用

16.【答案】B
【解析】麻醉前预防性地使用苯二氮䓬类药能够减少患者术中知晓的发生。丙泊酚意识消失的血浆靶浓度为 3μg/ml,全凭静脉麻醉时其意识消失的靶浓度个体差异较大,故应进行 BIS 监测。
【考点】术中知晓的预防

16. 全凭静脉麻醉时,为避免术中知晓发生,下列预防措施正确的是
    A. 诱导时给予适量依托咪酯
    B. 诱导时给予适量咪达唑仑
    C. 诱导及维持时加大丙泊酚用量
    D. 诱导及维持时加大芬太尼用量
    E. 术中给予右美托咪定 20μg

(17~20 题共用题干)
患者女,35 岁。诊断为"子宫肌瘤",在腹腔镜下行"子宫肌瘤切除术"。麻醉选择为全凭静脉麻醉,诱导药物为丙泊酚、舒芬太尼、维库溴铵。静脉输注丙泊酚 + 瑞芬太尼维持。诱导期及术中平稳,手术 2 小时。术毕患者清醒拔管,拔管后主诉头晕、恶心、频繁呕吐。

17.【答案】B
【解析】术后恶心呕吐是指发生于术后 24 小时内的恶心、呕吐。术后恶心呕吐是麻醉苏醒期发生率最高的并发症,发生率为 20%~30%,高危患者发生率高达 70%。长时间手术、妇科手术、腹腔镜手术、眼科手术、疼痛、低血压、脱水、焦虑、女性、非吸烟者、晕动病史都是 PONV 发生的危险因素。
【考点】促使术后恶心呕吐发生的危险因素

17. 关于术后恶心呕吐(PONV)的说法正确的是
    A. 是指发生于术后 12 小时内的恶心、呕吐
    B. 是麻醉苏醒期发生率最高的并发症
    C. 女性不是 PONV 发生的危险因素
    D. 腹腔镜手术不是 PONV 发生的危险因素
    E. 疼痛不是 PONV 发生的术后危险因素

18. 术后恶心呕吐（PONV）的危害说法正确的是
　　A. 仅仅导致患者不适
　　B. 不会引起水、电解质平衡紊乱
　　C. 可引起误吸和吸入性肺炎
　　D. 可导致患者高钾血症
　　E. 可导致患者水肿

18.【答案】C
　　【解析】可引起水电解质紊乱，如低血钾症、脱水等。
　　【考点】术后恶心、呕吐的危害

19. 关于 PONV，下列说法正确的是
　　A. 氯胺酮不增加 PONV 发生率
　　B. 硫喷妥钠不增加 PONV 发生率
　　C. 依托咪酯不增加 PONV 发生率
　　D. 丙泊酚不增加 PONV 发生率
　　E. 芬太尼不增加 PONV 发生率

19.【答案】D
　　【解析】丙泊酚有止吐作用。
　　【考点】促使术后恶心、呕吐发生的麻醉危险因素

20. 对于诱发 PONV 的危险因素及治疗，下列说法正确的是
　　A. 区域阻滞较全麻发生率高
　　B. 非甾体抗炎药比阿片类镇痛药更易诱发 PONV
　　C. 早期治疗诱发 PONV 的危险因素不能预防其发生
　　D. 应用止吐药治疗 PONV 无效
　　E. 5- 羟色胺受体拮抗剂可治疗 PONV

20.【答案】E
　　【解析】区域阻滞较全麻发生率低。非甾体抗炎药比阿片类镇痛药诱发 PONV 的概率小。早期治疗诱发 PONV 的危险因素能预防其发生。应用止吐药可治疗 PONV。
　　【考点】PONV 的预防及治疗

【案例分析题】

案例一　患者男，65 岁。间断腹痛 1 月余，近 1 周来停止排便、排气，腹部剧痛 6 小时。外科诊断为乙状结肠癌、肠梗阻、结肠破裂、弥漫性腹膜炎。拟行急诊剖腹探查术。既往史：11 年前因"肾衰竭"接受肾移植手术。术后服用免疫治疗剂至今。否认其他病史。入院查体：体温 37.8℃，血压 90/50mmHg，心率 130 次 /min，呼吸 26 次 /min。查体：板状腹，压痛明显，面色苍白，神情淡漠。术前化验检查：血小板计数 80×10^9/L；凝血酶原时间（PT）14 秒，活化部分凝血活酶时间（APTT）42 秒。立位腹平片示膈下游离气体。腹部 CT 示乙状结肠肠壁增厚、梗阻。

提问 1：该患者适宜选用的麻醉方式是
　　A. 连续硬膜外麻醉
　　B. 腰硬联合麻醉
　　C. 全身麻醉
　　D. 全身麻醉 + 切口局麻药浸润
　　E. 双侧腹横筋膜阻滞 + 基础麻醉
　　F. 全身麻醉 + 连续硬膜外麻醉

提问 2：该患者血压 90/50mmHg，心率 130 次 /min，全麻诱导中可选择的静脉麻醉药物有
　　A. 依托咪酯　　　　B. 氯胺酮
　　C. 丙泊酚　　　　　D. 咪达唑仑

提问 1：【答案】CD
　　【解析】全身麻醉是感染性休克患者的首选麻醉方式。椎管内阻滞易导致交感神经阻滞、血管扩张，患者回心血量和有效循环血量进一步减少，会加重休克患者的病情；并且此患者血小板减少、凝血功能异常，故应避免椎管内麻醉。
　　【考点】感染性休克患者的麻醉方式

提问 2：【答案】ABDF
　　【解析】丙泊酚及硫喷妥钠对循环抑制明显，休克患者应避免应用；其余几种药物可选用，但亦应小量分次给药，或者复合用药，力求循环稳定。
　　【考点】感染性休克患者的麻醉用药原则

E. 硫喷妥钠　　　　　F. 地西泮

提问3:关于感染性休克,下列说法正确的是

A. 血流动力学表现为"高排低阻"的特点

B. 血流动力学表现为"低排低阻"的特点

C. 液体复苏首选胶体液

D. 液体复苏首选晶体液

E. 应避免输注羟乙基淀粉

F. 早期液体复苏可减少麻醉诱导过程中循环衰竭的发生

G. 去甲肾上腺素是纠正感染性休克低血压的首选升压药(1B级)

提问4:该患者的麻醉维持,下列说法正确的是

A. 可采用静吸复合麻醉

B. 可在 BIS 监测下靶控输注丙泊酚 + 短效阿片类药物

C. 依托咪酯对循环影响小,可长时间输注

D. 静脉麻醉药应以最小的剂量达到最合适的麻醉深度

E. 根据 BIS 调整麻醉深度,可用适量咪达唑仑以防术中知晓

F. 术中监测血气,及时调整电解质及酸碱平衡紊乱

G. 如血流动力学不稳定,应使用血管活性药物

案例二　患者男,76 岁,体重 75kg,因"反复左上腹痛 10 年,加重 7 天"入院,经检查诊断为"胃溃疡"。既往高血压病史 20 余年。平时自行服用复方利血平氨苯蝶啶片、阿司匹林、美托洛尔,未住院接受系统治疗,每年发作 1~2 次心绞痛。否认糖尿病病史。入院体检:脉搏 102 次 /min,呼吸频率 16 次 /min,血压 210/110mmHg。ECG 示:窦性心律、偶发室性期前收缩、ST-T 改变、左束支传导阻滞。经内科调整,拟行全麻下"胃次全切除术"。

提问1:下列属于老年人病理生理特点的是

A. 脂溶性药物的分布容积增大

B. 肺顺应性降低,用力肺活量减少

C. 心脏功能储备逐渐减少

D. 术后谵妄发生率高

E. 药物的清除和代谢缓慢

F. 对儿茶酚胺类药物反应敏感

G. 自主神经调节功能减退

H. 压力感受器敏感性增强

提问2:该患者术前访视要点包括

A. 血压是否已控制到理想范围

B. 利血平是否已于术前 7~10 天停药

C. 近期是否有心绞痛发作

提问3:【答案】ADEFG

【解析】感染性休克液体复苏首选晶体液。

【考点】感染性休克液体复苏原则

提问4:【答案】ABDEFG

【解析】依托咪酯对肾上腺皮质合成功能有抑制作用,不应长时间持续输注。

【考点】感染性休克患者的麻醉维持

提问1:【答案】ABCDEG

【解析】老年人骨骼肌萎缩,脂肪所占比例相对增加,脂溶性药物的分布容积增大。肺顺应性降低,用力肺活量减少,围术期肺不张、肺栓塞和肺部感染较常见,特别是在腹部或胸部手术后。心排出量减少,心脏代偿功能差,心脏功能储备逐渐减少。肝脏血流量减少,药物的清除和代谢缓慢。对儿茶酚胺类药物反应差。压力感受器敏感性减退。

【考点】老年人的病理生理特点

提问2:【答案】ABCDEF

【解析】患者目前没有安装心脏起搏器的指征。

【考点】心脏病患者非心脏手术术前访视要点

D. 心绞痛发作的频次

E. 心动过速是否得到控制

F. 入院后是否已行超声心动图检查

G. 是否已安装永久心脏起搏器

提问 3:该患者的全身麻醉诱导原则及注意事项

    A. 诱导力求平稳,减少气管插管时的应激反应

    B. 诱导及维持量应减少,以免药物过量致循环意外

    C. 原则上选用短时效、低毒性、可调性快、苏醒快的药物

    D. 丙泊酚对循环影响剧烈应谨慎应用

    E. 可选用氯胺酮进行麻醉诱导

    F. 麻醉平稳,避免发生高血压危象

    G. 提倡单一选用麻醉药,以保证麻醉更平稳

提问 3:【答案】ABCDF
【解析】氯胺酮可升高血压和心率,患者术前有冠心病和心绞痛病史,不宜用于麻醉诱导。避免单一选用麻醉药物,以保证麻醉更平稳。
【考点】老年人全身麻醉诱导原则及注意事项

提问 4:此患者麻醉诱导及维持,下列说法正确的是

    A. 依托咪酯对心血管系统影响轻微,是老年患者的常用诱导药

    B. 诱导前血压过高者可用硝酸甘油控制血压,改善冠脉供血

    C. 可选用右美托咪定 80μg/h 泵入维持镇静

    D. 麻醉维持可吸入低浓度七氟烷 + 小剂量镇静镇痛药

    E. 诱导期血压过高时可给予大剂量丙泊酚快速静推

    F. 尽量选用短效麻醉药物,且剂量酌减

    G. 加强血流动力学监测,维持心肌氧供需平衡

提问 4:【答案】ABDFG
【解析】患者有高血压和左束支传导阻滞,不宜用右美托咪定。大剂量丙泊酚对心血管抑制强烈,老年心脏病患者应慎用或禁用。
【考点】老年人全身麻醉诱导及维持

案例三 患者女,28 岁,体重 77kg。妊娠 35 周,妊娠后期合并重度妊高征,入院后经降压治疗无明显效果,拟行择期剖宫产术。入室血压 185/110mmHg,心率 110 次 /min,呼吸 22 次 /min,心电图示心室肥厚,无心衰症状,下肢水肿 II 度,尿蛋白(+++),血小板计数 50×10^9/L,PT 11.4 秒,APTT 36.8 秒。

提问 1:关于妊高征下列说法正确的是

    A. 是妊娠期特有的疾病

    B. 基本病理生理改变为全身小动脉痉挛

    C. 大脑病变为脑血管扩张

    D. 常有凝血功能改变

    E. 临床表现为血压升高、蛋白尿、水肿和血液浓缩等

    F. 治疗措施包括解痉、镇静、降压、适度扩容、利尿等

    G. 对于重度妊高征患者,终止妊娠是极其重要的治疗措施

提问 1:【答案】ABDEFG
【解析】大脑病变为脑血管痉挛。
【考点】妊高征的基础知识

提问 2:妊高征的分类包括

    A. 妊娠期高血压

    B. 轻度子痫前期

    C. 重度子痫前期

    D. 子痫

提问 2:【答案】ABCDEF
【考点】妊高征的分类

E. 高血压并发子痫前期

F. 妊娠合并高血压

提问3:对于该患者的麻醉处理正确的是

A. 首选全身麻醉

B. 首选腰硬联合麻醉

C. 围麻醉期加强循环系统监护

D. 麻醉力求平稳,避免刺激

E. 应注意解痉药及降压药对麻醉的影响

F. 术前应用大量镁剂治疗的患者,肌松药剂量应适当

提问4:下列哪种药物可用于该患者的全麻诱导

A. 丙泊酚	B. 依托咪酯
C. 氯胺酮	D. 硫喷妥钠
E. 咪达唑仑	F. 瑞芬太尼
G. 罗库溴铵	

案例四 患者男,75岁。2小时前突发意识不清,CT检查示内囊出血、脑疝。既往高血压病史20余年。入院后紧急甘露醇脱水,拟行急诊开颅减压、血肿清除术。患者入室血压220/120mmHg,心率56次/min,昏迷状态,双瞳孔不等大,呼吸不规则。

提问1:为该患者实施麻醉,下列说法正确的是

A. 麻醉诱导时应防止反流误吸

B. 可选高浓度 N_2O 吸入复合静脉麻醉

C. 可选全凭静脉麻醉

D. 可选异氟醚或七氟醚吸入复合静脉麻醉

E. 麻醉管理的重点是稳定血流动力学和脑灌注压

F. 避免呛咳、屏气等加重颅内高压的因素

G. 麻醉中应通过降低脑氧代谢率和脑血流来降低脑张力

提问2:该患者可选用的药物有

A. 硫喷妥钠,咪达唑仑,丙泊酚

B. 氯胺酮,依托咪酯,丙泊酚

C. 咪达唑仑,丙泊酚,右美托咪定

D. 芬太尼,舒芬太尼,瑞芬太尼

E. 硫喷妥钠,瑞芬太尼,右美托咪定

F. 丙泊酚,罗库溴铵,舒芬太尼

G. 依托咪酯,维库溴铵,瑞芬太尼

提问3:该患者的麻醉管理,下列说法中正确的是

A. 因患者接受过脱水治疗,麻醉诱导前需适当扩容

B. 除氯胺酮外,其他静脉麻醉药物都可用于该患者

C. 可选择丙泊酚+瑞芬太尼静脉靶控输注,间断追加肌松药

D. 麻醉性镇痛药可减少脑血流量、降低颅内压

提问3:【答案】ACDE

【解析】患者术前凝血功能异常,禁忌施行腰硬联合麻醉。

【考点】妊高征的麻醉处理原则

提问4:【答案】ABDFG

【解析】氯胺酮有交感神经兴奋作用,妊高征患者禁用。咪达唑仑可迅速通过胎盘,影响新生儿Apgar评分,多不主张胎儿娩出前使用。

【考点】妊高征患者全麻时静脉麻醉用药禁忌

提问1:【答案】ACEFG

【解析】对所有颅脑创伤患者均应视为饱胃,麻醉诱导时应防止反流误吸;高浓度 N_2O 能使 $CMRO_2$、CBF、ICP增高。异氟醚、七氟醚等挥发性麻醉药扩张脑血管,增加CBF,可引起ICP增高,但通常ICP增高很小,但在急性颅内血肿、大面积颅内组织损伤的患者中却表现明显。

【考点】颅内高压患者的麻醉

提问2:【答案】ACDEFG

【解析】氯胺酮能导致脑代谢、脑血流量和颅内压增加,禁用于神经外科患者的麻醉和所有颅内压增加或颅内顺应性降低的患者。

【考点】高颅压患者的麻醉用药

提问3:【答案】ABCDF

【解析】高颅压患者术前多接受过脱水降颅压治疗,可能存在血管内容量不足,但却被高颅压所致的高血压所掩盖;同时静脉麻醉药物(氯胺酮除外)都具有抑制心肌收缩力、扩张周围血管的作用,因此这类药物应少量多次给予,避免血管内容量不足引起循环剧烈波动。氧化亚氮能使脑氧代谢率、脑血流、颅内压均增高。

【考点】高颅压患者的麻醉用药原则

E. 为配合降颅压治疗,静脉麻醉药可以大剂量应用

F. 挥发性麻醉药扩张脑血管,增加脑血流

G. 氧化亚氮能降低脑氧代谢率,增高脑血流和颅内压

提问4:关于该患者下列说法正确的是

A. 切皮、钻孔、掀骨瓣等操作刺激强烈,应加深麻醉

B. 颅内清除血肿时刺激较小,须减浅或维持麻醉

C. 术毕拔管、吸痰等刺激有诱发颅内再次出血的风险

D. 为了降低颅压,可给予过度通气,使 $PaCO_2$ 低于 20mmHg

E. 术毕前应适量给予长效阿片类药物,以防苏醒期躁动

F. 术中如需监测运动诱发电位,则必须使用肌松剂

G. 静脉麻醉药对体感诱发电位的监测影响极大

H. 高浓度吸入麻醉药可影响体感诱发电位的监测

(刘晓梅)

提问4:【答案】ABCEH

【解析】患者脑疝形成,为了降低颅压,可给予适度通气,使 $PaCO_2$ 降至 30~35mmHg,如通气过度会导致脑血管痉挛,导致脑缺血。术中如需监测运动诱发电位,则不宜使用肌松剂。高浓度吸入麻醉药可影响体感诱发电位的监测,静脉麻醉药对体感诱发电位的影响则小得多。

【考点】高颅压患者的麻醉管理要点

第十七章　椎管内麻醉

1.【答案】B
【解析】成人脊髓终止于腰 1 椎下缘,硬脊膜终止于骶 2,成人行蛛网膜下腔麻醉时多选择在第 2 腰椎以下的间隙,以免损伤脊髓。只有 B 选项正确。
【考点】椎管内麻醉解剖

2.【答案】B
【解析】局麻药通过脑脊液阻滞脊髓的前根神经和后根神经,因后根多为无髓鞘的感觉神经纤维和交感神经纤维,本身对局麻药特别敏感,前根多为有髓鞘的运动神经纤维,对局麻药物敏感性差,所以局麻药组织顺序先从自主神经开始,次之为感觉神经纤维,而传递运动的神经纤维及有髓鞘的本体感觉纤维最后被阻滞,所以阻滞顺序是血管舒缩神经、温觉、痛觉、触觉、运动、压力。
【考点】椎管内麻醉生理学基础

3.【答案】B
【解析】脊柱的 4 个生理弯曲在仰卧位时,腰 3 最高,胸 6 最低。
【考点】脊柱的生理曲度

4.【答案】D
【解析】神经根从脊髓的不同节段发出,称为神经节段。躯干部皮肤的脊神经支配区:甲状软骨部皮肤是颈 2 神经支配;胸骨柄上缘是胸 2 神经支配;两侧乳头连线是胸 4 神经支配;剑突下是胸 6 神经支配;季肋部肋缘是胸 8 神经支配;平脐是胸 10 神经支配;耻骨联合部是胸 12 神经支配;大腿前面是腰 1~ 腰 3 神经支配;小腿前面和足背是腰 4~ 腰 5 神经支配;足、小腿及大腿后面、骶部和会阴部是骶神经支配;上肢是颈 3~ 胸 1 神经支配。
【考点】脊神经解剖

5.【答案】A
【解析】穿刺针到达黄韧带后,根据阻力的突然消失、负压的出现以及无脑脊液流出等现象,即可判断穿刺针已进入硬膜外间隙。其中落空感最重要。
【考点】硬膜外穿刺技术

【A1 型题】

1. 成人脊髓终止于
   A. 胸 12 椎下缘
   B. 腰 1 椎下缘
   C. 腰 2 椎下缘
   D. 腰 3 椎下缘
   E. 腰 4 椎下缘

2. 蛛网膜下腔麻醉时神经纤维被阻滞的顺序是
   A. 温觉、痛觉、触觉运动、压力、血管舒缩神经
   B. 血管舒缩神经、温觉、痛觉、触觉、运动、压力
   C. 血管舒缩神经、痛觉、触觉、温觉、运动、压力
   D. 血管舒缩神经、运动、温觉痛觉、触觉、压力
   E. 运动、血管舒缩神经、温觉、痛觉、触觉、压力

3. 取仰卧位时,脊柱弯曲度最低点在
   A. 胸 2　　　　　　　　B. 胸 6
   C. 胸 7　　　　　　　　D. 胸 9
   E. 胸 12

4. 麻醉平面达到脐部是指哪一神经高度
   A. 胸 4　　　　　　　　B. 胸 5
   C. 胸 8　　　　　　　　D. 胸 10
   E. 胸 12

5. 确定穿刺针进入硬膜外腔最重要的指标是
   A. 落空感　　　　　　　B. 负压
   C. 气泡反流　　　　　　D. 抽吸无脑脊液
   E. 置管顺利

6. 影响硬膜外阻滞平面的因素哪项相对**不重要**
　　A. 患者身高　　　　　　B. 穿刺间隙
　　C. 导管方向　　　　　　D. 药物容积
　　E. 注药速度

7. 哪项**不是**硬膜意外穿破后头痛的治疗
　　A. 输注低分子右旋糖酐
　　B. 硬膜外自体血填充
　　C. 静脉滴注 500mg 咖啡因
　　D. 硬膜外注入生理盐水或右旋糖酐 10~15ml
　　E. 头部理疗

8. 下列哪项**不是**蛛网膜下腔麻醉后并发症
　　A. 腰背痛
　　B. 空气栓塞
　　C. 颅内感染
　　D. 头痛
　　E. 马尾神经综合征

9. 全脊麻最常见的表现是
　　A. 呼吸深大　　　　　　B. 心搏骤停
　　C. 低血压　　　　　　　D. 局麻药中毒
　　E. 抽搐

10. 腰麻下行剖宫产术,发生严重低血压的常见主要原因是
　　A. 全脊麻　　　　　　　B. 过敏反应
　　C. 药物过量　　　　　　D. 下腔静脉受压
　　E. 输入液体过少

11. 有关脊神经的描述正确的是
　　A. 脊神经前根是混合神经
　　B. 脊神经后根是混合神经
　　C. 脊神经前根司感觉,脊神经后根司是混合神经
　　D. 脊神经前根司运动,后根司感觉
　　E. 脊神经的前、后根均为混合神经

12. 硬膜意外穿破后,头痛的特点**除外**
　　A. 平卧位时加重,坐起时减轻
　　B. 平卧位时减轻,坐起时加重
　　C. 疼痛部位多见于枕部
　　D. 疼痛性质属胀满且程度不一
　　E. 疼痛时可伴恶心呕吐

6.【答案】A
　【解析】影响阻滞平面的因素:①药物容量和注射速度。容量愈大,注速愈快,阻滞范围愈广,反之,则阻滞范围窄,但临床实践证明,快速注药对扩大阻滞范围的作用有限。②导管的位置和方向。导管向头侧时,药物易向头侧扩散;向尾侧时,则可多向尾侧扩散 1~2 个节段,但仍以向头侧扩散为主。如果导管偏于一侧,可出现单侧麻醉,偶尔导管进入椎间孔,则只能阻滞几个脊神经根。③患者的情况。婴幼儿、老年人硬膜外间隙小,用药量须减少。
　【考点】硬膜外阻滞的管理

7.【答案】E
　【解析】治疗脊麻后头痛的措施,包括:①镇静、卧床休息及补液;②静脉或口服咖啡因;③硬膜外生理盐水输注;④硬膜外充填血(blood patch)。
　【考点】椎管内麻醉并发症

8.【答案】B
　【解析】蛛网膜下腔麻醉的并发症包括轻度的并发症及严重的并发症,前者如低血压、平面过高、呼吸抑制、脊麻后头痛及背痛;后者如神经损伤、脑膜炎、马尾综合征、硬膜下出血、脑损伤及死亡等。
　【考点】蛛网膜下腔麻醉的并发症

9.【答案】C
　【解析】全脊麻的主要特征是注药后迅速发展的广泛的感觉和运动神经阻滞。由于交感神经被阻滞,低血压是最常见的表现。
　【考点】全脊麻的主要特征

10.【答案】D
　【解析】麻醉肌松起效后,子宫压迫下腔静脉,导致回心血量减少,引起严重低血压。
　【考点】剖宫产术仰卧位综合征

11.【答案】D
　【解析】脊神经前根司运动,后根司感觉。
　【考点】脊神经椎管内麻醉解剖

12.【答案】A
　【解析】头痛的特点平卧位时减轻,坐起时加重,疼痛部位多见于枕部,疼痛性质属胀满感,疼痛时可伴恶心呕吐。
　【考点】椎管内麻醉并发症

13.【答案】E

【解析】除局麻药外,尚需加入一些溶剂,以配成重比重液、等比重液或轻比重液,以利药物弥散和分布。重比重液其比重大于脑脊液,容易下沉,向尾侧扩散,常通过加入5%葡萄糖溶液,重比重液是临床上应用最多的脊麻液。等比重液可用脑脊液稀释,轻比重液其比重小于脑脊液,可用注射用水配制。

【考点】椎管内麻醉用药

14.【答案】E

【解析】腰麻禁忌证:①精神病、严重神经官能症以及小儿等不能合作的患者。②严重低血容量的患者。此类患者在脊麻发生作用后,可能发生血压骤降甚至心搏骤停,故术前访视患者时,应切实重视失血、脱水及营养不良等有关情况,特别应衡量血容量状态,并仔细检查,以防意外。③凝血功能异常的患者。凝血功能异常者,穿刺部位易出血,导致血肿形成及蛛网膜下腔出血,重者可致截瘫。④穿刺部位有感染的患者。穿刺部位有炎症或感染者,脊麻有可能将致病菌带入蛛网膜下腔引起急性脑脊膜炎的危险。⑤中枢神经系统疾病,特别是脊髓或脊神经根病变者,麻醉后有可能后遗长期麻痹,疑有颅内高压患者也应列为禁忌。⑥脊椎外伤或有严重腰背痛病史者,禁用腰麻。脊椎畸形者,使解剖结构异常,也应慎用腰麻。

【考点】腰麻禁忌证、适应证

15.【答案】A

【解析】成人脊柱的4个生理弯曲,在仰卧位时腰3最高,胸6最低。经腰2~腰3间隙穿刺注重比重药,患者转为仰卧位后,药物将沿着脊柱的坡度向胸段偏高,使麻醉平面偏高。经腰3~腰4间隙穿刺注药,患者转为仰卧位后,药物将沿着脊柱的坡度向骶段移动,使麻醉平面偏低。

【考点】成人脊柱的4个生理弯曲,蛛网膜下腔麻醉,影响平面的因素

16.【答案】D

【解析】硬膜外神经阻滞时,婴幼儿、老年人硬膜外间隙小,用药量需减少。妊娠后期,由于下腔静脉受压,硬膜外间隙相对变小,药物容易扩散,用药量也需减少。脱水、血容量不足等,可加速药物扩散,用药应格外慎重。发热对药物扩散没有明显影响。

【考点】硬膜外神经阻滞,影响阻滞平面的因素

17.【答案】B

【解析】影响局麻药神经毒性的最重要因素是局麻药浓度。

【考点】药物毒性相关并发症

13. 关于腰麻药比重,哪项错误
   A. 等比重药液作用时间较短
   B. 重比重药液可用5%~10%葡萄糖配制
   C. 重比重药液作用时间延长
   D. 轻比重药液可用注射用水配制
   E. 等比重可用5%碳酸氢钠配制

14. 下面是腰麻的禁忌证,除外
   A. 穿刺部位感染
   B. 休克
   C. 脊髓灰质炎
   D. 男50岁,小肠梗阻1周,频繁呕吐
   E. 女65岁,右股骨骨折,血压150/85mmHg,拟行人工股骨头置换术

15. 成人脊柱的4个生理弯曲,在仰卧位时颈曲和腰曲向前,胸曲和骶曲向后,腰3最高,胸6最低。这种弯曲对蛛网膜下腔给予重比重药液的影响是
   A. 经腰2~腰3间隙穿刺注药,患者转为仰卧位后,药物将沿着脊柱的坡度向胸段移动,使麻醉平面偏高
   B. 经腰2~腰3间隙穿刺注药,患者转为仰卧位后,药物将沿着脊柱的坡度向骶段移动,使麻醉平面偏低
   C. 经腰3~腰4间隙穿刺注药,患者转为仰卧位后,药物将沿着脊柱的坡度向胸段移动,使麻醉平面偏高
   D. 经腰2~腰3间隙穿刺注药,患者转为仰卧位后,药物将沿着脊柱的坡度分别向胸段和骶段移动,使麻醉平面合适
   E. 经腰3~腰4间隙穿刺注药,患者转为仰卧位后,药物将沿着脊柱的坡度分别向胸段和骶段移动,使麻醉平面合适

16. 硬膜外神经阻滞时,影响阻滞平面的患者情况不包括
   A. 婴幼儿硬膜外间隙小,用药量需减少
   B. 老年人硬膜外间隙小,用药量需减少
   C. 妊娠后期,由于下腔静脉受压,硬膜外间隙相对变小,药物容易扩散,用药量也需减少
   D. 发热的患者,药物容易扩散,用药量也需减少
   E. 脱水、血容量不足等,可加速药物扩散,用药应格外慎重

17. 马尾综合征是以脊髓圆锥水平以下神经根受损为特征的临床综合征。其最主要的危险因素是
   A. 硬膜外血肿
   B. 局麻药浓度

C. 局麻药种类

D. 局麻药中加入肾上腺素

E. 操作时损伤

18. 全脊髓麻醉的预防措施中,**不包括**

　　A. 强调采用试验剂量,且从硬膜外导管给药,试验剂量不应超过脊麻用量,观察时间不少于 5 分钟

　　B. 正确操作,确保局麻药注入硬膜外腔,注药前回吸确认无脑脊液回流,缓慢注射及反复回吸

　　C. 局麻药中加入肾上腺素,加快输液,尽早应用血管活性药物

　　D. 如发生硬膜穿破建议改用其他麻醉方法。如继续使用硬膜外腔阻滞,应严密监测并少量分次给药

　　E. 注药后严密观察患者,包括阻滞平面、患者意识、循环呼吸状态及生命体征

【A2 型题】

1. 患者男性,54 岁,因"胆囊结石"拟于硬膜外麻醉下行胆囊切除术。麻醉过程中确定硬膜外穿刺部位的体表标志有

　　A. 颈 4 棘突最明显

　　B. 肩胛冈连线交于胸 4 棘突

　　C. 两侧肩胛下角连线交于胸 7 棘突

　　D. 两侧髂嵴最高点连线交于 L_2~L_3 间隙

　　E. 肋缘连线交于胸 8 棘突

2. 患者女性,28 岁,孕 39^{+4} 周,因"胎儿宫内窘迫"拟行急诊剖宫产术。L_3~L_4 蛛网膜下腔阻滞后出现恶心呕吐,原因**不包括**

　　A. 迷走神经传入冲动增加

　　B. 胃肠蠕动减慢

　　C. 静脉回心血量减少

　　D. 低血压脑缺氧

　　E. 孕激素水平改变

3. 患者女性,28 岁,孕 39^{+4} 周,因"胎儿宫内窘迫"拟行急诊剖宫产术。L_3~L_4 蛛网膜下腔注入 10mg 含糖重比重布比卡因 5 分钟后,血压降至 65/35mmHg,处理措施**不包括**

　　A. 快速补液

　　B. 头低足高位

　　C. 静脉注射麻黄碱

　　D. 静脉注射去氧肾上腺素

　　E. 面罩吸氧

18.【答案】C

【解析】全脊麻表现为注药后迅速出现(一般 5 分钟内)意识不清、双瞳孔扩大固定、呼吸停止、肌无力、低血压、心动过缓,甚至出现室性心律失常或心搏骤停。预防包括强调采用试验剂量,且从硬膜外导管给药,试验剂量不应超过脊麻用量,观察时间不少于 5 分钟。正确操作,确保局麻药注入硬膜外腔,注药前回吸确认无脑脊液回流,缓慢注射及反复回吸。如发生硬膜穿破,则建议改用其他麻醉方法。如继续使用硬膜外腔阻滞,应严密监测并少量分次给药。注药后严密观察患者。局麻药中加入肾上腺素,延长局麻药作用时间,不能防止全脊麻。

【考点】全脊髓麻醉,椎管内神经阻滞并发症

1.【答案】C

【解析】此题主要考查椎管内麻醉的解剖。硬膜外穿刺的常用体表标志有:两侧肩胛骨连线交于胸 3 棘突;两侧肩胛下角连线交于胸 7 棘突;两侧髂嵴最高点连线交于腰 4 棘突或腰 3~腰 4 棘突间隙。

【考点】常用椎管内麻醉穿刺部位的定位标志

2.【答案】B

【解析】此题结合病例主要考查椎管内麻醉对孕产妇的生理影响。①妊娠期胎盘分泌大量黄体酮,引起全身平滑肌普遍松弛,使胃肠道张力降低,胃排空时间延长;②椎管内麻醉时由于交感神经被阻断,迷走神经传入冲动相对增加,胃肠蠕动增加;③上述两点引起静脉回心血量减少,血压下降;④脊麻引起的血压下降导致脑供血骤减,兴奋呕吐中枢。

【考点】椎管内麻醉时交感神经阻断,迷走神经传入冲动相对增加,胃肠蠕动增加

3.【答案】B

【解析】此题结合病例考查椎管内并发症的处理。椎管内麻醉所致的血压下降主要是由交感神经节前神经纤维被阻滞,使小动脉扩张、周围阻力下降,加之血液淤积于周围血管系、静脉回心血量减少、心排出量下降而造成。处理包括吸氧、补充血容量和使用血管活性药物。使用重比重局麻药时,采取头低位可能导致麻醉平面过高,加重低血压进展。

【考点】低血压的处理方法

187

4.【答案】E

【解析】此题结合病例考查椎管内并发症的处理。蛛网膜下腔阻滞时，由于交感神经节前神经纤维被阻滞，使小动脉扩张，周围阻力下降，血液淤积于周围血管，静脉回心血量减少，心排出量下降而造成血压降低。脊麻时骨骼肌松弛使肌肉丧失了肌泵的作用，回心血量减少导致血压出现较大变化。血压下降程度主要取决于阻滞平面的高低，也与患者心血管功能及容量状态有关。

【考点】椎管内麻醉时低血压的原因及处理方法

5.【答案】C

【解析】此题结合病例考查椎管内麻醉的适应证。低分子量肝素与口服抗凝药增加硬膜外血肿的风险。低分子肝素预防剂量给药后至少12小时或治疗剂量给药后24小时，方可施行椎管内阻滞（穿刺、置管或拔管），此例患者为治疗剂量，故需停药24小时。

【考点】围术期抗凝治疗对椎管内麻醉的影响

6.【答案】B

【解析】此题考查病理产科患者麻醉方法选择的依据。该患者HELLP综合征诊断不除外，因为血小板减少，凝血功能异常，有出血倾向，椎管内麻醉包括硬膜外麻醉、腰麻及腰硬联合麻醉均应列为禁忌。患者背部水肿明显，穿刺难度增加，将进一步增加穿刺损伤发生概率，也是应列入考虑的因素。

【考点】椎管内麻醉的禁忌证和适应证

7.【答案】C

【解析】此题考查椎管内麻醉的作用机制。椎管内麻醉的阻滞平面是指皮肤感觉消失的界限。硬膜外麻醉的阻滞平面与局麻药容量、注药速度、导管位置和方向，以及患者情况有关。

【考点】椎管内麻醉的作用机制

8.【答案】C

【解析】此题结合病例考查椎管内麻醉对生理功能的影响。脊麻所致的血压下降主要是由于交感神经节前神经纤维被阻滞，使小动脉扩张，周围阻力下降，加之血液淤积于周围血管，静脉回心血量减少，心排出量下降而造成。血压下降的程度，主要取决于阻滞平面的高低，但与患者心血管功能代偿状态以及是否伴有高血压、血容量不足或酸中毒等情况有关。

【考点】低血压的处理方法

4. 患者男性，76岁，因"膀胱肿瘤"拟于腰麻下行膀胱肿瘤电切术。$L_3 \sim L_4$ 蛛网膜下腔注入含糖重比重布比卡因 10mg，血压降至 70/45mmHg，血压下降的原因**不包括**

A. 骨骼肌松弛　　　　　　B. 动脉硬化

C. 中枢交感活性下降　　　D. 交感神经阻滞

E. 迷走神经抑制

5. 患者男性，72岁，因"右腹股沟斜疝"拟于腰麻下行右腹股沟疝修补术。患者既往 5 年前行二尖瓣置换术，长期口服华法林抗凝，本次入院华法林停药 5 天，改用皮下注射低分子肝素 4 000IU q.12h. 治疗，若拟行硬膜外麻醉，建议低分子肝素术前停药时间

A. 2 小时　　　　B. 12 小时　　　　C. 24 小时

D. 48 小时　　　　E. 72 小时

6. 患者女性，34岁，因"停经33周，水肿加重1周，皮肤黄染4天"从外院急诊转入。患者未行定期产检，1 个月前出现双下肢水肿，2 周前有牙龈出血，1 周前水肿加重，伴恶心呕吐和全身皮肤黄染，考虑"妊娠期高血压疾病重度子痫前期，HELLP 综合征不除外"。最终麻醉医师没有选择椎管内麻醉，下列哪项**不是**该选择的依据

A. 血常规示 PLT 63×10^9/L

B. 患者入室血压 165/105mmHg

C. 病史中有牙龈出血

D. 凝血功能检查示 INR 超过正常上限

E. 背部水肿明显

7. 患者男性，54岁，因"胆囊结石"拟于硬膜外麻醉下行胆囊切除术，要求阻滞平面至少达到 T_6 水平，临床上所谓阻滞平面是指

A. 交感神经阻滞平面

B. 温觉阻滞平面

C. 痛觉阻滞平面

D. 运动神经阻滞平面

E. 压力感觉神经阻滞平面

8. 患者男性，72岁，因"膀胱肿瘤"拟于腰麻下行膀胱肿瘤电切术。$L_3 \sim L_4$ 蛛网膜下腔注入含糖重比重布比卡因 10mg，血压降至 70/45mmHg，椎管内阻滞血压下降的主要因素是

A. 肌肉麻痹

B. 肾上腺素

C. 交感神经阻滞

D. 副交感神经阻滞

E. 中枢交感神经介质释放减少

9. 患者男性,24 岁,因"急性阑尾炎"拟于腰硬联合麻醉下行阑尾切除术,$L_2 \sim L_3$ 穿刺顺利,蛛网膜下腔给药后置入硬膜外导管,腰麻平面达 T_6,则其交感神经阻滞平面达

　　A. T_9　　　　　　　　　　B. T_8

　　C. T_7　　　　　　　　　　D. T_6

　　E. T_4

10. 患者女性,28 岁,孕 38^{+4} 周,因"胎儿宫内窘迫"拟于连续硬膜外麻醉下行急诊剖宫产术。$L_2 \sim L_3$ 硬膜外穿刺置管顺利,给予试验量 2% 利多卡因 5ml,5 分钟后测平面至 T_{10},追加 2% 利多卡因 10ml,5 分钟后出现血压下降,心率减慢,测麻醉平面到达 T_4。妊娠妇女硬膜外阻滞平面扩散较广的主要机制是

　　A. 体弱平面易扩散

　　B. 硬膜外间隙是负压

　　C. 硬膜外间隙是正压

　　D. 硬膜外血管充盈间隙变小

　　E. 通气量大

11. 患者男性,70 岁,因"膀胱肿瘤"拟于腰麻下行膀胱肿瘤电切术。临床上腰麻穿刺进入蛛网膜下腔的部位俗称

　　A. 马尾　　　　　　　　　　B. 终池

　　C. 脊髓　　　　　　　　　　D. 腰膨大

　　E. 脊髓后根

12. 患者女性,28 岁,孕 36^{+4} 周,因"胎儿宫内窘迫"拟于硬膜外麻醉下行剖宫产术。穿刺间隙的选择除病情需要外,尚需了解成人仰卧位时脊柱最高部位是

　　A. C_3　　　　　　　　　　B. L_1

　　C. L_3　　　　　　　　　　D. T_6

　　E. T_{10}

13. 患者男性,45 岁,因"胆囊结石"拟于硬膜外麻醉下行胆囊切除术。局麻药中加入 1:200 000 肾上腺素是指 20ml 药液中加入肾上腺素

　　A. 0.1mg　　　　　　　　　　B. 0.2mg

　　C. 0.3mg　　　　　　　　　　D. 0.4mg

　　E. 0.01mg

9.【答案】E

【解析】此题主要考查椎管内麻醉的生理学基础。脊神经后根多为无髓鞘的感觉神经纤维及交感神经纤维,本身对局麻药特别敏感,前根多为有髓鞘的运动神经纤维,对局麻药敏感性差,所以局麻药阻滞顺序先从自主神经开始,次之感觉神经纤维,而传递运动的神经纤维及有髓鞘的本体感觉纤维最后被阻滞。交感神经、感觉神经、运动神经阻滞的平面并不一致,一般交感神经阻滞的平面比感觉消失的平面高 2~4 神经节段,感觉消失的平面比运动神经阻滞平面高 1~4 节段。

【考点】常用椎管内麻醉感觉、运动和自主神经阻滞范围

10.【答案】D

【解析】此题结合病例考查妊娠期生理变化及剖宫产手术的麻醉选择。平卧位时约有 90% 临产妇的下腔静脉被子宫所压,甚至完全阻塞,下肢静脉血将通过椎管内和椎旁静脉丛及奇静脉等回流至上腔静脉。因此,可引起椎管内静脉丛怒张、硬膜外间隙变窄和蛛网膜下腔压力增加。

【考点】妊娠对椎管内麻醉的影响

11.【答案】B

【解析】此题主要考查椎管内麻醉的解剖。成人脊髓终止于 L_1 椎体下缘,蛛网膜下腔阻滞常选用腰 3~腰 4 棘突间隙,此处的蛛网膜下腔最宽,脊髓于此也已形成终丝,故无伤及脊髓之虞。

【考点】常用椎管内麻醉穿刺部位

12.【答案】C

【解析】此题主要考查椎管内麻醉的解剖。脊椎的 4 个生理弯曲在仰卧位时,腰 3 最高,胸 6 最低,如果经腰 2~腰 3 间隙穿刺注药,患者转为仰卧后,药物将沿着脊柱的坡度向胸段移动,使麻醉平面偏高;如果在腰 3~腰 4 或腰 4~腰 5 间隙穿刺,患者仰卧后,大部分药液向骶段方向移动。

【考点】常用椎管内麻醉穿刺部位

13.【答案】A

【解析】此题结合病例主要考查椎管内麻醉的用药。硬膜外麻醉时局麻药中常加用肾上腺素,以减慢其吸收,延长作用时间。肾上腺素的浓度,应以达到局部轻度血管收缩而无明显全身反应为原则。一般浓度为 1:200 000,即 20ml 药液中可加 0.1% 肾上腺素 0.1ml,高血压患者酌减。

【考点】肾上腺素给药剂量的换算方法

14.【答案】A
【解析】此题主要考查椎管内麻醉的解剖。
【考点】椎管内麻醉穿刺路径上的解剖结构

15.【答案】B
【解析】此题主要考查蛛网膜下腔阻滞的并发症。Bain-bridge 反射又称静脉心脏反射。在右心房和腔静脉血管壁内膜下，存在感知静脉回心血量的容量感受器，一旦静脉回心血量明显减少时，就会通过心迷走神经，引起心率减慢，目的是更好地得到右房的充盈；反之当静脉回心血量增加时，就会通过心迷走神经引起心率加快。Bezold-Jarish 反射是容量减少引起的血管 - 迷走反射，在左心室壁存在压力感受器，当左心室容量降低时兴奋，通过 Bezold- Jarish 反射，使心率减慢，以增加左室充盈时间，增加每搏输出量。
【考点】蛛网膜下腔阻滞导致循环抑制时，迷走神经兴奋性相对增加，心脏迷走张力增高

16.【答案】D
【解析】此题主要考查椎管内麻醉的解剖。按神经根从脊髓的不同节段发出，称为神经节段。躯干部皮肤的脊神经支配区：甲状软骨部皮肤是颈 2 神经支配；胸骨柄上缘是胸 2 神经支配；两侧乳头连线是胸 4 神经支配；剑突下是胸 6 神经支配；季肋部肋缘是胸 8 神经支配；平脐是胸 10 神经支配；耻骨联合部是胸 12 神经支配；大腿前面是腰 1～腰 3 神经支配；小腿前面和足背是腰 4～腰 5 神经支配；足、小腿及大腿后面、骶部和会阴部是骶神经支配；上肢是颈 3～胸 1 神经支配。
【考点】椎管内麻醉阻滞范围的神经支配

17.【答案】C
【解析】此题结合病例考查椎管内麻醉并发症的处理。脊麻所致的血压下降主要是由交感神经节前神经纤维被阻滞，使小动脉扩张、周围阻力下降，加之血液淤积于周围血管、静脉回心血量减少、心排出量下降而造成。处理上，应积极补充血容量，并使用能够同时兴奋 α- 和 β- 肾上腺素能受体的药物提升血压和心率。
【考点】低血压的处理方法

18.【答案】D
【解析】此题结合病例主要考查椎管内麻醉的并发症。局麻药重症毒性反应突出的表现是惊厥。此时，由于通气道和胸、腹部肌肉不协调和强烈收缩，势必影响呼吸和心血管系统，可危及生命。发生惊厥的机制，可能与局麻药作用于边缘系统、海马和杏仁核有关，杏仁核的血液灌注较其他部

14. 患者男性，70 岁，因"膀胱肿瘤"拟于脊麻下行膀胱肿瘤电切术。该患者蛛网膜下腔阻滞穿刺过程中，穿刺针穿过的组织正确的是
A. 皮肤、皮下组织、棘上韧带、棘间韧带、黄韧带、硬膜外腔、硬脊膜
B. 皮肤、皮下组织、棘上韧带、硬膜外腔、黄韧带、硬膜下腔、硬脊膜
C. 皮肤、皮下组织、黄韧带、棘上韧带、硬膜外腔、棘间韧带、硬脊膜
D. 皮肤、皮下组织、棘上韧带、硬膜外腔、黄韧带、硬脊膜
E. 皮肤、皮下组织、棘间韧带、棘上韧带、硬膜、黄韧带、硬膜外腔

15. 患者男性，76 岁，身高 178cm，体重 60kg，拟于腰麻下行右侧腹股沟疝修补术。L_3～L_4 蛛网膜下腔阻滞后出现严重的血压下降，心率减慢，其发生机制下列**不正确**的是
A. 交感缩血管纤维被阻滞
B. 心脏迷走神经兴奋性降低
C. 心肌细胞牵张反射参与其中
D. Bain-Bridge 反射参与其中
E. Bezold-Jarish 反射参与其中

16. 患者男性，70 岁，因"膀胱肿瘤"拟于腰麻下行膀胱肿瘤电切术。L_3～L_4 蛛网膜下腔阻滞后，麻醉平面达到脐部，此时指的经节段是
A. 胸 4　　B. 胸 5　　C. 胸 8
D. 胸 10　　E. 胸 12

17. 患者男性，76 岁，拟于腰硬联合麻醉下行膀胱部分切除术。L_3～L_4 蛛网膜下腔注入含糖重比重布比卡因 10mg，并置入硬膜外导管，平卧后血压降至 70/45mmHg，心率 49 次 /min。药物纠正脊麻引起的低血压，最好兴奋
A. α- 肾上腺素能受体
B. β- 肾上腺素能受体
C. α- 和 β- 肾上腺素能受体
D. α- 肾上腺素能受体
E. β- 肾上腺素能受体

18. 患者男性，45 岁，因"急性阑尾炎"拟行硬膜外麻醉下行阑尾切除术。T_{12}～L_1 硬膜外穿刺置管 4cm，回吸有血，遂逐渐退管至 2cm 深度回吸无血，给予试验剂量 2% 利多卡因 5ml，5 分钟后平面至 T_{10}，追加 2% 利多卡因 10ml，患者突然发生惊厥，

考虑局麻药中毒。局麻药中毒的本质是

A. 肝衰竭

B. 呼吸抑制

C. 过敏反应

D. 中枢神经系统受抑制

E. 组胺释放

19. 患者女性,28 岁,孕 39^{+4} 周,因"胎儿宫内窘迫"拟于腰麻下行急诊剖宫产术。L$_3$~L$_4$ 穿刺给药,手术顺利,次日下床活动后出现头痛,平卧后可缓解。腰麻后头痛的描述正确的是

A. 直立性头痛

B. 偏头痛

C. 血管搏动性头痛

D. 平卧性头痛

E. 紧张性头痛

20. 患者男性,50 岁,身高 165cm,体重 90kg,拟于连续硬膜外麻醉下行左肾部分切除术。T$_9$~T$_{10}$ 硬膜外穿刺尝试 2 次失败,第 3 次穿刺过程中患者出现一过性右下肢抽动及触电感觉,可疑神经根损伤遂改为全麻。下列关于硬膜外麻醉致脊髓或神经根损伤的描述,**错误**的是

A. 神经根损伤时即有触点或疼痛

B. 脊髓损伤为剧痛,偶伴一过性意识障碍

C. 神经根损伤以运动障碍为主

D. 神经根损伤后感觉缺失仅限于 1~2 根脊神经支配的皮区,且与穿刺点棘突的平面一致

E. 脊髓损伤的感觉障碍与穿刺点不在同一平面

21. 患儿男性,30 天,体重 4kg,因"反复腹胀、呕吐、排便困难"诊断先天性巨结肠,拟于全麻复合骶麻下行腹腔镜改良先天性巨结肠根治术。关于骶管麻醉的叙述,正确的是

A. 是硬膜外麻醉

B. 别名称鞍区阻滞

C. 不易发生局麻药中毒

D. 易引起马尾神经综合征

E. 巨结肠手术不可选取

22. 患儿男性,30 天,体重 4kg,因"间断腹胀 7 天"拟于全麻复合骶麻下行腹腔镜改良先天性巨结肠根治术。新生儿硬膜腔终止于

A. L$_1$　　　　B. L$_3$　　　　C. L$_5$

D. S$_1$　　　　E. S$_3$

位更为丰富,局麻药通过杏仁核的血脑屏障也较容易。因局麻药选择性抑制大脑抑制性通路,使易化神经元的释放未遇到阻抗,故出现兴奋和惊厥。若血内浓度继续升高,则易化和抑制性通路同时受到抑制,使全部中枢神经系统处于抑制状态。

【考点】局麻药中毒的临床表现与鉴别诊断

19.【答案】A

【解析】此题结合病例主要考查椎管内麻醉对孕产妇的生理影响。腰麻后头痛多发生于术后第一次直立下床活动后,其发生机制尚未阐明,通常认为与腰穿后颅内压力降低,脑脊液的"液垫"作用减弱,脑组织下沉移位,使颅底的痛觉敏感结构和硬脑膜、动脉、静脉、神经等受牵拉有关。有报道其发生率与性别、年龄、妊娠、穿刺针型号、尖端斜口指向和穿刺次数有关。血管性头痛指头部血管舒缩功能障碍及大脑皮质功能失调,或某些体液物质暂时性改变所引起的临床综合征,以一侧或双侧阵发性搏动性跳痛、胀痛或钻痛为特点,可伴有视幻觉、畏光、偏盲、恶心呕吐等血管自主神经功能紊乱症状。偏头痛属原发性血管头痛的一种。后三者均与体位变化无明确关系。

【考点】腰麻后头痛的临床表现与诊断

20.【答案】C

【解析】此题结合病例主要考查椎管内麻醉的并发症。脊神经后支穿横突间后行,分布至背深部肌肉及腰背部皮肤,后根属感觉性,穿刺损伤以感觉障碍为主,严重者可出现神经根刺激症状或短暂神经症状(TNS)。

【考点】神经损伤的临床表现与鉴别诊断

21.【答案】A

【解析】此题结合病例主要考查小儿椎管内麻醉的适应证和不良反应。骶管阻滞是经骶裂孔穿刺,注局麻药于骶管腔以阻滞骶脊神经,是硬膜外阻滞的一种方法,适用于直肠、肛门会阴部手术,也可用于婴幼儿及学龄前儿童的腹部手术麻醉与镇痛。

【考点】骶管是硬膜外腔的延续,骶管麻醉属于硬膜外麻醉

22.【答案】E

【解析】此题主要考查小儿椎管内麻醉的解剖。脊髓上端从枕大孔开始,在胚胎期充满整个椎管腔,至新生儿终止于第 3 腰椎或第 4 腰椎,成人则在第 1、2 腰椎之间,平均长度为 42~45cm。新生儿硬膜腔终止于 S$_3$,脊髓终止于 L$_3$。

【考点】新生儿硬膜腔终止于 S$_3$,脊髓终止于 L$_3$

23.【答案】E

【解析】此题主要考查椎管内麻醉的禁忌证。硬膜外麻醉的绝对禁忌证包括:患者拒绝,患者不能保持穿刺时不动而使神经结构处于受到不可接受的损伤的危险境地,颅内压增高。有下列相对禁忌证时应当权衡利弊,包括:内在的和特发的凝血功能障碍,如由使用华法林或肝素引起的;穿刺点皮肤、软组织感染;严重低血容量;以及麻醉医师缺乏经验;先前存在的神经疾病(如下肢周围神经病变)从法律角度考虑也列入相对禁忌。

【考点】硬膜外麻醉可降低外周血管阻力,合理化管理可用于心功能不全的患者

24.【答案】D

【解析】此题主要考查合并内科疾病的老年患者的麻醉方案选择。患者高龄,高血压病史,血压控制不佳,呼吸功能不全,拟行髋关节置换术。考虑患者无椎管内麻醉禁忌,手术体位为侧卧位患肢在上,且髋关节置换术术式成熟,手术时间预期在1~2小时内。采用单纯轻比重腰麻,操作简便快捷,麻醉完成后无须改变体位,患侧感觉、运动神经阻滞完善,效果可靠。如果阻滞平面较低,对血流动力学影响较小,且有效避免全身麻醉对术后呼吸系统功能的影响。

【考点】轻比重腰麻的临床应用

25.【答案】C

【解析】此题主要考查蛛网膜下腔阻滞的并发症与鉴别诊断。短暂性神经综合征(transient neurologic syndrome,TNS)原因尚不完全清楚,可能与下列因素有关:局麻药的脊神经毒性或异物刺激神经根引起的神经根炎、穿刺损伤、神经缺血、手术体位使坐骨神经过度牵拉、穿刺针尖位置或增加葡萄糖使局麻药分布不均或再次分布、患者早期活动和脊髓背根神经元兴奋引起的肌肉痉挛和肌筋膜扳击点、穿刺针尖可能为骶尾部局麻药的敏感部位。在不同种类、不同浓度、不同比重、不同体位和局麻药脊麻均有发生。临床表现为在椎管内麻醉后几小时到24小时出现腰背痛向臀部、小腿放射或感觉异常,通常为中度或剧烈钝痛或放射痛,查体无明显运动和反射异常,持续3~5天,1周左右恢复,无后遗运动感觉损害,脊髓与神经根影像学检查和电生理无变化。虽然所有的局麻药都可能产生这一并发症,但最初的相关报道见于鞘内使用利多卡因之后。与其他目前使用的局麻药相比,利多卡因和甲哌卡因的TNS发生率似乎更高。鉴别马尾综合征和TNS十分重要。前者可能与永久性感觉缺陷有关,或与脊髓和运动缺损或神经根永久性损害的证据有关,并且其症状对口服非甾体抗炎药有反应。

【考点】下肢无力、直肠膀胱功能障碍是马尾综合征的表现

26.【答案】E

【解析】此题主要考查硬膜外麻醉的实施与管理。决定硬膜外阻滞范围的最主要因素是药物的容量,而决定阻滞深度及作用持续时间的主要因素则是药物的浓度。根据穿刺部位和手术要求的不同,应对局麻药的浓度作出恰当的选择。以利多卡因为例,用于颈胸部手术,以1%~1.3%为宜,浓度高可引起膈肌麻痹;用于腹部手术,为达到腹肌松弛要求,需用1.5%~2%浓度。此外,浓度的选择与患者全身情况有关,健壮患者所需的浓度高,虚弱或年老患者的浓度要偏低。临床上有时将长效和短效局麻药配成混合液,以达到起效快而维持时间长的目的。局麻药中加入1:200 000肾上腺素可以延缓吸收,延长作用时间。

【考点】其余4项影响硬膜外麻醉的阻滞范围

23. 患者男性,86岁,体重60kg。二尖瓣反流,房颤,心衰,长期服用华法林治疗,此次因右股动脉血栓栓塞球囊扩张失败拟行右侧股腘搭桥术。此患者若接受硬膜外麻醉,绝对禁忌证**不包括**

A. 患者拒绝椎管内麻醉

B. 患者无法配合操作

C. 合并脑出血颅内高压

D. 严重凝血功能障碍

E. 心功能不全

24. 患者男性,90岁,身高178cm,体重55kg,主因"摔倒后右髋部疼痛、活动受限3天"拟行人工股骨头置换术。既往高血压40余年,血压最高213/90mmHg,药物控制后血压维持在150/80mmHg左右。2年前发现血脂升高,否认糖尿病、冠心病、肾病史。入院查:血常规、血生化及肝肾功能、凝血功能正常。下肢血管超声示血流通畅。超声心动图示:左房扩大,室间隔基底段增厚,左室舒张功能减低,少量心包积液,EF 67%。胸部X片示:双肺间质病变。下列哪种麻醉方法更适用于该患者

A. 采用重比重腰麻药,患侧在下

B. 气管内插管,全身麻醉

C. 局部麻醉

D. 采用轻比重腰麻药,患侧在上

E. 坐骨神经阻滞

25. 患者女性,52岁,身高158cm,体重85kg,因"右附件肿物"于腰硬联合麻醉下行剖腹探查术,L_2~L_3穿刺置管手术顺利。术毕6小时麻醉作用完全消失无不适主诉。术毕24小时诉双侧股部疼痛,脊柱磁共振检查正常,诊断短暂神经根刺激症状(TNS)。下述关于TNS的叙述,**不正确**的是

A. 可持续2~10天

B. 表现为钝痛、放射痛

C. 下肢无力,排尿困难

D. 利多卡因发生风险高于布比卡因

E. 与局麻药的神经毒性相关

26. 患者男性,53岁,身高170cm,体重50kg,拟于连续硬膜外麻醉下行右半结肠切除术。术中肠道粘连严重,手术历时4小时,影响硬膜外麻醉作用持续时间的因素为

A. 穿刺部位　　　　　　B. 导管方向

C. 患者一般情况　　　　D. 局麻药容积

E. 局麻药浓度

27. 患者男性,50岁,拟于连续硬膜外麻醉下行左肾部分切除术。$T_9 \sim T_{10}$ 硬膜外穿刺置管顺利,给予试验量 2% 利多卡因 4ml,5 分钟后测平面至 T_6,追加 2% 利多卡因 10ml,5 分钟后出现血压下降,静脉注射麻黄碱 10mg 无改善,SpO_2 随即下降,继而意识消失,呼之不应。关于本例患者的处理,下述正确的是
   A. 面罩吸氧
   B. 气管插管人工通气
   C. 使用肌肉松弛剂
   D. 大量镇静药物预防治疗
   E. 头高位快速补液

28. 患者女性,32岁,孕 39^{+1} 周,前次剖宫产史,拟于腰硬联合麻醉下行剖宫产术。$L_3 \sim L_4$ 穿刺至黄韧带后落空感明显,拔出硬膜外针芯见清亮脑脊液涌出,遂迅速拔出硬膜外穿刺针,于 $L_2 \sim L_3$ 间隙重新穿刺,麻醉手术顺利。为预防硬脊膜穿破后头痛(PDPH),下列叙述**不正确**的是
   A. 卧床休息
   B. 头部理疗
   C. 输注胶体液
   D. 口服咖啡因
   E. 硬膜外自体血填充

【A3/A4 型题】

(1~3 题共用题干)
患者女性,28 岁,孕 38^{+6} 周,因"不规则出血,规律宫缩"急诊入院。产科查体发现骨盆出口狭窄,拟行急诊剖宫产。

1. 该产妇的麻醉方式宜选择
   A. 全身麻醉
   B. 局部麻醉
   C. 腰硬联合麻醉
   D. 安定镇静麻醉
   E. 吸入麻醉

2. 下列哪项**不是**该产妇选择本麻醉方法的禁忌证
   A. 精神病、躁狂状态
   B. 血常规显示血小板计数 30×10^9/L
   C. 脊柱裂
   D. 合并颅内压高
   E. 饱胃状态

3. 如果选择该麻醉方式,麻醉前的准备工作中,哪项**不必要**
   A. 签署麻醉知情同意书
   B. 建立静脉通路
   C. 放置胃管
   D. 备好喉镜、气管插管和吸引器
   E. 备好血管活性药物,如麻黄碱或去氧肾上腺素等

27.【答案】B
【解析】此题主要考查全脊麻的鉴别诊断与处理。硬膜外阻滞时,如穿刺针或硬膜外导管误入蛛网膜下腔而未能及时发现,超过脊麻数倍量的局麻药注入蛛网膜下腔,可产生异常广泛阻滞,称为全脊麻。全脊麻的处理原则是维持患者循环及呼吸功能。重症全脊麻患者神志消失,应行气管插管人工通气,加速输液以及滴注血管收缩药升高血压,待麻醉平面消退,患者清醒。
【考点】重症全脊麻意识消失的患者需紧急气管插管人工通气,而不需要太多其他药物

28.【答案】B
【解析】此题主要考查 PDPH 的预防和治疗。PDPH 定义为硬脑膜穿破后 7 天内体位性头痛,站立时加重,卧位时缓解。当站立时颅内压降低,低颅内压引起脑膜血管扩张,脑神经及其他痛觉敏感结构受到机械性牵拉,因而引起头痛。PDPH 的治疗方案包括卧床、扩容、硬膜外自体血填充(俗称"血补丁")和咖啡因治疗。
【考点】PDPH 的治疗方案包括卧床、扩容、咖啡因治疗、椎管内应用吗啡、预防性硬膜外注射生理盐水、右旋糖酐、胶体液以及硬膜外自体血填充等

1.【答案】C
【解析】此题结合病例主要考查椎管内麻醉在产科手术的适应证。
【考点】椎管内麻醉的适应证

2.【答案】E
【解析】此题考查椎管内麻醉的禁忌证。椎管内麻醉的禁忌证包括严重精神病、神经官能症及不能配合的情况;出凝血功能异常;穿刺部位有感染;合并中枢神经系统疾病,尤其是脊髓或神经根病变及可疑颅内高压患者;脊椎外伤、严重腰背痛病史、脊椎畸形应慎用;全身感染的患者应慎用。
【考点】椎管内麻醉的禁忌证

3.【答案】C
【解析】此题考查的是椎管内麻醉实施前的准备工作,以及对椎管内麻醉实施后患者可能出现生命体征改变的预判。
【考点】椎管内麻醉实施前的准备工作

4.【答案】A
【解析】此题考查的是蛛网膜下腔麻醉的常规穿刺点，以及成人脊髓终止在 L_1~L_2。
【考点】蛛网膜下腔麻醉的常用穿刺点

5.【答案】B
【解析】此题考查的是蛛网膜下腔麻醉的常用药物、浓度及用量。氯普鲁卡因的 pH 为 3.3，若不慎注入蛛网膜下腔，则可引起严重的神经并发症。
【考点】蛛网膜下腔麻醉的常用药物

6.【答案】B
【解析】此题考查的是影响腰麻神经阻滞平面的因素。药液相对于脑脊液的比重、针斜面方向、注药速度、给药时患者体位及选择的穿刺点等因素，均会影响药液在蛛网膜下腔中的扩散，从而影响阻滞平面的高低。
【考点】影响腰麻阻滞平面的因素

7.【答案】D
【解析】此题考查的是如何判断穿刺针已到达硬膜外间隙。穿刺过程中的进针阻力骤减，注射器推注盐水无阻力是最常用的判断方法。此外，悬滴法和玻璃管法也可用于判断到达硬膜外间隙。辅助方法还包括抽吸无回血或回液、放置硬膜外导管无阻力及给予试验剂量。有无色透明温热液体流出，可能已经意外穿破硬膜，有脑脊液流出。
【考点】判断穿刺到硬膜外腔的方法

8.【答案】C
【解析】此题考查的是硬膜外麻醉给予试验剂量的目的。
【考点】硬膜外试验剂量的意义

9.【答案】E
【解析】此题考查的是影响硬膜外麻醉阻滞平面的因素。药物容量、导管位置和方向及患者情况(腹压增高或血容量不足等)会影响药物在硬膜外腔的扩散。注药速度对扩大阻滞范围影响不大。
【考点】影响硬膜外麻醉阻滞平面的因素

(4~6 题共用题干)

患者男性,65 岁,因"大隐静脉曲张"拟行剥脱术。术前检查未见明显异常。拟采用蛛网膜下腔神经阻滞。

4. 穿刺部位最好在
　　A. L_3~L_4　　　　　　　　B. L_1~L_2
　　C. T_{12}~L_1　　　　　　　D. T_{11}~T_{12}
　　E. L_1~L_4 任一间隙

5. 下列哪项不是该患者合适的腰麻用药
　　A. 0.5% 布比卡因 12mg　　B. 2% 氯普鲁卡因 40mg
　　C. 0.33% 丁卡因 10mg　　D. 0.5% 罗哌卡因 15mg
　　E. 5% 普鲁卡因 150mg

6. 下列哪项不是影响该患者腰麻阻滞平面的因素
　　A. 采用重比重药液　　　　B. 加快静脉补液
　　C. 向尾侧给药　　　　　　D. 床头抬高
　　E. 穿刺间隙选择 L_3~L_4

(7~9 题共用题干)

患者男性,28 岁,身高 170cm,体重 85kg,因"急性阑尾炎"拟在硬膜外麻醉下行阑尾切除术,穿刺间隙选择 T_{12}~L_1。

7. 下列哪项不能判断针尖已到达硬膜外间隙
　　A. 进针的阻力感消失
　　B. 无阻力注射器推注盐水阻力消失
　　C. 连接在针尾的毛细管内液体被吸入
　　D. 有无色透明温热液体流出
　　E. 给予试验剂量后有节段性温度觉减弱

8. 下列哪项不是给予试验剂量的目的
　　A. 明确硬膜外导管没有误入血管
　　B. 明确硬膜外导管没有误入蛛网膜下腔
　　C. 明确硬膜外导管没有在硬膜外间隙打折
　　D. 明确硬膜外导管没有从一侧椎间孔穿出
　　E. 明确患者对硬膜外药物的耐受性,指导后续用药

9. 给予试验剂量后,确定导管位于硬膜外间隙。下列哪项不是影响该患者硬膜外麻醉阻滞平面的因素
　　A. 药物容量　　　　　　　B. 置管方向朝头侧或尾侧
　　C. 患者身高　　　　　　　D. 患者脱水
　　E. 注药速度

(10~13 题共用题干)

患者女性,33 岁,因宫内孕 38^{+6} 周,骨盆出口窄,拟在腰硬联合麻醉下行剖宫产术。术前检查未见明显异常。穿刺点选择 L$_3$~L$_4$ 间隙,进针过程中阻力感不明显,进针 6cm 时,突然有无色透明液体自硬膜外穿刺针快速滴下。于是直接在蛛网膜下腔给予 0.5% 布比卡因 10mg,拔出硬膜外穿刺针。

10. 患者改为平卧位,此时无创血压显示 80/42mmHg,下述处理**不合适**的是
    A. 加快输液
    B. 应用麻黄碱
    C. 改为头高位
    D. 将手术床向左侧倾斜 30°
    E. 应用去氧肾上腺素

11. 患者术后最应警惕的并发症是
    A. 硬脊膜穿破后头痛
    B. 神经机械性损伤
    C. 马尾综合征
    D. 硬膜外血肿
    E. 椎管内感染

12. 下列哪项**不是**该并发症的特点
    A. 症状延迟出现,一般在 12~48 小时后
    B. 与体位相关,坐起或站立后加重,平卧可减轻
    C. 可能伴随前庭症状(恶心、头晕等)
    D. 年轻人发生率高
    E. 可出现不同程度的会阴部感觉缺失、下肢运动功能减弱

13. 下列哪项**不是**该并发症合理的预防或治疗措施
    A. 选用较细的穿刺针
    B. 保持平卧位
    C. 对中重度患者,可口服咖啡因或非甾体抗炎药
    D. 都需要使用硬膜外自体血填充治疗
    E. 轻症患者可通过口服或静脉补液缓解

(14~21 题共用题干)

患者男性,24 岁,精索静脉曲张,拟在硬膜外麻醉下行精索静脉曲张高位结扎术。入室监护生命体征,心率 75 次/min,血压 123/70mmHg。

14. 硬膜外用药哪项**不合适**
    A. 0.75% 布比卡因(含肾上腺素)
    B. 0.5% 利多卡因(含肾上腺素)

10.【答案】C
【解析】此题考查的是椎管内麻醉后低血压的处理。一般处理措施包括吸氧、抬高双下肢、加快输液等。产妇发生仰卧位综合征时,将患者左侧倾斜 30°,避免巨大子宫压迫下腔静脉,导致回心血量减少。中重度或进展迅速的低血压,需要静脉给予麻黄碱等血管活性药物。
【考点】椎管内麻醉后低血压的防治

11.【答案】A
【解析】此题考查的是椎管内麻醉后常见的并发症。
【考点】椎管内麻醉的并发症

12.【答案】E
【解析】此题考查的是硬脊膜穿破后头痛的特点和临床表现。该并发症在硬膜外麻醉患者的发生率约为 1.5%。一般认为脑脊液经硬膜外穿刺孔漏出,导致脑脊液压力降低所致。症状常延迟出现,典型临床表现为体位依赖性头痛,坐起或站立后加重,平卧后减轻,常伴有颈部强直感及前庭或耳蜗症状。危险因素包括年轻人、女性、妊娠等。选项 E 是马尾综合征的临床表现。
【考点】硬脊膜穿破后头痛的临床表现及危险因素

13.【答案】D
【解析】此题考查的是硬脊膜穿破后头痛的预防措施和治疗方法。治疗重点是减少脑脊液渗漏,恢复正常的脑脊液压力。除对症治疗外,硬膜外腔充填法是最有效的治疗方法,但仅适用于症状严重且难以自行缓解的病例。自体血充填不建议预防性应用,可能引起注射部位硬膜外腔粘连,禁用于凝血疾病和有菌血症风险的患者。
【考点】硬脊膜穿破后头痛的预防及治疗措施

14.【答案】B
【解析】此题考查的是硬膜外麻醉常用药物及浓度。0.5% 利多卡因浓度过低,不能提供完善的麻醉。
【考点】硬膜外麻醉常用药物及浓度

C. 0.75% 罗哌卡因（含肾上腺素）

D. 0.33% 丁卡因（含肾上腺素）

E. 1% 利多卡因 +0.5% 罗哌卡因混合液（含肾上腺素）

15. 【答案】B

【解析】此题考查的是硬膜外麻醉实施前的准备工作，及硬膜外麻醉后即刻出现不良反应的防治。警惕严重低血压，预先准备血管活性药物。

【考点】硬膜外麻醉准备工作

16. 【答案】A

【解析】经硬膜外导管注入含少量肾上腺素的局麻药，如果注药 2 分钟内患者出现心率升高≥15 次 /min，收缩压升高≥15mmHg，或心电图 T 波增高，则应警惕硬膜外导管误入血管。

【考点】对试验剂量效果的判定

17. 【答案】C

【解析】硬膜外导管误入血管，应缓慢退管，直至回抽无血，在确认导管位置后缓慢给予硬膜外局麻药物。

【考点】硬膜外导管误入血管的处置措施

18. 【答案】B

【解析】椎管内神经阻滞到达 T_4 以上高平面时，会阻断心脏交感神经纤维（发自 $T_1 \sim T_4$ 水平），导致心动过缓。

【考点】椎管内神经阻滞后心血管系统并发症

19. 【答案】E

【解析】该题考查了常见椎管内麻醉穿刺与置管相关并发症。椎管内血肿是一种罕见但后果严重的并发症，临床表现为在 12 小时内出现严重背痛，短时间后出现肌无力及括约肌功能障碍，最后发展到完全性截瘫。如果感觉阻滞平面恢复正常后又重新出现或出现更高的感觉阻滞平面，应警惕椎管内血肿的发生。诊断主要依靠临床症状、体征和影像学检查。

【考点】硬膜外麻醉相关并发症的判断

20. 【答案】A

【解析】一经明确诊断，应快速请神经外科或骨科医师会诊，决定是否需要急诊行椎板切除减压术。椎管内血肿治疗的关键在于及时发现和迅速果断处理，避免发生脊髓不可逆损害。脊髓压迫超过 8 小时预后不佳。如果有凝血功能障碍或应用抗凝药，可考虑有针对性地补充血小板和 / 或凝血因子。

【考点】硬膜外血肿的治疗原则

15. 在实施椎管内麻醉时最需要准备的静脉药物为

A. 咪达唑仑　　　　B. 麻黄碱　　　　C. 芬太尼

D. 昂丹司琼　　　　E. 丙泊酚

16. 在硬膜外注射含肾上腺素的试验量后，患者立刻主诉头晕、头痛、心慌。最可能的诊断为

A. 局麻药误入血管　　　　B. 局麻药过敏反应

C. 局麻药中毒反应　　　　D. 空气栓塞

E. 全脊麻

17. 最应该进行的处理措施为

A. 放弃硬膜外麻醉，改为全麻

B. 吸氧，给予降压药物

C. 后退导管少许至回抽无血

D. 拔出硬膜外导管，重新穿刺

E. 无须任何处理

18. 如果阻滞平面上至 T_4，下至 L_2，患者最有可能出现

A. 全脊麻　　　　B. 心动过缓

C. 缺氧　　　　D. 休克

E. 呼吸抑制

19. 患者术后 2 小时下肢活动自如，切口略有疼痛。术后 8 小时又出现双下肢麻木并逐渐加重，并出现肌力减弱，无法运动。该患者可能出现了

A. 硬膜外穿刺致脊髓损伤

B. 脊神经根损伤

C. 硬膜外麻醉药物残留作用

D. 硬膜外脓肿

E. 硬膜外血肿

20. 上述诊断一经明确，应采取

A. 手术切开血肿清除

B. 给予神经营养药

C. 不用处理，待药物完全代谢

D. 加强抗感染治疗

E. 给予扩血管药物

21. 如果该患者术前正在接受抗凝治疗,则他接受硬膜外麻醉的相关建议正确的是
    A. 长期服用华法林,需停药 4~5 天,评估 INR 应≤1.8
    B. 阿司匹林或 NSAIDs 无禁忌
    C. 氯吡格雷应停药 14 天
    D. 预防剂量的低分子肝素停用 24 小时
    E. 静脉注射的普通肝素在最后一次用药 8 小时候才能操作

【案例分析题】

案例 患者女性,34 岁,宫内孕 36 周,拟行剖宫产术。孕 2 产 1,既往体健,从孕 26 周起出现高血压,尿蛋白(+)。曾于 5 年前接受剖宫产手术。近 3 天出现头痛,视物模糊,BP180/110mmHg,HR85 次/min,尿蛋白(+++),PLT $80×10^9$/L。麻醉前予硫酸镁和拉贝洛尔降压,血压维持在 160/80mmHg,麻醉方法选择腰麻硬膜外联合麻醉(CESA),选择腰 2~腰 3 穿刺,蛛网膜下腔注射重比重布比卡因 8mg,硬膜外置管顺利。翻身躺平后,BP 120/60mmHg,麻醉医师给予快速补液,输入乳酸钠林格注射液 1 500ml,同时间断推注去氧肾上腺素 50μg,维持 BP 150/80mmHg。胎儿剖出后,患者诉呼吸困难,烦躁,SpO_2 80%,紧急行气管插管,BP 200/120mmHg。术后返回 ICU,患者意识无法恢复,经抢救无效,死亡。

提问 1:子痫前期的妊娠妇女有哪些表现
    A. 血压升高,尤其是舒张压
    B. 蛋白尿
    C. 易发生癫痫和颅内出血
    D. 易发生充血性心衰
    E. FRC 降低
    F. 可能肝酶升高
    G. 可能血小板减少
    H. 困难气道风险增高

提问 2:麻醉管理中需要注意的是
    A. 麻醉前血压应该将至正常水平
    B. 降压药物首选硫酸镁、硝酸甘油
    C. 条件允许的情况下,尽可能选择椎管内麻醉,血流动力学更稳定,死亡率低于全身麻醉
    D. 蛛网膜下腔麻醉对先兆子痫和子痫前期患者是绝对禁忌,容易引起剧烈的血压波动
    E. 产妇硬膜外腔隙减小,麻醉用药量要相应减少
    F. 椎管内麻醉后出现血压下降,首选静脉补液,至少 1 000ml,同时配合应用升压药物
    G. 合并肺动脉高压的产妇应用缩宫素应该减少剂量,缓慢给药,降低其收缩肺血管的作用

21.【答案】B
【解析】针对接受抗凝治疗或溶栓治疗患者椎管内麻醉的指南或建议:
(1)长期服用华法林的患者停药 4~5 天,评估 INR≤1.4 可进行椎管内穿刺(置管)或拔出硬膜外导管。"华法林快速停药法"为术前停药 1~2 天,静脉注射维生素 K_1 2.5~10mg/d,监测 INR,INR≤1.4 可进行椎管内操作。
(2)抗血小板药物:阿司匹林或 NSAIDs 无禁忌,噻吩吡啶类衍生物(氯吡格雷和噻氯匹定)应在椎管内操作前分别停药 7 天和 14 天,拔管后 6 小时才可接受应用;血小板糖蛋白Ⅱb/Ⅲa 受体拮抗剂应停用 8~48 小时不等,以确保血小板功能恢复,拔管后 6 小时才可接受用药。
(3)溶栓剂/纤维蛋白溶解剂:建议实施椎管内麻醉/镇痛前或拔管前/后 10 天禁用该类药物。
(4)低分子肝素(LMWH):预防血栓剂量的 LMWH 需停药 10~12 小时,治疗剂量的 LMWH 需停药 24 小时,才可进行椎管内操作,操作后 4 小时才可继续使用 LMWH,严格避免硬膜外使用其他影响凝血功能的药物。
(5)皮下注射预防剂量普通肝素:最后一次用药后 4~6 小时或 APTT 正常,方可进行椎管内操作,治疗后 1 小时可给予普通肝素。
(6)治疗剂量普通肝素:静脉注射的普通肝素最后一次用药后 4~6 小时或 APTT 正常,方可进行椎管内操作,治疗后 4 小时可给予普通肝素;皮下注射治疗剂量普通肝素最后一次用药后 8~12 小时或 APTT 正常,方可进行椎管内操作,治疗后 4 小时可给予普通肝素;应监测神经功能,并谨慎联合使用抗血小板药物。
(7)达比加群:根据用量,在椎管内操作前应停药 48~96 小时,在穿刺置管 24 小时或拔管 6 小时才可继续使用。
【考点】接受抗凝药物或溶栓药物患者椎管内麻醉的建议

提问 1:【答案】ABCDEFGH
【解析】子痫前期,妊娠妇女各个脏器都会受损,上面这些表现比较典型。
【考点】先兆子痫、子痫前期的病理生理

提问 2:【答案】CEG
【解析】先兆子痫和子痫前期患者麻醉管理中需要注意的是麻醉前血压应该降至 160/80mmHg 左右,避免过度低血压造成胎儿宫内供血不足。降压药物首选硫酸镁、拉贝洛尔等解痉或扩张动脉的药物,硝酸甘油主要扩张静脉。条件允许的情况下,尽可能选择椎管内麻醉,血流动力学更加稳定,死亡率低于全身麻醉。蛛网膜下腔麻醉和给药对先兆子痫和子痫前期患者不是绝对禁忌,注意酌情减少药物用量,缓慢给药,引起剧烈低血压的情况并不多见。椎管内麻醉后出现血压下降,对于子痫前期妊娠妇女本身容易出现心衰,应该酌情限制液体入量,尽量配合应用升压药物。
【考点】先兆子痫、子痫前期的麻醉管理

提问 3:【答案】ABC

【解析】先兆子痫和子痫前期患者围术期最常见的并发症为颅内出血,气管内插管刺激,血压过高,导致颅内出血。由于输液过多胎儿剖出后,患者诉呼吸困难,烦躁,SpO_2 80%,血压不低,可以排除羊水栓塞。

【考点】先兆子痫、子痫前期的围术期并发症

提问 3:造成产妇死亡的可能诱因及原因包括

A. 颅内出血

B. 术中输液过多导致急性左心衰

C. 气管内插管刺激,血压过高,导致颅内出血

D. 胎儿剖出后,应用缩宫素后的不良反应

E. 血小板低,椎管内麻醉后形成蛛网膜下腔出血,导致呼吸困难和意识障碍

F. 羊水栓塞

(张 砑 于春华 朱波)

第十八章　外周神经阻滞

【A1 型题】

1. 局麻药的作用机制是
   A. 阻滞 Na^+ 内流
   B. 阻滞 K^+ 外流
   C. 阻滞 Cl^- 内流
   D. 阻滞 Ca^{2+} 内流
   E. 阻滞 Mg^{2+} 外流

2. 利多卡因用于成人外周神经阻滞的单次最大剂量为
   A. 75mg
   B. 150mg
   C. 200mg
   D. 400mg
   E. 1 000mg

3. 罗哌卡因用于成人外周神经阻滞的单次最大剂量为
   A. 100mg
   B. 150mg
   C. 200mg
   D. 300mg
   E. 400mg

4. 下列**不属于**酰胺类的局麻药是
   A. 利多卡因
   B. 甲哌卡因
   C. 罗哌卡因
   D. 普鲁卡因
   E. 布比卡因

5. 以下关于腰丛阻滞的描述,**错误**的是
   A. 腰丛通常比横突深 1~2cm
   B. 腰丛阻滞有可能损伤腰动脉
   C. 腰丛阻滞时不可能出现对侧肢体麻木
   D. 腰丛阻滞所需的局麻药量相对大,通常为 20~30ml
   E. 腰丛阻滞前,抗凝药的停药时间与椎管内麻醉相同

6. 肌间沟阻滞最常见的并发症是
   A. 局麻药中毒
   B. 全脊麻
   C. 气胸
   D. 膈神经麻痹
   E. 神经损伤

1. 【答案】A
   【考点】局麻药药理

2. 【答案】D
   【解析】普鲁卡因一次最大用量为 1 000mg,丁卡因一次最大用量为 75mg,利多卡因一次最大用量为 400~500mg,布比卡因一次最大用量为 150mg,罗哌卡因一次最大用量为 200mg。
   【考点】局麻药药理

3. 【答案】C
   【考点】局麻药药理

4. 【答案】D
   【考点】局麻药药理

5. 【答案】C
   【解析】腰丛阻滞时,药物可能扩散到硬膜外间隙,表现为硬膜外阻滞的效果,患者可出现血压下降,双下肢麻木无力。腰丛阻滞为深部阻滞,其抗凝禁忌同椎管内麻醉。
   【考点】下肢神经阻滞

6. 【答案】D
   【解析】传统肌间沟阻滞的膈神经麻痹率几乎为 100%,采用超声引导的小剂量低位肌间沟阻滞可降低但不能完全避免膈神经麻痹的发生。
   【考点】上肢神经阻滞

7.【答案】A
【解析】腋路是最安全的神经阻滞入路,其常见并发症是局麻药中毒和神经损伤。
【考点】上肢神经阻滞

8.【答案】A
【解析】肌间沟处阻滞臂丛神经根和干的水平,神经纤维丰富,结缔组织少,最易发生神经损伤。
【考点】上肢神经阻滞

9.【答案】B
【解析】肌间沟、锁骨上、锁骨下入路臂丛神经阻滞均可能导致气胸,尤以锁骨上入路发生率最高。使用超声可明显降低这一并发症的发生率。
【考点】上肢神经阻滞

10.【答案】A
【考点】上肢神经阻滞

11.【答案】B
【考点】下肢神经阻滞

12.【答案】D
【解析】坐骨神经为骶丛主要分支。
【考点】下肢神经阻滞

13.【答案】D
【解析】神经刺激器定位股神经时,应引出股直肌收缩,即"髌骨舞蹈征"。
【考点】下肢神经阻滞

14.【答案】E
【解析】神经刺激器定位腰丛时,应引出股直肌收缩。
【考点】下肢神经阻滞

15.【答案】B
【解析】肌间沟阻滞位置浅表,应选择高频线阵探头。
【考点】超声引导神经阻滞

7. 腋路臂丛神经阻滞最常见的并发症是
   A. 局麻药中毒
   B. 全脊麻
   C. 气胸
   D. 膈神经麻痹
   E. Horner 综合征

8. 臂丛神经阻滞神经损伤并发症发生率最高的入路是
   A. 肌间沟入路
   B. 锁骨上入路
   C. 锁骨下入路
   D. 腋窝入路
   E. 肱骨中段入路

9. 臂丛神经阻滞气胸并发症发生率最高的入路是
   A. 肌间沟入路
   B. 锁骨上入路
   C. 锁骨下入路
   D. 腋窝入路
   E. 肱骨中段入路

10. 一般认为,臂丛由以下神经根组成
    A. $C_5 \sim T_1$ 前支
    B. $C_5 \sim T_1$ 后支
    C. $C_4 \sim T_1$ 前支
    D. $C_5 \sim T_2$ 后支
    E. $C_4 \sim T_2$ 前支

11. 腰丛由以下神经根组成
    A. $T_{12} \sim L_4$ 前支
    B. $L_1 \sim L_4$ 前支
    C. $L_1 \sim L_4$ 后支
    D. $L_1 \sim L_5$ 前支
    E. $L_1 \sim L_5$ 后支

12. 下列哪根神经**不是**腰丛的分支
    A. 股神经
    B. 股外侧皮神经
    C. 髂腹下神经
    D. 坐骨神经
    E. 闭孔神经

13. 神经刺激器定位股神经时,引出以下哪块肌肉收缩可以给药
    A. 缝匠肌收缩
    B. 股内侧肌收缩
    C. 股外侧肌收缩
    D. 股直肌收缩
    E. 股薄肌收缩

14. 神经刺激器定位腰丛时,引出以下哪块肌肉收缩可以给药
    A. 缝匠肌收缩
    B. 股二头肌收缩
    C. 竖脊肌收缩
    D. 腰大肌收缩
    E. 股直肌收缩

15. 超声引导肌间沟阻滞,应选择以下哪种探头
    A. 相控阵探头
    B. 高频线阵探头

C. 高频凸阵探头　　　　　　D. 低频线阵探头

E. 低频凸阵探头

16. 成人后路腰丛阻滞通常应选择以下哪种探头
    A. 相控阵探头　　　　　　B. 高频线阵探头
    C. 高频凸阵探头　　　　　D. 低频线阵探头
    E. 低频凸阵探头

17. 选择神经刺激器引导外周神经阻滞时,为引出肌肉收缩,神经刺激器的初始设置通常是
    A. 初始电流 1mA,波宽 0.5ms,刺激频率 1Hz
    B. 初始电流 1mA,波宽 0.5ms,刺激频率 2Hz
    C. 初始电流 1mA,波宽 0.1ms,刺激频率 2Hz
    D. 初始电流 2mA,波宽 0.1ms,刺激频率 1Hz
    E. 初始电流 2mA,波宽 0.1ms,刺激频率 2Hz

18. 关于臂丛神经阻滞,下列说法**错误**的是
    A. 肌间沟入路适用于上臂及肩部手术
    B. 肌间沟入路尺神经阻滞起效快
    C. 锁骨上入路气胸发生率较高
    D. 锁骨下入路血管损伤发生率较高
    E. 腋路无误入蛛网膜下隙和硬膜外间隙的可能

【A2 型题】

1. 女,32 岁。拟行甲状腺左叶部分切除术,颈丛阻滞后出现声音嘶哑,最有可能的原因是
    A. 局麻药毒性作用　　　　B. 局麻药误入蛛网膜下腔
    C. 迷走神经阻滞　　　　　D. 交感神经阻滞
    E. 膈神经阻滞

2. 女,45 岁。拟行甲状腺左叶切除术,最适合的神经阻滞方法为
    A. 双侧颈深丛 + 双侧颈浅丛
    B. 左侧颈深丛 + 双侧颈浅丛
    C. 右侧颈深丛 + 双侧颈浅丛
    D. 双侧颈深丛 + 左侧颈浅丛
    E. 双侧颈深丛 + 右侧颈浅丛

3. 男,30 岁。因"右锁骨外侧段骨折"拟手术治疗,以下神经阻滞方法最适合的是
    A. 颈浅丛阻滞
    B. 颈深丛阻滞
    C. 肌间沟阻滞

D. 肌间沟阻滞 + 颈浅丛阻滞

E. 肌间沟阻滞 + 颈深丛阻滞

4.【答案】C
【解析】颈丛发出肌支支配肩胛提肌、舌骨下肌群及膈肌。
【考点】颈丛阻滞

5.【答案】C
【考点】上肢神经阻滞

6.【答案】D
【解析】肌间沟神经阻滞时，局麻药可能误入椎动脉，即使注入小剂量，也可使脑内局麻药浓度超过中毒阈值引起惊厥。2ml局麻药进入静脉系统后，经静脉系统的稀释，脑内局麻药的浓度通常不会达到引起抽搐的中毒阈值。
【考点】上肢神经阻滞

7.【答案】D
【解析】气胸是锁骨上臂丛神经阻滞的并发症之一，症状可随肺逐渐被压缩而出现。膈神经麻痹也可表现为呼吸困难，通常症状在完成阻滞后迅速出现，患者常感觉吸气不能到底。局麻药中毒通常先出现中枢神经系统前驱症状，如头晕、耳鸣、口唇发麻等，之后出现抽搐和循环虚脱。局麻药误入硬膜外或蛛网膜下腔可表现为非阻滞侧肢体麻木、阻滞平面过高，甚至全脊麻。药物过敏可因呼吸道水肿和小气道痉挛表现为呼吸困难，但药物过敏应有致敏因素，常伴有皮疹或循环虚脱。
【考点】上肢神经阻滞

8.【答案】D
【解析】膈神经被阻滞后出现同侧膈肌麻痹，多数患者可耐受，也可表现为呼吸困难、吸气不能到底。术前合并呼吸功能障碍的患者为肌间沟臂丛神经阻滞的相对禁忌。
【考点】上肢神经阻滞

9.【答案】C
【解析】Horner综合征表现为患侧面部无汗，患侧眼裂缩小、瞳孔缩小、眼结膜充血，患侧鼻塞。
【考点】上肢神经阻滞

4. 女，32岁。拟神经刺激器引导颈丛阻滞下行甲状腺右叶部分切除，引出以下哪块肌肉收缩可以给药
A. 三角肌　　　B. 胸锁乳突肌　　　C. 肩胛提肌
D. 斜方肌　　　E. 胸大肌

5. 女，67岁。因"肩脱位"拟在肌间沟臂丛神经阻滞下行肩关节闭合复位术，应将局麻药注射在
A. 胸锁乳突肌后缘中点
B. 胸锁乳突肌与前斜角肌之间
C. 前斜角肌与中斜角肌之间
D. 中斜角肌与后斜角肌之间
E. 中斜角肌与斜方肌之间

6. 男，42岁。肩袖损伤，行肌间沟臂丛神经阻滞，给药2ml时患者出现抽搐，最可能的原因是
A. 全脊麻　　　B. 药物过敏
C. 局麻药注入椎静脉　　　D. 局麻药注入椎动脉
E. 低钙抽搐

7. 男，24岁。因"左手外伤"于锁骨上臂丛神经阻滞下行手术治疗，麻醉后2小时患者主诉呼吸困难，心率、血压稳定，最可能的原因是
A. 膈神经麻痹
B. 局麻药中毒
C. 局麻药误入硬膜外或蛛网膜下腔
D. 气胸
E. 药物过敏

8. 女，55岁。肌间沟臂丛神经阻滞后主诉呼吸困难，吸气不能到底，最可能的原因是
A. 局麻药中毒　　　B. 喉返神经被阻滞
C. 交感神经被阻滞　　　D. 膈神经被阻滞
E. 胸长神经被阻滞

9. 女，35岁。颈丛阻滞后出现Horner综合征，下列描述错误的是
A. 患侧面部无汗　　　B. 患侧眼裂缩小
C. 患侧瞳孔扩大　　　D. 患侧结膜充血
E. 患侧鼻塞

10. 女,77 岁。因"肩脱位"拟行肩关节闭合复位术,以下麻醉方式最适合的是
    A. 颈丛阻滞　　　　B. 肌间沟臂丛神经阻滞
    C. 锁骨上臂丛神经阻滞　D. 锁骨下臂丛神经阻滞
    E. 腋路臂丛神经阻滞

10.【答案】B
【考点】肌间沟入路的臂丛神经阻滞适于肩部及上臂手术。
【考点】上肢神经阻滞

11. 男,57 岁,BMI 43kg/m^2。合并 COPD,不宜选择的臂丛神经阻滞入路是
    A. 肌间沟阻滞　　　　B. 锁骨上阻滞
    C. 腋路阻滞　　　　　D. 肱骨中段阻滞
    E. 前臂阻滞

11.【答案】A
【解析】肌间沟阻滞通常同时阻断了膈神经,表现为单侧膈肌麻痹,肥胖合并 COPD 的患者常不能耐受。
【考点】上肢神经阻滞

12. 女,57 岁。因"肩袖损伤"拟于肌间沟阻滞复合全麻下行肩关节镜下肩袖修补术,选择神经刺激器引导引出下列哪个肌肉运动可以给药
    A. 胸锁乳突肌收缩　　B. 前斜角肌收缩
    C. 中斜角肌收缩　　　D. 三角肌收缩
    E. 肱三头肌收缩

12.【答案】D
【解析】用于肩部手术的肌间沟阻滞需定位 C_5、C_6 神经根或臂丛神经上干,三角肌受来源于 C_5、C_6 前支的腋神经支配。
【考点】上肢神经阻滞

13. 女,67 岁。拟行前臂 Colles 骨折闭合复位术,以下臂丛神经阻滞入路不宜选择
    A. 肌间沟入路　　　　B. 锁骨上入路
    C. 锁骨下入路　　　　D. 腋路
    E. 肱骨中段入路

13.【答案】A
【解析】肌间沟阻滞尺侧阻滞效果差,多用于肩关节及上臂手术。
【考点】上肢的神经阻滞

14. 男,23 岁。因"左手环指、小指玻璃切割伤"拟行手术,最佳神经阻滞选择为
    A. 颈丛阻滞　　　　　B. 肌间沟臂丛神经阻滞
    C. 锁骨上臂丛神经阻滞　D. 锁骨下臂丛神经阻滞
    E. 腋路臂丛神经阻滞

14.【答案】E
【解析】环指、小指受臂丛神经支配,肌间沟入路尺侧效果差,锁骨上、锁骨下及腋路臂丛神经阻滞均可满足手术需要,但腋路臂丛神经阻滞并发症最少。
【考点】上肢神经阻滞

15. 男,21 岁。拇指完全离断 3 小时拟行断指再植术,首选的麻醉方式是
    A. 颈丛阻滞　　　　　B. 颈段硬膜外阻滞
    C. 指根阻滞　　　　　D. 局部静脉麻醉
    E. 臂丛神经阻滞

15.【答案】E
【考点】上肢神经阻滞

16. 男,32 岁。腋路臂丛神经阻滞后 2 分钟主诉头晕,舌头发麻,随即出现抽搐,最可能的原因是
    A. 药物过敏　　　　　B. 全脊麻
    C. 阿 - 斯综合征　　　D. 局麻药中毒
    E. 低钙抽搐

16.【答案】D
【考点】上肢神经阻滞

17.【答案】C
【解析】肌间沟阻滞易出现单侧膈肌麻痹,不宜行双侧阻滞。
【考点】上肢的神经阻滞

17. 男,24 岁。双手外伤拟手术治疗,**不宜**选择的麻醉方式是
    A. 全麻
    B. 双侧腋路臂丛阻滞
    C. 双侧肌间沟阻滞
    D. 一侧腋路臂丛阻滞,一侧锁骨上臂丛阻滞
    E. 一侧锁骨上臂丛阻滞,一侧锁骨下臂丛阻滞

18.【答案】E
【考点】下肢神经阻滞

18. 女,65 岁。左膝关节置换术后拟行股神经阻滞镇痛,穿刺点应选择
    A. 腹股沟韧带上方,动脉搏动点内侧 1~2cm
    B. 腹股沟韧带上方,动脉搏动点外侧 1~2cm
    C. 腹股沟韧带处,动脉搏动点外侧 1~2cm
    D. 腹股沟韧带下方,动脉搏动点内侧 1~2cm
    E. 腹股沟韧带下方,动脉搏动点外侧 1~2cm

19.【答案】C
【解析】如肿瘤位于膀胱后侧壁,电切时可引起闭孔神经反射,表现为同侧大腿内收。这将严重影响手术操作,甚至造成膀胱穿孔。阻滞闭孔神经可阻断这一反射。
【考点】下肢神经阻滞

19. 男,67 岁。拟行膀胱左侧壁肿瘤电切术,可阻滞哪根神经以抑制电切时腿部反射性肌肉运动
    A. 股神经　　　　　　B. 坐骨神经　　　　　　C. 闭孔神经
    D. 髂腹下神经　　　　E. 髂腹股沟神经

20.【答案】A
【解析】踝关节内侧皮肤受隐神经支配。
【考点】下肢的神经阻滞

20. 男,42 岁。腰丛联合坐骨神经阻滞下行踝关节骨折切开复位内固定术,切皮时患者主诉内踝切口疼痛,可能原因是
    A. 隐神经阻滞不全　　　　B. 腓浅神经阻滞不全
    C. 胫神经阻滞不全　　　　D. 腓深神经阻滞不全
    E. 腓肠神经阻滞不全

21.【答案】E
【考点】下肢神经阻滞

21. 男,31 岁。跟骨骨折拟行神经刺激器引导经臀入路坐骨神经阻滞,引出下列哪个肌肉运动可以给药
    A. 臀大肌　　　　　　B. 股方肌　　　　　　C. 股二头肌
    D. 股四头肌　　　　　E. 腓肠肌

22.【答案】D
【解析】大腿外侧主要由来源于腰丛的股外侧皮神经支配。
【考点】下肢神经阻滞

22. 男,45 岁。拟于左大腿外侧取皮,以下麻醉方式**不能**满足供皮区麻醉需要的是
    A. 全麻　　　　　　　　　B. 椎管内麻醉
    C. 腰丛阻滞　　　　　　　D. 骶丛阻滞
    E. 局部浸润麻醉

23.【答案】D
【解析】腹直肌鞘阻滞只覆盖腹壁正中部位,下腹部横切口不适用。
【考点】躯干神经阻滞

23. 女,28 岁。行子宫下段横切口剖宫产术,可行的术后镇痛方式除外
    A. 连续硬膜外阻滞镇痛　　B. 患者自控静脉镇痛
    C. 腹横平面阻滞镇痛　　　D. 腹直肌鞘阻滞镇痛
    E. 口服药物镇痛

24. 女,23 岁。拟于胸椎旁阻滞下行左乳外下象限肿物切除术,应选择阻滞以下哪个间隙

    A. T_2~T_3 间隙　　　B. T_4~T_5 间隙　　　C. T_6~T_7 间隙

    D. T_8~T_9 间隙　　　E. T_{10}~T_{11} 间隙

24.【答案】B
【考点】躯干神经阻滞

25. 男,65 岁。拟于胸椎旁阻滞下行右经皮肾镜术,应选择阻滞以下哪个间隙

    A. T_3~T_4 间隙　　　B. T_5~T_6 间隙　　　C. T_7~T_8 间隙

    D. T_9~T_{10} 间隙　　　E. T_{11}~T_{12} 间隙

25.【答案】D
【考点】躯干神经阻滞

26. 男,56 岁。拟行右髋关节置换术,选择腰丛阻滞进行术后镇痛,满意的刺激器阈值为

    A. 1.0mA　　　　　B. 0.8mA　　　　　C. 0.6mA

    D. 0.4mA　　　　　E. 0.2mA

26.【答案】D
【解析】刺激器阈值是指引出肌肉运动反应的最小电流强度。阈值大小反映针尖距离神经的距离远近。临床接受的刺激器阈值通常为 0.3~0.4mA。
【考点】神经刺激器引导的神经阻滞

27. 男,32 岁。肘关节松解术后行连续锁骨下臂丛神经阻滞镇痛,以下局麻药最适合的是

    A. 普鲁卡因　　　　B. 丁卡因　　　　　C. 罗哌卡因

    D. 甲哌卡因　　　　E. 利多卡因

27.【答案】C
【解析】布比卡因和罗哌卡因在低浓度时具有感觉运动分离作用,适用于连续外周神经阻滞镇痛。
【考点】局麻药药理

28. 男,82 岁。因"股骨颈骨折"行髂筋膜间隙阻滞镇痛治疗,以下描述正确的是

    A. 可同时阻断股神经、闭孔神经和坐骨神经

    B. 髂筋膜间隙位于阔筋膜和髂筋膜之间

    C. 髂筋膜间隙位于髂筋膜深面

    D. 髂筋膜间隙内神经集中,只需少量药物即可完善阻滞

    E. 髂筋膜间隙阻滞不影响股四头肌肌力

28.【答案】C
【解析】髂筋膜间隙位于髂筋膜深面,此处阻滞可同时阻断股神经、闭孔神经和股外侧皮神经。但因间隙较大,神经分散,完善阻滞需较大容量局麻药。
【考点】下肢神经阻滞

【A3/A4 题型】

(1~6 题共用题干)

男,33 岁,1m 高处跌倒,右肩着地导致右肱骨近端骨折。

1. 关于术前评估错误的是

    A. 肱骨近端骨折易合并桡神经损伤

    B. 肱骨近端骨折易合并骨筋膜隔室综合征

    C. 按饱胃处理

    D. 注意患肢神经功能及远端血运

    E. 评估有无其他合并伤

1.【答案】B
【解析】肱骨近端骨折易合并桡神经损伤。无论有无外伤,行神经阻滞操作前均需仔细评估患侧神经功能,警惕麻醉前已存在的神经损伤。前臂或小腿骨折易合并骨筋膜隔室综合征。
【考点】上肢神经阻滞

2. 患者行 Winnie 法肌间沟阻滞,关于穿刺方法描述正确的是

    A. 从胸锁乳突肌与前斜角肌之间的肌间沟顶点进针,向同侧脚的方向穿刺

2.【答案】D
【考点】上肢神经阻滞

B. 从胸锁乳突肌与前斜角肌之间的肌间沟顶点进针,向对侧脚的方向穿刺

C. 从前斜角肌与中斜角肌之间的肌间沟顶点进针,向同侧脚的方向穿刺

D. 从前斜角肌与中斜角肌之间的肌间沟顶点进针,向对侧脚的方向穿刺

E. 从中斜角肌与斜方肌之间的肌间沟顶点进针,向对侧脚的方向穿刺

3.【答案】B
【解析】肌间沟阻滞和颈丛阻滞时均可能引起颈交感麻痹,表现为Horner 综合征,一般无须特殊处理。
【考点】上肢神经阻滞

3. 患者行肌间沟阻滞后出现阻滞侧上睑下垂、瞳孔缩小,可能的原因是

A. 迷走神经被阻滞   B. 交感神经被阻滞

C. 副神经被阻滞   D. 膈神经被阻滞

E. 三叉神经被阻滞

4.【答案】E
【解析】肌间沟阻滞不能阻断肋间臂神经,且臂丛下干及其分支常阻滞不全。腋神经来源于臂丛上干,是肌间沟臂丛神经阻滞最易被阻断的神经之一。
【考点】上肢神经阻滞

4. 患者肌间沟阻滞后仍感上肢疼痛不适,可能的原因**错误**的是

A. 臂丛下干阻滞不全

B. 臂内侧皮神经阻滞不全

C. 肋间臂神经阻滞不全

D. 尺神经阻滞不全

E. 腋神经阻滞不全

5.【答案】C
【解析】肌间沟阻滞患者发生呼吸困难的原因,最常见的是膈神经被阻滞后引起的膈肌麻痹。
【考点】上肢神经阻滞

5. 术后患者主诉呼吸困难及呼吸感觉改变,最可能的原因是

A. 全脊麻   B. 药物过敏

C. 膈神经麻痹   D. 局麻药中毒

E. 创伤性湿肺

6.【答案】D
【解析】膈神经麻痹通常无须特殊处理,如症状持续不缓解或进行性加重,需警惕气胸的可能。
【考点】上肢神经阻滞

6. 此时的处理**错误**的是

A. 吸氧,监护

B. 继续观察,无须特殊处理

C. 如症状长时间不缓解或进行性加重,需除外气胸

D. 紧急气管插管或气管切开

E. 行床旁超声或胸片明确诊断

(7~9 题共用题干)

男,21 岁,左拇指完全离断 3 小时拟急诊行断指再植术。术前检查大致正常,已禁食 6 小时,禁饮 3 小时。

7.【答案】D
【考点】上肢神经阻滞

7. 首选的麻醉方式是

A. 指根阻滞   B. 高位硬膜外

C. 颈丛阻滞   D. 臂丛神经阻滞

E. 局部静脉麻醉

8. 患者行腋路臂丛神经阻滞后1分钟主诉头晕、耳鸣、口唇发麻，随即抽搐，最可能的原因是
　　A. 药物过敏　　　　B. 全脊麻　　　　C. 局麻药中毒
　　D. 气胸　　　　　　E. 低钙抽搐

9. 此时最重要的措施是
　　A. 丙泊酚静脉推注控制惊厥
　　B. 琥珀酰胆碱静脉推注控制惊厥
　　C. 肾上腺素 1μg/kg 静脉推注
　　D. 20% 脂肪乳剂 1.5ml/kg
　　E. 20% 脂肪乳剂 0.25ml/kg

（10~14 题共用题干）
男，34 岁，体重 67kg。工作时双手被机器挤压，拟急诊行双手清创探查、肌腱血管吻合术。

10. 首选的麻醉方式是
　　A. 全麻
　　B. 高位硬膜外麻醉
　　C. 双侧肌间沟臂丛神经阻滞
　　D. 双侧锁骨上阻滞
　　E. 双侧腋路臂丛神经阻滞

11. 选择神经刺激器行腋路臂丛神经阻滞，下列描述**错误**的是
　　A. 刺激正中神经可引出拇对掌运动
　　B. 刺激正中神经可引出腕关节桡偏
　　C. 刺激尺神经可引出小指收缩
　　D. 刺激桡神经可引出伸指运动
　　E. 刺激肌皮神经可引出伸肘运动

12. 如选择超声引导完成阻滞，应在哪里寻找肌皮神经
　　A. 肱二头肌与肱三头肌之间
　　B. 肱二头肌与肱桡肌之间
　　C. 肱二头肌与喙肱肌之间
　　D. 肱三头肌与喙肱肌之间
　　E. 肱桡肌与喙肱肌之间

13. 如双侧阻滞同时进行，总药量**不应**超过
　　A. 罗哌卡因 100mg　　　B. 罗哌卡因 150mg
　　C. 罗哌卡因 200mg　　　D. 罗哌卡因 300mg
　　E. 罗哌卡因 400mg

8.【答案】C
　　【解析】多数局麻药中毒的表现为中枢神经系统毒性和心脏毒性。早期表现为中枢神经系统的兴奋，如耳鸣、口周麻木、视物模糊或金属味觉，随后进展为运动性抽动甚至意识不清、惊厥。心脏毒性可表现为心肌抑制、心动过缓、低血压，并可发展为各种恶性心律失常及心脏停搏。
　　【考点】局麻药中毒

9.【答案】D
　　【解析】抢救局麻药中毒最重要的措施是脂肪乳剂，首剂 20% 脂肪乳剂 1.5ml/kg 静推，随后 0.25ml/（kg·min）静脉输注，惊厥消失、循环平稳后至少继续输注 10 分钟方可考虑停药。局麻药中毒引起的惊厥控制首选咪达唑仑，而丙泊酚可能加重循环虚脱、不作为控制惊厥的首选。
　　【考点】局麻药中毒

10.【答案】E
　　【解析】相对于全麻和高位硬膜外麻醉，臂丛神经阻滞更安全，术后镇痛效果更好，故应首选臂丛神经阻滞，但应避免双侧肌间沟或双侧锁骨上臂丛神经阻滞。
　　【考点】上肢神经阻滞

11.【答案】E
　　【解析】伸肘动作主要由肱三头肌收缩完成，受桡神经支配。
　　【考点】上肢神经阻滞

12.【答案】C
　　【解析】肌皮神经通常走行于肱二头肌与喙肱肌之间。
　　【考点】上肢的神经支配

13.【答案】C
　　【解析】罗哌卡因的单次总量不超过 200mg。
　　【考点】局麻药药理

14.【答案】B
　　【解析】肌间沟入路不能阻断肋间臂神经,对止血带痛缓解作用有限。
　　【考点】上肢神经阻滞

14. 手术使用充气止血带。手术进行 1 小时后,患者主诉双上臂酸胀不适,左侧为著,不能耐受,以下处理**不恰当**的是
　　A. 给予芬太尼 50~100μg 镇痛
　　B. 追加左侧肌间沟阻滞完善麻醉效果
　　C. 于腋窝处行皮下局部浸润
　　D. 暂时松开止血带,休息一段时间再充气
　　E. 改为全麻

(15~20 题共用题干)

女,75 岁,身高 155cm,体重 70kg。因"右膝骨关节炎"拟行右膝关节置换术。既往高血压、冠心病 30 年,糖尿病 25 年,COPD20 年,腰椎间盘突出术后 7 年。入院体检:神志清楚,脉搏 84 次 /min,呼吸 14 次 /min,血压 138/80mmHg。辅助检查:心电图示 ST-T 改变;空腹血糖 9.6mmol/L,血气分析:pH 7.45,PaO_2 61mmHg,$PaCO_2$ 32mmHg;心脏超声:左房增大,左室前壁运动不协调,左室收缩功能减退,EF 40%。

15.【答案】E
　　【解析】患者行下肢手术,心肺功能差,应首选区域阻滞麻醉。因有腰椎手术史,如无症状,可选择腰麻,但不宜选择硬膜外麻醉,故首选腰骶丛阻滞。
　　【考点】下肢手术麻醉

15. 首选的麻醉方式是
　　A. 气管插管全麻　　　　　　B. 喉罩全麻
　　C. 单次硬膜外麻醉　　　　　D. 连续硬膜外麻醉
　　E. 腰骶丛阻滞

16.【答案】B
　　【解析】腰骶丛联合阻滞通常取侧卧位,患侧在上并屈膝曲髋,健侧在下并略伸直。
　　【考点】下肢神经阻滞

16. 患者应采取以下哪个体位实施麻醉
　　A. 平卧位
　　B. 左侧卧位,右腿屈髋屈膝,左腿略伸直
　　C. 左侧卧位,左腿屈髋屈膝,右腿略伸直
　　D. 右侧卧位,左腿屈髋屈膝,右腿略伸直
　　E. 右侧卧位,右腿屈髋屈膝,左腿略伸直

17.【答案】E
　　【解析】腰丛阻滞时,药物可沿腰大肌间隙经椎旁扩散到硬膜外腔甚至对侧腰大肌间隙,且年龄越大,发生率越高。
　　【考点】下肢神经阻滞

17. 行腰骶丛阻滞后 20 分钟,患者自述双腿发麻,血压由 138/80mmHg 下降至 96/58mmHg,最可能的原因是
　　A. 全脊麻
　　B. 局麻药中毒
　　C. 药物过敏
　　D. 药物进入蛛网膜下腔
　　E. 药物进入硬膜外腔

18.【答案】A
　　【解析】引起术后足麻木下垂的原因很多,包括患者因素、手术因素及麻醉因素等。
　　【考点】围术期神经损伤

18. 术后第 3 天,患者仍主诉右足麻木伴下垂,可能的原因**不包括**
　　A. 神经阻滞效果未退
　　B. 手术操作损伤
　　C. 术中止血带压力过大,加压时间过长
　　D. 患者为围术期神经损伤高危人群,术前存在神经损伤高

风险

E. 神经阻滞时操作损伤

19. 考虑以下哪根神经受损

    A. 股神经　　　　B. 胫神经　　　　C. 腓总神经

    D. 闭孔神经　　　E. 隐神经

19.【答案】C

【解析】足下垂是腓总神经受损表现。

【考点】下肢神经阻滞

20. 下一步的处理**不正确**的是

    A. 检查伤口及敷料,去除压迫

    B. 立即行肌电图检查

    C. 神经损伤后 2~3 周肌电图才能表现出异常,目前无须检查

    D. 予神经营养药物治疗,促进神经再生和恢复

    E. 请神经内科会诊

20.【答案】C

【解析】围术期神经损伤相关指南指出,虽然神经损伤后 2~3 周,肌电图才能表现出异常,仍需神经损伤早期行肌电图检查以鉴别是否存在既往损伤及获得基线值。

【考点】围术期神经损伤

【案例分析题】

案例　女,88 岁,糖尿病 20 年,因 "糖尿病右足坏死" 拟行右小腿截肢术。既往慢性支气管炎 15 年,房颤 5 年,现在口服华法林。

提问 1:以下麻醉方式最适合的是

    A. 气管插管全麻

    B. 喉罩全麻

    C. 硬膜外麻醉

    D. 腰麻

    E. 腰骶丛阻滞

    F. 分别阻滞股神经、闭孔神经、股外侧皮神经、坐骨神经、股后皮神经

提问 1:【答案】F

【解析】患者高龄,合并心肺疾病,口服抗凝药,椎管内麻醉和腰骶丛阻滞均不适合,气管插管对呼吸循环影响大,所以此例患者首选下肢分支神经阻滞。

【考点】下肢神经阻滞

提问 2:患者行神经刺激器引导股神经阻滞,刺激器初始电流 1.0mA,波宽 0.1ms,频率 2.0Hz。于腹股沟韧带中点下方、股动脉搏动点旁 1.5cm 进针,反复穿刺调整穿刺针位置,均未引出肌肉运动反应,此时应该如何调整

    A. 检查刺激器工作是否正常

    B. 调整刺激器波宽为 0.5ms

    C. 加大刺激器初始电流

    D. 请更有经验的医师再次尝试

    E. 放弃神经刺激器引导,穿刺针进入皮下后,继续进针寻找到两层突破感后给药

    F. 换用超声引导进行阻滞

提问 2:【答案】ABCDF

【解析】糖尿病周围神经病时神经传导速度减慢,如常规设置不能引出肌肉运动反应,可将刺激器波宽调整为 0.5ms,加大初始电流再尝试。盲法穿刺股神经完善阻滞率仅 50%~60%,不建议用于手术麻醉。

【考点】神经刺激器引导的神经阻滞

提问 3:患者行股神经、闭孔神经、股外侧皮神经、坐骨神经、股后皮神经阻滞后 30 分钟,诉小腿内侧无麻木感,考虑以下哪根神经阻滞不全

    A. 股神经　　　　　　B. 闭孔神经

    C. 股外侧皮神经　　　D. 坐骨神经

    E. 股后皮神经　　　　F. 隐神经阻滞不全

提问 3:【答案】AF

【解析】小腿内侧皮肤由隐神经支配,隐神经是股神经的终末支。

【考点】下肢的神经阻滞

提问4:【答案】C

【解析】闭孔神经出闭膜管后分前、后两支,分别走行于短收肌的浅层和深层,可在这两层分别注射局麻药进行阻滞。

【考点】下肢神经阻滞

提问4:行闭孔神经阻滞时,应将药物注射在

    A. 耻骨肌的表面和深面

    B. 长收肌的表面和深面

    C. 短收肌的表面和深面

    D. 大收肌的表面和深面

    E. 缝匠肌的表面和深面

    F. 股内侧肌的表面和深面

(许 莉 王 庚)

第十九章　其他局部麻醉

【A1 型题】

1. 局麻药中毒引起惊厥和抽搐时,下列措施**错误**的是
   A. 立即停止给药
   B. 立即静脉注射苯妥英钠
   C. 立即静脉注射硫喷托钠
   D. 必要时在肌松的条件下行气管插管人工通气
   E. 各种支持疗法维持呼吸和循环

2. 关于局麻药药理特性的叙述,**错误**的是
   A. pKa 越小,麻醉起效越快
   B. 脂溶性越高,作用越强
   C. 蛋白结合率越高,作用时间越长
   D. 目前临床上常用的局麻药多为碳酸氢盐
   E. 局麻药在酸性环境下效价降低

3. 局部浸润麻醉产生中毒反应的原因,下列**错误**的是
   A. 一次性用药量超过最大剂量
   B. 注射部位血管丰富
   C. 误将麻醉药物注入血管内
   D. 患者对麻醉药物过敏
   E. 患者对局麻药的耐药量降低

4. 关于局麻药选择的注意事项的描述,下列**错误**的是
   A. 妊娠能增加神经对局麻药的敏感性
   B. 布比卡因和依替卡因在同等剂量下有较高的心脏毒性
   C. 左旋布比卡因给药剂量与布比卡因相同,但心脏毒性大
   D. 氯普鲁卡因可被血浆中的胆碱酯酶快速水解
   E. 除可卡因和罗哌卡因外,其他局麻药都是血管扩张剂

5. 丁卡因常用作表面麻醉是因为

1.【答案】B
【解析】静脉给予硫喷托钠、咪达唑仑或丙泊酚大多可终止癫痫发作,必要时应用肌松剂,但要给予气管插管以控制气道。苯妥英钠主要抗癫痫发作或心律失常。
【考点】局麻药中毒的抢救流程

2.【答案】D
【解析】目前临床上常用的多为盐酸盐,注入组织后易被组织缓冲碱所结合,可缩短局部麻醉药起效时间、增强作用强度、延长作用时间。
【考点】局麻药的药理特性

3.【答案】D
【解析】局麻药中毒反应与局麻药过敏反应是两个不同的概念。
【考点】局麻药毒性反应

4.【答案】C
【解析】左旋布比卡因比同等剂量的布比卡因心脏毒性小。
【考点】局麻药选择的注意事项

5.【答案】C
【解析】表面麻醉的定义即将渗透作用强的局麻药与局部皮肤、黏膜接触,使其透过皮肤、黏膜而阻滞浅表神经末梢所产生的无痛状态。
【考点】表面麻醉的定义

A. 局麻效力强

B. 毒性较大

C. 对黏膜的穿透力强

D. 作用持久

E. 比较安全

6.【答案】C

【解析】静脉局部麻醉的作用机制是以一定容量局麻药充盈与神经伴行的静脉血管,局麻药可透过血管而扩散至伴行神经而发挥作用。药物作用于周围小神经及神经末梢,而对神经干作用较小。

【考点】静脉局部麻醉适应证及操作方法

6. 关于静脉局部麻醉的描述,下列**不正确**的是

A. 适用于手术时间 1~2 小时的手术

B. 适用于成人四肢手术

C. 主要作用于神经干

D. 利多卡因为静脉局部麻醉最常用的药物

E. 放止血带应采取间歇放气法

7.【答案】E

【解析】药物注射和松止血带之间的时间不少于 20 分钟,防止大量局麻药进入全身循环产生毒性反应。

【考点】静脉局部麻醉并发症的预防

7. 关于预防静脉局部麻醉的并发症,下列说法**错误**的是

A. 选择合适的药物,减少药物的使用量

B. 药物注射时间不短于 90 秒

C. 止血带的使用时间不超过 2 小时

D. 在止血带充气前肢体充分驱血

E. 药物注射和松止血带之间的时间间隔不少于 10 分钟

8.【答案】D

【解析】一般局麻药中枢神经系统毒性出现先于心脏毒性,而布比卡因相反。

【考点】局麻药中毒的临床表现

8. 下列关于局麻药中毒的临床表现,**错误**的是

A. 大部分在 30~180 秒之内发生

B. 最常见的中枢神经系统症状为惊厥

C. 心血管系统可表现为心动过缓和低血压

D. 布比卡因局麻药中毒中枢神经系统毒性先于心脏毒性

E. 局麻药混合应用时,毒性作用累加

【A2 型题】

1.【答案】B

【解析】局麻药毒性反应首发为中枢神经系统兴奋症状,随即出现心脏毒性反应。该患者利多卡因用量浓度过高,单次剂量过大。

【考点】局麻药毒性反应

1. 患者女性,14 岁,36kg,拟在局麻下行扁桃体摘除术。用 2% 利多卡因 18ml 作局部浸润,待 3 分钟后,患者出现面色苍白,意识恍惚,脉搏细弱;进而全身抽搐,呼吸停止,心音不清。根据患者临床表现,诊断为

A. 局麻药高敏反应　　　　B. 局麻药毒性反应

C. 局麻药变态反应　　　　D. 局麻药过敏性休克

E. 癫痫大发作

2.【答案】D

【解析】病灶较为表浅,大小适中,术前采用立体定向精确定位,可缩小手术视野,降低手术损伤并缩短了手术时间。其最大的优势是患者意识清醒,手术操作时可与手术医师充分沟通,最大限度避免重要功能区的损伤。应用局部浸润麻醉,还可用于术后镇痛,简单有效。

【考点】局部浸润麻醉的应用

2. 患者男性,50 岁,因左颞叶占位性病变,拟行立体定向开放性直视手术治疗。病灶大小 14mm×18mm,距皮质约 3cm。手术切口较小,手术时间较短。最适宜的麻醉方法为

A. 全身麻醉　　　　　　　B. 区域神经阻滞

C. 表面麻醉　　　　　　　D. 局部浸润麻醉

E. 静脉局部麻醉

3. 患者男性,60 岁,因颈部巨大肿物入院疗。患者颈部明显肿大,伴活动后气促,有喘鸣,端坐呼吸。气管受压狭窄。拟于全麻下行颈部巨大肿物切除术,最恰当的麻醉诱导方式是
   A. 慢诱导气管内插管
   B. 快速顺序诱导气管内插管
   C. 气道表面麻醉下清醒气管插管
   D. 气管切开
   E. 镇静半清醒状态气管内插管

4. 患者男性,60 岁,因晚餐后右手玻璃划伤 1 小时入院,拟行右手外伤清创缝合术 + 肌腱吻合术。既往高血压病史,最高 180/105mmHg,服药控制不稳定;8 个月前因急性冠脉综合征行冠脉支架治疗,术后自觉症状好转,口服阿司匹林及氯吡格雷至今。最合适的麻醉方式为
   A. 全身麻醉　　　　　　B. 区域神经阻滞
   C. 局部浸润麻醉　　　　D. 静脉局部麻醉
   E. 表面麻醉

5. 患者男性,38 岁,因眼部异物感、流泪、视物不清来院治疗。检查发现角膜有大小不一的异物存在,位置不同,需要取出,应选用哪种药物麻醉
   A. 布比卡因　　　　B. 普鲁卡因　　　　C. 丁卡因
   D. 利多卡因　　　　E. 罗哌卡因

6. 患儿男性,6 岁。扁桃体摘除时,医师误将 1% 丁卡因当做 1% 普鲁卡因应用,扁桃体周围注射 12ml 后,患者很快出现烦躁不安,面色苍白,随即出现阵发性强烈惊厥,呼吸浅促,口唇发绀,心率减慢,血压下降。该患儿出现的反应是
   A. 过敏性休克　　　　　　B. 精神紧张而致晕厥
   C. 局麻药毒性反应　　　　D. 局麻药高敏反应
   E. 癫痫大发作

7. 患者女性,32 岁,甲状腺功能亢进,在颈神经丛阻滞下行甲状腺大部分切除术。颈神经丛阻滞后,患者突发谵妄,神志不清,抽搐,全身发绀,呼吸停止。下列哪种处理方法**不需要**
   A. 给氧,保持气道通常　　B. 镇静、抗抽搐药物的应用
   C. 气管插管辅助呼吸　　　D. 循环系统监测
   E. 下胃管

8. 患者男性,38 岁,拟行锁骨骨折切开复位内固定术,既往甲亢,服药控制平稳。肌间沟臂丛缓慢注入 0.5% 罗哌卡因 20ml。拔出穿刺针 30 秒后,患者突然主诉剧烈头痛,尖叫,随即出现

3.【答案】C
【解析】该患者是典型的困难气道,气道周围病理性改变导致气管受压、移位、变形,造成气道部分梗阻。无论是快速诱导还是慢诱导,均有可能加重梗阻,甚至出现无法通气的致命情形。应实施保留自主呼吸、咽喉及气道表面麻醉下气管插管的诱导方式。
【考点】表面麻醉的适应证

4.【答案】D
【解析】该病例需要清创及肌腱吻合,单用局部浸润麻醉或表面麻醉不能保证阻滞完全;患者长期服用双联抗血小板药物,有出血倾向,也应慎用区域神经阻滞;加之患者饱胃,选择全身麻醉误吸风险大。因此建议选择静脉局部麻醉。
【考点】静脉局部麻醉适应证

5.【答案】C
【解析】角膜的末梢神经接近表面,结膜囊可存局麻药 1～2 滴,为表面麻醉理想的给药途径。眼科常以 1% 等渗液做角膜表面麻醉。
【考点】表面麻醉及其用药

6.【答案】C
【解析】丁卡因的麻醉效能和毒性为普鲁卡因的 10 倍,大剂量应用,局麻药中毒。
【考点】局麻药的毒性反应

7.【答案】E
【解析】局麻药中毒引起的抽搐应保持呼吸道通畅,静脉给予苯二氮䓬类药物终止癫痫发作,必要时应用肌松剂,给予气管插管控制通气。一旦出现心脏毒性的表现,立即开展基础或高级生命支持。
【考点】局麻药中毒的处理

8.【答案】D
【解析】局麻药中添加血管收缩药物不适用于患心血管疾病或甲状腺功能亢进患者。
【考点】局麻药毒性反应的预防

强制性阵挛。立即予以面罩给氧并静脉推注丙泊酚 50mg,患者抽搐停止,自主呼吸恢复。避免这种情况发生的措施,下列哪项**不正确**

A. 麻醉前给予小剂量苯二氮䓬类药物

B. 操作时仔细观察患者,充分交流

C. 应用局麻药的安全剂量

D. 在局麻药中加用肾上腺素,以减慢吸收和延长麻醉时效

E. 防止局麻药误注入血管内,细心抽吸有无血液回流

9. 患者女性,48 岁,因颈部巨大肿物拟行全麻下手术切除治疗。入院后端坐呼吸,喘憋,肿物压迫气管。在进行麻醉诱导时,下列哪项做法**不正确**

A. 麻醉前须注射阿托品

B. 可用 2% 利多卡因做环甲膜穿刺

C. 表面麻醉要控制局麻药用量

D. 可用 2% 利多卡因雾化吸入法

E. 要吞下局麻药

10. 患者男性,40 岁,晚饭后左手划伤,急诊拟行左手外伤清创缝合术 + 肌腱吻合术。实施静脉局部麻醉,充分驱血后将止血带充气,维持止血带的压力在一定范围内。静脉注射 0.5% 利多卡因 40ml。10 分钟后麻醉效果不明显,患者要求松止血带。随后,患者突发谵妄,神志不清,呼吸急促,口唇发绀,心率减慢。发生此情况的原因是

A. 松止血带后一过性低血压

B. 缺氧

C. 松止血带酸中毒

D. 松止血带后大量局麻药进入全身循环产生的毒性反应

E. 局麻药变态反应

11. 患者男性,48 岁,因颈部巨大肿物压迫气管拟在全麻下行肿物切除术。实施保留自主呼吸、咽喉及气道表面麻醉下气管插管的诱导方式,用 2% 利多卡因(1:20 万肾上腺素)进行表面麻醉,患者立即感心悸、气促、烦躁不安、面色苍白。最可能的诊断是

A. 肾上腺素反应 　　　B. 局麻药毒性反应

C. 过敏反应 　　　　　D. 精神高度紧张

E. 喉痉挛

12. 患者男性,58 岁,择期行右肩关节镜下肩袖修复术。经肌间沟入路,行臂丛神经阻滞麻醉,缓慢注入局麻药混合液(0.5% 布比卡因 20ml 与 1.5% 利多卡因 20ml),共 40ml。拔出穿刺

针约 30 秒,患者出现强直性痉挛,抽搐,随即心搏停止,血压测不到。针对这种情况,下列做法**错误**的是

A. 应用苯二氮䓬类药物控制抽搐

B. 保持气道通常,给予气管插管辅助通气

C. 立即开展基础或高级生命支持,尽可能延长复苏

D. 积极应用肾上腺素 1mg

E. 尽早使用脂肪乳剂治疗

【A3/A4 型题】

(1~2 题共用题干)

患者,女,66 岁,因颈部肿物进行性增大 10 年,呼吸困难 1 个月入院。CT 检查发现气管上段严重受压,管径减少 1/2,考虑为胸骨后巨大甲状腺肿物压迫所致。患者既往史无特殊,拟行胸骨后巨大甲状腺肿物切除术。

1. 该患者最恰当的麻醉方式为

A. 清醒表面麻醉下气管插管全麻

B. 颈神经丛阻滞

C. 快速顺序诱导气管插管全麻

D. 慢诱导气管插管全麻

E. 局部浸润麻醉

2. 下列局麻药物不适用于表面麻醉的是

A. 利多卡因　　　B. 丁卡因　　　C. 普鲁卡因

D. 奥布卡因　　　E. 苯佐卡因

(3~4 题共用题干)

患者,女,29 岁,既往体健,青霉素过敏。宫颈注射 1% 利多卡因 10ml,在局麻下行宫内节育器取出术。术后患者诉耳鸣、头晕、困倦,予卧床休息,密切观察。术后 10 分钟患者突然晕厥,呼叫后呈嗜睡状,面色苍白,呼吸急促,大汗淋漓,四肢湿冷,脉搏细弱,测血压 60/36mmHg,心率 40 次 /min,呼吸 25 次 /min。

3. 该患者首先考虑

A. 局麻药中毒　　　　B. 局麻药过敏

C. 低血糖昏迷　　　　D. 失血性休克

E. 急性心肌梗死

4. 紧急处理时不应考虑

A. 输液　　　　　　　B. 使用抗过敏药

C. 使用肾上腺素　　　D. 吸氧

E. 输血

1.【答案】A

【解析】该病例使典型的困难气道,气道周围病理性改变导致气管受压、移位、变形,甚至可能受侵犯,造成气道部分梗阻。无论是快诱导还是慢诱导,均有可能加重梗阻,甚至出现无法通气的致命情形,此病例应选择与患者充分沟通,实施保留自主呼吸,咽喉及气道表面麻醉下气管插管的全身麻醉。神经阻滞及局部浸润麻醉的麻醉效果有限,不利于巨大甲状腺肿物切除术的实施。

【考点】困难气道处理:表面麻醉

2.【答案】C

【解析】普鲁卡因毒性作用小,安全性较高,但其扩散性和穿透力较差,不适合用于表面麻醉,多用于局部浸润麻醉。

【考点】表面麻醉药物选择

3.【答案】B

【解析】利多卡因为酰胺类局麻药,为非蛋白类物质,本身不能致敏,但有时可作为一种半抗原,同蛋白质或多糖形成抗原致过敏反应,其过敏反应主要表现为中枢神经系统、心血管方面的症状。

【考点】局麻药过敏与局麻药毒性反应的区别

4.【答案】E

【解析】该患者符合局麻药过敏的临床表现,输血并不能有效处理局麻药过敏的临床表现,反而可能引起输血相关的过敏反应,加重临床症状。

【考点】局麻药过敏的临床处理流程

5.【答案】B

【解析】罗哌卡因本身是温和的血管收缩剂，添加肾上腺素益处不明显，故不推荐使用含肾上腺素溶液，其0.25%~0.75%浓度不含肾上腺素的溶液一次最大用量为3mg/kg，本题患者体重为70kg，一次最大用量为210mg，0.5%浓度的罗哌卡因1ml中含罗哌卡因5mg，因此0.5%罗哌卡因一次最大用量不超过42ml。

【考点】罗哌卡因的极量

6.【答案】E

【解析】行肌间沟臂丛神经阻滞时，如穿刺针进针过深穿破蛛网膜而未能及时发现，注药时超过脊麻数倍量的局麻药可进入蛛网膜下腔，出现全脊麻，临床表现为全部脊神经支配的区域均无痛觉、低血压、意识丧失及呼吸停止，多在注药后数分钟内出现，若处理不及时可能发生心脏骤搏。局麻药过敏反应主要表现为皮肤黏膜水肿、荨麻疹、哮喘、低血压或休克等症状，呼吸停止等症状少见。局麻药毒性反应大部分在注药后30~180秒内发生，主要表现为中枢神经及循环系统的变化，该患者给药5分钟后才出现症状，其并无中枢兴奋和惊厥等表现。单侧膈神经阻滞可出现呼吸困难，但不会导致意识丧失、呼吸停止。单侧喉返神经阻滞主要表现为声音嘶哑，双侧阻滞可出现呼吸困难。

【考点】臂丛神经阻滞的并发症

7.【答案】D

【解析】该患者行肌间沟臂丛神经阻滞时，神经刺激针细而长，穿过皮肤和皮下组织后，针管可能会被皮下组织阻塞，注药前回抽无力时可能并无脑脊液，而实际针尖已进针过深刺破蛛网膜到达蛛网膜下腔。使用神经刺激器时，启动刺激电流致肌肉收缩时，易使神经刺激针移位，造成进针过深刺破蛛网膜而误入蛛网膜下腔，此时穿刺针头也有可能在硬膜外腔靠近蛛网膜破口之处，注药时压力过大，局麻药可能通过蛛网膜破口从硬膜外腔进入蛛网膜下腔造成全脊麻。以上均为发生全脊麻的可能原因，而患者解剖变异的可能性不大。

【考点】臂丛神经阻滞的并发症

8.【答案】C

【解析】硬膜外注射试验剂量一般为3ml，目的在于排除误入蛛网膜下腔的可能。如果注药后5分钟内出现下肢痛觉和运动消失，以及血压下降等症状，严重时可发生全脊麻，应立即进行抢救。此外，从试验剂量所出现的阻滞范围及血压波动幅度，可了解患者对药物的耐受性，以指导继续用药的剂量。

【考点】局部麻醉

（5~7题共用题干）

患者，男，30岁，70kg，既往体健，因左肘刀砍伤而急诊入院行清创缝合手术。

5. 患者入室后生命体征平稳，血压126/76mmHg，心率86次/min，脉搏氧饱和度97%，拟使用0.5%罗哌卡因行左侧肌间沟臂丛神经阻滞，其一次最大用量不超过

A. 50ml   B. 42ml   C. 22ml

D. 25ml   E. 20ml

6. 患者在神经刺激器辅助下，行左侧肌间沟臂丛神经阻滞，缓慢注入0.5%罗哌卡因35ml，回抽无血液，5分钟后，呼之不应，感觉、运动均消失，脉搏氧饱和度82%，血压80/50mmHg，立即面罩加压给氧，发现呼吸逐渐减弱至完全停止。该患者最可能发生的是

A. 局麻药过敏反应

B. 局麻药毒性反应

C. 膈神经阻滞

D. 喉返神经阻滞

E. 全脊麻

7. 患者急行气管内插管，机械通气控制呼吸，此时血压125/75mmHg，心率80次/min，脉搏氧饱和度100%，双瞳孔固定，直径5mm，等大等圆，对光反射消失，神经系统检查深反射、浅反射、病理反射均无，考虑为全脊麻。给该患者注药前回抽并无脑脊液，但仍发生了全脊麻，其原因最不可能为

A. 穿刺针头移动

B. 穿刺针进针过深

C. 注药压力太大

D. 患者解剖变异

E. 穿刺针管被皮下组织阻塞

（8~10题共用题干）

患者，男，16岁，100kg，既往体健，拟行阑尾切除术。

8. 患者入室后生命体征平稳，血压110/70mmHg，心率80次/min，脉搏氧饱和度97%，T_{12}~L_1硬膜外穿刺置管，推注2%利多卡因的试验量一般为

A. 1ml   B. 2ml

C. 3ml   D. 5ml

E. 10ml

9. 患者硬膜外推注 2% 利多卡因 3ml 后,立即出现头晕心慌,呼吸困难,血压心率未见明显波动,面罩加压吸氧后症状缓解。患者出现上述症状的可能原因是
   A. 局麻药入血
   B. 局麻药过敏
   C. 全脊麻
   D. 异常广泛阻滞
   E. 膈肌麻痹

10. 10 分钟后,患者无麻醉平面,向皮肤外拔出一部分硬膜外导管后再推注少量利多卡因,患者又出现上述局麻药中毒症状,但回抽始终无血液回流,改全麻插管完成手术,后发现硬膜外导管前端有 7mm 血迹,估计凝血块形成单向活瓣导致回吸无血。下列处理局麻药中毒的方法**不正确**的是
   A. 立即停止给药
   B. 尽早使用脂肪乳剂
   C. 面罩加压吸氧
   D. 立即静脉注射苯妥英钠
   E. 维持血流动力学稳定

(包萌萌 王晨 王云)

9.【答案】A
【解析】异常情况发生在硬膜外注射药物之后的短时间内,硬膜外腔中有丰富的静脉丛,穿刺时可能造成损伤出血,本患者首先考虑局麻药入血中毒。局麻药毒性反应大部分在注药后 30~180 秒内发生,主要表现为中枢神经及循环系统的变化,本患者由于只给了少量的试验剂量,因此并未出现严重的中枢神经及循环系统变化。
【考点】局麻药入血的毒性反应

10.【答案】D
【解析】苯妥英钠为抗癫痫药,适用于治疗全身强直-阵挛性发作、复杂部分性发作(精神运动性发作、颞叶癫痫)、单纯部分性发作(局限性发作)和癫痫持续状态。局麻药中毒出现惊厥症状时可以静脉注射硫喷妥钠而不是苯妥英钠。
【考点】局部毒性反应的处理

第二十章　镇静术

1.【答案】D

【解析】Ramsey 评分:1 分为不安静、烦躁;2 分为安静合作;3 分为嗜睡,能听从指令;4 分为睡眠状态,但可唤醒;5 分为呼吸反应迟钝;分为深睡状态,呼唤不醒。2~3 分为轻度镇静,4 分为中度镇静,5~6 分为深度镇静。

【考点】Ramsey 镇静评分

2.【答案】C

【解析】

Steward 苏醒评分:

(1) 清醒程度评分:

完全苏醒	2
对刺激有反应	1
对刺激无反应	0

(2) 呼吸道通畅程度:

可按医师吩咐咳嗽	2
不用支持可以维持呼吸道通畅	1
呼吸道需要予以支持	0

(3) 肢体活动度:

肢体能作有意识的活动	2
肢体无意识活动	1
肢体无活动	0

评分在 4 分以上方能离开手术室或恢复室。

【考点】Steward 苏醒评分

3.【答案】B

【考点】咪达唑仑的药理学特点

4.【答案】C

【考点】氟马西尼为咪达唑仑等苯二氮䓬类特定拮抗药物

1.【答案】E

【解析】丙泊酚具有循环抑制作用,老年人心功能储备差,易出现低血压,诱发心律失常,此时应停止一切药物输注,重新测量血压,快速补液,如效果不佳给予血管活性药物,排除呼吸抑制,监测血气,可给予抗心律失常药物等处理。

【考点】丙泊酚的药理学特点

【A1 型题】

1. 根据 Ramsey 镇静评分,中度镇静为

A. 1 分 　　　　B. 2 分 　　　　C. 3 分

D. 4 分 　　　　E. 5 分

2. 根据 Steward 苏醒评分,评分在几分以上方能离开手术室或恢复室

A. 2 分 　　　　B. 3 分 　　　　C. 4 分

D. 5 分 　　　　E. 6 分

3. 下列药物中具有顺行性遗忘作用的是

A. 地西泮 　　　B. 咪达唑仑 　　C. 丙泊酚

D. 右旋美托咪定 　　E. 氯胺酮

4. 使用氟马西尼拮抗,下列哪种药物引起的中枢抑制最好

A. 芬太尼 　　　B. 丙泊酚 　　　C. 咪达唑仑

D. 右美托咪定 　　E. 氟哌利多

【A2 型题】

1. 患者男,68 岁。既往有高血压病史 20 余年,入室血压 140/90mmHg,麻醉医师确定禁食水 12 小时后,给予芬太尼 0.05mg,丙泊酚 1mg/kg。患者意识水平减低,消化内科医师行胃镜检查,但此时患者血压降至 80/50mmHg,频发室性期前收缩。下列处理**错误**的是

A. 重新证实血压数值

B. 快速补液 100~200ml

C. 应用血管活性药物去氧肾上腺素 50~100μg

D. 可给予抗心律失常药物利多卡因 1mg/kg

E. 继续输注丙泊酚,但要减少输注量,完成内镜检查

2. 患者女,60 岁。乙肝病史 30 年,肝硬化,肝功多项指标异常,行无痛胃肠镜检查时镇静药物选取下列哪种合适

   A. 丙泊酚　　　　　B. 咪达唑仑　　　　C. 右美托咪定

   D. 氯胺酮　　　　　E. 硫喷妥钠

2.【答案】A

【解析】丙泊酚半衰期短,镇静效率高,苏醒时间短,肝性脑病发生率低,故对于肝硬化患者是安全有效的镇静选择,但是要适量减少药物的剂量。

【考点】丙泊酚的药理学特点

3. 患者男,38 岁,身高 157cm,体重 90kg。在行无痛胃肠镜检查时,下列叙述**错误**的是

   A. 该患可能患有 OSAHS

   B. 该患有困难气道的可能

   C. 患者胸廓顺应性正常

   D. 该患者麻醉期间心脑血管疾病发生概率增加

   E. 麻醉期间反流误吸风险增加

3.【答案】C

【解析】肥胖患者常存在限制性通气障碍,胸廓顺应性下降,肺泡通气/血流比失调,氧储备能力下降。

【考点】肥胖患者的麻醉

4. 患者男,75 岁。在 MAC 下行无痛胃肠镜检查时,下列说法**错误**的是

   A. 药物作用时间延长

   B. 增加用药的种类,从而减少每种用药量

   C. 呼吸储备能力下降

   D. 麻醉期间心脑血管疾病发生概率增加

   E. 易出现术后认知功能障碍和谵妄

4.【答案】B

【解析】老年人应酌情减少用药的种类,减慢给药速度,减少给药剂量。

【考点】老年患者的麻醉

5. 患者男,40 岁。肱骨骨折,拟在臂丛麻醉下行肱骨骨折内固定术,入室后患者因疼痛刺激,紧张躁动,如何使患者配合神经阻滞操作,下列处置最合适的是

   A. 静推咪达唑仑 0.05mg/kg

   B. 静推丙泊酚 1~2mg/kg

   C. 静脉给予右美托咪定 0.5μg/kg,输注 10 分钟

   D. 静推依托咪酯 0.1~0.2mg/kg

   E. 静推芬太尼 0.05mg 后,静脉给予右美托咪定 0.5μg/kg,输注 10 分钟

5.【答案】E

【解析】镇痛不完善的前提下,给予镇静会加重患者的躁动。

【考点】神经阻滞的 MAC

6. 患者男,70 岁。高血压病史 20 年,糖尿病 4 年,诊断:左肺中心型肺癌,全身麻醉下行胸腔镜左全肺切除术,生命体征平稳,保留气管插管返回 ICU,以下说法**错误**的是

   A. 为避免纵隔摆动和呼吸衰竭,保留气管插管,待生命体征稳定后再脱机拔管

   B. 如患者对于气管插管耐受,可不给予镇痛镇静治疗

   C. 对于术后的急性疼痛,可行多模式镇痛

   D. 由于自身疾病,有创操作等多种因素,应给予充分的个体化镇静镇痛治疗

   E. 维持患者循环,呼吸和内环境的稳定

6.【答案】B

【解析】对于机械通气气管插管所造成的不适,减轻患者的恐惧,减少躁动和谵妄,应给予适量的镇痛和镇静。

【考点】ICU 患者的 MAC

7. 【答案】C
【考点】气胸的临床表现

8. 【答案】E
【考点】门诊患者 MAC 的术前评估

9. 【答案】C
【解析】右美托咪定高选择性 α_2 肾上腺素能受体激动剂具有中枢性抗交感作用,能产生近似自然睡眠的镇静作用,对呼吸影响小,具有一定的止吐和抗寒战作用。
【考点】右美托咪定的药理学特点

1. 【答案】E
【解析】丁卡因为脂类局麻药物,黏膜渗透作用优于酰胺类局麻药物,临床上常用 1% 丁卡因作为表面麻醉药物。
【考点】丁卡因药理学特点

2. 【答案】B
【考点】气管,支气管镜 MAC 的麻醉管理

---

7. 患者女,69 岁。既往高血压,糖尿病,脑梗病史,拟在 MAC 下行纵隔镜检查,术中患者突然烦躁,呼吸困难,最可能的是
A. 镇痛不足
B. 纵隔出血
C. 气胸
D. 镇静不足
E. 肿瘤脱落或破裂

8. 患者女,80 岁。主因"便血 1 周,先血后便,鲜红色,量较多"拟行结肠镜检查。既往高血压 10 年,乙肝病史 50 余年。该患拟在门诊 MAC 下行消化内镜检查,下列哪项可**不作为**术前评估项目
A. 病史和体格检查
B. 胸片,肺功能等呼吸功能评估
C. 有无困难气道,酒精和药物滥用史
D. 慢性肝病有无凝血功能异常
E. 冠脉造影

9. 患者女,36 岁。行剖宫产手术,胎儿娩出后 10 分钟,患者自述寒战,给予保温处理,但寒战依旧存在,且有加重趋势,下列哪项处置副作用最少最为合理
A. 静推依托咪酯 0.3mg/kg
B. 静推咪达唑仑 0.05mg/mg
C. 静脉给予右美托咪定 0.5μg/kg,输注 10 分钟
D. 静推丙泊酚 2mg/kg
E. 无须任何处置

【A3/A4 型题】

(1~3 题共用题干)
患者女,60 岁,心肺功能正常,在 MAC 下行气管,支气管镜检查。

1. 表面麻醉常用的药物是
A. 2% 利多卡因
B. 4% 利多卡因
C. 0.75% 罗哌卡因
D. 0.5% 布比卡因
E. 1% 丁卡因

2. 关于气管,支气管镜检查,说法**错误**的是
A. 术前常规禁食水
B. 表面麻醉常规行环甲膜穿刺
C. 该患者应以表面为主,可适量给予镇静镇痛药物
D. 注意维持呼吸道的通畅
E. 常用的表面麻醉药物为丁卡因

3. 此患者在行支气管镜检时血氧饱和度下降至 80% 时,出现最为严重的并发症是

A. 缺氧,支气管痉挛　　　　B. 过度通气

C. 浅麻醉　　　　D. 深麻醉

E. 患者有少许的体动

3.【答案】A
　【考点】支气管镜检查的并发症

(4~6 题共用题干)

患者男,80 岁,体重 90kg,身高 170cm。主因糖尿病足坏疽,发热 1 个月。感染无法控制入院,拟行膝下截肢术。既往高血压 30 余年,最高血压 200/110mmHg,冠心病 20 余年,糖尿病 20 余年,2 年前脑梗,偏瘫,失语。入院查体:体温 38.5℃,心室率绝对不齐 90~110 次/min,血压 160/100mmHg。右下肺湿啰音。胸片:双肺纹理增多,右下肺呈斑片状模糊致密影,密度不均。实验室检查凝血功能异常,血小板正常。

4. 该患最佳的麻醉方案

A. 全身麻醉

B. 椎管内麻醉

C. 全身麻醉复合椎管内麻醉

D. 腰丛复合坐骨神经阻滞

E. 局部浸润麻醉

4.【答案】D
　【解析】神经阻滞对于循环和呼吸的影响较小,对于凝血功能的要求较低。
　【考点】危重患者麻醉方式的选择

5. 若患者焦躁不安,如何使患者配合完成神经阻滞,且保证循环和呼吸平稳,以下最佳方案是

A. 静推芬太尼 0.05mg 镇痛,静脉给予右美托咪定 0.5μg/kg,输注 10 分钟,后持续泵注右美托咪定 0.2~0.6μg/(kg·h)

B. 静推芬太尼 0.05mg 镇痛,静推咪达唑仑 0.05mg/mg,后持续泵注 0.05mg/(kg·h)

C. 静推芬太尼 0.05mg 镇痛,静推丙泊酚 1~3mg/kg,后持续泵注 0.5~4mg/(kg·h)

D. 氯胺酮 1mg/kg,后持续泵注丙泊酚 0.5~4mg/(kg·h)

E. 静推芬太尼 0.05mg 镇痛,硫喷妥钠 4mg/kg,后持续泵注丙泊酚 0.5~4mg/(kg·h)

5.【答案】A
　【解析】右美托咪定具有药物依赖性镇静镇痛,抑制交感神经活性,血流动力学稳定,降低心肌耗氧,同时对于呼吸无影响,不增加阿片类药物的呼吸抑制,且能预防术后的认知功能障碍。
　【考点】右美托咪定的药理学特点

6. 此患者在芬太尼和右美托咪定镇痛镇静下,顺利完成神经阻滞,只能对指令应答,此时的 Ramsey 镇静评分为

A. 1　　　　B. 3　　　　C. 4

D. 5　　　　E. 6

6.【答案】B
　【解析】2~3 分为镇静适宜。Ramsey 评分:1 分为不安静、烦躁;2 分为安静合作;3 分为嗜睡,能听从指令;4 分为睡眠状态,但可唤醒;5 分为呼吸反应迟钝;6 分为深睡状态,呼唤不醒。2~3 分为轻度镇静,4 分为中度镇静,5~6 分为深度镇静。
　【考点】Ramsey 镇静评分

【案例分析题】

案例　患者男,68 岁。腹部膨隆半年,诊断:腹膜后肿物多发脂肪肉瘤。既往高血压 10 余年,糖尿病 4 年。在静吸复合麻醉

下完成腹膜后肿物切除术。术中生命体征平稳,术毕返回外科 ICU。

提问 1:患者保留气管插管返回外科 ICU,如何对其进行镇痛镇静治疗,以下措施可采取的是

    A. 给予非药物干预,如体位是否舒适等

    B. 应用 PCIA

    C. 腹横筋膜阻滞

    D. 硬膜外镇痛

    E. 椎旁阻滞

    F. 应用镇静药物,减轻患者的紧张焦虑等

提问 1:【答案】ABCDEF
【考点】ICU 患者的 MAC

提问 2:ICU 收治标准正确的是

    A. 老年接受高风险手术患者

    B. 创伤巨大的高风险手术患者

    C. 合并高风险并存疾病的手术患者

    D. 术中发生手术意外及并发症患者

    E. 术中发生麻醉意外及并发症患者

    F. 急诊危重症患者

提问 2:【答案】ABCDEF
【考点】ICU 收治标准

提问 3:该患者使用丙泊酚 4mg/(kg·h)进行镇静,48 小时后出现高脂血症,诊断为丙泊输注综合征,除高脂血症外,以下哪项是丙泊输注综合征的临床表现

    A. 乳酸酸中毒

    B. 横纹肌溶解

    C. 心力衰竭

    D. 高钾血症

    E. 难治性心动过缓等心律失常

    F. 肝大,肝脏脂肪浸润

提问 3:【答案】ABCDEF
【考点】丙泊酚输注综合征

（盛崴宣　关　雷　李天佐）

第二十一章　呼吸支持

【A1 型题】

1. Ⅱ型呼吸衰竭诊断是指
   A. $PaO_2 \leq 50mmHg$，$PaCO_2 \geq 60mmHg$
   B. $PaO_2 \leq 50mmHg$，$PaCO_2 \geq 50mmHg$
   C. $PaO_2 \leq 50mmHg$，$PaCO_2 \geq 60mmHg$
   D. $PaO_2 \leq 60mmHg$，$PaCO_2 \geq 50mmHg$
   E. $PaO_2 \leq 60mmHg$，$PaCO_2 \geq 80mmHg$

2. 鼻咽导管给氧法，正常呼吸时吸入氧浓度的计算公式为
   A. $FiO_2 = 20 + 2 \times$ 氧流量（L/min）
   B. $FiO_2 = 20 + 3 \times$ 氧流量（L/min）
   C. $FiO_2 = 20 + 4 \times$ 氧流量（L/min）
   D. $FiO_2 = 20 + 5 \times$ 氧流量（L/min）
   E. $FiO_2 = 20 + 6 \times$ 氧流量（L/min）

3. 低浓度氧疗吸入氧浓度 FiO_2 应
   A. <20%　　　　B. <35%　　　　C. <50%
   D. <55%　　　　E. <60%

4. 在下列哪种情况可导致呼气末二氧化碳分压与动脉血二氧化碳分压**不一致**
   A. 高 CO_2 血症　　　　B. 低氧血症
   C. 患者出现通气不足　　D. 急性肺栓塞
   E. 感染

5. 关于决定机械通气影响血流动力程度的因素，下列说法**错误**的是
   A. 吸气末平台时间延长，使平均气道压升高
   B. 呼吸频率增快，呼气末呼吸停顿时间缩短，使心排出量增加

---

1. 【答案】D
   【考点】Ⅱ型呼吸衰竭的定义

2. 【答案】C
   【考点】正常呼吸时吸入氧浓度与氧流量的关系

3. 【答案】B
   【考点】氧疗吸入氧浓度的分级方法

4. 【答案】D
   【解析】急性肺栓塞时，呼气末二氧化碳分压降低，但动脉血二氧化碳分压升高，故 D 错误。
   【考点】呼气末二氧化碳和动脉血二氧化碳的区别

5. 【答案】B
   【考点】机械通气对血流动力学的影响

C. 当吸气压力为 30cmH$_2$O,吸呼比为 2:1 时,心排出量减少

D. SIMV/PCV 对循环的干扰较小,不致明显升高胸内压

E. PEEP 对气道平均压的升高最甚

6. 【答案】C
　　【考点】呼吸机各通气模式

6. 频率设置过慢可致疲劳、自主呼吸急促和高碳酸血症的通气模式是

　　A. 分钟指令通气

　　B. 持续气道正压通气

　　C. 间歇指令和同步间歇指令

　　D. 辅助 / 控制通气

　　E. 双相气道正压通气

7. 【答案】C
　　【解析】慢性阻塞性肺疾病选用低浓度氧疗,此类患者主要是低氧刺激呼吸中枢,若吸入高浓度的氧,解除了低氧对呼吸中枢的刺激,可造成呼吸抑制,C 选项错误。
　　【考点】不同患者氧疗浓度的选择

7. 下列哪项氧疗浓度的选择是**错误**的

　　A. ARDS 选用高浓度氧疗

　　B. CO 中毒选用高浓度氧疗

　　C. 慢性阻塞性肺疾病选用高浓度氧疗

　　D. 心源性肺水肿选用中浓度氧疗

　　E. 休克选用中浓度氧疗

8. 【答案】D
　　【考点】机械通气并发症的危险因素

8. 机械通气所致肺损伤的危险因素**不包括**

　　A. 吸气气道峰压 >40cmH$_2$O

　　B. ALI/ARDS

　　C. 高通气频率

　　D. 低流量、长吸气时间

　　E. 肺和胸壁结构的发育不全

9. 【答案】C
　　【考点】机械通气的适用指征

9. **不需**行机械通气的情况为

　　A. 呼吸衰竭一般治疗方法无效者

　　B. PaCO$_2$ 进行性升高,pH 下降

　　C. 自主呼吸潮气量为正常值的 1/3~2/3

　　D. 面罩吸氧后仍 PaO$_2$<60mmHg

　　E. 呼吸频率大于 30~35 次 /min 或小于 5 次 /min

10. 【答案】E
　　【考点】机械通气的相对禁忌证

10. **不属于**机械通气相对禁忌证的是

　　A. 肺大疱和肺囊肿

　　B. 张力性气胸(未引流前)

　　C. 食管 - 气管瘘

　　D. 纵隔气肿(未引流前)

　　E. 多发性肌炎

1. 【答案】E
　　【解析】肺静脉压升高一般提示心源性肺水肿,E 选项错误。
　　【考点】ARDS 的诊断

【A2 型题】

1. 患者,男,40 岁。重度创伤修复术后 2 天,突发呼吸窘迫,呼吸

频率每分钟 35 次,患者烦躁不安,心率增快,缺氧症状并没有因吸入氧气而获得改善,怀疑出现 ARDS,下列哪项**不支持**该诊断

A. 急性起病

B. X 线显示双肺浸润影

C. PAWP<18mmHg

D. 氧分压和吸入氧浓度比值小于 200mmHg

E. 肺静脉压增高

2. 患者,男,45 岁。慢性咳嗽 8 年,有肺气肿征,1 周来黄痰不易咳出,气促加重,发绀,血气分析 pH 7.31,$PaCO_2$ 66mmHg,PaO_2 52mmHg,如何改善该患者的缺氧

A. 立即吸入高浓度的氧

B. 间歇吸入纯氧

C. 立即呼气末正压人工呼吸

D. 低浓度持续给氧

E. 用过氧化氢溶液静脉内给氧

2.【答案】D
【解析】pH 7.31,$PaCO_2$ 66mmHg,PaO_2 52mmHg,患者出现Ⅱ型呼吸衰竭,应选用低浓度持续给氧,D 正确。
【考点】COPD 患者氧疗方式的选择

3. 患者,男,55 岁。反复咳嗽、咳痰、气喘 10 余年,并胸闷、气促 1 周。半卧位,口唇发绀,脉搏 120 次/min,血压 95/60mmHg,呼吸 38 次/min,颈静脉怒张,双肺散在干湿啰音,双下肢水肿,胸部 X 线片提示:双肺透亮度增加,肋间隙增宽,左下肺片状阴影,右房、右室增大。血气分析:pH 7.20,PaO_2 42mmHg,$PaCO_2$ 58mmHg。以下机械通气方式**不能**使用的是

A. 压力控制通气　　　　B. 同步间歇指令通气

C. 反比通气　　　　　　D. 呼气末正压

E. 双水平气道正压通气

3.【答案】C
【解析】反比通气延长吸气时间,导致平均气道压升高,心排出量减少,会加重该患者的心衰症状,不能选择反比通气。
【考点】机械通气方式的选择

4. 患者,男,50 岁。创伤后血气检测结果为 FiO_2 0.42,SaO_2 92%,$PaCO_2$ 33mmHg,下述最**不可能**的诊断是

A. 气胸

B. 肺水肿

C. ARDS

D. 肺毛细血管内微血栓形成

E. 镇痛药物导致呼吸抑制

4.【答案】E
【解析】镇痛药物导致呼吸抑制时,$PaCO_2$ 会升高。
【考点】呼吸疾病的鉴别诊断

5. COPD 患者,男,50 岁。行 IPPV 通气时,突然出生发绀、SpO_2 下降、双侧胸廓运动不佳,听诊一侧呼吸音消失,最可能的原因是

A. 气栓　　　　B. 气胸　　　　C. 喉痉挛

D. 肺栓塞　　　E. 导管脱出

5.【答案】B
【解析】IPPV 是间隙性正压通气,COPD 患者可能存在肺大疱,正压通气时发生破裂,导致气胸。根据患者突然出现的症状,诊断为气胸,B 选项正确。
【考点】机械通气的并发症

6.【答案】D

【解析】阻塞型睡眠呼吸暂停综合征应采取持续气道正压通气。

【考点】阻塞型睡眠呼吸暂停综合征的通气方式

7.【答案】A

【解析】心源性肺水肿选用高浓度氧疗,有利于改善病情,A选项正确,B、C、D选项不能改善病情,$PaCO_2$ 24mmHg,提示出现过度通气,不能增加潮气量,E错误。

【考点】心源性肺水肿的氧疗

8.【答案】A

【解析】根据该患者病史,症状,考虑出现ARDS,机械通气时可以选择小潮气量通气和PEEP,A正确。

【考点】ARDS患者的氧疗

9.【答案】C

【解析】患者呼吸微弱,已发生昏迷,应立即控制通气,保证患者安全,C正确。

【考点】急救中的呼吸支持

10.【答案】B

【考点】拔管撤机的指征

11.【答案】E

【解析】哮喘发作时不能应用控制性高流量通气,E错误。

【考点】哮喘患者的机械通气

---

6. 患者,男,60岁。肥胖,颈短打鼾,白天嗜睡,有高血压病史,呼吸睡眠监测诊为阻塞型睡眠呼吸暂停综合征。夜间氧饱和度为68%,应采用
   A. 呼吸末正压通气　　　　B. 高频通气
   C. 控制通气　　　　　　　D. 持续气道正压通气
   E. 反比通气

7. 心源性哮喘患者,男50岁。查体:血压155/96mmHg,闻及双肺底细湿啰音,SaO_2 64%,$PaCO_2$ 24mmHg,除强心利尿等药物治疗措施外,拟给予机械通气治疗,下列哪些呼吸机参数设置有利于改善病情
   A. 提高吸入氧浓度　　　　B. 降低吸气触发敏感度
   C. 降低吸入氧浓度　　　　D. 降低呼气末正压水平
   E. 增加潮气量

8. 患者,女,30岁。急性坏死性胰腺炎,2天来进行性加重的呼吸困难,呼吸空气时 PaO_2 45mmHg,经积极治疗无效,应采用
   A. 呼吸末正压通气　　　　B. 高潮气量通气
   C. 控制通气　　　　　　　D. 持续气道正压通气
   E. 反比通气

9. 重症肌无力患者,男,50岁。呼吸微弱,已发生昏迷,应采用
   A. 呼吸末正压通气　　　　B. 低频通气
   C. 控制通气　　　　　　　D. 持续气道正压通气
   E. 反比通气

10. 患者,男,45岁。心脏手术后,通气治疗达标后,原发病已经得到明显改善,可以考虑拔管撤机的时候,下列哪项标准**不是**必须有的
    A. 有自主呼吸能力
    B. 患者有充足的睡眠
    C. 有气道自洁能力
    D. 通过脱机试验
    E. 呼吸机相关并发症已治愈

11. 重症哮喘患者,男,55岁。关于行机械通气时选用的方法,下列说法错误的是
    A. 可采用辅助控制通气 +PEEP
    B. 可采用压力支持通气 + 持续气道正压
    C. 反比通气一般在 PEEP≥15cmH_2O 治疗无效和气道压力 >50cmH_2O 时,才考虑应用

D. PEEP/ 持续气道正压应用水平最好≤15cmH₂O

E. 哮喘发作时可选择应用控制性高通气量呼吸

12. 重症 ARDS 患者,男,50 岁。出现:$FiO_2 > 0.6$,$PaO_2/FiO_2 < 200mmHg$ 持续 24 小时,且平均气道压 >20cmH₂O,最宜选用的通气模式为

A. 双相气道正压通气　　　B. 高频震荡通气

C. 持续气道正压　　　　　D. 辅助控制通气

E. 容量控制通气

12.【答案】B
【解析】$FiO_2 > 0.6$,$PaO_2/FiO_2 < 200mmHg$ 持续 24 小时,且平均气道压 >20cmH₂O,是高频震荡通气的指征。
【考点】高频震荡通气的指征

13. 患者,男,48 岁。出现呼吸机气道高压报警(↑PeaK),常见的原因**不包括**

A. 呼吸道分泌物增加或分泌物阻塞人工气道

B. 人机对抗

C. 呼吸机管路不畅,如管路打折、积水过多

D. 气管插管或气管切开管移位

E. 患者呼吸过快

13.【答案】E
【考点】呼吸机气道高压报警的原因

14. 急性左心衰患者,男,60 岁。为纠正缺氧而给予机械通气治疗,监测血气分析结果:pH 7.48,PaO_2 110mmHg,$PaCO_2$ 24mmHg,下步该如何纠正

A. 降低潮气量　　　　　　B. 提高分钟通气量

C. 加快呼吸频率　　　　　D. 提高氧浓度

E. 降低气道压力

14.【答案】A
【解析】根据血气结果显示患者出现呼吸性碱中毒,应降低潮气量或呼吸频率来降低分钟通气量,治疗呼吸性碱中毒,A 正确,B、C 选项错误。提高氧浓度用于治疗低氧血症,D 选项错误,降低气道压力用于减少通气阻力,E 选项错误。
【考点】机械通气后呼吸性碱中毒的治疗

15. 患者,女,28 岁。患急性化脓性扁桃体炎在某医院注射青霉素后突发呼吸困难,喉头喘鸣,嘴唇发绀。立即给予肾上腺素皮下注射的同时,缓解呼吸困难的措施宜首选

A. 鼻导管吸氧　　　　　　B. 面罩吸氧

C. 放置口咽管　　　　　　D. 环甲膜穿刺

E. 气管内插管

15.【答案】D
【解析】因该患者出现喉头水肿,不合适选用气管插管,E 选项错误。应立即进行环甲膜穿刺,解除患者呼吸困难,D 选项正确。
【考点】解除突发呼吸困难的方法

16. 患者,男,68 岁。血气分析结果 pH 7.32,PaO_2 58mmHg,$PaCO_2$ 48mmHg,最适宜的氧流量为

A. 1~2L/min　　　B. 3~5L/min　　　C. 5~6L/min

D. 6~7L/min　　　E. >8L/min

16.【答案】A
【解析】血气分析显示 PaO_2 58mmHg,$PaCO_2$ 48mmHg,患者出现Ⅱ型呼吸衰竭,应选用低浓度、低流量氧疗,低流量为 1~2L/min,A 正确。
【考点】Ⅱ型呼吸衰竭的判断及氧疗方式

【A3/A4 型题】

(1~3 题共用题干)

患者,男,25 岁,腹部外伤,急诊行腹腔探查术。咪达唑仑、舒芬太尼、琥珀胆碱快速诱导后发生呕吐误吸。

1.【答案】D

【解析】吸入性肺炎的体征包括支气管痉挛,低氧血症,CO_2 蓄积,血压下降以及肺水肿等,A、B、C、E 选项正确,D 选项错误。

【考点】吸入性肺炎的表现

2.【答案】D

【考点】ARDS 患者的呼吸支持

3.【答案】E

【解析】A、B、C、D 是误吸时的处理措施,不需要应用呼吸兴奋剂。

【考点】吸入性肺炎的处理

4.【答案】C

【解析】肺心病的定义是指患者有慢阻肺或慢支病史,并出现肺动脉压力增高、右心室增大或右心功能不完全的征象,如颈静脉怒张、下肢水肿等,心电图、X 线胸片、心脏超声有肺动脉增宽和右心增大的征象,即可作出诊断。

【考点】肺心病的定义

5.【答案】D

【解析】洋地黄类药物增强心肌收缩力,减慢心室率;利尿药减轻肺水肿,扩血管药物减轻体循环阻力,降低心室前后负荷,减少心脏做功,A、B、C、E 选项正确。

【考点】肺心病的治疗

6.【答案】B

【解析】Ⅱ型呼吸衰竭采用低浓度氧疗,维持低氧对呼吸中枢的刺激作用,B 选项正确。

【考点】Ⅱ型呼吸衰竭的氧疗

1. 如果发生吸入性肺炎,可靠的症状**不包括**

   A. 支气管痉挛 　　　 B. 低氧血症 　　　 C. CO_2 蓄积

   D. 血压升高 　　　 E. 肺水肿

2. 如果患者肺部损伤发展成 ARDS,何种人工呼吸最佳

   A. CPPV 　　　 B. IPAP 　　　 C. IMV

   D. PEEP 　　　 E. IPPV

3. 误吸的处理**不必要**的是

   A. 取右侧卧头低足高位

   B. PEEP 通气

   C. 支气管冲洗

   D. 激素治疗

   E. 呼吸兴奋剂

(4~6 题共用题干)

患者,男,58 岁,吸烟史 20 年,反复咳嗽、咳痰、气喘 10 余年,并胸闷、气促 2 周。体检:半卧位,口唇发绀,体温 38.5℃,脉搏 120 次/min,血压 95/60mmHg,呼吸 36 次/min,颈静脉怒张,双肺散在干湿啰音,双下肢水肿。胸部 X 线片提示:双肺透亮度增加,肋间隙增宽,左下肺片状阴影,右心房、右心室增大。血气分析:pH 7.22,PaO_2 40mmHg,$PaCO_2$ 55mmHg。

4. 该患者最准确的临床诊断是

   A. 肺性脑病 　　　 B. 呼吸性酸中毒

   C. 慢性肺源性心脏病 　　　 D. Ⅱ型呼吸衰竭

   E. Ⅰ型呼吸衰竭

5. 对该患者采取的治疗措施中,**不恰当**的是

   A. 使用洋地黄药物 　　　 B. 使用利尿药

   C. 机械通气 　　　 D. 使用缩血管药物

   E. 使用扩血管药物

6. 如果采取机械通气治疗,患者的氧疗方法应选择

   A. 非控制性氧疗 　　　 B. 低浓度氧疗

   C. 中浓度氧疗 　　　 D. 高浓度氧疗

   E. 高压氧疗法

(7~9 题共用题干)

患者,男,58 岁,COPD 病史 5 年,因慢性胆囊炎、胆囊结石行经腹腔镜胆囊切除术。术中以 1.5% 的异氟烷维持麻醉,小剂量舒芬太尼,顺式阿曲库铵辅助。

7. 在麻醉实施过程中正确的是
   A. 麻醉深度适宜,尽可能减少全麻用药量
   B. 维持呼吸道通畅和足够的通气量
   C. 维持循环稳定
   D. 纠正水、电解质和酸碱失衡
   E. 以上均对

7. 【答案】E
   【考点】麻醉实施过程中的注意事项

8. 手术进行到 1 小时后患者的血压升高、心率增快,将异氟烷的浓度升至 2%,效果不良,此时考虑患者血压高心率快的原因是
   A. 麻醉深度过浅　　　　　B. 麻醉深度过深
   C. 术中出血引起容量不足　　D. 二氧化碳蓄积
   E. 肌松药量不足

8. 【答案】D
   【考点】麻醉实施过程中的注意事项

9. 此时,最简便有效的确诊方法为
   A. 观察钠石灰的颜色
   B. 患者的临床表现
   C. 测定呼气末二氧化碳分压
   D. 行动脉血气分析
   E. 测定分钟通气量

9. 【答案】C
   【解析】呼气末二氧化碳是最简便有效的方法。
   【考点】呼气末二氧化碳的监测

(10~12 题共用题干)
患者,女,58 岁,CO 中毒,出现昏迷,ST 段压低,碳氧血红蛋白水平超过 40%。

10. 该患者应选用何种方式的氧疗
    A. 文丘里面罩　　　　　　B. 低浓度氧疗
    C. 中浓度氧疗　　　　　　D. 高浓度氧疗
    E. 高压氧疗法

10. 【答案】E
    【解析】该患者 CO 中毒,出现了严重症状,符合高压氧治疗的指征,故 E 选项正确。
    【考点】CO 中毒的氧疗选择

11. 若选择进行高压氧治疗,其注意事项**不包括**
    A. 防止火灾
    B. 进舱前摘除手表
    C. 加压减压时注意冷暖
    D. 减压前患者气管导管的套囊不需放气
    E. 舱内氧浓度不得超过 30%

11. 【答案】D
    【解析】减压前患者气管导管的套囊需要放气,D 选项错误。
    【考点】高压氧治疗的注意事项

12. 高压氧疗的禁忌证**除外**
    A. 气胸　　　　　　　　　B. 肺大疱
    C. 内出血　　　　　　　　D. 中耳炎
    E. 破伤风

12. 【答案】E
    【考点】高压氧治疗的禁忌证

（13~15题共用题干）

患者,男,休克后出现 ARDS,对该患者进行高浓度氧疗,5天后,出现干咳,渐进性呼吸困难,后来出现严重呼吸困难,发绀。

13.【答案】D

【解析】长时间高浓度吸氧可造成人体组织和功能上的损害,叫氧中毒,该患者在高浓度氧疗后出现一系列的症状,符合氧中毒的诊断,D选项正确。

【考点】氧疗的并发症

14.【答案】E

【解析】在达到满意的氧分压时,选用最低的氧浓度治疗,同时考虑其他原因引起的氧分压降低,不能盲目提高吸入氧的氧浓度,E选项错误。

【考点】氧中毒的防治

15.【答案】E

【考点】氧疗的指标

13. 该患者可能出现了何种并发症
   A. 二氧化碳潴留 　　　　　　B. 低氧血症
   C. 吸收性肺不张 　　　　　　D. 氧中毒
   E. 以上都不是

14. 为预防上述并发症的发生,措施**不正确**的是
   A. 维持所要求的 PaO_2,FiO_2 越低越安全
   B. 掌握连续吸氧的安全时限
   C. 患者卧床休息,降低机体氧耗
   D. 严格遵守治疗方案
   E. 为达到满意的 PaO_2,提高 FiO_2

15. 评估氧疗效果最客观、最准确的方法是
   A. 监测收缩压、舒张压和心率
   B. 监测潮气量、呼吸频率和呼吸做功
   C. 皮肤色泽观察
   D. 监测脉搏血氧饱和度
   E. 监测动脉血气分析

（16~18题共用题干）

患者,男,40岁,急性胰腺炎术后出现 ARDS,行机械通气辅助治疗。

16.【答案】E

【考点】呼吸管理目标

16. 该患者的呼吸管理目标**不包括**
   A. 氧饱和度,二氧化碳分压正常
   B. 由完全机械通气过渡到自主呼吸
   C. 血流动力学平稳
   D. 患者安静,没有出汗和烦躁不安
   E. 长期氧疗

17.【答案】D

【考点】呼吸机模式的选择

17. 如患者神志清醒,咳嗽有力,呼吸机通气模式首选
   A. 控制通气 CMV+ 呼气末正压通气 PEEP
   B. 同步间歇性指令通气 SIMV
   C. 持续起到正压通气 CPAP
   D. SIMV+PEEP
   E. CMV

18.【答案】A

【解析】撤离呼吸机的方法包括快速撤离法,SIMV 撤离法以及 PSV 撤离法。快速撤离法仅适用于短期机械通气的患者,A 选项错误。B、C、D、E 选项均是撤离呼吸机时的注意事项。

【考点】撤离呼吸机的注意事项

18. 撤离呼吸机时注意事项中**错误**的是
   A. 快速撤离

    B. 镇静镇痛肌松作用已消失

    C. 在上午医护人员较多时进行

    D. 撤离呼吸机后继续吸氧

    E. 在严密观察和监测下撤离

【案例分析题】

案例一　患者,男,68岁,因"反复咳嗽、咳痰30年,活动后气短15年,右下肢水肿3年"入院。患者已反复住院5次,此次因上感后出现呼吸困难加重,家人发现其活动减少,神志恍惚,到门诊就诊入院。查血气分析(未吸氧时)pH 7.30,PaO_2 50mmHg,$PaCO_2$ 89mmHg。

提问1:该患者可能的诊断包括

    A. 肺性脑病　　　　　　B. 呼吸性酸中毒

    C. 慢性肺源性心脏病　　D. Ⅱ型呼吸衰竭

    E. Ⅰ型呼吸衰竭　　　　F. 急性脑血管病

提问1:【答案】ABCD　【考点】COPD的并发症

提问2:对患者进行正压通气,其对机体的影响说法正确的有

    A. 使胸内压增高,限制静脉回流,心排出量减少

    B. 肺血管床受压,肺血管阻力增加

    C. 肾脏灌注减少

    D. 可能出现胃肠道出血

    E. 对心率的直接影响不明显

    F. 明显降低心率

提问2:【答案】ABCDE　【考点】正压通气对机体的影响

提问3:撤离呼吸机前进行自主呼吸试验,当患者情况超出下列指标时应停止自主呼吸试验,转为机械通气,这些指标包括

    A. 呼吸频率/潮气量应<105

    B. 呼吸频率应>8或<35次/min

    C. 自主呼吸潮气量应>4ml/kg

    D. 氧饱和度>90%

    E. 心率<140次/min或变化<20%

    F. 没有新发的心律失常

提问3:【答案】ABCDEF　【考点】自主呼吸试验

案例二　患者,男,55岁,反复咳嗽、咳痰、气喘10余年,并胸闷、气促两周。体检:半卧位,口唇发绀,体温38.5℃,脉搏115次/min,血压95/60mmHg,呼吸40次/min,颈静脉怒张,双肺散在干湿啰音,双下肢水肿。胸部X线片提示:双肺透亮度增加,肋间隙增宽,左下肺片状阴影,右房、右室增大。血气分析:pH 7.25,PaO_2 40mmHg,$PaCO_2$ 55mmHg。

提问1:机械通气中应注意的事项说法正确的是

    A. 初始时应用小潮气量

    B. 初始时应用低压力通气

    C. 应根据pH是否在正常水平来判断通气量是否合适

    D. 应根据PCO_2是否在正常水平来判断通气量是否合适

提问1:【答案】ABCEF　【考点】COPD患者的机械通气

提问2:【答案】ABCE

　　【解析】解剖动静脉短路、肺毛细血管通透性是影响肺换气的因素,D、F错误,呼吸运动、呼吸压力、气流阻力以及胸廓的弹性均是影响肺通气的因素,A、B、C、E选项正确。

　　【考点】影响肺通气的因素

提问3:【答案】ABCD

　　【解析】患者出现呼吸衰竭、感染、酸中毒、心衰的病理状态,故A、B、C、D、E正确,应选用温和的利尿剂,防止出现低钾、低氯性碱中毒,并联合使用保钾利尿剂,小剂量、短疗程使用,F选项错误。

　　【考点】COPD,肺源性心脏病的治疗

E. 选择使 PaO_2 达到 60~80mmHg 时的最低氧浓度

F. PCO_2 下降速度不能过快

提问2:下列哪些选项是影响肺通气的因素

A. 呼吸运动　　　　　B. 呼吸压力

C. 气流阻力　　　　　D. 解剖动静脉短路

E. 胸廓的弹性　　　　F. 肺毛细血管通透性

提问3:该患者的治疗正确的措施包括

A. 给氧和改善通气　　B. 控制感染

C. 调整酸碱平衡失调　D. 纠正电解质紊乱

E. 控制心力衰竭　　　F. 强力的利尿剂

（赵丽云　车昊）

第三篇　特殊患者的麻醉

第二十二章　高血压患者的麻醉

【A1 型题】

1. 高血压的定义是
   A. 连续 3 日测量血压,收缩压≥140mmHg 或舒张压≥90mmHg
   B. 未使用降压药物情况下,3 次测量血压,收缩压≥140mmHg 和 / 或舒张压≥90mmHg
   C. 未使用降压药物情况下,3 次测量血压,收缩压≥140mmHg 且舒张压≥90mmHg
   D. 未使用降压药物情况下,非同日 3 次测量血压,收缩压≥140mmHg 且舒张压≥90mmHg
   E. 未使用降压药物情况下,非同日 3 次测量血压,收缩压≥140mmHg 和 / 或舒张压≥90mmHg

2. 麻醉期间,高血压病患者血压较原水平降低多少,即应视为低血压
   A. 10%　　　　B. 15%　　　　C. 20%
   D. 25%　　　　E. 30%

3. 下列关于高血压患者的描述,哪项**不正确**
   A. 可出现心力衰竭
   B. 主要死因是脑卒中
   C. 可发生缺血性心脏病
   D. 未发生心衰或肾衰的原发性高血压患者其血容量增加
   E. 可发生肾衰竭

4. 下列哪一项**不是**高血压病的主要靶器官损害
   A. 心脏　　　　　　　B. 脑血管
   C. 神经系统　　　　　D. 肾脏
   E. 视网膜

1.【答案】E
【解析】高血压的标准是根据临床和流行病学资料界定的,要在未使用降压药的情况下非同日 3 次测量,符合标准才可以诊断。
【考点】围术期常见并发症——高血压的诊断

2.【答案】D
【解析】高血压患者麻醉期间,如血压较原水平降低 25%,即应视为低血压;如降低 30%,则为显著低血压。麻醉期间血压下降幅度不宜超过原来血压水平的 20%。
【考点】高血压患者的麻醉

3.【答案】D
【解析】高血压患者长期外周血管阻力升高,左心室后负荷加重,心肌肥厚,病情进展可出现心力衰竭;长期高血压使脂质在大、中动脉内膜下沉积,可引起冠状动脉粥样硬化,A、C 正确。脑血管结构薄弱,形成微动脉瘤,可引起脑血管破裂出血;长期高血压可引起脑动脉粥样硬化,并发脑栓塞,脑卒中是高血压患者主要死亡原因,B 正确。持续高血压致肾小球囊内压升高,肾小球纤维化、萎缩,最终导致肾衰竭,E 正确。原发性高血压患者周身细小动脉痉挛,血管容积减少,有效循环血容量相对不足,D 选项描述错误。
【考点】围术期常见并发症——高血压的病理生理

4.【答案】C
【解析】高血压患者周身细小动脉痉挛,日久管壁增厚管腔狭窄,造成心、脑、肾、视网膜损害。心脏主要因长期外周血管阻力升高,左心室负荷加重,可进展为心力衰竭,冠状动脉粥样硬化。脑部小动脉硬化及血栓形成可致腔隙性脑梗,微动脉瘤,进而出现脑出血、脑栓塞等意外发生。肾小球动脉硬化,肾实质缺血,肾小球纤维化最终肾衰竭。视网膜小动脉从痉挛到硬化可引起视网膜水肿、出血。神经系统不是高血压直接引起的靶器官损害。
【考点】围术期常见并发症——高血压的病理生理

5. 【答案】D

【解析】抗高血压药中利血平主要通过消耗外周交感神经末梢的儿茶酚胺发挥作用,服用该药患者对麻醉药的心血管抑制作用非常敏感,术前应停用 7 天,并更改降压药种类;吲达帕胺是排钾利尿药,长期应用易发生低钾血症且术中短时间难以纠正,增加心律失常的风险,术前应停用 5 天,监测血钾口服补钾同时更换降压药种类;氯沙坦缬沙坦属于长效 ARB 类降压药,长期应用可能加重术中体液缺失增加低血压风险,推荐手术当天停用。哌唑嗪属于 α 受体阻滞剂通过降低周围血管阻力降低血压,可应用至手术当日。

【考点】围术期常见并发症——高血压的评估与防治

6. 【答案】C

【解析】术中牵拉内脏,会引起迷走反射,如胆心反射,进而使血压降低。

【考点】高血压患者术中麻醉管理

7. 【答案】E

【解析】A、B、C、D 均可引起血压下降,低氧或二氧化碳蓄积早期引起血压升高。

【考点】高血压患者的麻醉

8. 【答案】A

【解析】高血压患者麻醉应积极维持围术期循环稳定,通过麻醉方式及药物选择、多种循环监测方式力求术中血压平稳,避免血压剧烈波动影响重要器官灌注。深度监测不是主要管理原则,且术毕需充分镇痛平稳苏醒,不要追求过早拔管。

【考点】高血压患者的麻醉

1. 【答案】C

【解析】高血压急症严重危及患者生命,需做紧急处理。但短时间内血压急骤下降,可使重要器官的血流灌注明显减少,应采取逐步控制性降压。一般情况下,短时间内降压至 160/100mmHg 左右,如果可耐受,再逐步降低血压达到正常水平。

【考点】围术期常见并发症——高血压的评估与防治

2. 【答案】E

【解析】噻嗪类利尿剂会引起低钾血症、低镁血症、高钙血症;可使糖耐量降低,血糖、尿糖、血脂升高;可干扰肾小管排泄尿酸,使血尿酸升高。

【考点】围术期常见并发症——高血压的病理生理

5. 以下哪种抗高血压药物推荐应用至手术当日

A. 利血平   B. 吲达帕胺   C. 氯沙坦

D. 哌唑嗪   E. 缬沙坦

6. 以下哪项**不是**高血压患者术中血压增高的原因

A. 二氧化碳蓄积

B. 手术刺激增强而麻醉深度不够

C. 术中牵拉内脏,引起迷走反射

D. 输液过快、过多

E. 膀胱过胀

7. 下列关于高血压病患者术中出现低血压原因,**错误**的是

A. 椎管内麻醉阻滞平面过高

B. 动脉瘤破裂

C. 窦性心律变为交界性心律

D. 手术操作引起牵拉反射

E. 低氧或二氧化碳蓄积早期

8. 下列哪项**不是**高血压患者的麻醉管理原则

A. 需进行麻醉深度监测,避免麻醉过深,术后及时苏醒尽早拔管

B. 根据病情需要,选择对循环影响较小的麻醉方式及用药

C. 维持术中血压平稳,避免血压剧烈波动,保证组织器官血流灌注

D. 充分的镇痛措施

E. 加强麻醉期间循环监测

【A2 型题】

1. 患者男性,81 岁。上腹痛 1 月余,胃镜提示胃窦癌,拟行胃癌根治术,既往高血压病 10 年余。手术当日晨,突发心前区不适,测血压 210/120mmHg,给予降压药物治疗时血压宜降至

A. 140/90mmHg 左右   B. 140/80mmHg 左右

C. 160/100mmHg 左右   D. 130/80mmHg 左右

E. 135/85mmHg 左右

2. 患者男性,61 岁。鼻塞 10 年,打鼾 2 年,鼻窦 CT 示"鼻中隔偏曲,双侧中下鼻甲肥厚",拟行"鼻内镜下鼻中隔矫正 + 双侧下鼻甲成形术"。既往高血压病史 6 年,服用氢氯噻嗪片治疗。术前患者可能出现的异常检查结果**不包括**

A. 高血糖   B. 低钾血症

C. 高尿酸血症   D. 低镁血症

E. 低钙血症

3. 患者男性,66 岁。农民,高血压病 15 年,长期不规则服用降压药。近 2 年常觉胸闷、气短。近 1 个月来胸痛反复发作,休息后好转,来院就诊。查体:心率 89 次/min,血压 178/92mmHg,口唇发绀,双肺呼吸音清,心律齐、无杂音。该患者最可能的诊断是
   A. 冠心病　　　　　B. 纵隔肿瘤　　　　　C. 胸膜炎
   D. 急性肺栓塞　　　E. 心肌梗死

4. 患者男性,70 岁。因"胆道梗阻"在全麻下行 ERCP 术。患者既往有高血压病史多年,控制欠佳,麻醉中**不宜**使用
   A. 丙泊酚　　　　　B. 氯胺酮　　　　　C. 氟哌利多
   D. 右美托咪定　　　E. 咪达唑仑

5. 患者男性,65 岁。不慎摔伤致下肢骨折,拟行胫腓骨骨折切开复位内固定术,既往有高血压病史,下列说法正确的是
   A. 放松止血带时血压下降是因为患者晨起口服降压药
   B. 全麻比椎管内麻醉更安全
   C. 椎管内麻醉局麻药中常规加入肾上腺素
   D. 为防止止血带引起的不适,椎管内麻醉平面应达 T_6
   E. 为避免放松止血带引起的血压突然下降,应分步缓慢放松止血带,适当扩容,必要时使用血管活性药

6. 患者男性,70 岁。高血压病史,长期服药控制良好,血压维持在 130/80mmHg 左右,心率 65 次/min。择期手术术中血压在 120/70mmHg 左右,苏醒期血压升高至 180/100mmHg。以下哪项措施**不正确**
   A. 苏醒期麻醉变浅,血压升高正常,不需处理
   B. 给予新斯地明 + 阿托品拮抗时要慎重、缓慢给药,防止阿托品进一步升高血压
   C. 疼痛主诉强烈,可适当追加镇痛药物
   D. 可利多卡因静脉注射防止拔管时的心血管反应
   E. 可应用小量短效降压药物

7. 患者女性,65 岁。拟行开腹子宫全切术,既往高血压病史,手术当日晨服降压药,入手术室后血压 170/100mmHg,心率 88 次/min,SpO_2 97%。应如何进行麻醉
   A. 高血压患者术前常因紧张血压升高,快速全麻诱导即可
   B. 优先选择椎管内麻醉,对循环的影响较小,且患者术中不适可以表达
   C. 优先选择全身麻醉,因全身麻醉循环较易控制,又可避免患者紧张及手术刺激对患者的影响
   D. 全身麻醉因用药种类较多,多种用药对循环影响较大

3.【答案】A
【解析】长期高血压损害血管内皮细胞,使脂质在动脉内膜下沉积,可引起冠状动脉粥样硬化,致缺血性心肌病。
【考点】高血压患者的麻醉

4.【答案】B
【解析】氯胺酮可引起高血压、心动过速及心肌耗氧量增加,使体循环和肺循环阻力增加,不宜单独应用于严重高血压、动脉硬化、冠心病、心功能不全、肺心病、肺动脉高压等患者。
【考点】高血压患者的麻醉

5.【答案】E
【解析】为避免放松止血带时出现血压下降,应适当扩容,必要时使用血管活性药物,患者术前服用的降压药物应根据不同种类继续服用或停用。对于高血压患者,麻醉管理比麻醉选择更重要,术中应避免患者血压骤升骤降。高血压患者椎管内麻醉局麻药中不宜加入肾上腺素,以免药物入血使血压升高,引起心脑血管意外。为防止止血带引起的不适,椎管内麻醉平面宜控制在 T_8~T_{10} 以下,避免麻醉平面过高致严重循环抑制。为避免放松止血带引起的血压突然下降,应分步缓慢放松止血带,适当扩容,必要时使用血管活性药。
【考点】高血压患者的麻醉

6.【答案】A
【解析】高血压患者苏醒期更容易出现血压升高,应做好充分的镇痛,尽量减少苏醒期疼痛、躁动和拔管时的心血管反应,可给予降压药物,密切管理。
【考点】高血压患者的麻醉

7.【答案】C
【解析】高血压患者应缓慢诱导,以保证循环稳定;首选全身麻醉,血压波动相对温和,可控性强;椎管内麻醉因阻滞交感神经和血管扩张,易引起血压骤降,麻醉平面较高时,对高血压患者血压影响较大。
【考点】高血压患者的麻醉

E. 椎管内麻醉的平面应较高些,以减少手术刺激、牵拉对患者的影响

8.【答案】E
【解析】未规律治疗的高血压患者围术期常血压波动较大,当血压急剧增高时可导致脑血管破裂而发生脑卒中,且伴左心室肥大,说明已有潜在心肌缺血改变,术中血压波动及严重低血压更易引起心肌梗死。
【考点】高血压患者的麻醉

8. 患者男性,58 岁。高血压 10 余年,未规律治疗,术前心脏彩超提示左心室肥大,拟行开腹右半肝切除术。入室后血压 170/100mmHg,该患者麻醉手术中及术后易发生
A. 左束支传导阻滞　　　　B. 眼底出血
C. 水、电解质紊乱　　　　D. 肾功能不全
E. 脑卒中和心肌梗死

9.【答案】B
【解析】控制性降压最主要的是调控体循环阻力,对机体的生理功能影响较小;沙滩椅体位时,患者头的位置最高,测量出的无创血压不足以反应脑部灌注压水平,若不当的控制性降压很容易出现脑梗等脑血管并发症。
【考点】高血压患者的麻醉

9. 患者男性,60 岁。高血压病史 10 年,规律服药控制良好,拟行左侧肩关节镜手术,手术体位为沙滩椅位。入室血压 150/100mmHg,心率 63 次 /min。术中维持血压在 130/80mmHg 左右水平。外科医师提出采取降低血压措施以减少出血。关于术中控制性降压,以下哪项是正确的
A. 控制性降压最主要针对的是循环血量与总血容量比值的调控
B. 沙滩椅位手术的控制性降压应谨防脑缺血,尤其老年高血压患者
C. 实施控制性降压时,麻醉深度应适当减浅
D. 一般以手术野不出血作为控制性降压的标准
E. 控制性降压期间肺通气肺泡无效腔反而会减小

10.【答案】B
【解析】患者进入手术室后,绝大多数都会感到焦虑恐惧,有高血压病史患者即使应用降压药也会出现一过性血压升高。让患者放松,并辅以静脉应用镇静、镇痛药物,观察 20 分钟,如果血压降至 160/90mmHg 以下,可考虑接下来继续麻醉行择期手术。如果患者血压不降反升持续 >180/110mmHg,需评估高血压所致靶器官损害风险以及手术等级,决定是否延迟手术。
【考点】高血压患者的麻醉

10. 患者男性,50 岁。平素有高血压病史,规律服用抗高血压药"氨氯地平",择期手术当日晨起按规定剂量用药,但患者入室后,测量血压 177/97mmHg,心率 77 次 /min,SpO₂ 96%,以下处理哪项**不当**
A. 嘱患者吸氧,放松 10 分钟后,再次测量血压心率
B. 建议当日手术暂停,回病房控制血压后,择日再做
C. 观察血压变化趋势及程度,再定夺是否暂停当日手术
D. 静脉应用咪达唑仑,缓解入室后紧张因素引起的血压骤升
E. 若患者疼痛程度强烈,如骨折手术前,可静脉应用阿片类药物镇痛

11.【答案】E
【解析】麻醉医师术前需要了解高血压患者靶器官受累情况,综合评估患者对于手术和麻醉的耐受程度。长期高血压患者如血压未得到很好的控制,外周血管阻力升高,左心后负荷加重,会发展为心肌肥厚,心力衰竭。超声心动图可测量心室大小、射血分数,观察瓣膜活动情况等一系列指标,是提示心脏功能状态最高效的检查手段。心电图是基础,但对于评价心脏功能不如超声心动图直观;HOLTER 主要是评价心律失常的基本检查;当患者有冠心病不稳定型心绞痛时需在术前行冠脉 CT 检查;动态血压不是心功能判断的首选检查。
【考点】高血压患者的麻醉

11. 患者女性,78 岁。右上腹疼痛 1 日,入院时血压 180/100mmHg,心率 90 次 /min,胸片显示全心扩大,为评估患者心脏功能,术前最重要的检查是
A. 心电图　　　　　　　　B. 24 小时动态血压
C. 冠脉 CT　　　　　　　 D. Holter 检查
E. 超声心动图

12. 患者男性,79 岁。高血压病史 12 年,冠心病史 6 年,心功能
Ⅱ~Ⅲ级,1 年前因心衰入院治疗后好转出院,拟行右肺切除
术。入室血压 160/100mmHg,心率 67 次/min。手术中,血压
逐渐升高至 190/110mmHg,心率升至 112 次/min,听诊双肺
底吸气末大量湿啰音,气管导管中有泡沫痰,心电图和 BIS
监测正常。目前最可能的诊断是

   A. 急性左心衰　　　　　B. 急性右心衰
   C. 手术刺激及操作引起　D. 非心源性肺水肿
   E. 支气管哮喘

13. 患者男性,69 岁。发现肾囊肿 8 年,最近体检发现肾囊肿
8cm×10cm,欲行腹腔镜下肾囊肿开窗术,既往高血压病
史,否认糖尿病、脑血管病和肾病。但平时收缩压在 140~
170mmHg,舒张压 100mmHg 上下波动,术前应将血压控制在

   A. 150/100mmHg 以下　　B. 140/90mmHg 以下
   C. 150/90mmHg 以下　　　D. 150/100mmHg 以下
   E. 130/80mmHg 以下

14. 患者女性,71 岁。拟行择期腹腔镜胆囊手术,既往高血压病
史,否认糖尿病、脑血管病和肾病。平时规律应用"氯沙坦"
控制血压 140/90mmHg 上下。术日晨起口服降压药,入室后
血压 155/98mmHg,经吸氧和少量镇静药物应用后,血压降至
138/90mmHg。全麻诱导后,血压降低至 77/48mmHg,此时优
先采取下列哪项处理

   A. 快速输液　　　　　　B. 调整为头低脚高位
   C. 取血输血　　　　　　D. 适当应用血管活性药物
   E. 立即插管

15. 患者男性,75 岁。呕吐、腹胀 3 天,以肠梗阻收入院,拟行急
诊开腹探查术。病历显示患者有"高血压病史,平时服药控
制可",入室后,患者神志清楚,血压 169/100mmHg,心率 100
次/min,呼吸 25 次/min。该患者的麻醉计划,以下哪项最
不恰当

   A. 首选腰硬联合麻醉
   B. 进行有创动脉监测
   C. 首选气管插管全麻
   D. 有必要中心静脉穿刺置管
   E. 麻醉前应急查动脉血气分析

【A3/A4 型题】

(1~3 题共用题干)

女性患者,71 岁。肠梗阻拟行"开腹探查术",既往有高血压病史

12.【答案】A
  【解析】全肺切除手术尤其要控制
输液量,当输液过多易出现容量负荷
过重导致的心衰。患者有基础病史,
血压、心率升高,肺部出现啰音,且出
现粉红色泡沫痰,是典型肺循环淤血
表现,故优先考虑急性左心功能不全。
  【考点】高血压患者的麻醉

13.【答案】B
  【解析】高血压患者择期手术降
压的目标:中青年患者血压宜控制
在 <130/85mmHg,老年患者宜控制在
<140/90mmHg。如有并发症需控制更
加严格。患者肾囊肿,非急诊手术,术
前应调整降压用药种类或剂量。
  【考点】高血压患者的麻醉

14.【答案】D
  【解析】高血压患者择期手术前禁
食禁饮,且手术当日应用了 ARB 类降
压药,极易出现麻醉后低血压。题目
中出现的情况很可能是在补液不足的
情况下,麻醉诱导后引起血管扩张回
心血量骤降所致。但容量不足的情况
在短时间内无法通过输液得到有效的
纠正,故此时应最先应用血管活性药
物维持安全的血压,保证重要器官灌
注压,避免出现严重并发症。之后再
进行积极补液等措施维持血压。插管
应在血压相对稳定且镇痛药物作用达
峰时进行,不要通过插管刺激来提升
血压。
  【考点】高血压患者的麻醉

15.【答案】A
  【解析】高血压患者开腹手术首选
可控性强的全身麻醉,或全麻复合硬
膜外麻醉,不要直接进行腰硬联合麻
醉,因其阻滞交感神经和血管扩张,易
引起血压骤降,当患者紧张或因麻醉
阻滞平面不到位牵拉内脏产生不适感
时,又会引起血压升高,剧烈的血压波
动,对高血压患者影响较大。此类患
者行全身麻醉时应先适度补液,调整
好内环境后缓慢诱导,辅以血管活性
药物,尽可能维持循环稳定。
  【考点】高血压患者的麻醉

1. 【答案】C

【解析】高血压病严重程度分级详见《中国高血压防治指南》。择期手术降压治疗的目标：中青年患者血压控制 <130/85mmHg，老年患者 <140/90mmHg；对于高危人群，合并糖尿病的患者，应降至 130/80mmHg；合并慢性肾病者，目标血压应 <130/80mmHg 甚至 125/75mmHg 以下。

【考点】围术期常见并发症——高血压的评估与防治

2. 【答案】A

【解析】血小板计数≤50×10⁹/L 应避免椎管内麻醉。肠梗阻患者应按饱胃处理，此时不宜应用喉罩。

【考点】麻醉方法 + 气道管理

3. 【答案】C

【解析】喉镜置入和气管内插管等操作时，高血压患者可能会出现明显的血压升高，甚至心肌缺血。麻醉诱导给予适宜的麻醉深度，足量的阿片类药物，利多卡因表面麻醉、气管插管涂抹利卡因软膏或静脉注射利卡因，或给予 β 受体阻滞剂、钙通道阻滞剂等药物，以减少插管引起的心血管反应。

【考点】高血压患者的麻醉

4. 【答案】A

【解析】高血压急症是指高血压患者，在某些诱因作用下，血压突然极度升高，一般超过 180/120mmHg，同时伴有心、脑、肾等重要靶器官功能损害的一种严重危及生命的临床综合征。若出现收缩压高于 220mmHg，和 / 或舒张压高于 140mmHg，均应视为高血压急症。

【考点】围术期常见并发症——高血压的定义

5. 【答案】E

【解析】高血压急症危及生命，需要紧急处理，降压药选择应充分考虑到患者的年龄、高血压病程和靶器官损害程度，逐步控制性降压。题目中患者尚未麻醉，应采用血管扩张药物为主，如果患者在全麻状态可选用吸入性麻醉药术中短时间内控制血压。ABCD 均为比较理想的血管扩张药，但对于高血压急症合并急性左心衰，首选 E，硝普钠匀速泵注起效迅速，短时间内可达最大作用，作用持续时间短，停药后作用消失快，不良反应小。

【考点】围术期常见并发症——高血压急症的治疗

---

20 余年，自述血压最高达 180/100mmHg，口服抗高血压药物治疗。糖尿病病史 13 年，皮下注射胰岛素控制血糖。否认有冠心病、脑血管疾病病史。

1. 有关该患者高血压分级及术前血压控制水平表述正确的是
    A. 2 级高血压，控制于 140/90mmHg 以下
    B. 2 级高血压，控制于 130/80mmHg 以下
    C. 3 级高血压，控制于 130/80mmHg 以下
    D. 3 级高血压，控制于 140/90mmHg 以下
    E. 3 级高血压，控制于 150/90mmHg 以下

2. 患者术前血常规示 HGB 81g/L、PLT 42×10⁹/L，麻醉选择最好的是
    A. 气管插管全麻
    B. 蛛网膜下腔麻醉
    C. 硬膜外麻醉
    D. 局麻与深镇痛强化下监护
    E. 喉罩全麻

3. 如果该患者采用气管插管全身麻醉，预防诱导时喉镜操作和气管内插管所致的高血压，以下措施哪项**不正确**
    A. 使用足量麻醉性镇痛药
    B. 充分表面麻醉
    C. 麻醉越深越好
    D. 静脉注射尼卡地平
    E. 静脉注射艾司洛尔

（4~5 题共用题干）

患者男性，55 岁。既往有高血压病，未规律服药，入室后，突发呼吸困难，不能平卧，听诊双肺可闻及湿啰音。心电监护显示：心率 120 次 /min，血压 240/120mmHg，SpO₂ 97%。

4. 患者此时如何诊断
    A. 高血压急症   B. 高血压 3 级
    C. 高血压 2 级极高危   D. 急进性高血压
    E. 高血压脑病

5. 下列哪种药物应作为治疗首选
    A. 硝酸甘油   B. 尼卡地平
    C. 地尔硫䓬   D. 乌拉地尔
    E. 硝普钠

(6~7 题共用题干)

患者女性,70 岁。拟行腹腔镜胆囊切除术,术前血压为
160/95mmHg,HR 92 次 /min,诱导后吸入 2%~3% 七氟烷维持麻
醉,术中分离胆囊时血压达 182/105mmHg,HR 118 次 /min。

6. 此时造成血压升高的可能原因哪一项最**不正确**
    A. 胆心反射   B. 麻醉深度不足
    C. 膀胱胀满   D. 高碳酸血症
    E. 疼痛刺激反应

7. 经加深麻醉后,血压下降不明显,仍高达 175/100mmHg,HR
110~120 次 /min,SpO$_2$ 100%,P$_{ET}$CO$_2$ 50mmHg,下列处理哪项最
合适
    A. 继续加深麻醉,直至血压下降
    B. 停止手术操作,减少刺激
    C. 静滴硝酸甘油降压
    D. 停止输液,必要时放血
    E. 检查呼吸活瓣、调整呼吸参数并更换新钠石灰

(8~10 题共用题干)

患者男性,73 岁。因"排尿困难 5 年余,加重 1 个月,不能排尿 1
天"入院,诊断为前列腺增生,已急诊行局麻下膀胱造瘘术,拟择
期行经尿道前列腺电切术。患者既往高血压病 20 余年,目前血
压 205/115mmHg 左右;常年服用拜阿司匹林。

8. 该患者若行手术,有关术前准备表述正确的是
    A. 无须进一步准备,可立即实施手术
    B. 静脉使用强效降压药,数小时内将血压降至正常范围,然
        后立即实施麻醉和手术
    C. 若凝血功能正常,可立即在椎管内麻醉下行手术
    D. 逐步将血压降至 160/110mmHg 以下,并稳定数日后再行麻
        醉和手术
    E. 由于高血压患者 10 余年,必须行冠状动脉造影后才能进
        行麻醉和手术

9. 经"缬沙坦"治疗,血压控制在 140~150/80~90mmHg;停用拜
阿司匹林 6 天,查 PT、APTT 正常,INR 1.1,无出血倾向;余辅
助检查基本正常。以下处理**不恰当**的是
    A. 该患者术中应行有创血压监测
    B. 手术当天早晨停用一次降压药
    C. 麻醉方法首选全身麻醉
    D. 手术前一晚患者入睡困难,可口服安定助眠

6. 【答案】A
【解析】胆囊切除术中发生的"胆心反射",为迷走神经反射,表现为心率减慢、血压下降,严重可因反射性冠状动脉痉挛导致心肌缺血、心律失常,甚至心搏骤停等现象,已处于休克或低血压状态下的患者更易发生,与该患者血压升高的表现不符。
【考点】高血压患者的麻醉

7. 【答案】E
【解析】加深麻醉血压下降不明显,如继续加深致麻醉过深可致严重循环抑制,应考虑其他可致血压升高的原因,如二氧化碳蓄积、膀胱过胀、输液速度过快或过多,此处呼吸末二氧化碳监测提示有明显升高,考虑是二氧化碳气腹或钠石灰失效导致二氧化碳蓄积。
【考点】高血压患者的麻醉

8. 【答案】D
【解析】患者现处于高血压急症状态,严重危及生命,需做紧急处理,不宜立即行择期手术。静脉应用强效降压药使高血压急症患者短时间内血压急骤下降,可致重要器官的血流灌注明显减少,应采取逐步控制性降压。一般情况下,短时间内降压至 160/100mmHg 左右,如果可耐受,再逐步降低血压达到正常水平,血压稳定后再行择期手术。此时行椎管内麻醉可使血压骤降,对患者不利。冠脉造影术为有创检查,需结合既往病史评估其必要性。
【考点】高血压患者的麻醉

9. 【答案】C
【解析】麻醉方式的选择,应建立在全面评估患者体格情况的基础上,若无禁忌,此类盆会阴手术通常首选椎管内麻醉,其相对于全身麻醉有以下几点优势:椎管内麻醉的交感神经抑制作用可以扩张下肢血管,加快下肢血流,从而预防下肢深静脉血栓形成;能更有效阻断应激反应而维持体内神经内分泌系统和免疫系统稳态;患者清醒,更有利发现 TURP 综合征和膀胱穿孔早期症状;全麻较易发生脑水肿和苏醒延迟;
【考点】高血压患者的麻醉

E. 麻醉如果选择腰硬联合麻醉,患者血压更易波动,应严密监测、随时调节

10.【答案】D

【解析】根据此时的临床表现,麻醉医师应首先考虑 TURP 综合征,术中出血过多,容量超负荷所致心脏负荷过重,以及患者长期高血压病致心肌缺血损伤。

【考点】高血压患者的麻醉

10. 手术开始,因前列腺较大,耗时长,手术开始 2 小时后,患者血压逐渐降至 85/40mmHg,心率 120 次 /min,主诉呼吸困难、胸闷,面罩吸氧 SpO_2 逐渐降至 90%,听诊两肺底湿啰音。该患者目前最不可能的诊断是
   A. 水中毒
   B. 失血性休克
   C. 急性左心衰
   D. 全脊髓麻醉
   E. 急性心肌梗死

(11~12 题共用题干)

患者女性,75 岁。高血压病史 10 年,因多次短暂性脑缺血发作并发右侧颈动脉多发斑块且 90% 闭塞,拟行颈动脉内膜剥脱术。入院时患者血压 180/110mmHg,心率 68 次 /min,窦性心律。

11.【答案】B

【解析】CO_2 是脑血管扩张剂,但在高碳酸血症情况下,脑缺血组织周边正常灌注的小动脉扩张明显,血液增多。而慢性缺血脑组织的血管床已处于最大的扩张状态,对高碳酸血症反应不明显,其血流量反而下降,即为颅内窃血综合征。

【考点】高血压患者的麻醉

11. 关于患者麻醉前准备及麻醉原则,以下描述错误的是
   A. 患者入院后高血压不应快速纠正,否则会加重脑缺血
   B. CO_2 是脑血管扩张剂,此时可维持轻度升高的 $PaCO_2$,使缺血脑组织血管扩张增加血流量
   C. 诱导应平稳,减少气管插管时的刺激
   D. 可行连续动脉压监测
   E. 尽量保证患者术毕清醒、拔管

12.【答案】A

【解析】颈动脉压力感受器敏感性增高会反射性地引起低血压,故不是患者术后高血压的原因。

【考点】高血压患者的麻醉

12. 关于该患者围麻醉期血压的调控,以下描述不正确的是
   A. 术后高血压可能是低氧血症、高碳酸血症、疼痛或颈动脉压力感受器敏感性增高
   B. 术后可给予甘露醇防治再灌注损伤
   C. 颈动脉狭窄解除并开放后血压应保持正常低限
   D. 颈动脉闭塞时应提高血压以增加侧支循环血量
   E. 术后高血压处理最好不用脑血管扩张药

提问 1:【答案】ABCDEF

【解析】高血压患者长期压力负荷增高,引起左心室肥厚、扩张,心电图可见 Rv5+SV1>4.0mV(男性)或 >3.5mV(女性);高血压肾损害致血浆肌酐升高;血管内皮细胞受损,脂质在动脉内膜下沉积,致斑块形成,管腔狭窄,出现血管杂音;高血压病可致视网膜血管痉挛、硬化;体循环阻力增高,听诊可闻及第二心音亢进,表现为 A_2 亢进。

【考点】围术期常见并发症——高血压的病理生理

【案例分析题】

案例一 患者女性,62 岁。因肾结核、肾积水,拟行"腹腔镜下肾-输尿管切除术",既往有高血压病史 10 余年,否认冠心病、糖尿病、COPD 等病史。

提问 1:以下哪些体征或实验室检查,可提示高血压靶器官损害
   A. 心电图 Rv5+Sv1 为 4.1mV
   B. 血浆 Cr 113μmol/L
   C. 颈部血管杂音
   D. 视网膜检查有动静脉局部狭窄

E. 主动脉瓣区第二心音亢进

F. 动脉粥样斑块

提问2:有关该患者围术期可能应用的降压药物表述正确的是

A. 可乐定突然停药可引起高血压危象

B. 氢氯噻嗪可引起血容量减少、低钾血症和低血糖

C. 乌拉地尔具有外周和中枢双重降压作用

D. 硝苯地平可增强静脉麻醉药、吸入麻醉药、肌松药的作用

E. 艾司洛尔可使心率减慢、支气管扩张

F. 依那普利可用于双侧肾动脉狭窄患者

提问3:该患者适宜的麻醉方法是

A. 硬膜外麻醉

B. 腰麻

C. 全凭静脉全身麻醉

D. 针刺麻醉

E. 静吸复合全身麻醉

F. 硬膜外麻醉联合全身麻醉

G. 超声引导神经阻滞

案例二 患者男性,67岁。诊断为腰椎间盘突出伴椎管狭窄,拟在全麻下行"后路椎板减压成形术",高血压、糖尿病病史10余年,自服降压药(氨氯地平)、降糖药物治疗。BMI 30kg/m²,睡眠呼吸暂停综合征病史,未治疗。吸烟史40余年,未戒。

提问1:以下项目哪些不属于高血压发病因素

A. 年龄　　　　B. 吸烟

C. 环境与职业　D. 高脂血症

E. 颈动脉粥样斑块　F. 体重

G. 糖尿病　　　H. 遗传

提问2:基于此病例中患者情况,麻醉处理正确的是

A. 手术前晚给予足量镇静剂

B. 采用快速顺序诱导

C. 防止血压骤升骤降

D. 为减少术中出血,采取控制性降压至90/60mmHg

E. 警惕空气栓塞

F. 监测血糖

G. 给予充分的术后镇痛

提问3:高血压患者麻醉处理正确的是

A. 手术当日晨需继续服用抗高血压药物

B. 手术当日晨停止服用抗高血压药物

C. 防止血压出现大的波动

D. 高血压患者术中出现低血压可给予升压药物

E. 高血压患者围术期易出现脑卒中并发症

提问2:【答案】ACD

【解析】氢氯噻嗪可引起低钾血症、低镁血症、高钙血症;可使糖耐量降低,血糖、尿酸、血脂升高;可干扰肾小管排泄尿酸,使血尿酸升高。艾司洛尔是选择性的β₁肾上腺素受体阻滞剂,起效快、作用时间短,其主要作用于心肌的β₁肾上腺素受体,可降低心率,降低窦房结自律性,大剂量时对气管和血管平滑肌的β₂肾上腺素受体也有阻滞作用,哮喘患者慎用。双侧肾动脉狭窄后,肾脏血流减少,为了保证血流灌注,机体通过激活RAAS来代偿性提高肾动脉压力;双侧肾动脉狭窄的患者平时依靠血管紧张素Ⅱ对肾出球小动脉的收缩作用,保持一定量的肾小球滤过率,ACEI类降压药会减少血管紧张素Ⅱ的生成,使这一适应性自动调节机制受到抑制,将会引起肾小球滤过率减少,肾功能进一步恶化,故此类患者不能使用依那普利。

【考点】围术期常见并发症——高血压的治疗

提问3:【答案】CEF

【解析】"腹腔镜下肾-输尿管切除术"需在全身麻醉下完成,亦可采用硬膜外麻醉联合全身麻醉,术中应注意麻醉管理,避免血压剧烈波动。

【考点】高血压患者的麻醉

提问1:【答案】BDEG

【解析】高血压发病因素包括年龄、食盐、体重、遗传、环境与职业等因素。吸烟、高脂血症、糖尿病不属于高血压发病因素。颈动脉粥样斑块是高血压靶器官损害。

【考点】围术期常见并发症——高血压的发病机制与诊断评估

提问2:【答案】CEFG

【解析】患者睡眠呼吸暂停低通气综合征未经治疗,术前应用镇静药物宜减量或不用,避免造成严重的呼吸抑制。快速顺序诱导应用于不存在困难气道的饱胃患者,而对于存在气道梗阻的OSAHS患者,宜采用保留自主呼吸的慢诱导,或在确保面罩通气通畅的情况下采用静脉快速诱导。高血压患者应慎用控制性降压技术,根据患者平日血压控制情况严格控制降压幅度及降压时间。

【考点】高血压患者的麻醉

提问3:【答案】ACDEG

【解析】高血压患者麻醉时,术日晨应继续服用抗高血压药物,以保持体内药物浓度的稳定。术中应避免血压大的波动,预防可能出现的脑卒中并发症。严重高血压或行大手术时需监测有创直接动脉压,血压控制可的患者行一般性手术可不监测有创动脉压。术后应充分镇痛,防止疼痛引导的高血压反应。

【考点】高血压患者的麻醉

F. 高血压患者麻醉时均需监测有创直接动脉压

G. 术后充分镇痛防止血压增高

案例三 患者女性，68 岁，身高 160cm，体重 80kg。因突发头痛头晕 4 小时、意识障碍 1 小时急诊入院，诊断为高血压脑出血，蛛网膜下腔出血，拟急诊全麻下行"血肿清除 + 去骨瓣减压术"，患者既往高血压病史 20 年，血压最高达 180/100mmHg，间断服药治疗。冠心病史 5 年，具体不详。入手术室时血压 190/120mmHg，心率 60 次 /min，SpO_2 88%（吸空气），急诊心电图示：ST-T 改变。

提问 1：关于该患者麻醉前评估，以下描述正确的是

A. ASA Ⅱ E 级

B. ASA Ⅳ 级

C. 高血压 3 级（极高危）

D. 高血压 3 级（高危）

E. 高血压 2 级（极高危）

F. 该患者还需进行 GSC 评分

提问 2：麻醉诱导平稳，血压维持在 140/90mmHg 左右水平。开颅后 5 分钟血压骤降至 88/40mmHg，心率 118 次 /min。关于出现上述情况的原因及处理，以下叙述正确的是

A. 主要原因是开颅后颅内压降低引起

B. 应立即给予艾司洛尔控制心率

C. 主要因开颅前为减少刺激加深麻醉引起

D. 术前为降低颅内压给予甘露醇脱水，可导致容量不足引起

E. 应补液扩容，可选用去氧肾上腺素升高血压

F. 扩容以晶体液为主

G. 升压药还可选择麻黄碱，其升压药效较长

提问 3：该患者围术期麻醉处理，以下叙述正确的是

A. 术中应适当过度通气，以降低颅内压

B. 入手术室时血压 190/120mmHg 完全是因为患者平时高血压控制不好引起的

C. 术中应避免缺氧，增加颅内压和加重颅脑损伤

D. 颅脑损伤患者，入室血压高时应立刻降压治疗

E. 术中可以保持允许性高碳酸血症

F. 血压正常时无须术中采取脑保护措施

G. 吸入麻醉药具有脑保护效应

（杨宜南 王赛楠 齐一莎 王 云）

提问 1：【答案】BCF

【解析】根据高血压分级及危险因素分级应为高血压 3 级（极高危），高血压脑出血患者还应进行昏迷程度评估，格拉斯哥昏迷评分（GCS）睁眼反应、语言反应、肢体运动三方面，最高分 15 分，12~14 分为轻度意识障碍，9~11 分为中度意识障碍，8 分以下为昏迷，分数越低意识障碍越重。

【考点】高血压患者的麻醉

提问 2：【答案】ADE

【解析】开颅后颅内压快速下降是引起血压下降的主要原因，心率因而代偿性增快，且失血及容量不足也引起血压下降，应先解决容量问题。扩容应通过输血、补充胶体和晶体液，仅补充晶体液将使血浆渗透压下降，加剧脑水肿。此时升血压不应首选麻黄碱，因其会使心率进一步增快，加重心肌氧耗，为避免心肌缺血，升压同时心率不增快，优先选用去氧肾上腺素。

【考点】高血压患者的麻醉

提问 3：【答案】ACG

【解析】颅脑损伤患者围术期应保证脑灌注、避免缺氧和 CO_2 血症。颅脑损伤因颅内压增高可导致高血压，应注意监测。吸入麻醉药具有脑保护效应。

【考点】高血压患者的麻醉

第二十三章 糖尿病患者的麻醉

【A1 型题】

1. 下列哪项是最为精确和客观地评价长效血糖控制和治疗干预有效性的指标
   - A. 随机血糖
   - B. 空腹血糖
   - C. 餐后血糖
   - D. 糖化血红蛋白
   - E. 口服葡萄糖耐量实验

2. 糖尿病患者围术期最为常见的伴发疾病是
   - A. 缺血性心脏病
   - B. 脑血管疾病
   - C. 肾功能障碍
   - D. 外周神经系统疾病
   - E. 眼底病变

3. 胰岛素缺乏造成的代谢紊乱中,下列哪项的叙述是正确的
   - A. 血浆脂肪酸浓度降低
   - B. 血浆酮体浓度降低
   - C. 血浆甘油三酯浓度降低
   - D. 蛋白合成增加
   - E. 脱水

4. 哪种血糖水平诊断为空腹血糖受损
   - A. <2.8mmol/L
   - B. 2.8~3.8mmol/L
   - C. 3.89~5.55mmol/L
   - D. 5.6~6.9mmol/L
   - E. >7.0mmol/L

1.【答案】D
   【解析】此题目主要是考查在 2 型糖尿病患者的血糖评估指标中,糖化血红蛋白反映了近 60 天的平均水平,因此它是能够精确且客观评价长效血糖控制和治疗效果的指标。
   【考点】糖化血红蛋白的临床意义

2.【答案】A
   【解析】此题目主要是考查 2 型糖尿病患者的各个系统并发症。糖尿病患者随着患病年限的延长,会波及各个系统,表现为缺血性心脏病,脑血管疾病,肾功能障碍可能需要透析或者移植,脚及脚趾麻木的外周神经系统疾病和眼底视网膜的病变。但其中最为常见与麻醉评估密切相关的是缺血性心脏病。
   【考点】重视缺血性心脏病在糖尿病患者术前评估中的重要性

3.【答案】E
   【解析】此题目主要是考查糖尿病患者的代谢紊乱,特别是各物质代谢紊乱的结果。这些结果是导致糖尿病患者临床各系统并发症的基础。胰岛素缺乏后,由于脂类分解作用使血浆脂肪酸浓度升高;游离脂肪酸导致的肝脏酮体生成增加而升高血浆酮体浓度;脂蛋白脂酶活性下降而增加了低密度脂蛋白的合成;蛋白质合成减少和脱水。
   【考点】糖尿病患者的代谢改变

4.【答案】D
   【解析】空腹血糖升高水平不足以诊断为糖尿病时可诊断为空腹血糖受损,正常空腹血糖水平为 3.89~5.55mmol/L,空腹血糖 >7.0mmol/L 达到糖尿病的诊断标准。
   【考点】糖尿病诊断标准

5.【答案】B

【解析】氯磺丙脲和瑞格列奈通过刺激胰岛素分泌发挥降糖作用。二甲双胍为双胍类药物，其作用机制可能是降低食物吸收及糖异生，从而抑制糖原过度释放，同时促进组织摄取葡萄糖等。罗格列酮为胰岛素增敏药物，通过增加肌肉和脂肪组织对胰岛素的敏感性而发挥降低血糖的作用。阿卡波糖为â-葡萄糖苷酶抑制药，通过在小肠上皮与碳水化合物竞争水解碳水化合物的酶，减慢产生葡萄糖的速度并延缓葡萄糖的吸收。

【考点】口服降糖药的药理学作用机制

6.【答案】A

【解析】感染、心肌梗死、创伤或手术、妊娠和麻醉均可触发糖尿病酮症酸中毒，但感染最常见。

【考点】糖尿病酮症酸中毒的基本概念

7.【答案】C

【解析】胰岛主要由四种内分泌细胞构成，â(A)细胞，分泌胰高血糖素；â(B)细胞，分泌胰岛素；D细胞，分泌生长抑素；PP细胞，分泌胰多肽。

【考点】胰岛的内分泌细胞

8.【答案】C

【解析】应用胰岛素治疗的严重糖尿病患者，容易在午夜发生中度低血糖，而后抗胰岛素激素增加，如肾上腺素、生长激素、糖皮质激素、胰高血糖素等，使血糖上升。由于本身病变，胰岛不能分泌足够的胰岛素，不能使血糖保持正常，而产生高血糖症，也可产生酮症。

【考点】Somogyi 现象

9.【答案】C

【解析】1型糖尿病特点是胰岛不能产生胰岛素，治疗上依赖胰岛素，1型糖尿病可以发生酮症酸中毒，仅通过饮食和运动无法控制1型糖尿病。

【考点】1型糖尿病的基本概念

10.【答案】E

【考点】糖尿病患者术前血糖控制水平

1.【答案】C

【解析】此题主要是考核糖尿病的自主神经病。自主神经病表现为静息状态下的心动过速，体位性低血压，深吸气时心率变异性消失，心律失常（QT异常），猝死，胃轻瘫（呕吐，腹泻和腹胀），膀胱无力，阳痿和无症状的低血糖发作。

【考点】糖尿病患者自主神经病的表现

---

5. 通过抑制糖原过度释放发挥降糖作用的降糖药物为
   A. 氯磺丙脲　　　　B. 二甲双胍　　　　C. 罗格列酮
   D. 阿卡波糖　　　　E. 瑞格列奈

6. 以下哪个选项是导致糖尿病酮症酸中毒最常见的生理性应激源
   A. 感染　　　　　　B. 心肌梗死　　　　C. 创伤或手术
   D. 妊娠　　　　　　E. 麻醉

7. 胰腺中**不包含**下列哪种细胞
   A. á 细胞　　　　　B. â 细胞　　　　　C. C 细胞
   D. D 细胞　　　　　E. PP 细胞

8. Somogyi 现象是指
   A. 夜间血糖正常，凌晨血糖增高
   B. 服药后血糖未控制
   C. 低血糖后反应性高血糖
   D. 药物性低血糖昏迷
   E. 空腹血糖＞餐后 2 小时血糖

9. 以下关于 1 型糖尿病的描述，哪项**不正确**
   A. 通常是青少年发病
   B. 一般为胰岛素依赖性
   C. 很少出现糖尿病酮症酸中毒
   D. 仅通过饮食和运动不能控制
   E. 自身免疫缺陷和病毒感染可导致本病，有遗传倾向

10. 为保证围术期安全，择期手术糖尿病患者理想的血糖浓度应该控制在
    A. 空腹血糖在正常范围
    B. 餐后 2 小时不超过 8.3mmol/L
    C. 空腹血糖最高不超过 7.8mmol/L
    D. 餐后 2 小时最高不超过 11.1mmol/L
    E. 空腹血糖最高不超过 11.1mmol/L

【A2 型题】

1. 患者男性，67 岁，有糖尿病史 10 年，口服药物控制血糖。查体发现患者静息状态下心率为 105 次 /min，且深吸气时心率增加 18 次 /min。自述起立时头晕，排尿困难，胃胀，有腹泻症状。该患者可诊断为
   A. 低血糖发作　　　　　　B. 心血管并发症
   C. 自主神经病　　　　　　D. 外周神经病
   E. 视网膜病

2. 患者女性,70 岁,因"昏迷"急诊入院。患者有 20 年的糖尿病史,入院前 1 周因上感表现为咳嗽咳痰,口服抗生素治疗。入院患者查体,意识淡漠,皮肤干燥,眼窝深陷。血压 100/70mmHg,实验室检查显示,血糖 900mg/dl,血浆渗透压 420mOsm/L,血气检查 pH 7.38,K^+ 3.0mmol/L。该患者诊断为

   A. 糖尿病酮症酸中毒　　　B. 高渗性非酮症性昏迷

   C. 低血糖发作　　　　　　D. 感染中毒性休克

   E. 脑卒中

2.【答案】B
　【解析】此题目主要是考核糖尿病的并发症——高渗性非酮症性昏迷。高渗性非酮症性昏迷的诱因多为感染。多见于老年人。临床表现为高血糖(>600mg/dl),高渗透压(>350mOsm/L),正常 pH 值,渗透性多尿(低钾血症),低血容量,中枢神经系统抑制。
　【考点】糖尿病患者高渗性非酮症性昏迷的诱发因素和临床表现

3. 患者女性,35 岁,有 15 年糖尿病史,出现恶心、呕吐、易饱胀,在过去 1 年中体重减低 9kg(20lb)。她自述经常呕吐 1~2 天前吃下的食物。她的血糖 238mg/dl,糖化血红蛋白 8.5%,蛋白尿(4g/24h),血浆白蛋白 2.4g/dl,总胆固醇 445mg/dl,肌酐 1.7mg/dl。最有可能的诊断是

   A. 继发于尿毒症的呕吐

   B. 合并营养不良的胃轻瘫

   C. 合并肾功能不全的胃轻瘫

   D. 继发于高脂血症的慢性胰腺炎和营养不良

   E. 没有溃疡的幽门螺杆菌感染

3.【答案】C
　【解析】此题目主要是考核糖尿病的并发症——胃轻瘫和肾功能不全。胃轻瘫表现为呕吐,腹泻和腹胀。蛋白尿是糖尿病患者肾功能损害的标志。
　【考点】糖尿病患者胃轻瘫和肾功能损害的早期表现

4. 患者男性,50 岁,因"严重脱水的糖尿病昏迷"入院。给予胰岛素、葡萄糖、生理盐水和乳酸钠处理后效果良好,但此后又出现表情淡漠、倦怠、喘息样呼吸,最后死于呼吸肌麻痹,最可能的解释是

   A. 二氧化碳蓄积　　　　　B. 血 pH 升高过快

   C. 明显的钾丢失　　　　　D. 胰岛素过量

   E. 颅内压升高

4.【答案】C
　【解析】此题目主要是考核糖尿病并发症处理过程中需要注意的问题,在快速纠正血糖升高的处理中,钾离子会进入细胞内,造成低钾,需要警惕低钾的危害性。
　【考点】糖尿病患者使用胰岛素降低血糖过程中低钾血症的发生

5. 女性,35 岁,因"子宫肌瘤"拟行腹腔镜下子宫肌瘤摘除术。患者身高 156cm,体重 80kg,20 年前诊断为 1 型糖尿病,规律胰岛素治疗,查体"祈祷征"阳性,该患者麻醉诱导时很可能发生

   A. 严重低血糖　　　　　　B. 酮症酸中毒

   C. 乳酸酸中毒　　　　　　D. 困难气道

   E. 麻醉药物剂量增大

5.【答案】D
　【解析】长期 1 型糖尿病患者可发生关节僵直综合征,影响颞颌关节、寰枕关节以及颈椎活动而造成气管插管困难,"祈祷征"阳性可作为存在关节僵直的一个参考指标。
　【考点】1 型糖尿病慢性并发症

6. 女性,67 岁,因"腹痛伴恶心呕吐"入院,拟行腹腔镜下胆囊切除术。既往糖尿病史 20 余年,规律口服二甲双胍,空腹血糖控制在 8mmol/L 作用;冠心病史 10 年,规律二级预防治疗;近 1 年出现血肌酐水平升高,入院血肌酐 200μmol/L。患者入院后突发意识丧失,急查血气,血 pH 7.25mmol/L,乳酸 15mmol/L,血糖 10mmol/L;血酮体(−)。该患者诊断为

6.【答案】C
　【解析】糖尿病患者血乳酸 ≥5mmol/L,pH<7.35(动脉血)称为糖尿病乳酸性酸中毒。患者多有糖尿病病史,合并肾功能不全,应用双胍类药物后出现不明原因的大呼吸,神志模糊,且实验室指标不符合糖尿病酮症酸中毒及肾衰时,需考虑糖尿病乳酸酸中毒。
　【考点】糖尿病急性并发症

A. 酮症酸中毒　　　　　　B. 感染性休克

C. 乳酸酸中毒　　　　　　D. 高血糖高渗综合征

E. 急性肾功能不全

7. 患者男性,68 岁,拟行左下肢单个脂肪瘤切除术。患者既往糖尿病史 8 年,高血压病史 5 年,冠心病史 3 年,6 年前行腰椎管减压术。该患者宜采用下面哪种麻醉方式

A. 静吸复合全身麻醉　　　B. 全凭静脉麻醉

C. 椎管内麻醉　　　　　　D. MAC

E. 股神经 + 坐骨神经阻滞

8. 患者男性,80 岁,2 型糖尿病 20 年。肠梗阻欲行手术,合并酸中毒,以下哪项说法是正确的

A. 在 ICU 中,纠正严重酸中毒的速度与死亡率成正比

B. 已证实严重代谢性酸中毒患者输注碳酸氢钠能改善预后

C. 输注碳酸氢钠可降低钙离子水平,从而引起心律失常

D. 慢性肾脏疾病患者不允许输注碳酸氢钠

E. 糖尿病酮症酸中毒患者如果 pH<7.2,推荐输注碳酸氢钠

9. 患者男性,22 岁,1 型糖尿病,pH 7.1,已诊断为糖尿病酮症酸中毒。BP 100/72mmHg,HR 100 次 /min,实验室检查结果:Na^+ 132mEq/L,K^+ 6.2mEq/L,Cl^- 92mEq/L,HCO_3^- 12mEq/L,肌酐 1.6mg/dl,血尿素氮(BUN)82mg/dl,血糖 440mg/dl。急诊观察室中,给予生理盐水和胰岛素治疗。6 小时后,血 K^+ 降至 3.4mEq/L。患者高钾血症的可能原因是

A. 溶血　　　　　　　　　B. 缺氧

C. 肾功能障碍　　　　　　D. 高血糖胰岛素缺乏

E. 代谢性酸中毒

10. 患者女性,30 岁,因“异位妊娠”拟急行腹腔镜手术,确诊糖尿病酮症酸中毒,胰岛素治疗原则中哪一项**不正确**

A. 静脉给予胰岛素

B. 静脉单次给予胰岛素后持续静脉滴注

C. 分次 bolus 胰岛素

D. 胰岛素治疗 1 小时后复查血糖

E. 胰岛素配在葡萄糖液中滴注

11. 患者男性,45 岁,患有糖尿病,因饥饿导致酮症酸中毒。以下哪种食物分解可诱发酮症酸中毒

A. 蛋白　　　B. 脂肪　　　C. 碳水化合物

D. 糖　　　　E. 维生素

7.【答案】E

【解析】患者为多年糖尿病患者,具有多种心血管高危因素,拟行下肢手术,全身麻醉风险相对高;神经阻滞及椎管内麻醉对机体生理功能影响小,并可减少深静脉血栓的发生,对于四肢手术较为适宜;但该患者曾行腰椎手术,因此首选神经阻滞。

【考点】糖尿病患者麻醉方式的选择

8.【答案】C

【解析】目前尚无大数据的随机对照研究,证明酸中毒患者输注碳酸氢盐的优势。有研究推荐糖尿病酮症酸中毒患者当 pH<7.0 时,输注碳酸氢盐治疗。但除非患者有严重或慢性肾功能不全,碳酸氢盐治疗并不是必须的,因肾功能不全患者碳酸氢盐有额外丢失,这类患者常规口服补充碳酸氢盐。

【考点】糖尿病酮症酸中毒的治疗

9.【答案】D

【解析】糖尿病患者高血糖的原因可能是因为胰岛素缺乏时的高血糖。糖尿病酮症酸中毒是因为乙酰乙酸和 â- 羟基丁酸聚集引起,这些都是有机酸。乳酸也是有机酸。输注这些有机酸不会引起细胞内 K^+ 移至细胞外,而非有机酸(NH_4Cl 或 HCl)可以导致细胞内 K^+ 外移,从而导致高钾血症。

【考点】糖尿病患者的高钾血症

10.【答案】C

【解析】胰岛素是糖尿病酮症酸中毒的治疗关键。目前认为小剂量胰岛素静脉连续滴注或间断性肌内注射的治疗方法具有简便、安全、有效等特点,但必须视病情而定。并且应根据治疗反应调整胰岛素的滴注,每小时监测血糖,可评价胰岛素疗效,并可适当调整剂量以使血糖逐渐降低。

【考点】糖尿病酮症酸中毒的治疗原则

11.【答案】B

【解析】肝脏分解脂肪可诱发酮症酸中毒。

【考点】糖尿病酮症酸中毒的病理生理

12. 男性,66 岁,因 "前列腺增大" 拟行 TURP 术。既往高血压病史 15 年,规律服用氯沙坦控制;糖尿病史 10 年,规律口服罗格列酮控制;患者术前需完善的化验检查**不包括**

  A. ECG   B. 胸片

  C. 肝肾功能   D. 尿常规

  E. 24 小时尿蛋白

13. 患者男性,42 岁,早晨空腹时容易头晕,头晕后血糖为 2.1mmol/L,自述口服巧克力或糖块后可缓解。该患者最可能的疾病是

  A. 胰岛素瘤   B. 2 型糖尿病

  C. 脑梗死   D. 早晨进食少

  E. 颈动脉脉狭窄

14. 患者女性,75 岁,自述 2 年糖尿病史,未规律治疗。进行性意识障碍 2 天,急诊查血糖 42.5mmol/L,血渗透压 360mOsm/L,肌酐 211mol/L,尿糖(++++),尿酮体(+),最可能的诊断是

  A. 糖尿病酮症酸中毒   B. 高血糖高渗昏迷

  C. 脑卒中   D. 慢性肾功能不全失代偿

  E. 低血糖发作

15. 患者男性,60 岁,2 型糖尿病 25 年,拟行胆囊切除术。术前评估患者既往血糖控制情况,下列哪项检查最能反映该患者既往血糖监控水平

  A. 空腹血糖水平   B. OGTT 试验

  C. 糖化血糖水平   D. 随机血糖水平

  E. 餐后 2 小时血糖水平

16. 患者女性,48 岁,全麻下行腹腔下子宫肌瘤剔除术。手术顺利,历时 2 小时术后麻醉苏醒延迟,心率 110 次/min,血压 85~95/40~50mmHg 之间波动,大汗,考虑患者此时可能发生了

  A. 高钙血症   B. 高血糖   C. 低血糖

  D. 酮症酸中毒   E. 高渗综合征

【A3/A4 型题】

(1~3 题共用题干)

患者女性,26 岁,1 型糖尿病。今日因感冒、食欲减退、少食,餐前按常规注射胰岛素。近午时突然心悸、出汗,继而头晕,视物模糊。

1. 该患者的诊断是

  A. 心律失常   B. 短暂脑缺血发作

12.【答案】E

【解析】糖尿病患者常有多器官功能障碍,有时发生隐匿性心肌梗死,该患者同时合并高血压,因此术前需完善 ECG 检查。糖尿病患者容易感染,术前胸片有利于明确是否存在肺部感染。术前血糖、肌酐水平有利于明确患者糖尿病控制情况及是否有肾功能不全。尿常规能发现是否尿酮体阳性。而 24 小时尿蛋白定量对于后续治疗无明显影响,不是必检项目。

【考点】糖尿病患者术前评估

13.【答案】A

【解析】胰岛素瘤常有典型的 Whipple 三联症表现,即:①低血糖症状、昏迷及精神神经症状,每天空腹或劳动后发作;②发作时血糖低于 2.8mmol/L;③口服或静脉注射葡萄糖后,症状可立即消失。

【考点】胰岛素瘤的症状

14.【答案】B

【解析】糖尿病高渗性昏迷(HNDC)是糖尿病一种较少见的严重急性并发症,多见于老年无糖尿病史或 2 型糖尿病轻症患者,但也可见于 1 型糖尿病患者。本症以显著高血糖、高尿糖为主要特点。血糖多超过 33mmol/L(600mg/dl),尿糖强阳性。尿素氮(BUN)可达 21~36mmol/L(60~100mg/dl),肌酐(Cr)可达 163~600μmol/L(1.7~7.5mg/dl),BUN/Cr 比值可达 30:1 以上(正常人多在 10:1~20:1)。

【考点】糖尿病高渗性昏迷的诊断

15.【答案】C

【解析】糖化血红蛋白是糖与血红蛋白结合的产物,主要反映 2 个月内血糖的变化情况。

【考点】糖化血红蛋白的意义

16.【答案】C

【解析】全身麻醉下糖尿病患者可表现为循环系统不稳定,苏醒延迟。因此对于出现上述情况的鉴别诊断中应该注意血糖的监测。

【考点】全身麻醉下糖尿病患者低血糖的症状

1.【答案】C

【解析】此题目主要是考核胰岛素治疗的糖尿病患者最为常见的低血糖发作的症状,特别是在机体状况发生改变而胰岛素剂量没有进行相应调整的情况下。患者的表现为心悸,出汗,头晕和视物模糊。

【考点】糖尿病患者使用胰岛素过程中低血糖的发生

C. 低血糖发作   D. 酮症酸中毒

E. 脑水肿

2. 急诊处理应采用
A. 胰岛素注射
B. 50% 葡萄糖注射
C. 静滴生理盐水
D. 碳酸氢钠注射
E. 紧急进行生化检查后根据结果进行对症处理

3. 此种并发症如果处理不及时,可发生
A. 不可逆的脑损害   B. 心肌损害
C. 肾损害   D. 自主神经病
E. 外周神经病

(4~6 题共用题干)

患者男性,68 岁。无糖尿病病史,因发热、腹泻 2 天,突发抽搐,昏迷。血糖 56.6mmol/L,血钠 156.6mmol/L,血浆渗透压 356mmol/L。

4. 考虑诊断为
A. 感染性昏迷
B. 应激性高血糖
C. 脑血管意外
D. 糖尿病酮症酸中毒
E. 高渗性非酮症糖尿病昏迷

5. 需要进一步的实验室检查是
A. 动脉血气   B. 尿糖,尿酮体
C. 脑脊液检查   D. 血常规和细胞分类
E. 肝肾功能

6. 诊断明确后,如何进行处理
A. 大量输注生理盐水
B. 根据血糖水平监测静脉给予胰岛素
C. 积极给予碳酸氢钠
D. 静脉给予甘露醇
E. 补充生理盐水,相对小剂量的胰岛素和补充钾

(7~8 题共用题干)

糖尿病患者,女性,29 岁,诊断"急性阑尾炎"欲行阑尾摘除术。入室皮肤干燥,潮红,深大呼吸。

2.【答案】B
【解析】此题目主要是考核胰岛素治疗的糖尿病患者低血糖发作的紧急处理,25ml 50% 葡萄糖静脉注射是首选,同时监测血糖,如果血糖不升高可以重复注射。胰高血糖素 1mg 静脉或者肌内注射也是治疗手段,就是起效稍慢。
【考点】糖尿病患者低血糖发生的紧急处理措施

3.【答案】A
【考点】糖尿病患者低血糖的后果

4.【答案】E
【解析】此题目主要是考核糖尿病老年患者在诱发因素(感染)后,发生高渗性非酮症糖尿病昏迷的临床表现和实验室检查,表现为高血糖,高渗透压。
【考点】高渗性非酮症糖尿病昏迷的临床和实验室检查

5.【答案】B
【解析】此题目主要是考核高渗性非酮症糖尿病昏迷与酮症酸中毒的鉴别诊断,酮体不高,没有严重的酸中毒。
【考点】高渗性非酮症糖尿病昏迷与酮症酸中毒的鉴别诊断

6.【答案】E
【解析】此题目主要是考核高渗性非酮症糖尿病昏迷的处理,非酮症高渗性昏迷有足量的胰岛素来阻止酮体的生成,所以酮症酸中毒不是其特点,而是以高血糖性利尿导致脱水和高渗透压状态。严重的脱水最终导致肾衰竭、乳酸酸中毒、并有形成血管内血栓的倾向。治疗包括:补充生理盐水、相对小剂量的胰岛素和补钾来恢复水电解质平衡。
【考点】高渗性非酮症糖尿病昏迷的处理措施

7. 为明确该患者可能的并发症,需要急查
   A. 血常规　　　　B. 血气　　　　C. 血糖
   D. 血钾　　　　　E. 血红蛋白

7.【答案】C
【考点】糖尿病酮症酸中毒的诊断

8. 糖尿病酮症酸中毒患者需立即静脉或皮下给予胰岛素,然后持续静脉滴注胰岛素治疗,其间检查血糖的频率为
   A. 每半小时复查 1 次血糖
   B. 每小时复查 1 次血糖
   C. 每 2 小时复查 1 次血糖
   D. 根据临床症状随机复查血糖
   E. 不用复查

8.【答案】B
【考点】糖尿病酮症酸中毒的诊断治疗中血糖监测的频率

(9~10 题共用题干)

患者男性,43 岁,2 型糖尿病病史 6 年,因"发热、恶心呕吐 6 天"急诊入院,左足溃疡。自确诊糖尿病后服用二甲双胍,但血糖控制不好,1 年前开始胰岛素治疗,1 周前因低血糖食欲缺乏而自行停用胰岛素。体格检查:T 38.9 ℃,BP 96/60mmHg,HR 136 次 /min,呼吸 36 次 /min,深大呼吸。嗜睡但可以唤醒。血糖:29mmol/L;尿:糖 4+,酮体 3+;静脉血气:pH 7.06,PCO_2 17mmHg,HCO_3^- 5.6mmol/L。

9. 糖尿病酮症酸中毒诊断标准**除外**
   A. 血糖 >18mmol/L　　B. 血酮体 >3mmol/L
   C. 尿酮体≥2+　　　　 D. 静脉血 pH<7.3
   E. HCO_3^-<15mmol/L

9.【答案】A
【解析】糖尿病酮症酸中毒诊断标准中,血糖 >11mmol/L。
【考点】糖尿病酮症酸中毒的诊断

10. 该患者发生糖尿病酮症酸中毒的诱发因素
   A. 左足感染
   B. 停用胰岛素治疗
   C. 恶心呕吐
   D. 左足感染 + 停用胰岛素治疗
   E. 停用胰岛素治疗 + 恶心呕吐

10.【答案】D
【考点】糖尿病酮症酸中毒的诊断和诱因

(11~13 题共用题干)

患者女性,25 岁,行胰岛素瘤手术切除术,术中突发心率增加,血压升高。

11. 下列哪种情况最可能出现
   A. 手术操作刺激　　　B. 容量不足
   C. 迷走神经反射　　　D. 仪器故障
   E. 血糖降低

11.【答案】E

12.【答案】A

12. 与手术医师交流后,手术医师表示刚才触碰到了瘤体,下面需要进行哪项检查
    A. 急查血糖
    B. 血气分析
    C. 仪器故障检测
    D. 凝血功能
    E. 观察中心静脉压变化

13.【答案】D
【解析】胰岛素瘤术中探查的时候容易发生低血糖,急性低血糖及病程短者呈交感神经兴奋症群,如激动不安、饥饿、虚弱、出汗、心动过速、收缩压升高等。如果术中探查瘤体的时候发现血糖低于 3.3mmol/L,可静脉推注 50% 葡萄糖 50ml 以保持血糖水平。
【考点】胰岛素瘤的诊断治疗

13. 治疗方式应该是
    A. 补充 1 000ml 晶体液
    B. 加大镇痛药用量
    C. 5% 葡萄糖 500ml 静脉滴注
    D. 50% 葡萄糖 50ml 静脉推注,10 分钟后再次监测血糖
    E. 输送入红细胞 400ml

【案例分析题】

案例一　患者男性,52 岁,2 型糖尿病 8 年,口服二甲双胍控制血糖。因骨性关节病行右膝关节置换术。

提问 1:术前评估包括

提问 1:【答案】ABCDE
【解析】糖尿病患者行大的外科手术前应对糖尿病可以影响的系统进行详细评估。心率变异性是评价自主神经病;糖化血红蛋白是评估近期 2 个月的血糖控制水平。胶原的糖基化沉积于颈椎和颞下颌关节可导致插管困难。因此评估指间关节的僵硬度可预测困难气道的可能性。糖尿病患者会导致阻塞性通气和影响弥散能力。神经功能的检查对于麻醉方式的选择,特别是神经阻滞具有重要意义。
【考点】糖尿病患者行大手术前的各系统评估

    A. 心率变异性
    B. 糖化血红蛋白
    C. 评估指间关节的僵硬度
    D. 肺功能检查
    E. 神经功能检查
    F. 运动平板实验
    G. 心脏超声检查

提问 2:围术期如何监测和调控血糖

提问 2:【答案】ABDFGH
【解析】糖尿病患者行大的外科手术前,术中及术后对于血糖调控的原则。
【考点】糖尿病患者行大手术围术期血糖的调控

    A. 尽可能把患者放在第一台进行手术
    B. 手术前晚正常服用降糖药物
    C. 手术前晚停止服用降糖药物
    D. 手术当日早晨不要服用降糖药物
    E. 手术当日早晨务必服用降糖药物
    F. 监测血糖的时点:术前 1 小时,术中每小时直至术后 4 小时,此后每 2 小时 1 次,一旦血糖稳定则每 4 小时 1 次
    G. 5% 或 10% 葡萄糖,含有 20mmol/L 钾以 100ml/hr 速度输注,其间持续泵注胰岛素,根据血糖监测的水平来调整泵注速度
    H. 术后患者能够进食进水后停止胰岛素输注,开始口服降糖药物

提问 3:【答案】AB
【解析】糖尿病患者行区域阻滞时要事先评估外周神经病的情况,了解外周神经受累的范围和程度,来决定是否合适进行区域阻滞。同时要注意血糖控制的水平,保持无菌操作而减少感染概率。
【考点】糖尿病患者进行区域阻滞的注意问题

提问 3:患者如果选择椎管内阻滞,麻醉需要注意的方面
    A. 血糖控制的情况　　B. 外周神经病

C. 自主神经病　　　D. 肾损害的程度

E. 有无缺血性心脏病　F. 眼底改变

案例二 患者男性,60 岁,因胃癌入院。拟行"开腹探查,胃癌根治术"。入院检查:神清合作,BP150/90mmHg,P 55 次/min,Hb 100g/L,HCT35%。胸片正常,血糖 12mmol/L,肝肾功能正常。心电图:窦性心动过缓。既往:15 年前发现有"高血压""冠心病",一直口服降压药和美托洛尔。3 年前诊断糖尿病,一直口服磺脲类降糖药,尿糖(++)。

提问 1:糖尿病患者麻醉前准备的目的为

A. 控制血糖

B. 防治酮中毒

C. 维持水电解质平衡

D. 保持充分的肝糖原

E. 伴有酮症酸中毒的患者急症手术时,应静滴胰岛素并随时监测血糖

F. 防止误吸

提问 2:下述哪些说法是正确的

A. 糖尿病患者麻醉前应使血糖控制在稍高于正常的水平,以免麻醉时出现低血糖的危险

B. 月经期患者一般不宜接受择期手术

C. 已使用抗高血压治疗的患者,一般主张术前 24 小时停用抗高血压药

D. 对术前使用 â- 受体阻滞药者,麻醉前可酌情调整剂量,但并不需要停药

E. 糖尿病患者术前应将口服降糖药改为正规胰岛素

F. 糖尿病患者警惕无痛性心绞痛

提问 3:对伴有糖尿病的高血压患者**不宜**选用

A. 氢氯噻嗪　　　　　B. 哌唑嗪

C. 卡托普利　　　　　D. 米诺地尔

E. 甲基多巴　　　　　F. 硝苯地平

　　　　(尹毅青　赵 薇　袁玉静　王 戡　林思芳)

提问 1:【答案】ABCDE

【解析】糖尿病患者的术前准备是很关键并有特异性的。仅需要糖尿病饮食控制的患者,术前继续维持,禁食患者需要静脉注射葡萄糖时,用纯人胰岛素维持围术期血糖<13.8mmol/L,平时用胰岛素的患者,术前应用葡萄糖和胰岛素预防酮症和分解代谢,伴有酮症酸中毒的患者急症手术时,应静滴胰岛素并随时监测血糖。

【考点】糖尿病患者的术前准备

提问 2:【答案】ABDEF

【考点】糖尿病患者的术前用药

提问 3:【答案】A

【解析】噻嗪类药物主要的不良反应包括电解质紊乱,引起低钾血症、低镁血症、低氯碱血症等。还可引起高尿酸血症。痛风者慎用;代谢性变化可致高血糖、高脂血症,可能是其抑制了胰岛素的分泌以及减少组织利用葡萄糖,因而有潜在性糖尿病的高血压患者不宜选用。

【考点】糖尿病高血压等并发症患者的用药以及噻嗪类药物的不良反应

第二十四章　冠心病患者的麻醉

1.【答案】B
　【考点】麻醉药物对循环系统的影响

【A1 型题】

1. 关于麻醉药对心肌氧供和氧需的影响说法**错误**的是
   A. 诱导剂量的丙泊酚使全身血压,外周血管阻力和心肌收缩力下降,降低氧需
   B. 氯胺酮减弱交感神经张力,导致外周血管阻力,灌注压,心肌收缩力和心率的减弱
   C. 通常,挥发性麻醉药可同时减少氧供和氧需,对心肌氧供/氧需平衡的净效应取决于其使用时的血流动力学状况
   D. 中等负性肌力作用的笑气减弱心肌收缩,同时降低氧供和氧需
   E. 除哌替啶外的所有阿片类药物由于中枢迷走神经紧张作用都减慢心率

2.【答案】E
　【解析】主动脉夹层和凝血功能障碍是 IABP 的禁忌证,E 选项错误。
　【考点】IABP 的作用,机制以及适用条件

2. 下列关于 IABP(主动脉内球囊反搏)的说法**错误**的是
   A. 在冠脉搭桥手术中,出现因心脏缺血诱发的顽固性心律失常,药物治疗无效,影响循环稳定时,可以考虑放置 IABP
   B. 在心脏收缩期球囊排气,心脏后负荷减少,做功减少
   C. 在舒张期球囊充气,主动脉舒张压升高,冠脉灌注压升高
   D. 凝血功能障碍不考虑用 IABP
   E. 主动脉夹层的患者可以用 IABP

3.【答案】C
　【解析】依托咪酯对心脏抑制较弱,对心率、血压及心排量影响较小,更适用于冠心病患者的麻醉,C 选项正确,丙泊酚对心脏抑制作用较强。
　【考点】静脉麻醉药对心肌的影响作用

3. 下列哪种静脉麻醉药更适合用于冠心病患者的麻醉
   A. 氯胺酮　　　　　B. 硫苯妥钠　　　　　C. 依托咪酯
   D. 丙泊酚　　　　　E. 咪达唑仑

4.【答案】C
　【解析】甲状腺功能亢进时血胆固醇含量低于正常,不是动脉粥样硬化症的危险因素,其他各项均是。
　【考点】动脉粥样硬化的危险因素

4. 下列哪项**不属于**动脉粥样硬化症的危险因素
   A. 高胆固醇血症　　　　　B. 糖尿病
   C. 甲状腺功能亢进　　　　D. 吸烟
   E. 高血压病

5. 体外循环麻醉时,患者正常的 ACT(   )监测患者全血激活凝固时间(ACT),体外循环转前应(   )秒
   A. <170,>480   B. <100,>300   C. <170,>100
   D. <120,>200   E. <120,>240

5.【答案】A
【解析】ACT 值正常是 105~167 秒,当 ACT>480 秒时才能开始体外循环。
【考点】ACT

6. 心率收缩压乘积(RPP)可用来反映心肌耗氧情况。冠心病患者容易发生心绞痛的 RPP 值是
   A. >9 000   B. >10 000   C. >11 000
   D. >12 000   E. >13 000

6.【答案】D
【解析】RPP 正常值 <12 000。
【考点】RPP

7. 术前服用阿司匹林的心脏搭桥手术患者应在术前几天停药
   A. 1 天   B. 3 天   C. 4 天
   D. 7 天   E. 2 天

7.【答案】D
【解析】阿司匹林是血小板抑制剂,抑制作用不可逆,一般需停药 1~2 周待新生的血小板发挥作用。
【考点】阿司匹林作用机制

8. 动脉粥样硬化的发病机制中,粥样斑块形成的首要条件是
   A. 平滑肌细胞反应
   B. 慢性反复的血管内皮细胞受损
   C. 血脂的沉积和氧化
   D. 炎症细胞的渗出
   E. 纤维蛋白沉积

8.【答案】B
【解析】首要是内皮细胞受损,其他继发于血管内皮细胞损伤的改变。
【考点】粥样斑块形成的机制

9. 下列冠脉循环的解剖特点中错误的是
   A. 冠脉主干和大分支行走于心脏表面,小分支常垂直于心脏表面的方向穿入心肌
   B. 小分支的特点使之容易在心肌收缩时受到压迫
   C. 左心室和右心室心内膜血流都呈间断性灌注且仅发生在舒张期
   D. 当冠脉突然阻塞时,常不易很快建立起侧支循环而导致心肌梗死,但阻塞较缓慢时,侧支可逐渐扩张,起到一定代偿作用
   E. 毛细血管和心肌纤维数之比是 1:1,当心肌发生代偿性肥厚时,肌纤维直径增大,但毛细血管数量并不增加,所以肥厚的心肌容易发生血供不足

9.【答案】C
【解析】左室总的冠脉流量中有 85% 是舒张期供给的,而 15% 则发生在收缩期(主要在心外膜)与低压的右室系统的冠脉血流不同,左室收缩期心内膜下动脉关闭,左室心内膜血流都呈间断性灌注且仅发生在舒张期,C 选项错误。
【考点】冠脉循环的解剖特点

10. 冠脉循环的生理特点错误的是
   A. 灌注压高,血流量大
   B. 摄氧率高,耗氧量大
   C. 动脉舒张压的高低和心舒期的长短是影响冠脉血流的重要因素
   D. 心率加快时,冠脉血流量增多
   E. 冠脉血流量在等容收缩期急剧降低,在等容舒张期急剧升高

10.【答案】D
【解析】心率加快时,舒张期缩短,冠脉血流量减少。
【考点】冠脉循环的生理特点

11.【答案】E
【考点】冠心病患者术中管理核心原则

11. 冠心病患者的非心脏手术麻醉管理的核心原则是
    A. 维持合适的前负荷
    B. 保证氧供
    C. 维持适当的血红蛋白含量
    D. 适当降低后负荷
    E. 维持心脏氧供和氧需的平衡

12.【答案】D
【解析】血管紧张素Ⅱ和大剂量升压素使冠脉收缩，血流量减少。
【考点】冠脉血流量的体液调节因素

12. 使冠脉血流量增加的体液因素不包括
    A. 肾上腺素　　　　　　B. 去甲肾上腺素
    C. NO　　　　　　　　　D. 大剂量的血管加压素
    E. 腺苷

13.【答案】B
【考点】心肌氧耗的三个主要因素

13. 决定心肌氧耗的三个主要因素
    A. 血压,心率,血容量
    B. 室壁张力,收缩力,心率
    C. 前负荷,后负荷,最大收缩速度
    D. 心排出量,心脏指数,血压
    E. 每搏量,收缩力,心率

【A2 型题】

1.【答案】D
【解析】锯开胸骨是强烈的手术刺激,且BIS值较高提示麻醉过浅。
【考点】手术操作对患者的刺激及BIS

1. 患者女性,58 岁。在全凭静脉全身麻醉中行冠状动脉旁路移植术,麻醉诱导后心率,血压一直平稳,胸骨锯开时血压突然升至 162/99mmHg,心率 105 次/min,CVP 11mmHg,BIS 72。此时麻醉出现的问题是
    A. 术中过敏反应　　　　B. 液体入量过多
    C. 心肌急性缺血　　　　D. 麻醉过浅
    E. 肺血管压力升高

2.【答案】C
【解析】升高血压可以增加冠脉灌注压,但 β 受体阻滞药没有升高血压的作用。
【考点】β 受体阻滞剂的作用机制

2. 患者男性,70 岁。高血压病史 10 年,冠心病 3 年,现要行冠脉搭桥手术,术前一直服用 β 受体阻滞药,围术期仍推荐使用 β 受体阻滞药原因**不包括**
    A. 降低心率,降低氧耗
    B. 降低心肌收缩力,降低氧耗
    C. 升高血压来增加冠脉灌注压
    D. 延长舒张期及冠脉灌注时间
    E. 在细胞水平经抗氧化作用保护线粒体

3.【答案】C
【解析】不稳定型心绞痛禁止运动负荷试验,以免发生心肌缺血及心肌梗死。
【考点】心绞痛,冠心病的诊断方法

3. 患者男性,58 岁。近 2 个月来反复出现发作性胸部压抑感,自咽喉部放射,持续 10 分钟左右能自行缓解,既往高血压,糖尿病病史,吸烟 25 年。为明确诊断,**不宜**进行的检查是
    A. 冠状动脉 CT
    B. 24 小时动态心电图

C. 心电图活动平板负荷试验

D. 冠状动脉造影

E. 核素心肌显像

4. 患者男性,45岁。施行 OPCABG,麻醉后输入 6% 氯化钾溶液,多巴胺和硝酸甘油,在合并胸骨时出现心搏骤停,立即行心脏按摩,心肌软弱无力,抽血送检,血气回报:pH 7.36,PCO_2 36mmHg,BE −4.5mmol/L,钾离子 6.8mmol/L,氯离子 98mmol/L,钠离子 106mmol/L。请分析导致心搏骤停的原因

A. 呼吸性酸中毒 　　　　B. 高钾血症

C. 高钠高氯血症 　　　　D. 急性过敏反应

E. 急性心肌缺血

4.【答案】B
【解析】高钾血症对心脏产生抑制,甚至发生心搏骤停。
【考点】血气分析

5. 患者男性,52岁。原有劳累型心绞痛,近2周来每于清晨5时发作,疼痛持续时间较长入院,住院期间发作时心率 50 次/min,期前收缩 4~5 次/min,血压 95/60mmHg,心电图 Ⅱ、Ⅲ、aVF ST 段抬高,加用硝苯地平后未再发作,应用硝苯地平的机制是

A. 减慢心率、降低心肌耗氧

B. 增快心率、增加心排出量、改善心肌供血

C. 缓解冠脉痉挛

D. 提高血压、改善心肌灌注

E. 增快心率、消除期前收缩

5.【答案】C
【解析】硝苯地平属于二氢吡啶类钙离子通道阻滞剂药物,不减慢心室率(A、E 错误),缓解冠脉痉挛(C 正确),不能增加心排出量(B 错误),不能提高血压(D 错误),而非二氢吡啶类钙离子通道阻滞剂药物减慢房室传导,减慢心室率。
【考点】钙离子阻滞剂的药理作用

6. 患者女性,70岁。剧烈心前区疼痛服用硝酸甘油不能缓解,急诊心电图 V_1~V_5 导联 ST 段弓背向上抬高,病理性 Q 波,查体:血压 95/70mmHg,呼吸 30 次/min,心率 120 次/min,律齐,双肺底细小水泡音,心尖部 S4,最可能的诊断是

A. 急性广泛前壁心肌梗死合并心律失常

B. 急性广泛前壁心肌梗死合并肺部感染

C. 急性广泛前壁心肌梗死合并心衰

D. 急性广泛前壁心肌梗死合并肺栓塞

E. 急性广泛前壁心肌梗死合并休克

6.【答案】C
【解析】呼吸增快,心率增快是心衰的代偿反应,听诊肺部出现细小水泡音,心尖部 S4 提示心衰导致的肺淤血。
【考点】急性心肌梗死导致心衰

7. 患者女性,58岁。高血压,糖尿病病史,EF 值 42%,心功能较差,行体外循环下冠脉旁路移植术,体外循环中平均动脉压应维持在

A. 40~50mmHg 　　B. 50~60mmHg 　　C. 60~80mmHg

D. 80~90mmHg 　　E. >90mmHg

7.【答案】C
【解析】体外循环时通过对流量或血管活性药的调节维持血压在 65mmHg(C)左右,维持脑和肾脏等重要器官的灌注。
【考点】体外循环时患者的血压控制

8. 患者女性,60岁。冠心病病史,偶尔有心绞痛发作,因"髋关节骨折脱位"拟行双髋关节置换术,冠心病患者术前治疗的主要目的是

8.【答案】A
【考点】冠心病患者手术前的准备的目的

A. 减少心肌氧耗,改善心肌氧供

B. 控制心衰,改善肺功能

C. 增加心肌收缩性,改善左室功能

D. 加强营养,改善全身状况

E. 控制各类严重心律失常

9.【答案】E
　【解析】射血分数可以较好反映心脏功能(C),其他的术前评估也是必要的,为围术期管理提供信息。
　【考点】冠心病患者的术前访视

9. 患者男性,60 岁。拟行冠脉旁路移植术,前一天对患者进行术前访视,下列哪项内容最重要
A. 年龄 　　　　　　 B. 病程
C. 是否合并高血压 　 D. 肺功能
E. 射血分数

10.【答案】A
　【解析】动脉桥远期通畅率比静脉桥高,但手术难度大。由于该患者较年轻,建议选用双侧乳内动脉。
　【考点】冠脉旁路移植术的桥血管选择

10. 患者男性,46 岁。冠心病病史,PCI 术后 3 年拟行冠脉旁路移植术,包括前降支,回旋支和后降支,适合该患者的血管移植物选择是
A. 左右双侧乳内动脉 + 大隐静脉
B. 左侧乳内动脉 + 大隐静脉
C. 只取大隐静脉
D. 只取左侧乳内动脉
E. 只取右侧乳内动脉

11.【答案】D
　【解析】多巴胺大剂量时兴奋 α 受体,中等剂量时兴奋 β 受体,D 错误。
　【考点】药物作用机制

11. 冠心病患者,男性,60 岁。拟行冠脉旁路移植术,下列关于药物描述说法**错误**的是
A. 硝酸甘油扩张冠脉,防止冠脉痉挛
B. 维拉帕米降低心室率
C. 利多卡因用于治疗室性心律失常
D. 多巴胺大剂量时兴奋 β 受体
E. 多巴胺小剂量时兴奋多巴胺受体

12.【答案】B
　【考点】冠脉血流量的自主调节

12. 患者男性,58 岁,体重 80kg。行非体外循环下冠脉旁路移植术,当冠脉灌注压超过哪个范围时,冠脉血流量不能自主调节,而呈压力依赖
A. 50~80mmHg 　　　 B. 50~150mmHg
C. 80~150mmHg 　　　D. 50~100mmHg
E. 100~150mmHg

13.【答案】E
　【解析】合并脑梗和颈动脉狭窄的冠心病患者要特别注意术中要维持略高水平的血压,防止脑梗的发生,A、B、C、D 选项均正确。
　【考点】冠心病患者的个体化管理

13. 患者男性,75 岁。冠心病病史、脑梗病史,颈动脉内多发斑块,颈动脉狭窄,术前血压 135/70mmHg,行非体外循环下冠脉旁路移植术,该患者术中麻醉管理原则**不正确**的是
A. 维持适当心排量 　　 B. 提高血压提高脑灌注压
C. 增加冠脉血流量 　　 D. 维持冠脉灌注压
E. 以上都不对

14. 患者男性,65 岁,身高 170cm,体重 90kg。冠心病病史、房颤病史,心室率 90 次 /min,拟行前列腺切除手术,该患者心室率控制目标**错误**的是
    A. 避免心率过快导致心肌缺血
    B. 避免室内差异性传导影响心室收缩的同步性
    C. 避免出现不规整心律
    D. 有足够的舒张期以满足心室充盈
    E. 心室率降至 50 次左右

14.【答案】E
【解析】心率过慢会导致心排出量降低,减少冠脉的血流量。
【考点】冠心病合并房颤的患者的心室率控制

15. 患者男性,66 岁。行 OPCABG 手术,在吻合冠脉远端时,出现新发的 ST 段压低,以下处理措施中**错误**的是
    A. 避免低血压
    B. 纠正可能存在的贫血,增加吸入氧浓度
    C. 控制心率
    D. 维持适宜的冠脉灌注压力
    E. 快速输液提高血压

15.【答案】E
【解析】新发的 ST 段压低提示出现心肌缺血,应立即处理,A、B、C、D 选项均正确,而快速输液会增加心脏前负荷,增加心肌耗氧,加重心肌缺血,E 选项错误。
【考点】冠脉旁路移植术中心肌缺血的处理措施

16. 患者男性,56 岁,体重 70kg。拟行 OPCABG,在搭桥之前静推肝素 70mg 后,患者面部出现红疹,血压下降,此时**不正确**的处理措施为
    A. 调整头低位
    B. 静推钙剂
    C. 静推抗组胺药物
    D. 静推缩血管药物
    E. 减浅麻醉

16.【答案】E
【解析】通过以上症状判断该患者出现了肝素导致的组胺释放,A、B、C、D 选项都对,减浅麻醉不可取。
【考点】肝素的过敏反应及处理措施

17. 患者男性,56 岁。行体外循环下冠脉旁路移植术,麻醉过程较平稳,手术顺利完成,冠脉桥流量满意,术后送去重症监护室,1 小时后发现胸腔引流物中出现血液,以下**不符合**进行性血胸的征象是
    A. 持续脉搏加快,血压下降
    B. 经补充血容量后血压仍不稳定
    C. 血红蛋白量,红细胞计数和血细胞比容进行性下降
    D. 胸腔闭式引流量每小时超过 200ml,持续 3 小时
    E. 胸腔闭式引流量每小时超过 300ml,持续 2 小时

17.【答案】E
【考点】进行性血胸的判断标准

18. 患者男性,60 岁。行非体外循环下冠脉旁路移植术,术后在重症监护室观察治疗,不久出现颈静脉怒张,怀疑出现急性心脏压塞,下列哪种征象**不支持**心脏压塞的诊断
    A. 心音遥远　　B. 脉压变大　　C. 静脉压升高
    D. 心搏减弱　　E. 动脉压降低

18.【答案】B
【解析】静脉压升高、颈静脉怒张、心音遥远、心搏减弱、脉压小、动脉压降低是贝克三征,可诊断心脏压塞,心脏压塞时可使收缩压降低,而舒张压变化不大,故脉压减小(B)错。
【考点】心脏压塞的典型症状

19.【答案】C
　　【解析】室性心动过速是心房独立活动与 QPS 波无固定关系,形成房室分离,故 C 选项错误。
　　【考点】室性心动过速的心电图表现

20.【答案】D
　　【解析】高密度脂蛋白被认为是保护因素,A、B、C、E 选项都是危险因素。
　　【考点】冠心病的危险因素

1.【答案】A
　　【考点】冠心病搭桥手术的术中管理原则

2.【答案】D
　　【解析】维持适当的心率,血压,既不增加反流量,又不会发生心肌缺血。大量补液,使心脏前负荷增加,心肌耗氧增加,心脏变胀,影响手术操作,可能发生心肌缺血,甚至室颤。
　　【考点】冠心病合并二尖瓣,主动脉瓣反流的患者的术中管理

3.【答案】C
　　【解析】胸导管在左侧,为避免误伤胸导管,首选右侧颈内静脉穿刺置管,C 选项错误。
　　【考点】中心静脉穿刺置管的注意事项

19. 患者女性,50 岁。行非体外循环下旁路移植术,在吻合冠脉远端时突然出现室性心动过速,以下哪项心电图表现**不符合**该诊断
　　A. QRS 波形态畸形,时限大于 0.12 秒
　　B. 3 个或以上的室性期前收缩连续出现
　　C. 每次心动过速均由期前发生的 P 波开始,P 波与 QRS 波有关
　　D. 房室分离
　　E. 心室夺获和室性融合波

20. 冠心病患者,男性,70 岁,身高 170cm,体重 90kg。糖尿病病史 10 年,导致该患者患冠心病的危险因素**不包括**
　　A. 老年男性,肥胖　　　　　B. 吸烟
　　C. 糖尿病　　　　　　　　　D. 高密度脂蛋白升高
　　E. 低密度脂蛋白升高

【A3/A4 型题】

(1~3 题共用题干)

患者男性,58 岁。左冠脉前降支,右冠脉病变,二尖瓣重度反流,主动脉瓣中度反流,拟在非体外循环下行冠脉旁路移植术,在体外循环下行二尖瓣置换术和主动脉瓣成形术。

1. 冠心病搭桥手术患者的麻醉原则是
　　A. 保障心肌氧供和氧耗的平衡
　　B. 过度通气
　　C. 维持较快的心率
　　D. 维持较高的收缩压
　　E. 维持较多的容量

2. 该患者的麻醉管理要点**不正确**的是
　　A. 血压不能过高,会增加反流量
　　B. 心率不能太慢,会增加反流量
　　C. 适当使用扩冠脉药物
　　D. 为避免血压过低影响冠脉供血而大量补液
　　E. 控制心率收缩压乘积(RPP)<12 000

3. 气管插管成功后,行中心静脉穿刺置管,常见并发症说法**错误**的是
　　A. 选用经锁骨下静脉穿刺容易发生气胸
　　B. 由于动静脉毗邻,误穿动脉后,易发生血肿
　　C. 若选用右侧锁骨下静脉或颈内静脉穿刺插管时可能损伤胸导管

D. 由于中心静脉吸气时形成负压,若不注意,在操作过程中容易发生空气栓塞

E. 易发生感染,要注意无菌操作

（4~6题共用题干）

患者男性,58岁。冠心病病史3年,无明显症状,椎管内麻醉下行前列腺电切手术,术中患者出现心率明显增快,血压先高后低,呼吸急促困难,氧饱和度明显下降,神志模糊,心电图QRS波增宽。

4. 此时患者出现以上症状是由于
   A. 局麻药中毒反应
   B. 心肌梗死
   C. 麻醉平面突然升高
   D. 出现稀释性低钠血症
   E. 出现低钾血症

5. 影响产生以上症状的主要因素**不包括**
   A. 前列腺静脉窦破裂
   B. 灌洗液大量吸收入血
   C. 手术长
   D. 灌洗液压力高
   E. 麻醉平面消退

6. 紧急的抢救措施**错误**的是
   A. 立即面罩给氧或气管内插管辅助呼吸
   B. 静推呋塞米
   C. 应用强心药维持心功能
   D. 灌注液快速冲洗
   E. 应用激素

（7~9题共用题干）

患者男性,65岁。在早上遛弯时突发剧烈胸痛,立刻送到医院。

7. 下列哪项检查结果正常可**排除**急性冠脉综合征的诊断
   A. CK-MB
   B. 肌钙蛋白
   C. 超声心动图
   D. 18导联体表心电图
   E. 肌红蛋白

8. 该患者心电图Ⅱ,Ⅲ,AVF,导联出现ST段水平下降,最可能发生的是
   A. 前壁心肌梗死
   B. 下壁心肌梗死
   C. 前侧壁心肌梗死
   D. 下侧壁心肌梗死
   E. 正后壁心肌梗死

9. 听诊,心尖区出现中晚期喀喇音和吹风样收缩期杂音,该患者可能出现的心肌梗死后并发症是

4.【答案】D
【解析】根据题意判断该患者出现了经尿道前列腺电切综合征,又称稀释性低钠血症。
【考点】经尿道前列腺电切手术的术中并发症

5.【答案】E
【解析】稀释性低钠血症,是由于前列腺静脉窦破裂造成灌洗液大量吸收入血,手术长、灌洗液压力高是主要因素。
【考点】经尿道前列腺电切手术的术中并发症

6.【答案】D
【解析】处理措施包括A、B、C、E,应在低压灌注下尽快结束手术,D选项错误。
【考点】稀释性低钠血症的急救措施

7.【答案】D
【解析】当剧烈胸痛、心肌缺血时,CK-MB(起病后4小时内升高),肌钙蛋白(起病3~4小时后升高),肌红蛋白(起病后2小时升高),超声心动图均可表现正常,而18导联心电图在心肌缺血早期就可出现明显异常改变,故D正确。
【考点】急性冠脉综合征的早期诊断

8.【答案】B
【考点】ST段抬高心肌梗死的心电图定位诊断

9.【答案】C
【解析】心肌梗死并发症包括A、B、C、D、E,二尖瓣乳头肌因缺血、坏死等使收缩功能发生障碍,造成二尖瓣脱垂并关闭不全,心尖区出现中晚期喀喇音和吹风样收缩期杂音,C正确。
【考点】心肌梗死后并发症

A. 心脏破裂

B. 二尖瓣狭窄

C. 乳头肌功能失调或断裂

D. 心室壁瘤

E. 心肌梗死后感染性心内膜炎

(10~12 题共用题干)

患者女性,58 岁。冠脉造影显示右冠脉,左冠脉主干和前降支多发斑块,在体外循环下行冠脉旁路移植术,顺利脱机后,多巴胺用量 5μg/(kg·min),硝酸甘油 2μg/(kg·min) 血压 118/68mmHg,心率 90 次 /min,拔出上下腔静脉转流管,经颈内静脉注射鱼精蛋白对抗肝素,立即出现血压下降,肺动脉压升高,气道压升高。

10.【答案】C

　　【考点】鱼精蛋白过敏反应的表现

10. 最可能出现的问题是

　　A. 多巴胺用量过小　　　　B. 硝酸甘油用量过多

　　C. 鱼精蛋白过敏反应　　　D. 冠脉桥痉挛

　　E. 冠状动脉内气栓

11.【答案】D

　　【解析】给予鱼精蛋白后可以即刻出现的过敏反应,也存在迟发的鱼精反应。鱼精蛋白对体循环血管可以产生舒张作用,对肺循环血管产生舒张作用,并对心脏有直接抑制作用。

　　【考点】鱼精蛋白过敏反应的表现

11. 以下说法**不正确**的是

　　A. 给予鱼精蛋白后可即刻出现的过敏反应

　　B. 给予鱼精蛋白后也可发生迟发的鱼精反应

　　C. 鱼精蛋白对体循环血管可以产生舒张作用

　　D. 鱼精蛋白对肺循环血管产生收缩作用

　　E. 鱼精蛋白对心脏有直接抑制作用

12.【答案】E

　　【解析】A、B、C、D 都是对抗鱼精反应的措施,根据临床反应的不同情况酌情处理。

　　【考点】鱼精蛋白过敏反应的处理措施

12. 此时以下处置**不合理**的是

　　A. 注射钙剂　　　　　　　B. 应用抗过敏药

　　C. 应用去甲肾上腺素　　　D. 必要时手控通气

　　E. 注射肝素

(13~15 题共用题干)

患者女性,55 岁。心绞痛、冠心病病史,甲亢症状基本控制,血压 135/70mmHg,心率每分钟 90 次,麻醉诱导后行气管插管,行甲状腺次全切除术。

13.【答案】A

　　【考点】冠心病患者非心脏手术的麻醉管理原则

13. 该患者麻醉的主要原则是

　　A. 保证心肌的供氧与耗氧平衡

　　B. 过度通气

　　C. 维持较快心率

　　D. 维持较高收缩压

　　E. 以上均不对

14. 下列哪项措施**不能**增加心肌氧供
   A. 增加冠状动脉灌注压   B. 增加冠脉的血流量
   C. 增加血氧含量   D. 降低冠脉血流阻力
   E. 降低心率

15. 术中患者突然出现高热,心动过速,血压增高,该患者出现的症状符合
   A. 麻醉过浅   B. 麻醉药过敏
   C. 心肌梗死   D. 甲状腺危象
   E. 以上都不是

(16~18题共用题干)

患者女性,58岁,身高175cm,体重75kg。糖尿病、冠心病病史,行复杂眼部外伤修复术,血压125/68mmHg,心率68次/min,拟选用全身麻醉。

16. 在下列麻醉诱导期间需要注意的问题中**错误**的是
   A. 达到满意的麻醉深度   B. 避免血压过低
   C. 避免心率过慢   D. 避免心率过快
   E. 使用氯胺酮

17. 在手术操作过程中,出现心动过缓,脉搏减慢,出现房室传导阻滞症状,最可能的原因是
   A. 麻醉过深   B. 心肌缺血   C. 眼心反射
   D. 眼压增高   E. 以上都不是

18. 应立即采取的措施**不包括**
   A. 立即停止手术刺激
   B. 必要时静脉给予阿托品
   C. 减浅麻醉
   D. 加深麻醉,排除麻醉过浅因素
   E. 使用局麻药浸润眼外肌

【案例分析题】

案例一 患者男性,58岁。左冠脉前降支,右冠脉病变,二尖瓣重度反流,主动脉瓣中度反流,拟在非体外循环下行冠脉旁路移植术,在体外循环下行二尖瓣置换术和主动脉瓣成形术。

提问1:该患者的麻醉管理要点正确的是
   A. 血压不能过高,会增加反流量
   B. 心率不能太慢,会增加反流量
   C. 适当使用扩冠脉药物
   D. 为避免血压过低影响冠脉供血而大量补液

14.【答案】E
   【解析】降低心率,室壁张力和心肌收缩力可以降低心肌氧耗,E选项是降低氧耗,A、B、C、D是增加心肌氧供。
   【考点】增加心肌氧供的措施

15.【答案】D
   【考点】甲状腺危象的表现

16.【答案】E
   【解析】氯胺酮增高眼外肌张力,使眼压升高,还可引起眼球震颤、复视、增加交感神经张力,不理想,E不对。
   【考点】冠心病患者眼科手术的麻醉管理

17.【答案】C
   【解析】眼球在摘除、受压或眼肌牵拉时受机械刺激,引起迷走神经过度兴奋,导致心律失常,脉搏变慢称为眼心反射,C正确,也要避免发生心肌缺血,及时处理。
   【考点】冠心病患者眼科手术术中管理

18.【答案】C
   【解析】术中全麻过浅,缺氧,高二氧化碳血症使迷走神经紧张性升高,容易出现眼心反射。该患者有冠心病病史,应及时处理避免血压过低,心率过慢出现心肌缺血,A、B、D、E均正确。
   【考点】眼心反射的处理措施

提问1:【答案】ABCF
   【解析】维持适当的心率,血压,既不增加反流量,又不会发生心肌缺血。大量补液,使心脏前负荷增加,心肌耗氧增加,心脏变胀,影响手术操作,可能发生心肌缺血,甚至室颤。
   【考点】冠心病合并二尖瓣,主动脉瓣反流的患者的术中管理

E. 适当使用收缩外周血管药物

F. 控制心率收缩压乘积（RPP）<12 000

提问2:在冠脉吻合期间,血压明显下降,出现室性期前收缩,ST段压低,此时处理措施正确的是

A. 调整患者体位,处于头低位

B. 静脉应用利多卡因

C. 静脉给予去甲肾上腺素

D. 静脉泵注硝酸甘油,不影响血压

E. 静脉给予β受体阻滞剂

F. 避免麻醉过深

提问2:【答案】ABCDF
【解析】血压下降,出现室性期前收缩,ST段压低,提示出现新发的心肌缺血,应及时处理,措施包括A、B、C、D、F,而注射β受体阻滞剂,会降低血压,减慢心率,可能引起冠脉灌注不足。
【考点】冠心病患者术中新发心肌缺血的治疗措施

提问3:完成二尖瓣三尖瓣手术后,在复跳期间,做法正确的是

A. 调整钾离子浓度正常

B. 尽早静脉给予增加心率的药物如阿托品,山莨菪碱

C. 准备好除颤器、起搏器

D. 等待心脏缓慢复跳

E. 调整血红蛋白浓度

F. 应用去甲肾上腺素适当提高血压维持冠脉灌注压力

提问3:【答案】ACDEF
【解析】在心脏复跳期间,应让心脏空跳一定时间,让心脏缓慢恢复心跳,偿还氧债,不应在早期就给予阿托品,山莨菪碱(B)错误。
【考点】心脏复跳期间管理要点

案例二 患者男性,69岁。拟行体外循环下冠脉旁路移植术,麻醉诱导前行桡动脉穿刺直接血压监测,麻醉诱导后气管插管,随后进行中心静脉穿刺置管,消毒铺巾准备开始手术。

提问1:体外循环前期手术刺激较强的操作包括

A. 切皮　　　　　　B. 分离胸骨

C. 心包切开　　　　D. 主动脉插管

E. 取乳内动脉　　　F. 静脉插管

提问1:【答案】ABCD
【解析】取桡动脉,乳内动脉,乳内动脉分离及体外循环静脉插管刺激较弱,E、F选项错误,A、B、C、D选项都是刺激较强的操作,应注意加深麻醉。
【考点】体外循环之前手术操作的刺激强度

提问2:关于标准的冠脉搭桥手术步骤说法正确的是

A. 降温达到30~32℃时开始完全体外循环

B. 降温达到32~34℃时开始完全体外循环

C. 钳夹阻断主动脉,在主动脉根部经由冠状窦口灌注停跳液

D. 先将隐静脉远端缝合至病变最为严重的冠脉,经该桥向病变远端心肌灌注停跳液

E. 如涉及乳内动脉,吻合应在最先进行

F. 开放主动脉阻断后复温期间行静脉桥血管近心端吻合

提问2:【答案】ACDF
【解析】乳内动脉比较脆弱且长度相对短,吻合应在最后进行,E选项错误。
【考点】冠脉搭桥标准步骤

提问3:体外循环期间出现低血压的原因可能是

A. 血液稀释

B. 动脉套管钳夹或打折

C. 插管过程中撕裂主动脉导致的主动脉夹层

D. 无名动脉插管,测得右桡动脉压降低

E. 反向插管

F. 外周血管阻力降低

提问3:【答案】ABCEF
【解析】当主动脉的插管进入无名动脉后,会导致右侧桡动脉血压升高,D错误。
【考点】体外循环期间低血压的原因

案例三 患者男,58岁,高血压病史,冠心病病史,术前心电图显示轻度 ST 段压低,拟行非体外循环下冠脉旁路移植术。

提问 1:术中血气分析显示血钾过高,其可能出现的心电图变化是

    A. T 波压低   B. Q-T 间期轻度缩短

    C. P 波压低或消失   D. P 波增宽

    E. PR 间期延长   F. QRS 波增宽

提问 2:以下关于高钾血症的处理方法,正确的有

    A. 输注碳酸氢钠溶液

    B. 输注葡萄糖溶液及胰岛素

    C. 严重高钾血症选用血液透析

    D. 静脉注射葡萄糖酸钙,缓解钾离子对心肌的毒性作用

    E. 降低呼吸频率

    F. 以上都不对

提问 3:以下哪些原因可以引起高钾血症

    A. 输注长时间存放的血制品

    B. 组织受到破坏

    C. 肾功能不全

    D. 酸中毒

    E. 胰岛素应用过多

    F. 肾素-血管紧张素系统异常

(赵丽云 车昊)

提问 1:【答案】BCDEF

    【解析】高钾血症导致心肌细胞复极 3 期钾外流加速(心肌细胞膜的钾电导增加),因而 3 期复极时间和有效不应期缩短,反应复极 3 期的 T 波狭窄高耸,A 错误。低钾血症心电图早期变化出现 T 波降低,变平或倒置。

    【考点】高钾血症的心电图改变

提问 2:【答案】ABCD

    【考点】术中高钾血症的处理措施

提问 3:【答案】ABCDF

    【考点】术中高钾血症的原因

第二十五章　肥胖患者的麻醉

1.【答案】B

【解析】肥胖患者呼吸系统整体顺应性下降，脂肪组织堆积在胸腔造成功能残气量降低，而腹压增加和功能残气量减少使肺储备能力降低。残气量和闭合气量均在正常范围，因此容易发生肺泡萎陷，导致通气/灌流比例失衡。

【考点】肥胖患者呼吸系统病理生理

2.【答案】E

【解析】阿片类药物在肥胖患者中的药代动力学变化比较复杂。雷米芬太尼最好根据理想体重来计算剂量，而舒芬太尼和咪达唑仑应根据实际体重估算。罗库溴铵和维库溴铵需要根据理想体重计算[答案见《米勒麻醉学》(第8版)第七十一章]。

【考点】肥胖患者的药物代谢动力学

3.【答案】A

【解析】困难面罩通气的5个独立危险因素：年龄>55岁、打鼾病史、蓄络腮胡、无牙、肥胖(BMI>26kg/m²)。

【考点】肥胖患者术前气道评估

4.【答案】A

【解析】肥胖患者呼吸系统的整体顺应性显著下降。肺顺应性的降低造成呼吸做功增加，耗氧量及CO_2产量增加。严重肥胖患者都伴有睡眠呼吸暂停，造成低氧血症，从而导致肺动脉高压。在经历几年的重度肥胖后，心脏因为要产生额外的心排出量来维持过多的脂肪的灌注，很容易出现心力衰竭，严重的时候是双心室功能衰竭。

【考点】肥胖患者的病理生理变化

【A1 型题】

1. 有关肥胖患者的呼吸生理，以下哪项说法**不正确**
   A. 功能残气量下降
   B. 闭合容量下降
   C. 整体顺应性下降
   D. 呼吸储备能力下降
   E. 通气/灌流比例失衡

2. 关于肥胖患者的药代动力学，以下哪一项是正确的
   A. 雷米芬太尼给药剂量应根据实际体重计算
   B. 舒芬太尼给药剂量应根据理想体重计算
   C. 罗库溴铵诱导剂量应根据实际体重计算
   D. 维库溴铵诱导剂量应根据实际体重计算
   E. 咪达唑仑给药剂量应根据实际体重计算

3. 以下哪一项**不是**困难面罩通气的独立危险因素
   A. 年龄大于50岁
   B. 蓄络腮胡
   C. 无牙
   D. 肥胖(BMI>26kg/m²)
   E. 打鼾病史

4. Pickwick 综合征的特点正确的是
   A. 高 CO_2、低氧血症、继发性红细胞增多症、嗜睡、肺动脉高压、双心室功能衰竭
   B. 高 CO_2、低氧血症、继发性红细胞增多症、嗜睡、肺动脉高压、右心室功能衰竭
   C. 高 CO_2、低氧血症、继发性红细胞增多症、嗜睡、肺动脉高压、左心室功能衰竭
   D. 低 CO_2、低氧血症、继发性红细胞增多症、嗜睡、肺动脉高压、左心室功能衰竭
   E. 低 CO_2、低氧血症、继发性红细胞增多症、嗜睡、肺动脉高压、右心室功能衰竭

5. 肥胖患者全身麻醉诱导时,体位最好选择
   A. 头高 30° 体位　　　　　B. 头高 45° 体位
   C. 头高 60° 体位　　　　　D. 上半身抬高 30° 体位
   E. 上半身抬高 45° 体位

6. 标准体重的体重指数（BMI）为
   A. <18.5kg/m²　　　　　　B. 18.5~24.9kg/m²
   C. 20~25kg/m²　　　　　　D. 25~29.9kg/m²
   E. >30kg/m²

7. 病态肥胖患者心血管改变的主要原发因素与下列哪项**无关**
   A. 绝对血容量增加　　　　B. 高血压
   C. 缺血性心脏病　　　　　D. 心功能下降
   E. 糖尿病

8. 肥胖患者全麻诱导使用罗库溴铵时,如按实际体重给药,会出现
   A. 起效快、时效不变　　　B. 起效快、时效延长
   C. 起效快、时效减慢　　　D. 起效慢、时效延长
   E. 起效慢、时效减慢

【A2 型题】

1. 患者男性,48 岁,身高 170cm,体重 125kg。因"2 型糖尿病、代谢综合征",拟行"腹腔镜下胃减容手术",患者需要采取全身麻醉,麻醉诱导后气道的建立最好使用
   A. 喉罩　　　　　　　　　B. 气管插管
   C. 口咽通气道　　　　　　D. 面罩
   E. 食管 - 气管联合导管

2. 患者女性,38 岁,身高 160cm,体重 90kg。因"鼾症、重度阻塞性睡眠呼吸暂停综合征"入院,拟行"腭咽成形术",患者必须进行全麻,麻醉诱导方式最好选择
   A. 快速诱导经口气管插管
   B. 镇静和表面麻醉下清醒气管插管
   C. 表面麻醉下快速诱导经口气管插管
   D. 快速诱导经鼻气管插管
   E. 表面麻醉下快速诱导经鼻气管插管

3. 患者男性,40 岁,身高 178cm,体重 120kg。因"腮腺肿物"拟在全麻气管插管下进行"腮腺肿物切除术",患者在全麻诱导后气道压为 18cmH₂O,机械通气潮气量 560ml,通气频率 12 次 / min,SPO₂ 为 100%。在手术进行大约 1 小时后,患者气道压由

5.【答案】A
【解析】肥胖患者腹部脂肪较多,为了减轻脂肪对肺部的压力,头高 30° 体位或称为沙滩椅位证实是有效的方式。而单纯抬高上半身会压迫腹部脂肪,反而会进一步降低功能残气量。
【考点】肥胖患者的临床麻醉选择

6.【答案】B
【考点】BMI 与肥胖的分类

7.【答案】E
【解析】病态肥胖患者的绝对血容量增加,且与体内脂肪量和清醒状态下心排量的增加呈正相关。多数病态肥胖患者合并高血压病史,50%~60% 的患者表现为重度血压升高。肥胖同时是缺血性心脏病的独立风险因素,而高血压、糖尿病以及高脂血症可使缺血性心脏病病情进一步加重。
【考点】肥胖患者的心血管改变

8.【答案】B
【解析】肌肉松弛药的剂量是相对可以预测的,以理想体重计算时,水溶性非去极化肌肉松弛药的分布容积是有限的,可以预测其临床效果。一个小样本研究比较,分别以总体重和理想体重来计算肥胖患者中罗库溴铵的需要量,结论是,按照理想体重计算的罗库溴铵剂量可以避免作用时间的延长。
【考点】肥胖患者的药物代谢动力学

1.【答案】B
【解析】此患者的 BMI 为 43.25,为病理性肥胖,常合并睡眠呼吸暂停综合征,患者存在困难气管插管的概率很大。另外肥胖患者在全麻诱导过程中出现肺萎陷的概率也较大,麻醉过程中可能需要进行肺复张,由于是胃部的手术,需预防反流误吸,因此喉罩并不适合,最好的选择是气管插管,再因手术的因素,术中可能需要下一个手术用的粗胃管,食管 - 气管联合导管也并不合适。
【考点】肥胖患者的气道管理

2.【答案】B
【解析】此患者肥胖,重度阻塞性睡眠呼吸暂停综合征,肯定存在困难气道,要避免盲目的快速诱导,应选择镇静和表面麻醉下清醒气管插管。
【考点】麻醉基本技能

3.【答案】D
【解析】此患者肥胖,全麻诱导过程中出现肺萎陷的概率很大。另外,也不能完全排除过敏导致的气道压升高,因此下一步治疗方案为激素治疗,检查动脉血气,同时进行肺复张,呼气末正压通气,头高脚低位,减少腹部脂肪组织对膈肌的压迫。
【考点】临床麻醉管理

18cmH$_2$O 升至 25cmH$_2$O,SPO$_2$ 降至 96%,听诊双肺可闻及少量干啰音,皮肤未见明显皮疹,下一步的治疗方案**不正确**的是

A. 检查动脉血气

B. 激素治疗

C. 进行手法肺复张

D. 头低脚高位

E. 肺复张后进行呼气末正压通气

4.【答案】A

【解析】此患者肥胖,有中度阻塞性睡眠呼吸暂停综合征,同时还考虑咽部软组织水肿的问题,为了保证患者气道的安全,最稳妥的做法是保持患者的麻醉状态和保留气管导管回到ICU,直至水肿消失再考虑拔出气管导管。对于睡眠呼吸暂停综合征的患者,必须在拔管之后使用连续正压通气装置。

【考点】肥胖患者的临床麻醉管理

4. 患者女性,28 岁,身高 158cm,体重 90kg。因 "慢性扁桃体炎" 拟在全麻下行 "扁桃体切除术",术前检查提示 "中度阻塞性睡眠呼吸暂停综合征",手术结束后最稳妥的做法是

A. 麻醉状态下保留气管插管返回 ICU

B. 拮抗肌松药残余后拔出气管导管返回 ICU

C. 拮抗肌松药残余后拔出气管导管返回普通病房

D. 拮抗肌松药残余后保留气管导管返回 ICU

E. 患者呼吸恢复后,不拮抗肌松药残余,拔出气管导管

5.【答案】D

【解析】张口度小于3cm无法置入喉镜,导致困难喉镜暴露。甲颏距离小于6cm,提示气管插管可能困难。改良 Mallampati 分级可见软腭、咽腭弓、部分悬雍垂为Ⅱ级,而Ⅲ~Ⅳ级提示困难气管插管。头颈部活动时下颏不能触及胸骨、下颌巨大均可能造成困难气道。

【考点】肥胖患者术前访视及评估

5. 患者男性,25 岁,身高 172cm,体重 120kg。因 "代谢综合征" 拟行 "胃减容术",既往有打鼾史。以下哪一项提示患者可能为困难气道

A. 张口度 4.5cm

B. 甲颏距离 6.5cm

C. 改良 Mallampati 分级可见软腭、咽腭弓、部分悬雍垂

D. 下颌巨大

E. 下颏可触及胸骨

6.【答案】C

【解析】肥胖患者对苯二氮䓬类药物敏感,足量镇静药物可能导致严重的呼吸抑制和低氧血症。应在严密监测呼吸指标的情况下给予适当镇静。

【考点】肥胖患者的麻醉用药

6. 患者女性,26 岁,BMI42kg/m^2。因 "左膝半月板损伤" 拟行 "膝关节镜检术"。以下关于椎管内麻醉哪一项**不正确**

A. 应准备不同长度的硬膜外和蛛网膜下腔穿刺针

B. 硬膜外或蛛网膜下腔阻滞时药量应酌减

C. 应辅以足量的镇静药物以避免术中精神紧张导致循环波动

D. 应严密监测各项呼吸循环指标

E. 若反复穿刺失败,可考虑改为喉罩置入全身麻醉

7.【答案】E

【解析】该患者 BMI 为 41.6kg/m^2,为病理性肥胖,容易发生硬膜外穿刺困难,而 "胎儿窘迫" 又需尽快进行剖宫产手术,因此不适于继续反复硬膜外穿刺。改为局部麻醉既对患者缺乏人文关怀,又因患者肥胖,肌肉不松弛,增加了手术困难,延迟了胎儿娩出。患者肥胖同时合并妊娠足月和 Mallampati Ⅲ级,具有多个困难气道的危险因素,因此若改为全麻不宜行快速诱导气管插管。患者禁食时间小于 6~8 小时,若置入喉罩有反流误吸风险。因此 E 正确。

【考点】可预估的困难气道处理

7. 患者,女性,身高 155cm,体重 100kg。因 "妊娠足月,胎儿窘迫" 拟行 "急诊剖宫产术",已禁食禁水 4 小时,硬膜外穿刺 3 次失败,患者的气道评估为 Mallampati Ⅲ 级。以下最恰当的处理为

A. 继续尝试硬膜外穿刺直至成功

B. 改为局部麻醉

C. 改为快速诱导气管插管全身麻醉

D. 改为保留自主呼吸情况下置入喉罩全身麻醉

E. 改为保留自主呼吸情况下气管插管全身麻醉

8. 患者男性,30 岁,身高 170cm,体重 130kg。因"代谢综合征"在气管插管全身麻醉下行"腹腔镜胃减容术"。术中设置潮气量 500ml,呼吸频率 12 次/min,容量控制模式,PEEP 5cmH$_2$O。气道峰压为 30cmH$_2$O。手术进行 2 小时后,患者血氧饱和度进行性下降,由 100% 逐渐降至 92%。最恰当的处理原则是

A. 吸痰　　　　　　　　B. 采用肺复张手法

C. 增大潮气量　　　　　D. 增加呼吸频率

E. 增大 PEEP 值

9. 患者男性,35 岁,身高 172cm,体重 120kg。因"代谢综合征"拟在全麻下行"腹腔镜辅助胃减容术"。患者术中**不建议**使用的挥发性麻醉药是

A. 地氟烷　　　　B. 氧化亚氮　　　　C. 异氟烷

D. 恩氟烷　　　　E. 七氟烷

10. 患者女性,69 岁,身高 155cm,体重 95kg。因"膝关节骨性关节病"拟在腰硬联合麻醉下行"膝关节置换术"。下列说法**错误**的是

A. 肥胖患者硬膜外导管置入后比较容易发生移位,脱出硬膜外腔

B. 硬膜外腔给药时药物容易向头侧扩散,产生更强的阻滞作用

C. 当发生高位区域阻滞时,肥胖患者比正常体重患者更容易发生严重的呼吸抑制

D. 肥胖患者的硬膜外腔比正常体重的患者更大

E. 对于肥胖患者,硬膜外麻醉和脊髓麻醉都是安全可行的

11. 患者女性,35 岁,身高 158cm,体重 92kg。拟全麻下行扁桃体射频消融术,气管插管后不确定其位置,应用哪一种方法可最及时准确判断

A. 肺部听诊　　　　　　B. SpO$_2$ 监测

C. 气道压力监测　　　　D. 呼气末 CO$_2$ 监测

E. 血气分析

12. 患者男性,55 岁,身高 168cm,体重 95kg。拟全麻下行食管癌根治术,该患者拔管后最易出现的问题是

A. 再次发生呼吸抑制　　　B. 循环剧烈波动

C. 喉痉挛　　　　　　　　D. 胸腔内出血

E. 张力性气胸

8.【答案】B

【解析】该患者术中发生低氧血症最可能的原因为肺不张,而不是呼吸道分泌物增多。肥胖患者进行全麻腹腔镜手术时,由于腹压过高及膈肌上抬,容易发生肺不张,导致通气/灌流比例下降,发生低氧血症。此时依靠单纯调节一项呼吸参数往往无法快速改善氧合指标。最有效的方法是采取肺复张手法,使萎陷的肺泡重新张开。因此 B 正确。

【考点】肥胖患者全麻下呼吸系统病理生理改变

9.【答案】B

【解析】尽管氧化亚氮具有一定的镇痛效果,而且清除迅速,但我们应尽量避免使用氧化亚氮,因为肥胖患者的氧耗量很高。在减肥手术,尤其是腹腔镜手术中,肠腔内气体容量的增加会使本来具有挑战性的手术操作变得更加困难。

【考点】肥胖患者的麻醉药物选择

10.【答案】D

【解析】肥胖患者的硬膜外腔比正常体重患者更小,经导管给药时要特别小心,因为药物容易向头侧扩散,产生更强的阻滞作用。

【考点】肥胖患者的椎管内麻醉管理

11.【答案】D

【解析】如果采用听诊法判断,可能因胸腹部脂肪过厚而难于判断。呼气末 CO$_2$ 分压监测是早期发现导管误入食管最为灵敏的指标。

【考点】肥胖患者的气道管理

12.【答案】A

【解析】肥胖患者咽腔容积小、舌后坠、药物蓄积、术后肺不张等,都有可能造成再次发生呼吸抑制。

【考点】肥胖患者术后气道管理

【A3/A4 型题】

(1~3 题共用题干)

患者男性,54 岁,因"代谢综合征、2 型糖尿病",拟全麻下行"腹腔镜下胃减容术"。术前查体:血压 160/90mmHg,心率 90 次/min,体重 130kg,身高 174cm。

1. 该患者的 BMI 为
   A. 74.7kg/m   B. 42.9kg/m²   C. 36.3kg/m²
   D. 0.75kg/cm   E. 1.34cm/kg

2. 该患者发现 2 型糖尿病 4 年,胰岛素控制血糖,空腹血糖 9.2mmol/L,手术进行约 1 个小时后,动脉血气血糖 15.6mmol/L,准备静脉泵注胰岛素控制血糖,术中血糖水平最好控制在
   A. 7.8~10mmol/L   B. 5.8~8.4mmol/L   C. 5.8~7.8mmol/L
   D. 5.8~12mol/L   E. 7.8~13mmol/L

3. 此患者在麻醉诱导手术开始后约 2 个小时,BIS 值 50 左右,血压逐步降至 87/50mmHg,心率 85 次/min 左右,给麻黄碱 6mg,血压上升不明显,下一步的治疗方案**不正确**的是
   A. 查动脉血气,根据血气结果再决定下一步治疗方案
   B. 观察术野和吸引器,判断患者的出入量是否平衡
   C. 使用甲氧明提升血压
   D. 使用去氧肾上腺素提升血压
   E. 使用肾上腺素提升血压

(4~6 题共用题干)

患者男性,45 岁,身高 170cm,体重 120kg。因"阻塞性睡眠呼吸暂停综合征"拟行"腭咽成形术"。既往有高血压 10 余年,间断口服药物治疗,血压一般维持在 150/90mmHg 左右;偶有活动后胸闷憋气病史,未行临床特殊诊断及治疗。吸烟 20 余年,30 支/d。

4. 依据体重指数,该患者属于
   A. Ⅰ级肥胖
   B. Ⅱ级肥胖
   C. Ⅲ级肥胖(病理性肥胖)
   D. Ⅳ级肥胖(过度肥胖)
   E. Ⅴ级肥胖(极度肥胖)

5. 为评估该患者的心脏功能,术前必须完成以下哪项检查
   A. 冠状动脉 CT 血管造影   B. 平板运动试验

1.【答案】B

【解析】BMI= 体重(kg)/ 身高(m²),结合本例计算结果为 42.9kg/m²。

【考点】肥胖患者的围术期麻醉管理

2.【答案】A

【解析】糖尿病患者不建议过于严格地进行血糖控制,尤其要预防低血糖,术中和术后血糖控制在 7.8~10mmol/L。

【考点】肥胖患者的围术期麻醉管理

3.【答案】E

【解析】患者术中血压下降,首先要排除术野出血,容量不足的情况,要补足容量,同时使用血管升压药提升血压,并查动脉血气,看患者是不是出现酸中毒、电解质紊乱或者血红蛋白下降的情况,然后对症处理。血压升压药一般不会首先选择肾上腺素。

【考点】肥胖患者的围术期麻醉管理

4.【答案】C

【解析】体重指数是比较广泛的定义肥胖和超重的测量指标,其计算公式为:BMI= 体重(kg)/ 身高(m²)。根据 BMI 可以划分为超重和 5 个级别的肥胖。本例患者 BMI=120/1.7×1.7=41.5,属于 Ⅲ级病理性肥胖。

【考点】肥胖的定义及诊断

5.【答案】D

【解析】美国心脏医师协会建议重度肥胖具备一个以上冠心病危险因素的手术患者应该评估 12 导联心电图。若临床有近期频繁发作的心绞痛或心电图有心肌缺血表现,可进一步进行冠脉 CT、冠脉造影或核素心肌显像检查,以对冠心病进行诊断和确定治疗方案。而肥胖患者由于技术(运动条带无法承受患者体重)或患者本身的因素(骨关节的问题)不适宜做运动平板试验。

【考点】肥胖患者的术前访视和评估

C. 冠状动脉造影检查　　　D. 12 导联心电图

E. 核素心肌显像

6. 关于肥胖患者的术前准备和麻醉诱导,以下哪一项**不正确**

    A. 术前应进行动脉血气分析以判断患者有无低氧及高碳酸血症

    B. 为避免精神紧张导致血压升高,手术前晚应给予苯二氮䓬类药物充分镇静

    C. 麻醉诱导时,预充氧应保证足够的时间(至少 5 分钟)及强度(紧闭面罩)

    D. 诱导时应采取头高 30° 体位以减少腹部脂肪对肺部的压力

    E. 若面罩通气无困难,可尝试进行快速诱导插管

(7~9 题共用题干)

患者男性,45 岁,身高 178cm,体重 146kg。因"胆囊结石"拟行腹腔镜下胆囊切除术。合并高血压病史 10 年,口服氯沙坦和美托洛尔治疗,血压控制良好。吸烟 15 年,20 支 /d,晨起咳白色痰。平时体力锻炼少。入院查体:血压 130/80mmHg,心率 80 次 /min,呼吸频率 20 次 /min。实验室检查:血红蛋白 170g/L,血细胞比容 45%,空腹血糖 10mmol/L。

7. 下列有关叙述正确的是

    A. 需进行肺功能检查和气道评估

    B. 为减轻患者焦虑情绪,术前晚应给予足量苯二氮䓬类药物

    C. 气管插管体位应选择头低位

    D. 合并 2 型糖尿病的概率与正常体重者相当

    E. 为防止肺不张,可采用 10ml/kg 的潮气量

8. 下列哪个麻醉药物剂量是根据患者的理想体重进行计算的

    A. 顺式阿曲库铵　　B. 琥珀胆碱　　　　C. 咪达唑仑

    D. 芬太尼　　　　　E. 罗库溴铵

9. 麻醉苏醒期处理,**错误**的是

    A. 重度睡眠呼吸暂停综合征的患者应带管回 ICU 恢复

    B. 采用沙滩椅位拔管

    C. 拔管前施行肺泡复张术

    D. 拔管前拮抗肌松药的残余作用

    E. 根据患者的尿量精确评估血容量

【案例分析题】

案例　患者男性,69 岁。主因喘憋,双下肢水肿,嗜睡 3 个月,加重 1 周入院。入院查体:身高 165cm,体重 143kg,BP 150/90mmHg,

6.【答案】B

【解析】肥胖患者的术前用药应非常谨慎,他们对苯二氮䓬类药物十分敏感,可加重睡眠呼吸障碍。手术前晚的术前用药最好避免。

【考点】肥胖患者呼吸系统病理生理及术前用药

7.【答案】A

【解析】肥胖患者术前必须完善气道评估、心肺系统的评估等。肥胖患者对苯二氮䓬类药物非常敏感,术前晚的术前用药最好避免。肥胖患者较正常体重更易合并 2 型糖尿病。为减轻腹部脂肪对肺部的压力,常采用头高 30° 体位并采用肺保护策略。

【考点】肥胖患者的麻醉管理

8.【答案】E

【解析】丙泊酚、维库溴铵、罗库溴铵、瑞芬太尼的剂量应该根据理想体重给予。咪达唑仑、琥珀胆碱、阿曲库铵、顺式阿曲库铵、芬太尼、舒芬太尼的剂量应该根据实际体重给予。但需格外注意的是:丙泊酚的维持剂量应该根据实际体重来计算,而舒芬太尼维持剂量应该根据理想体重来计算(见《米勒麻醉学》(第 8 版)第七十一章)。

【考点】肥胖患者的麻醉药物及剂量

9.【答案】E

【解析】肥胖患者腹腔镜手术时,因气腹及头高位导致静脉回流显著减少,尿量不是评估血容量的精确指标。

【考点】肥胖患者苏醒期处理

P 86 次 /min,R 18 次 /min,患者发绀,颈静脉怒张,颜面及双下肢水肿,双肺呼吸音粗,双肺底散在湿啰音,心律齐,未闻及杂音,腹膨隆,肝脏因极度肥胖而未触及。合并阻塞性睡眠呼吸暂停 / 低通气综合征,AHI 指数为 35。实验室检查:血常规 WBC 5.8×10^9/L,RBC 5.28×10^{12}/L,HB 142g/L,HCT 49%,pH 7.208,PaO_2 77.1mmHg,$PaCO_2$ 97.8mmHg,$SaO_2$90.9%。胸部 X-ray:双肺纹理增粗,心脏增大。UCG:双侧心室增大,室间隔增厚,心室壁运动幅度减弱,中等量心包积液。腹部 B 超:脂肪肝。

提问1:该患者最可能的诊断是

  A. 冠心病

  B. 慢性心衰

  C. 肥胖性肺心功能不全综合征(Pickwickian 综合征)

  D. 慢性肾功能不全

  E. 慢性阻塞性肺疾病

  F. 慢性肝功能不全

提问2:该患者的阻塞性通气睡眠呼吸暂停 / 低通气综合征(OSAHS)属于下列哪种程度

  A. 无 OSAHS   B. 极轻度 OSAHS

  C. 轻度 OSAHS   D. 中度 OSAHS

  E. 重度 OSAHS   F. 极重度 OSAHS

     (丁冠男 陶星 朱倩 邹毅)

提问 1:【答案】C

 【解析】肥胖患者呼吸系统的整体顺应性显著下降。肺顺应性的降低造成呼吸做功增加,耗氧量及 CO_2 产量增加。严重肥胖患者都伴有睡眠呼吸暂停,造成低氧血症,从而导致肺动脉高压和右心室肥厚,在经历几年的重度肥胖后,心脏因为要产生额外的心排出量来维持过多的脂肪的灌注,很容易出现心力衰竭,严重的时候是双心室功能衰竭。Pickwickian 综合征的特点正确的是高 CO_2、低氧血症、继发性红细胞增多症、嗜睡、肺动脉高压、双心室功能衰竭。

 【考点】Pickwickian 综合征

提问 2:【答案】E

 【解析】呼吸暂停 / 低通气指数(AHI)是指发生呼吸暂停和低通气的总次数除以总睡眠时间而得到的。绝大多数睡眠中心通常将 AHI 在每小时 5~10 次作为正常界限,目前疾病分级推荐:轻度 OSAHS 是指 AHI 在每小时 5~15 次,中度 OSAHS 是指 AHI 在每小时 15~30 次,重度 OSAHS 是指 AHI 在每小时 30 次以上。

 【考点】阻塞性通气睡眠呼吸暂停 / 低通气综合征(OSAHS)疾病分级

第二十六章　老年患者的麻醉

【A1 型题】

1. 老年患者心血管系统生理改变**不正确**的是
   - A. 心肌细胞数目减少
   - B. 左心室壁增厚
   - C. 脉压减小
   - D. 交感神经系统活性增强
   - E. 对 β 受体刺激反应性减弱

2. 下列有关老年患者呼吸系统病理生理学改变正确的是
   - A. 残气量减少
   - B. 闭合气量减少
   - C. 通气血流比例失调增加
   - D. 用力肺活量增加
   - E. 功能残气量增加

3. 下列有关老年患者麻醉药物的临床药理学改变正确的是
   - A. MAC 降低
   - B. 大脑对丙泊酚的敏感性降低
   - C. 顺式阿曲库铵剂量应减少
   - D. 大脑对阿片类药物的敏感性降低
   - E. 肌松药物应首选哌库溴铵

4. 以下肌松药用于老年人时,理论上**不受**年龄增大影响的是
   - A. 罗库溴铵
   - B. 维库溴铵
   - C. 顺式阿曲库铵
   - D. 泮库溴铵
   - E. 哌库溴铵

5. 下列**不是**老年人椎管内麻醉阻滞特点的是
   - A. 穿刺可能较困难
   - B. 易发生低血压
   - C. 起效慢,扩散范围小
   - D. 作用时间延长
   - E. 局麻药剂量应减少

1. 【答案】C
   【解析】此题主要考查老年患者心血管系统的病理生理改变。
   【考点】老年患者心血管系统的病理生理改变

2. 【答案】C
   【解析】此题主要考查老年患者呼吸系统的病理生理改变。
   【考点】老年患者呼吸系统的病理生理改变

3. 【答案】A
   【解析】此题主要考查老年患者麻醉药理学的改变。大脑对丙泊酚和阿片类药物等的敏感性随着年龄增加而增加,顺式阿曲库铵通过霍夫曼效应消除,不受年龄影响。
   【考点】此题主要考查老年患者麻醉药理学的改变

4. 【答案】C
   【解析】顺式阿曲库铵通过霍夫曼效应消除,不受年龄影响。
   【考点】此题主要考查老年患者麻醉药理学的改变

5. 【答案】C
   【解析】老年患者硬膜外腔狭窄,椎间孔闭锁,药液易于扩散,易出现阻滞范围过广。
   【考点】此题主要考查老年患者椎管内麻醉的特点

6.【答案】A

【解析】此题考查对老年人心脏生理变化的掌握情况,A选项错误在于健康和运动的老年人其心排出量通过每天的锻炼可维持,甚至通过无氧训练而增加。

【考点】老年人心脏功能

7.【答案】C

【解析】此题主要考查区域阻滞麻醉用于老年患者的优点,目前暂无确凿证据说明区域阻滞麻醉和镇痛降低了术后认知功能障碍。

【考点】此题主要考查老年患者区域阻滞麻醉的优点

8.【答案】B

【解析】B错误在于应适当扩容而非大量扩容。

【考点】老年人椎管内麻醉注意事项

1.【答案】D

【解析】此题主要考查老年患者术前访视血压的控制,一般认为严重高血压患者(舒张压>110mmHg 或收缩压>180mmHg)应推迟择期手术,至血压降至 160/100mmHg。

【考点】此题主要考查老年患者术前访视血压的控制

2.【答案】C

【解析】老年人手术后出现中枢神经系统并发症,表现为精神错乱、焦虑、人格改变以及记忆受损。这种手术后人格、社交能力及认知能力和技巧的变化称为手术后认知功能障碍(POCD)。早期有人根据发病时间及临床特征分为两类:麻醉手术后早期出现的称为谵妄,另一种持续时间较长的称为术后认知功能障碍。

【考点】此题主要考查老年患者术后中枢神经系统并发症

6. 下面关于老年人心脏生理功能的描述,**不正确**的是
    A. 衰老不可避免地产生心排出量进行性下降
    B. 大多数健康老年人静息心脏指数下降,代表了机体对于灌注和代谢需要降低的整体适应
    C. 衰老降低了对肾上腺素能刺激和 β- 受体激动剂的变时和变力性反应,最大心率受年龄限制
    D. 衰老相关的心脏舒张功能紊乱使得老年人更加明显地依靠心房收缩来完成舒张末期心室充盈
    E. 老年人心脏可能较年轻人增厚且弹性差,顺应性下降

7. 关于区域阻滞麻醉用于老年患者的优势,下列**不正确**的是
    A. 缩短住院时间
    B. 保持功能残气量
    C. 降低术后认知功能障碍的发生率
    D. 避免气道干预措施
    E. 对低氧血症的呼吸反应有保护作用

8. 老年人选择椎管内麻醉注意事项**除外**
    A. 硬膜外穿刺直入法不成功时可尝试侧入法或旁正中法
    B. 老年人硬膜外阻滞时常较年轻人更易发生低血压,应大量扩容来维持循环稳定
    C. 老年人硬膜外给药易出现阻滞范围过广,应少量多次给药
    D. 老年人硬膜外腔追加药物的间隔时间应延长
    E. 老年人高位硬膜外阻滞时更易发生呼吸抑制,应加强监测管理

【A2 型题】

1. 患者男性,78 岁。因"慢性胆囊炎"拟行腹腔镜下胆囊切除术,既往高血压病史 30 余年,未规律降压治疗,入院后血压监测维持在 180~200mmHg/110~130mmHg 间,该患者术前血压应控制在多少以下
    A. 130/80mmHg   B. 140/90mmHg   C. 150/100mmHg
    D. 160/100mmHg   E. 120/70mmHg

2. 患者男性,81 岁。因"胃癌"行根治性胃癌切除术,麻醉采用硬膜外麻醉复合全身麻醉,术后采用硬膜外镇痛,麻醉手术顺利,术后患者意识清醒后回普外科监护室,当日晚患者自言自语,诉病房内有很多"鬼影",第二天中午症状消失,患者术前无精神疾病病史,最可能的原因是
    A. 老年痴呆   B. 癔症   C. 谵妄
    D. 脑梗死   E. 创伤性精神病

3. 患者女性，67 岁。因"子宫肌瘤"于腰硬联合麻醉下行开腹子宫全切术，既往高血压病史 5 年，规律口服降压药物，平素血压控制在 140/90mmHg 左右，否认糖尿病、冠心病史，左侧卧位，L_2~L_3 间隙穿刺成功后，重比重腰麻，予 0.5% 罗哌卡因 2.5ml，平卧位后测平面至 T_6 水平，此时患者自诉心慌、恶心、呕吐，HR 51 次 /min，BP 82/52mmHg。此时的处理应是
A. 静脉注射甲氧明 1mg
B. 静脉注射阿托品 0.5mg
C. 静脉注射麻黄碱 10mg
D. 静脉注射肾上腺素 50μg
E. 静脉注射去甲肾上腺素 5μg

4. 患者男性，72 岁。全麻下行开腹右半结肠根治性切除术，术毕，常规给予阿托品 0.5mg，新斯的明 1mg 拮抗肌松，患者意识清楚，自主呼吸可，遂拔出气管插管送入麻醉恢复室，10 分钟后患者脉搏血氧饱和度降至 60%，面罩加压给氧后恢复至 100%，最可能的原因是
A. 心肌梗死　　　　　B. 气胸
C. 机器故障　　　　　D. 再箭毒化，呼吸抑制
E. 哮喘发作

5. 患者男性，77 岁。因"腰椎压缩性骨折"拟行椎体成形术，术中植入骨水泥后突发低血压、低氧血症及心律失常，此时应首先考虑
A. 心肌梗死　　　　　B. 脂肪栓塞
C. 骨水泥植入综合征　D. 气体栓塞
E. 充血性心衰

6. 患者女性，74 岁。因"股骨颈骨折 11 天"拟于椎管内麻醉下行股骨头置换术。既往高血压病史 30 年，规律服药治疗。否认冠心病、糖尿病病史。患者在侧卧准备行椎管内麻醉时突发呼吸心搏骤停，最可能的原因是
A. 脑梗死　　　B. 心肌梗死　　　C. 过敏性休克
D. 肺栓塞　　　E. 充血性心衰

7. 患者男性，75 岁，身高 173cm，体重 95kg。因"膀胱癌"拟全麻下行腹腔镜下膀胱全切术，既往高血压病史 12 年，口服非洛地平缓释片控制血压，平素血压控制于 140/90mmHg 左右，否认糖尿病、冠心病病史。全麻诱导气管插管后行机械通气，呼吸参数设置：容量控制，潮气量 550ml，呼吸频率 12 次 /min，FiO_2 100%，手术开始 30 分钟后，SPO_2 逐渐由 100% 降至 92%，气道压同前比较无明显变化，此时最可能的问题是

3.【答案】C
【解析】此题主要考查老年患者椎管内麻醉后低血压的处理，因老年患者常合并窦房结功能的退化，在合并心动过缓时，使用阿托品效果不佳，可使用具有 α 和 β 受体双重激动的麻黄碱。
【考点】此题主要考查老年患者椎管内麻醉后低血压的处理

4.【答案】D
【解析】此题主要考查老年患者全身麻醉后呼吸抑制的处理，老年患者药物代谢延迟，易发生肌松药和阿片类药物代谢延迟发生呼吸抑制。
【考点】此题主要考查老年患者全身麻醉后的呼吸抑制

5.【答案】C
【解析】骨水泥植入综合征主要表现为低血压、心律失常、严重低氧血症、心肌梗死、肺动脉压增高及哮喘发作等。
【考点】此题主要考查老年骨科手术时植入骨水泥后的骨水泥植入综合征

6.【答案】D
【解析】此题主要考查长期卧床的患者有伴发下肢深静脉血栓的风险，导致肺栓塞。
【考点】此题主要考查老年骨科患者下肢深静脉血栓脱落导致肺栓塞

7.【答案】C
【解析】此题主要考查老年患者常见并发症的处理，该老龄患者肥胖，气腹后出现脉搏血氧饱和度下降，气道压无明显变化，考虑肺不张可能性大。
【考点】此题主要考查老年患者常见并发症的处理

A. 气胸   B. 气道痉挛   C. 肺不张

D. 管道脱落   E. 失血性休克

8.【答案】B

【解析】此题主要考查老年患者呼吸抑制的处理方法,该例是因阿片类药物过量导致的呼吸抑制,除面罩加压给氧外还应注射阿片类拮抗药物纳洛酮。

【考点】此题主要考查老年患者呼吸抑制的处理方法

8. 患者女性,81岁。因"胃癌"行开腹探查术,麻醉及手术平稳,术后接舒芬太尼镇痛泵,镇痛配方为舒芬太尼 $1\mu g/ml$,背景剂量 $5ml/h$,单次按压剂量 $2ml$,锁定时间 10 分钟,接镇痛泵后 8 小时,患者呼之不应,SpO_2 75%,打鼾,呼吸频率 6 次/min,HR 58 次/min,BP $145/85mmHg$,此时的紧急处理应是

A. 气管插管

B. 面罩加压吸氧并静脉注射纳洛酮 $0.1mg$

C. 继续观察

D. 面罩加压通气

E. 纳洛酮 $0.1mg$

9.【答案】E

【解析】顺阿曲库铵 70% 是 Hoffman 降解,与肝肾功能无关。此例电解质没有异常。头孢美唑钠也不影响顺阿曲库铵作用时间。低体温是主要原因。

【考点】肌松药作用时间的影响因素

9. 患者男性,78岁,身高 $174cm$,体重 $68kg$。因"胃癌"在腹腔镜下行胃癌根治术。手术历时 5 小时,术中麻醉深度适宜,循环稳定,血气监测大致正常。术中持续泵注顺阿曲库铵,剂量为 $0.1mg/(kg\cdot h)$,术毕前 1 小时停药。手术结束后 1 小时,患者肌松恢复仍不满意。术前检查 ALT $50U/L$,ALB $41g/L$,Cr $122\mu mol/L$,Ca^{2+} $2.24mmol/L$,k^+ $4.0mmol/L$,T $35.1^{\circ}C$,患者入室后曾静脉点滴头孢美唑钠。引起肌松恢复不满意的影响因素最大可能是

A. 肝功能异常   B. 肾功能异常

C. 电解质异常   D. 静脉点滴头孢美唑钠

E. 低体温

10.【答案】D

【解析】老年患者椎管内麻醉后,交感神经阻滞,外周阻力降低加上体位变动引起低血压。老年人心脏代偿能力差,压力感受器敏感性和自主神经调节功能减退,故易发生。心率上升是代偿作用,用以增心排出量,维持血压,不能用艾司洛尔去抑制。

【考点】老年患者椎管内麻醉并发症的治疗

10. 患者女性,74岁,因"股骨颈骨折"行人工股骨头置换术。患者既往冠心病、高血压、糖尿病多年,规律药物治疗,病情平稳。麻醉采用 CSEA,给药后平卧,5 分钟后测试痛觉消失平面为 $T_8\sim S_5$。随即搬动患者摆放为右侧卧位,此时血压下降到 $80/50mmHg$,心率上升至 104 次/min。以下处理措施**不正确**的是

A. 加快输液速度   B. 面罩给氧

C. 静脉给予甲氧明   D. 静脉给予艾司洛尔

E. 静脉给予麻黄碱

【A3/A4 型题】

(1~3 题共用题干)

患者男性,76岁,因"肠梗阻、脓毒血症"拟行剖腹探查术。既往高血压病史 20 年,规律口服药物治疗,血压控制在 $140/85mmHg$,糖尿病病史 13 年,规律口服二甲双胍控制血糖,否认心脏病史,入室后监护示 HR 116 次/min,BP $105/58mmHg$,SPO_2 93%,意识淡漠。

1. 该患者最适宜的麻醉方式是
   A. 全身麻醉
   B. 硬膜外麻醉
   C. 单次腰麻
   D. 腰硬联合麻醉
   E. 全麻复合椎管内麻醉

2. 术中动脉血气示:pH 7.16,PaO_2 280mmHg,$PaCO_2$ 32mmHg,HCO_3^- 17mmol/L,该患者并发
   A. 呼吸性酸中毒
   B. 代谢性酸中毒
   C. 呼吸性碱中毒
   D. 代谢性碱中毒
   E. 碱血症

3. 手术开始后心电监护示 HR 145 次 /min,BP 84/43mmHg,SPO_2 100%,经适当补液治疗后,HR、BP 未见明显改善,此时首选的血管活性药物是
   A. 肾上腺素持续输注
   B. 去甲肾上腺素持续输注
   C. 苯肾持续输注
   D. 艾司洛尔持续输注
   E. 胺碘酮持续输注

(4~5 题共用题干)

患者男性,72 岁,体重 61kg,因"右侧腹股沟疝"复发,拟再次行疝修补术。既往冠心病史 3 年,口服丹参滴丸治疗,偶有胸闷症状,心电图示:左房大,ST 段改变。超声心动图示:左房增大,左室肥厚,左室射血分数 64%,室间隔增厚。高血压病史 11 年,口服厄贝沙坦治疗,血压控制于 130~140/80~90mmHg。

4. 该患者首选的麻醉方式为
   A. 股神经阻滞
   B. 喉罩全麻
   C. 插管全麻
   D. 腰硬联合麻醉
   E. 单次腰麻

5. 麻醉成功后,患者 BP 降至 85/53mmHg,HR 88 次 /min,ECG 与入室时未见明显异常,此时的处理最合理的是
   A. 快速输注林格注射液
   B. 快速输注胶体液
   C. 阿托品 0.5mg 静脉注射
   D. 麻黄碱 10mg 静脉注射
   E. 去氧肾上腺素 50μg 静脉注射并适当扩容

(6~9 题共用题干)

患者男性,76 岁,身高 170cm,体重 55kg。因"胃癌"在腹腔镜下行胃癌根治术。患者冠心病 6 年,4 个月前发生前壁心肌梗死,目前可步行 1 000m 无胸闷心悸。既往高血压病史,规律服药治

1.【答案】A
【解析】此题主要考查老年患者合并脓毒症性休克的麻醉选择,脓毒症性休克应首选全身麻醉,禁忌椎管内麻醉。
【考点】此题主要考查老年患者合并脓毒症性休克的麻醉选择

2.【答案】B
【解析】此题主要考查老年患者合并脓毒症性休克血气分析的解读,该例为代谢性酸中毒。
【考点】此题主要考查老年患者合并脓毒症性休克患者血气分析的解读

3.【答案】B
【解析】此题主要考查老年患者合并脓毒症性休克的麻醉处理,去甲肾上腺素是首选用药。
【考点】此题主要考查老年患者合并脓毒症性休克的麻醉处理

4.【答案】D
【解析】椎管内麻醉镇痛良好,对呼吸循环影响小,是老年患者疝修补术的首选麻醉方法。本例为复发病例,手术复杂,时间长,不适用单次腰麻。该例首选腰硬联合麻醉。
【考点】此题主要考查老年患者下腹部手术的麻醉选择

5.【答案】E
【解析】此题主要考查老年患者下腹部手术低血压的处理,老年患者椎管内麻醉后出现低血压时可在应用血管收缩药物后适当扩容,同时避免容量过负荷。
【考点】此题主要考查老年患者合并心脏病病史的低血压处理

疗,血压控制尚稳定。糖尿病,口服二甲双胍治疗,糖化血红蛋白 22.6%(正常值 11%~17%),空腹血糖 10.1mmol/L,尿糖 +,尿酮体(−)。无其他疾病,无药敏史。血压 150/90mmHg,心率 72 次/min,心律齐。肝肾功能、电解质、凝血功能大致正常。

6.【答案】B
【解析】3~6 个月内心肌梗死,糖尿病并没有很好控制等,支持 ASA Ⅲ级。
【考点】老年患者术前评估

6. 术前评估此患者病情,下列正确的是
   A. ASA 分级 Ⅱ 级
   B. ASA 分级 Ⅲ 级
   C. ASA 分级 Ⅳ 级
   D. 此时手术,再次心肌梗死的概率为 20%~37%
   E. 胃癌根治术为低危手术

7.【答案】A
【解析】尤其是东莨菪碱而非阿托品与老年术后急性谵妄有关。
【考点】老年人术前用药原则

7. 对这位患者的术前用药有**错误**的是
   A. 大量研究认为,抗胆碱药物(尤其是阿托品)与老年术后急性谵妄有关,故已不作为常规术前用药
   B. 老年人术前用药应减少为成人剂量的 1/3~2/3
   C. 对老年患者,术前应用阿片类药物可能引发严重呼吸抑制并增加恶心呕吐发生率,所以用量要适宜
   D. 对于有反流、误吸危险的患者,应加强预防用药
   E. 对于此患者,可选用小剂量盐酸戊乙奎醚

8.【答案】E
【考点】血流动力学指标正常值

8. 对该患者的血流动力学维持,下列正常的是
   A. PCWP 20mmHg   B. RPP 1 200
   C. CO 3.5,SVV 18   D. CVP 10~14mmHg
   E. HR 50~70 次/min

9.【答案】A
【解析】老年人术中 BIS 应维持在 40~60。
【考点】老年人术中监测指标正常值

9. 该患者麻醉维持术中监测,下列**不正确**的是
   A. BIS 维持在 20~40
   B. 鼻咽温度维持在 36.5℃
   C. FiO_2 不低于 50%,SPO_2>97%
   D. 避免气道峰压 >25cmH_2O 影响回心血量
   E. $P_{ET}CO_2$ 维持于 30~40mmHg

【案例分析题】

案例 患者男性,72 岁,70kg,因"胰腺癌"行 Whipple 手术。2 年前曾因心肌梗死行冠脉搭桥术,目前自述劳累后有心前区不适症状,上二层楼梯偶感胸闷。超声心动示:EF 47%,左室室壁节段性运动异常。术中因急出血致血压下降,经加压补液,外科及时止血后,此时心电监护 HR 95 次/min,BP 85/45mmHg,CVP 15mmHg,血气分析示:pH 7.32,HCT 22%,Hb 73g/L。
提问 1:此时**不正确**的处理是
   A. 快速输注胶体

提问 1:【答案】A
　　【解析】本题考查老年心脏病患者术中低血压处理,该例患者经快速输液后 CVP 较高,而血压较低,应及时调整策略以强心为主。因患者术前合并有心肌缺血的症状,应及时输注红细胞以纠正贫血改善氧供,同时防止低体温,输注血浆纠正凝血。
　　【考点】本题考查老年心脏病患者术中低血压处理

B. 输注悬浮红细胞

C. 泵注正性肌力药物

D. 防止低体温

E. 输注适量血浆

F. 维持心肌氧供需平衡

提问 2：经上述处理并快速输注悬浮红细胞 6U 后，患者生命体征趋于平稳，此时复查血气分析示 pH 7.2，K^+ 6.0mmol，HCO_3^- 18mmol/L，此时典型的心电图表现应该是

A. T 波高尖，Q-T 间期延长

B. T 波降低、变宽、双相或倒置

C. 出现 U 波

D. PR 间期缩短

E. QRS 波群变窄

F. T 波与 U 波融合

（丁冠男　王　芳　万　磊）

第二十七章　创伤患者的麻醉

1.【答案】C
【解析】高级创伤生命支持(advanced trauma life support, ATLS)指南描述了出血的 4 个阶段,以强调休克的早期体征。临床医师应注意的是直到出血发展到第Ⅲ阶段时才会出现血压的明显降低,但在此阶段前患者可失去多达 30% 的血量,详见表 27-1。
【考点】急性失血体征

2.【答案】E
【解析】破伤风最普遍和最严重的临床表现是全身性破伤风,半数以上此类患者的主诉症状为牙关紧闭(锁口)。当使用压舌板触及破伤风患者咽后部(压舌板试验)时,可能发生咬肌反射性痉挛,而非正常的反射性恶心。全身性破伤风患者通常会有自主神经过度兴奋的症状,在早期可能表现易激惹性、躁动、发汗和心动过速。在疾病的较晚阶段,常出现大量出汗、心律失常、不稳定型高血压及发热。特征为骨骼肌强直性收缩和间歇性剧烈的肌肉痉挛,伴有剧烈疼痛感。嘈杂的噪声或身体接触、光照等其他感觉刺激均可触发强直性痉挛,表现为颈僵硬、角弓反张、痉笑(苦笑面容)、板状腹、周期性呼吸暂停和 / 或上气道梗阻及吞咽困难。
【考点】破伤风症状

3.【答案】D
【解析】对于低血容量性休克患者,目前有 3 种主要的补充液体类型:①晶体液——包括生理盐水、缓冲溶液(如乳酸林格注射液、0.45% 的碳酸氢钠缓冲盐溶液)及一些限氯性液体(如复方氯化钠);②含胶体溶液——包括白蛋白溶液、高渗淀粉溶液、右旋糖酐溶液和明胶溶液;③血液制品或血液替代品——包括浓缩红细胞和血液替代品。
补充液的选择部分取决于丢失液体的类型。对于非出血因素导致的严重液体不足患者,首选晶体液(通常为生理盐水)而不是含胶体溶液。生理盐水似乎同其他晶体液及含胶体溶液一样有效,但廉价得多。因为高渗淀粉溶液可导致急性肾功能损伤,增加肾脏替代治疗的可能和死亡率,应避免使用。
【考点】低血容量休克补液原则

4.【答案】D
【解析】全麻快速顺序诱导插管(rapid sequence induction and intubation, RSII)是一种用于误吸风险较高的患者以最小化误吸风险的技术。ABD 选项用于辅助 RSII。对于麻醉诱导期间误吸风险增加的患者,应考

【A1 型】

1. 急性失血量超过全身血容量多少时,即开始出现卧位低血压
   - A. 10%
   - B. 20%
   - C. 30%
   - D. 40%
   - E. 50%

表 27-1　出血的 4 个阶段

	失血量占血液总量的百分比	症状及体征
第Ⅰ阶段	15%	心率微增加或正常,血压、脉压及呼吸频率没变化
第Ⅱ阶段	15%~30%	心动过速(100~120 次 /min),呼吸过速(20~24 次 /min)),脉压下降,皮肤湿冷,毛细血管充盈时间延长
第Ⅲ阶段	30%~40%	血压显著降低,精神状态改变,心率和呼吸频率显著增加,尿量减少,毛细血管再充盈时间延迟
第Ⅳ阶段	>40%	血压极度下降和精神状态改变,低血压(收缩压 <90mmHg),脉压变窄(≤25mmHg),显著的心动过速(>120 次 /min)),尿量极少甚至消失,皮肤苍白,毛细血管再充盈时间延迟

2. 全身性破伤风最早出现强烈收缩的肌肉是
   - A. 四肢肌
   - B. 面肌
   - C. 颈项肌
   - D. 呼吸肌
   - E. 咀嚼肌

3. 治疗低血容量休克,最常用的液体
   A. 全血
   B. 成分血
   C. 血浆代用品
   D. 晶体液
   E. 胶体液

4. 以下措施中,创伤患者麻醉避免误吸最安全方法
   A. 推迟麻醉,使进食时间达 8 小时以上
   B. 置鼻胃管吸引
   C. 诱发呕吐
   D. 快速顺序诱导插管
   E. 麻醉前给予抑酸药物

5. 腹部创伤最易出现的是
   A. 胰破裂
   B. 脾和肝破裂
   C. 肠破裂
   D. 肠系膜血管破裂
   E. 肾破裂

6. 挤压综合征患者易出现
   A. 呼吸功能不全
   B. 循环功能不全
   C. 肝功能不全
   D. 肾功能不全
   E. 脑水肿

7. 大面积烧伤伴有明显呼吸困难、梗阻者常选用
   A. 经口气管插管
   B. 气管切开
   C. 口咽通气道
   D. 经鼻气管插管
   E. 放置喉罩

8. 下列哪项**不是**浅Ⅱ度烧伤的特点
   A. 有水疱
   B. 创底肿胀发红,剧痛
   C. 可见网状栓塞血管
   D. 约 2 周可愈
   E. 愈后不留瘢痕

虑进行 RSII。这包括饱胃、合并胃肠道病变、腹内压增高或妊娠 20 周以上的患者。步骤:预吸氧;环状软骨压迫;给予麻醉诱导药物后,立即给予琥珀胆碱;气管内插管前避免面罩通气;尽可能快地进行气管内插管,并给予气管导管的套囊充气。
【考点】减少误吸的方法选择

5.【答案】B
【解析】急诊科腹部损伤中腹部钝挫伤占大多数(80%),并导致较高的并发症发生率和死亡率。在因腹部钝挫伤急诊就诊的患者中,腹腔内损伤的患病率约为 13%。发生腹部钝挫伤时脾和肝是最常受到损伤的实体器官。胰、肠和肠系膜、膀胱、膈,以及腹膜后结构(肾、腹主动脉)损伤不太常见,但也必须考虑。
患者可出现数种病理生理学改变。外力所致腹腔内压力突然显著升高可使空腔脏器破裂。对于系了无肩带的腰式安全带的乘客,当安全带强力压迫腹部时,作用于前腹壁的钝性力可将腹部内脏向后胸廓或脊柱压迫,从而挤压组织。因此,实体器官(如脾和肝)特别容易撕裂或破裂。
【考点】腹部创伤损伤器官

6.【答案】D
【解析】挤压伤诱发的全身性表现通常称为挤压综合征。挤压综合征见于 30%~50% 创伤性横纹肌溶解的病例中,常见于灾难性地震之后。有研究估计灾难性地震的所有伤者中,2%~5% 的患者会发生挤压综合征。
各种原因所致低血容量和继发于横纹肌溶解的血浆肌红蛋白升高可直接造成急性肾小管坏死(ATN),导致急性肾功能损伤(AKI)。发生自然或人为灾害时,挤压伤所致横纹肌溶解相关的 AKI 是造成并发症与死亡的主要原因。
【考点】挤压综合征

7.【答案】B
【解析】喘鸣、声音嘶哑或吞咽困难表明即将发生气道梗阻,需要紧急实施气管内插管。一旦发生严重气道水肿,紧急气管内插管可能非常困难。
应评估患者是否有困难气管插管的临床证据。提示潜在吸入性损伤和可能存在困难气管插管的解剖征象(因口咽部组织损伤或水肿引起),包括口周烧伤、深度面部烧伤或颜部烧伤、鼻孔毛发烧焦、口咽部起疱或水肿、持续性咳嗽或喘鸣、含碳的痰液或动脉血气异常(即缺氧或高碳酸血症)。持续液体复苏可能会加重喉部肿胀。由于疼痛、水肿、烧伤焦痂或挛缩,张口和颈部活动度可能受限。下颌下间隙变小可限制舌头的活动,使置入喉镜变得困难。压舌板或喉镜窥视片可用于评估张口度和口咽部组织外观。
气管造口术能够保证气道安全,使气道开放并可改善机械通气的疗效,但进行气管造口术的时机存在争议,应根据患者的具体情况决定。
【考点】烧伤患者气道评估及处理

8.【答案】C
【解析】浅Ⅱ度烧伤及表皮质、真皮乳头层,尚余部分生发层。外观红肿明显,水疱较大,渗出多,创面湿润发红。常剧痛,感觉过敏。温度增高。一般在没有感染的条件下,2 周愈合,不留瘢痕,短期有色素沉着。皮肤功能尚良好。
【考点】烧伤分度

【A2 型】

1. 患者男性,30 岁,因车祸急诊入院。来院时面色苍白、皮肤湿冷,耻骨联合及右大腿根部见大片皮肤青紫瘀癍,血压 75/50mmHg,脉搏 116 次 /min。此时首选治疗措施应**除外**

A. 建立输液通路,输血输液

B. 立即手术

C. 超声评估出血部位

D. 留置导尿,观察尿量

E. 吸氧

2. 患者男性,40 岁。因外伤性肝破裂行急症手术,术前血压 82/85mmHg,脉搏 130 次 /min。下列麻醉处理原则哪项**错误**

A. 立即开放静脉,加快输血输液

B. 待休克纠正后手术

C. 急查血气,纠正电解质、酸碱紊乱

D. 首选气管内插管全麻

E. 做好有创动脉、中心静脉压监测

3. 患者男性,30 岁,Ⅱ度烧伤面积 60%,经积极补充血容量,为判断其休克是否好转,下列哪项观察**不可靠**

A. 血压是否升高   B. 每小时尿量

C. 血乳酸水平   D. 中心静脉压

E. 肢体微循环状态

4. 患者男性,32 岁。右股动脉刺破造成大出血,压迫止血 2 小时,查体脉搏 120 次 /min,血压 85/40mmHg,此时进一步处理哪项**不正确**

A. 继续压迫输液等待血压回升

B. 输血补充血容量

C. 手术可能需要心血管外科医师

D. 准备肝素

E. 争取尽快修补股动脉

5. 患者女性,20 岁,体重 50kg。从 3 楼坠下,救护车半小时赶到后,查 BP60/30mmHg,HR 140 次 /min。经输注晶体 500ml、胶体 500ml 后,急诊 CT 示胸腹腔积液,肋骨、左股骨骨折,由绿色通道直接送进手术室,准备行剖腹探查术。哪项处理**欠稳妥**

A. 立即吸氧

B. 立即输血,输液

C. 立即全麻诱导,气管插管

1.【答案】B

【解析】在遭受创伤的情况下,出血所致循环血容量的丢失是最常见的休克原因。其他潜在的原因或促进因素包括氧合不充分、机械性梗阻(如心脏压塞、张力性气胸)、神经功能障碍(如脊髓高位损伤)和心功能不全。

创伤性休克患者的处理应集中于以下几个方面:①恢复血管内容量;②保持足够的氧供应;③减少持续失血。

【考点】失血性休克处理

2.【答案】B

【解析】应在纠正休克的同时立即手术,因为腹腔内出血也是休克的原因之一。

【考点】失血性休克处理

3.【答案】A

【解析】血压升高可能是因为应用了血管活性药物,不能够代表组织灌注改善。通过静脉内给予晶体溶液进行的液体复苏,应调整至维持成人尿量在 0.5ml/(kg·h),儿童尿量在 1ml/(kg·h)。对于重度烧伤患者,应使用中心静脉导管、心排出量监测器和尿管,对灌注的有效性进行监测。动脉血乳酸恢复正常的时间和血乳酸清除率与低血容量休克患者的预后密切相关,复苏效果的评估应参考这两项指标。皮肤、皮下组织和肌肉血管床可用来更直接地测定局部细胞水平的灌注。

【考点】烧伤患者的补液

4.【答案】A

【解析】血流动力学不稳定者有手术指征,不能继续保守治疗。

【考点】创伤出血处理

5.【答案】C

【解析】对于创伤患者,麻醉前的评估应在情况紧急程度允许的前提下尽可能详细询底。初步评估应依据高级创伤生命支持(advanced trauma life supp.o.rt,ATLS)方案进行。只要有可能,就应回顾患者损伤的全部范围、自损伤以来的病程、病史、过敏史、药物治疗情况,以及最后一次摄食进水情况。应进行气道评估和有针对性的体格检查。

【考点】创伤手术麻醉要点

D. 立即保持呼吸道通畅

E. 立即给予抗胆碱药

6. 患者男性,70kg。Ⅱ度烧伤面积达 30%,第一个 24 小时应补液

    A. 2 400ml   B. 5 000ml   C. 5 800ml

    D. 3 150ml   E. 4 500ml

7. 患者男性,25 岁。深度烧伤 55%,伴呼吸道烧伤 1 小时。首先应采取的治疗措施哪项**不合适**

    A. 输液   B. 导尿   C. 气管切开

    D. 吸氧   E. 清创,植皮

8. 患者男性,30 岁。Ⅲ度烧伤 60%,伴呼吸道烧伤 3 小时,入手术室。静脉推注芬太尼 0.1mg,3 分钟后患者心跳停止,最可能的原因是

    A. 迷走神经反射   B. 呼吸抑制

    C. 循环衰竭   D. 心肌梗死

    E. 肾衰竭

9. 患者男性,27 岁。从施工工地 2m 处坠落,臀部着地,下肢无法运动,感觉消失,院前判断脊髓损伤,神经源性休克。患者可能出现的体征**不包括**

    A. 低体温   B. 低血压

    C. 大小便失禁   D. 心动过缓

    E. 体温升高

10. 患者男性,2 岁,10kg。因碰翻热水瓶,Ⅱ度烧伤,烧伤面积 35%,烧伤后 12 小时,最佳的补液种类为

    A. 羟乙基淀粉

    B. 生理盐水 +5% 葡萄糖

    C. 乳酸钠林格注射液

    D. 5% 葡萄糖

    E. 乳酸钠林格注射液 +5% 葡萄糖

【A3/A4 型题】

(1~4 题共用题干)

患者,女性,76 岁,因"从楼梯跌倒致裆部撞击铁桶后面部、前胸着地"急诊入院。患者呼吸急促,神志欠清。BP130/60mmHg,呼吸 35~40 次 /min。SpO$_2$ 85%~88%,脉搏 115~140 次 /min。听诊双肺无明显哮鸣音。

6.【答案】C

【解析】按照患者的烧伤面积和体重计算,烧伤后第一个 24 小时,每 1% 烧伤面积(Ⅱ度,Ⅲ度)每千克体重应补胶体和电解质共 1.5ml(2.0ml)。故应补液 70×30×1.5=3 150ml,加上生理需要量 2 640ml(70kg——110ml/h,110×24=2 640ml/24h),3 150+2 640=5 790ml。

【考点】烧伤患者补液原则

7.【答案】E

【解析】应首先处理气道和循环问题。烧伤创面的清创、切除和覆盖一般在损伤后 6~24 小时进行。

【考点】烧伤患者处理原则

8.【答案】B

【解析】对于严重烧伤的患者,维持气道和给予辅助供氧是很关键的。烧伤引起损伤后,可迅速出现上气道水肿。在表现出烟雾吸入征象的患者中,有相当大比例的患者会发展成完全气道阻塞,但临床上没有方法可以判断哪些患者会发生这种情况。液体复苏可能会加剧喉水肿,增加气管插管的难度。因此,如果存在或预期会出现严重的吸入性损伤或呼吸窘迫,不应推迟插管。对于许多需要转运至烧伤中心的患者,在转运前进行插管是一种谨慎的作法。本例患者呼吸道烧伤,存在呼吸道梗阻的高风险,可能本来就存在通气不足,而芬太尼大剂量快速推注,进一步抑制呼吸,导致了呼吸暂停、心搏骤停。

【考点】烧伤患者的气道评估

9.【答案】E

【解析】脊髓休克指脊髓损伤后即刻发生的生理状态改变,表现为损伤水平尾侧的脊髓功能丧失,并伴有弛缓性麻痹、感觉缺失、大小便失禁以及反射活动消失。脊髓损伤后,脊髓休克可以持续数日至数周。神经源性休克是脊髓休克综合征的一部分,它是指脊髓损伤后交感神经张力丧失所导致的一种血流动力学状态,包括低血压、心动过缓和低体温。

【考点】神经源性休克特点

10.【答案】E

【解析】烧伤后最初 24 小时使用等渗晶体液进行液体复苏。对于烧伤后最初的 24 小时,乳酸钠林格注射液(ringers lactate,RL)是大多数烧伤中心的首选复苏和维持液体。专家推荐对体重小于 20kg 的患儿在维持液体中加入 5% 的葡萄糖,以防止出现低血糖。胶体可恢复胶体渗透压并维持血管内容量。通常在 24 小时后或当患者需要进一步增加晶体液量时添加胶体。

【考点】小儿烧伤补液

1.【答案】D
【解析】患者存在会阴撞击,不排除会阴外伤;神志欠清,不排除颅脑外伤,前胸着地,呼吸急促、血氧下降,不排除肋骨骨折、气胸、血气胸;心率115~140次/min,存在心律失常。无哮鸣音,排除哮喘。
【考点】创伤症状鉴别诊断

2.【答案】A
【解析】患者存在多器官外伤的可能,手术迫在眉睫,在血流动力学尚平稳的情况下,对于频发期前收缩、心肌缺血,可以暂时进行吸氧提高氧供、给予硝酸甘油扩冠、β-受体阻滞剂降低心率等处理,无须立即纠正所有心律失常,而且器官损伤可能是心律失常的病因,需要纠正病因才有可能完全纠正心律失常。
【考点】创伤患者循环评估

3.【答案】D
【解析】对有下列情形者,不能进行肺功能检查:活动性咯血;活动性肺结核;未经胸腔引流的气胸;心血管疾病,用力呼吸测试可能会加剧心绞痛或者引起血压改变,或者最近有心肌梗死或肺栓塞;胸部、上腹部或者头颅的血管瘤(胸内压增高会引起破裂的危险);近期的眼部手术,如白内障。患者可能存在气胸,所以不能检查肺功能。
【考点】肺功能禁忌证

4.【答案】C
【解析】患者存在会阴外伤、颅脑外伤、肋骨骨折、气胸、血气胸、心律失常,应给予全麻,有利于对患者神经、呼吸和循环功能的调节和控制。
【考点】创伤患者麻醉方式选择

5.【答案】D
【解析】患者出现额叶、颞叶硬膜下血肿,颅内压升高。颅内高压严重时有生命体征变化:血压升高、脉搏及呼吸变慢,血压升高是调节机制的代偿作用,以维持脑血液供应,呼吸慢可能是延髓呼吸中枢功能紊乱所致,生命体征变化是颅内压增高的危险征兆,要警惕脑疝的发生。
【考点】颅内高压的表现

6.【答案】E
【解析】呼出气体有酒精味道说明患者进食后不久,处于饱胃状态。全麻快速顺序诱导插管(rapid sequence induction and intubation,RSII)是一种用于误吸风险较高的患者的最小化肺误吸的方法。没有证据显示经鼻气管插管优于经口气管插管。患者意识欠清,不能配合清醒纤维支气管镜插管,增加了插管失败的风险。
【考点】创伤患者麻醉方式

7.【答案】B
【解析】颅内高压解除,机体停止代偿性血压升高。
【考点】颅内压对血压的影响

8.【答案】E
【解析】术前为了降低颅内压,利用高渗的甘露醇及利尿剂共同利尿,循环容量严重不足,所以需要快速补液补充容量。之后可以给予适量血管活性药物升高血压。
【考点】低血压原因判断

1. 患者初步诊断可**除外**
   A. 会阴外伤　　　　B. 颅脑外伤　　　C. 肋骨骨折
   D. 哮喘　　　　　　E. 心律失常

2. 如果术前心电图示频发交界性期前收缩、偶发室性期前收缩、右心肥厚、心肌缺血。下述处理**不恰当**的是
   A. 立即纠正心律失常　　　　B. 暂不处理心律失常
   C. 吸氧　　　　　　　　　　D. 给予β-受体阻滞剂
   E. 给硝酸甘油泵注

3. 如需急诊手术,下列检查应先行,**除外**
   A. X线胸片检查　　B. 血气分析　　　C. 心脏彩超
   D. 肺功能　　　　　E. 凝血功能

4. 如该患者因"会阴挫裂伤"拟行手术治疗,麻醉方式是
   A. 鞍麻　　　　　　B. 腰麻　　　　　C. 全麻
   D. 硬膜外麻醉　　　E. 局麻

(5~8题共用题干)
患者男性,50岁,因车祸致"右枕、颞叶硬膜下血肿"急诊入院。查体意识欠清,测血压为195/125mmHg,心率52次/min。

5. 患者高血压的可能原因是
   A. 疼痛　　　　　　B. 缺氧　　　　　C. 二氧化碳蓄积
   D. 颅内高压　　　　E. 高血压脑病

6. 患者呼出气有明显酒精味道,理想的麻醉诱导方式是
   A. 表麻下经鼻气管插管
   B. 清醒纤维支气管镜经口插管
   C. 快诱导下经鼻气管插管
   D. 慢诱导下经口气管插管
   E. 快速序贯诱导下经口气管插管

7. 手术打开硬脑膜后血压剧降至60/30mmHg,可能原因是
   A. 大出血　　　　　　　　　B. 颅内高压解除
   C. 过度利尿所致　　　　　　D. 机械通气潮气量过大
   E. 严重酸中毒

8. 手术前为降低颅内压已输入甘露醇250ml、呋塞米50mg。上述低血压的处理措施首先应是
   A. 给予多巴胺　　　B. 停手术　　　　C. 给予去氧肾上腺素
   D. 给予甘露醇　　　E. 快速补液

(李旭　于春华　张砡)

第二十八章 烧伤患者的麻醉

【A1 型题】

1. 成人头颈部面积占体表面积的百分比是
   A. 7% B. 9% C. 11%
   D. 15% E. 21%

2. 大面积烧伤早期休克的原因多为
   A. 感染中毒性休克 B. 低血容量休克
   C. 心源性休克 D. 神经源性休克
   E. 过敏性休克

3. 浅Ⅱ度烧伤的特征不包括
   A. 创面局部水疱 B. 皮肤附件存在
   C. 伤及皮肤真皮质 D. 愈合后留有瘢痕
   E. 伴剧烈疼痛

4. 烧伤早期防治休克最主要的措施是
   A. 使用缩血管药物 B. 快速输血和血浆
   C. 及时快速补液 D. 抗感染治疗
   E. 利尿

5. 严重大面积烧伤患者麻醉诱导时不能使用
   A. 七氟醚 B. 异丙酚
   C. 依托咪酯 D. 维库溴铵
   E. 琥珀酰胆碱

【A2 型题】

1. 患者男性，37 岁。双臀、双大腿、双小腿及双足烧伤，按中国九分法计算其烧伤面积为
   A. 37% B. 43% C. 46%
   D. 56% E. 64%

1. 【答案】B
   【解析】在 100% 体表面积中，成人头面颈部占 9%（9%×1），双上肢 18%（9%×2），躯干部及会阴占 27%（9%×3），双下肢（含臀部）占 46%。
   【考点】烧伤面积的计算

2. 【答案】B
   【解析】大面积烧伤早期常因液体大量丢失出现低血容量休克。
   【考点】烧伤患者的病理生理变化

3. 【答案】D
   【解析】浅Ⅱ度烧伤伤及整个表皮及部分真皮乳头层，愈合后一般不留瘢痕。
   【考点】烧伤的分度

4. 【答案】C
   【解析】大面积烧伤早期常因液体大量丢失出现低血容量休克，此时防治休克最重要的措施是及时快速补液。
   【考点】烧伤的围术期麻醉管理

5. 【答案】E
   【解析】Ⅲ度烧伤面积达 10% 以上，应用琥珀酰胆碱可引起短暂高钾血症，引起致命性心律失常。烧伤患者应避免使用琥珀酰胆碱。
   【考点】烧伤的麻醉特点

1. 【答案】C
   【解析】在 100% 体表面积中，成人头面颈部占 9%，双上肢 18%，躯干部及会阴占 27%，双下肢（含臀部）占 46%。
   【考点】烧伤的面积计算

2. 【答案】D

【解析】在 100% 体表面积中,小儿头面颈部占[9+(12−年龄)]%,双上肢 18%,前胸占 13%,后背占 13%,会阴占 1%,双下肢(含臀部)占[46−(12−年龄)]%。

【考点】烧伤的面积计算

3. 【答案】C

【解析】在 100% 体表面积中,成人双下肢(含臀部)占 46%。其中,双大腿 21%,双小腿 13%,男性双臀 5%、双足 7%,女性双足、双臀各占 6%。

【考点】烧伤的面积计算

4. 【答案】E

【解析】大面积烧伤早期常因大量液体丢失出现低血容量休克,应积极补液。合并吸入性损伤时易出现呼吸道水肿,宜早期行气管插管或气管切开。切痂植皮的时机在休克复苏之后。

【考点】烧伤的围术期麻醉管理

5. 【答案】E

【解析】烧伤合并吸入性损伤易出现呼吸道水肿,宜早期行气管插管或气管切开,严密监护。呼吸道水肿期要保证呼吸道通畅,不能贸然拔管。

【考点】烧伤的围术期麻醉管理

6. 【答案】D

【解析】电烧伤易合并神经损伤。当一侧下肢为入口,另一侧下肢为出口时,可损伤腰骶脊髓神经,甚至合并横断性脊髓炎。周围神经也可受累,且常因神经周围组织的坏死和纤维化,神经再生困难。故电烧伤急性期不宜选择椎管内麻醉或外周神经阻滞,麻醉宜选择全麻。

【考点】烧伤的围术期麻醉管理

7. 【答案】C

【解析】患者按"三度四分法"为深Ⅱ度烧伤。

【考点】烧伤的面积和严重程度估计

8. 【答案】D

【解析】瓦斯爆炸休克发生率高,常合并爆震伤或挤压伤。患者烧伤面积不大,腹部膨隆,应首先考虑腹腔脏器损伤导致的低血容量性休克。

【考点】烧伤患者的病理生理变化

2. 患儿男性,1 岁。不慎被开水烫伤头面颈及胸腹部,按中国九分法计算其烧伤面积为

A. 9%　　　　B. 11%　　　　C. 22%

D. 33%　　　　E. 46%

3. 患者女性,35 岁。双足双小腿烫伤,按中国九分法计算其烧伤面积为

A. 12%　　　　B. 13%　　　　C. 19%

D. 20%　　　　E. 21%

4. 患者男性,25 岁。Ⅱ度及Ⅲ度烧伤 70% 伴吸入性损伤 1 小时,首先采取的治疗措施**不包括**

A. 吸氧　　　　B. 补液　　　　C. 导尿

D. 气管切开　　　E. 切痂植皮

5. 患者男性,25 岁。Ⅱ度及Ⅲ度烧伤 70% 伴吸入性损伤 1 小时,拟急诊行双上肢切开减张术,麻醉注意事项**不包括**

A. 继续积极补液

B. 避免使用琥珀酰胆碱

C. 监测血气

D. 警惕高钾血症

E. 术后尽早拔管,促进呼吸功能恢复

6. 患者男性,37 岁。双足电烧伤 48 小时,拟行双足切痂植皮术,首选的麻醉方式是

A. 蛛网膜下腔麻醉　　　B. 硬膜外麻醉

C. 外周神经阻滞　　　　D. 全麻

E. 以上都对

7. 患者男性,42 岁。左前臂左手烧伤 1 小时,创面可见网状栓塞血管,有焦痂形成。该患者诊断正确的是

A. Ⅰ度烧伤　　　　　B. 浅Ⅱ度烧伤

C. 深Ⅱ度烧伤　　　　D. Ⅲ度烧伤

E. 重度烧伤

8. 患者男性,28 岁。瓦斯爆炸伤后 1 小时,头面颈、双手浅Ⅱ度烧伤,腹部膨隆,血压 72/38mmHg,心率 136 次/min。患者休克最可能的原因是

A. 心源性休克　　　　　B. 感染中毒性休克

C. 神经源性休克　　　　D. 低血容量性休克

E. 过敏性休克

9. 患者男性,35 岁。双下肢、躯干及左上肢Ⅱ度及Ⅲ度烧伤 2 小时,烧伤面积65%,HR146 次 /min,BP 92/46mmHg,抗休克治疗首选的复苏液体是
   A. 生理盐水　　　 B. 5% 葡萄糖溶液　　 C. 平衡盐溶液
   D. 胶体溶液　　　 E. 血浆

10. 患者男性,67 岁。全身 90% 烧伤后 48 小时行胸壁切痂人工真皮覆盖术。术毕患者气道压较术前明显升高,氧合不能维持,首先要考虑的原因是
    A. 吸入性肺损伤　　　　 B. 肺不张
    C. 肺栓塞　　　　　　　 D. 限制性通气障碍
    E. 支气管痉挛

11. 患者女性,53 岁。全身 92% 烧伤后 72 小时,拟行躯干部削痂人工真皮覆盖术,术前检查血 K^+ 6.3mmol/L,其原因可能是
    A. 急性肾衰竭
    B. 烧伤后细胞破坏
    C. 代谢性酸中毒,细胞内 K^+ 与细胞外 H^+ 交换
    D. 以上都对
    E. 以上都不对

12. 患者男性,6 岁。左手烫伤,有水疱,剧痛。急救时为缓解疼痛,最恰当的治疗方案是
    A. 肌内注射吗啡　　　　 B. 肌内注射哌替啶
    C. 口服曲马多　　　　　 D. 臂丛神经阻滞镇痛
    E. 冷疗

【A3/4 型题】

(1~4 题共用题干)
患者女性,23 岁。煤气火焰烧伤面、颈、双手、前胸腹 1 小时。

1. 该患者烧伤面积为
   A. 24%　　　　　　　 B. 28%　　　　　　 C. 30%
   D. 37%　　　　　　　 E. 49%

2. 患者呼吸急促,鼻导管吸氧 2L/min,SpO$_2$ 90%,查体见该患者口鼻周围烧伤严重,为改善氧合,此时应采取的最佳方案是
   A. 继续鼻导管吸氧,提高氧流量
   B. 改为面罩吸氧
   C. 放置鼻咽通气道
   D. 置入喉罩
   E. 气管插管或气管切开

9.【答案】C
　【解析】大面积烧伤早期多合并低血容量休克,液体复苏首选平衡盐溶液。
　【考点】烧伤的围术期麻醉管理

10.【答案】D
　【解析】胸壁切痂后需加压包扎,包扎压力过大会引起限制性通气功能障碍。
　【考点】烧伤的围术期麻醉管理

11.【答案】D
　【解析】烧伤后血钾升高最重要的原因是细胞破坏溶解,细胞内钾离子释放入血。大面积烧伤患者可因低血容量休克导致肾前性少尿甚至急性肾衰竭,大量血红蛋白及肌红蛋白等坏死物质沉积于肾脏也可导致急性肾衰竭,使钾离子排出减少,血钾升高。因低血容量休克和组织灌注不良,常合并代谢性酸中毒,进一步加重高钾血症。
　【考点】烧伤患者的病理生理变化

12.【答案】E
　【解析】热烧伤后应尽早冷疗,既能缓解疼痛,又能减轻损伤。
　【考点】烧伤的围术期麻醉管理

1.【答案】A
　【解析】在 100% 体表面积中,成人头面颈部占 9%(头面颈各 3%),双上肢 18%(手 5%,前臂 6%,上臂 7%),躯干部及会阴占 27%(前 13%,后 13%,会阴 1%)。本例患者烧伤面积面部 3%,颈部 3%,双手 5%,前胸腹 13%,总计 24%。
　【考点】烧伤的面积计算

2.【答案】E
　【解析】患者颜面口鼻烧伤,提示合并吸入性损伤,应尽早进行气管插管或气管切开。
　【考点】烧伤的围术期麻醉管理

3.【答案】D

【解析】患者颜面口鼻烧伤严重，吸入性肺损伤诊断明确，伤后早期呼吸困难的主要原因为急性呼吸窘迫综合征。

【考点】烧伤的围术期麻醉管理

4.【答案】E

【解析】烧伤患者应避免使用琥珀酰胆碱。

【考点】烧伤的围术期麻醉管理

5.【答案】D

【解析】烧伤后瘢痕挛缩常合并困难气道，除进行张口度、下颌活动度、颈部活动度、甲颏距、牙齿等基本气道评估，还应考虑到烧伤瘢痕的特殊性，如瘢痕愈合可能影响面罩的气密性或引起气道狭窄、偏移或受压，儿童还可能因瘢痕挛缩引起颜面部颈部发育不良，气管切开伤口愈合后可能引起气管狭窄等。

【考点】烧伤的围术期麻醉管理

6.【答案】C

【解析】患儿为困难气道，麻醉诱导应选择保留自主呼吸的静脉慢诱导或吸入诱导。

【考点】烧伤的围术期麻醉管理

7.【答案】D

【解析】患儿气管插管失败有两种选择：①放弃手术，停用麻醉药物，待患儿清醒后送回病房；②在局部麻醉或基础麻醉下迅速行小口开大、颈部瘢痕松解术，建立人工气道。

【考点】烧伤的围术期麻醉管理

8.【答案】E

【解析】困难气道原则上应在完全清醒后拔出气管导管，应满足以下拔管指针：①患者完全清醒，对各种指令反应正确；②无肌松残留，抬头或伸舌持续5秒以上；③满意的潮气量和呼吸频率；④呼吸空气时脉搏血氧饱和度大于93%；⑤咽喉反射恢复正常。

【考点】烧伤的围术期麻醉管理

3. 患者呼吸困难最有可能的原因是
   A. 肺部感染　　　　B. 肺不张　　　　C. 喉痉挛
   D. ARDS　　　　　　E. 肺栓塞

4. 患者伤后72小时,拟行面颈、双手及躯干创面扩创植皮术,本例患者全麻**不能**选择的药物是
   A. 七氟醚　　　　　B. 氯氨酮　　　　C. 丙泊酚
   D. 维库溴铵　　　　E. 琥珀胆碱

(5~8题共用题干)

患者男性,6岁。烧伤后下颌与胸前形成瘢痕挛缩带,拟行整形手术。术前检查:血尿常规、凝血功能、肝肾功能大致正常。

5. 患儿术前评估最重要的是评估
   A. 致伤原因　　　　　　　B. 患儿配合度
   C. 脏器功能状态　　　　　D. 气道情况
   E. 输血可能性

6. 患儿张口仅一横指,张口可见舌前部。因瘢痕粘连颈部不能后仰,鼻孔变形严重。全麻诱导方法可选择
   A. 标准顺序静脉诱导　　　B. 快速顺序静脉诱导
   C. 慢诱导　　　　　　　　D. 以上都对
   E. 以上都不对

7. 患儿气管插管困难,反复试插失败后,对后续处理描述正确的是
   A. 放弃手术
   B. 局麻下行小口开大建立人工气道
   C. 基础麻醉下行小口开大建立人工气道
   D. 以上都对
   E. 以上都不对

8. 术中患儿生命体征平稳,术毕的拔管策略描述正确的是
   A. 应在深麻醉下拔管,避免发生喉痉挛和支气管痉挛
   B. 自主呼吸节律规整、潮气量和呼吸频率满意即可拔管,无须完全清醒
   C. 患儿完全清醒,但潮气量和呼吸频率不满意,可在严密监护下拔管
   D. 以上都对
   E. 以上都不对

【案例分析题】

案例　成年男性,在房间内因煤气泄漏燃烧而导致头、面、颈部、

双上肢烧伤,伤后 2 小时来医院就诊,体检发现,患者声音嘶哑,面部肿胀明显,双上肢、双手创面呈环状皮革样改变,渗出不多,痛觉减弱。拟急诊行双上肢切开减张术。

提问 1:此患者麻醉评估时首先应考虑烧伤可能合并

    A. 低血容量休克　　　B. 神经损伤

    C. 吸入性损伤　　　　D. 感染

    E. 毒性作用　　　　　F. 急性肾功能不全

提问 2:该患者可选择的麻醉方式包括

    A. 气管插管全麻

    B. 喉罩全麻

    C. 无插管全麻

    D. 双侧肌间沟臂丛神经阻滞

    E. 双侧锁骨上臂丛神经阻滞

    F. 双侧腋路臂丛神经阻滞

提问 3:如选择全麻,且患者术中呼吸循环平稳,该患者术后可以

    A. 拔管回病房,继续吸氧监护

    B. 带管回病房,继续吸氧监护

    C. 拔管回 ICU,继续吸氧监护

    D. 带管回 ICU,继续吸氧监护

    E. 气管切开后回病房,继续吸氧监护

    F. 气管切开后回 ICU,继续吸氧监护

(许 莉　王 庚)

提问 1:【答案】C

　　【解析】患者颜面部烧伤后出现声音嘶哑、面部肿胀明显,高度提示合并吸入性损伤。

　　【考点】烧伤患者的病理生理变化

提问 2:【答案】AF

　　【解析】患者合并吸入性损伤,易出现喉头水肿,人工气道应选择气管插管或气管切开,以保证呼吸道通畅。因膈神经易被阻断,应避免行双侧肌间沟阻滞和双侧锁骨上阻滞。如选择双侧腋路臂丛神经阻滞,应严密监护,并保证可以随时行气管插管和 / 或紧急气管切开。

　　【考点】烧伤的围术期麻醉管理

提问 3:【答案】BDEF

　　【解析】合并吸入性损伤的烧伤患者急性期易出现喉头水肿,必须延迟拔管或行气管切开,保证呼吸道通畅。

　　【考点】烧伤患者的麻醉管理

第二十九章　休克与麻醉

1.【答案】C

【解析】一般正常人体液量与血液量分别占体重的60%及8%。

【考点】正常生理情况下体液量及血液量的计算

2.【答案】C

【解析】在休克治疗过程中,必要时须用血管活性药物维持血压,从而保证重要脏器功能。

【考点】休克治疗原则

3.【答案】B

【解析】只有脉率/收缩压才代表休克指数,其他答案都不对。

【考点】休克指数的计算方法

4.【答案】E

【解析】长期大量使用升压药物治疗休克后,由于升压药物可以使微循环障碍加重。

【考点】休克的治疗

5.【答案】A

【解析】抗休克治疗中需应用激素时,其原则是及早、大剂量使用,通常需要与其他的抗休克治疗措施相配合,并且使用足够有效的抗菌药物。

【考点】关于休克治疗过程中激素应用的原则

【A1 型题】

1. 75kg 体重正常人的体液量与血液量分别约为
   A. 60L 与 7.5L
   B. 60L 与 6L
   C. 45L 与 6L
   D. 30L 与 6L
   E. 30L 与 4L

2. 以下**不属于**休克治疗原则的是
   A. 积极进行病因治疗
   B. 早期开始液体复苏
   C. 不依赖血管活性药物
   D. 维持内环境及电解质平衡
   E. 注重对重要脏器功能的支持

3. 休克指数为
   A. 脉率/平均动脉压
   B. 脉率/收缩压
   C. 脉率/舒张压
   D. 脉率/脉压
   E. 脉率/中心静脉压

4. 在临床上可见长期大量使用升压药治疗休克会加重休克,其原因可能是由于
   A. 机体对升压药耐受性增强
   B. 机体丧失对应激反应的能力
   C. 血管平滑肌对升压药物失去反应
   D. 机体交感神经系统衰竭
   E. 升压药使得微循环障碍加重

5. 关于抗休克治疗中应用激素的原则,以下表述**不正确**的是
   A. 疗程一般为 3~4 天
   B. 使用足够有效的抗菌药物
   C. 及早使用

D. 大剂量

E. 与其他抗休克措施相配合

6. 高排低阻是下列哪一类休克的特征性表现

A. 感染性休克 B. 过敏性休克

C. 创伤性休克 D. 心源性休克

E. 失血性休克

7. 下列哪一项为休克失代偿期的典型表现

A. 血压下降 B. 尿量 <30ml/h

C. 神态烦躁 D. 皮肤黏膜发绀

E. 口干

8. 下列哪一项为各型休克的共同特点

A. 脉压下降 B. 血压下降

C. 中心静脉压下降 D. 尿量减少

E. 有效循环血量减少

9. 在收缩外周动脉的同时能扩张肾动脉和肠系膜动脉的药物是

A. 麻黄碱 B. 多巴胺

C. 肾上腺素 D. 异丙肾上腺素上腺素

E. 阿拉明

10. 严重过敏性休克抢救时的首选药物是

A. 肾上腺素 B. 肾上腺皮质激素

C. 葡萄糖酸钙 D. 低分子右旋糖酐

E. 去甲肾上腺素

11. 常温下,为了确保控制性低血压时成年患者的安全,平均动脉压不应低于

A. 50mmHg B. 55mmHg C. 65mmHg

D. 75mmHg E. 80mmHg

12. 中心静脉压的高低取决于下列哪两者之间的关系

A. 血管容量和全身血量

B. 动脉血压和静脉血压

C. 心脏射血能力和静脉血管阻力

D. 心脏射血能力和外周阻力

E. 外周静脉压和静脉血管阻力

13. 围术期液体治疗的主要目的在于

A. 供应机体不显性失水

6.【答案】A

【解析】高排低阻是感染性休克的特征性表现。

【考点】不同休克类型的临床表现

7.【答案】D

【解析】休克分为 3 期,包括休克早期(代偿性休克阶段)、休克中期(失代偿性休克)和休克晚期(难治性休克期)。一般来说,血压下降、尿量 <30ml/h、神态烦躁及口干一般为休克早期的临床表现。而一旦出现皮肤黏膜发绀,多为微循环出现了障碍,休克进入了失代偿期。

【考点】休克的分期及临床表现

8.【答案】E

【解析】各型休克类型由于其病因的不同,其临床表现也不完全一样。但休克早期的核心问题是有效循环血量的减少。

【考点】休克的临床表现

9.【答案】B

【解析】在缩血管药物中,多巴胺 1~5μg/(kg·min) 主要激动多巴胺受体,使肾脏、肠系膜、冠状血管扩张,同时增加全身血流量;5~10μg/(kg·min) 主要激动 β 受体,表现为心脏正性肌力作用,增加心肌收缩力和心率;10~20μg/(kg·min) 主要作用于 α 受体,表现为缩血管效应。

【考点】休克治疗缩血管药物的选择

10.【答案】A

【解析】肾上腺素是严重过敏性休克抢救时首选药物。

【考点】严重过敏性休克抢救的药物选择

11.【答案】C

【解析】为保证患者重要脏器功能在控制性降压时不受损伤,平均动脉压应该控制在 65mmHg 以上。

【考点】脏器灌注压阈值

12.【答案】C

【解析】当循环血容量相对稳定时,中心静脉压主要受右心泵血功能和静脉系统血管阻力影响。

【考点】中心静脉压的形成

13.【答案】B

【解析】围术期液体治疗包括机体的不显性失水、丢失或转移的细胞外液等,但其主要目的在于通过液体治疗达到保证机体组织灌注和代谢对氧的需求。

【考点】液体治疗目的

B. 保证组织灌注和代谢对氧的需求

C. 补充丢失或转移的细胞外液

D. 纠正电解质和酸碱失衡

E. 保证患者尿量达到 0.5~1ml/(kg·h)

14.【答案】C
【解析】大量输血后出现代谢性碱中毒的最主要原因是:所输血中的柠檬酸经肝脏代谢产生的 HCO_3^-。而其他的因素并不能导致代谢性碱中毒。库存血中不含大量碳酸氢钠。
【考点】大量输血的相关并发症

14. 大量输血后可能会出现代谢性碱中毒,其原因是

A. 所输血液中含有大量的碳酸氢钠

B. 所输血液中含有大量的钾离子

C. 所输血液中的柠檬酸经肝脏代谢产生大量的 HCO_3^-

D. 柠檬酸结合大量的钙离子

E. 患者呕吐剧烈

15.【答案】D
【解析】当漂浮导管经右心房、右心室、肺动脉,并最终楔入在肺小动脉处,即得到肺动脉楔压即 PAWP。
【考点】肺动脉楔压

15. PAWP 是指漂浮导管什么部位的压力

A. 左心房   B. 右心房

C. 肺动脉主干楔入部位   D. 肺小动脉楔入部位

E. 肺小静脉楔入部位

16.【答案】E
【解析】老年患者由于动脉硬化等血管改变,在术中经常出现血压的剧烈波动,应建议使用有创动脉监测。
【考点】围术期循环监测

16. 关于术中应用有创动脉测压,以下说法**不正确**的是

A. 应用于危重患者的麻醉管理,可以提高术中麻醉的安全性

B. 患者存在严重低血压,或需要反复测量血压的患者,应积极采用有创动脉监测

C. 术中需要进行血液稀释和控制性降压的患者,就采用有创动脉压监测

D. 需反复采取动脉血样作血气分析的患者,可采用有创动脉压监测

E. 一般老年患者不建议使用有创动脉监测

17.【答案】E
【解析】过敏性休克一旦明确诊断应在积极去除过敏原并进行扩容治疗的同时,尽早使用肾上腺素。其次适当补充糖皮质激素,必要时可以给予抗组胺药和葡萄糖酸钙。一般不需要输注浓缩红细胞。
【考点】过敏性休克的治疗原则

17. 以下不属于全身麻醉过程中过敏性休克处理原则的是

A. 积极去除过敏原并进行扩容治疗

B. 一旦明确诊断,应早期使用肾上腺素

C. 补充糖皮质激素

D. 适当时可以给予抗组胺药和葡萄糖酸钙

E. 一旦明确诊断,早期输注浓缩红细胞

18.【答案】A
【解析】感染性休克早期目标导向治疗包括中心静脉压尽可能维持在 8~12mmHg(1mmHg=0.133kPa);平均动脉压≥65mmHg;尿量≥0.5ml/(kg·h);中心静脉或混合静脉血氧饱和度($ScvO_2$ SvO_2)≥70%;以及临床一旦明确诊断为严重感染,一般要求 6 小时之内达到复苏目标。
【考点】早期目标导向治疗的原则

18. 以下关于感染性休克早期目标导向治疗,正确的是

A. 中心静脉压(CVP)尽可能维持在 8~12mmHg(1mmHg= 0.133kPa)

B. 平均动脉压≥50mmHg

C. 尿量≥1ml/(kg·h)

D. 中心静脉或混合静脉血氧饱和度($ScvO_2$ SvO_2)≥50%

E. 临床一旦明确诊断为严重感染,一般要求 12 小时之内达到复苏目标

19. 关于重症患者的监测,说法正确的是
   A. CVP 可以实时准确地反映患者的前负荷
   B. 明确心功能不全的患者若存在低灌注,不能使用多巴酚丁胺
   C. 感染性休克患者应早期使用糖皮质激素
   D. TEE/TTE 可以实时评估患者的容量及心功能
   E. Picco、Swan-Gans 不可以实时评估患者的容量及心功能

【A2 型题】

1. 患者男性,40 岁,中等体型,交通事故致腹部闭合伤。入院时血压 80/60mmHg,脉搏 100 次/min,神志尚清楚,口渴,肤色苍白,尿少,经腹穿刺可见不凝血性液体。估计出血量为
   A. 2 000ml 以上
   B. 1 500~2 000ml
   C. 800~1 500ml
   D. 400~800ml
   E. 400ml 以下

2. 患者男性,30 岁。2 度烧伤,总面积达 60%,入院体检明显口渴,脉搏 110 次/min,血压 80/60mmHg,尿量 30ml/h。该患者首先应考虑存在
   A. 低血容量性休克
   B. 过敏性休克
   C. 心源性休克
   D. 感染性休克
   E. 神经源性休克

3. 患者女性,65 岁。因术中失血较多而进行大量的输血输液处理,测中心静脉压为 25cmH_2O,血压为 65/50mmHg,应考虑为
   A. 容量血管过度扩张
   B. 肺功能不全
   C. 血容量不足
   D. 急性肾功能不全
   E. 急性心功能不全

4. 患者妊娠期女性,34 岁。突发下腹疼痛。入院时明显烦躁不安、面色苍白、皮肤湿冷、血压 90/60mmHg,脉率 120 次/min,应属于
   A. 休克早期
   B. 休克期
   C. 休克晚期
   D. DIC 期
   E. 正常血压

5. 患者男性,50 岁,60kg,因"进行性吞咽困难 1 个月余"入院。入院时主诉极度口渴、乏力、尿少。查体:血压 80/60mmHg,皮肤弹性差,眼窝凹陷。该患者大致液体丢失约占患者体重的
   A. 1%~2%
   B. 2%~4%
   C. 4%~6%
   D. 6%~8%
   E. 8%~10%

19.【答案】D
【解析】重症患者 CVP 的动态变化可作为评估容量的参考;明确存在心功能不全的患者若存在低灌注,则应及时使用多巴酚丁胺;对于成人感染性休克,若液体复苏和血管活性药物可以维持稳定的循环,不推荐使用糖皮质激素;Picco、Swan-Gans 等有创监测可以实时评估患者的容量及心功能。而 TEE/TTE 等新技术可以实时评估患者的容量及心功能,且使用较方便,并发症少,值得推荐。
【考点】重症患者的循环监测

1.【答案】C
【解析】休克指数=脉搏/收缩压,表示血容量的正常程度,以 0.5 为正常。1 为轻度休克,失血 20%~30%;1~1.5 为中度休克,失血 30%~50%;大于 2 为重度休克,失血 >50%。本题中休克指数为 1.25,中等体型估计患者体重为 65kg,出血量为 1 500ml,结合其他的临床表现,患者的出血量在 800~1 500ml 较为客观。
【考点】休克患者失血量的估计

2.【答案】A
【解析】烧伤患者早期最主要的问题是:经伤口表面的液体丢失从而导致体循环容量的不足。是低血容量性休克的重要原因之一。
【考点】休克类型的区分

3.【答案】E
【解析】容量血管过度扩张及血容量不足可导致中心静脉压低。肺功能不全及急性肾功能不全不会导致中心静脉压高同时导致血压低。急性心功能不全主要表现为大量快速输液后引起的血压低,同时中心静脉压高。
【考点】快速输液的相关并发症

4.【答案】A
【解析】休克早期(也叫休克代偿期)临床可表现为过度兴奋、烦躁不安、面色及皮肤苍白湿冷等。血压可正常或偏高、脉搏增加而有力。如果患者意识发生改变,呈表情淡漠,同时意识模糊,收缩压下降至 80mmHg 以下,但向休克中期进展。
【考点】休克不同分期的临床表现

5.【答案】C
【解析】高渗性脱水:因进水量不足(如长期禁食)、排汗量过多(如高热)造成。由于失水大于丢钠,使细胞外液呈现高渗状态,导致细胞内脱水,加压素分泌增多,尿量减少。临床表现主要是缺水,可将其分成 3 度:①轻度:明显口渴,失水占体重的 2%~4%;②中度:严重口渴,乏力,尿少,皮肤弹性减退,眼窝凹陷,烦躁,失水占体重的 4%~6%;③重度:中度症状加重,高热,昏迷,抽搐,失水占体重的 6% 以上。高渗性脱水血钠大于 150mmol/L,治疗以补水(5% 葡萄糖)为主。
【考点】休克患者液体丢失量的估算

6.【答案】A

【解析】如果动脉血压低同时伴有中心静脉压低，一般为血容量严重不足，可以直接选择快速补液治疗。但如果动脉血压低而中心静脉压高，则多为血容量相对过多或心功能不全，需给强心药物，纠正酸中毒及舒张血管等处理。如果动脉血压低而中心静脉压正常，则可能存在心功能不全或血容量不足两种情况，临床上应进行试验性补液判断原因。

【考点】中心静压与补液的关系

7.【答案】A

【解析】肝切除术中大出血可诱发肝切除术后 ALI 和 ARDS，从而引起肺顺应性下降、无效腔增加、通气/血流比值失调，最终导致难以纠正的低氧血症。

【考点】出血性休克术后并发症

---

6. 患者男性，40 岁。术中如果发现动脉压低伴随中心静脉压低，下列哪项处理正确
   A. 快速补液　　　　　　　　B. 应用强心药
   C. 试验性补液　　　　　　　D. 应用扩血管药
   E. 限制补液

7. 患者女性，52 岁，肝破裂，经积极手术和液体复苏，生命体征转向平稳。术后第三天患者出现难以纠正的低氧血症，最可能的诊断为
   A. ARDS
   B. 急性左心衰
   C. 肝再次破裂出血
   D. 肺栓塞
   E. 肺部感染

【A3/A4 型题】

(1~3 题共用题干)

患者女性，29 岁，孕 39 周。硬膜外阻滞下行剖宫产术，平卧位后给予初量 13ml 2% 利多卡因等待麻醉平面出现，12 分钟后出现低血压、心动过速，自述头晕、憋气等。

1.【答案】B

【解析】产妇在平卧位时，巨大子宫可以压迫下腔静脉引起急性的回心血量减少，可以出现上述症状。上述症状与全脊髓麻醉引起的急性呼吸循环抑制以及羊水栓塞引起的前驱症状，如寒战、烦躁不安、咳嗽、气急、发绀等不符合。

【考点】低血容量休克的病因

2.【答案】A

【解析】答案 A 为产妇仰卧位综合征正确做法。

【考点】仰卧位综合征的临床处理

3.【答案】B

【解析】在上述处理后如果低血压状况得不到明显改善时，应同时考虑其他原因引起的血压下降。进一步处理包括加快输液并使用血管活性药物。在上述的血管活性药物使用上，麻黄碱 10mg 相对合理且一般能达到预期的效果。

【考点】低血压的处理

---

1. 患者的出现低血压、心动过速，头晕、憋气等反应最可能的原因是
   A. 全脊髓麻醉
   B. 仰卧位低血压综合征
   C. 硬膜外麻醉阻滞平面过高
   D. 羊水栓塞反应
   E. 局麻药中毒反应

2. 最先应采取的措施为
   A. 立即向左倾斜 30°卧位并将子宫推向左侧
   B. 立即向右倾斜卧位并将子宫推向右侧
   C. 立即半卧位
   D. 立即头低脚高位
   E. 立即给去氧肾上腺素

3. 经上述处理后血压仍低，进一步采取
   A. 立即开始手术
   B. 加快输液同时静脉注射麻黄碱 10mg
   C. 加快输液同时给予多巴胺 20mg
   D. 立即注射肾上腺素 0.5mg
   E. 立即注射阿托品 0.5mg

(4~6 题共用题干)

患者男性,60 岁,因"腹痛"入院。入院诊断为肠梗阻(肠坏死?)。入室时患者神情淡漠,测血压 85/56mmHg,心率 130 次/min,体温 39.5℃,SpO$_2$ 为 88%~90%。

4. 目前患者最可能已经发生
   A. 失血性休克   B. 过敏性休克
   C. 低血容量休克   D. 感染性休克
   E. 低血容量休克

5. 如需开腹探查手术,应选择什么方式麻醉最佳
   A. 硬膜外麻醉   B. 蛛网膜下腔麻醉
   C. 气管插管全身麻醉 D. 喉罩置入全身麻醉
   E. 腹横筋膜阻滞

6. 针对此类患者进行液体复苏,下列哪项处理是**不正确**的
   A. 尽早积极进行液体复苏
   B. 液体复苏首选晶体液,重症患者尽量避免使用羟乙基淀粉
   C. 去甲肾上腺素是此类患者的首选升压药物
   D. 没有明显出血和有创操作时,没有必要常规输注冰冻新鲜血浆以纠正凝血异常
   E. 早期大量使用糖皮质激素

(7~9 题共用题干)

患者男性,54 岁,体重 66kg,因"腰椎管狭窄"需在全身麻醉下行椎管减压术。患者入室血压 125/78mmHg,心率 68 次/min,脉搏氧饱和度为 98%。采用静脉麻醉诱导,按顺序分别静脉推注咪达唑仑 2mg,舒芬太尼 20μg,异丙酚 150mg,罗库溴铵 50mg,待肌松起效后行气管内插管顺利。此时患者血压 135/80mmHg,心率 75 次/min。在准备翻身时发现患者全身皮肤出现明显荨麻疹,呈斑块状。此时测血压 63/45mmHg,心率 86 次/min。

7. 此时患者发生了
   A. 感染性休克   B. 失血性休克
   C. 过敏性休克   D. 创伤性休克
   E. 低血容量休克

8. 此时患者正在输注抗生素盐酸头孢替安。以下处理**错误**的是
   A. 立即停止输注盐酸头孢替安
   B. 静脉推注肾上腺素 100μg
   C. 立即静脉推注泼尼松龙 80mg

4.【答案】D
【解析】依据题干信息,该患者腹部因肠梗阻后可能发生肠坏死而发生腹部感染。依据题干信息,患者最有可能发生的是感染性休克。
【考点】不同休克类型的区别

5.【答案】C
【解析】气管内插管全身麻醉是此类患者最为安全的麻醉选择。
【考点】休克患者麻醉方式的选择

6.【答案】E
【解析】此类患者早期不建议使用大量的糖皮质激素。
【考点】感染性休克患者的液体复苏

7.【答案】C
【解析】不明原因血压下降伴全身皮肤出现明显斑块状荨麻疹是过敏性休克的临床表现。
【考点】不同休克类型的区别

8.【答案】E
【解析】静脉注射去甲肾上腺素不是过敏性休克的正确处理方法。
【考点】过敏性休克的处理

D. 停止输注人工胶体

E. 静脉推注去甲肾上腺素 100μg

9.【答案】A

【解析】阿片类药物对心肌抑制的较轻，一般不会引起血压明显下降。静脉麻醉药、抗生素是引起围术期过敏反应的重要因素。静脉麻醉药丙泊酚可以抑制心肌收缩力导致低血压。术前的禁食水及肠道准备可以引起全身的容量不足，是引起麻醉诱导期低血压的另一重要原因。

【考点】麻醉诱导期低血压的原因

9. 以下哪项**不是**麻醉诱导期低血压的常见原因
   A. 麻醉诱导药物中阿片类药物对心肌的抑制作用
   B. 静脉麻醉药引起的过敏反应
   C. 麻醉诱导药物中丙泊酚对心肌的抑制作用
   D. 抗生素药物引起的严重过敏反应
   E. 术前禁食水及肠道准备导致的容量不足

（10~12 题共用题干）

患者女性，28 岁，体重 56kg。入院后测血压 80/50mmHg，心率 120 次/min，面色苍白，神志淡漠，肢端冷，妇产科会诊诊断为异位妊娠，而行急诊腔镜辅助探查手术。

10.【答案】C

【解析】休克的治疗原则包括：病因治疗，液体复苏，血管活性药物及强心药物的使用，内环境、电解质的维持、重要脏器功能的支持。有关异位妊娠患者的术前准备应该是在抗休克治疗的同时，积极准备手术治疗。早期抗休克治疗以输入非血制品的液体治疗为主。

【考点】抗休克治疗——失血性休克

10. 下列有关异位妊娠手术的麻醉前准备，正确的是
    A. 先治疗失血性休克，再行手术治疗
    B. 先手术治疗，再治疗失血性休克
    C. 早期抗休克治疗以输入非血制品为主
    D. 抗休克治疗以血管活性药物为主
    E. 抗休克治疗补充血液为主

11.【答案】B

【解析】失血性休克患者使用椎管内麻醉会加重低血压，有效循环血容量不足，宜采用全身麻醉。氯胺酮有拟交感系统激活作用，有升高血压、心率作用，可以采用，但单独使用氯胺酮无法满足手术需要。全麻需要使用肌松药，但应充分预料到全麻诱导后血压会进一步下降，液体复苏的同时采用缩血管药物以维持血压。

【考点】失血性休克患者的麻醉选择

11. 患者入室血压 82/45mmHg，心率 130 次/min，常规监测血压、心率和脉搏氧饱和度，患者应采用哪种麻醉方法最佳
    A. 异位妊娠休克手术患者麻醉最好选择连硬外麻醉
    B. 异位妊娠休克手术患者最好选择全身麻醉
    C. 禁忌使用氯胺酮诱导
    D. 休克患者单纯应用氯胺酮即足够
    E. 肌肉松弛药禁用于异位妊娠休克患者

12.【答案】D

【解析】现在的输血指南认为如果 THBc 为 7~9g/L 时，可以仅用非血液制品维持血压，而不需要输注去白红细胞悬液或全血。

【考点】失血性休克患者的麻醉选择

12. 手术开始后，测血气发现 THBc 仅为 80g/L，以下处理正确的是
    A. 立即大量输注去白红细胞悬液
    B. 立即大量输注新鲜冰冻血浆
    C. 立即输注大量全血
    D. 可仅用非血液制品维持血压
    E. 可输注白蛋白以维持血压

【案例分析题】

病例一　患者女性，53 岁，因"全身多处刀砍伤"急诊绿色通道进入手术室。入室时患者神志昏迷，左侧瞳孔 5.0mm，对光反应迟钝，右眼破裂内容物脱出，可见下颌骨多处砍断面、右侧颧骨砍断

面。颜面及头皮多处软组织砍伤,双手掌手指多处刀砍伤。此时无创动脉压、脉氧饱和度未测出,心率 155 次 /min,呼吸微弱。

提问 1:该患者目前需紧急处理的事项包括

A. 建立液体通路,补充血容量

B. 尽早建立人工气道,保证患者机体氧供

C. 尽早建立有创动脉压监测

D. 如果插管困难,可先行局麻下气管切开术

E. 麻醉之前,先行面部清创缝合术

F. 可选用喉罩进行全身麻醉

提问 2:患者在准备气管切开时,突发心搏骤停。以下判断心搏骤停的指标中有哪些是不正确的

A. 突然意识改变,患者呼之不应

B. 叹息呼吸或呼吸停止伴发绀

C. 桡动脉搏动不清

D. 瞳孔散大并固定

E. 心尖搏动或心音消失

F. 心电图显示无波形成直线

提问 3:关于心搏骤停,以下说法正确的是

A. 呼吸道梗阻,长时间缺氧可导致呼吸心搏骤停

B. 长时间的低血容量可导致心搏骤停

C. 严重的高钾可以是导致患者心搏骤停原因之一

D. 应立即气管切开

E. 严重的代谢性酸中毒可以是导致患者心搏骤停的原因之一

F. 应立即开始心外按压

提问 4:下列关于初级生命支持(BLS)复苏内容的表述正确的有

A. 为提高复苏成功率,BLS 应在心搏骤停后 4 分钟内开始

B. 应首先尝试人工心脏按压,无效后再采取除颤

C. 电除颤是治疗室颤的有效方法,针对粗颤效果好。肾上腺素可以使细颤变为粗颤

D. 胸外心脏按压早期以心泵机制为主,晚期以胸泵机制为主

E. 呼吸道梗阻一般不会发生在此类患者

F. 可触及颈总动脉搏动是此类患者复苏成功的一个重要指标

病例二　男性患者,63 岁,身高 170cm,体重 85kg。既往体健,一般状况可,否认心脏病史,否认高血压糖尿病史。2015 年行右髋人工关节置换术。由于假体松动于 2016 年行更换假体时关节感染金葡萄球菌。此次手术为右髋关节假体取出占位器植入术。

提问 1:此手术合理的麻醉方式选择为

A. 硬膜外麻醉

提问 1:【答案】ABCD

【解析】遇到严重失血性休克患者,首要的问题就是建立循环和呼吸通路。同时尽早建立有创动脉监测有利于实时动态的观察患者的循环状况。在特殊情况下,如果患者病情严重而又是困难气道时,可以直接选择气管切开,以免因为困难气道而耽误抢救时间。在急救时,喉罩通常不是解决气道的最佳方式。

【考点】严重失血性休克患者的急救处理

提问 2:【答案】AC

【解析】此题涉及判断心搏骤停标准,包括意识突然丧失可发生抽搐、叹息呼吸或呼吸停止发绀、大动脉搏动不清、瞳孔散大并固定、心尖搏动或心音消失、心电图成直线等。

【考点】心搏骤停的判断

提问 3:【答案】ABCEF

【解析】严重多发伤者,除大量失血以外,呼吸道异物 / 梗阻以及严重的内环境紊乱均是导致心搏骤停的重要原因。一旦发生了心搏骤停,应立即开始心肺复苏。在心肺复苏的同时,积极准备气管切开。

【考点】失血性休克患者心搏骤停的原因

提问 4:【答案】ACDF

【解析】心搏骤停后 4 分钟内开始 BLS,8 分钟内开始 ALS,复苏效果最佳。BLS 提倡早期电除颤。电除颤是治疗室颤的有效方法,对粗颤效果好。在其他的复苏手段支持下,肾上腺素可以使细颤变为粗颤。胸外按压包括心泵机制和胸泵机制两种,早期为心泵机制,晚期为胸泵机制。可触及颈总动脉搏动、发绀消失、瞳孔缩小及对光反应灵敏是复苏成功的重要标志。而此类患者仍然存在由于异物、呕吐物及舌后坠引起的呼吸道梗阻。可触及颈动脉搏动是心搏骤停患者复苏成功的一个重要指标。

【考点】心肺复苏的初级生命支持

提问 1:【答案】CDEF

【解析】麻醉的选择应顾及患者的手术部位、手术时间及术中可能出现的风险等情况。该手术为髋翻修手术,手术术式复杂,时间不定,术中出血一般较多。故该手术需选择全身麻醉。而在全身麻醉的基础上,复合硬膜外麻醉或股外侧皮神经阻滞,可以利用不同麻醉的特点及优点,不仅可以节省全身麻醉术中用药量,同时还有助于术后的镇痛,也是非常不错的选择。此类手术不建议采用单纯的硬膜外麻醉或蛛网膜下腔麻醉。

【考点】特殊患者的麻醉选择

B. 蛛网膜下腔麻醉

C. 全身麻醉复合硬膜外麻醉

D. 全身麻醉复合股外侧皮神经阻滞

E. 联合腰丛及坐骨神经阻滞

F. 静吸复合全身麻醉

提问2:【答案】BCDEF

　　【解析】在此类手术过程中，由于术中需要输注抗生素特别是需要输注万古霉素时，不仅可能引起严重的过敏反应，还可以引起强烈的心肌抑制作用而导致严重的血压下降。有时在大量输注库存血时也会引起过敏反应而导致严重的血压下降。术中处理髋臼及股骨髓腔时，由于大量的失血可导致严重的血压下降。而骨水泥效应也是引起血压下降的另一个重要原因。但一般来说，此时处于麻醉的相对平稳期，由于麻醉引起的循环的波动不至于导致非常严重的低血压。

　　【考点】术中低血压原因分析

提问3:【答案】ABCDEF

　　【解析】术中低血压的处理需针对具体的病情进行分析。本例患者首先需排除是否存在严重的过敏反应。在此基础上加快输血输液，同时合并使用血管活性药物使循环维持到合适的程度。术中体温监测可以改善患者术中的凝血功能，有利于手术创面的凝血。控制性低血压可以有效减少创面的出血，但需要依据患者的具体情况评估控制血压的程度。当手术出血无法控制时，可以暂停手术，采用压迫止血的方法来控制出血。

　　【考点】术中低血压处理

提问2:当手术进行到清理髋臼时,患者血压持续下降,血压由初始的135/85mmHg逐渐降至68/45mmHg,心率由初始的68次/min上升至110次/min。此时血压下降的原因可能有

A. 麻醉深度相对过深

B. 输注抗生素引起的过敏反应

C. 处理骨髓腔引起的持续大量出血

D. 抗生素引起的严重心肌抑制

E. 大量输血引起的严重过敏反应

F. 骨水泥效应

提问3:此时针对该患者处理正确的有

A. 加快输血输液

B. 检查并排除是否存在过敏现象

C. 使用血管活性药物如去氧肾上腺素,必要时加用去甲肾上腺素以维持血压

D. 注意术中体温调控

E. 可采用控制性低血压以降低手术创面渗血

F. 必要时可以暂停手术

（曹江北）

第三十章　心肺脑复苏

【A1 型题】

1. 心搏骤停是指
   A. 心脏因急性原因突然丧失泵血功能
   B. 全身的血液循环停止运行
   C. 意识丧失,组织缺血、缺氧
   D. 急性呼吸功能丧失
   E. 以上内容均包括

2. 心肺复苏首选的急救药物
   A. 麻黄碱　　　　　　　B. 阿托品
   C. 异丙基肾上腺素　　　D. 肾上腺素
   E. 利多卡因

3. 下述情况为原发性心搏骤停,除了
   A. 高压电击　　　B. 溺水　　　　C. 高山雪崩
   D. 迷走反射　　　E. 中毒

4. 判断心搏骤停最迅速、最可靠的指标是
   A. 桡动脉搏动消失　　　B. 足背动脉搏动消失
   C. 呼吸微弱　　　　　　D. 颈总动脉搏动消失
   E. 意识消失

5. 心搏骤停行 CPR 后自主循环恢复,此时为保护脑功能,对仍然昏迷的患者宜采取的低温为
   A. 32~34℃　　　B. 28~30℃　　　C. 26~28℃
   D. 24~26℃　　　E. 20℃以下

6. 心搏骤停时意识丧失的时间是
   A. 5 秒　　　　B. 10 秒　　　　C. 20 秒
   D. 30 秒　　　　E. 40 秒

1. 【答案】E
   【解析】心搏骤停是指各种原因引起的心脏意外停搏,引起全身血液循环、呼吸的停止,脑缺血、缺氧而意识丧失。
   【考点】此题主要考查心搏骤停的定义

2. 【答案】D
   【解析】无论是否有静脉通路,肾上腺素是心肺复苏的首选药物,静脉或骨髓内注射均有效。
   【考点】心肺复苏时的首选药物

3. 【答案】D
   【解析】此题主要考查原发性心搏骤停与继发性心搏骤停的区别,在于是否为心源性。
   【考点】原发性及继发性心搏骤停的概念

4. 【答案】D
   【解析】此题主要考查心搏骤停的判断,10 秒内无大动脉搏动即可判断心搏骤停。
   【考点】心搏骤停的判断

5. 【答案】A
   【解析】此题主要考查心搏骤停行 CPR 后,对仍然昏迷的患者应采取浅低温(32~34℃)的脑保护措施。
   【考点】浅低温脑保护

6. 【答案】B
   【解析】此题主要考查心搏骤停脑血流中断 10~15 秒内即可出现意识消失。
   【考点】心搏骤停意识丧失的时间

7.【答案】E

【解析】此题主要考查单纯心脏按压，不使用升压药物，平均主动脉舒张压为10~20mmHg，达不到心脏复跳的最低冠状动脉灌注压。而使达到心脏复跳的最低要求是使主动脉舒张压至少达到30~40mmHg

【考点】胸外心脏按压形成的动脉压

8.【答案】C

【解析】此题主要考查心搏骤停后行心肺复苏（BLS）的首要目的是心脏复跳，在心脏复跳后根据循环、呼吸及意识情况行进一步生命支持（ACLS）。

【考点】基本生命支持（BLS）的目的

9.【答案】D

【解析】此题主要考查行胸外心脏按压时，为保证良好的胸泵机制，按压后需保证胸廓完全回弹。因此要求按压：松开比为1:1。

【考点】胸外心脏按压

10.【答案】D

【解析】此题主要考查心搏骤停后行CPR过程中最易受缺氧损伤的器官。由于脑组织维持正常功能所需氧最高，因此最容易受缺氧损伤而发生脑水肿。

【考点】心肺复苏后的相关并发症

11.【答案】C

【解析】此题主要考查心搏骤停时心电图检查的表现，主要表现包括上述四种情况。短阵性室性心动过速虽可引起循环变化，但还不属于心搏骤停。

【考点】心搏骤停的心电图表现

12.【答案】E

【解析】此题主要考查在心搏骤停患者抢救过程中，诊断和治疗基础病因是处理所有心搏骤停必不可少的，尤其是可治疗的病因。心搏骤停可治疗的病因，包括5个H和5个T，5个H包括低氧血症，低血容量，高钾/低钾血症，酸中毒和低体温。

【考点】心搏骤停的早期治疗

13.【答案】A

【解析】儿童原发性心搏骤停通常是意外因素导致的，尤其是气道异物、车祸、外伤。

【考点】儿童发生心搏骤停最常见原因

7. 胸外心脏按压时为达到心脏复跳，必须辅助使用升压药物，以使主动脉舒张压至少达到

A. 0~5mmHg B. 5~10mmHg C. 10~20mmHg
D. 20~30mmHg E. 30~40mmHg

8. 心肺复苏的首要目标是

A. 自主呼吸恢复 B. 意识恢复
C. 心跳恢复 D. 肢体运动恢复
E. 瞳孔恢复等大等圆

9. 行胸外心脏按压时，按压与松开时间比值为

A. 2:8 B. 3:7 C. 4:6
D. 5:5 E. 6:4

10. 心搏骤停行CPR后因缺氧最常见的并发症是

A. 呼吸功能衰竭 B. 心力衰竭
C. 肝功能衰竭 D. 脑水肿
E. 肾衰竭

11. 围术期加强生命体征的监测，以及时发现麻醉及手术意外，以下哪一项**不是**心搏骤停的心电图表现

A. 心室停搏（ventricular asystole, VA）
B. 无脉性电活动（pulseless electrical activity, PEA）
C. 短阵性室性心动过速（SC-Tdp）
D. 心室颤动（ventricular fibrilation）
E. 无脉性室性心动过速（ventricular tachycardia）

12. 对心搏骤停患者的抢救，诊断和治疗基础病因是处理所有心搏骤停必不可少的，早期识别、早期诊断、早期治疗可避免复苏的复杂化。其中可治疗的病因包括5个H和5个T。请问5个H**不包括**哪一项

A. 低氧血症（hyp. o. xia）
B. 低血容量（hyp. o. volemia）
C. 高钾/低钾血症（hyp. o. /hyperkalemia）
D. 低体温（hyp. o. thermia）
E. 甲状腺功能亢进（hyperthyroidism）

13. 儿童及青少年死亡给家庭和社会带来巨大损失，而常见的引起儿童发生意外心搏骤停的病因

A. 气道异物 B. 肺炎
C. 先天性心脏病 D. 侏儒症
E. 呆小症

【A2 型题】

1. 患者男性,70 岁。既往有高血压病 20 年,诊断冠心病,稳定型心绞痛 15 年,糖尿病 12 年,平素口服降压药、降糖药,血压、血糖控制良好。因与子女发生口角,感觉胸闷不适,遂离开家准备到小区公园内平静一下心情,行至公园门口,突然倒地不动,路人发现后大声呼叫不应,触摸颈动脉,无搏动,应
   - A. 立即拨打 110
   - B. 立即行口对口或口对鼻人工呼吸
   - C. 立即送往医院
   - D. 立即行心脏胸外按压
   - E. 即刻寻找医学人士

2. 患儿女性,3 岁。近期有上呼吸道感染,发热、咳嗽、咳痰,口服退烧药和抗生素后体温降至正常,咳嗽、咳痰明显好转,但食欲缺乏,午饭时拒不进食;奶奶将米糊、鸡蛋、菜汁搅拌后追着喂食,孩子在跑动过程中突然出现剧烈咳嗽、呕吐,随后出现喘鸣,面色、口唇苍白、青紫,双眼上翻。此时正确的处理是
   - A. 立即行膈下腹部推压法(Heimlich 法)
   - B. 立即行口对口或口对鼻人工呼吸
   - C. 立即送往医院
   - D. 立即行心脏胸外按压
   - E. 立即呼叫孩子父母

3. 患者女性,39 岁。妊娠 36 周,1 周前自觉胎动减弱,次数下降,前往医院就诊胎动 8 次 /12h,进一步检查确认胎儿为脐带绕颈并有窒息的征象,与家属协商后行急诊剖宫产术。胎儿取出后肤色苍白,心率 83 次 /min,用吸痰管刺激反应微弱,四肢松弛无力,Apgar 评分 2 分,立即行面罩辅助通气 40 秒,心率持续下降 55 次 /min,此时应如何进行复苏
   - A. 立即放入保温箱中
   - B. 立即剪断脐带
   - C. 立即皮下注射肾上腺素
   - D. 立即行气管插管
   - E. 立即建立静脉通道

4. 某电工在进行高压电缆维护及保养时,因操作不当,受到电击,立即行 CPR,对于成人心搏骤停实施胸外按压时,哪一项**不符合**指南的要求
   - A. 按压幅度:至少 5cm
   - B. 按压频率:每分钟至少 100 次
   - C. 按压胸廓回弹:保证每次按压后胸廓回弹
   - D. 按压:通气比率(建立人工气道前):30∶2
   - E. 按压中断:按压过程中通气时间 10~15 秒

1.【答案】D
【解析】此题主要考查发生心搏骤停时立即启动紧急医疗服务,早期进行心肺复苏,无论是否经过训练,所有施救者应为心搏骤停者施以胸外按压。
【考点】胸外按压是心肺复苏的基础

2.【答案】A
【解析】此题主要考查对儿童发生气道异物堵塞的判断及处理,儿童发生心搏骤停最常见的原因是气道异物,此时最重要的处理是异物取出。Heimlich 法是处理儿童气道异物最快速和有效的方法,如不及时清除异物,随之很快出现心搏骤停。
【考点】小儿气道异物处理

3.【答案】D
【解析】此题主要考查新生儿复苏流程,大约 60 秒(黄金 1 分钟)必须完成复苏初期的步骤和评估,并开始进行通气。
【考点】新生儿急救

4.【答案】E
【解析】此题主要考查 2015 版心肺复苏关于胸外按压的要求,主要强调要达到高质量的 CPR 尽可能减少胸外按压中断,而且尽可能将中断控制在 10 秒以内。
【考点】成人 CPR

5.【答案】D
【解析】此题主要考查院外心搏骤停后完成 BLS，有医护人员到达或送至医院后高级气道的建立。高级气道包括声门上气道和气管插管及气管切开等，声门上气道有喉罩、气管-食管联合导管和喉管。在没有明显上呼吸道梗阻的情况下，院前急救高级气道建立可以首先选择喉罩气道通气。
【考点】院前急救的高级气道建立

6.【答案】C
【解析】除颤电极板的位置有四种：前-侧、前-后、前-左肩胛下，和前-右肩胛下；除颤时的电击能量，双向波：120~200J，单向波：300~360J。
【考点】除颤仪的使用

7.【答案】A
【解析】心搏骤停后重要脏器发生功能障碍非常常见，反映肺功能障碍的指标有多项，但动脉血气 PaO_2/FiO_2 的比值评估严重程度的敏感指标。如果 $PaO_2/FiO_2 \leqslant 300mmHg$ 定义为急性肺损伤。
【考点】心搏骤停的肺部并发症

8.【答案】B
【解析】主要考查对高钾血症的处理，其目的在于对抗高钾引起的心肌抑制，使血钾转移至细胞内或排除体外，以避免出现心脏停搏。
【考点】处理急性重度高钾血症的常用药物及剂量

9.【答案】E
【解析】新生儿因皮肤薄，表面积大，热量丧失快，极容易出现低体温，所以新生儿复苏时如果 Apgar 评分在 7 分以下，心率超过 100 次 /min，呼吸尚可，复苏的起始步骤是保暖，而不是气管插管。
【考点】新生儿复苏的体温监测

5. 患者男性，70 岁。因急性大面积心肌梗死出现心跳停止，家人行胸外按压后自主循环恢复，同时 999 急救车已达到，急诊医护人员判断该患者应建立高级气道，此时最佳的高级气道选择应为
A. 口咽通气道　　　　　B. 鼻咽通气道　　　　　C. 储氧面罩
D. 喉罩　　　　　　　　E. 气管切开

6. 患者女性，81 岁。既往有高血压，糖尿病，冠心病稳定型心绞痛，因双膝骨性关节炎疼痛，很少活动。此次因上呼吸道感染心衰入院，入院时端坐呼吸，咳粉红色泡沫痰，测量血压 70/45mmHg，心率 112 次 /min，SpO_2 80%，给予毛花苷丙 0.6mg 后突然出现心室颤动。此时准备立即除颤，请问下面关于除颤仪的设置哪一项是正确的
A. 双向波：位置：前-侧　能量：360J
B. 双向波：位置：前-后　能量：300J
C. 双向波：位置：前-左肩胛下　能量：200J
D. 单向波：位置：心前区　能量：120J
E. 单向波：位置：心前区　能量：200J

7. 患者男性，73 岁。因胆管癌行胆囊切除、胆管切除，胆管重建术，术后因胆管瘘腹腔感染出现心搏骤停，经复苏后出现呼吸功能障碍。以下哪项指标可以反映肺功能障碍严重程度
A. PaO_2/FiO_2　　　B. $PaCO_2$　　　C. $P_{ET}CO_2$
D. PaO_2　　　　　E. pH

8. 患者男性，68 岁。慢性肾功能不全 18 年，因急性胆囊炎入院，抽血行血常规、尿常规、血生化检查，生化结果为：GOT：56U/L，GPT：67U/L，K^+ 6.3mmol/L，Na^+ 136mmol/L，Cl^- 113mmol/L，此时正确的处理方式不包括
A. 10% 氯化钙 5~10ml 或 10% 葡萄糖酸钙 15~30ml 静脉注射
B. 氢化可的松 100mg 静脉注射
C. 碳酸氢钠 50mEq 静脉注射
D. 25g 葡萄糖加 10U 普通胰岛素静脉注射
E. 呋塞米 40mg 静脉注射

9. 高龄产妇，42 岁。因妊娠高血压综合征入院，孕龄 36 周，晨起感觉明显胎动减少，进一步检查胎动 7 次 /12h，为安全起见产妇及家人决定行急诊剖宫产术，胎儿娩出后心率 102 次 /min，四肢略弯曲，肤色青白，呼吸浅快，弹足底有皱眉反应，Apgar 评分 6 分，为进一步观察及复苏应行
A. 胸外按压　　　B. 开放气道　　　C. 人工呼吸
D. 除颤　　　　　E. 保暖

10. 女性患者,55 岁。胸痛、气促,心电图诊断:急性 ST 段抬高的广泛前壁、下壁心肌梗死,随后因心源性休克引起心搏骤停,在基本生命支持患者自主循环恢复后(ROSC),行 12 导联心电图检查,提示为窦性心动过缓,HR 51 次/min,Ⅱ度房室传导阻滞,Ⅱ、Ⅲ、AVF 及 V1-V3 ST 段抬高,此时最好的治疗方法是
   A. 给予阿托品
   B. 给予异丙基肾上腺素
   C. 去甲肾上腺素
   D. 冠状动脉造影,支架植入术
   E. 开胸行冠脉搭桥术

11. 患者男性,20 岁,某部队战士。在集中训练时突发心悸,送至医院时心电图显示为阵发性室性心动过速,给予药物治疗利多卡因无效,给予胺碘酮静脉注射,仍无效,出现循环不稳定,此时应考虑
   A. 电除颤   B. 心房射频消融
   C. 肺静脉射频消融   D. 主动脉内球囊反搏
   E. 电复律

12. 患者男性,40 岁。心肺复苏术后,可无意识地睁眼、发声,但神志昏迷,对外界刺激无反应,无明显脑电活动,病程近半年,根据脑功能与机体功能分级,患者处于哪种状况
   A. 1 级 脑及总体情况优良
   B. 2 级 清醒,有一定伤残,一般生活可以自理
   C. 3 级 清醒,严重伤残,生活不能自理
   D. 4 级 昏迷或植物状态
   E. 5 级 脑死亡或死亡

13. 患者女性,38 岁。因家庭纠纷从桥上跳入河中,路人发现并将其救起,拖到岸边时,呼之不应,大动脉触摸不到,压迫胸廓挤出胸内积水,打开口腔清除口内泥沙并准备行口对口人工呼吸,此时打开气道的方式为
   A. 仰头举颏法
   B. 单手推举下颌法
   C. 头低脚高位
   D. 环状软骨压迫法
   E. 头偏向一侧法

【A3/A4 型题】

(1~4 题共用题干)

患者男性,28 岁,身高 179cm,体重 81kg,ASA Ⅰ级。因转移性右

10.【答案】D
【解析】2015 年版心肺复苏指南,指出对于急性冠脉综合征引起的心搏骤停,在 ROSC 后,立即行 12 导联心电图检查评估,对于 ST 段抬高的患者,无论是否入院,应立即送往心内导管室行冠状动脉造影及处理。
【考点】急性冠脉综合征的处理

11.【答案】E
【解析】对于快速的室性心动过速,如无血流动力学障碍,可考虑利多卡因静脉注射,但大剂量会出现神经系统不良反应,现多选用胺碘酮静脉注射;药物治疗无效的,有血流动力学障碍的立即行同步或非同步电复律。
【考点】电复律的适应证

12.【答案】D
【解析】心搏骤停后经过心肺脑复苏,脑功能的恢复基本上按自尾端向上发展到的规律,恢复顺序大致为:心跳,呼吸,对光反应,吞咽反射,咳嗽反射,痛觉反应,头部转动,四肢活动,听觉反应,意识恢复,视觉恢复;该患者复苏后只有心跳及呼吸功能恢复,感觉、运动及意识、听觉、视觉均无反应,达到伤残四级。
【考点】心肺复苏后脑功能与全身状况的恢复及分级

13.【答案】A
【解析】对于无上下颌骨损伤的患者,最常用的打开气道的手法是仰头举颏法,气道打开 90°,如有头面部的骨折,可采用托颌法。
【考点】心肺复苏时打开气道的常用手法

下腹痛入院,确诊急性阑尾炎,完善术前检查及评估,拟在硬膜外麻醉下行开腹阑尾切除术。穿刺点为 $T_{12} \sim L_1$,穿刺过程顺利,给予 2% 利多卡因 5ml,感觉平面在 L_1 以下,生命体征平稳,无不良主诉,随后给药 2% 利多卡因 5ml+0.75% 的布比卡因 5ml 混合液。翻身平卧后测量阻滞平面为 T_6 以下,血压 110/67mmHg,心率 76 次 /min,SpO_2 96%,准备消毒铺单。患者意识模糊、呼吸困难,测量血压 72/41mmHg,心率 50 次 /min,SPO_2 80%。

1. 通过患者的主诉及临床表现,此时最可能的诊断为
   A. 局麻药中毒　　　　　　　B. 硬膜外阻滞平面过高
   C. 全脊麻　　　　　　　　　D. 骶管阻滞
   E. 低血容量休克

2. 在给予患者面罩加压吸氧,静脉推注麻黄碱 10mg 后,患者血压继续下降 42/30mmHg,心率 34 次 /min,SpO_2 69%,随后 EKG 显示直线,血压测不到,此时应立即
   A. 加大麻黄碱的剂量　　　　B. 除颤
   C. 气管内插管　　　　　　　D. 胸外心脏按压
   E. 全身降温

3. 患者心搏骤停,给予胸外按压、气管内插管及电除颤,除颤后心电图显示为心室细颤,为了改善除颤效果,此时可通过静脉通道给予
   A. 碳酸氢钠溶液　　　　　　B. 肾上腺素
   C. 多巴胺　　　　　　　　　D. 毛花苷丙
   E. 呋塞米

4. 经过一系列的抢救措施,患者恢复窦性心律,心率 60~85 次 /min,血压不稳定,波动在 70~110mmHg/40~60mmHg,呼吸机辅助呼吸,意识没有恢复,此时应将患者
   A. 继续行阑尾切除术
   B. 送呼吸内科病房行呼吸支持
   C. 送至麻醉恢复室等待苏醒
   D. 送急诊留观室观察
   E. 送外科重症监护室行进一步 ACLS

(5~8 题共用题干)

患者男性,56 岁。诊断扩张型心肌病 3 年,近半年时有心悸发生,因胸闷、气短,下肢水肿 5 天入院。心电图显示窦性心律,心率 62 次 /min,PR 间期 0.24 秒,完全性右束支传导阻滞,心功能不全。给予洋地黄类药物、利尿剂及扩血管药物治疗。药物治疗第四天,正在进食午饭,突然抽搐,意识不清,从床旁坠落,此时听诊心音

1.【答案】C
【解析】由于目前硬膜外穿刺仍依靠经验和感觉完成,不能做到在放射透视或超声引导下进行,意外穿破硬脊膜误入蛛网膜下腔的情况并不少见,也是椎管内麻醉最严重的并发症,如不能及时发现及处理,可危及生命。
【考点】硬膜外麻醉的严重并发症

2.【答案】D
【解析】误将局麻药注入蛛网膜下腔未及时发现,几分钟内即可产生异常广泛的阻滞,表现为全部及神经区域均无痛觉、低血压、意识丧失及呼吸停止,如发生继发性心搏骤停,需立即行心肺复苏。
【考点】全脊麻后心搏骤停的处理

3.【答案】B
【解析】在心搏骤停患者给予肾上腺素,最主要的作用是提高冠脉的灌注压,使不易除颤的细颤转为较易转复的粗颤,再次行电除颤时容易使心脏复跳。
【考点】肾上腺素在心搏骤停复苏中的使用

4.【答案】E
【解析】心肺复苏后所有患者都应运送至重症监护进行观察及进一步的高级生命支持。
【考点】复苏后的 ACLS

消失,血压测不到,颈动脉搏动未触及,经抢救后,神志清楚,心跳恢复。心电图显示Ⅲ度房室传导阻滞,心率 43 次 /min,并伴有频发期前收缩。

5. 患者意识不清,抽搐,随后听诊心音消失,血压测量不到,应考虑为
   A. 上呼吸道梗阻   B. 一过性脑血管痉挛
   C. 重度心衰   D. 心搏骤停
   E. 大面积心肌梗死

6. 患者神志不清发作时,心电图显示为下列哪种情况适宜做电除颤
   A. 频发室性期前收缩   B. 多源性室性期前收缩
   C. 室性期前收缩二联律   D. 心房颤动
   E. 室扑或室颤

7. 行心肺复苏急救者在电除颤后应
   A. 立即检查心跳或脉搏
   B. 继续胸外按压,5 组(2 分钟)后再进行心跳检查
   C. 进行 12 导心电图检查
   D. 增大除颤仪功率,准备第二次除颤
   E. 在超声引导下行深静脉穿刺

8. 复苏后心电图显示Ⅲ度房室传导阻滞,频发室性期前收缩,此时恰当的处理为
   A. 放置临时起搏器给予利多卡因
   B. 静脉普罗帕酮
   C. 给予多巴胺和多巴酚丁胺
   D. 停用所有药物进行观察
   E. 给予肾上腺素

(9~12 题共用题干)

患者男性,56 岁。既往体健,一般情况好,因左上肺叶占位,在全身麻醉下行左肺上叶切除术,手术顺利,苏醒良好,拟送回病房时,突发意识消失,呼之不应,血压:62/31mmHg,心率:78 次 /min,律齐,SpO_2 96%,胸腔引流管通畅,引流液 90ml,患者颈静脉怒张,胸前皮肤淤紫,余皮肤正常。血气检查结果基本正常,麻醉医师给予气管内插管,听诊呼吸音清,无啰音;使用多巴胺、肾上腺素进行循环支持,但血流动力学仍不稳定,出现心搏骤停。

9. 患者心搏骤停最可能的原因
   A. 严重过敏反应   B. 心肌梗死

5.【答案】D
  【解析】患者意识消失,10 秒内大动脉搏动触及不到,即可确定心搏骤停,并启动 EMS。
  【考点】心搏骤停的判断

6.【答案】E
  【解析】对于循环稳定的心律失常,通常可先给予药物进行治疗,只有血流动力学不稳定的室性心动过速需行电复律,而一旦发生室扑或室颤,需立即行心肺复苏,在有除颤设备时尽早除颤。
  【考点】心搏骤停的处理

7.【答案】B
  【解析】心搏骤停后强调早期使用体外除颤仪,在除颤后循环不会迅速建立,所以应立即继续胸外按压。为保证高质量心肺复苏质量,指南要求尽量减少按压的中断,中断时间控制 10 秒以内。
  【考点】心肺复苏术与电除颤

8.【答案】A
  【解析】对于复苏后出现的室性心律失常,可静脉给予利多卡因或胺碘酮,但对于严重窦缓、Ⅱ度房室传导阻滞及Ⅲ度房室传导阻滞需放置临时起搏器,如确诊为病态窦房结综合征,需放置永久起搏器。
  【考点】临时起搏器及永久起搏器的放置

9.【答案】D
  【解析】心搏骤停可治疗的病因,包括 5 个 H 和 5 个 T,5 个 T 包括中毒(toxin)、心脏压塞(tamp.o.nade cardiac)、张力性气胸(tension pneumothorax)、肺栓塞(pulmonary embolism)、冠状动脉血栓形成(coronary thrombosis),此时患者颈静脉怒张,及皮肤表现,及其他相应体征均排除其他四类原因。
  【考点】心搏骤停的病因

C. 张力性气胸　　　　　D. 心脏压塞

E. 肺栓塞

10. 【答案】C

【解析】2015 年版心肺复苏指南与 2010 年版相比,关于按压频率的要求指出按压至少 100 次,但不是次数越多越好;2017 年美国 AHA 关于心肺复苏指南的更新说明,循证医学证据表明,建立有效循环及灌注的次数为 100~120 次/min。

【考点】心肺复苏术

11. 【答案】B

【解析】对于心脏压塞的患者,如生命体征已提示有上腔静脉回流障碍的表现,最明确的诊断方法是行经食管心脏的超声,其他如胸部的 X 线片可能会有提示,但不足以明确诊断。

【考点】确诊心脏压塞的辅助检查

12. 【答案】D

【解析】对于心脏压塞的患者,快速诊断和心包引流可避免进一步的循环衰竭。

【考点】心脏压塞的处理

提问 1:【答案】ABCEF

【解析】临床工作中遇到明确的困难气道患者,特别是患者处于不能平卧状态时,麻醉诱导时不能给予大量呼吸抑制性药物。在良好的咽喉部及气管内局部麻醉的基础上,行健忘镇痛慢诱导气管插管可以保留患者自主呼吸,从而尽最大可能保证气管插管时患者的生命安全。纤维支气管镜辅助气管内插管可以提高困难气道处理的成功率,同时减轻插管对患者的应激反应,是处理困难气道的重要工具之一。吸入麻醉药由于其对呼吸抑制轻,当气管插管患者反应强烈时,也可以通过吸入适当的吸入麻醉药来减轻患者插管时的应激反应。

【考点】困难气道的麻醉处理

提问 2:【答案】ABDEF

【解析】当患者发生心搏骤停后应当立即将患者改平卧位行胸外心脏按压术,有条件的情况下可以立即电除颤。此时不应当多次尝试气管内插管,可以尝试建立声门上人工气道如喉罩的置入等。由于此例为明确的困难气道患者,当出现心搏骤停时,可直接选择紧急气管切开行呼吸机辅助呼吸或紧急建立体外膜肺氧合。

【考点】心搏骤停患者的紧急处理

10. 按照 2017 年心肺复苏指南,关于胸外按压的频率,以下描述正确的是

A. 60~80 次/min　　　　B. 80~100 次/min

C. 100~120 次/min　　　D. 120~140 次/min

E. 140 次/min 以上

11. 复苏后,此患者行以下哪种辅助检查,可明确诊断

A. 床旁 12 导联心电图　　B. 经食管心脏超声

C. 复查血气分析　　　　D. 急诊颅脑 CT

E. 纤维支气管镜

12. 通过辅助检查,明确患者心搏骤停的原因,此时下列哪一项**不是**迅速改善循环的方法

A. 紧急开胸手术

B. 超声引导下心包穿刺

C. 紧急心包穿刺

D. 迅速行颈内静脉穿刺,放置漂浮导管

E. 电视透视下行心包穿刺

【案例分析题】

案例一　患者女性,64 岁。胸骨后甲状腺肿物 8 年,拟在气管内插管全身麻醉下行胸骨后甲状腺肿物切除术。患者高血压病史 12 年,最高血压 160/84mmHg,口服苯磺酸氨氯地平片每天 1 片,血压控制在 120~130/70~75mmHg,无冠心病,无气管炎、哮喘病史。近半年自觉呼吸费力,体力下降,尤其是夜间不能平卧,间断出现胸闷、心慌、憋气的症状。入院后胸部 X 线片提示巨大胸骨后甲状腺肿,大小约 10cm×12cm。行颈部 CT 提示气管向管腔内受压、移位,气管最狭窄处为 6.0mm。

提问 1:关于该患者麻醉方法的选择,以下描述正确的有

A. 麻醉诱导过程中尽可能保留患者自主呼吸

B. 良好的咽喉部以及气管内局部麻醉是插管成功的重要保证

C. 诱导期避免使用呼吸抑制重的药物

D. 应尽量选择快速诱导气管内插管麻醉

E. 必要时可以辅助吸入麻醉诱导

F. 可采用纤维支气管镜辅助气管内插管

提问 2:患者入室后斜坡半卧位,常规建立液体通路以及生命体征监测后,麻醉医师在清醒表面麻醉下行纤维支气管镜引导下气管插管。插管时,患者出现剧烈呛咳,插管失败,随之意识消失,

呼吸、心跳停止,瞳孔散大,对光反射消失。以下哪几项操作是正确的

　　A. 立即将患者改平卧位行胸外按压术

　　B. 电除颤

　　C. 尝试再次气管内插管

　　D. 尝试置入喉罩建立声门上人工气道

　　E. 紧急气管切开,呼吸机辅助呼吸

　　F. 紧急建立体外膜肺氧合(ECMO)

提问3:以下哪些是复苏成功的标志

　　A. 桡动脉压力 102/53mmHg

　　B. SpO_2 94%

　　C. $P_{ET}CO_2$ 10mmHg

　　D. 瞳孔大小不等,对光反射弱

　　E. 窦性心律,心率 64 次/min

　　F. 血糖 18~20mmol/L

　　G. 意识不清

提问4:为改善心肺复苏后脏器功能的恢复,可采取以下哪些措施

　　A. 控制血糖在 6.0mmol/L 以下

　　B. 控制血钾在 3.5~5.5mmol/L

　　C. 抗心律失常药物的使用

　　D. 呼吸机辅助呼吸,维持 $PaCO_2$ 40~45mmHg

　　E. 低温 28~30℃,12~24 小时

　　F. 有明确脑水肿时给予利尿剂,以快速利尿(呋塞米)为主

　　G. 给予糖皮质激素类药物

　　H. 必要时可行血液滤过

案例二　年轻溺水患者被救后,检查患者对声音呼叫无反应,颈总动脉搏动消失。

提问1:判断心搏骤停的指标有哪些

　　A. 突然意识丧失或抽搐

　　B. 叹息呼吸或呼吸停止伴发绀

　　C. 大动脉搏动消失

　　D. 瞳孔散大并固定

　　E. 心尖搏动或心音消失

　　F. 呼叫患者不答应

提问2:下列哪项关于初级生命支持(BLS)的复苏内容的表述是**错误**的

　　A. 心搏骤停后 4 分钟内开始 BLS,复苏成功率高

　　B. BLS 提倡早期除颤

　　C. 电除颤是治疗室颤的有效方法,针对细颤效果好。肾上腺素可以使粗颤变为细颤

提问3:【答案】ABE

【解析】一般来说心肺复苏有效指标包括:①可触颈动脉搏动;②面色(口唇)由发绀转为红润;③其他,包括出现自主呼吸,或瞳孔由大变小并有对光反射,甚至有眼活动及四肢抽动等。而心肺复苏成功的指征包括:自主呼吸恢复,大动脉可触及搏动,瞳孔缩小有对光反射,发绀消退,可出现有或无意识的自主运动等。

【考点】心肺复苏成功的标志

提问4:【答案】BCDGH

【解析】此题考查心肺复苏后保护脏器功能常用的药物及措施,脑保护通常采用浅低温32~34℃,成人一般 12~24 小时。低温过度,可能引起凝血障碍、心律失常及高血糖,有明确脑水肿时,脱水、降温和肾上腺皮质激素治疗是行之有效的防治措施,脱水治疗以渗透性利尿为主,快速脱水为辅。一般情况下心肺复苏后容易出现高血糖,但不是血糖控制越低越好,低血糖与危重症患者预后差密切相关,成人血糖控制目标为 8~10mmol/L。

【考点】心肺复苏后改善预后的措施

提问1:【答案】ABCDE

【解析】此题涉及判断心搏骤停标准,在上述答案中除了最后一条呼叫患者不答应不能做为判断心搏骤停的依据以外,其余均可做为直接或间接判断患者心搏骤停的标准。

【考点】心搏骤停的判断

提问2:【答案】CDE

【解析】心搏骤停后 4 分钟内开始 BLS,8 分钟内开始 ALS,复苏效果最佳。BLS 提倡早期电除颤。电除颤是治疗室颤的有效方法,对粗颤效果好。在其他的复苏手段支持下,肾上腺素可以使细颤变为粗颤。胸外按压包括心泵机制和胸泵机制两种,早期为心泵机制,晚期为胸泵机制。可触及颈总动脉搏动、发绀消失、瞳孔缩小及对光反应灵敏是复苏成功的重要标志。而此类患者仍然存在由于异物、呕吐物及舌后坠引起的呼吸道梗阻。

【考点】心肺复苏的初级生命支持

D. 胸外心脏按压早期以胸泵机制为主,晚期以心泵机制为主

E. 呼吸道梗阻一般不会发生在此类患者

F. 可触及颈总动脉搏动是此类患者复苏成功的一个重要指标

提问3:【答案】ABCD

【解析】此题是关于对 ALS 的理解。在高级生命支持中,静脉给药有迅速有效,应以上腔静脉系统及中心静脉为主,必要时可以气管内给药。要尽早建立有效的人工气道保证患者的氧供。心肺复苏早期引起的呼吸性酸中毒(简称"呼酸")为主的混合性酸中毒,主要通过过度通气来调整。而心搏骤停时间过长,pH<7.20 或出现高钾血症时,可适当使用 $NaHCO_3$。ALS 处理过程中,应尽量避免心内注射给药,扩容维持有效血容量时应以晶体液为主,适当补充胶体液。

【考点】心肺复苏的高级生命支持

提问4:【答案】ABCDE

【解析】一般来说心肺复苏有效指标包括:①可触颈动脉搏动;②面色(口唇)由紫钳转为红润;③其他,包括出现自主呼吸,或瞳孔由大变小并有对光反射,甚至有眼活动及四肢抽动等。而心肺复苏成功的指征包括:自主呼吸恢复,大动脉可触及搏动,瞳孔缩小有对光反射,发绀消退,可出现有或无意识的自主运动等。

【考点】心肺复苏成功的标志

提问3:通过初级复苏后,患者吐出大量胃内容物,同时可触及颈总动脉搏动及规律心脏跳动。下列哪些关于高级生命支持(ALS)的复苏内容是正确的

A. 静脉给药首选上腔静脉系统和中心静脉,必要时可以将药物稀释成 10ml 注入气管内给药

B. 为了获得最佳肺泡通气和氧供,或需要机械通气治疗的患者,应尽早建立有效人工气道

C. 心肺复苏后引起呼吸性酸中毒为主的混合性酸中毒,可通过过度通气来调整

D. 如果心搏骤停时间超过 10 分钟,pH<7.20 或出现高钾血症时,可适当使用 $NaHCO_3$

E. 积极采用心内注射给药

F. 扩容以维持有效血容量是恢复血压的基本条件,输入液体应以胶体液为主

提问4:下列哪些内容属于复苏成功的标志

A. 桡动脉压力 102/53mmHg

B. SpO_2 94%

C. $P_{ET}CO_2$ 40mmHg

D. 瞳孔大小相等,对光反射强

E. 窦性心律,心率 64 次/min

F. 血糖 18~20mmol/L

G. 意识不清

(曹江北　郭英)

第四篇　各论

第三十一章　普外科手术麻醉

【A1 型题】

1. 拟行甲状腺次全切除术,行颈神经丛阻滞,应阻滞的神经包括
   - A. $C_1 \sim C_2$
   - B. $C_2 \sim C_4$
   - C. $C_3 \sim C_5$
   - D. $C_4 \sim C_6$
   - E. $C_5 \sim C_7$

2. 甲状腺择期手术患者,多数为年轻人,健康状况良好,但是在术前访视中应特别重视哪一方面情况
   - A. 心血管系统
   - B. 呼吸系统
   - C. 病变累及气道的情况
   - D. 泌尿系统
   - E. 中枢神经系统

3. 甲亢危象的临床表现为
   - A. 高热,无汗,恶心
   - B. 高热,大汗,烦躁
   - C. 高热,心动过缓,腹泻
   - D. 高热,无汗,心动过速
   - E. 高热,谵妄,心动过缓

4. 麻醉与手术期间影响肝功能的最主要因素是
   - A. 肝门静脉压降低
   - B. 肝动脉压降低
   - C. 肝血管收缩
   - D. 肝血流量减少
   - E. 全身血压下降

5. 关于巨大腹腔肿瘤的患者术中搬动肿瘤过程中,下列描述哪一项是错误的
   - A. 血压骤降、心率增快
   - B. 后负荷减低
   - C. 右心回心血量下降
   - D. 搬出肿瘤后应作腹部加压
   - E. 右心回心血量增加

1.【答案】B

【解析】颈神经丛由颈 1~颈 4 脊神经前支组成。第 1 颈神经主要是运动神经,支配枕骨下角区肌肉,后 3 对颈神经均为感觉神经,颈神经分支相互交错在胸锁乳突肌之后连接成网状,称为颈神经丛。

颈神经丛分为深丛及浅丛,还形成颈袢,与颈 5 部分神经纤维形成膈神经。颈浅神经丛在胸锁乳突肌后缘中点形成放射状分布,向前即颈前神经,向下为锁骨上神经,向后上为耳大神经,向后为枕小神经,分布于颌下、锁骨、整个颈部及枕部区域的皮肤浅组织,呈披肩状。颈深神经丛主要支配颈前及颈侧面的深层组织。参考体表解剖标志,阻滞 $C_2 \sim C_4$ 即可。

【考点】颈神经丛阻滞

2.【答案】C

【考点】甲状腺肿物手术患者的术前访视

3.【答案】B

【解析】临床表现为高热,大汗,心动过速,烦躁,焦虑,谵妄,恶心呕吐,腹泻,严重者可心衰、休克和昏迷。

【考点】甲亢危象的表现

4.【答案】D

【解析】手术对肝功能的影响往往较麻醉更为显著,主要原因是影响肝血流。而单纯血压降低或血管收缩可通过血管扩张和血压升高代偿,不致明显影响肝功能。

【考点】术中影响肝功能的主要因素

5.【答案】C

【解析】巨大腹腔肿瘤的患者术中搬动肿瘤过程中,可使腹压降低,同时解除了肿瘤对下腔静脉的压迫,使静脉回心血量增加。

【考点】腹腔压力对于血流动力学的影响

6.【答案】E

【解析】硫喷妥钠可抑制心功能,从而加重低血容量休克。

【考点】硫喷妥钠的药理学特点

7.【答案】E

【解析】胆道疾病患者,尤其是反复炎性发作和有梗阻性黄疸的患者,常伴有不同程度的肝肾功能损害。阻塞性黄疸可导致维生素 K 吸收障碍,易有出血倾向。阻塞性黄疸还常伴有迷走神经功能紊乱。

【考点】胆道疾病术前访视的特点

8.【答案】C

【解析】恶性程度较高的甲状腺癌,巨大甲状腺瘤或甲状腺肿压迫气管,肿瘤侵犯气管或气管软化者,胸骨后甲状腺肿和小儿甲状腺肿等需全麻气管插管。

【考点】甲状腺手术的麻醉方式选择原则

9.【答案】A

【解析】人工气腹可使膈肌抬高,引起肺总顺应性下降。

【考点】气腹对于呼吸循环的影响

10.【答案】B

【解析】气腹压可影响循环,表现为心排出量下降,高血压,体循环和肺循环血管张力升高,程度和压力为正相关。

【考点】气腹压力影响循环的临界值

1.【答案】C

【解析】常用公式:基础代谢率(%)=(脉率＋脉压)−111。

【考点】基础代谢率的计算

2.【答案】C

【解析】颈动脉窦为压力感受器,与血压调节功能有关,当外力施压时可产生低血压和心动过缓等临床表现。

【考点】颈动脉窦神经反射

3.【答案】C

【解析】甲状腺巨大肿物压迫气管后,可能造成气管软化,当肿物移除后,会出现气管坍塌,致患者呼吸困难或窒息,术中外科需探查气管,必要时行气管悬吊术等措施,术后充分评估后拔出气管导管。

【考点】胸骨后甲状腺肿物手术麻醉方式的选择

6. 对于休克的上消化道出血患者,全麻中**不宜**选用
A. 氯胺酮　　　　　B. 芬太尼　　　　　C. 七氟醚
D. 丙泊酚　　　　　E. 硫喷妥钠

7. 胆道疾病术前访视可以**不关注**下列哪种情况
A. 肝功能异常　　　　　B. 出凝血异常
C. 自主神经功能紊乱　　　D. 肾功能异常
E. 运动神经功能紊乱

8. 以下哪种甲状腺手术可选用局麻或颈丛阻滞
A. 恶性程度较高的甲状腺癌需作淋巴结清扫
B. 巨大甲状腺瘤或甲状腺肿压迫气管
C. 一侧结节性甲状腺肿
D. 肿瘤侵犯气管或气管软化者
E. 胸骨后甲状腺肿

9. 腹腔镜手术麻醉管理下列哪项是**错误**的
A. 人工气腹可引起肺总顺应性上升
B. 应加强呼吸功能监测
C. 应加强循环功能监测
D. 监测 $PetCO_2$
E. 监测 $PaCO_2$ 及 SpO_2

10. 气腹压力多少之后会影响循环
A. 5mmHg　　　　　B. 10mmHg　　　　　C. 15mmHg
D. 20mmHg　　　　　E. 25mmHg

【A2 型题】

1. 患者男性,30 岁。患有甲亢,清晨起床休息片刻后测量心率 90 次 /min,血压 130/80mmHg,其基础代谢率为
A. 9%　　　　　B. 19%　　　　　C. 29%
D. 39%　　　　　E. 49%

2. 患者女性,40 岁。颈丛阻滞下行甲状腺次全切除术,术中突然出现低血压和心动过缓,最可能的是
A. 刺激喉返神经　　　　　B. 刺激喉上神经
C. 压迫颈动脉窦　　　　　D. 刺激颈上神经
E. 窒息

3. 患者男性,50 岁。诊断为胸骨后甲状腺肿物,术前胸片示气管受压,最安全的麻醉方式为
A. 局部麻醉　　　　　B. 颈神经丛阻滞

C. 气管插管全麻　　　　D. 硬膜外

E. MAC

4. 患者男性,50 岁。甲状旁腺功能亢进 6 年,拟行手术治疗,拟行手术治疗,麻醉前评估哪项叙述是**错误**的

A. 低钙血症　　　　　　B. 拔管后喉痉挛

C. 心律失常　　　　　　D. 肾功能的保护

E. 肢体保护防止骨折

5. 患者男性,50 岁。甲状旁腺功能亢进 5 年,行手术治疗后,预计最常见的并发症为

A. 出血　　　　B. 高血压　　　　C. 低血压

D. 高钙血症　　　E. 低钙血症

6. 患者女性,86 岁。既往高血压 40 余年,糖尿病 20 余年,冠心病 30 余年,脑梗死。因急性阑尾炎入院,拟在连续硬膜外麻醉下行阑尾切除术。该患者硬膜外腔穿刺应选

A. T_8~T_9　　　　　　　B. L_2~L_3

C. T_{12}~L_1 或 T_{11}~T_{12}　　　D. L_3~L_4

E. T_4~T_5

7. 患者男性,75 岁。诊断为急性阑尾炎,拟行阑尾切除术。既往高血压和冠心病病史,口服阿司匹林和华法林,应采取何种麻醉方式

A. 脊麻　　　　B. 硬膜外　　　　C. 椎管内

D. 局麻　　　　E. 气管插管全麻

8. 患者男性,80 岁。诊断为腹股沟疝,拟在全身麻醉下行腹腔镜疝修补术。既往肝硬化,Child-Pugh 分级标准临床生化指标得分**不属于** 1 分的指标是

A. 无肝性脑病　　　　　B. 无腹腔积液

C. 血清胆红素 <34μmol/L　　D. 白蛋白 >35g/L

E. PT 较正常延长 4~6 秒

4.【答案】A

【解析】甲状旁腺功能亢进患者,血中甲状旁腺激素(PTH)增高,PTH 功能为增血钙降血磷,所以此患者应为高钙血症,但是手术切除后有可能出现低钙血症。

【考点】甲状旁腺功能亢进患者术中的麻醉管理

5.【答案】E

【解析】甲状旁腺功能亢进患者,血中甲状旁腺激素(PTH)增高,PTH 功能为增血钙降血磷,患者在切除肿物之前表现为高钙血症,当手术结束后,由于 PTH 迅速降低,血钙迅速降低,主要表现为神经肌肉症状,如感觉异常,四肢麻木,手足抽搐和心律失常等。

【考点】甲状旁腺功能亢进患者术后并发症

6.【答案】C

【解析】通常上肢穿刺点在胸 3~胸 4 棘突间隙,上腹部手术在胸 8~胸 10 棘突间隙,中腹部手术在胸 9~胸 11 棘突间隙,下腹部手术在胸 12~腰 2 棘突间隙,下肢手术在腰 3~腰 4 棘突间隙,会阴部手术在腰 4~腰 5 间隙,也可用骶管麻醉。确定棘突间隙,参考体表解剖标志,可确定需穿刺的位置。

【考点】阑尾手术硬膜外穿刺位置的选择

7.【答案】E

【解析】对于冠心病患者,建立人工气道,能保证足够的氧供;同时口服双抗的抗凝药物,避免椎管内穿刺导致凝血功能障碍。

【考点】实施椎管内麻醉时口服抗凝药物的使用原则

8.【答案】E

【解析】见表 31-1

【考点】Child-Pugh 分级标准

表 31-1　Child-Pugh 分级标准临床生化指标

临床生化指标	1 分	2 分	3 分
肝性脑病 / 期	无	1~2	3~4
腹水	无	轻度	中、重度
总胆红素 /(μmol·L^{-1})	<34	34~51	>51
白蛋白 /(g·L^{-1})	>35	28~35	<28
凝血酶原时间延长 /s	<4	4~6	>6
总分 / 分	A 级 ≤ 6	B 级 7~9	C 级 ≥10

9.【答案】D
【解析】行椎管内麻醉时,一般停止服用华法林 7 天以上,检查凝血功能正常后方可实施有创操作。
【考点】实施椎管内麻醉时华法林最短停药时间

10.【答案】B
【解析】应纠正休克和手术同时进行。
【考点】休克抢救的处理原则

11.【答案】B
【考点】硬膜外并发症

12.【答案】A
【解析】对于高血压和冠心病患者,建立人工气道,能保证足够的氧供,同时全麻可以完全抑制探查所引发的牵拉反射,和易于纠正内环境。
【考点】高血压和冠心病患者剖腹手术的麻醉方式最佳选择

13.【答案】A
【考点】肝功能的评估方法

14.【答案】E
【解析】维库溴铵经过肝肾代谢。
【考点】药物的代谢

---

9. 患者女性,75 岁。诊断为腹股沟疝,拟在椎管内麻醉下行疝修补术。既往高血压和冠心病,口服华法林,华法林是否需要停用,如停药至少需要几天后才行椎管内麻醉安全
A. 不需要停用　　　B. 停药 1 天　　　C. 停药 2 天
D. 停药 7 天　　　E. 停药 14 天

10. 患者男性,40 岁。因外伤性肝破裂行急症手术,术前血压 82/58mmHg,脉搏 130 次/min。下列麻醉处理原则哪项**错误**
A. 立即开放静脉,加快输血输液
B. 待休克纠正后手术
C. 纠正电解质、酸碱紊乱
D. 首选气管内全麻
E. 加强呼吸循环功能监测

11. 患者男性,65 岁,阑尾切除术。取 T_{12}~L_1 间隙穿刺成功,回抽无血无液,头向置管 3cm 后,一次性注入 2% 利多卡因 15ml,5 分钟后患者突感胸闷遂呼吸停止。抢救无效死亡,此病例可能诊断是
A. 局麻药中毒　　　B. 全脊椎麻醉
C. 广泛硬膜外麻醉　　　D. 急性脑卒中
E. 硬膜下阻滞

12. 患者男性,65 岁。既往高血压和冠心病,肠梗阻 10 天,剧烈呕吐 3 天,拟行剖腹探查术。患者一般情况差,血压 80/60mmHg,心率 120 次/min,血气分析示代谢性酸中毒,此患者麻醉选择应是
A. 气管插管全麻　　　B. 硬膜外麻醉
C. 脊麻　　　D. 局麻
E. MAC

13. 患者男性,60 岁。诊断为乙肝型肝硬化肝癌、门静脉高压,拟行肝部分切除术,肝功能的评估目前主要是按照
A. Child 分级　　　B. 血浆白蛋白指数
C. 凝血指标　　　D. 肝脏酶学
E. 胆红素

14. 患者 50 岁。诊断为胆结石和酒精性肝硬化,肝功异常。拟在全麻下行腹腔镜胆囊切除术,以下哪种麻醉药物可引起药效时间明显延长
A. 七氟醚　　　B. 异氟醚
C. 瑞芬太尼　　　D. 顺式阿曲库铵
E. 维库溴铵

15. 患者女性,40 岁。因"大量腹水"在全身麻醉下行开腹探查术,术中外科医师未和麻醉医师协商,一次性从腹腔抽出 2 000ml 液体,此时最可能出现的是
    A. 血压上升
    B. 血压下降
    C. 心率减慢
    D. 心脏后负荷增加
    E. 外周血管阻力增加

16. 患者男性,50 岁。既往体健,拟行直肠癌根治术,术前 HB 80g/L。切除肿瘤后血气分析示 HB 65g/L,此时输血应选择
    A. 全血
    B. 血浆
    C. 血小板
    D. 浓缩红细胞
    E. 冷沉淀

17. 患者女性,59 岁。慢性胆囊炎、胆结石急性发作。既往高血压,冠心病,心率 60 次 /min,血压 150/85mmHg,全麻下腹腔镜行胆囊切除加胆总管探查 T 管引流术,术中突然心率减慢,室性期前收缩二联律,首先想到的原因是
    A. 缺氧
    B. 胆心反射
    C. 二氧化碳蓄积
    D. 高血压
    E. 低血压

18. 患者女性,40 岁,体重 60kg。拟在全麻下腹腔镜胃癌根治术,气管插管后,调整呼吸机参数为潮气量(Vt) 400ml/ 次,呼吸频率(f)12 次 /min,CO_2 气腹建立后患者容易发生
    A. $PaCO_2$ 下降
    B. $PaCO_2$ 上升
    C. PaO_2 下降
    D. PaO_2 上升
    E. $PaCO_2$ 不变

19. 患者男性,43 岁。因"胆结石"入院,拟在全麻下腹腔镜胆囊切除术,开始人工气腹后 2 分钟,血压 120/80mmHg 下降为 80/40mmHg,心率由 80 次 /min 增加为 120 次 /min,血氧饱和度由 100% 下降为 85%,最可能的是
    A. 皮下气肿
    B. 气胸

15.【答案】B
【解析】快速大量的抽吸腹水,会降低腹内压力,下腔静脉的压力解除,从而造成外周血管阻力下降,但是回心血量可能增加,根据 MAP(平均动脉压)=CO(心排出量)×SVR(外周血管阻力),即使增加的 CO 不足以补偿 SVR 的减少,从而会造成血压的骤降。要求外科医师和麻醉医师充分沟通,少量缓慢在生命体征平稳的情况下放腹水。
【考点】腹内压对于循环的影响

16.【答案】D
【解析】输注红细胞指征:用于需要提高血液携氧能力,血容量基本正常或低血容量已被纠正的病:
    (1) 血红蛋白 >100g/L 的患者围术期不需要输红细胞。
    (2) 以下情况需要输红细胞:①血红蛋白 <70g/L。②术前有症状的难治性贫血患者:心功能Ⅲ~Ⅳ级,心脏病患者(充血性心力衰竭、心绞痛)及对铁剂、叶酸和维生素 B_{12} 治疗无效者。③术前心肺功能不全和代谢率增高的患者(应保持血红蛋白 >100g/L 以保证足够的氧输送)。④血红蛋白在 70~100g/L 之间,根据患者心肺代偿功能、有无代谢率增高以及年龄等因素决定是否输红细胞。
【考点】输注红细胞指征

17.【答案】B
【解析】胆心反射(迷走神经反射)是指胆道手术时由于牵扯胆囊,或探查胆道时所引起的心率减慢、血压下降,严重者可因反射性冠状动脉痉挛导致心肌缺血、心律失常,甚至心搏停止等现象,已处于休克或低血压状态下的患者更易发生,应采取积极措施(局部神经封闭、静脉辅助用药阿托品)加以防范。它的发生是建立在完整的反射弧基础上的(胆囊、胆道部位的迷走神经分布密集),即胆囊壁内内脏神经感觉纤维受到刺激,经左侧迷走神经内传入纤维将兴奋传至延髓内副交感低级中枢(迷走神经脊核),释放冲动再经过左侧迷走神经内副交感纤维到达心脏。
【考点】胆心反射

18.【答案】B
【解析】人工气腹后,如果保持气腹前的通气状态,由于气腹 CO_2 的吸收,患者易产生二氧化碳蓄积。
【考点】CO_2 气腹对于呼吸的影响

19.【答案】E
【解析】气腹并发症包括皮下气肿、气胸、纵隔气肿、心包积气、气栓、高碳酸血症等,从临床表现判断为气栓所致。
【考点】气腹的并发症

C. 纵隔气肿

D. 心包积气

E. 气栓

20. 【答案】E
　【解析】功能残气量下降。
　【考点】气腹对于呼吸系统的影响

20. 男患,80 岁,拟在全麻腹腔镜下行疝修补术,人工气腹对于肺功能改变**错误**的是

A. 膈肌上移　　　　　　　B. 肺顺应性下降

C. 通气量下降　　　　　　D. 通气 / 血流比增加

E. 功能残气量增加

21. 【答案】C
　【解析】腹腔镜手术,呼吸末二氧化碳持续增高,颈部和胸部有握雪感(为皮下气肿的特有体征)。可诊断为 CO_2 皮下气肿。
　【考点】CO_2 气腹的并发症

21. 患者男性,62 岁。诊断为结肠癌,在静吸复合全身麻醉下行腹腔镜结肠癌根治术。CO_2 气腹压力 14mmHg,手术 1 小时后,呼吸末二氧化碳持续增高,颈部和胸部有握雪感,可能出现

A. 气栓

B. 气胸

C. 皮下气肿

D. 液体过量

E. 吸入性麻醉气体气肿

22. 【答案】E
　【解析】因门静脉高压患者凝血因子含量下降,维生素 K 和肝脏合成四种凝血因子(凝血酶原、凝血因子Ⅶ,Ⅸ及Ⅹ)密切相关,如果缺乏维生素 K,则肝脏合成的上述四种凝血因子为异常蛋白质分子,它们催化凝血作用的能力大为下降。
　【考点】维生素 K 和肝脏合成凝血因子的关系

22. 患者女性,50 岁。因"门静脉高压"在全麻下行分流术,术中伤口出渗血严重,此时应给予何种维生素

A. 维生素 A 族　　　　　　B. 维生素 B 族

C. 维生素 C 族　　　　　　D. 维生素 D 族

E. 维生素 K 族

【A_3 和 A_4 型题】

(1~3 题共用题干)

患者女性,45 岁。诊断为左甲状腺癌,既往体健,查体血压 130/75mmHg,心率 80 次 /min,呼吸频率 14 次 /min,心电图和胸片正常。患者自诉平时偶有心悸,多汗,拟在全身麻醉下行甲状腺癌根治术。

1. 【答案】B
　【解析】基础代谢率正常值 ±10%,甲亢轻度 +20%~30%,中度 +30%~60%,重度 >+60%。常用公式:基础代谢率(%)=(脉率 + 脉压)−111,根据此公式该患者的基础代谢率为 24%,为轻度甲亢。
　【考点】基础代谢率的计算和甲亢的分级

1. 该患者是否存在甲亢

A. 不存在　　　　B. 轻度甲亢　　　　C. 中度甲亢

D. 重度甲亢　　　　E. 极重度甲亢

2. 【答案】C
　【解析】临床表现为高热,大汗,心动过速,烦躁,焦虑,谵妄,恶心呕吐,腹泻,严重者可心衰,休克和昏迷,但全麻下以上症状大多会被掩盖。
　【考点】甲亢的临床表现

2. 术中甲状腺肿瘤巨大,且外科医师未及时切断肿瘤血供,手术 1.5 小时后,患者的心率由 65 次 /min 上升到 100 次 /min,血压由 110/60mmHg 上升到 150/95mmHg,呼吸末二氧化碳持续增高,测量体温为 39℃,此时可能发生

A. 麻醉过浅　　　　B. 麻醉过深　　　　C. 甲亢危象

D. 高碳酸血症　　　　E. 液体过剩

3. 关于甲状腺手术术后并发症**错误**的是
   A. 呼吸困难和窒息
   B. 喉返神经和喉上神经的损伤
   C. 甲亢危象
   D. 高钙血症
   E. 颈动脉窦反射

（4~6 题共用题干）

患者男性，60 岁。诊断为腹股沟疝气，既往有冠心病病史，口服阿司匹林和氯吡格雷。门诊就医后停药口服用药，改为低分子肝素治疗，今天拟在椎管内麻醉下行疝修补术。

4. 实施椎管内麻醉，低分子肝素是否需要停药，如停用需要多久
   A. 1~3 小时
   B. 4~6 小时
   C. 6~12 小时
   D. 12~24 小时
   E. 可不停止使用低分子肝素

5. 术中实施腰硬联合麻醉，术毕拔出硬膜外导管安返病房，如继续抗凝治疗，需要在几小时后方可使用低分子肝素
   A. 1 小时   B. 2 小时   C. 3 小时
   D. 4 小时   E. 8 小时

6. 如此患者术前应用的是普通肝素，实施椎管内麻醉是否需要停药，如停用需要
   A. 1~2 小时
   B. 2~4 小时
   C. 4~6 小时
   D. 6~8 小时
   E. 可不停止使用普通肝素

（7~9 题共用题干）

患者男性，49 岁。急性外伤性脾破裂，拟行剖腹探查术。查体：面色苍白、神志淡漠、呼吸急促、心率 124 次 /min，律齐，血压 80/40mmHg，ECG 提示，S-T 段改变。患者系酒后驾车。

7. 术前下列哪项处理**不当**
   A. 放置鼻胃管   B. 快速输液
   C. 速配血型   D. 抗感染
   E. 催吐

3. 【答案】D
   【解析】甲状腺手术术中可能误伤甲状旁腺或其血供，由于甲状旁腺激素（PTH）减少，血钙迅速降低，主要表现为神经肌肉症状，如感觉异常，四肢麻木，手足抽搐和心律失常等。
   【考点】甲状腺手术术后并发症

4. 【答案】D
   【考点】低分子肝素在椎管内麻醉中的应用原则

5. 【答案】D
   【考点】低分子肝素在椎管内麻醉中的应用原则

6. 【答案】C
   【考点】普通肝素在椎管内麻醉中的应用原则

7. 【答案】E
   【解析】对于神志不清者禁忌催吐。催吐极易引起患者误吸。
   【考点】饱胃患者的麻醉处理

8.【答案】C

【解析】S-T 段是指自 QRS 波群的终点至 T 波起点间的线段,代表心室缓慢复极过程,S-T 段发生改变应首先考虑心肌缺血性改变。

【考点】心肌供血不足的心电图表现

9.【答案】E

【解析】误吸时紧急处理主要在于重建通气道并减轻肺损害。其中吸引、冲吸、高频正压通气,早期大剂量应用激素均有效。

【考点】发生误吸之后的麻醉处理方法

10.【答案】D

【解析】临床上沿用的诊断感染性休克的标准包括:①临床上有明确的感染;②有 SIRS 的存在;③收缩压 <90mmHg 或较原基础值下降的幅度 >40mmHg 至少 1 小时,或血压依赖输液或药物维持;④有组织灌注不良的表现,如少尿(<30ml/h)持续时间超过 1 小时,或有急性神志障碍

11.【答案】D

【考点】感染性休克早期的血流动力学特点

12.【答案】E

【考点】感染性休克治疗原则

8. S-T 段改变应首先考虑

  A. 失血性休克   B. 冠心病

  C. 心肌缺血   D. 高血压

  E. 肺心病

9. 气管插管时如已误吸,紧急处理,下列哪项**不恰当**

  A. 插管后气管内吸引

  B. 气管内给予生理盐水、碳酸氢钠冲吸

  C. 给予 5~10cmH$_2$O PEEP 通气

  D. 给予甲强龙 1~2mg/kg

  E. 应用扩血管药

(10~12 题共用题干)

患者女性,50 岁,身高 160cm,体重 68kg。诊断:急性梗阻性化脓性胆管炎。既往体健。查体:表情淡漠,心肺听诊正常,腹胀压痛,体温 39℃,血压 85/50mmHg,心率 95 次 /min,呼吸频率 24 次 /min。

10. 该患者的休克类型是

  A. 失血性休克   B. 心源性休克

  C. 过敏性休克   D. 感染性休克

  E. 创伤性休克

11. 感染性休克早期的血流动力学表现为

  A. 低心排量,低外周血管阻力

  B. 高心排量,高外周血管阻力

  C. 低心排量,高外周血管阻力

  D. 高心排量,低外周血管阻力

  E. 心排量不变,低外周血管阻力

12. 关于感染性休克治疗原则**错误**的是

  A. 抗感染,手术去除病因

  B. 肝肾功能的保护

  C. 应用血管活性药物,维持循环稳定

  D. 早期应用晶体,胶体和血液制品行液体复苏治疗

  E. 早期应用高渗溶液行液体复苏治疗

(13~15 题共用题干)

患者男性,65 岁 . 既往体健,因慢性胆囊炎、胆囊结石行经腹腔镜胆囊切除术。术中以 1.5% 的异氟烷维持麻醉,瑞芬太尼 0.2μg/(kg·min)泵注。手术进行到 1 小时后患者的血压升高、心率增快,面部潮红,将异氟烷的浓度升至 2%,效果不良。

13. 考虑患者可能出现了以下哪种情况
    A. 麻醉过浅　　　　　B. 麻醉过深
    C. 气腹压力过大　　　D. 液体过剩
    E. 二氧化碳蓄积

14. 本病例确定二氧化碳蓄积的最简便有效的方法为
    A. 观察钠石灰的颜色
    B. 患者的临床表现
    C. 测定呼气末二氧化碳分压
    D. 行动脉血气分析
    E. 测定分钟通气量

15. 解除二氧化碳蓄积正确的处理方法为
    A. 给予 β- 受体阻滞剂以降低心率
    B. 给予血管扩张剂以降低血压
    C. 加深麻醉以降低血压和心率
    D. 增加分钟通气量
    E. 不需要处理,等待手术后自然恢复

【案例分析题】

案例一　患者男性,81 岁,诊断为胃癌。既往高血压 30 余年,冠心病 20 余年,糖尿病 20 余年,有吸烟饮酒史。拟在腹腔镜下行胃癌根治术。

提问 1:该患术前访视的关注点正确的是
    A. 营养状态,如血红蛋白应大于 100g/L,血浆总蛋白大于 60g/L
    B. 胃肠减压
    C. 纠正水、电解质和酸碱平衡紊乱
    D. 心肺功能的评估
    E. 高龄患者精神状态的评估
    F. 既往病史,麻醉手术史、药物过敏史等

提问 2:除心电图,有创和无创血压,血氧饱和度监测外,下列哪项监测对于麻醉有临床指导意义
    A. 呼气末二氧化碳($ETCO_2$)
    B. 脑电双频指数(BIS)
    C. 混合静脉血氧饱和度(SvO_2)
    D. 心排出量(CO)
    E. 每搏量变异度(SVV)
    F. 动脉血气分析

提问 3:术中血气分析血清钾离子的浓度为 3.2mmol/L,补钾原则和注意事项下列正确的是
    A. 见尿补钾,即尿量必须在 30ml/h 以上

13.【答案】E
【解析】高碳酸血症能引发神经内分泌的改变:交感神经兴奋,释放儿茶酚胺,加压素等,所以造成患者血压升高、心率增快,面部潮红等临床症状。
【考点】高碳酸血症的临床表现

14.【答案】C
【解析】当怀疑患者有二氧化碳蓄积时,检测呼气末二氧化碳分压最为快捷有效。
【考点】麻醉监测

15.【答案】D
【解析】处理二氧化碳蓄积最迅速有效的方法是改善通气,增加每分通气量。
【考点】高碳酸血症的麻醉处理方法

提问 1:【答案】ABCDEF
【考点】腹部恶性肿瘤术前评估

提问 2:【答案】ABCDEF
【考点】麻醉术中监测

提问 3:【答案】ABCDEF
【考点】补钾原则和注意事项

B. 补钾浓度不宜过高,应小于等于 3‰(每升液体中氯化钾小于等于 3g)

C. 速度不宜过快,血清钾突然增高可致心搏骤停

D. 低钙血症症状会被低钾血症所掩盖,所以应注意补钙

E. 伴有酸中毒,血氯过高或肝功异常,可应用谷氨酸钾

F. 绝对禁止静脉推注氯化钾

案例二 患者男性,66 岁,诊断为结肠癌腹腔转移。既往高血压病史 20 年,拟在全身麻醉下行常规细胞减灭术和腹腔热灌注化疗。

提问 1:术前预计出血量在 1 000~1 500ml,拟实施急性等容性血液稀释,下列说法正确的是

提问 1:【答案】ABCDEF
【考点】急性等容性血液的适应证和禁忌证

A. 适应证:患者身体一般情况好,血红蛋白≥110g/L(血细胞比容≥0.33)

B. 手术中需要降低血液黏稠度,改善微循环时也可采用

C. 禁忌证:低蛋白血症

D. 禁忌证:凝血功能障碍

E. 禁忌证:不具备监护条件

F. 禁忌证:心肺功能不良患者

提问 2:手术开始 6 小时后,创面持续渗血,拟输注新鲜冰冻血浆(FFP),下面使用 FFP 的指征正确的是

提问 2:【答案】ABCDEF
【考点】FFP 输注的适应证

A. PT 或 APTT> 正常 1.5 倍或 INR>2.0,创面弥漫性渗血

B. 患者急性大出血输入大量库存全血或浓缩红细胞

C. 有先天性或获得性凝血功能障碍

D. 紧急对抗华法林的抗凝血作用

E. 每单位 FFP 可使成人增加 2%~3% 的凝血因子,或使用 10~15ml/kg,可以达到正常凝血状态

F. 不应该将 FFP 作为容量扩张剂

提问 3:术毕拔管,患者发生认知功能障碍(POCD),关于 POCD 的危险因素正确的是

提问 3:【答案】ABCDEF
【考点】发生 POCD 的危险因素

A. 年龄(尤其是≥65 岁的老年人)

B. 并发症,如心脑血管疾病

C. 使用抗胆碱药或苯二氮䓬类药物

D. 手术部位(腹部或心胸部)

E. 出血量大,手术时间长

F. 术后疼痛

案例三 患者男性,73 岁,因"乏力食欲缺乏 1 年,皮肤瘙痒 1 个月,尿黄 10 天"入院。诊断十二指肠壶腹部占位,肿瘤标志物增高,肝酶进行性升高,拟在全身麻醉下行胰十二指肠切除术。

提问 1:关于此患者麻醉方案正确的是

提问 1:【答案】ABCDEF
【考点】肝功异常手术麻醉的方案

A. 术前重点关注血清胆红素,白蛋白和凝血功能等指标

B. 术中维持血流动力学平稳,避免低血压,维持肝脏的

灌注

    C. 避免使用经肝脏代谢的药物

    D. 黄疸可造成迷走神经张力增高,其对于脑功能影响可致苏醒延迟

    E. 术中术后充分镇痛,减少应激

    F. 术中保证供氧、补充血容量、纠正酸中毒等

提问2:患者血清白蛋白为25g/L,拟输注人血白蛋白,下列关于白蛋白叙述正确的是

    A. 白蛋白能维持血浆胶体渗透压的恒定

    B. 白蛋白属于非专一性的运输蛋白

    C. 白蛋白是人体内一种重要的营养物质

    D. 白蛋白具有黏性、胶质性,有解毒的作用

    E. 白蛋白对球蛋白起到一种胶体保护的稳定作用

    F. 白蛋白能保证细胞内液、细胞外液与组织液间的交流

提问2:【答案】ABCDEF
【考点】白蛋白的生理作用

提问3:肝脏功能叙述正确的是

    A. 解毒功能

    B. 代谢功能,其中包括了合成代谢、分解代谢和能量代谢

    C. 分泌胆汁

    D. 造血、储血和调节循环血量的功能

    E. 免疫防御功能

    F. 凝血功能

提问3:【答案】ABCDEF
【考点】肝脏功能

(盛崴宣 关 雷 李天佐)

第三十二章 骨科手术麻醉

1.【答案】D
　【解析】局麻药的分类,局麻药分为酯类和酰胺类。
　【考点】局麻药药理

2.【答案】E
　【解析】臂丛神经的组成。
　【考点】臂丛神经解剖

3.【答案】C
　【解析】氯吡格雷是一种血小板聚集抑制剂,患者行择期手术,需在术前1周停止使用。
　【考点】髋部骨折患者择期手术术前抗血小板药物停药时间

4.【答案】B
　【解析】髋部骨折的手术方式中,髓内钉内固定发生脂肪栓塞的概率大于其他手术方式。
　【考点】髋部骨折的不同手术方式

5.【答案】E
　【解析】此题主要考查对髋部骨折所涉及的手术部位,以及麻醉方式需要阻滞肢体区域的掌握情况,髋部的神经支配主要是腰丛和骶丛神经。
　【考点】髋部的神经支配和麻醉选择

6.【答案】B
　【解析】此题主要考查对下肢深静脉血栓、肺栓塞的危险因素的认识,D-Dimer的升高由多种因素导致,骨折创伤即可造成显著升高,而且 D-Dimer 仅仅大于 200μg/L(正常上限)并不能作为肺栓塞发生的高危因素。
　【考点】下肢深静脉血栓和肺栓塞的预测因素

【A1 型题】

1. 不属于酰胺类药物的是
   A. 布比卡因　　　　B. 利多卡因　　　　C. 罗哌卡因
   D. 普鲁卡因　　　　E. 甲哌卡因

2. 臂丛神经是由哪些脊神经组成的
   A. C_4~C_7　　　　B. C_4~C_8　　　　C. C_5~C_7
   D. C_5~C_8　　　　E. C_5~C_8 及 T_1

3. 左髋部骨折患者,拟行择期手术,口服氯吡格雷需在术前几天停药
   A. 3 天　　　　B. 5 天　　　　C. 7 天
   D. 10 天　　　　E. 14 天

4. 下列哪种髋部骨折的手术方式,术中发生脂肪栓塞的概率最高
   A. 空心钉内固定　　　　B. 髓内钉内固定
   C. 钢板内固定　　　　D. 外固定支架
   E. 全髋关节置换术

5. 髋部骨折的麻醉方式**不包括**
   A. 全身麻醉
   B. 椎管内阻滞
   C. 股神经 + 坐骨神经阻滞
   D. 腰丛 + 骶丛神经阻滞
   E. 股神经 + 隐神经阻滞

6. 髋部骨折的老年患者,围术期肺栓塞发生的高危因素**不包括**
   A. 下肢肿胀和深静脉触痛
   B. D-Dimer>200μg/L

C. 术前面罩吸氧 5L/min，SpO_2 90%

D. 既往有深静脉血栓或肺栓塞病史

E. 下肢静脉超声提示，深静脉血栓形成

7. 下列哪一药物对 SSEPs **无影响**

  A. 丙泊酚   B. 咪达唑仑   C. 罗库溴铵

  D. 七氟烷   E. 芬太尼

8. 脊髓损伤后出现自主神经反射异常的最常见诱发因素是

  A. 便秘   B. 膀胱扩张   C. 尿路感染

  D. 呕吐   E. 胃食管反流

9. 对于骨科手术术后急性疼痛，下列不属于术后镇痛方法的是

  A. 口服给药   B. 肌内注射

  C. 静脉注射   D. 心理疗法

  E. 硬膜外腔注药镇痛

10. 多模式镇痛方案中应用的解热镇痛抗炎药物，其共同作用机制是

  A. 抑制细胞间黏附因子的合成

  B. 抑制肿瘤坏死因子的合成

  C. 抑制前列腺素的合成

  D. 抑制白介素的合成

  E. 抑制血栓素的合成

【A2 型题】

1. 患者男性，30 岁，因"尺骨鹰嘴骨折"在臂丛阻滞下行骨折内固定手术。麻醉后患者诉头晕、耳鸣、口唇发麻，最可能的诊断是

  A. 神经阻滞药物浓度过高

  B. Horner 征

  C. 局麻药中毒

  D. 膈肌麻痹

  E. 神经阻滞不全

2. 患者男性，30 岁，在臂丛阻滞下行断指再植手术 6 小时。手术未完成，患者诉患肢疼痛，此时如何处置最恰当

  A. 改局部浸润麻醉

  B. 肌间沟或锁骨上入路追加局麻药

  C. 静脉给予 NSAIDs 药物

  D. 口服镇痛药

  E. 静脉给予镇静药物

7.【答案】C
【解析】许多麻醉药物对 SSEPs 有明显的影响。吸入麻醉药可呈剂量依赖性减低 SSEPs 的振幅及延长其潜伏期；静脉麻醉药对 SSEPs 的影响较吸入麻醉药轻；阿片类药物导致 SSEPs 振幅轻度下降及潜伏期轻度延长；肌松药对 SSEPs 无影响。
【考点】常见骨科手术的围术期麻醉管理

8.【答案】B
【解析】最常见的诱发因素是膀胱扩张，约占 85%。
【考点】常见骨科手术的围术期麻醉管理

9.【答案】D
【解析】骨科术后疼痛属于创伤造成的疼痛，心理疗法不能缓解。
【考点】骨科术后镇痛的方法选择及给药途径

10.【答案】C
【解析】解热镇痛抗炎药物的共同作用机制是抑制前列腺素的合成。
【考点】解热镇痛抗炎药物的共同作用机制

1.【答案】C
【解析】该患者符合局麻药中毒的临床表现。
【考点】局麻药药理及毒性

2.【答案】B
【解析】了解麻醉方法的选择。
【考点】臂丛阻滞的适应证

3.【答案】D

【解析】0.2~0.5mA 是臂丛神经阻滞注入局麻药物适合的刺激强度。

【考点】神经刺激器使用方法

4.【答案】E

【解析】以上均为超声引导神经阻滞的优势。

【考点】超声引导神经阻滞的优势

5.【答案】C

【解析】缬沙坦是一种特异性的血管紧张素Ⅱ受体拮抗剂（ARB）。

【考点】常用抗高血压药物的分类

6.【答案】A

【解析】神经阻滞＋镇静的麻醉方式具有对患者生理影响小、术后不需要呼吸支持、术后镇痛满意、术后恢复时间短等优点。

【考点】高龄患者髋部骨折手术不同麻醉方式的选择，优缺点比较

7.【答案】D

【解析】对于术前使用抗凝药物的患者，在实施区域阻滞时，低分子肝素应在术前 12 小时以上使用。

【考点】不同抗凝血药物在实施区域阻滞时的停药时间

8.【答案】C

【解析】轻比重腰麻，患肢在上，注射药物后 10~15 分钟平面基本固定。

【考点】轻比重腰麻麻醉平面固定时间

3. 患者男性，30 岁，因"上肢骨折"入手术室。麻醉医师应用神经刺激器进行臂丛神经阻滞，注入局麻药物适合的电流刺激强度是

A. 大于 2mA
B. 1~2mA
C. 0.5~1mA
D. 0.2~0.5mA
E. 小于 0.2mA

4. 患者女性，25 岁，因"车祸致右肱骨中段骨折"。拟在超声引导肌间沟臂丛神经阻滞下行切开复位内固定术，请问超声引导下神经阻滞的优势有

A. 实时定位
B. 可观察到目标神经
C. 可看到局麻药扩散
D. 可观察进针路径
E. 以上都是

5. 患者男性，78 岁，因"跌伤后左股骨颈骨折 2 天"入院。患者既往高血压病史 20 年，规律口服缬沙坦治疗，该药属于下列哪类抗高血压药物

A. 钙离子拮抗剂
B. 血管紧张素转化酶抑制药（ACEI）
C. 血管紧张素Ⅱ受体拮抗剂（ARB）
D. 利尿剂
E. β 受体阻滞药

6. 患者女性，85 岁，因"摔伤后右股骨头骨折 5 天"拟行手术治疗。拟行神经阻滞＋镇静的麻醉方式，下列哪项**不是**该麻醉方式的特点

A. 对生理影响较大
B. 术后镇痛满意
C. 有利于术后功能锻炼
D. 术后恢复时间短
E. 术后不需要呼吸支持

7. 患者女性，40 岁，因"车祸后右髋部骨折 3 天"入院。拟行"右全髋关节置换术"，术前下肢血管超声示："右小腿肌间静脉血栓"，予低分子肝素抗凝，该患者如果选择区域神经阻滞，术前低分子肝素应至少停药多长时间

A. 4 小时
B. 6 小时
C. 8 小时
D. 12 小时
E. 24 小时

8. 患者男性，51 岁，因"外伤后右股骨粗隆间骨折"拟行"右股骨髓内钉内固定术"，既往体健。患者左侧卧位，L_3~L_4 间隙穿刺，予轻比重腰麻（10mg 布比卡因加灭菌注射用水至 3ml），注射药物几分钟后麻醉平面基本固定。

A. 3~5 分钟
B. 5~10 分钟
C. 10~15 分钟
D. 15~20 分钟
E. 20~30 分钟

9. 患者女性,68 岁,因"右股骨粗隆间骨折 6 天"拟行手术治疗。术前下肢血管超声检查发现:右下肢静脉血栓。下列哪种下肢静脉血栓应该先行放置下腔静脉滤器
   A. 小腿肌间静脉血栓   B. 髂静脉血栓
   C. 胫前静脉血栓   D. 腓静脉血栓
   E. 以上都是

9.【答案】B
  【解析】老年外伤者超声筛查下肢深静脉血栓极为重要,明确有无血栓、血栓位置和大小。如果股静脉以上有大的血栓,应先行下腔静脉滤器置入。
  【考点】老年外伤患者合并下肢深静脉血栓的术前准备

10. 患者女性,70 岁。因髋部骨折,术前情况不清,急诊行椎管内麻醉下的切开复位固定,术中无明显诱因突发脉氧饱和度下降至 70%,呼吸困难,烦躁不安,血压下降,心率增快,最可能的病因为
   A. 液体输入量不足
   B. 冠心病,突发心肌梗死
   C. 支气管痉挛
   D. 肺栓塞
   E. 恶性高热

10.【答案】D
  【解析】髋部骨折手术,术中肺栓塞的早期典型临床表现:脉氧饱和度下降,呼吸困难,血压下降,心率增快。
  【考点】围术期肺栓塞的早期识别

11. 患者男性,70 岁。因髋部骨折,全身麻醉下骨折复位内固定术后,可疑发生了肺部并发症,其临床表现**不包括**
   A. 发热,体温 >38℃
   B. 呼吸急促,咳黄痰
   C. 凝血功能异常
   D. 肺部新出现的啰音和低氧血症
   E. 痰培养发现病原菌

11.【答案】C
  【解析】老年患者髋部术后肺部感染的临床表现。
  【考点】术后肺部并发症的临床特点

12. 患者男性,70 岁。因股骨颈骨折,拟行全髋置换手术,为防深静脉血栓形成,术后需低分子肝素抗凝 7 天,术后早期可行的镇痛方案**不包括**
   A. 口服 NSAIDs 药物
   B. 硬膜外镇痛,并在 3 天镇痛后拔出导管
   C. 静脉注射阿片类药物
   D. 透皮芬太尼贴剂
   E. 局部单次注射长效局麻药物

12.【答案】B
  【解析】术后低分子肝素抗凝,不推荐使用椎管内镇痛方式。
  【考点】椎管内镇痛的适应证与禁忌证

13. 患者男性,75 岁。因股骨粗隆间骨折,全身麻醉下行骨折切开复位内固定术,手术后拔出气管导管,发生严重躁动和术后谵妄,正确的处理方案**不包括**
   A. 检查血气分析
   B. 进行肢体制动
   C. 给予吸氧治疗
   D. 给患者戴冰帽
   E. 给予适度镇静治疗

13.【答案】D
  【解析】此题主要考查患者发生术后谵妄和脑功能异常时的处理方法。
  【考点】术后谵妄的治疗

14.【答案】D

【解析】术后 2 小时出现烦躁、呼吸困难，符合颈椎术后颈前血肿的临床表现。

【考点】常见骨科手术的围术期麻醉管理

15.【答案】C

【解析】该患者臂丛阻滞后给予镇静、镇痛药物，出现不规则鼾声，脉搏血氧饱和度下降，表明患者发生上呼吸道阻塞，此时首要处理措施是头后仰托下颌开放气道。

【考点】骨科手术术中并发症

16.【答案】A

【解析】肱骨中下 1/3 交界处后外侧有桡神经沟，此处骨折容易损伤桡神经。

【考点】骨科手术术前评估

17.【答案】E

【解析】腋路臂丛阻滞优点是容易实施，尺侧阻滞完全，不会出现气胸、霍纳综合征、膈神经阻滞、椎管内阻滞等，即刻最严重的并发症是局麻药中毒，处理延迟或不当，会危及患者的生命。

【考点】骨科手术麻醉并发症

18.【答案】A

【解析】高位脊髓组织出血、水肿、变性、坏死等原发和继发病理性改变，均可引起脊髓神经功能损害，导致心脏交感神经受损，阻碍了高级中枢对心脏交感神经的支配，而副交感神经则相对兴奋，出现血压下降和心率减慢。

【考点】骨科手术术前评估

19.【答案】E

【解析】对于高龄老年患者，应首选区域阻滞进行术后镇痛。

【考点】高龄老年全膝关节置换患者术后镇痛方案的选择

14. 患者男性，50 岁。全身麻醉下行颈 5~7 间盘切除术，手术结束后拔出气管导管返回病房。术后 2 小时出现烦躁、呼吸困难。此时最可能发生的并发症是
A. 休克　　　　　　B. 气胸　　　　　　C. 肺栓塞
D. 颈前血肿　　　　E. 心衰

15. 患者男性，70 岁，既往体健。因右桡骨骨折于臂丛神经阻滞下行切开复位内固定术，术中给予舒芬太尼 5μg，咪达唑仑 2mg 后，出现不规则鼾声，脉搏血氧饱和度下降，此时首要处理措施是
A. 气管插管　　　　　　B. 置入喉罩
C. 头后仰托下颌　　　　D. 暂停手术
E. 继续观察

16. 患者男性，30 岁。在建筑工地上受伤致左肱骨干中段骨折，最易引起损伤的神经是
A. 桡神经　　　　　　B. 尺神经
C. 正中神经　　　　　D. 臂内侧皮神经
E. 前臂内侧皮神经

17. 患者女性，50 岁。因"左 Colles 骨折"拟于腋路臂丛神经阻滞下行切开复位内固定术。腋路臂丛神经阻滞即刻最严重的并发症是
A. 神经损伤　　　　　　B. 气胸
C. 椎管内阻滞　　　　　D. 膈神经阻滞
E. 局麻药中毒

18. 患者女性，24 岁。因"车祸致颈 7、胸 1 骨折伴不全瘫"拟行手术治疗，入室后测血压 87/52mmHg，心率 54 次 /min，患者血压低、心率慢的可能原因是
A. 高位脊髓损伤
B. 缺氧
C. 二氧化碳蓄积
D. 高钾血症
E. 有效循环血容量不足

19. 患者男性，82 岁。因"右膝骨性关节炎"拟行右膝全膝关节置换，最适宜的术后镇痛方式是
A. 硬膜外镇痛　　　　　　B. 静脉镇痛
C. 口服镇痛药物　　　　　D. 肌内注射镇痛
E. 区域阻滞

20. 患者男性,57 岁。因"腰椎间盘突出"拟行后路腰椎间盘切除减压内固定术,针对此患者应用 PCA 进行术后镇痛,下列**不正确**的说法是
    A. PCA 需设置负荷剂量
    B. 术后立刻给予
    C. 所选药物需起效快,剂量应能缓解术后痛
    D. 为了不影响术后清醒和拔出气管导管,术后可有短暂镇痛空白期
    E. 也可术前使用作用时间长的镇痛药物,实现超前镇痛

20.【答案】D
【解析】应避免术后出现镇痛空白期又不影响术后清醒和拔出气管导管,此种镇痛方式最为理想。
【考点】PCA 术后镇痛应用方法

21. 患者女性,82 岁。因夜间起床如厕时滑倒致左侧股骨粗隆间骨折,拟行左股骨粗隆间闭合复位内固定术,最适宜的术后镇痛方式是
    A. 髂筋膜间隙阻滞   B. 硬膜外镇痛
    C. 静脉 PCA   D. 口服镇痛药物
    E. 肌内注射镇痛

21.【答案】A
【解析】对于高龄老年患者,应首选区域阻滞进行术后镇痛。
【考点】高龄老年髋部骨折患者术后镇痛方案的选择

22. 患者女性,15 岁。因"青年特发性脊柱侧弯"拟行脊柱侧弯矫正术,对于此患者术后镇痛方案的选择,下列说法**不正确**的是
    A. 术前对患者重视镇痛知识宣教
    B. 尽早治疗术后疼痛
    C. 术后减少镇痛药物使用种类
    D. 进行个体化镇痛
    E. 术后早期合理评估疼痛

22.【答案】C
【解析】多模式镇痛方案指将作用机制不同的药物组合在一起,发挥镇痛的协同或相加作用,降低单一用药的剂量和不良反应,同时可以提高对药物的耐受性,加快起效时间和延长镇痛时间。
【考点】多模式镇痛方案

23. 患者女性,45 岁。因雨天路滑摔倒导致右侧髌骨骨折,拟行髌骨骨折切开复位内固定术,此患者既往有较重的胃溃疡病史,在为该患者选择术后镇痛用药时,下列哪种药应**谨慎**使用
    A. 曲马多   B. 舒芬太尼   C. 羟考酮
    D. 氟比洛芬酯   E. 盐酸哌替啶

23.【答案】D
【解析】选用 NSAIDs 时需评估其危险因素,患者发生胃肠道不良反应的危险性较高,使用非选择性 NSAIDs 时应加用 H2 受体阻断剂、质子泵抑制剂和胃黏膜保护剂。
【考点】应用非选择性 NSAIDs 的注意事项

【A3/A4 型题】

(1~3 题共用题干)
患者女性,30 岁。因"被工厂机器切断右手示指、中指和环指"来我院行断指再植。既往体健。

1. 请选择最合适的麻醉方法
    A. 盲探锁骨上入路臂丛神经阻滞
    B. 神经刺激器肌间沟入路臂丛神经阻滞
    C. 盲探腋路臂丛神经阻滞

1.【答案】D
【解析】各种神经阻滞的应用,临床中有条件首选超声引导神经阻滞。
【考点】各种神经阻滞的优缺点

D. 超声引导下肌间沟联合腋路臂丛神经阻滞

E. 局部浸润麻醉

2. 此例患者应阻滞上肢哪些神经?

   A. 桡神经   B. 尺神经   C. 正中神经

   D. 肌皮神经   E. 以上全部

3. 该患者行腋路臂丛神经阻滞最容易发生的并发症是

   A. Horner 征   B. 膈神经阻滞   C. 局麻药中毒

   D. 椎管内注射   E. 气胸

(4~6 题共用题干)

男性患者,81 岁,72kg。8 个月前摔伤后致左股骨颈骨折,未作治疗致骨折不愈合,卧床不起,拟行左全髋关节置换术。患者既往吸烟史 60 余年,已戒烟 2 年余。20 余年前诊为"慢性阻塞性肺疾病",间断咳白痰。10 年前曾行"L_2~L_5 腰椎减压内固定术"。入院体检:神志清楚,体温 36.7℃,脉搏 90 次/min,呼吸 16 次/min,血压 135/85mmHg,听诊双肺呼吸音低,未闻及干湿啰音。辅助检查:血常规、凝血功能、肝肾功能、血糖正常;胸片:双肺纹理紊乱,肺气肿;心电图:ST-T 改变。

4. 该患者还需进行哪些术前检查

   A. 心脏超声   B. 动脉血气

   C. 双下肢静脉超声   D. 肺功能

   E. 以上都是

5. 该患者首选以下哪种麻醉方式

   A. 椎管内麻醉

   B. 单侧蛛网膜下腔麻醉

   C. 神经阻滞(腰丛 + 骶丛)

   D. 神经阻滞(腰丛 + 骶丛)+ 镇静或浅全麻

   E. 气管插管全身麻醉

6. 患者在术中突发血压下降至 80/40mmHg,心率 102 次/min,窦性心律不齐,SpO_2 下降,最低 88%(面罩吸氧 5L/min),考虑最可能由以下哪个原因造成

   A. 低血容量

   B. 麻醉深度过深

   C. 术中镇痛不足

   D. 骨水泥植入综合征

   E. 支气管痉挛

2.【答案】E

  【解析】了解上肢神经支配。

  【考点】上肢神经的支配区域

3.【答案】C

  【解析】了解腋路臂丛神经阻滞最易发生的并发症是局麻药入血中毒。

  【考点】不同入路臂丛阻滞的并发症

4.【答案】E

  【解析】高龄老年患者,术前合并肺部疾病,应充分进行血气、肺功能、心脏超声等检查,了解心肺功能。患者长期卧床,应行下肢静脉超声筛查下肢深静脉血栓。

  【考点】高龄髋部骨折患者术前准备

5.【答案】D

  【解析】神经阻滞 + 镇静或浅全麻具有对患者生理影响小、术后不需要呼吸支持、术后镇痛满意、术后恢复时间短等优点,该麻醉方法对高龄髋部骨折手术患者具有独特的优势。患者曾行腰椎减压内固定术,故椎管内麻醉或单侧蛛网膜下腔麻醉不推荐首选。患者高龄、合并慢性阻塞性肺疾病,气管插管全身麻醉术后可能需要呼吸支持,增加了罹患并发症的风险。

  【考点】高龄髋部骨折手术患者麻醉方式的选择

6.【答案】D

  【解析】骨水泥植入综合征(bone cement implantation syndrome,BCIS)为骨水泥植入所引起的一系列临床症状,包括低血压、心律失常、严重低氧血症、心肌梗死、肺动脉压(PAP)增高、出血(凝血功能改变)、哮喘发作等。BCIS 的发生并不局限于人工髋关节置换术,但与之最为相关,是人工髋关节置换术中和术后致死致残的最重要原因。

  【考点】骨水泥植入综合征的临床表现

(7~9 题共用题干)

患者男性,78 岁。因"股骨粗隆间骨折 1 天"入院,患者既往有高血压 10 年,最高 200/130mmHg,目前控制在 150/100mmHg,糖尿病 10 年,目前胰岛素控制,空腹及三餐后血糖 10mmol/L、15mmol/L、13mmol/L、15mmol/L,冠心病 5 年,在上一层楼后即有心绞痛症状发作,包括胸痛、胸闷以及头晕等症状,吸烟史 30 年,1 包 /d。拟急诊行骨折切开复位内固定的手术。

7. 该患者术前需完善的检查**不包括**
   A. 冠状动脉造影　　　　　B. 超声心动图
   C. 下肢血管超声　　　　　D. 凝血功能
   E. 血气分析

8. 给患者实施蛛网膜下腔阻滞,L_3~L_4 穿刺,患侧给予罗哌卡因 10mg(重比重局麻药),该平卧位后,血压 90/60mmHg,麻醉平面 T_6 水平,此时正确的处理**不包括**
   A. 加快输液治疗
   B. 手术床改头低脚高位
   C. 给予去氧肾上腺素
   D. 给予吸氧治疗
   E. 检查血气分析

9. 围术期间,患者血压应控制的范围
   A. 基础水平的 100%~140%
   B. 基础水平的 100%~120%
   C. 基础水平的 80%~100%
   D. 基础水平的 60%~100%
   E. 基础水平的 60%~140%

(10~12 题共用题干)

患儿女性,11 岁。因诊断"胸段特发性脊柱侧弯,COBB 角 95°收入院。

10. 该患者下列哪项肺功能检查指标最易受损
    A. 功能残气量　　　B. 肺活量　　　　C. 补呼气量
    D. FEV1/FVC　　　E. FEV_1

11. 该患者手术期间如果出现 SSEPs 或 MEP 异常,首选处理是
    A. 纠正低血容量和贫血　　　B. 过度通气
    C. 唤醒实验　　　　　　　　D. 尽快结束手术
    E. 控制性降压

7.【答案】A
　【解析】此题结合病例主要考查术前检查应用的适应证和禁忌证,股骨粗隆间骨折内固定是急诊手术,术前行冠状动脉造影,有可能造成患者的凝血功能障碍和内出血,应注意检查时机。
　【考点】术前检查应用的适应证和应用时机

8.【答案】B
　【解析】蛛网膜下腔阻滞,使用重比重麻醉,抑制麻醉平面上升应使用头高脚低体位。
　【考点】重比重麻醉药物蛛网膜下腔阻滞后低血压的处理原则

9.【答案】B
　【解析】此题结合病例主要考查高血压、冠心病患者,围术期血压的控制范围。
　【考点】高血压患者的围术期血压控制范围

10.【答案】B
　【解析】胸段脊柱侧弯降低最多的是肺活量,一般下降到预计值的 60%~80%。如果没有合并阻塞性气道疾病,FEV_1/FVC 一般是正常的。
　【考点】常见骨科手术的围术期麻醉管理

11.【答案】A
　【解析】如果脊髓功能监测异常,应首先确保脊髓氧供和灌注充足,纠正低血容量和贫血;维持二氧化碳分压在正常水平;使血压恢复正常以改善脊髓灌注;外科医师应寻找外科方面的因素,如牵拉过度等;如采取了措施还是没有解决再考虑做唤醒试验。
　【考点】常见骨科手术的围术期麻醉管理

12.【答案】D
　【解析】呼气末二氧化碳分压急剧下降,心率增快,血压下降,均提示空气栓塞。
　【考点】常见骨科手术的围术期麻醉管理

13.【答案】B
　【解析】此题结合病例主要考查针对高龄并发症多的患者,结合加速康复外科的理念,如何制订麻醉方案。该患者高龄,并发症较多,合并慢性支气管炎,若条件可行,选择椎管内麻醉优于全身麻醉。
　【考点】高龄患者麻醉方式的选择

14.【答案】B
　【解析】椎管内麻醉需要特殊体位,患者疼痛可能配合困难。
　【考点】髋部骨折的临床特点

15.【答案】E
　【解析】高龄患者术后镇痛首选外周神经阻滞,髂筋膜间隙阻滞术既能缓解患者摆放椎管内麻醉体位时的疼痛,又能起到术后镇痛的作用。
　【考点】老年髋部骨折的围术期镇痛方案

提问1:【答案】C
　【解析】上肢手术最合适的麻醉方法为臂丛神经阻滞。
　【考点】麻醉方法的选择

提问2:【答案】AB
　【解析】神经阻滞患者主诉紧张,可辅助用镇静药物。
　【考点】麻醉辅助药

12. 患者术中出现呼气末二氧化碳分压突然从 36mmHg 降至 15mmHg,心率从 72 次 /min 升至 120 次 /min,血压开始下降。最可能的诊断是
　A. 过敏反应　　　　B. 心衰　　　　　　C. 脊髓损伤
　D. 空气栓塞　　　　E. 恶性高热

(13~15 题共用题干)

患者女性,86 岁。主因"外伤致左大腿髋部肿胀伴活动受限 1 天"行髋关节 X 线提示:"左股骨粗隆间骨折",为进一步诊治,经急诊收入院。既往慢性支气管炎病史 40 余年,高血压病史 15 年,口服药物控制稳定,糖尿病病史 8 年,现规律注射胰岛素。否认心脏病及脑血管病史。术前诊断为左股骨粗隆间骨折,慢性支气管炎,I 型呼吸衰竭。

13. 该患者最适宜的麻醉方案为
　A. 全身麻醉　　　　　　　　B. 椎管内麻醉
　C. 局部麻醉　　　　　　　　D. 髂筋膜间隙阻滞
　E. 坐骨神经阻滞

14. 该患者的哪种情况对实施麻醉干扰最大
　A. 慢性支气管炎　　B. 髋部疼痛　　　　　C. 高血压
　D. 糖尿病　　　　　E. 高龄

15. 如何缓解该患者围术期疼痛
　A. 口服止疼药　　　　　　　B. 肌内注射哌替啶
　C. 应用静脉镇痛泵　　　　　D. 股神经阻滞
　E. 髂筋膜间隙阻滞

【案例分析题】

案例一　患者女性,68 岁,因"下楼时摔倒左手撑地导致左尺桡骨远端骨折"入院。既往高血压 5 年,口服药物控制,冠心病 3 年,偶有心前区不适,哮喘病史多年。现要求急诊手术。血常规正常,胸片示双肺纹理增粗,血生化正常。

提问 1:患者采用什么麻醉方式最合适
　　A. 全身麻醉　　　　　　B. 局部麻醉
　　C. 神经阻滞麻醉　　　　D. 基础麻醉
　　E. 局部静脉麻醉　　　　F. 针刺麻醉

提问 2:患者麻醉后效果满意,但患者主诉紧张,心慌,血压 150/90mmHg,可辅助哪些药物
　　A. 咪达唑仑　　　　　　B. 右美托咪定
　　C. 丙泊酚　　　　　　　D. 依托咪酯
　　E. 芬太尼　　　　　　　F. 硝酸甘油

提问 3:患者术后镇痛选择哪种方式最佳

    A. 静脉 PCA   B. 单次臂丛阻滞

    C. 口服镇痛药   D. 连续臂丛阻滞镇痛

    E. 肌内注射镇痛药   F. 针刺镇痛

案例二 患者男性,70 岁,因"摔倒后右髋部疼痛 1 天"入院。诊断为右股骨颈骨折,拟行右全髋置换术。既往吸烟史 30 年,1 包 /d。查体:体温 38.3℃,神清,双肺呼吸音粗,可闻及少量湿啰音,心脏查体未见异常,右髋部青紫、肿胀,其余肢体查体未见异常。血常规:WBC 18.5×10^9/L,Hb 110g/L,PLT 250×10^9/L。血气分析,吸空气下 PaO_2 65mmHg,$PaCO_2$ 45mmHg,BE −1mmol/L。凝血功能、血生化、肝肾功能未见明显异常。胸部 X 线可见双肺纹理增多。

提问 1:此患者的麻醉处理,正确的是

    A. 术前给予吸氧治疗

    B. 选择椎管内阻滞麻醉

    C. 椎管内麻醉平面 T_4 水平

    D. 术中给予异丙酚镇静治疗

    E. 维持血红蛋白≥60g/L

    F. 椎管内麻醉平面 T_8 水平

提问 2:术中应用骨水泥时发生骨水泥植入综合征的机制为

    A. 高压致脂肪、骨髓进入静脉引起肺栓塞

    B. 迷走神经反射

    C. 骨水泥成分导致的过敏反应

    D. 低血容量

    E. 甲基异丁烯酯的心肌毒性

    F. 交感神经反射

提问 3:该患者术后镇痛的最佳方式是

    A. PCEA

    B. PCIA

    C. 口服非甾体抗炎药

    D. 针刺镇痛

    E. 多模式镇痛

    F. 肌内注射阿片类镇痛药

(吴长毅 李 民 郭向阳)

提问 3:【答案】D

    【解析】连续臂丛阻滞可用于术后镇痛,副作用少。

    【考点】术后镇痛方式选择

提问 1:【答案】ABF

    【解析】老年患者椎管内阻滞麻醉的处理原则,麻醉平面达到 T_8 水平,T_4 水平太高会出现呼吸抑制等并发症;镇静药的应用要考虑到患者可疑肺感染的问题,严格应用指征。

    【考点】老年患者椎管内阻滞麻醉的处理原则

提问 2:【答案】ACE

    【解析】骨水泥植入综合征是一种少见但非常严重的骨科手术并发症,常发生于髋或膝关节置换手术,发生机制包括骨水泥成分甲基异丁烯酯对心肌的毒性、过敏反应及高压致脂肪、骨髓颗粒进入静脉引起的肺栓塞等。

    【考点】骨水泥植入综合征的发病机制

提问 3:【答案】E

    【解析】髋关节置换术后通常会引起持续数天至数周的中到重度疼痛。老年患者髋关节置换术后镇痛的特殊性包括基础疾病多、对疼痛忍受不主动表达、术后常并发认知功能障碍和谵妄、对镇痛药物敏感及常需抗凝治疗等,因而应采取多模式镇痛方案,以达到多水平阻断疼痛传导,降低不良反应的发生率。

    【考点】老年患者髋关节置换术后镇痛的处理

第三十三章　泌尿外科手术麻醉

1.【答案】B
【解析】睾丸神经支配为 T_9~T_{10}，满足手术需要椎管内麻醉平面至少应达到 T_8~T_{10}，但如果为完全抑制腹膜的牵拉反应平面需达到 T_6，没有必要超过 T_4。
【考点】睾丸神经支配

2.【答案】E
【解析】闭孔神经穿行于膀胱侧壁后方，受电流刺激，引起患者大腿内收肌收缩反应。
【考点】闭孔反射

3.【答案】A
【解析】两侧肾的重量仅占体重的 0.5%，其血流量占全部心排出量的 20%~25%，而其他几个选项均不正确。
【考点】肾脏血液循环的生理特点

4.【答案】C
【解析】醛固酮是肾上腺皮质激素的一种，是由肾上腺皮质球状带生成，并受肾脏分泌的血管紧张肽的调节。前列腺素可由肾髓质乳头部的间质细胞和集合管细胞产生。
【考点】泌尿外科麻醉生理

5.【答案】E
【解析】当肾灌注压波动于 80~180mmHg 时，肾血流量维持相对恒定，其肾小球毛细血管压力变化不大。目前认为，肾血流量的自身调节只存在于肾皮质区，肾髓质的血流常随着血压的变化而波动。
【考点】肾血流量自身调节的特点

【A1 型题】

1. 睾丸手术椎管内麻醉平面应至少达到
   A. T_4~T_6 B. T_8~T_{10} C. T_{10}~T_{12}
   D. L_1~L_3 E. S_2~S_4

2. 行膀胱电切术的患者，电切时突然出现下肢抽搐最可能的原因是
   A. 电流刺激脊髓   B. 电流刺激股神经
   C. 电流刺激坐骨神经   D. 电流刺激阴部神经
   E. 电流刺激闭孔神经

3. 关于肾脏血液循环特点的叙述，哪一项是正确的
   A. 血流量占心排出量的比例大
   B. 肾小管周围毛细血管血压高
   C. 血流分布均匀
   D. 肾血流量很不稳定
   E. 肾小球毛细血管血压低

4. 下列哪一项不是肾脏产生的激素
   A. 活性维生素 D   B. 前列腺素
   C. 醛固酮   D. 肾素血管紧张素
   E. 促红细胞生成素

5. 关于肾血流量的自身调节，下列叙述错误的是
   A. 动脉血压在 80~180mmHg 范围内波动时，肾血流量能保持相对恒定
   B. 动脉血压升高时，入球小动脉口径变小
   C. 与动脉血压对入球小动脉的牵张刺激有关
   D. 只涉及皮质血流
   E. 无论动脉血压升高或降低，肾血流量都能保持相对恒定

6. 下列哪项是嗜铬细胞瘤患者最重要的麻醉特点
   A. 注意防治肿瘤切除前的高血压及肿瘤切除后的低血压
   B. 注意防治肿瘤切除前的低血压及肿瘤切除后的高血压
   C. 出血量大,注意补充血容量
   D. 注意掌握输液量,避免充血性心衰
   E. 控制心动过速

7. 肾功能严重损害的患者行腹腔镜胆囊切除术适用的麻醉药是
   A. 泮库溴铵　　　B. 维库溴铵　　　C. 筒箭毒碱
   D. 阿曲库铵　　　E. 琥珀酰胆碱

8. 慢性肾衰竭中最早最明显的临床表现是
   A. 急性左心衰
   B. 尿毒症性心肌炎
   C. 代谢性酸中毒
   D. 高血压
   E. 胃肠道症状,恶心呕吐等

9. 尿毒症患者多伴随的代谢改变
   A. 代谢性碱中毒　　　B. 低钾血症
   C. 低钠血症　　　D. 低镁血症
   E. 低磷血症

10. 肾衰竭少尿期应准确记录出入量,每日补液量 = 显性失液量 + 非显性失液量 – 内生水量,其中非显性失液量指
    A. 尿量　　　B. 呕吐量
    C. 粪便量　　　D. 呼吸、皮肤蒸发的水分
    E. 人体代谢所需水分

【A2 型题】

1. 患者男性,50 岁。行经尿道前列腺电切术,手术进行 2 小时后,患者诉胸闷、躁动,心率 52 次/min,血压 80/50mmHg,血钠水平 128mmol/L,最可能的诊断为
   A. 充血性心衰　　　B. 心肌梗死
   C. TURP 综合征　　　D. 失血性休克
   E. 药物过敏反应

2. 患者男性,74 岁。诊断为肾癌,拟在全麻下行腹腔镜下肾癌根治术。术中,患者出现心率、血压、气道压、呼气末二氧化碳升高,下述哪一项是最不可能的
   A. 麻醉深度变浅　　　B. 皮下气肿　　　C. 高碳酸血症
   D. 头低位　　　E. 气栓

6.【答案】A
【解析】嗜铬细胞瘤患者术中挤压肿瘤,儿茶酚胺大量释放,引起血压骤升,肿瘤切除后,儿茶酚胺释放减少,血压骤然下降。
【考点】嗜铬细胞瘤患者的麻醉管理

7.【答案】D
【解析】泮库溴铵与维库溴铵肾衰竭患者代谢产物积聚,作用时间延长。筒箭毒碱为长效药物且90%以上由肾脏消除。琥珀酰胆碱可导致血钾浓度升高。阿曲库铵为霍夫曼消除,代谢不依赖于肾功能。
【考点】麻醉常用药物对肾功能的影响

8.【答案】E
【解析】肾脏具有强大的代偿功能,当肾功能丧失75%以下时仍能保持内环境的稳定,慢性肾衰竭患者早起常无明显临床症状,食欲减退和晨起恶心呕吐是尿毒症常见的早期表现,高血压是慢性肾衰竭最常见的并发症。
【考点】肾衰竭的特点

9.【答案】C
【解析】尿毒症患者多伴随低钠血症、高钾血症、高磷血症、低钙血症、代谢性酸中毒等代谢方面的表现。
【考点】尿毒症伴随的水电解质紊乱

10.【答案】D
【考点】肾衰竭的液体管理

1.【答案】C
【解析】此题主要考查 TURP 综合征的临床表现。
【考点】TURP 综合征的鉴别诊断

2.【答案】E
【解析】气栓发生时,呼气末二氧化碳迅速下降,出现低血压、心率减慢等征象。
【考点】泌尿外科腹腔镜手术的并发症

3.【答案】B

【解析】腹腔镜手术中血管损伤,因气腹压力较高,可出现空气栓塞。主要表现为呼吸、循环障碍,$P_{ET}CO_2$ 下降。而 $PaCO_2$ 升高。

【考点】泌尿科腹腔镜手术的并发症

4.【答案】D

【解析】琥珀酰胆碱可使血钾快速升高,不适用于高钾血症患者。

【考点】肾移植麻醉药理

5.【答案】A

【解析】顺阿曲库铵代谢模式为不依赖肝肾功能的霍夫曼消除,故选 A。

【考点】顺阿曲库铵的代谢特点

6.【答案】D

【解析】患者合并冠心病,必要的输血增加血红蛋白,可以改善患者血液携氧能力。

【考点】尿毒症患者的麻醉要点

7.【答案】D

【解析】同种异体肾移植术可选用硬膜外麻醉。可提供良好的镇痛,但存在硬膜外血肿及局麻药中毒的风险,循环扰乱大,液体调节较全麻困难。局麻药中加用肾上腺素可使肾血流量减少25%,可使血压升高,导致恶性高血压的风险,故局麻药中不应加用肾上腺素。

【考点】同种异体肾移植术围术期管理

---

3. 患者女性,48 岁。因"右肾癌"行"腹腔镜下肾癌根治术"。术中因腔静脉损伤出血,紧急行腔静脉修补止血,血压由 105/70mmHg 突然降至 72/40mmHg,$P_{ET}CO_2$ 由 35mmHg 突然降至 12mmHg,血气分析 $PaCO_2$ 46mmHg,最有可能出现的问题是

A. 失血性休克
B. 空气栓塞
C. 急性心肌梗死
D. 急性呼吸衰竭
E. 急性肾衰竭

4. 患者女性,38 岁,身高 165cm,体重 50kg。因"尿毒症"拟在全身麻醉下行"同种异体肾移植术"。血压 175/95mmHg,心率 80 次 /min,血钾 5.8mmol/L,下列处理中错误的是

A. 肌松药可选用顺阿曲库铵
B. 肾动脉开放时维持血压 150/80mmHg
C. 采用静吸复合全麻
D. 采用丙泊酚 - 舒芬太尼 - 琥珀酰胆碱快速诱导麻醉
E. 选用无肾毒性的药物

5. 患者男性,62 岁。因"右肾癌"行"腹腔镜下肾癌根治术",既往"尿毒症"病史 5 年,规律透析治疗,术中肌肉松弛药宜选用

A. 顺阿曲库铵　　B. 维库溴铵　　　C. 琥珀酰胆碱
D. 罗库溴铵　　　E. 潘库溴铵

6. 患者女性,61 岁。慢性肾功能不全尿毒症期,规律透析治疗,BP140/90mmHg,心率 82 次 /min,血红蛋白 62g/L。因"左肾上腺腺瘤"拟全麻下行"左肾上腺腺瘤切除术"。既往冠心病病史,口服药物治疗。关于该患者的术前准备,以下说法错误的是

A. 透析不仅可以改善血液生化紊乱,而且可以改善高血压及高血容量
B. 充分透析是尿毒症患者术前最重要的一项准备
C. 术前应控制血钾于正常范围
D. 尿毒症患者多为慢性中重度贫血,但患者已能耐受,术前输血对患者无益
E. 测血压袖带及静脉通道均置于非动静脉瘘一侧的上肢

7. 患者男性,56 岁。诊断为尿毒症 3 年,拟在硬膜外麻醉下行同种异体肾移植术。下列叙述中错误的是

A. 肺部感染发生率较全麻低
B. 局麻药中毒的风险较正常人高
C. 有硬膜外血肿的风险
D. 局麻药中可用肾上腺素
E. 输液量调节较全麻困难

8. 患者男性,41 岁。因"右肾上腺嗜铬细胞瘤"拟全麻下行右肾上腺切除术,术前化验提示激素水平显著升高,其中主要应为
A. 胰高血糖素
B. 去甲肾上腺素和 / 或肾上腺素
C. 糖皮质激素
D. 胰岛素
E. 生长激素

8.【答案】B
【解析】正常肾上腺髓质所分泌儿茶酚胺类激素 75% 以上为肾上腺素,而嗜铬细胞瘤所分泌的儿茶酚胺类激素 80% 为去甲肾上腺素,与正常肾上腺髓质分泌情形相反。
【考点】肾上腺嗜铬细胞瘤的特点

9. 患者男性,45 岁。诊断为嗜铬细胞瘤,手术切除肿瘤后出现严重低血压,此时应该
A. 补充高渗盐水
B. 补充全血
C. 积极补钾,同时给予血管活性药物
D. 积极补钙,同时给予血管活性药物
E. 加快补液,同时给予血管活性药物

9.【答案】E
【解析】嗜铬细胞瘤患者肿瘤切除后,体内儿茶酚胺浓度急剧下降,血容量相对不足,出现严重低血压时应加快补液,同时给予血管活性药物。
【考点】嗜铬细胞瘤手术的麻醉管理

10. 患者女性,46 岁。因"原发性醛固酮增多症"拟行肾上腺病损切除术,以下说法正确的是
A. 临床表现为低钾血症
B. 血容量减少
C. 肾素 - 血管紧张素系统活性增强
D. 临床表现为高钾血症
E. 儿茶酚胺类分泌增加导致高血压

10.【答案】A
【解析】原发性醛固酮增多症的病理生理特点为肾素 - 血管紧张素系统活性受到抑制,高血压、低钾血症及水钠潴留,导致一系列器官功能受损。
【考点】泌尿外科常见疾病的病理生理特点及临床表现

11. 患者女性,36 岁。因诊断为"原发性醛固酮增多症"而行手术治疗,原发性和继发性醛固酮增多症的特点正确的是
A. 后者与肾素活性增高有关
B. 前者与肾素活性增高有关
C. 前者与肾素活性降低有关
D. 后者与肾素活性降低有关
E. 两者与肾素活性高低均无关

11.【答案】A
【解析】原发性和继发性醛固酮增多症虽然都以醛固酮水平升高为特点,但是只有后者与肾素活性增高有关。
【考点】原发性和继发性醛固酮增多症的病理生理区别

12. 患者女性,34 岁。进行性高血压 2 年,体检:血压 195/113mmHg,血钠正常,血钾 2.5mmol/L,心电图示室性期前收缩。此患者最可能的诊断是
A. 嗜铬细胞瘤 　　 B. 醛固酮增多症
C. 库欣综合征 　　 D. 垂体瘤
E. 原发性高血压

12.【答案】B
【解析】醛固酮增多症的特点是高血压,低钾血症。
【考点】醛固酮增多症的特点

13. 患者女性,53 岁。拟行左侧肾上腺全切除 + 右侧肾上腺次全切除术,术中出现顽固性低血压,此时应考虑到采取的措施是

13.【答案】D
【解析】肾上腺切除后警惕盐皮质激素缺乏,继而不能发挥激素的允许作用。
【考点】肾上腺手术的并发症

A. 继续补充血容量

B. 继续补液

C. 增加去甲肾上腺素等血管活性药物

D. 补充类固醇激素

E. 暂时密切观察

14.【答案】E

　　【解析】血氧下降至,听诊呼吸音明显减弱,B超示胸膜滑动征消失,"天 - 海 - 沙滩征"中"沙滩征"消失,代之以"条码征"为气胸的典型表现。

　　【考点】气胸的B超表现

14. 患者男性,40岁。因"右肾癌"行"肾癌根治术"。术毕患者意识恢复,准备拔管。发现自主呼吸频率34次/min,潮气量280ml,脱氧2分钟,血氧下降至78%。听诊右肺呼吸音明显减弱,B超示胸膜滑动征消失,"天 - 海 - 沙滩征"中"沙滩征"消失,代之以"条码征"。可能的诊断是

A. 肌松药的残余作用　　　　B. 肺不张

C. 急性左心衰　　　　　　　D. 急性肺水肿

E. 气胸

15.【答案】E

　　【考点】肾脏损伤的临床表现

15. 患者男性,40岁。因车祸造成肾损伤,其临床表现**不包括**

A. 发热　　　　　B. 血尿　　　　　C. 疼痛

D. 腰腹部肿块　　E. 尿频

16.【答案】B

　　【解析】行肺泡复张术时适宜的气道压力为30~40cmH$_2$O,屏气时间是20~30秒,与10mH$_2$O左右的PEEP联合使用效果较佳。术中早期、中期及拔管前多次施行。最主要的不良反应为低血压及气压伤。

　　【考点】肺泡复张术的概念

16. 患者男性,52岁,身高168cm,体重85kg。因"左肾上腺腺瘤"行"左肾上腺腺瘤切除术"。术中考虑出现肺不张,行肺泡复张术。关于肺泡复张术,下列叙述正确的是

A. 肺泡复张术常用的气道压力为25cmH$_2$O

B. 肺泡复张术适宜的屏气时间是20~30秒

C. 常出现高血压及心动过速

D. 不可与PEEP联合使用

E. 只需单次施行

【A3/A4型题】

(1~3题共用题干)

患者男性,42岁,身高171cm,体重70kg。因"右肾上腺占位"入院,二氧化碳气腹(气腹压12mmHg)下行"腹腔镜下右肾上腺切除术"。一般情况好,肺功能检查(-)。常规麻醉诱导,术中泵注丙泊酚及瑞芬太尼,间断注射罗库溴铵维持。潮气量500ml,呼吸频率12次/min,手术1小时后,P$_{ET}$CO$_2$由35mmHg逐渐升高至57mmHg。

1.【答案】D

　　【解析】腹腔镜手术患者因采用二氧化碳气腹,常因腹膜及其他组织对二氧化碳的吸收而随着手术时间的延长,P$_{ET}$CO$_2$水平逐渐升高。

　　【考点】泌尿外科腹腔镜手术的麻醉管理

1. 该患者P$_{ET}$CO$_2$升高最可能的原因是

A. 限制性通气功能障碍

B. 阻塞性通气功能障碍

C. 张力性气胸

D. 腹膜后组织对CO$_2$的吸收

E. 钠石灰失效

2. 此时处理措施**不正确**的是
    A. 加大潮气量至 550ml
    B. 增加呼吸频率至 15 次/min
    C. 更换钠石灰
    D. 增加气腹压至 15mmHg
    E. 采用肺复张手法

3. 经处理后未见明显改善,患者 $P_{ET}CO_2$ 水平继续升高,气道压升高,触诊皮下组织出现"握雪感",最有可能出现的并发症为
    A. 张力性气胸
    B. 支气管哮喘
    C. 上呼吸道梗阻
    D. 气管导管误入右主支气管
    E. 皮下气肿

(4~6 题共用题干)

患者男性,38 岁,诊断为左肾上腺嗜铬细胞瘤,拟全麻下行左肾上腺切除术。

4. 麻醉前**不适合**使用的药物是
    A. 地西泮　　　　B. 阿托品　　　　C. 哌替啶
    D. 东莨菪碱　　　E. 咪达唑仑

5. 术中游离肿瘤时,突然出现血压上升,其可能原因为
    A. 输液过快
    B. 麻醉过浅
    C. CO_2 蓄积
    D. 血中儿茶酚胺含量增加
    E. 缺氧

6. 嗜铬细胞瘤切除后出现的代谢变化正确的是
    A. 胰岛素分泌增加　　　B. 糖原分解增加
    C. 脂肪代谢增加　　　　D. 葡萄糖摄入不足
    E. 基础代谢率增加

(7~9 题共用题干)

患者男性,75 岁,诊断为前列腺增生,拟行经尿道前列腺电切术。既往体健,否认高血压、糖尿病、冠心病病史。脊柱活动度正常。实验室与辅助检查未见异常。

7. 该患者首选下列哪种麻醉方法
    A. 吸入全身麻醉　　　　B. 静吸复合全身麻醉

2.【答案】D
　【解析】此题主要考查泌尿外科腹腔镜手术的麻醉管理。
　【考点】泌尿外科腹腔镜手术的麻醉管理

3.【答案】E
　【解析】二氧化碳气腹时因气腹时间长、腹压高、多次穿刺损伤等原因造成皮下气肿。主要表现为皮下组织肿胀,触之有捻发感或握雪感。
　【考点】二氧化碳气腹的并发症

4.【答案】B
　【解析】嗜铬细胞瘤患者血液儿茶酚胺含量升高,多伴有心动过速,阿托品会降低迷走神经张力,使心率加快。
　【考点】嗜铬细胞瘤麻醉管理

5.【答案】D
　【解析】术中肿瘤受到手术操作刺激时,易释放大量儿茶酚胺入血,导致血压骤升。
　【考点】嗜铬细胞瘤麻醉管理

6.【答案】A
　【解析】嗜铬细胞瘤患者高浓度的儿茶酚胺可以抑制胰岛素分泌,切除术后抑制作用消失,胰岛素分泌量增加,导致低血糖。同时,术后儿茶酚胺释放量骤减,糖原分解、脂肪代谢及基础代谢率降低,进一步促进低血糖症状的发生。
　【考点】嗜铬细胞瘤麻醉管理

7.【答案】E
　【解析】首选椎管内麻醉,麻醉平面控制在 T_{10} 以下,术中患者保持清醒,如果术中发生膀胱破裂并发症能及时发现,因麻醉平面较低,患者将会产生明显的腹痛。此外,如果发生 TURP 综合征,也因患者处于清醒状态能及时发现相关症状体征,及早处理。
　【考点】泌尿外科麻醉

C. 全凭静脉全身麻醉　　　D. 基础麻醉

E. 椎管内麻醉

8. 采用硬膜外麻醉,术中患者发生下肢抽搐,使用镇静镇痛药物无效。这是发生了
　　A. 提睾反射　　　　B. 腹壁反射　　　　C. 闭孔反射
　　D. 迷走反射　　　　E. 眼心反射

9. 要完全避免此种神经反射,宜采用
　　A. 全麻　　　　　　　　　　B. 腰硬联合麻醉
　　C. 腰麻　　　　　　　　　　D. 全麻复合闭孔神经阻滞
　　E. 骶管麻醉

(10~12 题共用题干)

患者女性,50 岁。主诉反复发作的头疼、多汗,体检发现血压 220/130mmHg,心率 110 次 /min,否认其他疾病史,经实验室、影像学检查确诊嗜铬细胞瘤。

10. 嗜铬细胞瘤术前准备最常用的药物是
　　A. 硝苯地平　　　　B. 硝酸甘油　　　　C. 美托洛尔
　　D. 酚妥拉明　　　　E. 地尔硫草

11. 嗜铬细胞瘤的代谢特点是
　　A. 低代谢、低血压、低血糖
　　B. 低代谢、高血压、低血糖
　　C. 高代谢、高血压、高血糖
　　D. 高代谢、高血压、低血糖
　　E. 低代谢、低血压、低血糖

12. 术后可能出现的情况**不包括**
　　A. 嗜睡　　　　　　B. 低血压　　　　　　C. 高血压
　　D. 高血糖　　　　　E. 低血糖

【案例分析题】

案例　患者女性,69 岁。因"肾结石、输尿管结石"拟行经尿道激光碎石术,脑梗死后遗症期,双下肢肌力 1 级,手术结束时,心率升高至 120~150 次 /min,血压 120/70mmHg,SpO₂ 99%,术毕患者清醒拔出气管导管,进入 PACU 之后患者意识逐渐淡漠,伴寒战。

提问 1:下列表述**错误**的是
　　A. 测量腋温 35.5℃,也不能排除感染的可能性
　　B. 在进行实验室检查的同时,经验性使用抗生素

8.【答案】C
　【解析】闭孔神经穿行于膀胱侧壁后方,受电流刺激,引起患者大腿内收肌收缩反应。
　【考点】闭孔神经反射

9.【答案】D
　【解析】全麻中使用的肌肉松弛药＋局部闭孔神经阻滞才可完全避免闭孔神经导致的大腿内收肌收缩反应,抑制闭孔神经反射。
　【考点】闭孔神经反射

10.【答案】D
　【解析】酚妥拉明是 α 受体阻断药,可扩张血管,有助于恢复正常血容量和血压,可降低高血压危象和心功能不全的发生。
　【考点】嗜铬细胞瘤手术围术期麻醉要点

11.【答案】C
　【解析】嗜铬细胞瘤的代谢特点高浓度的儿茶酚胺类物质造成的高代谢、高血压、高血糖状态。
　【考点】嗜铬细胞瘤的病理生理特点

12.【答案】D
　【解析】活化的儿茶酚胺突然急剧减少造成嗜睡;肿瘤切除后对 B 细胞功能的抑制作用消失,造成血浆胰岛素水平升高,继而导致低血糖;肿瘤切除后仍然存在高血压提示可能有嗜铬细胞瘤残存。
　【考点】嗜铬细胞瘤围术期的特点

提问 1:【答案】C
　【解析】麻醉常引起患者体温调节功能发生改变,何况腋温与核心体温之间并不完全一致;泌尿系感染最主要病原菌为革兰氏阴性菌,选择亚胺培南或美罗培南;目前感染性休克推荐去甲肾上腺素作为血管活性药物的一线用药;脉搏有力,四肢温暖提示败血症的可能性。
　【考点】经尿道激光碎石术感染性休克的管理要点

C. 泌尿系感染最主要病原菌为革兰氏阳性菌,选择亚胺培南或美罗培南

D. 脉搏有力,四肢温暖提示败血症的可能性

E. 观察引流量,必要时辅助 B 超查看出血情况

F. 若出现严重低血压,可使用去甲肾上腺素治疗

提问 2:随后血压进行性下降,经检查发现,引流不多,B 超提示腹腔未见明显出血,高度怀疑患者出现了尿源性脓毒血症,下列治疗措施中**错误**的是

A. 应进行液体复苏、支持治疗

B. 得到血培养、尿培养结果后,采用针对性抗生素治疗

C. 保证术后引流通畅

D. 通畅气道、维持呼吸、提高灌注,必要时可机械通气

E. 维持水、电解质平衡

F. 维持循环系统稳定

（丁冠男　洪方晓　金小平　仇焕容）

提问 2:【答案】B
【解析】在脓毒血症导致低血压后 1 小时内,经验性使用抗生素治疗,泌尿系感染最主要病原菌为革兰氏阴性菌,可选择亚胺培南或美罗培南。
【考点】尿源性脓毒血症的治疗措施

第三十四章 妇产科手术麻醉

【A1 型题】

1. 盆腔手术麻醉,理想的椎管内麻醉平面应达到
   - A. T_{12} 以上
   - B. T_4 以上
   - C. T_6 以上
   - D. T_8 以上
   - E. T_{10} 以上

2. CO_2 人工气腹以及 Trendelenburg 体位对患者呼吸系统的影响是
   - A. 潮气量以及肺泡通气量增加
   - B. 肺顺应性降低
   - C. 气道压力降低
   - D. 功能残气量增加
   - E. 气腹对机体氧合功能影响不大

3. 下面对产妇妊娠期循环系统生理变化描述正确的是
   - A. 妊娠妇女总循环血量逐日增多,增加的血容量中以血细胞的增加为主
   - B. 增大的子宫压迫上腔静脉,使回心血量减少,导致仰卧位低血压综合征发生
   - C. 由于血容量的增加,导致血细胞比积增加,血液黏度增加
   - D. 从妊娠 8~10 周开始心率逐渐加快,24 周时达最高峰,以后逐渐下降
   - E. 妊娠妇女呈生理性贫血,同时水、钠潴留

4. 麻醉药对母体与胎儿的作用描述正确的是
   - A. 临床常用的麻醉镇痛药均不易通过胎盘
   - B. 麻醉药和麻醉性镇痛药都有程度不同的中枢抑制作用,且均有一定数量通过胎盘进入胎儿血液循环
   - C. 异丙酚为水溶性乳剂,可透过胎盘,很小的剂量便可以抑制新生儿呼吸
   - D. 临床常用的吸入麻醉药物例如七氟烷,较少通过胎盘
   - E. 常用的非去极化肌松药阿曲库铵很容易通过胎盘

5. 子宫切除患者血红蛋白低于多少应纠正
  A. <30g/L　　　B. <50g/L　　　C. <70g/L
  D. <90g/L　　　E. <110g/L

6. 妊娠妇女总循环血量逐日增多,于妊娠33周时达顶峰,比未孕时增加
  A. 10%~15%　　B. 25%~30%　　C. 50%
  D. 60%　　　　E. 80%

7. 下列哪项适合行硬膜外 - 蛛网膜下隙联合阻滞麻醉
  A. 异位妊娠破裂失血性休克病灶清除术
  B. 腹腔镜子宫肌瘤剔除术
  C. 巨大卵巢囊肿切除术
  D. 子宫肌瘤伴贫血,血红蛋白70g/L
  E. 剖宫产(孕1产0孕39周,臀位)

8. 腰硬联合麻醉术后产妇出现头痛,下列处理哪项**不恰当**
  A. 头痛剧烈可以辅助使用镇痛药
  B. 平卧休息
  C. 必要时硬膜外腔注入生理盐水等
  D. 补液治疗
  E. 给予脱水降低颅内压治疗

9. 剖宫产选择硬膜外阻滞,局麻药用量减少的主要原因是
  A. 避免局麻药过多的透过胎盘
  B. 降低局麻药全身毒性反应
  C. 硬膜外间隙变小
  D. 避免仰卧位低血压综合征
  E. 妊娠期基础代谢率增高,局麻药物代谢增加

10. 对于剖宫产麻醉用药的原则,最重要的是
  A. 降低对子宫收缩的干扰
  B. 避免低血压
  C. 避免子宫出血
  D. 满足手术需要
  E. 避免胎儿窘迫

11. 妊娠期高血压综合征最基本的病理生理变化是
  A. 肾小球滤过率降低　　B. 血液黏稠度增加
  C. 高血压　　　　　　D. 蛋白尿
  E. 全身小动脉痉挛

5.【答案】C
【解析】行子宫切除手术患者多为中、老年人,可能伴有循环或呼吸系统疾病,且因长期失血而常有贫血,各器官因慢性贫血可能有不同程度损害,应重视麻醉前纠正。如血红蛋白低于70g/L,应作认真处理,待80g/L以上方可麻醉。
【考点】常见妇科手术的麻醉

6.【答案】C
【解析】妊娠妇女总循环血量逐日增多,妊娠33周时达最高峰,平均增加50%左右。此后逐渐下降,但仍比正常人多,产后2~6周才恢复正常。增加的血容量中,血浆成分占50%~60%,血细胞仅10%~20%,故血液呈稀释状态。
【考点】产妇妊娠期生理变化

7.【答案】E
【解析】常见妇产科手术麻醉选择中异位妊娠破裂失血性休克病灶清除术、腹腔镜子宫肌瘤剔除术、巨大卵巢囊肿切除术、子宫肌瘤伴贫血选择全身麻醉最佳。择期剖宫产手术推荐椎管内麻醉。
【考点】常见妇产科手术麻醉选择

8.【答案】E
【解析】脊麻后头痛的发病与年龄、性别等有关,多在起床后出现,平卧后减轻。治疗包括加大输液、给予止痛药、中医理疗和平卧休息等。
【考点】脊麻后头痛的诊断和处置

9.【答案】C
【解析】在平卧位时约有90%临产妇的下腔静脉被子宫所压,甚至完全阻塞,下肢静脉血将通过椎管内和椎旁静脉丛及奇静脉等回流至上腔静脉。因此,可引起椎管内静脉丛怒张,硬膜外间隙变窄和蛛网膜下腔压力增加,达到同样麻醉平面所需要的局麻药用量减少。
【考点】产妇硬膜外阻滞的注意事项

10.【答案】E
【解析】此题主要考查产科麻醉的主要特点。产科麻醉的焦点在于麻醉对产妇的安全性和麻醉药及辅助用药对胎儿、新生儿的影响。
【考点】麻醉药对母体、胎儿及新生儿的影响

11.【答案】E
【解析】此题主要考查妊娠期高血压综合征病理生理。妊高征基本的病理生理变化是全身小动脉痉挛和水钠潴留。由于升压系统和降压系统平衡失调,血管壁对某些升压物质(如血管紧张素II)的反应性增强,从而使全身小动脉,特别是直径200μm以下的小动脉发生痉挛,导致各器官供血不足,外周阻力增高,产生高血压等一系列症状体征。
【考点】妊娠期高血压综合征病理生理

12.【答案】B

【解析】此题主要考查孕卵巢巨大肿瘤切除术麻醉以及术中管理要点。术中切除肿瘤后，腹腔压力突然消失，腹腔以及下肢的血管压力解除后，周身血液会短时间流向解除压力后扩张的腹腔以及下肢广大的血管床，造成有效循环血量急剧下降。导致患者血压骤降、心率增快，如果大量输液后可能导致急性肺水肿、左心衰。

【考点】卵巢巨大肿瘤切除术麻醉要点

13.【答案】C

【解析】此题主要考查仰卧位低血压综合征的预防，产妇最好采用左侧倾斜30°体位，或垫高产妇右髋部，使之左侧倾斜20°~30°，这样可减轻巨大子宫对腹后壁大血管的压迫，并常规开放上肢静脉，给予预防性输液。

【考点】仰卧位低血压综合征的预防

1.【答案】A

【解析】此题主要考查Apgar评分的内容。根据皮肤颜色、脉搏、呼吸、肌张力及运动、反射五项体征进行评分。满10分者为正常新生儿，评分7分以下的新生儿考虑患有轻度窒息，评分在4分以下考虑患有重度窒息。

【考点】Apgar评分

2.【答案】C

【解析】此题结合病例主要考查对妊娠期高血压疾病治疗的掌握情况。

【考点】妊娠期高血压疾病的治疗

3.【答案】A

【解析】妊娠20周后或分娩期，正常位置的胎盘在胎儿娩出前，部分或全部从子宫壁剥离，称为胎盘早剥。胎盘早剥妊娠妇女并发妊娠期高血压疾病、肾脏疾病，尤其已有全身血管病变者居多。

【考点】胎盘早剥的诊断和鉴别诊断

4.【答案】D

【解析】硫酸镁是重度妊高征的首选药，应常规观察用药后的尿量，有无呼吸抑制，检查膝反射、心率和心电图，有无房室传导阻滞，如有异常应查血镁离子浓度。一旦有中毒表现应给予钙剂拮抗治疗。临床治疗时硫酸镁过量会引起呼吸肌和心肌的抑制，危及生命，中毒反应首先表现为膝反射的减弱和消失。

【考点】重度妊高征硫酸镁的临床治疗

12. 下列选项中，巨大卵巢肿瘤摘除后的并发症最**不可能**的是
   A. 血压骤降
   B. 右心衰
   C. 心率增快
   D. 左心衰
   E. 急性肺水肿

13. 防止仰卧位低血压综合征，以下措施**不恰当**的是
   A. 常规开放上肢静脉
   B. 垫高产妇右髋部，使之左侧20°~30°
   C. 产妇取头高脚低位
   D. 产妇取左侧倾斜30°体位
   E. 预防性输液

【A2 型题】

1. 产妇，孕36周。曾反复阴道出血3次，出血量较月经量少，胎儿监护提示胎心减慢，急诊行剖宫产，胎儿娩出后需进行Apgar评分，其中决定新生儿是否需要复苏的三项重要指标是
   A. 心率、呼吸、肌肉张力
   B. 心率、呼吸、皮肤颜色
   C. 呼吸、肌肉张力、神经反射
   D. 呼吸、神经反射、皮肤颜色
   E. 心率、皮肤颜色、神经反射

2. 初产妇，孕39周。血压160/120mmHg，尿蛋白（+++），此患者首选的治疗方法为
   A. 利尿（呋塞米）
   B. 终止妊娠
   C. 解痉（硫酸镁）
   D. 扩容（右旋糖酐）
   E. 降压（拉贝洛尔）

3. 初产妇，孕39周。孕前存在原发性高血压疾病，目前血压155/112mmHg，阴道中等量的出血。查体：子宫硬如木板，胎心153次/min，临床首先考虑为
   A. 胎盘早剥
   B. 前置胎盘
   C. 先兆子宫破裂
   D. 先兆子痫
   E. 临产开始

4. 重度子痫前期产妇给予硫酸镁治疗，判断患者是否出现高镁血症的方法为检查患者是否出现
   A. 精神症状
   B. 共济失调
   C. 眼球震颤
   D. 深部腱反射减弱
   E. 心律失常

5. 孕产妇,孕 40 周。规律宫缩,于产房待产,产妇由于宫缩疼痛剧烈,要求实施分娩镇痛术。以下哪项**不是**分娩疼痛的危害
   A. 导致产妇紧张焦虑、进食减少,宫缩乏力
   B. 导致产妇过度通气、氧耗量增加
   C. 引起胎儿低氧血症和碱中毒
   D. 产妇儿茶酚胺释放增加、抑制子宫收缩
   E. 导致产妇大量出汗、恶心、呕吐,使产妇脱水,发生酸中毒

6. 患者,女性,23 岁,因"剧烈腹痛、阴道流血"入院,急诊超声提示:异位妊娠。目前血压 80/50mmHg,拟行开腹探查术,患者实施哪种麻醉方法**不恰当**
   A. 全麻复合腹横筋膜平面阻滞
   B. 单纯吸入全麻
   C. 腰麻
   D. 静吸复合全麻
   E. 全凭静脉麻醉

7. 产妇,孕 39 周,臀位。既往腰椎手术病史,拟于全身麻醉下行"剖宫产"术。预防产妇误吸,术前禁食至少
   A. 3 小时　　　　B. 4 小时　　　　C. 5 小时
   D. 6 小时　　　　E. 7 小时

8. 产妇,孕 34 周。重度子痫前期,急性左心衰,拟急诊剖宫产,婴儿出生后应在多少时间进行第一次 Apgar 评分
   A. 1 分钟,5 分钟　　　　B. 2 分钟,6 分钟
   C. 3 分钟,7 分钟　　　　D. 4 分钟,8 分钟
   E. 5 分钟,9 分钟

9. 患者,女性,34 岁,体重 70kg,孕 39 周。由于宫缩疼痛剧烈,要求实施分娩镇痛术。下列麻醉药作为分娩时硬膜外镇痛**错误**的是
   A. 利多卡因　　　　B. 吗啡
   C. 布比卡因　　　　D. 舒芬太尼
   E. 罗哌卡因

10. 患者,女性,23 岁。临床诊断"巨大卵巢肿瘤",肿瘤直径 27cm×29cm,患者难以平卧,其最适麻醉选择是
    A. 连续硬膜外麻　　　　B. 针刺麻醉
    C. 腰麻　　　　D. 气管内插管全麻
    E. 局麻与强化

5.【答案】C
【解析】疼痛可能引起一系列内分泌反应,导致体内儿茶酚胺如肾上腺素等分泌增加,可使子宫胎盘血流量减少,导致胎儿缺氧;产妇过度紧张,导致过度通气,诱发呼吸性碱中毒;母体血红蛋白释氧量下降,影响胎盘氧供;副交感神经反射可能导致产妇大量出汗、恶心、呕吐,引起产妇脱水、酸中毒,胎儿酸中毒等。紧张、焦虑综合征会影响子宫有效收缩,导致产程延长。
【考点】分娩疼痛的危害

6.【答案】C
【解析】失血性休克多因出血量大病情危重而急送手术室,故需争分夺秒的抢救患者,应根据失血量及患者的各项生命体征迅速判断出休克程度,积极地进行抗休克处理。麻醉要选择全身麻醉、局部麻醉等对血流动力学影响较小的麻醉方式。
【考点】失血性休克患者麻醉原则

7.【答案】D
【解析】根据成人与小儿手术麻醉前禁食指南以及产科麻醉临床指南择期剖宫产手术禁食 6~8 小时。
【考点】产科全麻醉前的禁食时间

8.【答案】A
【解析】此题主要考查 Apgar 评分的内容。根据皮肤颜色、脉搏、呼吸、肌张力及运动、反射五项体征进行评分。满 10 分者为正常新生儿。婴儿出生后应在 1 分钟和 5 分钟进行第一次 Apgar 评分。
【考点】新生儿 Apgar 评分

9.【答案】B
【解析】此题主要考查分娩镇痛常用的麻醉药物。分娩镇痛可以使用麻醉性镇痛药例如哌替啶、芬太尼、舒芬太尼等,因为胎儿的呼吸中枢对吗啡极为敏感,因此,常规剂量的吗啡就会造成胎儿明显的呼吸抑制,现在吗啡基本上已被哌替啶、芬太尼等药取代。
【考点】分娩镇痛常用的麻醉药物

10.【答案】D
【解析】巨大盆腹腔肿物患者会对腹腔的大血管——腹主动脉、下腔静脉造成压迫,一旦切除肿瘤,腹腔压力消除后会导致极大的血流动力学波动,此患者因肿物巨大,难以平卧,麻醉选择应以全身麻醉为佳。
【考点】巨大盆腹腔肿物患者的麻醉

11.【答案】D
　　【解析】通过放射学检查发现,在平卧位时约有90%临产妇的下腔静脉被子宫所压,甚至完全阻塞,下肢静脉血将通过椎管内和椎旁静脉丛及奇静脉等回流至上腔静脉。因此,可引起椎管内静脉丛怒张。
　　【考点】妊娠妇女生理变化

12.【答案】E
　　【解析】剖宫产术期常用的血管活性药物:①麻黄碱。直接兴奋 α_1、β_1、β_2 受体,也可促使去甲肾上腺素神经末梢释放去甲肾上腺素而产生间接作用,从而提升血压。其缺点是心率增快、心肌耗氧增加,可增加新生儿酸血症的发生率。②去氧肾上腺素。对 α 受体有强的兴奋作用,对 α_1 受体的激动作用远大于 α_2 受体,但作用较弱而持久,毒性小,使收缩压和舒张压升高,可反射性兴奋迷走神经,减慢心率,在妊娠合并低血压患者中如产妇不存在心动过缓,推荐作为首选用药。
　　【考点】剖宫产术期常用的血管活性药物

13.【答案】A
　　【解析】新生儿Apgar评分:肌张力(activity)、脉搏(pulse)、皱眉动作即对刺激的反应(grimace)、外貌(肤色)(appearance)、呼吸(respiration)。评分具体标准是:①皮肤颜色。评估新生儿肺部血氧交换的情况。全身肤色呈粉红色为2分,手脚末梢呈青紫色为1分,全身呈青紫色为0分。②心搏率。评估新生儿心脏跳动的强度和节律性。心搏有力大于100次/min钟为2分,心搏微弱小于100次/min钟为1分,听不到心音为0分。③呼吸。评估新生儿中枢和肺脏的成熟度。呼吸规律为2分,呼吸节律不齐(如浅而不规则或急促费力)为1分,没有呼吸为0分。④肌张力及运动。评估新生儿中枢反射及肌肉强健度。肌张力正常为2分,肌张力异常亢进或低下为1分,肌张力松弛为0分。⑤反射。评估新生儿对外界刺激的反应能力。对弹足底或其他刺激大声啼哭为2分,低声抽泣或皱眉为1分,毫无反应为0分。
　　【考点】新生儿Apgar评分

14.【答案】A
　　【解析】产科使用的理想肌肉松弛药应具有:起效快,持续时间短,很少通过胎盘屏障,脂溶性低,新生儿排出该药迅速等。
　　【考点】产科使用的理想肌肉松弛药

15.【答案】D
　　【解析】新生儿出现呼吸障碍的主要原因有:产妇应用过多的宫缩药物,导致子宫剧烈的、持续性的收缩;使用过多的麻醉药或含吗啡的药物,致使婴儿的呼吸中枢受到抑制;脐带脱垂或脐带绕颈,或胎盘过早脱落,导致胎儿围生期缺氧;分娩时脑出血或早产儿的呼吸中枢功能不全,使呼吸功能减弱或障碍;早产儿和剖宫产儿的肺扩张不全(肺不张);透明膜的形成使氧气交换受阻;分娩前或在分娩过程中,胎儿吸入了羊水或胎粪等。
　　【考点】新生儿呼吸抑制的主要因素

11. 产妇,女性,33 岁,体重73kg,妊娠期高血压。拟于连续硬膜外麻醉下行剖宫产术,取左侧卧位,于 L_1~L_2 间隙硬膜外穿刺成功后置入硬膜外导管 3cm,回抽发现导管充满血液,导致硬膜外导管进入血管的主要原因是
　　A. 穿刺针偏离脊柱正中线
　　B. 高血压
　　C. 水钠潴留
　　D. 硬膜外血管间隙怒张
　　E. 孕激素水平升高

12. 产妇,孕 40 周,臀位。拟于腰硬联合麻醉下行剖宫产,麻醉成功后,患者由左侧卧位改为平卧位,测血压 83/50mmHg,心率 116 次/min。如果给予升压药物,此时首选药物为
　　A. 麻黄碱
　　B. 肾上腺素
　　C. 去甲肾上腺素
　　D. 多巴胺
　　E. 去氧肾上腺素

13. 产妇,孕 32 周。重度子痫前期,胎儿宫内窘迫,急诊剖宫产,新生儿娩出后心率 96 次/min,呼吸浅,哭声弱,四肢屈曲,叩足底有皱眉,四肢青紫,躯干肤色红,此新生儿 Apgar 评分为
　　A. 5 分
　　B. 6 分
　　C. 7 分
　　D. 8 分
　　E. 9 分

14. 产妇,孕 38 周。妊娠期血小板减少,拟于全身麻醉下行"剖宫产"术。产科全身麻醉使用的理想肌松药的条件哪项**不正确**
　　A. 脂溶性高
　　B. 起效迅速
　　C. 基本不透过胎盘屏障
　　D. 持续时间短
　　E. 新生儿排出该药迅速

15. 产妇,孕 33 周。胎儿宫内窘迫,急诊剖宫产。新生儿娩出后无呼吸,下面哪项**不是**导致新生儿呼吸抑制的主要原因
　　A. 母体麻醉用药
　　B. 气管内异物(羊水)
　　C. 早产儿肺扩张不全

D. 剖宫产

E. 早产儿的呼吸中枢功能不全

16. 产妇,孕 40 周,分娩镇痛术后,胎儿宫内窘迫,拟于连续硬膜外麻醉下行剖宫产手术。麻醉医师通过留置硬膜外导管给予 2% 利多卡因 5ml 试验量,5 分钟后,产妇双腿可以自如活动,但同时主诉心慌、胸闷,心率 123 次 /min,血压 86/50mmHg,血氧保护度 100%,最可能的原因是

A. 麻醉药物过敏

B. 羊水栓塞

C. 全脊髓麻醉

D. 硬膜下隙阻滞

E. 仰卧位低血压综合征

16.【答案】E

【解析】产妇双腿自如活动,可基本排除椎管内麻醉的影响。产妇出现的症状和体征符合典型的仰卧位低血压综合征。

【考点】仰卧位低血压综合征

17. 产妇,孕 39 周。胎儿宫内窘迫,拟于静吸复合麻醉下行急诊剖宫产,常见的吸入药物中能增强子宫收缩的是

A. 七氟烷　　　　　B. 氧化亚氮

C. 异氟烷　　　　　D. 氟烷

E. 恩氟烷

17.【答案】B

【解析】氧化亚氮对母体的呼吸、循环、子宫收缩力有增强作用,使宫缩力与频率增加。其他吸入麻醉药物对子宫收缩均有不同程度的抑制作用。

【考点】常见吸入麻醉药对母体的作用

18. 产妇,28 岁,身高 1.6cm,体重 73kg。临床诊断:"孕 1 产 0 孕 39 周",因剧烈宫缩疼痛要求实施分娩镇痛。关于分娩镇痛,下面叙述错误的是

A. 该产妇可以选择连续硬膜外穿刺、腰 - 硬联合阻滞穿刺等不同方式

B. 实施椎管内镇痛操作前需开放上肢静脉通路,连接监护仪实施心电、血压、脉搏氧饱和度等监测

C. 目前经麻醉医师评估没有施行椎管内阻滞分娩镇痛的操作禁忌证,可以直接向产妇和家属交代病情,实施分娩镇痛操作

D. 如果实施硬膜外阻滞分娩镇痛,硬膜外必须给予试验剂量确认导管位置未进入蛛网膜下腔以及血管

E. 为保证镇痛效果,减少药物不良反应,应将局部麻醉药与麻醉性镇痛药配伍使用

18.【答案】C

【解析】产妇自愿进行椎管内阻滞分娩镇痛,经产科医师评估,无产科禁忌证后,由麻醉医师进行镇痛前评估,查阅常规检查、了解病历,填写各种登记。麻醉医师评估后,向产妇及家属交代分娩镇痛的利弊及可能出现的并发症,并签署同意书。开放上肢静脉输液,连接监护仪,监测心电、无创血压、脉搏、血氧等各项生命体征。可选择连续硬膜外穿刺、腰 - 硬联合阻滞穿刺等不同方式。产妇左侧卧位,常规消毒铺巾,于 $L_2 \sim L_3$ 或 $L_3 \sim L_4$ 间隙穿刺,若是联合阻滞于蛛网膜下隙注入镇痛药物,置硬膜外导管,妥善固定后嘱产妇平卧。

【考点】分娩镇痛的常用方法

19. 产妇,孕 39 周。臀位,拟于腰硬联合麻醉下行剖宫产,鞘内麻醉药物不能直接注射 0.75% 布比卡因的主要原因是

A. 对胎儿具有毒性作用

B. 阻滞时间长

C. 容易透过胎盘

D. 与胎儿血浆蛋白的结合度高

E. 心脏毒性较强

19.【答案】E

【解析】高浓度的布比卡因心脏毒性强,容易导致难治性心搏骤停,而且高浓度药物对神经毒性较强,所以 0.75% 布比卡因禁止鞘内注射。

【考点】局部麻醉药布比卡因在剖宫产中的应用

20.【答案】D

【解析】反流误吸的处理原则：①使患者处于头低足高位，并转为右侧卧位；②迅速用喉镜窥视口腔，以便在明视下进行吸引，口腔和咽部吸引后，立刻气管插管，使呼吸道通畅；③经气管导管插入细导管，由此注入无菌生理盐水10~20ml后，立即吸出并给氧，反复多次直至吸出的盐水为无色透明为止；④纯氧吸入，纠正低氧血症；⑤早期应用激素可以减轻炎症、改善毛细血管通透性和缓解支气管痉挛；⑥出现喉痉挛和支气管痉挛要加深麻醉；⑦如患者有持续的低氧血症考虑使用PEEP（即呼气终末正压通气）。

【考点】反流误吸的处理原则

1.【答案】A

【解析】第一产程时胎头下降促使子宫下段、宫颈管和宫口呈进行性展宽、缩短、变薄和扩大。子宫肌纤维伸长和撕裂，刺激冲动由盆腔内脏传入神经纤维及相伴随的交感神经传入胸10、胸11、胸12和腰1脊髓节段，然后再经脊髓背侧束迅速上传至大脑，引起疼痛。疼痛部位主要在下腹部、腰部及骶部。第一产程疼痛的特点是：腰背部紧缩感和酸胀痛，疼痛范围弥散不定，周身不适。

【考点】分娩疼痛的特点

2.【答案】A

【解析】连续硬膜外分娩镇痛主要优点有：①避免了分次间断注药造成镇痛作用的波动，维持连续而稳定的镇痛效果，提高了患者满意度；②减少了由于分次追加局麻药阻滞交感神经所引起的血压波动及低血压；③由于采用更低浓度局麻药，减轻了对运动神经的阻滞，有利于产妇行动；④减轻了麻醉医师和护理的工作量；⑤减少感染和导管移位引起的高平面阻滞，母婴耐受良好。

【考点】连续硬膜外分娩镇痛优点

3.【答案】B

【解析】常用的分娩镇痛方法主要包括非药物分娩镇痛和药物分娩镇痛两大类。非药物性分娩镇痛包括精神镇痛法（拉玛泽疗法、Doula陪伴分娩、音乐疗法水中分娩）、针刺镇痛、HANS仪等。尽管每一种方法均有其特点和优点，但目前公认以椎管内阻滞分娩镇痛最为有效且副作用较少，可使产妇保持一定的活动能力，主动参与分娩过程，即使自然分娩失败，仍可继续用于剖宫产的麻醉，如果没有椎管阻滞的禁忌证，推荐作为首选镇痛方式。

【考点】常用的分娩镇痛方法

20. 产妇，孕33周。胎儿宫内窘迫，急诊剖宫产，患者2小时前进食馒头、鸡蛋等食物。全身麻醉诱导时发生呕吐、误吸，下面处置**不当**的是

 A. 经气管导管注入无菌生理盐水灌洗

 B. 纯氧吸入，纠正低氧血症

 C. 静脉给予甲泼尼龙或地塞米松

 D. 加大肌肉松弛药物剂量

 E. 出现喉痉挛和支气管痉挛要加深麻醉

【A3/A4型题】

(1~3题共用题干)

产妇，29岁，身高1.65cm，体重80kg。临床诊断："孕2产0孕40周"，因剧烈宫缩疼痛要求实施分娩镇痛。经产科医师以及麻醉医师评估可以实施分娩镇痛。

1. 有关第一产程产痛性质描述正确的是

 A. 刺激冲动由盆腔内脏传入神经纤维及相伴随的交感神经传入胸10、胸11、胸12和腰1脊髓节段

 B. 疼痛构成典型的"躯体痛"

 C. 第一产程产痛源于子宫体部的收缩和宫颈的扩张，表现为刀割样尖锐剧烈的疼痛

 D. 疼痛冲动经阴部神经传入骶2、骶3、骶4脊髓节段

 E. 疼痛主要集中在阴道、直肠和会阴部

2. 连续硬膜外分娩镇痛优点**不包括**

 A. 用药量比蛛网膜下腔-硬膜外联合镇痛减少，副作用少

 B. 避免了单次间断注药造成镇痛作用的波动，维持连续而稳定的镇痛效果

 C. 减轻了对运动神经的阻滞，有利于产妇行动

 D. 采用更低浓度局麻药减少了高平面阻滞带来的副作用

 E. 减少了由于分次追加局麻药阻滞交感神经所引起的血压波动和低血压

3. 如果此产妇既往无特殊病史，妊娠期规律产检，各项化验指标均在正常值范围，此产妇最佳的分娩镇痛方式是

 A. 精神镇痛法   B. 椎管内阻滞分娩镇痛

 C. 拉玛泽疗法   D. 针灸、HANS仪镇痛

 E. 骶管阻滞分娩镇痛

(4~6题共用题干)

患者，21岁，因"剧烈腹痛、阴道流血"入院。目前血压79/49mmHg，阴道后穹窿穿刺出现不凝血液，拟急诊行开腹探查术。

4. 该患者最重要的治疗措施是

    A. 补充血容量

    B. 及时输血

    C. 利尿

    D. 升压治疗

    E. 抗休克治疗同时急诊手术

5. 如果患者实施手术最佳的麻醉方案是

    A. 局部麻醉

    B. 硬膜外麻醉

    C. 异丙酚 + 瑞芬太尼 + 罗库溴铵,气管插管全身麻醉

    D. 依托咪酯 + 瑞芬太尼 + 罗库溴铵,喉罩全身麻醉

    E. 依托咪酯 + 瑞芬太尼 + 罗库溴铵,气管插管全身麻醉

6. 如果患者经过手术切除患侧输卵管、补液、自体血回输等治疗,血压恢复正常,但是突然又发生了低血压,下面可以导致此患者术中低血压的原因哪项**不正确**

    A. 牵拉输卵管引起迷走神经反射

    B. 术中失血过多而血容量补充不当

    C. 麻醉过深

    D. 急性心脏功能改变

    E. 过敏反应

(7~9 题共用题干)

产妇,孕 33 周。尿蛋白(+++),BP:158/109mmHg,血小板 57×10^9/L,总胆红素 40μmol/L,超声提示:腹腔积液明显,心包少许积液,产科给予降压、硫酸镁解痉等对症治疗,拟急诊剖宫产。

7. 下列哪种药物在胎盘中的浓度可高于母体血液中的浓度

    A. 瑞芬太尼

    B. 芬太尼

    C. 硫喷妥钠

    D. 地西泮

    E. 咪达唑仑

8. 胎盘物质交换中最为重要的一种方式是

    A. 主动转运

    B. 单纯扩散

    C. 细胞吞饮

    D. 渗漏

    E. 易化扩散

4.【答案】E

  【考点】妇科失血性休克患者的抢救

5.【答案】E

  【解析】此题需了解妇科失血性休克患者麻醉,建议诱导使用对血流动力学影响较低的依托咪酯,此外患者有可能存在饱胃,麻醉方式以气管插管全身麻醉最为安全。

  【考点】妇科失血性休克患者麻醉

6.【答案】B

  【解析】此题需了解术中低血压的原因,此患者充分止血、补液、输血后血容量补足,导致其低血压发生可能的因素为过敏反应、手术牵拉、麻醉过深、急性心脏功能变化、水电解质紊乱等因素。

  【考点】术中低血压的原因

7.【答案】D

  【解析】地西泮容易通过胎盘,静脉注射 10mg 在 30~60 秒内,或肌内注射 10~20mg 在 3~5 分钟内即可进入胎儿。母体肌内注射 10mg 26~40 分钟后,脐静脉血平均浓度为 70μg/L(μg/L=ng/ml),而母体血浆浓度仅 38μg/L,40 分钟后母胎血内的浓度方达平衡,与胎儿血浆蛋白对安定有较强亲和力有关;咪哒唑仑属于高度亲脂性,在体内释出亲脂性碱基,可迅速透过胎盘,但透过量少于安定。

  【考点】麻醉药对母体与胎儿的作用

8.【答案】B

  【解析】根据物质的性质与胎儿的需要,有不同的运输方式,可概括为以下四种:①单纯弥散:这是胎盘物质交换中最重要的方式之一。物质分子从高浓度区域移向低浓度区域,直至平衡。有许多麻醉药及镇痛药即属此类,如易溶于脂肪的硫喷妥钠,能很快透过胎盘,2 分钟后母胎浓度即相等;吸入麻醉药,由于分子量小,脂溶性高,也能够迅速进入胎体。②易化弥散:有些物质的运输率如以分子量计算超过单纯弥散所能达到的速度,目前认为有另一种运载系统,对某些重要物质起加速弥散作用。③主动转运:由于胎体内的某些物质浓度较母体高,故不能用弥散规律解释,目前认为由主动传递运输。④特殊方式:主要为免疫物质的运输,主要的方式是细胞吞饮和"渗漏"。

  【考点】麻醉药对母体与胎儿的作用

9.【答案】C

【解析】硫酸镁是重度妊高征的首选药,应常规观察用药后的尿量,有无呼吸抑制,检查膝反射、心率和心电图,有无房室传导阻滞,如有异常应查血镁离子浓度。一旦有中毒表现应给予钙剂拮抗治疗。镁离子浓度增高可增强非去极化肌松药物作用。

【考点】麻醉药和产科特殊用药的协同作用

10.【答案】B

【解析】新生儿其体内产热机制主要依靠棕色脂肪的产热作用。棕色脂肪分布在肩胛间,颈旁,腋部及肾周等处,约占体重的1.5%。当新生儿遇到寒冷时,皮肤的特殊传感器引起去甲肾上腺素的释放增多,去甲肾上腺素促使棕色脂肪发生代谢作用。

【考点】新生儿复苏相关问题

11.【答案】C

【考点】胎儿正常的心率

12.【答案】A

【考点】新生儿复苏的常用方法

13.【答案】E

【解析】口服降糖药在妊娠期应用的安全性、有效性未得到足够证实,目前不推荐使用。胰岛素是大分子蛋白,不通过胎盘,对饮食治疗不能控制的糖尿病,胰岛素是主要的治疗药物。

【考点】妊娠糖尿病的治疗

14.【答案】C

【解析】由于此产妇存在一定程度的血压降低,无凝血功能障碍和意识障碍,麻醉方法可以选择对血流动力学干扰较小的硬膜外麻醉或者应用全身麻醉。

【考点】妊娠糖尿病患者的麻醉方法

15.【答案】D

【考点】妊娠糖尿病患者的麻醉管理

9. 此产妇全身麻醉肌肉松弛药剂量应适当减少的原因主要是
A. 水钠潴留
B. 孕激素的协同作用
C. 硫酸镁的协同作用
D. 生理性血液稀释
E. 高血压

(10~12题共用题干)

产妇,29岁,孕38周。胎儿宫内窘迫,急诊剖宫产分娩一男婴,出生后1分钟Apgar评分6分。

10. 新生儿产热方式是
A. 白色脂肪分解
B. 棕色脂肪分解
C. 寒战
D. 肌肉收缩
E. 环境的温度差

11. 正常的胎心率是
A. 80~100 次/min
B. 100~120 次/min
C. 120~160 次/min
D. 160~180 次/min
E. 140~180 次/min

12. 新生儿轻度窒息,呼吸浅,下列哪种处理方式**不正确**
A. 气管插管
B. 吸引口腔
C. 吸氧
D. 叩击足底
E. 按摩背部

(13~15题共用题干)

产妇,孕39周,妊娠糖尿病,胎儿宫内窘迫。该产妇自行停用降糖药物,入院测血压105/68mmHg,血糖最高达21mmol/L,血气示严重代酸,血尿酮体强阳性,凝血功能检查无异常。

13. 目前该产妇选择降糖的药物应该是
A. 二甲双胍 + 吡格列酮
B. 中效胰岛素
C. 长效胰岛素
D. 二甲双胍
E. 普通胰岛素

14. 对于此产妇的麻醉方式说法正确的是
A. 选择全身麻醉最佳
B. 局部麻醉
C. 连续硬膜外麻醉
D. 腰麻
E. 针刺

15. 此患者术中麻醉管理最重要的是
A. 血压
B. 心率
C. 补充血容量

D. 维持血流动力学稳定,水电解质平衡以及控制血糖

E. 控制血糖

【案例分析题】

案例一 患者,31 岁,体重 78kg,孕 33 周。2 小时前吃过午餐,现胎心监护显示胎儿宫内窘迫,拟行急诊剖宫产术。血压 156/106mmHg。血常规检查:HGB 106g/L　PLT 62×10^9/L、WBC 8×10^9/L;24 小时尿蛋白定量 0.8g;凝血功能检查:纤维蛋白原 3.2g/L,PT 9.0 秒,TT 10.5 秒;国际标准化比值(INR)0.8,APTT 25 秒,D 二聚体 1 528mg/L。

提问 1:目前患者最可能的临床诊断是

A. 妊娠期高血压

B. 胎儿宫内窘迫

C. 妊娠期血小板减少

D. HELLP 综合征

E. 急性脂肪肝

F. 血栓性血小板减少性紫癜

提问 2:目前该患者的治疗包括

A. 早期使用糖皮质激素

B. 根据情况输注血小板等血液制品

C. 降压

D. 解痉

E. 纠正凝血功能障碍

F. 适时结束妊娠

G. 实施剖宫产结束妊娠

提问 3:如果该患者实施手术,应当选择的麻醉方式是

A. 局部麻醉　　　　B. 硬膜外麻醉

C. 腰麻　　　　　　D. 全身麻醉

E. 针刺麻醉　　　　F. 腰硬联合麻醉

案例二 患者,身高 157cm,体重 98kg。因停经 32 周,阴道流液 8 小时入院,患者育龄女性,未婚,孕 2 产 0。患者于 1 小时前无明显诱因出现胸闷,气促,咳嗽,不能平卧等不适,精神烦躁,神志清,端坐呼吸,呼吸急促,双肺听诊呼吸音粗,满布湿啰音,可闻及哮鸣音,心率 136 次/min。查体时患者咳出大量粉红色泡沫痰,吐出大量食物,拟急诊行剖宫产手术。

提问 1:如果患者选择全身麻醉容易导致患者发生反流误吸的原因有

A. 胃排空时间及肠运输时间延长

B. 胃贲门括约肌松弛

C. 胃的位置改变以及腹压增加

D. 胃肠道张力降低

提问 1:【答案】ABD

【解析】重度妊高征并发心力衰竭、脑出血、胎盘早剥、凝血异常,以及溶血、肝酶升高、血小板减少,称为 HELLP 综合征。麻醉选择的原则应按相关脏器损害的情况而定,以及妊高征的病理生理改变及母婴安全的考虑,对无凝血异常、无 DIC、无休克和昏迷的产妇应首选连续硬膜外阻滞。硬膜外阻滞禁忌者,以保障母体安全为主,胎儿安全为次的情况下,考虑选择全身麻醉。

【考点】HELLP 综合征诊断和麻醉

提问 2:【答案】ABCDEF

【解析】在按重度子痫前期治疗的基础上,其他治疗措施包括:有指征的输注血小板和使用肾上腺皮质激素;血小板计数 $>50 \times 10^9$/L 且不存在过度失血或者血小板功能异常时不建议预防性输注血小板或者剖宫产术前输注血小板;$<50 \times 10^9$/L 可考虑肾上腺皮质激素治疗;$<50 \times 10^9$/L 且血小板数量迅速下降或者存在凝血功能障碍时应考虑备血,包括血小板;绝大多数 HELLP 综合征患者应在积极治疗后终止妊娠。HELLP 综合征患者可酌情放宽剖宫产指征,但不一定只能选择剖宫产分娩。

【考点】HELLP 综合征的治疗原则

提问 3:【答案】D

【解析】因 HELLP 综合征患者合并凝血功能障碍,麻醉应选择全身麻醉。

【考点】HELLP 综合征麻醉要点

提问 1:【答案】ABCDE

【解析】妊娠晚期,胃向左上方膈肌顶部推移,并向右旋转 45°,形成程度不等的水平胃。由于胃肠道解剖位置的改变,使急腹症的体征发生变异,易导致临床诊断上的困惑。胃液分泌及胃肠道蠕动,在妊娠期有不同程度的改变,与胎盘分泌大量黄体酮引起全身平滑肌普遍松弛有关,使胃肠道张力降低,蠕动减弱,胃排空时间及肠运输时间延长,又因胃贲门括约肌松弛、胃的位置改变以及腹压增加,易导致胃内容反流至食管。

【考点】剖宫产全身麻醉

E. 胃肠道蠕动减弱

F. 生理性胃酸分泌增加以及低酸度刺激

提问2：如果该患者气管插管出现困难可能的原因有

A. 围生期肥胖

B. 严重气道水肿

C. 张口度不够

D. 乳房过大阻碍喉镜的置入

E. 妊娠期气道解剖改变

F. 医师对患者气道评估不充分、准备不足

提问3：如果该患者怀疑存在羊水栓塞，下面关于羊水栓塞正确的说法是

A. 羊水栓塞是由于污染羊水中的有形物质(胎儿毳毛,角化上皮,胎脂,胎粪)和促凝物质进入母体血液循环引起

B. 羊水成分可经剖宫产开放的血窦进入母体循环

C. 诱发肺血管痉挛、支气管痉挛

D. 羊水中的促凝血物质可以激活内源性凝血系统导致DIC

E. 过敏性休克是导致患者病情加剧以及死亡的主要原因

F. 是羊水进入母体循环后,引起母体对胎儿抗原产生的一系列过敏反应

(刘 野 徐铭军)

提问2：【答案】ABDEF

　　【考点】产科困难气道发生的原因

提问3：【答案】ABCEF

　　【解析】羊水栓塞是指在分娩过程中羊水突然进入母体血液循环引起急性肺栓塞,过敏性休克,弥散性血管内凝血,肾衰竭或猝死的严重的分娩期并发症。发病率为4/10万~6/10万,羊水栓塞是由于污染羊水中的有形物质(胎儿毳毛,角化上皮,胎脂,胎粪)和促凝物质进入母体血液循环激活外源性凝血系统而引起。近年研究认为,羊水栓塞主要是过敏反应,是羊水进入母体循环后,引起母体对胎儿抗原产生的一系列过敏反应,故建议命名为"妊娠过敏反应综合征"。

　　【考点】羊水栓塞

第三十五章　神经外科手术麻醉

【A1 型题】

1. 颅内压增高定义为颅内压(ICP)持续升高超过
   - A. 5mmHg
   - B. 15mmHg
   - C. 25mmHg
   - D. 40mmHg
   - E. 60mmHg

2. 下面哪项是检测静脉空气栓塞(VAE)最敏感的方式
   - A. 脑电图
   - B. 肺动脉导管
   - C. 经食管超声心动图
   - D. 右心房导管置入术
   - E. 监测 $P_{ET}CO_2$

3. 颅内压增高时,机体主要的代偿机制为
   - A. 颅内蛛网膜绒毛对脑脊液(CSF)的吸收增加
   - B. 脊髓蛛网膜绒毛对 CSF 的吸收增加
   - C. CSF 从颅内向脊髓蛛网膜下腔转移
   - D. 压迫颅内动脉,减少脑血容量
   - E. 脑疝形成

4. 脊柱手术中使用罗库溴铵可能会干扰以下哪项监测
   - A. 脊髓背侧束
   - B. 皮质脊髓束
   - C. 脑皮质电图
   - D. 脑电双频指数
   - E. 躯体感觉皮质

5. $PaCO_2$ 每增加 1mmHg,脑血流量改变
   - A. 1%
   - B. 2%

1.【答案】B
【解析】ICP 升高通常处于病理损伤的终末期(如脑脊损伤,颅内肿瘤,蛛网膜下腔出血)。颅内容物由三部分组成:脑实质(80%~85%),血液(5%~10%),CSF(5%~10%)。这些组成部分均不能被压缩,因此,其中任何一个成分容量增加均需要另一个或两个组成部分补偿性容量减少,以避免颅内高压的进展。正常 ICP 小于 15mmHg。颅内高压定义为在仰卧位时测量 ICP 持续增加达到 15~20mmHg 以上。
【考点】神经外科麻醉的特点

2.【答案】C
【解析】当前可用于监测 VAE 的设备包括经食管超声心动图,多普勒超声,肺动脉导管,监测 $P_{ET}CO_2$,右心房导管等,但诊断 VAE 的最敏感手段是经食管超声心动图。
【考点】神经外科麻醉的特点

3.【答案】C
【解析】正常情况下,ICP 保持在正常范围,主要与以下三种代偿机制有关:CSF 从颅内向脊髓蛛网膜下腔迁移;颅内血液(主要是静脉)向全身循环转移;CSF 通过蛛网膜毛吸收进入硬脑膜静脉窦,最终进入全身循环。脑疝形成是机体代偿机制丧失的表现。
【考点】颅内高压

4.【答案】B
【解析】术后神经功能障碍是一种罕见但严重的脊柱脊髓手术并发症,在容易发生脊髓功能障碍的病例,常采用 SSEP 和 MEP 监测判断是否发生脊髓缺血,MEP 用于不能通过 SSEP 评估的皮质脊髓束的监测,应避免使用神经肌肉阻滞剂,因为其干扰 MEP 的监测。
【考点】神经外科麻醉的特点

5.【答案】B
【解析】与自动调节功能对比,多数重型颅脑损伤患者对 CO_2 仍存在反应性,因此过度通气通过降低 CBV 快速降低 ICP。一般而言,$PaCO_2$ 每升高或减少 1mmHg,CBF 将增加(或降低)约 2% 或 1ml/100(g·min)。因为正常全脑血流量为 50ml/100(g·min),CBF 改变 1ml/100(g·min)代表 2% 的变化。
【考点】神经外科麻醉的特点

347

C. 5%

D. 7%

E. 10%

6.【答案】E

【解析】呼吸类型改变如潮式呼吸为脑干功能不良的征象。

【考点】颅内高压

6. 以下哪项**不是**颅内压增高的症状和体征

A. 视盘水肿 B. 头痛

C. 恶心呕吐 D. 意识障碍

E. 潮式呼吸

7.【答案】D

【解析】神经垂体分泌加压素(ADH)也称血管加压素。

【考点】神经外科麻醉的特点

7. 腺垂体激素**不包括**

A. 促肾上腺皮质激素(ACTH)

B. 促甲状腺激素(TSH)

C. 生长激素(GH)

D. 加压素(ADH)

E. 催乳素(PRL)

8.【答案】C

【解析】体感诱发电位(SSEP)用于神经外科手术中监测神经系统感觉通路的完整性,挥发性麻醉药,丙泊酚和依托咪酯增加SSEP的潜伏期,而非去极化肌松剂不影响神经系统的感觉通路。

【考点】神经外科麻醉的特点

8. 下面哪个药物对体感诱发电位影响最小

A. 七氟烷 B. 异氟烷

C. 罗库溴铵 D. 丙泊酚

E. 依托咪酯

9. 体感诱发电位传入需要通过哪个脊髓束

A. 脊髓小脑束 B. 脊髓丘脑束

C. 周围神经 D. 脊髓后索

E. 皮质脊髓束

9.【答案】D

【解析】体感诱发电位传入需要通过脊髓后索、脑干、内侧丘系、内囊,对侧躯体感觉皮质。

【考点】神经外科麻醉的特点

10.【答案】B

【解析】全脑血流量正常值约为45~55ml/(100g·min)。

【考点】神经外科麻醉的特点

10. 全脑血流量正常值为

A. 25ml/(100g·min)

B. 50ml/(100g·min)

C. 75ml/(100g·min)

D. 100ml/(100g·min)

E. 125ml/(100g·min)

【A2 型题】

1.【答案】D

【解析】Glasgow 昏迷评分包括三个方面:睁眼反应,最高评分为4分;言语反应,最高评分为5分;运动反应,最高评分为6分。每项最低评分均为1分。评分越高反应越好。轻度颅脑损伤评分为13~15分;中度颅脑损伤为9~12分;重度颅脑损伤为3~8分。该患者严重颅脑损伤对刺激没有反应,Glasgow 昏迷评分应为3分。

【考点】神经外科麻醉的特点

1. 患者男性,31岁。因机动车事故后2小时,由急诊直接送入手术室,入室后患者对任何刺激无睁眼,无言语和运动反应。该患者 Glasgow 昏迷评分为

A. 0分 B. 1分

C. 2分 D. 3分

E. 4分

2. 患者男性,65 岁。2 个月前有头部外伤史,现头痛,CT 示右额顶新月形低密度影,诊断为
   A. 急性硬膜下血肿　　　　B. 慢性硬膜外血肿
   C. 慢性硬膜下血肿　　　　D. 脑内血肿
   E. 高血压脑出血

3. 患者女性,41 岁。主诉闭经和视力下降,拟行垂体瘤切除术。该患者所患的是哪种类型的垂体瘤
   A. 生长激素型垂体瘤　　　B. 原发性恶性垂体瘤
   C. 转移性肿瘤　　　　　　D. 高催乳素型垂体瘤
   E. 皮质激素腺瘤

4. 根据以下数据计算脑灌注压:血压(BP)100/70mmHg、心率(HR)65 次 /min、ICP15mmHg
   A. 60mmHg　　　　B. 65mmHg　　　　C. 70mmHg
   D. 75mmHg　　　　E. 80mmHg

5. 患者男性,72 岁。于坐位下行动脉瘤切除术,术中突然出现低血压,心前区多普勒超声检查时见到空气。以下治疗 VAE 的措施哪一项**不合理**
   A. 封闭血管破口
   B. 颈静脉压迫
   C. 进行呼气末正压通气(PEEP)
   D. 使去甲肾上腺素治疗低血压
   E. 经右心导管抽出已进入的空气

6. 患者男性,89 岁。既往有短暂脑缺血发作病史,拟于全身麻醉下行颈动脉内膜切除术。该患者的麻醉管理下列哪项正确
   A. 肺过度通气使 $PaCO_2$ 降至 30mmHg 以降低 ICP
   B. 颈动脉体周围注射局部麻醉药以防止心动过缓
   C. 实施控制性降压以减少出血
   D. 再通后避免高灌注
   E. 术中泵注艾司洛尔

7. 患者男性,50 岁。诊断为蛛网膜下腔出血(SAH),不伴有脑血管痉挛的动脉瘤破裂,术前治疗**不包括**
   A. 诱发高血压(高于基线的 20% 以上)
   B. 使用尼莫地平
   C. 镇静
   D. 使用抗癫痫药物
   E. 避免低血容量

2. 【答案】C
【解析】新月形低密度影为慢性硬膜下血肿的影像学特征。
【考点】常见神经外科手术的围术期麻醉管理

3. 【答案】D
【解析】该患者是最常见的分泌型腺瘤——高催乳素型垂体瘤,这类肿瘤患者典型的症状是闭经、溢乳或者两者兼有,患分泌催乳素腺瘤的男性通常有溢乳和不育。
【考点】常见神经外科手术的围术期麻醉管理

4. 【答案】B
【解析】脑灌注压=平均动脉压(MAP)-颅内压(ICP)。目前情况下,平均动脉压(MAP)=80mmHg(舒张压70+1/3 脉压 10)。因此,80-15=65。
【考点】神经外科麻醉的特点

5. 【答案】C
【解析】VAE 患者治疗的常用方法为:避免空气进一步入血;抽出已进入的空气;防止血管内空气的扩张;循环支持治疗。PEEP 是错误的治疗方法。
【考点】常见神经外科手术的围术期麻醉管理

6. 【答案】D
【解析】患者的动脉血压和 $PaCO_2$ 应保持在正常范围,因为脑缺血区域的血管丧失自动调节脑血流量和对 $PaCO_2$ 变化作出反应的能力,从而产生窃血现象。可通过颈动脉窦周围注射局部麻醉药以减弱颈动脉窦压力感受性反射,而非颈动脉体;术中应泵注尼莫地平,以扩张脑血管,增加脑血供。
【考点】常见神经外科手术的围术期麻醉管理

7. 【答案】A
【解析】对不伴有脑血管痉挛的 SAH 应避免高血压,以便将动脉瘤的瘤壁张力降到最低,降低动脉瘤再次破裂的风险。
【考点】常见神经外科手术的围术期麻醉管理

8.【答案】E
　　【解析】该患者存在低钠血症,且尿钠大于20mmol/L,符合加压素分泌异常综合征,治疗需限制水的摄入量;可采用高渗盐水治疗,不过输注量不能过多过快,否则会引起脑桥脱髓鞘反应;氯磺丙脲和血管加压素均为治疗尿崩症的药物。
　　【考点】常见神经外科手术的围术期麻醉管理

9.【答案】B
　　【解析】该患者疑似TIA发作,在择期手术前,应考虑行脑血管造影检查,进一步评估患者是否存在脑血管狭窄,以及是否有完善的侧支循环,以降低术中术后卒中的风险。
　　【考点】常见神经外科手术的围术期麻醉管理

10.【答案】E
　　【解析】SAH后脑血管痉挛的治疗包括3H疗法,高血容量,升高血压,血液稀释;尼莫地平可降低与血管痉挛相关的发病率与死亡率,而利尿剂不能用于治疗脑血管痉挛。
　　【考点】常见神经外科手术的围术期麻醉管理

11.【答案】C
　　【解析】硬膜外血肿通常是由于硬脑膜动脉或静脉窦破裂所致。
　　【考点】常见神经外科手术的围术期麻醉管理

12.【答案】A
　　【解析】脑性盐耗综合征表现为低钠血症,低血容量,与血清钠浓度不符的尿钠浓度异常增高。而尿崩症和原发性醛固酮增多症血清钠浓度均增加,肾小管坏死与这一病理生理过程无关。
　　【考点】常见神经外科手术的围术期麻醉管理

13.【答案】C
　　【解析】$PaCO_2$低于20mmHg时,氧合血红蛋白解离曲线左移,强烈的脑血管收缩可引起脑缺血,应将$PaCO_2$维持在25~35mmHg,在这个范围内,ICP降低幅度最大,而脑缺血的风险最小。
　　【考点】常见神经外科手术的围术期麻醉管理

8. 患者男性,52岁。鞍区肿瘤切除术后,血清钠为127mmol/L,尿钠为25mmol/L,应采取下列哪项治疗
　　A. 静脉注射血管加压素
　　B. 3%生理盐水500ml静滴30分钟
　　C. 氯磺丙脲
　　D. 口服醋酸去氨加压素(弥凝)
　　E. 限制水的摄入量

9. 患者女性,55岁。体检发现颅内占位1个月,拟于全麻下行颅内肿瘤切除术,术前访视时,患者诉当天上午有一过性右侧肢体无力,伴头晕,黑矇,约30分钟后自行缓解。下面哪项措施最合适
　　A. 正常手术
　　B. 取消手术,行脑血管造影检查
　　C. 取消手术,行冠状动脉造影检查
　　D. 取消手术,行24小时心电Holter检查
　　E. 取消手术,行超声心动图检查

10. 患者女性,75岁。3天前突发头痛伴呕吐,呕吐呈喷射状,以"蛛网膜下腔出血"收入院,以下均可用于缓解脑血管痉挛,**除外**
　　A. 升高血压　　B. 血液稀释　　C. 高血容量
　　D. 尼莫地平　　E. 呋塞米

11. 患者男性,29岁。1小时前骑电动车摔伤头部,入院颅脑CT显示,左额颞颅骨内板下梭形血肿,该患者出血主要来自
　　A. 大脑中动脉　　　　B. 板障静脉
　　C. 脑膜中动脉　　　　D. 脑皮质动脉
　　E. 下矢状窦

12. 患者男性,62岁。蛛网膜下腔出血,前交通动脉瘤夹闭术后血清钠为125mmol/L,24小时尿钠为290mmol(正常范围40~117mmol/24h),CVP为3cmH$_2$O,最可能的原因为
　　A. 脑性盐耗综合征　　B. 尿崩症
　　C. 原发性醛固酮增多症　　D. 肾小管坏死
　　E. 低钠血症

13. 患者女性,54岁。头痛1个月,以脑膜瘤入院,拟在全麻下行左额开颅脑膜瘤切除术,术中$PaCO_2$保持在
　　A. 15~20mmHg　　B. 20~25mmHg　　C. 25~30mmHg
　　D. 35~40mmHg　　E. 40~45mmHg

14. 患者男性,54 岁。创伤后颅内血肿,既往高血压病 2 年,拟在全麻下行脑内血肿清除术,以下哪个因素**不会**影响脑血流的自动调节功能
    A. 七氟烷
    B. 高血压病
    C. 脑缺血
    D. 过度通气
    E. 全凭静脉麻醉

15. 患者男性,75 岁。拟在全麻下行右颈内动脉内膜剥脱术,以下哪项监测手段对避免脑缺血**无帮助**
    A. 脑电图
    B. 经颅多普勒超声(TCD)
    C. 皮质体感诱发电位(SEP)
    D. 体温监测
    E. 脑内血氧饱和度

16. 患者男性,45 岁。因蛛网膜下腔出血入院,以下哪项心电图表现应考虑合并有心肌梗死
    A. T 波倒置
    B. ST 段下降
    C. Q-T 间期延长
    D. TnI 升高
    E. CK-MB 升高

17. 男性患者,21 岁。以 $T_6 \sim T_8$ 神经鞘瘤收入院,拟于全麻下行神经鞘瘤切除术。使用体感诱发电位(SSEP)监测脊髓神经功能,脊髓缺血的 SSEP 波形表现为
    A. 振幅增加,潜伏期延长
    B. 振幅降低,潜伏期延长
    C. 振幅不变,潜伏期延长
    D. 振幅增加,潜伏期缩短
    E. 振幅降低,潜伏期缩短

18. 患者男性,32 岁。在全麻下行脊髓肿瘤切除术。术中行体感诱发电位(SSEP)监测,刺激从胫后神经传导至大脑皮质过程中与下列哪个结构**无关**
    A. 脊髓后索
    B. 脑干
    C. 皮质脊髓束
    D. 内侧丘系
    E. 内囊

19. 患者男性,28 岁。机动车事故后意外发现 $C_2 \sim C_4$ 颈髓内占位,该患者为小下颌,安全建立气道的方法为
    A. 清醒纤维支气管镜插管
    B. 快速序贯诱导后直接喉镜插管
    C. 经鼻盲探插管
    D. 气管切开
    E. 喉罩

14.【答案】E
【解析】CBF 自动调节功能容易受损,且受诸多因素影响,如脑血管舒张药(包括挥发性麻醉剂),脑缺血。脑缺血使 CBF 自动调节功能消失,CBF 被动依赖于脑灌注压,低碳酸血症(与过度通气有关)迅速导致血管收缩,从而降低CBF。挥发性麻醉药(七氟烷)浓度超过 1MAC 时,脑自动调节功能受损,而在低于 1MAC 时,脑自动调节功能仍然存在。全凭静脉麻醉不会损害自动调节功能。
【考点】常见神经外科手术的围术期麻醉管理

15.【答案】D
【解析】脑电图波形无衰减可反应同侧大脑皮质的缺血。TCD 可对 Willis 环的各个组成动脉进行连续血流监测。SEP 是基于感觉皮质对外周感觉神经受刺激后产生的电冲动的反应,振幅下降超过 50%,则提示有脑缺血发生。
【考点】常见神经外科手术的围术期麻醉管理

16.【答案】D
【解析】蛛网膜下腔出血患者的 ECG 可表现为 T 波倒置,ST 段下降,Q-T 间期延长,以及 CK-MB 升高,这些改变不一定与心肌损伤有关,可能是自主神经功能改变引起的,但 TnI 为心肌损伤的特异性指标。
【考点】常见神经外科手术的围术期麻醉管理

17.【答案】B
【解析】体感诱发电位是由特定潜伏期和振幅的正负电位组成,缺血,神经损伤和神经通路离断将导致单个信号振幅降低和 / 或潜伏期延长。
【考点】脊髓手术的围术期麻醉管理

18.【答案】C
【解析】体感诱发电位(SSEP)是神经系统对周围神经刺激的生理反应,评估周围神经,脊髓后索,脑干,内侧丘系,内囊,对侧躯体感觉皮质的完整性。
【考点】脊髓手术的围术期麻醉管理

19.【答案】A
【解析】该患者为小颌畸形,可能存在气道解剖异常,快速序贯诱导后直接喉镜插管不能确保患者的气道安全;外伤患者应怀疑有颅底骨折和鼻窦损伤的可能,所以应避免经鼻插管;喉罩可以建立安全气道,但不能确切预防误吸;此患者采用清醒插管建立气道更安全可靠。
【考点】脊髓手术的围术期麻醉管理

20. 【答案】A

　　【解析】$PaCO_2$ 每升高或减少 1mmHg，CBF 将增加（或降低）约 2% 或 1ml/(100g·min)。

　　【考点】常见神经外科手术的围术期麻醉管理

21. 【答案】C

　　【解析】体温每下降 1℃，脑氧代谢率（$CMRO_2$）降低约 6%。

　　【考点】常见神经外科手术的围术期麻醉管理

22. 【答案】C

　　【解析】脑自动调节功能在一定条件下可能受损，包括脑部肿瘤、蛛网膜下腔出血、颅内手术和创伤性脑损伤，挥发性麻醉药浓度超过 1MAC，脑自动调节功能受损，$PaCO_2$ 低于 20mmHg 时，氧合血红蛋白解离曲线左移，可能引起脑缺血；但全凭静脉麻醉不会损害脑自动调节功能。

　　【考点】常见神经外科手术的围术期麻醉管理

23. 【答案】D

　　【解析】该患者存在颅内压升高的表现：嗜睡，高血压。琥珀酰胆碱可引起脑血管扩张，颅内压增高；PEEP 影响静脉回流，导致颅内压进一步增高；气管插管前使用艾司洛尔，可降低喉镜刺激的高动力反应并预防颅内压升高；麻醉前使用镇静剂会使患者镇静加深，影响过度通气。

　　【考点】常见神经外科手术的围术期麻醉管理

1. 【答案】C

　　【解析】该患者蛛网膜下腔出血（SAH）诊断明确，75%～85% 的 SAH 是由颅内动脉瘤引起的，而脑血管造影是动脉瘤诊断的"金标准"。

　　【考点】常见神经外科手术的围术期麻醉管理

20. 患儿男性，5 岁。拟行鞍区肿瘤切除术，使用七氟烷 + 瑞芬太尼麻醉，术中 $PaCO_2$ 从 30mmHg 增加至 40mmHg，该患儿的全脑血流量增加了

　　A. 10ml/(100g·min)

　　B. 20ml/(100g·min)

　　C. 30ml/(100g·min)

　　D. 40ml/(100g·min)

　　E. $PaCO_2$ 和 CBF 无关

21. 患儿男性，5 岁。拟于全麻下行四脑室肿瘤切除术，术中监测体温，体温每下降 1℃，脑氧代谢率（$CMRO_2$）将降低

　　A. 3%　　　　　B. 5%　　　　　C. 6%

　　D. 8%　　　　　E. 10%

22. 患者男性，48 岁。创伤后颅内血肿，以下叙述哪项最有可能保持完整的脑自动调节功能

　　A. 手术清除血肿

　　B. Glasgow 昏迷评分为 8 分

　　C. 使用丙泊酚行全凭静脉麻醉

　　D. 2MAC 的七氟烷

　　E. 术中维持 $PaCO_2$ 在 20mmHg

23. 患者女性，55 岁。既往体健，拟于全麻下行右顶开颅脑膜瘤切除术，术前访视发现患者近 1 周来处于嗜睡状态，血压 170/105mmHg，有效的麻醉处理措施为

　　A. 使用琥珀酰胆碱快速序贯诱导

　　B. 保持 $PaCO_2$ 在 20mmHg

　　C. 给予 PEEP 5cmH_2O

　　D. 艾司洛尔减少插管反应

　　E. 咪达唑仑 5mg

【A3/A4 型题】

（1~5 题共用题干）

患者女性，53 岁，体重 60kg。突发剧烈头痛，伴恶心呕吐 1 天入院，急诊行颅脑 CT 示蛛网膜下腔出血，入院诊断：蛛网膜下腔出血。患者神志模糊，颈项强直，血压 182/105mmHg，心率 55 次/min，心电图示：窦性心律，V1，V2 导联 ST 段压低。

1. 为明确诊断，下列哪项辅助检查为最优选择

　　A. 冠脉 CT　　　　　　　B. 颅脑 MRA

　　C. 脑血管造影（DSA）　　D. 超声心动图

　　E. 腰穿

2. 该患者的 Hunt-Hess 分级为
   A. Ⅰ级　　　　　B. Ⅱ级　　　　　C. Ⅲ级
   D. Ⅳ级　　　　　E. Ⅴ级

3. 可采用以下措施防止脑肿胀,**除了**
   A. 维持 $PaCO_2$ 在 30~35mmHg
   B. 静滴甘露醇
   C. 合理使用糖皮质激素
   D. 腰穿置管,大量引流脑脊液
   E. 使用利尿剂,如呋塞米

4. 术中预防脑血管痉挛**错误**的是
   A. 维持正常或略高的血压
   B. 提高血容量
   C. 静脉应用去氧肾上腺素
   D. 围术期静脉输注尼莫地平
   E. 夹闭动脉瘤后局部使用罂粟碱浸泡

5. 如术中发生动脉瘤破裂,以下处理**错误**的是
   A. 迅速补充血容量　　　B. 临时夹闭动脉瘤近端血管
   C. 短暂压迫同侧颈动脉　　D. 控制性降压,以减少出血
   E. 术野血液回收

(6~10 题共用题干)

女性,42 岁,车祸外伤后昏迷 4 小时伴瞳孔散大入院,术前诊断"右额颞硬膜下血肿",拟急诊行血肿清除术。患者平素体健,无高血压病史,现意识昏迷,血压 185/102mmHg,心率 50 次 /min,呼吸 30 次 /min。

6. 入院抢救过程中应首选
   A. 颅脑 CT 扫描,明确血肿部位
   B. 20% 甘露醇 250ml 快速静脉滴注
   C. 急诊行血肿清除术
   D. 穿刺行脑室外引流
   E. 钻孔探查,寻找血肿

7. 应用甘露醇降低颅内压应该
   A. 缓慢滴注
   B. 快速推注
   C. 一次剂量应在 20 分钟内输完
   D. 一次剂量应在 1 小时内输完
   E. 速度快慢不影响疗效

2.【答案】C
【解析】Hunt-Hess 分级为 6 级,0 级为动脉瘤未破裂,Ⅴ级为深度昏迷,去大脑强直,濒死状态,该患者意识模糊,颈项强直,Hunt-Hess 分级应为Ⅲ级。
【考点】常见神经外科手术的围术期麻醉管理

3.【答案】D
【解析】如术前已行腰穿置管,可于术中缓慢引流并控制引流量,切忌在打开硬脑膜之前大量引流脑脊液。
【考点】常见神经外科手术的围术期麻醉管理

4.【答案】C
【解析】去氧肾上腺素用于对动脉瘤的供应血管临时阻断时,改善夹闭动脉供血区域的侧支血流,并不能预防脑血管痉挛。
【考点】常见神经外科手术的围术期麻醉管理

5.【答案】D
【解析】控制性降压,可导致脑灌注不足。
【考点】常见神经外科手术的围术期麻醉管理

6.【答案】B
【解析】甘露醇可降低脑组织细胞外液容量,起效快且效果强,使用后可有效降低颅内压。
【考点】常见神经外科手术的围术期麻醉管理

7.【答案】C
【解析】甘露醇的降低颅内压的作用于静脉注射后15分钟内出现,达峰时间为30~60分钟。
【考点】常见神经外科手术的围术期麻醉管理

8.【答案】B

【解析】所有头部创伤患者都应按饱胃状态来处理,在通气和气管插管时压迫环状软骨,在行气管插管前,预先吸氧,给予起效迅速的非去极化肌松剂。

【考点】常见神经外科手术的围术期麻醉管理

9.【答案】D

【解析】在置入喉镜前90秒静脉注射利多卡因1.5mg/kg可减轻气管插管引起ICP升高的反应,临床剂量的丙泊酚和阿片类药物对ICP影响较小,而硝普钠降低全身血管阻力,降低MAP,不利于维持适当的脑灌注。

【考点】常见神经外科手术的围术期麻醉管理

10.【答案】D

【解析】打开骨瓣后ICP降为0,很多患者会表现为血压突然降低和心率增快,在此期间应维持MAP高于60~70mmHg,可通过使用血管收缩药和加快输液提升血压。

【考点】常见神经外科手术的围术期麻醉管理

11.【答案】D

【解析】脑电双频指数是许多脑电图信号通过傅立叶变换获得的,用于监测镇静深度而非缺血和神经功能损伤。

【考点】常见神经外科手术的围术期麻醉管理

12.【答案】B

【解析】脑干附近的手术操作,可使机体自主神经调节严重失衡,严重的迷走神经反射有时可导致心搏骤停。

【考点】常见神经外科手术的围术期麻醉管理

13.【答案】C

【解析】提醒外科医师暂停手术,常可缓解症状。

【考点】常见神经外科手术的围术期麻醉管理

14.【答案】A

【解析】成功治疗静脉空气栓塞的措施包括预防空气进一步入血,如果有留置导管可从右心房抽吸空气,而PEEP可增加反常栓塞的发生。

【考点】常见神经外科手术的围术期麻醉管理

8. 在全麻插管时,你认为最稳妥的诱导方式为
 A. 慢诱导非肌松下全麻插管
 B. 快速序贯诱导气管插管
 C. 慢诱导表面麻醉下气管插管
 D. 七氟烷吸入诱导下插管
 E. 慢诱导肌松下全麻插管

9. 气管插管时颅内压升高会加重对患者的伤害,以下预防措施错误的是
 A. 静脉注射利多卡因　　B. 选用丙泊酚
 C. 静脉注射乌拉地尔　　D. 小剂量硝普钠静脉注射
 E. 足量的阿片类药物

10. 术中打开骨瓣后出现血压下降,脉搏增快时首先考虑
 A. 麻醉过浅　　B. 脑疝形成　　C. 二氧化碳蓄积
 D. 血容量相对不足　E. 严重缺氧

(11~15题共用题干)

患者女性,59岁,因头痛,饮水呛咳1个月入院,既往高血压病史2年,口服氨氯地平治疗,颅脑MRI提示颅后窝肿瘤,拟于全麻下行颅后窝肿瘤切除术。

11. 为避免重要的神经功能损伤,常用的监测手段不包括
 A. 体感诱发电位　　　B. 运动诱发电位
 C. 听觉诱发电位　　　D. 脑电双频指数
 E. 肌电图监测

12. 从脑干附近切除肿瘤时,心率突然下降至30次/min,可能的原因是
 A. 窦性心动过缓　　　B. 迷走神经反射
 C. 颅内压增高　　　　D. 库欣反射
 E. 麻醉药物抑制作用

13. 最恰当的处理方式是
 A. 给予异丙肾上腺素
 B. 给予阿托品
 C. 提醒外科医师暂停手术
 D. 给予甘露醇
 E. 减浅麻醉

14. 如果术中 $P_{ET}CO_2$ 突然下降,血压急剧降低,怀疑出现静脉空气栓塞,下列措施中哪项效果最差

A. 应用 5cmH$_2$O 的 PEEP

B. 即刻通知术者,用盐水灌满术野

C. 头低足高位

D. 经右心房导管抽吸空气

E. 压迫静脉破口

15. 静脉空气栓塞的并发症中,下列哪个选项最**不可能**
   A. 增加肺无效腔　　　　B. 低氧血症
   C. 卒中　　　　　　　　D. 体循环高压
   E. 心搏骤停

15.【答案】D
【解析】静脉空气栓塞可引起低血压,而非高血压,循环衰竭时可导致死亡。
【考点】常见神经外科手术的围术期麻醉管理

【案例分析题】

案例一　35 岁女性,主诉闭经,视觉敏锐度下降。拟经蝶入路手术切除 10mm 的垂体瘤。

提问 1:正常腺垂体分泌哪些激素
   A. 促肾上腺皮质激素(ACTH)
   B. 促甲状腺激素(TSH)
   C. 催产素
   D. 生长激素(GH)
   E. 催乳素(PRL)
   F. 抗利尿激素(ADH)

提问 1:【答案】ABDE
【解析】腺垂体分泌的激素包括促肾上腺皮质激素(ACTH),促甲状腺激素(TSH),生长激素(GH),促性腺激素和催乳素(PRL)。神经垂体分泌加压素(ADH)和催产素。
【考点】神经外科麻醉的特点

提问 2:该患者所患的是哪种类型的垂体瘤
   A. 生长激素型垂体瘤
   B. 原发性恶性垂体瘤
   C. 转移性肿瘤
   D. 高催乳素型垂体瘤
   E. ACTH 腺瘤
   F. 垂体卒中

提问 2:【答案】D
【解析】该患者为最常见的分泌型腺瘤——高催乳素型垂体瘤,这类肿瘤患者典型的症状是闭经,溢乳或者两者兼有,患分泌催乳素腺瘤的男性通常有溢乳和不育。
【考点】常见神经外科手术的围术期麻醉管理

提问 3:下列哪些选项与该患者行经蝶入路垂体瘤切除术有关
   A. 对手术和麻醉的耐受性差
   B. 插管困难发生率为 20%~30%
   C. 阻塞性睡眠呼吸暂停更常见
   D. 麻醉苏醒期延长
   E. 术后可能会出现尿崩症
   F. 尿潴留

提问 3:【答案】ADE
【解析】该患者为高催乳素型垂体瘤,相关激素合成和分泌不足,应激水平相对低下,对手术和麻醉耐受性差,麻醉苏醒期延长,术前应补充糖皮质激素;术后 40% 的患者会出现尿崩症,但一般是短暂性的,偶尔术中也会出现尿崩症。插管困难和阻塞性睡眠呼吸暂停多见于生长激素型垂体瘤的患者。
【考点】常见神经外科手术的围术期麻醉管理

提问 4:经蝶入路手术中的特殊情况包括
   A. 需要黏膜给予含肾上腺素的液体来减轻出血
   B. 血液和组织碎屑存积于咽喉部
   C. 手术中有误入到海绵窦和颈内动脉导致出血的危险
   D. 脑神经损伤
   E. 垂体功能低下
   F. 术后鼻腔填塞

提问 4:【答案】ABCDEF
【解析】以上都是经蝶入路手术中可能会出现的特殊情况。
【考点】常见神经外科手术的围术期麻醉管理

提问5:【答案】ABCDEF
【解析】患者垂体功能低下,术前预防性给予糖皮质激素,以提高机体对药物的反应性;静脉预防性给予抗生素,以降低经蝶骨入路手术的致残率和死亡率;术中监测尿量和血气分析,及时发现尿崩症;在肿瘤较大侵犯视神经时监测视觉诱发电位,以改善患者的预后。
【考点】常见神经外科手术的围术期麻醉管理

提问1:【答案】ABCDEF
【解析】术前应了解患者病变部位和程度,对侧颈动脉病变及代偿程度;Willis环不完整被认为是颈动脉手术的高危患者;颈动脉狭窄患者常合并冠状动脉和外周动脉疾病,因此术前应评估心脏功能;作为术前评估的一部分,应对患者进行全面的神经功能特别是运动功能检查。患者合并高血压病,糖尿病,应对相应疾病进行评估。
【考点】常见神经外科手术的围术期麻醉管理

提问2:【答案】E
【解析】在缺血期间,脑血管的自动调节功能被破坏,脑血流对灌注压的依赖变得更明显,应保持血压值高于基础血压的20%。
【考点】常见神经外科手术的围术期麻醉管理

提问3:【答案】ACDEF
【解析】脑电图是全麻下行颈动脉内膜剥脱术中监测脑缺血的金标准;由脑电图衍生的监测技术脑电双频指数,也可以用来监测术中脑缺血;TCD可对Willis环的各个组成动脉进行连续血流监测。SEP是基于感觉皮质对外周感觉神经受刺激后产生的电冲动的反应,振幅下降超过50%,则提示有脑缺血发生。颈静脉球部血氧饱和度可用来鉴别急性脑缺血。
【考点】常见神经外科手术的围术期麻醉管理

提问4:【答案】ABCE
【解析】导致全麻后苏醒延迟的常见原因包括麻醉药过量、低体温、高碳酸血症,除此之外,颈动脉内膜剥脱术后,还应该考虑术后血栓脱落导致的脑血管栓塞,以及严重狭窄解除后,脑血管持续扩张,引起血浆或血液外渗,导致的脑水肿或脑出血。
【考点】常见神经外科手术的围术期麻醉管理

提问5:【答案】BCDEF
【解析】术后循环不稳定很常见,高血压的原因:疼痛及导尿管刺激,还有可能因为手术损伤颈动脉窦功能,压力感受器反应迟钝。低血压的原因:低血容量,心律失常和心肌缺血。神经系统并发症常常是由于术后血栓脱落导致的脑血管栓塞;血管再狭窄是动脉内膜切除后的一种损伤反应,术后给予小剂量阿司匹林抗凝,并积极治疗高血压,糖尿病等合并症有利于再狭窄的预防;短暂性脑缺血发作是术前常见的临床表现。
【考点】常见神经外科手术的围术期麻醉管理

提问5:如果可能,围麻醉期可以做哪些改进
    A. 麻醉诱导前给予糖皮质激素
    B. 维持足够的肌松避免体动
    C. 血气分析
    D. 监测尿量,处理可能出现的尿崩症
    E. 必要时监测视觉诱发电位
    F. 静脉预防性给予抗生素

案例二　患者男性78岁,体重70kg,因反复短暂性脑缺血发作,脑血管超声发现右侧颈动脉狭窄,狭窄率约90%,拟在全麻下行右侧颈动脉内膜剥脱术,患者既往高血压病史15年,口服氨氯地平治疗,平素血压控制在130/85mmHg左右。糖尿病史5年,规律使用胰岛素治疗。

提问1:如何对该患者进行术前评估
    A. 评估心脏功能　　　　B. 运动功能检查
    C. 糖化血红蛋白水平　　D. 高血压分级
    E. 对侧颈动脉病变　　　F. Willis环的完整性

提问2:术中在临时阻断颈内动脉时,血压应该维持在
    A. 平时血压的水平
    B. 低于基础血压的10%
    C. 低于基础血压的20%
    D. 高于基础血压的10%
    E. 高于基础血压的20%
    F. 高于基础血压的30%

提问3:术中如何监测脑功能
    A. 脑电图
    B. 体温监测
    C. 经颅多普勒超声(TCD)
    D. 皮质体感诱发电位(SEP)
    E. 颈静脉球部血氧饱和度
    F. 脑电双频指数

提问4:颈动脉内膜剥脱术后,如果患者出现全麻后苏醒延迟,应考虑哪些可能的原因
    A. 麻醉药过量　　　　　B. 低体温
    C. 术后脑梗死　　　　　D. 酮症酸中毒
    E. 过度灌注综合征　　　F. 颅内血肿形成

提问5:颈动脉内膜剥脱术后常见并发症有
    A. 短暂性脑缺血发作　　B. 高血压
    C. 低血压　　　　　　　D. 脑梗死
    E. 过度灌注综合征　　　F. 血管再狭窄

(王云霞　韩如泉)

第三十六章　胸科手术麻醉

【A1 型题】

1. 当前,胸科手术实现肺隔离的"金标准"是
   - A. 单腔气管导管
   - B. 双腔支气管导管
   - C. 支气管阻塞器
   - D. Univent 支气管阻塞管
   - E. 单腔延长气管导管

2. 单肺通气期间,发生低氧血症最常见的原因是
   - A. 支气管导管位置不佳
   - B. 血液、分泌物堵塞支气管
   - C. 肺血流 / 通气比例失调
   - D. 低血压
   - E. 手术操作

3. 胸科手术中,全麻患者侧卧位时上、下侧比较肺内通气血流分布正确的是
   - A. 下肺血流增加、通气减少
   - B. 下肺通气增加、血流减少
   - C. 下肺血流增加、通气增加
   - D. 上肺通气增加、血流增加
   - E. 上肺血流增加、通气减少

4. 预测术后 $FEV_1\%$($FEV_{1\text{-pp.o}}\%$),是预计术后肺功能的常用的指标,数值为多少是高危因素,术后容易发生呼吸功能不全
   - A. <20%　　　　B. <30%　　　　C. <40%
   - D. <50%　　　　E. <60%

5. 最大耗氧量(VO_2max),是在心肺运动功能试验中与肺切除手术有关的主要指标,当其数值为多少是肺切除的绝对禁忌

---

1. 【答案】B
   【考点】胸科手术麻醉的特点

2. 【答案】A
   【解析】掌握发生低氧血症的最常见原因。
   【考点】胸科手术的围术期麻醉管理

3. 【答案】A
   【解析】胸科手术中,侧卧位后由于体位的影响,导致患者下肺血流增加,而通气减少。
   【考点】开胸和体位对呼吸、循环的影响

4. 【答案】B
   【考点】开胸和体位对呼吸的影响

5. 【答案】E
   【考点】开胸和体位对呼吸的影响

A. <30ml/(kg·min)　　　B. <25ml/(kg·min)

C. <20ml/(kg·min)　　　D. <15ml/(kg·min)

E. <10ml/(kg·min)

6.【答案】D
　【考点】胸科手术麻醉的特点与处理

6. 确认双腔支气管导管定位的"金标准"是

A. 听诊法　　　　　　　　B. 观察气道压力

C. 观察 $P_{ET}CO_2$ 的波形　　D. 纤维支气管镜下定位

E. 使用吸痰管探测法

7.【答案】C
　【考点】胸科手术的围术期麻醉管理

7. 胸腔镜下，二氧化碳气胸通常设置二氧化碳充气压力为

A. 4~6cmH$_2$O　　　　　B. 6~8cmH$_2$O

C. 8~10cmH$_2$O　　　　D. 10~12cmH$_2$O

E. 12~15cmH$_2$O

8.【答案】B
　【解析】缺氧性肺血管收缩受生理因素、疾病状态与药物的影响，引起肺血管扩张的药物可以抑制缺氧性肺血管收缩，从而增加低氧血症的发生率。以上的介质中，只有前列腺素是引起肺血管扩张的。
　【考点】单肺通气的特点

8. 下列介质中，很可能对缺氧性肺血管收缩起**抑制**作用的是

A. 肿瘤活化因子　　　　　B. 前列腺素

C. 内皮素　　　　　　　　D. 白三烯

E. 血小板活化因子

9.【答案】B
　【解析】胸科手术中，体位和单肺通气导致分流，从而导致肺的通气血流比例失调。
　【考点】单肺通气的特点

9. 单肺通气过程中，影响机体氧合的主要生理机制为

A. 通气血流比例降低　　　B. 分流

C. 解剖无效腔　　　　　　D. 生理无效腔

E. 小气道闭合

10.【答案】C
　【考点】胸科手术麻醉的处理

10. 胸科手术膨肺时，气道压不宜超过

A. 10cmH$_2$O　　　B. 20cmH$_2$O　　　C. 40cmH$_2$O

D. 50cmH$_2$O　　　E. 60cmH$_2$O

【A2 型题】

1.【答案】C
　【考点】胸科手术麻醉的处理

1. 患者男性，身高 165cm，体重 70kg。预选最佳的双腔支气管导管规格应为

A. 33F　　　　B. 35F　　　　C. 37F

D. 39F　　　　E. 41F

2.【答案】E
　【考点】胸科手术麻醉的处理

2. 患者男性，70 岁。因肺癌拟在全麻下行肺叶切除术。患者有二期高血压，术前应将血压控制在

A. 180/105mmHg 以下　　B. 170/105mmHg 以下

C. 170/100mmHg 以下　　D. 160/100mmHg 以下

E. 140/90mmHg 以下

3.【答案】E
　【考点】胸科手术麻醉的处理

3. 患者男性，68 岁，在全麻复合持续硬膜外麻醉下行食管癌术，麻醉效果满意。手术开始 2 小时后，血压逐渐下降，经加快补

液,血压下降更为明显,并出现颈外静脉怒张,此时应采取的措施应**除外**

A. 经硬膜外追加局麻药

B. 停止输液

C. 静脉注射呋塞米

D. 静脉注射毛花苷丙

E. 快速输入 6% 羟乙基淀粉

4. 患者女性,70 岁。拟在全麻下行胸腔镜肺叶切除术。既往有高血压、冠心病。为了预防气管内插管所致的高血压,以下措施哪项**错误**

A. 麻醉越深越好

B. 置喉镜前静脉注射适量的芬太尼

C. 置喉镜前静脉注射适量的利多卡因

D. 充分表面麻醉

E. 置喉镜前静脉注射适量的艾司洛尔

4.【答案】A

【考点】胸科手术麻醉的处理

5. 患者男性,40 岁。因外伤性肺撕裂、肋骨骨折行急症手术,术前血压 82/58mmHg,脉搏 130 次/min。下列麻醉处理原则哪项**错误**

A. 立即开放静脉,加快输血输液

B. 待休克纠正后手术

C. 纠正电解质、酸碱紊乱

D. 首选气管内插管全麻

E. 加强呼吸循环功能监测

5.【答案】B

【考点】胸科手术麻醉的处理

6. 患者男性,65 岁,怀疑食管癌幽门梗阻 10 天,剧烈呕吐 3 天,拟行开胸探查术。患者一般情况差,血压 80/60mmHg,心率 120 次/min,血气分析示代谢性酸中毒,此患者下列处理哪项**不适宜**

A. 术前复查血气,纠正电解质、酸碱失衡

B. 输血、输液,补充血容量

C. 术中尽量选择对循环抑制轻微的麻醉药物

D. 术后拔出气管导管,返回病房

E. 胃肠减压

6.【答案】D

【解析】危重患者,有反流、误吸风险,为了安全起见,最好保留气管导管返回监护病房继续行呼吸支持。

【考点】胸科手术麻醉的处理

7. 患者女性,58 岁,拟在全麻下行肺癌手术治疗。既往青光眼 10 年,近日眼睛胀痛明显;有高血压史 4 年,下列哪种全麻药**不宜**采用

A. 依托咪酯 　　　 B. 琥珀胆碱 　　　 C. 异丙酚

D. 七氟醚 　　　 E. 氧化亚氮

7.【答案】B

【解析】青光眼的患者,围术期应避免选择增加眼压的药物,如抗胆碱类药物、抗焦虑药等;而去极化肌松药琥珀胆碱,给药后可引起肌颤,可增加眼压,在青光眼患者手术中应避免使用。

【考点】胸科手术麻醉的处理

8.【答案】C
【考点】胸科手术麻醉的处理

9.【答案】E
【考点】单肺通气的处理

10.【答案】D
【考点】胸科手术麻醉的处理

11.【答案】A
【考点】胸科手术麻醉的处理

12.【答案】B
【解析】双腔支气管单肺通气,是为了便于手术操作的肺隔离技术,可使左右肺通气暂时隔开,但其本身是非生理性的,对机体本身还是干扰很大的,因此,单肺通气只能暂时性使用并且尽量缩短时间,尽量减少对机体的干扰,而不宜采取健侧肺长时间施行麻醉和通气,如迫不得已,也宜采用间断双肺通气以减少机体应激反应。
【考点】胸科手术麻醉的处理

13.【答案】E
【考点】胸科手术麻醉的处理

---

8. 患者女性,因食管癌拟于全麻下行手术治疗。麻醉诱导后出现血压下降、心率增快,这时应首先考虑
   A. 二氧化碳蓄积　　　B. 严重缺氧　　　C. 血容量不足
   D. 麻醉过深　　　　　E. 神经反射

9. 患者女性,70岁。因肺癌拟于全麻下行肺叶切除术。术前检查提示中度限制性通气功能障碍,手术中使用呼气末正压通气(PEEP)的目的是
   A. 患者的呼吸治疗
   B. 全麻时施行机械通气
   C. 治疗呼吸性酸中毒
   D. 气胸患者的呼吸支持
   E. 使萎陷的肺泡再膨胀,提高 PaO_2

10. 患者女性,50岁,因纵隔巨大肿物拟于全麻下行纵隔肿物切除。术前行中心静脉和右桡动脉穿刺、测压,术中分离肿瘤时突然发现桡动脉压波形消失,而此时心电监护波形依然存在,则最可能的原因是
    A. 动脉套管堵塞　　　　B. 传感器故障
    C. 动脉穿刺针脱落　　　D. 头臂干受压
    E. 心搏骤停

11. 患者男性,65岁,因刺激性咳嗽10天入院。检查发现距隆凸上方2cm左侧壁有一2cm×3cm菜花样肿物,气管镜活检为鳞癌,拟于全麻下行气管肿物切除 + 隆凸成形术,适宜选择的气管导管是
    A. 单腔气管导管　　　　B. 左侧双腔气管导管
    C. 右侧双腔气管导管　　D. Univent 支气管阻塞管
    E. 支气管阻塞器

12. 患者女性,60岁。因食管癌入院,既往高血压史,拟于全麻下双腔气管插管行食管癌根治术。下列哪项与双腔气管导管的特点**不符**
    A. 可使左右总支气管的通气暂时隔开
    B. 可仅用健侧肺长时间施行麻醉和通气
    C. 可随时分别吸除其中的分泌物
    D. 可按需将患侧管敞开以引充肺内分泌物
    E. 可按需对两侧肺进行不同方式通气

13. 患者男性,65岁,长期吸烟史,突发胸痛、呼吸困难急诊入院,怀疑肺大疱破裂拟行急诊手术。麻醉诱导前宜先行
    A. 纤维支气管镜检查　　　B. 呼吸功能训练

C. 心电图检查　　　　　D. 肺功能检查

E. 胸腔闭式引流

14. 患者男性,60 岁。食管癌术后 2 周,突发发热、刺激性咳嗽,检查怀疑支气管胸膜瘘,拟行急诊手术。下列哪项措施**不恰当**

A. 术前应放置胸腔闭式引流

B. 快速诱导气管插管

C. 单肺通气

D. 随时吸引气道内分泌物

E. 高频通气给氧

14.【答案】B

【解析】支气管胸膜瘘患者麻醉诱导时,如果进行快速诱导插管,很可能导致胸腔积液、分泌物等反流到气管内,造成误咽、吸入性肺炎,因此,麻醉诱导宜采用慢诱导、充分表麻后,保留患者的呛咳反射,从而实施气管插管。

【考点】胸科手术麻醉的处理

15. 患者女性,75 岁,全麻下行肺癌根治术。拔出气管导管后,患者嗜睡,唤之能醒,面罩吸氧,SpO_2 为 98%,吞咽、咳嗽反射均恢复,肌力正常。打开并连接静脉镇痛泵后送回病房,鼻导管给氧,但 10 分钟后,患者呼吸停止,SpO_2 65% 左右。紧急请麻醉科行气管插管。最有可能的原因是

A. 脑梗死　　　B. CO_2 麻醉　　　C. 气胸

D. 电解质紊乱　　E. 心肌梗死

15.【答案】B

【考点】胸科手术麻醉的处理

16. 患者女性,70 岁。因肺癌拟于全麻下行肺叶切除术,术前肺功能示中度限制性通气功能障碍。术中单肺通气时为了减少低氧血症的发生所采取的有效措施**不包括**

A. 提高吸入氧浓度

B. 充分的肌松

C. 使用钙离子通道阻滞剂

D. 对萎陷肺间断膨胀

E. 单肺通气潮气量接近双肺通气时潮气量

16.【答案】C

【考点】胸科手术麻醉单肺通气

【A3/A4 型题】

(1~4 题共用题干)

男性患者,60 岁。体重 57kg,因患右肺上叶癌、咯血,拟在全麻下行右肺上叶切除术。术前有关实验室检查如下:血常规正常;生化报告正常;ECG 为窦性心律。

1. 该患者最佳的诱导方法和气管插管类型为

A. 快速诱导,单腔气管插管

B. 快速诱导,右侧双腔支气管插管

C. 快速诱导,左侧双腔支气管插管

D. 快速诱导,右填塞导管插管

E. 慢诱导,单腔气管插管

1.【答案】C

【考点】胸科手术麻醉的处理

2.【答案】D
【考点】胸科手术麻醉的处理

3.【答案】B
【解析】湿肺患者的特点,处理时多注意血液、分泌物阻塞支气管。
【考点】胸科手术麻醉的处理

4.【答案】A
【考点】胸科手术麻醉的处理

5.【答案】B
【解析】简易评估患者的肺功能方法为登楼实验,如果患者能轻松登上四五层楼,证明其心肺功能尚可,可耐受一定的胸科手术。
【考点】胸科手术的围术期麻醉管理

6.【答案】C
【解析】胸科手术术前评估患者肺功能情况的可靠指标是肺功能检查,可大致了解患者的潮气量、残气量、时间肺活量、呼气流速和肺总容量等。
【考点】胸科手术的围术期麻醉管理

7.【答案】A
【考点】单肺通气

8.【答案】A
【考点】单肺通气

2. 该患者麻醉诱导时,特别要防止出现
A. 血压升高 　　B. 血压降低 　　C. 心律失常
D. 呛咳 　　E. 支气管痉挛

3. 该患者术中分离肺叶后突然出现气道压升高,首先考虑
A. 支气管痉挛
B. 血液或痰液等分泌物阻塞支气管
C. 肺弥散功能障碍
D. 麻醉机故障
E. 麻醉变浅

4. 手术临近结束,由单肺通气改为双肺通气之前,应
A. 充分吸痰 　　B. 加深麻醉 　　C. 双肺加压通气
D. 调整导管 　　E. 减浅麻醉

(5~8 题共用题干)

男性患者,72 岁,术前诊断:右肺上叶癌。拟在全身麻醉下实施胸腔镜下右肺上叶切除术。既往有吸烟史 50 年,每天 1 包,已戒烟 1 周。有慢性支气管炎、肺气肿史。

5. 针对该患者,临床上简便、有效测量心肺储备功能的指标是
A. 吹气试验 　　B. 登楼实验 　　C. 憋气试验
D. 肺功能测定 　　E, 血气分析

6. 术前有助于了解该患者能否耐受手术的指标是
A. 超声 　　B. 胸部 X 线检查 　　C. 肺功能检查
D. 胸腔 CT 扫描 　　E. 胸腔 MR

7. 该患者行单肺通气 20 分钟后,查血气 $PaCO_2$ 65mmHg,pH 7.2,提示可能出现
A. 呼吸性酸中毒 　　B. 代谢性酸中毒 　　C. 呼吸性碱中毒
D. 代谢性碱中毒 　　E. 呼酸和代碱

8. 此时应如何处理
A. 增加分钟通气量 　　B. 减小分钟通气量
C. 补充晶体液 　　D. 补充碳酸氢钠
E. 补充胶体液

(9~12 题共用题干)

女性患者,56 岁,身高 158cm,胸痛伴吞咽困难 1 个月入院。半年前体重 75kg,现在 50kg。无呼吸困难,无声音嘶哑,偶有咳嗽、咳痰。无发热,血象基本正常。有房颤病史多年。

9. 该患者欲行全麻下手术,预选的最佳双腔管规格为
   A. 32F   B. 35F   C. 37F
   D. 39F   E. 41F

10. 该患者左侧开胸后,患侧肺萎陷,无通气时
    A. 肺内分流不变   B. 肺内分流减少
    C. 肺血管阻力增加   D. 肺血管阻力减少
    E. P_aCO_2 增高

11. 该患者手术切皮前输入抗生素,常规麻醉诱导顺利,术中循环稳定。当游离食管时,患者突然出现血压下降至 80/40mmHg,心率从 70 次 /min 减慢至 45 次 /min,SpO₂ 98%,全身无皮疹。最有可能的原因是
    A. 抗生素过敏
    B. 血容量不足
    C. 心脏受挤压
    D. 迷走神经反射
    E. 心脏受挤压和 / 或迷走神经反射

12. 该患者术毕清醒拔出气管导管后,出现声音嘶哑,可能的原因是
    A. 喉上神经损伤
    B. 喉返神经损伤
    C. 伤口疼痛
    D. 杓状软骨脱位
    E. 喉返神经损伤和 / 或杓状软骨脱位

【案例分析题】

案例一　60 岁女性患者,体重 50kg,身高 160cm。因食管上段癌拟在全麻下行胸腹腔镜三切口食管癌根治术。既往史:5 年前因心前区不适确诊为"冠心病,心绞痛"。

提问 1:该患者手术中胸腔镜下,二氧化碳气胸,二氧化碳充气过高可导致
    A. 肺顺应性下降,气道压增高
    B. 低血压
    C. 静脉回流受阻,CVP 增高
    D. 低氧血症
    E. 高血压
    F. 低碳酸血症

提问 2:该患者单肺通气过程中,一旦出现低氧血症应采取的措施包括
    A. 取消手术

9.【答案】B
【解析】亚洲女性患者选用 35F 双腔管比较适宜,粗了可能损伤气道,32F 导管纤维支气管镜不容易进入对位。
【考点】胸科手术的围术期麻醉管理

10.【答案】C
【解析】单肺通气时,开胸侧肺萎陷,由于缺氧性肺血管收缩。因此,开胸侧肺血管阻力增加,肺内分流增加。
【考点】胸科手术麻醉的特点

11.【答案】E
【解析】胸科手术术中管理,游离食管过程中血压下降常见的原因为手术操作机械挤压心脏、大血管和 / 或者神经反射造成。
【考点】胸科手术的围术期麻醉管理

12.【答案】E
【解析】双腔管气管插管时造成声嘶,可能的原因是造成了喉返神经损伤和 / 或杓状软骨脱位。
【考点】胸科手术的围术期麻醉管理

提问 1:【答案】ABC
【解析】人为气胸的压力过高影响,可能造成气道压增高,静脉回流受阻,血压下降。
【考点】胸科手术的围术期麻醉管理

提问 2:【答案】BCDEF
【解析】单肺通气时低氧血症,可通过增加潮气量、提高吸入氧浓度,解决病因,必要时改用双肺通气等手段来解决。
【考点】单肺通气的管理

B. 提高吸入氧浓度

C. 查找低氧血症的原因

D. 检查通气/血流比是否合适

E. 上述处理无效,改用双肺高频通气

F. 增加潮气量

提问 3:【答案】ABCDE
　　【解析】保护性肺通气策略的具体实施的细节,包括选用小潮气量、合适的呼吸频率、通气侧 PEEP、非通气侧 CPAP,肺泡复张技术,必要时允许性高碳酸血症,而不包括提高吸入氧浓度。

　　【考点】单肺通气

提问 3:如果对该患者单肺通气期间,欲采用保护性肺通气策略包括

A. 选用小潮气量(V_T 6~8ml/kg)

B. 呼吸频率 10~14 次/min

C. 通气侧 PEEP、非通气侧 CPAP

D. 肺泡复张技术

E. 必要时允许性高碳酸血症

F. 提高吸入氧浓度

案例二　62 岁男性患者,因左肺癌行胸腔镜下左肺癌根治术。既往有高血压病史 10 年,血压控制好;吸烟史 40 余年,每天吸烟 1~2 包。术前 Holter 检查示偶发室性期前收缩。

提问 1:术中突然出现频发室性期前收缩二联律,可能的原因是

提问 1:【答案】ABCDEF
　　【解析】单肺通气管理过程中,可能诱发室性期前收缩二联律的原因为缺氧、二氧化碳蓄积、电解质紊乱、纵隔摆动、手术操作以及高血压等。

　　【考点】单肺通气的管理

A. 缺氧

B. 二氧化碳蓄积

C. 手术操作直接压迫心脏及大血管

D. 纵隔摆动致回心血量减少

E. 电解质紊乱

F. 高血压

提问 2:针对该患者出现的室性期前收缩二联律,需要采取的应对措施为

提问 2:【答案】ABCEF
　　【解析】对于单肺通气中出现频发室性期前收缩,应针对病因进行处理,快速解除病因,常用药物为利多卡因。

　　【考点】单肺通气的管理

A. 静脉注射利多卡因

B. 加大分钟通气量

C. 与外科医师做好沟通,轻柔操作

D. 减慢输液

E. 纠正电解质紊乱

F. 维持血流动力学平稳

提问 3:【答案】ACDE
　　【解析】单肺通气时,术中应做到及时吸引;吸引前应适当加深麻醉,避免引起呛咳;吸引时间每次 <10 秒,吸引负压 <25cmH_2O,吸引管外径不超过气管导管内径的 1/2。

　　【考点】单肺通气的管理

提问 3:该患者手术中气道压突然增高,考虑为分泌物堵塞。进行气管内吸引时,应该注意的事项为

A. 吸引前适当加深麻醉

B. 成人吸引时间每次 >10 秒

C. 吸引负压 <25cmH_2O

D. 吸引管外径 < 气管导管内径的 1/2

E. 及时吸引

F. 吸引负压 >25cmH_2O

(承耀中　郑　晖)

第三十七章　心血管手术麻醉

【A1 型题】

1. 冠心病患者术前评估**不包括**
   A. 了解冠心病的严重程度
   B. 超声心动图
   C. 冠状动脉造影结果
   D. 体重变化和饮食情况
   E. 是否合并高血压、糖尿病

2. 主动脉瓣狭窄早期的病理生理改变是
   A. 肺淤血
   B. 三尖瓣反流
   C. 心肌向心性肥厚
   D. 肺动脉高压
   E. 体循环淤血

3. 心脏手术患者术前 24~48 小时下列哪个药物需要停用
   A. 硝酸酯类
   B. ACEI 类药
   C. 钙拮抗剂
   D. 抗心律失常药
   E. β 受体阻断剂

4. 加重肺动脉高压的因素有
   A. 缺氧
   B. 麻醉过深
   C. 低碳酸血症
   D. 硝酸甘油
   E. 充分镇静

1.【答案】D
　【解析】术前评估患者需要了解冠心病的严重程度和机体功能储备状态,结合超声心动图和冠状动脉病变情况,判断心功能。了解是否合并高血压和糖尿病以及平时用药情况,为围术期血压和血糖的调控提供依据。体重和饮食对冠心病影响不大,选项 D 符合题意。
　【考点】冠心病麻醉术前评估

2.【答案】C
　【解析】主动脉瓣狭窄早期导致心肌向心性肥厚、心肌氧供需失衡,二尖瓣环扩大继而导致肺淤血、肺动脉高压,出现三尖瓣反流、体循环淤血。C 选项正确,A、B、D、E 选项是病情发展中、后期的病理生理改变。
　【考点】瓣膜病的病理生理改变

3.【答案】B
　【解析】ACEI 类药抑制血管紧张素转化酶活性,降低血管紧张素II水平,舒张小动脉平滑肌达到降压效果。麻醉状态下交感神经系统受抑制,术前持续使用 ACEI 类药物,使调节血压的因素均被抑制,极易发生顽固性低血压,尤其是体外循环脱机后更显著。研究证实,术前 24~48 小时停药,可大大降低围麻醉期低血压的发生。B 选项正确,其余 4 种药均可根据病情应用到术晨。
　【考点】心血管麻醉的药物应用适应证

4.【答案】A
　【解析】缺氧、二氧化碳蓄积、酸中毒和麻醉深度不足均会导致肺血管收缩,加重肺动脉高压。反之,加深麻醉、过度通气、充分镇静和应用硝酸甘油可扩张肺血管、降低肺动脉高压。选项 A 正确。
　【考点】肺动脉高压的影响因素

5.【答案】E

【解析】芬太尼和舒芬太尼是阿片类药,没有明显的心肌抑制作用,但有不同程度的血管扩张作用。咪达唑仑、依托咪酯和丙泊酚属于非巴比妥类静脉麻醉药,均可用于麻醉诱导,但对循环系统的影响不一样。咪达唑仑为苯二氮䓬类药,轻度扩张体循环血管,降低心排出量,低血容量或危重症患者大剂量或联合使用阿片类药物时,可引起血流动力学改变。依托咪酯轻微改变心率、血压及心排出量,通常作为血流动力学不稳定患者的麻醉诱导用药。丙泊酚呈剂量依赖性减少心脏前、后负荷及心肌收缩力,引起血压下降及心排出量减少,在低血容量、老年或血流动力学不稳定的患者可能出现显著低血压。选项 E 符合题意。

【考点】心血管手术麻醉诱导药物的选择

6.【答案】E

【解析】二尖瓣狭窄的病理生理改变为左房压升高、肺水肿、肺静脉压高、继而肺动脉压升高、右心衰。咯血、端坐呼吸、下肢水肿是临床症状。选项 E 符合题意。

【考点】瓣膜病的病理生理改变和症状

7.【答案】D

【解析】缩窄性心包炎是心脏的正常舒张和充盈严重受限,心肌收缩力明显减退,循环时间普遍延长,总循环血容量增加,血流淤滞于各脏器,只能依靠增快心率来提高心排出量。选项 D 正确。

【考点】缩窄性心包炎的病理生理

8.【答案】B

【解析】肥厚梗阻性心肌病是左室不对称性肥厚,当血压降低、心室内容积下降、心脏收缩力增加和心率增快时,均会加重左室流出道的梗阻。三尖瓣反流对左室流出道没有影响,选项 B 符合题意。

【考点】肥厚型梗阻性心肌病的病理生理特点

9.【答案】B

【解析】在体外循环过程中,血液与人工材料接触,泵的机械转动对泵管的挤压、主动脉插管太细及位置不当,循环管道及接头内壁粗糙、管道打折或成角、心内吸引等产生涡流和剪切应力变化,红细胞表面张力变化,压力的突然变化,过高的渗透压等均可导致溶血,但是引起红细胞破坏最主要的因素是心内吸引。选项 B 正确。

【考点】体外循环血液保护

10.【答案】B

【解析】在心脏血流阻断期间,体循环的非冠状侧支循环(支气管及纵隔动脉侧支)对心脏的供血,对缺血期间心脏停搏液的心肌保护效果及维持心脏的局部低温状态可产生负面影响,选项 B 符合题意。其余选项对停搏心肌具有一定的保护作用。

【考点】体外循环心肌保护

5. 心血管麻醉诱导药中,对循环影响最大的是
   A. 芬太尼
   B. 舒芬太尼
   C. 咪达唑仑
   D. 依托咪酯
   E. 丙泊酚

6. 下列哪个**不是**二尖瓣狭窄的病理生理改变
   A. 左房压升高
   B. 肺静脉压升高
   C. 肺动脉压升高
   D. 右心衰
   E. 端坐呼吸

7. 缩窄性心包炎依靠哪项代偿来增加心排出量
   A. 收缩压增高
   B. 舒张压增高
   C. 平均压增高
   D. 心率增快
   E. 外周阻力增加

8. 哪个因素**不会**加重肥厚型梗阻性心肌病流出道梗阻
   A. 心脏收缩力增加
   B. 三尖瓣反流
   C. 血压降低
   D. 心率增快
   E. 心室内容积下降

9. 体外循环引起血液中红细胞破坏最主要的原因是
   A. 血液与膜肺、管路等人工材料表面接触
   B. 心内吸引
   C. 泵头挤压、摩擦
   D. 主动脉插管太细及位置不当
   E. 静脉负压吸引

10. 加重心脏血液阻断期间停搏心脏心肌损伤的因素是
    A. 血液稀释
    B. 体循环的非冠状侧支循环(支气管及纵隔动脉侧支)对心脏的供血
    C. 间断性心肌保护液灌注
    D. 体外循环过程中使用吸入麻醉药物
    E. 血浆钾离子浓度过高

11. 肺循环血流量增多，左心室、主动脉及体循环血流量减少的先天性心脏病是
    A. 室间隔缺损
    B. 房间隔缺损
    C. 动脉导管未闭
    D. 法洛四联症
    E. 三尖瓣闭锁

12. 主动脉缩窄患儿行非体外循环下手术时应同时监测
    A. 双侧上肢血压
    B. 双侧下肢血压
    C. 右侧上肢及任一侧下肢压
    D. 左侧上肢及任一侧下肢压
    E. 右侧下肢及任一侧上肢压

【A2型题】

1. 患者男性，42岁，拟在体外循环下行冠状动脉旁路移植术。心功能Ⅱ级（NYHA），高血压10余年，平时不规律服用降压药。术前麻醉用药最好选用
    A. 芬太尼、咪达唑仑
    B. 吗啡、咪达唑仑
    C. 芬太尼、戊巴比妥
    D. 吗啡、戊巴比妥
    E. 哌替啶、咪达唑仑

2. 患者女性，48岁，患有风湿性心脏病、二尖瓣重度狭窄20余年，房颤5年，拟在全麻体外循环下行二尖瓣置换术。麻醉诱导时哪个抢救药品**不需要**准备
    A. 去甲肾上腺素
    B. 葡萄糖酸钙
    C. 毛花苷丙
    D. 利多卡因
    E. 阿替洛尔

3. 患者男性，81岁，2年前因胸闷、胸痛，诊断为急性心肌梗死，冠状动脉内植入2枚支架，术后症状消失。近10天上三层楼后出现胸闷、胸痛，偶有憋气症状。无端坐呼吸、双下肢无水肿。该患者的纽约心功能分级是
    A. Ⅰ级　　　　　　B. Ⅱ级
    C. Ⅲ级　　　　　　D. Ⅳ级
    E. Ⅴ级

11.【答案】B
【解析】室间隔缺损肺循环血流及左心室血流均增多，动脉导管未闭肺循环血流、左心室及导管近心端主动脉内血流均增多，法洛四联症及三尖瓣闭锁肺循环血流减少。选项B符合题意。
【考点】先天性心脏病理生理改变基础

12.【答案】C
【解析】主动脉缩窄患儿手术时应同时监测狭窄近心端及远心端动脉压力，以了解主要脏器的血供情况、控制性降压及监测手术效果。为避免弓缩窄的部位影响左锁骨下动脉，常规监测右侧上肢血压，选项C符合题意。
【考点】主动脉缩窄手术的围术期管理

1.【答案】B
【解析】冠心病患者术前需减轻紧张和恐惧等心理反应，合并高血压未规律服药者，更需要减轻自主神经应激性、减少儿茶酚胺释放。戊巴比妥对呼吸和循环有显著的抑制作用，不用于术前用药。芬太尼没有口服片剂，不适合术前用药。哌替啶止痛作用较吗啡弱，镇痛时间短，且注射给药可致局部炎症和组织硬结。苯二氮草类药物咪达唑仑和吗啡联合应用，可作为麻醉诱导前各种置管操作提供良好的遗忘和镇痛作用，而且其对于循环和呼吸的抑制程度可以接受。但对于极度虚弱的患者应谨慎应用。选项B正确。
【考点】心血管患者术前麻醉用药

2.【答案】C
【解析】长期、重度二尖瓣狭窄患者心功能受损严重，麻醉诱导期间血流动力学变化会加重心功能损伤，严重者出现室颤，因此选项A、B、D必须准备。伴有房颤的患者入手术室后如出现快速房颤，会导致严重血流动力学紊乱，此时需应用快速有效的药物降低心室率、升高血压、维持心功能，选项E可快速降低心室率。毛花苷丙起效时间为5~30分钟，且静推会造成心率急剧下降，因此不用于手术室中急救。选项C符合题意。
【考点】二尖瓣狭窄伴有房颤的麻醉处理

3.【答案】B
【解析】心功能评定是根据心脏对运动量耐受程度来衡量的，常采用纽约心脏病学会（NYHA）四级分类法：Ⅱ级：心脏病患者的体力活动轻度受限，休息时无自觉症状，一般体力活动引起过度疲劳、心悸、气喘或心绞痛。该患者上三层楼后有症状，为NYHAⅡ级，B选项正确。
【考点】冠心病患者的心功能分级

4.【答案】E
【解析】肥厚性梗阻性心肌病是室间隔的非对称性肥厚。当心室收缩时，肥厚心室间隔突入左心室腔，引起心室流出道梗阻、心排出量减少，导致脑、冠状动脉等灌注不足，临床表现为心绞痛、憋气、活动后晕厥等症状。血压下降时，心脏代偿性收缩增强，此时再应用增强心肌收缩力的药物，会加重流出道梗阻，血流动力学更加恶化。β受体阻断剂可减慢心率，但会使血压下降，不能改善心肌灌注。甲氧明是α受体激动剂，可升高血压、增加心肌灌注压，选项E正确。
【考点】肥厚梗阻性心肌病围术期循环管理

5.【答案】D
【解析】主动脉关闭不全出现中、重度反流时，左心室舒张末期容积和压力增加，主动脉舒张压明显下降、冠脉灌注压降低、心肌血供减少。因主动脉反流出现在心脏舒张期，所以心率减慢会加重反流，术中维持85~100次/min为最佳心率。选项D正确。
【考点】主动脉瓣关闭不全的麻醉管理

6.【答案】B
【解析】常温下冠状动脉搭桥时为了充分暴露吻合口，需要改变心脏位置，这会因影响心室充盈导致血压下降，提高血压可避免心脏低灌注导致心肌缺血。多巴胺、麻黄碱和山莨菪碱都会增快心率，增加心肌氧耗，硝酸甘油有扩张冠状动脉的作用，但不能增加灌注压。去甲肾上腺素是α受体激动剂，能有效升高血压，增加冠状动脉的灌注压，B选项正确。
【考点】非体外循环下冠状动脉搭桥术循环管理

7.【答案】C
【解析】胸腔镜下行心脏手术，为了充分暴露术野需要右侧肺塌陷，插入双腔气管导管便于行左侧肺通气。选项C正确。
【考点】胸腔镜手术的麻醉管理

8.【答案】E
【解析】胸主动脉覆膜支架置入术可实施快通道麻醉管理方式，但该患者合并冠心病，虽然心功能良好，但麻醉药物和方式的选择需遵循冠心病患者非心脏手术的麻醉管理：选择对心血管系统代偿功能影响小、对心肌收缩力无明显抑制、不增加心肌氧耗及诱发心律失常，同时兼顾是否可以实施快通道麻醉。该患者腹主动脉无病变，肾脏功能不受影响，因此，不需要考虑药物是否经肾代谢为主这个因素。E选项符合题意。
【考点】合并有冠心病的患者行胸主动脉覆膜支架置入术的麻醉管理

4. 患者男性，25岁，因肥厚梗阻性心肌病在全麻体外循环下行左心室流出道疏通术。超声检查：室间隔最厚27mm，左室舒张末直径40mm，射血分数65%。麻醉诱导时出现血压下降，首先选择的药物是
   A. 麻黄碱
   B. 葡萄糖酸钙
   C. 多巴胺
   D. β受体阻断剂
   E. 甲氧明

5. 患者男性，48岁，因主动脉瓣关闭不全行主动脉瓣置换术，术前超声心动图显示：左室舒张末直径85mm，射血分数55%。体外循环前心率应维持
   A. 40~55次/min
   B. 55~70次/min
   C. 70~85次/min
   D. 85~100次/min
   E. 100~115次/min

6. 患者男性，58岁，89kg，因冠心病拟在非体外循环下行冠状动脉旁路移植术。既往有高血压病史20余年，口服硝苯地平控释片，血压控制良好。心功能Ⅱ级，入室血压138/85mmHg，心率56次/min。术中搭回旋支时血压下降到62/45mmHg，心率72次/min，首选药物是
   A. 多巴胺
   B. 去甲肾上腺素
   C. 麻黄碱
   D. 山莨菪碱
   E. 硝酸甘油

7. 患者女性，21岁，拟在胸腔镜下行房间隔修补术。麻醉物品准备与非胸腔镜手术不同的是
   A. 喉镜
   B. 管芯
   C. 双腔气管导管
   D. 听诊器
   E. 血管活性药

8. 患者男性，72岁，需在全麻下行胸主动脉覆膜支架置入术，有冠心病史。麻醉诱导时下列哪项**不需要**考虑
   A. 药物特性对心血管系统的代偿功能
   B. 是否需要早拔管

C. 麻醉药物对心肌收缩力的影响

D. 是否会增加心肌氧耗、诱发心律失常

E. 药物代谢是否经肾代谢为主

9. 患者女性,36岁,20年前诊断为风湿性心脏病、二尖瓣狭窄。近半个月偶出现夜间憋醒、下肢水肿,超声显示:重度二尖瓣狭窄、肺动脉高压。该患者的二尖瓣瓣口面积为

　　A. 4~6cm²　　　　　B. 2~4cm²　　　　　C. 1.5~2.5cm²

　　D. 1.1~1.5cm²　　　E. 0.6~1.0cm²

10. 患儿男性,9个月,体重6kg,术前诊断:先天性心脏病:室间隔缺损。拟实施体外循环下室间隔缺损修补术。注射肝素抗凝效果不能达到转机要求,排除人为因素,考虑抗凝血酶Ⅲ缺乏。正确的处理是

　　A. 给患者输入新鲜全血

　　B. 给患者输入新鲜冰冻血浆2~3个单位

　　C. 给患者输入红细胞

　　D. 给予骨髓刺激药物,刺激骨髓释放AT-Ⅲ

　　E. 输注白蛋白

11. 男性,70岁,术前诊断:冠状动脉粥样硬化型心脏病,2型糖尿病,高血压。在体外循环下行冠状动脉旁路移植术,术后出现低心排出量,血管活性药物疗效欠佳,一般首先考虑使用

　　A. 体外膜肺氧合(ECMO)

　　B. 右心室辅助装置

　　C. 心脏移植

　　D. 主动脉球囊反搏(IABP)

　　E. 左心室辅助装置

12. 患者女性,45岁,在体外循环下行主动脉瓣机械瓣 + 二尖瓣机械瓣置换术。开放升主动脉阻断钳恢复冠状动脉循环后心脏不跳的原因**不包括**

　　A. 血钾 >5.5mmol/L

　　B. 冠状动脉进气,心电图有缺血表现

　　C. 血液氧合不佳

　　D. 体温 >35℃

　　E. 动脉灌注压过低

13. 患儿,女性,12个月,体重8kg,术前诊断:先天性心脏病:房间隔缺损,拟实施体外循环下房间隔缺损修补术,准备采用改良 St.Thomas 晶体心脏停跳液进行心肌保护,对于晶体停

9.【答案】E

【解析】正常二尖瓣瓣口面积4~6cm²,1.5~2.0cm²为轻度狭窄,1.0~1.5cm²为中度狭窄,<1.0cm²为重度狭窄。重度二尖瓣狭窄可导致夜间憋醒、下肢水肿、肺循环高压。选项E正确。

【考点】二尖瓣狭窄的病理生理

10.【答案】B

【解析】在体外循环中,使用肝素抗凝原理主要是肝素与抗凝血酶Ⅲ(AT-Ⅲ)结合,增强后者对活化的Ⅱa、Ⅸa、Ⅹa、Ⅺa 和Ⅻa凝血因子的抑制作用。抗凝血酶Ⅲ缺乏将直接影响抗凝效果,血浆中存在抗凝血酶Ⅲ,因此输注血浆可以增加肝素的抗凝效果。选项B正确。

【考点】肝素抗凝不足的处理

11.【答案】D

【解析】IABP通过增加冠状动脉灌注量来改善心肌氧供给,降低主动脉收缩压(后负荷),从而减低心脏做功,改善受损功能的前向性血流,提高心排出量。冠状动脉旁路移植术后低心排出者,如果药物治疗效果不理想,首选安装IABP增加心肌灌注,改善心脏功能。选项D正确。

【考点】IABP适应证

12.【答案】D

【解析】体外循环开放主动脉后,心脏不跳可能原因有:血钾浓度过高,冠状动脉进气,血液氧合不佳,温度过低和动脉灌注压过低等。温度 >35℃有利于心脏复跳。选项D符合题意。

【考点】体外循环后并行期间心肌保护

13.【答案】D

【解析】St.Thomas 是一种仿细胞外液心脏停跳液,高钾使心肌细胞去极化,诱导心脏舒张期停跳。单次灌注心肌保护时限为30分钟。HTK 是一种细胞内液型心肌保护液,具有低钠,钠浓度和细胞内相似,减小了缺血期间钠离子的内流,使动作电位不能产生,从而使心肌在较低钾浓度的情况下较长舒张期停跳,保存了能量。另外,较少的钠离子内流也减轻了缺血期间细胞水肿。单次灌注心肌保护时限为120分钟。选项D符合题意。

【考点】晶体心脏停跳液特点

跳液描述**错误**的是

A. 仿细胞外液停跳液代表配方为 St.Thomas 停跳液

B. 仿细胞内液停跳液代表配方为 HTK 停跳液

C. 晶体停跳液中 K⁺ 较理想的浓度为 15~20mmol/L

D. St.Thomas 停跳液需要间隔 60 分钟重复灌注

E. HTK 停跳液单次灌注心肌保护时限为 120 分钟

14.【答案】D

　　【解析】含血停跳液目前常用方案为 4 份氧合血与 1 份晶体停跳液配方，较为理想的钾离子浓度为 20mmol/L，含有满足心肌有氧氧化和无氧酵解的底物。含血停跳液缓冲系统是血液缓冲系统与晶体停跳液缓冲系统的混合，灌注时间为每 30 分钟灌注 1 次。选项 D 符合题意。

　　【考点】含血心脏停跳液特点

14. 患者，女性，40 岁，体重 68kg，术前诊断：风湿性心脏瓣膜病：二尖瓣狭窄（重度）。拟实施体外循环下二尖瓣机械瓣置换术，准备采用改良 St.Thomas 含血心脏停跳液进行心肌保护，对含血停跳液描述**错误**的是

A. 4∶1 含血停跳液是 4 份氧合血与 1 份晶体停跳液的混合液

B. 含血停跳液的较理想的 K⁺ 浓度为 20~30mmol/L

C. 含血停跳液含有营养物质为满足心肌有氧氧化和无氧酵解提供物质基础

D. 含血停跳液中缓冲系统与晶体停跳液中相同

E. 含血停跳液需要间隔 30 分钟重复灌注

15.【答案】C

　　【解析】体外循环中适度的血液稀释不仅可以减少术中血制品使用，还可以减轻血液破坏、改善血液流变性，有利于组织灌注、增加微循环血流。血液稀释也会降低血浆胶体渗透压和黏滞度，同时增加脑肝肾等重要器官血流量。血液稀释也会使凝血功能下降。选项 C 符合题意。

　　【考点】体外循环血液稀释的作用

15. 患者女性，25 岁，体重 50kg。术前诊断先天性心脏病：法洛四联症。术前 Hb：192g/L，Hct：62%。拟在体外循环下行法洛四联症根治术。预充方案为：万汶 1 000ml，复方电解质注射液 500ml。体外循环中血液稀释对机体的影响**不包括**

A. 血浆胶体渗透压降低

B. 凝血功能下降

C. 重要器官血流量减少

D. 减少血制品使用，节约用血

E. 改善微循环血流

16.【答案】B

　　【解析】对于主动脉瓣大量反流患者，临床中常规是切开主动脉壁，采用冠状动脉灌注管对左、右冠状动脉直视灌注。因为此类患者主动脉瓣大量反流，如果采用主动脉根部灌注，心脏停跳液会通过反流主动脉瓣进入左室，进入冠状动脉的心脏停跳液减少。冠状静脉窦逆行灌注多用于严重冠状动脉狭窄患者。选项 B 正确。

　　【考点】心脏瓣膜手术停跳液灌注

16. 患者，男性，35 岁，术前诊断：主动脉瓣反流（重度），拟实施体外循环下主动脉瓣置换术。对于该患者最合理的停跳液灌注途径为

A. 主动脉根部灌注

B. 冠状动脉直视灌注

C. 冠状静脉窦逆行灌注

D. 冠状动脉桥灌注

E. 主动脉根部灌注联合冠状静脉窦逆行灌注

17.【答案】B

　　【解析】大量右向左分流可减慢吸入麻醉药物的吸收，动脉血药浓度上升较慢，麻醉诱导时间延长，但不可为加快诱导速度加压通气，否则一旦麻醉药物过量产生心血管抑制，很难快速降低血药浓度。对于不配合吸入的患儿可采用氯胺酮基础麻醉，对于已有静脉留置针患儿也可采用静脉麻醉诱导。

　　【考点】法洛四联症的诱导方法

17. 男性，4 岁，体重 15kg，入院诊断为：先天性心脏病：法洛四联症，拟在全麻低温体外循环下行法洛四联症根治术。入室后血压 82/56mmHg，体温 36.5℃。吸空气状态氧饱和度 60%。该患者适宜的诱导方法有

A. 可采用七氟烷吸入诱导,诱导时间和一般患儿相似

B. 可采用七氟烷吸入诱导,诱导时间较一般患儿延长

C. 可采用七氟烷吸入诱导,但需要加压通气以加快诱导速度

D. 不可采用氯胺酮肌内注射基础麻醉

E. 不可采用静脉麻醉诱导

18. 60天女婴,诊断心上型完全性肺静脉异位引流,卵圆孔未闭合并重度肺动脉高压,脱离体外循环后,患儿容量管理应主要根据

A. 心率   B. 血压   C. 左房压

D. 右房压   E. 尿量

19. 女,1岁,诊断房间隔缺损,行房间隔缺损修补术,术毕提示可于手术室内拔出气管插管,体征包括

A. BIS值55

B. 心率120次/min

C. 自主呼吸,潮气量4ml/kg

D. 自主呼吸,呼气末 CO_2 浓度维持45mmHg

E. 出现呛咳

20. 患者男,64岁,出现活动后胸闷、心悸、气喘4年,超声显示:LA 47mm,LVEDD 62mm,EF 41%。结果:左室收缩功能降低。冠状动脉造影结果显示:前降支起始端狭窄90%,右冠状动脉中段95%狭窄,回旋支弥漫性狭窄达90%。住院期间,患者仍有活动后胸闷、心悸,含服硝酸甘油可缓解。该患者麻醉监测应准备哪些

A. 心电图、脉搏氧、有创血压、温度、ST、放置Swan-Ganz导管

B. 心电图、脉搏氧、有创血压、中心静脉压、温度、放置Swan-Ganz导管

C. 心电图、脉搏氧、有创血压、温度、放置Swan-Ganz导管

D. 心电图、脉搏氧、有创血压、中心静脉压、温度

E. 心电图、有创血压、中心静脉压、温度、ST、放置Swan-Ganz导管

21. 患者,男性,42岁,因马方综合征拟行Bentall手术,动脉血压监测部位**错误**的是

A. 右上肢   B. 左上肢

C. 右下肢   D. 左下肢

E. 左上肢和左下肢

18.【答案】C

【解析】完全性肺静脉异位引流合并回流梗阻的患儿由于左室回流少,多发育不良,畸形矫正后需限制补充容量,减少左室前负荷,避免左心衰,此时左房压是最为敏感直接的监测。选项C正确。

【考点】完全性肺静脉异位引流围术期管理

19.【答案】D

【解析】先天性心脏病患儿拟于手术室内拔出气管插管行超快通道麻醉,患儿需自主呼吸恢复满意,潮气量>6ml/kg,呼气末 CO_2 浓度维持在50mmHg以下。选项D正确。

【考点】先天性心脏病手术超快通道麻醉管理

20.【答案】A

【解析】心功能差的冠心病患者做手术,除了常规的心电图、有创动脉压、脉搏氧和温度监测外,还需要放置Swan-Ganz导管,监测中心静脉压、肺动脉压和心排出量,便于判断病情、指导血管活性药的应用。

【考点】危重症患者监测指标的确定

21.【答案】E

【解析】因手术部位未涉及弓部以远,四肢血压不受影响,所以任选一侧肢体测压都可以。选项E符合题意。

【考点】大血管手术血压监测

22.【答案】A
【解析】胸降主动脉瘤手术不影响脑部供血,不需要监测脑氧饱和度。
【考点】大血管手术的监测

23.【答案】C
【解析】增强利尿有利于造影剂的排出。
【考点】大血管介入手术的麻醉管理

24.【答案】C
【解析】混合静脉血氧饱和度(SvO_2),正常参考范围68%~77%。SvO_2反映组织的氧合程度,受供氧和耗氧的影响。供氧减少和耗氧增加均可导致SvO_2降低。体外循环期间当SvO_2低于60%时,通常提示组织耗氧增加或灌注流量不足,需要提高灌注流量。选项C正确。
【考点】体外循环监测

25.【答案】E
【解析】老年、高血压患者行胸主动脉覆膜支架置入术最好选择全麻,可减少手术刺激对循环的影响,保证胸段覆膜支架定位准确。手术短小,可实施快通道麻醉,静吸复合全麻合适。选项E正确。
【考点】快通道麻醉适应证的选择

26.【答案】C
【解析】静脉注射芬太尼可引起支气管平滑肌收缩,兴奋相邻部位的快速适应性肺部牵张感受器引起呛咳,不适合用于围拔管期呛咳的处理。丙泊酚注射痛明显。右美托咪定具有剂量依赖性的镇静催眠、抑制交感神经活性的特性,能使患者血压、心率及血流动力学处于稳定状态,且无呼吸抑制作用,可保持二氧化碳增高对通气的反应,不增强阿片类药的呼吸抑制作用。选项C正确。
【考点】快通道麻醉药物选择

27.【答案】B
【解析】婴幼儿体外循环中选择合适的插管至关重要,插管太粗容易损伤主动脉,插管太细则不能达到灌注流量。通常需要根据超声报告结果来选择合适的主动脉插管,该患儿升主动脉内径14mm,结合体重选择10Fr插管最佳。选项B正确。
【考点】婴幼儿体外循环插管选择

22. 患者,男性,45岁,因胸部降主动脉瘤拟在全身麻醉下行胸部降主动脉瘤人工血管替换术,术中**不需要**的监测是
A. 脑氧饱和度　　B. BIS　　　　C. 心电图
D. 尿量　　　　　E. 足背动脉

23. 患者,女性,56岁,术前诊断为Stanford B型主动脉夹层,拟行主动脉覆膜支架植入术,为了减少造影剂肾病的风险,术中麻醉管理措施正确的是
A. 术中晶体液补充足够,避免术中低容量
B. 术中胶体补充足够,避免术中低容量
C. 术中常规给予呋塞米利尿
D. 术中常规给予甘露醇利尿
E. 术中适当低温,降低肾脏氧耗量

24. 患者,男性,61岁,术中在深低温停循环选择性脑灌注下行升主动脉+全主动脉弓替换术。术中连续监测混合静脉血氧饱和度(SvO_2),**低于**多少需要处理
A. 40%　　　　　B. 50%　　　　　C. 60%
D. 70%　　　　　E. 80%

25. 患者,男性,72岁,高血压史20余年,拟行胸主动脉覆膜支架植入术,最佳的麻醉方式为
A. 局麻
B. 硬膜外麻醉
C. 腰麻
D. 静吸复合全麻
E. 静吸复合全麻+快通道

26. 6岁男童,全麻体外循环下行房缺修补术,术毕自主呼吸恢复,拟拔出气管导管,拔管时呛咳厉害,血压、心率升高,此时最适合用
A. 芬太尼　　　　　B. 咪达唑仑
C. 右美托咪定　　　D. 丙泊酚
E. 依托咪酯

27. 男性,年龄6个月,体重7.7kg,入院诊断为:先天性心脏病:法洛四联症,拟在全麻低温体外循环下行法洛四联症根治术。查体:心率120次/min,血压82/56mmHg,体温36.5℃。超声显示:升主动脉内径14mm,请为该患儿选择合适的主动脉插管
A. 8Fr　　　　　B. 10Fr　　　　　C. 12Fr
D. 14Fr　　　　　E. 16Fr

【A3/A4 型题】

(1~2 题共用题干)

患者女性,37 岁,45kg,10 年前因二尖瓣狭窄行闭式扩张术。2 个月前出现活动后气短、胸闷,偶有夜间端坐呼吸、下肢水肿,经药物治疗后下肢水肿好转,夜间睡觉无憋醒,但上二层楼仍有心悸、气喘。超声心动图结果:重度二尖瓣狭窄,三尖瓣反流,中度肺动脉高压,房颤心律,心脏收缩功能降低。

1. 该患者的心功能(NYHA)分级是
  A. Ⅰ级　　　　　　　　B. Ⅱ级
  C. Ⅲ级　　　　　　　　D. Ⅳ级
  E. Ⅴ级

2. 该患者麻醉诱导需要注意的事项**除外**
  A. 避免过度通气
  B. 避免心动过速
  C. 避免加重肺动脉高压的因素
  D. 慎用血管扩张药
  E. 控制液体速度

(3~4 题共用题干)

患者男性,68 岁,局麻下行冠状动脉造影和冠脉支架植入术。术中患者突然主诉胸闷、憋气,面色苍白、神志渐烦躁,心率由 62 次/min 升到 115 次/min,血压 78/61mmHg。诊断为急性心脏压塞,立刻进入手术室急症手术。

3. 麻醉诱导前应做各项准备,**错误**的是
  A. 消毒并铺好无菌单
  B. 保证足够的血管内容量
  C. 使用一些正性肌力药和血管收缩药
  D. 行心包积液引流
  E. 放置漂浮导管

4. 患者入室初步处理后,血压 110/89mmHg,心率 105 次/min,氧饱和度 100%。麻醉诱导的原则是
  A. 避免降低心肌收缩力、外周阻力、心率、容量和大潮气量的正压通气
  B. 避免增加心肌收缩力、外周阻力、心率、容量和小潮气量的正压通气
  C. 避免增加心肌收缩力、外周阻力、心率、容量和大潮气量的正压通气

1.【答案】C

【解析】目前最适用的纽约心脏病学会(NYHA)四级分类法是根据心脏对运动量的耐受程度来衡量的。Ⅲ级:患者有心脏病,以致体力活动明显受限制,休息时无症状,但小于一般体力活动即可引起过度疲劳、心悸、气喘或心绞痛。选项 C 正确。

【考点】瓣膜病的心功能分级

2.【答案】A

【解析】该患者为重度二尖瓣狭窄,有左心功能不全史,且有房颤和肺高压。心动过速和输液过快会使左房压升高,导致急性左心衰、加重肺动脉高压。所以要避免心动过速和控制液体速度。血管扩张药使心脏灌注压降低引起右心室缺血,加重心功能不全。缺氧、二氧化碳蓄积、酸中毒等可加重肺动脉高压,导致急性右心衰。过度通气可扩张肺动脉,降低肺动脉压。选项 A 符合题意。

【考点】二尖瓣狭窄麻醉管理

3.【答案】E

【解析】急性心脏压塞的患者在麻醉诱导和正压通气时会加速心血管系统的衰竭,血流动力学不稳定的患者,应在麻醉诱导前行就消毒、铺单,开放外周大静脉保证足够的血管内容量,行心包积液引流,以防止循环衰竭,并给予一些正性肌力药和血管收缩药。该患者术前心功能正常,急性心脏压塞会加重心肌缺血,但处理及时、尽快解除填塞对心功能不会造成很大影响,且为了争取时间尽快开胸、解除心脏压迫,不需要放置漂浮导管。选项 E 符合题意。

【考点】急性心脏压塞的麻醉准备

4.【答案】A

【解析】维持和增强心肌收缩力、外周阻力可保证心肌灌注,心率的增加是保障心排出量最重要的代偿机制,容量补充可维持心脏的有效充盈,维持血压的稳定,大潮气量正压通气可显著降低前负荷和心排出量。因此选项 A 正确。

【考点】急性心脏压塞的麻醉管理原则

D. 避免降低心肌收缩力、外周阻力、心率、容量和小潮气量的正压通气

E. 避免降低心肌收缩力、外周阻力、心率和大潮气量的正压通气

(5~10题共用题干)

男性,36岁,体重90kg,入院诊断为:主动脉夹层(stanford A)高血压。拟急诊行全主动脉弓置换 + 支架象鼻手术。查体:心率:88次/min,血压162/110mmHg,体温37.1℃。实验室检查结果:血常规:HCT:42%,Hb:140g/L。

5. 【答案】E
【解析】主动脉夹层常用的两种分型方式:DeBakey Ⅲ型动脉瘤起源于胸降主动脉,未累及腹主动脉者为Ⅲ A,累及腹主动脉者为Ⅲ B。Stanford 分型是无论夹层起源于哪一部位,只要累及升主动脉者称为 A 型,累及降主动脉者称为 B 型。选项 E 符合题意。
【考点】主动脉夹层的分型

6. 【答案】A
【解析】全主动脉弓置换 + 支架象鼻手术,体外循环插管部位常选择右腋动脉和/或右股动脉,在选择性脑灌注期间,可以通过腋动脉经锁骨下动脉至颈内静脉进行脑灌注。为监测下肢血供是否正常,需要监测下肢血压,选项 A 正确。
【考点】大血管手术的血压监测

7. 【答案】A
【解析】BIS 用于监测麻醉深度,还可通过脑电活动间接反映脑功能。
【考点】大血管术中脑保护的方法

8. 【答案】C
【解析】全主动脉弓置换 + 支架象鼻手术,体外循环插管部位常选择右腋动脉,在选择性脑灌注期间,可以通过腋动脉经锁骨下动脉至颈内静脉进行脑灌注。
【考点】心脏大血管手术体外循环要点

9. 【答案】C
【解析】选择性脑灌注最佳流量范围为 5~10ml/kg。灌注流量过小,可能导致对侧脑灌注不足,导致缺血缺氧。灌注流量过高,则会导致奢灌引起脑水肿。
【考点】心脏大血管手术体外循环要点

5. 主动脉夹层分类描述**不正确**的是
A. DeBakeyⅠ型:主动脉夹层内膜裂口在升主动脉,夹层累及范围自升主动脉到降主动脉甚至到腹主动脉
B. DeBakeyⅡ型:主动脉夹层内膜裂口在升主动脉且夹层累及范围限于升主动脉
C. DeBakeyⅢ型:主动脉夹层内膜裂口在降主动脉,夹层累及降主动脉
D. Stanford A:无论夹层起源于哪一部位,只要累及升主动脉者称为 A 型
E. Stanford B:夹层起源于胸降主动脉且累及升主动脉者称为 B 型

6. 常规准备哪些部位的血压监测
A. 左上肢、左下肢   B. 左上肢、右下肢
C. 右上肢、左下肢   D. 右上肢、右下肢
E. 左上肢

7. 术中脑保护处理**不正确**的是
A. BIS 监测   B. 深低温低流量
C. 脑氧饱和度监测   D. 给予甘露醇
E. 给予甲泼尼龙

8. 此患者动脉插管常选用的部位
A. 股动脉   B. 升主动脉   C. 右腋动脉
D. 锁骨下动脉   E. 降主动脉

9. 当鼻咽温降至22℃,开始进行选择性脑灌注,请问最佳灌注流量为
A. 2~3ml/kg   B. 3~5ml/kg   C. 5~10ml/kg
D. 10~15ml/kg   E. 15~20ml/kg

10. 该患者以 8ml/kg 选择性脑灌注。选择脑灌注开始前近红外脑氧饱和度监测显示右侧 StO₂:72,左侧 StO₂:47,灌注 3 分钟后近红外脑氧饱和度检测显示,右侧 StO₂:78,左侧 StO₂:45。下一步该如何处理
    A. 提高灌注流量
    B. 维持灌注流量,继续观察
    C. 降低灌注流量
    D. 给予冰帽,降低脑温
    E. 左侧颈总动脉插管,进行双侧脑灌注

(11~14 题共用题干)
患者男性,56 岁,在全麻体外循环下行冠状动脉搭桥术,术前心功能Ⅰ级(NYHA),既往体健。查体:心率:72 次/min,血压 122/76mmHg,体温 36.5℃。实验室检查结果:血常规:HCT:40%,Hb:136g/L。

11. 该患者合适的体外循环预充液方案是
    A. 1 000ml 羟乙基淀粉 130/0.4+600ml 复方电解质液
    B. 800ml 羟乙基淀粉 130/0.4+800ml 复方电解质液
    C. 600ml 羟乙基淀粉 130/0.4+1 000ml 复方电解质液
    D. 1 600ml 羟乙基淀粉 130/0.4
    E. 1 600ml 复方电解质液

12. 该患者冠脉严重狭窄,采用冠状静脉窦逆行灌注,灌注压应低于
    A. 30mmHg　　　　B. 40mmHg　　　　C. 50mmHg
    D. 60mmHg　　　　E. 70mmHg

13. 体外循环顺利停机后,血压 125/72mmHg,心率 78 次/min,硝酸甘油 1.0μg/(kg·min),给予鱼精蛋白中和肝素,静脉注射鱼精蛋白 2 分钟后,出现血压降到 75/52mmHg,气道压由 15KPa 上升到 28KPa,心脏收缩有力。患者可能出现了
    A. 急性左心衰　　　　B. 急性右心衰
    C. 冠状动脉桥堵塞　　D. 鱼精蛋白反应
    E. 大量活动性出血

14. 给予去甲肾上腺素和苯海拉明后,血压继续下降至 45/32mmHg,心率 51 次/min,心脏渐渐收缩无力,右心胀满。应立刻采取什么措施
    A. 加快输液
    B. 停止给鱼精蛋白
    C. 紧急建立体外循环再次转机

10.【答案】E
【解析】一侧插管行单侧选择性脑灌注时,需要患者大脑 willis 环完整。该患者左侧 StO₂ 下降明显,说明患者 willis 环不完整,需要经左侧颈总动脉插管行双侧脑灌注,才能满足左侧大脑氧供。
【考点】大血管手术中脑氧饱和度的应用

11.【答案】A
【解析】目前成人体外循环多采用无血预充方案,选用晶体液和人工胶体液作为预充成分。为了维持适当的胶体渗透压,晶体液和胶体液比例为 (0.4~0.6):1,相对胶体渗透压应不小于转流前的 60%。选项 A 符合题意。
【考点】成人体外循环预充方案

12.【答案】C
【解析】对于冠脉严重狭窄患者,经冠状动脉顺行灌注心肌保护效果差,可考虑经冠状静脉窦逆行灌注,灌注压力一般不高于 50mmHg,防止压力过高导致冠状静脉损伤。选项 C 正确。
【考点】经冠状静脉窦逆行灌注要点

13.【答案】D
【解析】不管是左心衰还是右心衰,心脏收缩功能都是降低的,大量活动出血视野里是能看见的,且气道压不会升高。冠状动脉桥出现堵塞,气道压也不会明显升高。因此,选项 A、B、C、E 都不对。鱼精蛋白是异体蛋白,对血管既可产生舒张作用(主要对体循环血管),又可产生收缩效应(主要对肺血管),并对心脏有直接抑制作用。反应分低血压反应型、过敏样反应型及肺血管收缩型。不同类型在临床上常交叉出现。选项 D 正确。
【考点】心血管手术中鱼精蛋白的反应判断

14.【答案】C
【解析】出现鱼精蛋白反应后首先是停止给药、血压低的可以加快输液,继续加重者给予苯海拉明或去甲肾上腺素,严重者给予葡萄糖酸钙和肾上腺素,病情加重出现心功能降低时需紧急建立体外再次转机。选项 C 正确。
【考点】鱼精蛋白反应的处理

D. 给予肾上腺素

E. 给予葡萄糖酸钙

（15~16题共用题干）

患儿，男，5岁，体重18kg，出生后查体发现心脏杂音，超声诊断为"动脉导管未闭"，拟于全麻下行侧开胸动脉导管结扎术。

15.【答案】C
　　【解析】动脉导管未闭患儿发展到重度肺动脉高压，右向左分流增多时下肢可能出现发绀，而上肢仍饱和，呈现差异性发绀。
　　【考点】差异性发绀的形成

15. 患儿入室后，吸空气状态下，测下肢脉氧饱和度90%，其最可能原因是
　　A. 合并其他畸形
　　B. 合并肺部感染
　　C. 重度肺高压、差异性发绀
　　D. 血压过低，出现右向左分流
　　E. 流出道痉挛

16.【答案】A
　　【解析】5岁患儿还无法正确理解配合使用自控镇痛泵，存在安全隐患，不宜使用。选项A符合题意。
　　【考点】心脏手术快通道麻醉围术期辅助镇痛方法

16. 若对该患儿拟实施快通道麻醉，应加强围术期的镇痛、镇静措施，可采用的方法**不包括**
　　A. 安装患者自控镇痛泵
　　B. 全麻同时实施骶管麻醉
　　C. 伤口局部采用罗哌卡因浸润阻滞
　　D. 安装恒速静脉镇痛泵
　　E. 口服非甾体抗炎药

（17~18题共用题干）

男，10岁，发现心脏杂音10年，体检无发绀，胸骨左缘3~4肋间可闻及2~3级吹风样杂音，超声心动图提示：膜周部室间隔缺损8mm，心导管检查测得肺动脉压75/30（55）mmHg，肺阻力12wood

17.【答案】D
　　【解析】室间隔缺损造成的肺动脉高压为充血性肺高压，国内标准平均肺动脉压>50mmHg，肺阻力>10wood为重度肺高压。选项D正确。
　　【考点】肺动脉高压的分级

17. 该患儿肺动脉高压为
　　A. 无肺动脉高压
　　B. 轻度肺动脉高压
　　C. 中度肺动脉高压
　　D. 重度肺动脉高压
　　E. 梗阻性肺动脉高压

18.【答案】C
　　【解析】肺高压危象是指肺动脉压力急剧增高，达到或超过主动脉水平，引发重症的低血压及低氧血症，其主要临床表现有氧饱和度下降，心率增快，血压下降，静脉压上升以及继发右心衰的表现。
　　【考点】肺高压危象的临床表现

18. 该患儿围术期处理应尽量避免肺高压危象出现，下面症状哪个**不常见**于肺高压危象时
　　A. 血氧饱和度明显下降
　　B. 无法解释的心动过速
　　C. 无法解释的心动过缓
　　D. 无法解释的静脉压升高
　　E. 无法解释的肝大

【案例分析题】

案例一 男性,46 岁,54kg,既往体健。半个月前因二尖瓣和主动脉瓣关闭不全行双瓣置换术,半个月来进食少、心悸、胸闷、大汗、尿色深。超声心动图:左房 44mm、左室舒张末直径 59mm、左心射血分数 54%、二尖瓣中大量瓣周漏、轻度肺动脉高压。拟在全麻体外循环下行二尖瓣置换术。患者入室后突然出现呼吸急促、肺底湿啰音、咳粉红色泡沫痰、SPO_2 71%。

提问 1:该患者病情发生了什么变化
- A. 急性缺氧
- B. 急性右心衰
- C. 急性左心衰
- D. 急性肺源性心衰
- E. 肺高压危象
- F. 呼吸衰竭

提问 2:该患者监测的项目中**不包括**
- A. 有创血压监测
- B. 放置 Swan-Ganz 导管
- C. 心电图监测
- D. 脑电图监测
- E. 尿量
- F. 脉搏氧饱和度

提问 3:当时血压 85/60mmHg,房颤心律,心室率 101 次/min,呼吸 25 次/min。需进行哪些处理
- A. 行食管超声检查
- B. 泵入多巴胺
- C. 给予麻黄碱
- D. 泵入硝酸甘油
- E. 麻醉诱导插管行机械通气
- F. 给予阿替洛尔

案例二 男性,68 岁,体重 72kg,入院诊断:冠状动脉粥样硬化性心脏病:三支病变,糖尿病(2 型),慢性阻塞性肺疾病,高血压。在全麻低温体外循环下行冠状动脉旁路移植术。术后出现停机困难,BP:70/65mmHg,HR:87 次/min,考虑低心排出量,行 VA-ECMO 辅助,经股动脉和股静脉插管,插管型号分别为 18Fr,24Fr。

提问 1:VA-ECMO 辅助适应证**除外**
- A. 心脏手术后心源性休克
- B. 急性心肌梗死
- C. 急性肺栓塞
- D. 心脏移植围术期

提问 1:【答案】C

【解析】患者手术后短期就出现二尖瓣瓣周漏,左室舒张末直径 59mm、左心射血分数 54%、且有全身症状,提示心功能不全。肺部湿啰音和咳粉红色泡沫痰是急性左心衰的症状。单纯急性缺氧和肺高压危象不会出现肺部湿啰音和咳粉红色泡沫痰,而急性左心衰可伴有缺氧和肺高压。急性右心衰是源于左心衰,个别系肺源性心脏病所致。肺源性心衰是由于支气管-肺组织等病变致肺动脉高压引起的心脏病,该患者没有肺部疾病病史。选项 C 正确。

【考点】二尖瓣狭窄出现急性左心衰的诊断

提问 2:【答案】D

【解析】危重心血管病患者术中需监测有创血压、心电图、尿量、脉搏氧饱和度、放置 Swan-Ganz 导管监测中心静脉压、肺动脉压、心排出量、外周和肺血管阻力等。脑电图监测用于有可能发生脑血流减少或用来预测神经功能等预后。选项 D 符合题意。

【考点】危重患者围术期监测内容

提问 3:【答案】BCDE

【解析】入室后出现急性左心衰需给予血管活性药物改善心功能,对于二尖瓣瓣周漏导致的左心衰需适度降低外周阻力,增加前向血流,可泵入硝酸甘油。为改善缺氧需紧急麻醉诱导插管行机械通气。病因明确,不需要食管超声检查。选项 BCDE 符合题意。

【考点】危重患者围术期血流动力学管理

提问 1:【答案】E

【解析】VA-ECMO 主要用于心脏功能支持,适应证为心脏术后心源性休克、急性心肌梗死、急性肺栓塞、心脏移植围术期、暴发性心肌炎等。选项 E 符合题意。

【考点】VA-ECMO 适应证和常见并发症

E. 原发性肺动脉高压

F. 暴发性心肌炎

提问2:患者经股动脉、股静脉VA-ECMO辅助24小时后,插管侧下肢出现肿胀,皮温降低,皮肤苍白。下列处理**不正确**的是

A. 必要时截肢

B. 增加下肢灌注侧路

C. 考虑骨筋膜隔室综合征,应立即切开筋膜减压

D. 积极纠正酸中毒

E. 换更粗股静脉插管

F. 应积极防治高钾血症、肾衰竭、休克等严重并发症

提问3:VA-ECMO辅助72小时后,呼吸机机械通气:SIMV模式,FiO_2:80%,RR:12次/min,TV:700ml,PEEP:5mmHg。 辅助流量:4L/min,膜肺通气量4L/min,FiO_2:80%。发现患者面色晦暗,右上肢末端经皮氧饱和度:80%。经胸超声结果:EF:38%,较之前改善。胸片结果显示两肺感染。请问下一步如何处理

A. 加大辅助流量

B. 降低辅助流量

C. 痰培养+药物敏感实验

D. 将VA-ECMO改为VAV-ECMO,从动脉端增加侧路至颈内静脉

E. 增加呼吸机FiO_2,TV和PEEP

F. 增加膜肺FiO_2

G. 将VA-ECMO改为VV-ECMO

H. 使用NIRS监测患者脑氧饱和度

案例三 患儿男性,年龄10个月,体重7kg,因先天性心脏病,法洛四联症入院,拟在全麻低温体外循环下行法洛四联症根治术。平时有蹲踞现象,查体:心率115次/min,血压90/58mmHg,体温36.5℃。

提问1:患儿建立体外循环前给予肝素400IU/kg,5分钟后查ACT:384s,下一步该如何处理

A. 继续手术,不用追加肝素

B. 追加肝素200IU/kg,后复查ACT

C. 体外循环管路内追加肝素200IU/kg

D. 给患儿输入新鲜冰冻血浆200ml

E. 体外循环管路内预充新鲜冰冻血浆200ml

F. 给予凝血因子

提问2:患儿诱导平稳,切皮后心率明显增快,饱和度迅速下降,正确的处理是

A. 追加阿片类药物加深麻醉

B. 增加吸氧浓度至100%

提问2:【答案】E

【解析】根据患者症状诊断为骨筋膜隔室综合征。首先应恢复下肢血液供应,增加下肢灌注侧路,同时应立即切开筋膜减压,防止肌肉和神经发生缺血性坏死。局部切开减压后,血液循环获得改善,大量坏死组织的毒素进入血液循环,应积极防治脱水酸中毒、高钾血症、肾衰竭、心律不齐、休克等严重并发症,必要时还得行截肢术以抢救生命。选项E符合题意。

【考点】ECMO并发症的处理

提问3:【答案】CDH

【解析】患者心功能改善,所以右侧肢体和头面部血供来自自身心脏供应,但是由于患者存在肺部感染,因此经心脏射出动脉血血氧含量低,右侧身体存在缺氧状态,此时增加呼吸机参数并不能改善患者缺氧状态。首先应增加患者右侧身体氧供,将VA-ECMO改为VAV-ECMO。由于患者心功能未完全恢复,因此不能将VA-ECMO改为VV-ECMO。其次应积极控制患者肺部感染,痰培养+药物敏感实验,选用敏感抗生素治疗。通过肢体经皮氧饱和度监测和大脑NIRS监测右侧氧供改善情况。

【考点】ECMO并发症的处理

提问1:【答案】B

【解析】先天性心脏病患儿凝血系统多存在异常,特别是发绀型心脏病患儿,长期缺氧,血细胞比容高,血浆含量少。此外婴儿凝血因子较成人含量少,因此给予常规剂量肝素可能达不到正常ACT值,应追加肝素后复查ACT,达到目标值以上方可开始体外循环。

【考点】婴幼儿心脏手术患者凝血系统特点

提问2:【答案】ABCD

【解析】法洛四联症患儿切皮时出现心率增快,饱和度下降,考虑主要是由于麻醉深度不够致心率增快、流出道痉挛、右室压上升、右向左分流增多缺氧发作。主要处理应包括加深麻醉,提高吸入氧浓度、β受体阻滞剂、补液,此时应避免使用有β受体兴奋作用的药物。选项ABCD符合题意。

【考点】法洛四联症的围术期管理

C. 15~30ml/kg 晶体液

D. 给予 0.5mg/kg 艾司洛尔减慢心率,5~10μg/kg 去氧肾上腺素

E. 给予少量肾上腺素提高血压

F. 给予麻黄素提高血压

（薛庆华　王 蓉　段 欣）

第三十八章　小儿手术麻醉

1.【答案】A

【解析】成人择期手术前禁食8小时,禁饮4小时;小儿禁食:母乳4小时,配方奶6小时,其他食物6~8小时;禁水2~4小时。应激情况下胃排空延迟。A选项符合题意。

【考点】麻醉前准备

2.【答案】A

【解析】安全、生命体征平稳、适当的麻醉深度控制是麻醉诱导的基本原则。A选项不正确。

【考点】麻醉诱导阶段的原则

3.【答案】E

【解析】成人呼吸道最狭窄处位于声门,相当于C_3~C_4水平,儿童呼吸道最狭窄处位于声门下,相当于C_5~C_6水平。E选项不正确。

【考点】儿童气道狭窄处与成人有所不同

4.【答案】C

【解析】氯胺酮与其他全身麻醉药物的药理作用有所不同,可以引起血压升高、心率加快,并增加颅内压。C选项不正确。

【考点】儿童常用麻醉药物的药理特点

5.【答案】D

【解析】发绀型心脏病的病生理改变为右向左分流,因此任何引起左心室压力降低、右心室压力升高的因素都可能造成分流加重,进而引起缺氧加重。D选项正确。

【考点】发绀型心脏病的解剖及病生理特点

【A1 型题】

1. 有关麻醉前禁食禁饮哪项**不正确**
   - A. 在应激情况下胃排空加速
   - B. 成人择期手术前禁食8小时,禁水2小时
   - C. 小儿禁食4~8小时,禁水2小时
   - D. 急症患者病情紧急时,不能等待禁食,应立即手术
   - E. 饱胃患者必须立即手术时,应采取避免呕吐误吸的措施

2. 预防气管内插管所致的高血压,以下措施哪项**错误**
   - A. 麻醉越深越好
   - B. 置喉镜前静脉注射适量的芬太尼
   - C. 置喉镜前静脉注射适量的利多卡因
   - D. 充分表面麻醉
   - E. 置喉镜前静脉注射适量的艾司洛尔

3. 下列哪项**不是**小儿呼吸系统的特点
   - A. 气道阻力及肺阻力均大于成人
   - B. 新生儿气管分叉角度两侧基本相同
   - C. 胸廓顺应性相对高
   - D. 喉头黏膜下组织疏松,易发生水肿
   - E. 呼吸道最狭窄处在声门

4. 下列哪项**不是**氯胺酮的作用
   - A. 扩张支气管
   - B. 血压升高、心率增快
   - C. 降低颅内压
   - D. 增加眼压
   - E. 唾液分泌增加

5. 发绀型心脏病手术中出现缺氧发作的主要原因是
   - A. 心衰加重
   - B. 通气不足

C. 支气管痉挛

D. 右室流出道痉挛或外周血管阻力降低

E. 外周血管阻力过高

6. 下列哪项是发绀型先天性心脏病

    A. 动脉导管未闭　　　　　　B. 室间隔缺损

    C. 法洛四联症　　　　　　　D. 完全性房室通道

    E. 房间隔缺损

6. 【答案】C

  【解析】法洛四联症包括肺动脉狭窄、主动脉骑跨、室间隔缺损和右心室肥大四项解剖异常，为右向左分流型先天性心脏病。C选项正确。

  【考点】儿童常见先天性心脏病

7. 新生儿脊髓中止于

    A. T_{12} 椎体下缘　　　　　　B. L_1 椎体下缘

    C. L_2 椎体下缘　　　　　　　D. L_3 椎体下缘

    E. L_4 椎体下缘

7. 【答案】D

  【解析】新生儿脊髓终止于 L_3 椎体下缘，随后脊柱生长快于脊髓，到成人阶段脊髓终止于 L_1 椎体下缘或 L_2 椎体上缘。C选项正确。

  【考点】儿童脊髓解剖特点

8. 下列哪项不是儿童全身麻醉术中心率增快的常见原因

    A. 麻醉深度过浅

    B. 手术操作刺激较强

    C. 过度通气

    D. 体温升高

    E. 循环容量不足

8. 【答案】C

  【考点】全身麻醉术中管理

9. 1岁患儿，体重12kg，全身血容量约为

    A. 1 000ml　　　　B. 950ml　　　　C. 850ml

    D. 750　　　　　　E. 650

9. 【答案】B

  【解析】新生儿、婴幼儿及年长儿血容量估算方法分别为：85~90ml/kg，80ml/kg，70ml/kg。

  【考点】儿童血容量的估算

10. 麻醉前用药的基本原则下列叙述正确的是

    A. 小儿宜用麻醉性镇痛药于手术前缓解疼痛

    B. 小儿术前抗胆碱药宜首选东莨菪碱

    C. 婴幼儿代谢率高镇静药相对大

    D. 小儿腺体分泌旺盛，术前抗胆碱药量可偏大

    E. 小儿行椎管内麻醉者一般不用抗胆碱药

10. 【答案】D

  【解析】小儿对麻醉性镇痛药和镇静药物的个体反应差异较大，需儿童麻醉医师或监护条件下谨慎使用。小儿腺体分泌旺盛，全身麻醉或局部麻醉时都应使用抗胆碱药物。

  【考点】儿童麻醉前用药

11. 有关腰麻下列叙述哪项错误

    A. 穿刺部位在脊髓终止以下部位

    B. 小儿脊髓终止位置较低，新生儿在 L_3 下缘

    C. 成人脊髓终止在 L_1 椎体下缘或 L_2 椎体上缘

    D. 成人穿刺位置可在 L_2~L_3 以下

    E. L_3~L_4 穿刺可避免损伤脊髓和马尾

11. 【答案】E

  【解析】L_3~L_4 水平脊髓终止，但不能避免损伤马尾。

  【考点】不同年龄患者脊髓终止位置的差异

12. 婴幼儿常见单肺通气方法中不包括

    A. 双腔气管插管

    B. 一侧主支气管插管

12. 【答案】A

  【解析】婴幼儿气管内径小，不适于双腔气管插管行单肺通气管理。

  【考点】小年龄患儿单肺通气管理方法

C. 普通气管导管 +univent 导管

D. 支气管封堵器

E. 手术操作或注气压迫一侧肺脏

13.【答案】B
【解析】儿童心脏原发疾病引起的麻醉意外少见,呼吸道和输液通路是麻醉管理的要点。
【考点】儿童麻醉管理要点

13. 儿童麻醉管理中占首要地位的是
A. 神经系统的监测　　　　B. 呼吸系统的管理
C. 电解质的监测　　　　　D. 循环系统的管理
E. 体液平衡的管理

14.【答案】C
【解析】儿童喉头最狭窄部位位于声门下,环状软骨处,相当于C_5~C_6水平。
【考点】儿童喉部解剖特点

14. 婴幼儿喉头最狭窄的部位是
A. 声门裂处　　　　　　B. 喉咽部
C. 环状软骨水平　　　　D. 甲状软骨水平
E. C_1~C_2 水平

15.【答案】A
【考点】儿童全身麻醉术中管理

15. 下列哪项不是儿童全身麻醉术中血压下降的常见原因
A. 心功能不全　　　　　B. 麻醉过深
C. 循环容量不足　　　　D. 失血量多
E. 手术操作

16.【答案】A
【解析】儿童术中正常尿量应不少于 0.5~1ml/(kg·h)。
【考点】儿童麻醉术中管理

16. 儿童术中正常尿量应不低于
A. 0.5~1ml/(kg·h)　　　B. 1~2ml/(kg·h)
C. 2~3ml/(kg·h)　　　　D. 4~5ml/(kg·h)
E. 6~8ml/(kg·h)

17.【答案】B
【考点】体温对代谢的影响

17. 体温每升高 1℃,基础代谢率如何变化
A. 增加 5%　　　B. 增加 10%　　　C. 增加 15%
D. 降低 5%　　　E. 降低 10%

18.【答案】A
【考点】儿童全身麻醉恢复期管理

18. 儿童全身麻醉苏醒时,呼吸道梗阻最常见的原因是
A. 舌后坠
B. 喉痉挛
C. 支气管痉挛
D. 咽喉部分泌物积蓄
E. 气管导管阻塞

19.【答案】D
【解析】5 岁前,气管最狭窄处位于环状软骨处,D 不正确。
【考点】儿童呼吸及循环解剖、生理特点

19. 下列哪项不是儿童麻醉相关的解剖及生理特点
A. 新生儿头大、舌体大,喉头位置较高
B. 新生儿胸廓小,肋骨呈水平位,呼吸时主要靠膈肌活动通气
C. 左心室顺应性差,每搏量受限,心排出量明显依赖于心率
D. 5 岁前,气管最狭窄处位于甲状软骨
E. 与成人相比,婴幼儿功能残气量低

20. 下列哪个部位**不适合**放置探头监测婴幼儿经皮血氧饱和度
    A. 手腕屈侧   B. 手掌鱼际
    C. 耳垂   D. 手指或脚趾甲床处
    E. 脚踝胫侧

21. 下列哪种药物最适合用于法洛四联症患儿的麻醉诱导
    A. 丙泊酚   B. 硫喷妥钠   C. 氯胺酮
    D. 咪达唑仑   E. 七氟烷

22. 儿童常用的血管活性药物**不包括**
    A. 多巴胺   B. 米力农
    C. 去氧肾上腺素   D. 肾上腺素
    E. 去甲肾上腺素

23. 下列有关新生儿的说法哪种**不正确**
    A. 出生几天内的新生儿宜采用直喉镜片行气管插管
    B. 化学感受器对缺氧的反应十分敏感
    C. 心脏代偿能力有限,液体输注应精确计算
    D. 体温调节能力差,容易受环境的影响而使体温发生变化
    E. 出生后 7 天内不宜输入含钾液

24. 婴儿隆凸大致位于
    A. 第六颈椎处   B. 第七颈椎处
    C. 第一胸椎处   D. 第二胸椎处
    E. 第三胸椎处

25. 先天性肥厚性幽门狭窄最易出现的酸碱平衡紊乱为
    A. 呼吸性酸中毒
    B. 代谢性酸中毒
    C. 呼吸性碱中毒
    D. 代谢性酸中毒合并呼吸性碱中毒
    E. 低氯性碱中毒

26. 儿童正常中心静脉压范围是
    A. $3\sim6cmH_2O$ B. $5\sim8cmH_2O$
    C. $7\sim10cmH_2O$ D. $6\sim12cmH_2O$
    E. $8\sim14cmH_2O$

27. 哮喘患儿**不宜**应用
    A. 异丙托溴铵   B. 布地奈德
    C. 肾上腺素   D. 沙丁胺醇
    E. 硫喷妥钠

20.【答案】E
【考点】血氧饱和度的监测

21.【答案】C
【解析】法洛四联症为右向左分流型先天性心脏病,麻醉诱导时应避免体、肺循环压力差进一步降低,而出现缺氧发作;氯胺酮可升高体循环压力,而其他四种药物都不同程度降低体循环压力。答案 C 正确。
【考点】发绀型先天性心脏病麻醉诱导原则

22.【答案】C
【解析】去氧肾上腺素缩血管的作用可以反射性地明显减慢心率,使儿童心脏舒张期末容积增加,心脏胀满,影响射血;因此非必须的情况下,尽量避免应用明显减慢心率的血管活性药物。
【考点】儿童血管活性药物的使用

23.【答案】B
【解析】新生儿呼吸系统发育不完善,化学感受器对缺氧的敏感性反应较差。
【考点】新生儿生理、解剖特点

24.【答案】D
【考点】婴儿呼吸系统解剖

25.【答案】E
【解析】先天性肥厚性幽门狭窄常见症状为呕吐,患儿常有低氯、低钠血症,细胞外氯离子降低时,细胞内碳酸氢根进入细胞外液进行补充,从而形成低氯性碱中毒。
【考点】婴儿常见疾病的病生理表现

26.【答案】D
【考点】儿童中心静脉压正常值

27.【答案】E
【考点】哮喘患儿用药管理

28.【答案】E

【解析】新生儿麻醉过程中应维持体温在安全范围内,体温过低可出现心率明显减慢,且在给予阿托品后无明显效果;一些手术操作(如牵拉眼肌引起的眼心反射)可使心率明显减慢;血容量不足时,儿童心率会增加,E选项不正确。

【考点】儿童全身麻醉术中管理

29.【答案】E

【解析】新生儿出生后都存在不同程度的血液浓缩,表现为Hb明显升高,Hb低于120g/L即为严重贫血,生理性贫血多见于年龄8个月至1岁添加辅食后的婴儿。

【考点】儿童麻醉术前访视内容

30.【答案】B

【解析】由于儿童自身较大的个体差异,静脉使用镇静药物或全身麻醉辅助药物存在一定风险,不宜应用。

【考点】儿童术前用药原则

31.【答案】A

【解析】全身麻醉苏醒期麻醉由深转浅,此时吸引口咽部分泌物的操作可能诱发喉痉挛,不宜作为首选的处理方法。

【考点】儿童全身麻醉苏醒期管理

32.【答案】E

【考点】儿童麻醉术前评估

33.【答案】C

【考点】儿童麻醉术后苏醒管理

1.【答案】A

【解析】正常发育情况下,儿童气管插管型号(I.D)的计算公式为4+年龄/4,并且因为同年龄儿童的个体发育差异较大,应再准备相邻型号的气管插管各一根。

【考点】儿童气管插管型号的选择

---

28. 全身麻醉中,下列哪项**不是**患儿心率减慢的原因
    A. 新生儿体温过低　　　B. 手术操作引起
    C. 药物的作用　　　　　D. 麻醉过深
    E. 血容量不足

29. 儿童麻醉术前访视内容**不正确**的是
    A. 一般情况
    B. 术前化验检查结果
    C. 既往手术史、药物食物过敏史
    D. 近期有无上呼吸道感染病史
    E. 对于行择期手术的新生儿来说,可以接受 Hb100g/L 左右的生理性贫血

30. 儿童术前用药的常见方式**不包括**
    A. 口服　　　　　B. 静脉　　　　　C. 肌内注射
    D. 滴鼻　　　　　E. 直肠

31. 儿童全身麻醉苏醒期出现舌后坠,**非首选**的处理方法是
    A. 行口咽部吸引减少分泌物
    B. 头转向一侧
    C. 侧卧位
    D. 颈部后仰
    E. 严密监测

32. 下列哪种情况**不会**增加儿童术前的体液丢失
    A. 发热
    B. 清洁洗肠
    C. 呕吐、腹泻
    D. 脐膨出或腹壁裂患儿
    E. 术前导尿

33. 下列哪项**不是**早产儿全身麻醉术后苏醒延迟的常见原因
    A. 镇静药物代谢缓慢
    B. 肾脏排泄功能不完善
    C. 低蛋白血症
    D. 体温低
    E. 阿片类药物加重了呼吸暂停

【A2 型题】

1. 男性患儿,5 岁,体重 20kg,拟气管插管全身麻醉下行腺样体刮除、扁桃体切除术,有关气管插管型号的准备下列哪项正确

A. I.D 4.5、I.D 5.0、I.D 5.5

B. O.D 4.5、O.D 5.0、O.D 5.5

C. O.D 4.0、O.D 4.5、O.D 5.0

D. I.D 4.0、I.D 4.5、I.D 5.0

E. I.D 5.0、I.D 5.5、I.D 6.0

2. 男性患儿,1 岁 5 个月,体重 12kg,拟喉罩全身麻醉下行睾丸下降固定术,应选择哪种型号的喉罩

A. 1.0   B. 1.5   C. 2.0

D. 2.5   E. 3.0

3. 女性患儿,5 个月,母乳喂养,拟全身麻醉下行择期手术,术前禁食时间为

A. 2 小时   B. 4 小时   C. 6 小时

D. 8 小时   E. 10 小时

4. 男性患儿,6 岁,23kg,拟气管插管全身麻醉下行腰段脊柱侧弯后路矫形内固定术,俯卧位头偏向一侧,气管插管深度应为

A. 距门齿 10cm   B. 距门齿 12cm

C. 距门齿 14cm   D. 距门齿 16cm

E. 距门齿 18cm

5. 男性患儿,8 个月,9kg,因"肠梗阻"急诊行剖腹探查术,适合的麻醉方式为

A. 基础麻醉   B. 喉罩全身麻醉

C. 气管插管全身麻醉   D. 骶管阻滞麻醉

E. 硬膜外阻滞麻醉

6. 女性患儿,3 岁,15kg,手术当日凌晨 2 点开始禁食水,于病房输抗生素 100ml 后 9 点入手术室,此患儿术前累积丢失量为

A. 50ml   B. 100ml   C. 150ml

D. 200ml   E. 250ml

7. 女性患儿,10 岁,因"间歇性外斜视"全身麻醉下行"斜视矫正术",术中牵拉眼肌时心率由 85 次 /min 骤降至 55 次 /min,应予何种处理

A. 继续观察

B. 阿托品静脉注射

C. 肾上腺素静脉注射

D. 立即开始心肺复苏

E. 减浅麻醉

2.【答案】C
【解析】2.0 喉罩适用的体重范围是 10~20kg。
【考点】儿童喉罩型号的选择

3.【答案】B
【解析】婴儿择期手术术前禁食标准为:母乳 4 小时,配方奶 6 小时。
【考点】婴儿术前禁食标准

4.【答案】D
【解析】仰卧位气管插管深度(距门齿)计算公式为 12+ 年龄 /2,俯卧位偏向一侧后插管末端位置会变浅,应适当增加插管深度。
【考点】不同手术体位时儿童气管插管深度的计算

5.【答案】C
【解析】肠梗阻患儿由于消化道梗阻和应激原因,胃排空明显延长,为避免反流误吸风险,应选用气管插管全身麻醉的方法。
【考点】急诊手术麻醉管理

6.【答案】E
【解析】累积丢失量为每小时生理需要量 × 禁食时间(h) – 补液量,儿童生理需要量计算遵循 4-2-1 原则,即第一个 10kg 内,4ml/kg、第二个 10kg 内,2ml/kg、剩余体重 1ml/kg。本患儿生理需要量为 10×4+5×2=50(ml),计算出的累积丢失量为 50×7–100=250(ml)。
【考点】儿童补液的计算

7.【答案】B
【解析】眼科手术牵拉眼肌时易发生迷走神经介导的眼心反射,应予阿托品处理。
【考点】儿童眼科手术麻醉管理

8.【答案】A
【解析】先天性肥厚性幽门狭窄患儿术前常有低氯、低钠血症,宜输入含有氯化钠的液体。
【考点】婴儿常见疾病病理特点

9.【答案】D
【解析】儿童机械通气潮气量计算公式:10×体重(kg)。
【考点】儿童机械通气管理

10.【答案】B
【解析】早产儿不能使用纯氧吸入治疗,避免早产儿视网膜病变(ROP)。
【考点】早产儿麻醉管理

11.【答案】E
【解析】放置开口器后氧饱和度逐渐下降,常见原因包括气管导管受压、打折、导管进入过深出现单肺通气等。
【考点】口腔科麻醉管理

12.【答案】E
【解析】患儿俯卧位手术,不宜选用喉罩方法。静脉诱导后患儿可能出现气道完全梗阻通气困难的情况,采用吸入诱导的方法可在一定程度上保留自主呼吸,是最安全的麻醉方法。
【考点】儿童困难气道麻醉管理

13.【答案】B
【解析】考虑患儿出现过敏性休克可能,应使用肾上腺素治疗。
【考点】过敏性休克的处理

---

8. 男性患儿,2个月,因呕吐频繁诊断为"先天性肥厚性幽门狭窄",择期行"腹腔镜幽门环肌切开术",术前最适宜补充哪种液体
A. 生理盐水 　　　　　　B. 5% 葡萄糖溶液
C. 胶体液 　　　　　　　D. 10% 葡萄糖溶液
E. 复方乳酸钠山梨醇

9. 女性患儿,1岁,10kg,气管插管全身麻醉下行机械通气的潮气量应设定为
A. 70ml 　　　　　B. 80ml 　　　　　C. 90ml
D. 100ml 　　　　E. 110ml

10. 男性患儿,1天,孕34周早产,体重2.7kg,因"坏死性小肠结肠炎"急诊行剖腹探查术,下列哪项处理**不正确**
A. 采用气管插管全身麻醉方法
B. 吸入氧浓度100%
C. 监测体温
D. 使用暖风机保温
E. 输液泵控制液体输入速度

11. 男性患儿,9个月,气管插管全身麻醉下行唇裂修复术,放置开口器后,经皮氧饱和度逐渐下降至90%,下列处理方法哪种**不恰当**
A. 检查监护仪氧饱和度波形是否正常
B. 检查探头是否松动
C. 听诊双肺呼吸音
D. 检查麻醉机各项参数是否出现异常
E. 停用麻醉药物

12. 男性患儿,2岁,体重14kg,拟择期行"脊膜膨出修补术",术前访视见患儿颌面部发育异常,下颌短小,耳位低,患儿平时睡眠打鼾严重。麻醉诱导应采取何种方法
A. 静脉快速诱导气管插管
B. 基础麻醉 + 骶管阻滞
C. 基础麻醉 + 硬膜外阻滞
D. 喉罩全身麻醉
E. 吸入诱导 + 纤维支气管镜引导气管插管全身麻醉

13. 女性患儿,10岁,择期行"颅内肿瘤切除术",术中输入新鲜冰冻血浆时患儿出现血压下降,气道压升高及全身大片状斑丘疹,应给予何种药物治疗
A. 阿托品 　　　　　　B. 肾上腺素

C. 去甲肾上腺素　　　　D. 异丙肾上腺素上腺素

E. 去氧肾上腺素

14. 女性患儿,3岁,拟择期行"右疝囊高位结扎术",术前1周出现上呼吸道感染,生化检查 CK 升高,心电图提示:Ⅱ度二型房室传导阻滞,下列哪种处理方法正确

A. 暂缓手术,心内科就诊

B. 气管插管全身麻醉下手术治疗

C. 喉罩全身麻醉下手术治疗

D. 进一步行 holter 检查

E. 复查生化

14.【答案】A
　　【解析】患儿上呼吸道感染后出现心肌酶升高,心电图异常,不除外病毒性心肌炎可能,应暂缓择期手术。
　　【考点】儿童麻醉术前评估

15. 男性患儿,1岁,急诊行"阑尾切除术",入院前3天诊为"气管炎"。术毕拔出气管插管后患儿出现呛咳,随后屏气,面罩加压给氧通气困难,患儿口唇出现青紫,氧饱和度持续下降,首选的处理方法为

A. 丙泊酚静脉注射

B. 继续加压给氧

C. 立即置入喉罩

D. 立即行气管插管

E. 立即行环甲膜穿刺

15.【答案】A
　　【解析】上述情况首先考虑上呼吸道感染引起的喉痉挛。首先应适当加深麻醉,消除患儿抵抗,保证通气。在患儿麻醉转浅时直接尝试喉罩置入或气管插管操作都较为困难。
　　【考点】儿童麻醉苏醒期管理

【A3/A4 型题】

(1~3 题共用题干)

男性患儿,4岁,体重19kg,因"结肠息肉"拟择期行"纤维结肠镜检查息肉摘除术"。患儿于下午2点入手术室,喉罩全身麻醉。手术开始后患儿心率140~150次/min,血压70/37mmHg。

1. 目前的处理方法是

A. 继续观察,暂无处理

B. 加深麻醉

C. 加快输液速度

D. 嘱手术医师暂停操作

E. 输入悬浮红细胞

1.【答案】C
　　【解析】患儿下午入手术室,术前禁食时间较长,且结肠镜检查前洗肠操作可导致体液的进一步丢失,麻醉诱导后血管扩张,这些因素都导致有效循环容量减少,出现血压低、心率快的现象。
　　【考点】儿童喉罩麻醉术中管理

2. 肠镜经过结肠肝曲时,喉罩出现漏气音,气道压力升高,应采取的处理方法是

A. 继续观察,暂无处理

B. 加深麻醉

C. 拔出喉罩,换用气管插管

D. 嘱手术医师暂停操作

E. 高压力手控通气

2.【答案】B
　　【解析】肠镜经过肝曲时刺激较强,麻醉相对浅时喉罩可出现对位不良、漏气的情况。
　　【考点】儿童喉罩麻醉术中管理

3.【答案】E

　　【考点】儿童喉罩麻醉术中管理

3. 检查结束,患儿自主呼吸恢复,频率 16 次 /min,潮气量 140ml,经皮氧饱和度 99%,应采取的处理方法是
    A. 保留喉罩,继续观察
    B. 继续机械通气
    C. 丙泊酚 20mg 静脉缓慢注射
    D. 拔出喉罩,换用气管插管
    E. 拔出喉罩,转入恢复室观察

【案例分析题】

案例　男性患儿,3 个月,体重 6kg,因"脊髓脊膜膨出"拟择期行"脊膜膨出切除术"。术前检查 APTT 45 秒;ECG:窦性心动过速,心率 135~145 次 /min;胸部 X 线:靴形心。

提问 1:目前最应该进行哪种检查
    A. 复查凝血功能
    B. 复查 ECG
    C. UCG 检查
    D. 胸部 CT 检查
    E. 心肌酶谱检查
    F. 心脏听诊

提问 1:【答案】ACF

　　【解析】靴形心为法洛四联症的典型胸部 X 线表现,应查 UCG 明确先天性心脏病诊断。

　　【考点】儿童常见先天性心脏病临床特征

提问 2:若患儿未做其他检查,择期俯卧位气管插管全身麻醉下手术,手术开始约 30 分钟后患儿氧饱和度及心率均快速下降,如何判断
    A. 手术操作引起
    B. 法洛四联症缺氧发作
    C. 心力衰竭
    D. 呼吸功能衰竭
    E. 过敏性休克
    F. 麻醉过深

提问 2:【答案】B

　　【解析】法洛四联症患儿全身麻醉时体循环压力减低,可引起心脏水平右向左分流量增加,且俯卧位手术体位压迫心脏。

　　【考点】法洛四联症心脏病病理特点

提问 3:如题 2 所述情况下,作为麻醉医生应如何处理
    A. 嘱手术医师立即停止手术
    B. 切口覆盖无菌敷料,将患儿变为仰卧位
    C. 肾上腺素 0.1mg 静脉注射
    D. 心外按压
    E. 加深麻醉
    F. 血气分析

提问 3:【答案】ABCDF

　　【考点】儿童麻醉术中心脏不良事件的处理

（蔡晶晶　王　芳　李立晶）

第三十九章　眼科手术麻醉

【A1 型题】

1. 关于眼心反射的反射弧,下列说法正确的是
   A. 传入神经为迷走神经心支
   B. 传入神经为睫长神经、睫短神经至三叉神经眼支
   C. 传出神经为交感神经
   D. 传出神经为动眼神经的副交感纤维
   E. 传入神经为动眼神经的副交感纤维

2. 关于眼心反射,下列说法正确的是
   A. 老年人较儿童常见
   B. 牵拉外直肌时最易发生
   C. 局部麻醉比全身麻醉更容易发生
   D. 发生时,首选暂停眼科操作
   E. 轻度二氧化碳蓄积可以减少眼心反射

3. 眼科手术中牵拉眼肌或压迫眼球可诱发心律失常,其中比较少见的心律失常是
   A. 心动过缓
   B. 房颤
   C. 心脏停搏
   D. 房室传导阻滞
   E. 期前收缩

4. 下列哪种疾病可能与小儿斜视有关
   A. 小儿麻痹症
   B. 脑肿瘤
   C. 恶性高热
   D. 青光眼
   E. 先天性心脏病

5. 眼球破裂患者手术中禁止使用下列哪种麻醉药物
   A. 依托咪酯
   B. 笑气
   C. 琥珀胆碱
   D. 咪达唑仑
   E. 阿曲库铵

1.【答案】B
　【解析】此题主要考查眼心反射的反射弧,完整的反射弧为眼球受压、眼肌受牵拉 - 睫长神经、睫短神经 - 睫状神经节和半月神经节 - 三叉神经眼支传入 - 三叉神经感觉主核 - 迷走神经运动核 - 迷走神经心支传出 - 心动过缓、心律失常甚至心脏停搏。
　【考点】眼心反射的反射弧

2.【答案】D
　【解析】眼心反射在儿童比老人更常见,全身麻醉比局部麻醉更容易发生,牵拉眼肌(尤其是内直肌)或压迫眼球常诱发眼心反射,暂停操作常可恢复,静脉注射阿托品对预防和治疗眼心反射有一定作用。
　【考点】眼心反射

3.【答案】B
　【解析】眼心反射常由牵拉眼肌或压迫眼球诱发,常引起窦性心动过缓、房室传导阻滞,甚至心脏停搏,暂停操作常可恢复,必要时可给予阿托品。
　【考点】眼心反射的表现

4.【答案】C
　【解析】恶性高热多见于斜视,脊柱侧弯等先天性疾病患者,死亡率高,围术期要警惕。
　【考点】恶性高热的易患人群

5.【答案】C
　【解析】琥珀胆碱可以增加眼压。眼球破裂患者使用琥珀胆碱可能导致眼内容物脱出,应避免使用。
　【考点】麻醉常用药物对眼压的影响

6.【答案】D

【解析】当压迫眼球或牵拉眼外肌时可能出现眼心反射,表现为心动过缓、心律失常,甚至心脏停搏。发现后首先告知眼科医师暂停操作,必要时可以给予阿托品或格隆溴铵。操作轻柔,预防性给予药物以及麻醉维持一定深度均有利于减少眼心反射发生。

【考点】眼心反射的处理

7.【答案】B

【解析】眼压的正常值为10~21mmHg,眼压的升高干扰眼内供血和角膜代谢。静脉压比动脉血压对眼压影响大,过度通气可以降低眼压。

【考点】眼压

8.【答案】D

【解析】非去极化肌松药松弛眼外肌可以降低眼压。散瞳药可使闭角型青光眼患者眼压升高,二氧化碳蓄积,呛咳屏气等导致颅内压升高的情况均升高眼压。

【考点】眼压的影响因素

9.【答案】D

【考点】眼科手术麻醉方法的选择

10.【答案】A

【解析】笑气弥散快,可以使惰性气体的气泡容积快速增加,从而增加眼压。术毕停用后又使气泡容积和眼压快速下降。这种快速变化直接影响手术效果。注气前20分钟内及注气后4周内应该避免使用笑气。

【考点】笑气应用于眼底手术时的注意事项

1.【答案】E

【解析】小儿开放静脉困难,适合吸入诱导。七氟烷具有特殊的芳香气味,对气道无刺激。诱导快,适合用于眼科短小手术的吸入诱导和维持,术中可保留自主呼吸,术后苏醒迅速。手术时间短小,刺激不强,术中可不用肌松剂。丙泊酚静脉麻醉可能产生呼吸抑制,很难维持足够的通气量,应注意辅助通气。氯胺酮可用于短小眼科手术麻醉,但由于分泌物多、容易术后恶心呕吐等特性,应同时使用阿托品及抗恶心呕吐药物。异氟烷吸入诱导时间长,较七氟烷副作用明显,不宜吸入诱导。

【考点】婴儿眼科短小手术的麻醉选择

---

6. 眼科术中出现眼心反射,首先应该
   A. 给予阿托品或格隆溴铵
   B. 保持气道通畅,维持呼吸循环
   C. 加深麻醉
   D. 与眼科医师沟通,暂停手术操作
   E. 给予球后神经阻滞

7. 关于眼压,正确的是
   A. 正常值为 10~21cmH$_2$O
   B. 正常值为 10~21mmHg
   C. 眼压急性升高对眼睛危害大,缓慢升高危害不大
   D. 动脉血压比静脉压对眼压影响大
   E. 过度通气可以造成眼压增高

8. 以下因素中与眼压升高**无关**的是
   A. 使用散瞳药   B. 颅内压升高
   C. 患者呛咳,呕吐   D. 应用非去极化肌松药
   E. 上呼吸道梗阻

9. 可以选用结膜囊内表面麻醉的手术是
   A. 斜视手术   B. 玻璃体手术
   C. 眼球摘除手术   D. 白内障手术
   E. 眶壁骨折整复手术

10. 关于使用惰性气体的玻璃体视网膜联合手术,下列说法正确的是
    A. 注入惰性气体前20分钟停用笑气
    B. 注入惰性气体后20分钟可以使用笑气
    C. 任何阶段都不能使用笑气
    D. 注入惰性气体后20分钟停用笑气
    E. 只能采用静脉麻醉,不能采用吸入麻醉

【A2 型题】

1. 患儿 8 个月,男性,9kg,头胎顺产,发育正常。诊为"先天性白内障"。拟行"超声乳化＋前节玻璃体切割术"。全麻**不宜**采用哪种方式
   A. 氯胺酮静脉全麻
   B. 七氟烷吸入诱导,吸入维持
   C. 丙泊酚静脉诱导维持
   D. 七氟烷吸入诱导,丙泊酚静脉维持
   E. 异氟烷吸入诱导,吸入维持

2. 患儿 2.5 岁,18kg,男性,自幼斜颈,曾行斜颈矫正术,但术后改善不明显,之后发现右眼斜视,拟行全麻下斜视矫正术,围术期管理描述**错误**的是

   A. 手术中牵拉眼外肌,容易发生眼心反射(OCR)

   B. 易发生眼胃发射,可能导致术后恶心呕吐

   C. 患儿有恶性高热风险,应询问家族史,术中加强监测

   D. 七氟烷吸入麻醉较氯胺酮麻醉更容易发生 OCR

   E. OCR 是牵拉眼外肌时,出现心率减慢反应

2.【答案】D

【解析】斜视手术的特点是术中在牵拉眼外肌时容易发生眼心反射,眼胃反射,术后恶心呕吐的发生率高。而且斜视的患儿可能并存有其他肌肉相关的疾病,有恶性高热风险。麻醉方式上,氯胺酮虽然简单易行,但麻醉深度不足,术中 OCR 发生率高,术后恶心呕吐更为多见。

【考点】斜视手术麻醉管理

3. 患儿 3 岁,女性,16kg,因左眼斜视,拟行斜视矫正术,在牵拉内直肌时,心电监护显示心率从 120 次 /min 减慢至 70 次 /min,并出现室性期前收缩,此时应做的首要处理是

   A. 加深麻醉

   B. 静脉给予阿托品

   C. 立即暂停手术

   D. 不用处理,可以自然缓解

   E. 加深麻醉同时给予阿托品

3.【答案】C

【解析】斜视手术有较高的眼心反射发生率,处理原则以上都是,在较严重的 OCR 发生时,首先要做的是立即停止手术,阻断反射弧,消除对传入神经的刺激,是最有效的消除 OCR 的方式。

【考点】眼心反射的处理原则

4. 患者男性,67 岁,78kg,因右眼闭角型青光眼,拟全麻下行小梁切除术。患者全麻选择用药哪种是**不恰当**的

   A. 丙泊酚

   B. 瑞芬太尼

   C. 氯化琥珀胆碱

   D. 罗库溴铵

   E. 咪达唑仑

4.【答案】C

【解析】青光眼患者围术期最主要的是维持 IOP 的稳定,在麻醉药中,升高 IOP 的有两种药物:氯胺酮和氯化琥珀胆碱。在进行青光眼手术中要尽可能避免使用这两种药物,同时也要注意避免增加 IOP 的一些操作:如气管插管、屏气、呛咳、缺氧和二氧化碳蓄积。

【考点】药物对 IOP 的影响

5. 患儿 8 岁,男性,30kg,身高 160cm,瘦长体型,手指、脚趾细长。日常活动及体育活动不受限。诊为双眼晶体半脱位,马方综合征,拟行全麻下晶体复位术。下列哪项术前检查对该患儿最有用

   A. 心电图   B. 超声心动图

   C. 胸片   D. 心肌核素扫描

   E. 心肌酶检查

5.【答案】B

【解析】眼科患者常伴有先天性或遗传性疾病,马方综合征是累及结缔组织的一种常染色体遗传病,具有家族史,常累及眼、骨骼和心脏。术前访视应了解心脏受累情况及心功能,以决定麻醉方式及注意事项。

【考点】马方综合征患者术前评估

6. 患者男性,50 岁,65kg,因右眼视物模糊 1 个月,诊为"视网膜脱离",拟行全麻下"玻璃体切割术 + 硅油填充术",在注入惰性气体 SF6 前,麻醉方式需要如何调整

   A. 停止吸入氧化亚氮 10 分钟

   B. 停止吸入七氟烷 10 分钟

   C. 停止吸入氧化亚氮 20 分钟

   D. 停止吸入七氟烷 20 分钟

   E. 麻醉药物和方式不用调整

6.【答案】C

【解析】氧化亚氮的高弥散性,可以快速弥散到惰性气体中,使眼内注入的气泡体积和 IOP 明显增加,在停用氧化亚氮后气泡体积和 IOP 在 20 分钟左右又会明显降低,这种体积和 IOP 的变化,会直接影响手术效果。

【考点】氧化亚氮的高弥散性可能影响眼底注气手术的效果

7.【答案】C

【解析】开放性眼外伤,麻醉应注意的要点是:①考虑患者是否饱胃,进食水时间应以进食时间到受伤时间为准;②注意保持IOP稳定,避免增加IOP使眼内容物脱出;③饱胃患者可以采用快诱导的方式,同时压迫环甲膜,避免误吸;④饱胃患者不宜采用喉罩通气;⑤首先排除是否合并颅脑损伤,胸肺损伤和气道伤等危及生命的情况。

【考点】开放性眼外伤的麻醉处理原则

8.【答案】C

【解析】成年眼科手术患者,手术时间不长的,可采用MAC技术。进行局麻操作时,如将局麻药注入血管,可引起局麻药中毒。因局麻药直接进入颅内,所以会出现较为严重的反应。一旦发生应立即进行处理,控制抽搐,有效通气,以挽救生命。

【考点】眼科球后阻滞可能会发生严重局麻药中毒反应

9.【答案】B

【解析】眼科的MAC技术,术中应保留患者的意识,使患者安静配合,达到浅镇静状态,即OAA/S2~3级。MAC不是一项简单的技术,在术前访视和监护上应等同于全麻,MAC发生的并发症和索赔并不少见,因此并不是更简单和安全的方法。

【考点】MAC技术相关注意问题

10.【答案】B

【解析】眼科手术刺激较小,控制气道宜选择对血流动力学和IOP影响小的方式,LMA特别是可弯曲LMA适合用于眼科全麻手术。但急诊饱胃者禁忌使用。

【考点】眼科全麻的气道选择原则

7. 患者男性,30岁,87kg,早上进食后3小时被炮竹炸伤面部,昏迷10~20分钟,无恶心呕吐、头晕。颅脑CT,未见明显异常,考虑是"右眼破裂伤",拟行急诊"伤口探查,破裂伤修补术",受伤后8小时入院,伤后未进食水。关于麻醉诱导的注意事项,正确的是

A. 使用琥珀胆碱诱导有利于快速占领气道

B. 患者受伤后未再进食,应按空腹处理

C. 应首先判断患者是否同时存在颅脑损伤,胸肺损伤和气道伤

D. 已禁食水8小时,可常规诱导

E. 选择喉罩气道,可以避免增加眼压

8. 患者女性,40岁,65kg,因视网膜脱离,拟MAC下行"玻璃体切除、网膜复位术",入室,常规监测血压、血氧饱和度、心电图,BP 138/76mmHg,HR 88次/min,SpO_2 97%。咪达唑仑1mg,芬太尼0.05mg,术者行球后阻滞,注药结束,患者突发抽搐,意识消失,并逐渐出现呼吸暂停。考虑患者出现了

A. 癫痫

B. 恶性心律失常

C. 局麻药中毒

D. 镇静镇痛药的高敏反应

E. 脑血管意外

9. 男性患者,50岁,玻璃体积血3天,拟行玻璃体切割术,手术时间预计1小时。拟采用MAC技术,以减轻患者的紧张、焦虑和疼痛。关于MAC技术,不正确的是

A. 宜保持清醒或较浅的镇静状态

B. 眼科手术适宜的镇静深度是OAA/S4级,即深度镇静,以更好地配合手术

C. 除常规监测外,应进行意识水平的监测

D. 在手术进度的不同时刻,应调整不同的镇静深度

E. 术前评估及术中监测应等同于全麻

10. 男性,10岁,38kg,因角膜裂伤,急诊拟行全麻下"眼外伤探查,角膜裂伤缝合术"。术前已禁食水8小时。全麻气道选择原则是

A. 气管插管和喉罩对眼压的影响相似,均可选用

B. 喉罩在置入和拔出时影响IOP较小,适合选用

C. 气管插管和喉罩比较对IOP影响较小,适合选用

D. 喉罩用于眼科手术应首选经典喉罩

E. 喉罩可用于所有眼科急诊患者

11. 患儿 6 岁,22kg,1 天前左眼被剪刀刺伤,诊为"左眼角巩膜裂伤",拟全麻下行眼外伤清创缝合术。患儿入院时体温 37.5℃,少量流涕,干咳,听诊双肺呼吸音粗,胸片:肺纹理增粗,血象:白细胞稍高,中性粒细胞 80%。患儿已禁食水 10 小时,是否可行全麻,下列正确的是
A. 小儿有明确的上呼吸道感染,应暂停手术
B. 应经过短暂的抗感染治疗后再进行手术
C. 麻醉医师应综合评估局部情况和全身情况,并与眼科医师协商手术时机
D. 患儿发热可能是因为眼科外伤引起,因此必须立即手术
E. 选择气管插管较选择喉罩更为安全

11.【答案】C
【解析】小儿眼外伤合并呼吸道感染的非常多见,一方面小儿呼吸系统的发育不完善,容易发生上感,一方面可能是由于眼科炎症引起的。麻醉医师应综合评估,并与眼科医师商量决定手术时机。
【考点】眼外伤合并上感小儿的麻醉处理

12. 患者男性 25 岁,70kg,双眼化学烧伤 1 个月余,述咽痛、偶咳,无痰。拟全麻下行"右眼穿透性角膜移植术"。麻醉选择上,下列原则正确的是
A. 患者有上呼吸道感染体征,应推迟手术
B. 角膜移植属于限期手术,可适当放宽全麻的要求
C. 角膜移植手术要求的麻醉深度较浅,因此用不用肌松剂麻醉效果差别不大
D. 穿透性角膜移植疼痛刺激不大,可选择局部麻醉
E. 术中应维持 IOP 的稳定,在去除全层角膜组织时,应维持稍高的 IOP

12.【答案】B
【解析】穿透性角膜移植麻醉的注意点:限期手术,如非禁忌,尽可能安排手术。术中维持 IOP 稳定,特别是病变角膜全层开放时,一定要避免 IOP 的升高造成眼内容物的脱出。穿透性角膜移植需完全制动,应选择全身麻醉。
【考点】角膜移植手术麻醉的关注点

13. 患者男性,65 岁,78kg,糖尿病 20 年,胰岛素治疗,空腹血糖控制在 5~6mmol/L,高血压 15 年,口服硝苯地平缓释片,血压维持在 130/80mmHg 左右,因糖尿病视网膜病变入院,拟行全麻下"玻璃体切割,网膜复位术"。患者入室后述头晕,心悸,出汗,黑矇,首先考虑什么原因,应立即做什么检查
A. 低血压,测量血压
B. 高血压,测量血压
C. 低血糖,测量血糖
D. 高血糖,测量血糖
E. 过度紧张焦虑导致的交感反应亢进,镇静药试验性治疗

13.【答案】C
【解析】糖尿病视网膜病变患者常因手术前禁食水时间较长或术前血糖控制不稳定导致术前或术中的低血糖,因此对长期糖尿病特别是术前发生过低血糖的患者,应密切监测血糖的变化,如接台手术,应及时补充糖和胰岛素。对于到手术室时,禁食时间较长者,应先测量血糖值,以指导麻醉中的补液。
【考点】糖尿病视网膜病变患者的围术期麻醉注意事项

14. 患儿 2 岁,13kg,因"右眼先天性白内障",拟行"白内障超声乳化 + 前玻切术",患儿早 8 点饮水 150ml,未进食。中午 12 点抱入手术室,体温 37.2℃,无明显哭闹,困倦。在麻醉前首先应**排除**患儿有无哪种异常情况
A. 发热　　　　　　B. 上呼吸道感染
C. 低血糖　　　　　D. 饱胃
E. 下呼吸道感染

14.【答案】C
【解析】儿童患者,特别是较小患儿,接台手术的,术前禁食水时间较长,容易引起低血糖,导致患儿困倦、淡漠,如术前未发现,术中未及时补充,较长时间的低血糖可能会造成脑损伤,术后不醒等严重并发症,应引起足够重视。对于禁食水时间长的或有上述表现的患儿应及时监测血糖值。
【考点】儿童围术期低血糖问题

15.【答案】E

【解析】急诊患者的禁食水时间应以进食到受伤的时间为准,受创伤越严重,胃排空越延迟。

【考点】急诊患者的禁食水时间计算

15. 成年男性,38 岁,78kg,8 点进食早饭后 3 小时发生车祸,造成眼球破裂伤,鼻外伤,面部多发伤,短暂昏迷,无恶心呕吐,头晕头痛。入院后,常规检查无明显异常,因患者疼痛不能配合,拟 15 点行全麻下"眼外伤探查,清创缝合术"。麻醉会诊应注意

A. 患者单纯行眼科手术,适宜用喉罩维持气道

B. 患者无明显其他科症状,可排除复合伤的可能

C. 患者禁食水时间已满 8 小时,应按空腹处理

D. 选择喉罩和气管导管均可满足该患者的通气要求

E. 患者进食后短时间受伤,胃可能没有排空,应按饱胃处理

16.【答案】B

【解析】眼科手术中,经常出现眼心反射,斜视手术最为常见。了解眼心反射弧,传出神经是心脏的迷走分支,引起心率减慢或心律失常。氯胺酮麻醉较喉罩全麻的麻醉深度浅,更易发生眼心反射。

【考点】眼心反射相关问题

16. 患儿 4 岁,男性,18kg,在氯胺酮全麻下行"右眼斜视矫正术",在牵拉内直肌时,心率从 120 次 /min 降到 88 次 /min,考虑发生了眼心反射,立即停止手术牵拉,并给予阿托品后缓解,关于眼心反射,正确的是

A. 只在斜视手术中发生

B. 传入神经是睫状神经,传出神经是迷走神经

C. 传入神经是迷走神经,传出神经是睫状神经

D. 牵拉各条眼外肌引起眼心反射的概率相同

E. 氯胺酮全麻眼心反射的发生率低于喉罩全麻

【A3/A4 型题】单选题

(1~2 题共用题干)

男性患者,42 岁,体重 70kg。因眼外伤拟在全麻下行左眼内容剜出术。患者既往体健,入室血压 126/76mmHg,心率 76 次 /min。麻醉诱导插管过程顺利,术中吸入 Sev-N₂O-O₂,间断静脉注射维库溴铵维持麻醉。手术开始后 10 分钟,患者心率由 80 次 /min 突然降至 42 次 /min。

1.【答案】C

【解析】眼科术中,牵拉和压迫眼球时眼心反射的发生率很高。眼心反射可以使用阿托品预防,一旦发生眼心反射,首选的处理方式是先暂停手术,观察心率的变化。

【考点】眼心反射

1. 患者心率下降的原因最可能是

A. 心律失常

B. 麻醉深度过深

C. 眼心反射

D. 药物过敏反应

E. 循环缺氧,通气不足

2.【答案】A

【解析】眼心反射可以使用阿托品预防,一旦发生眼心反射,首选的处理方式是先暂停手术,观察心率的变化。

【考点】眼心反射的处理方法

2. 此时应首选以下何种处理措施

A. 暂时停止手术操作

B. 静脉给予阿托品 0.5mg

C. 减浅麻醉

D. 停止笑气供应,改为纯氧吸入,改善通气

E. 检查患者皮肤是否有皮疹

（3~4 题共用题干）

10 岁女孩,体重 33kg,拟全麻下行双眼斜视矫正术。全麻诱导、插管均顺利。眼科医师在手术开始时发现患儿眼压升高。

3. 此病例中**不可能**导致眼压升高的原因是
 A. 患儿诱导期间可能使用了肌松剂琥珀胆碱
 B. 麻醉诱导时静脉使用了氯胺酮
 C. 麻醉诱导后,气管插管时麻醉深度较浅
 D. 麻醉诱导时使用七氟烷吸入诱导
 E. 气管插管后通气不足

3.【答案】D
【解析】影响眼压的因素包括患者因素、手术因素以及麻醉药物和麻醉操作。
【考点】麻醉手术中影响眼压的因素

4. 眼压升高时**不正确**的处理方式是
 A. 加深麻醉,给予充分镇痛
 B. 暂时延缓手术,观察眼压的变化
 C. 充分供氧,防止通气不足和二氧化碳蓄积
 D. 使用氯胺酮加深麻醉
 E. 使用肌松药

4.【答案】D
【解析】出现眼压升高后,要逐项排除,全面分析,加深麻醉,终止导致眼压升高的因素。
【考点】麻醉手术中眼压升高的处理方法

（5~6 题共用题干）

患者女性,58 岁,体重 75kg,青光眼 10 年,近日眼胀痛明显。患者有高血压病史 4 年,入室血压 150/98mmHg,HR 80 次/min。拟在全身麻醉下手术治疗。

5. 下列哪种全麻药物**不宜**采用
 A. γ- 羟基丁酸钠　　　　B. 氯胺酮
 C. 异丙酚　　　　　　　D. 七氟烷
 E. 氧化亚氮

5.【答案】B
【解析】大多数麻醉药物均可以降低眼压,而氯胺酮和琥珀胆碱可以升高眼压,在青光眼患者中要避免使用。
【考点】可以导致眼压升高的麻醉药物

6. 术中患者的血压突然升高到 180/100mmHg,心率减慢为 50 次/min,此时最佳的做法是
 A. 静脉给予阿托品 0.5mg
 B. 静脉给予降压药物亚宁定 15mg
 C. 暂停手术操作,观察血压心率变化
 D. 加深麻醉深度,给予镇痛药物
 E. 检查患者的通气状态,必要时调整呼吸参数

6.【答案】C
【解析】眼压升高的患者,术中牵拉刺激眼球易于出现眼心反射,处理方式首选暂停手术,观察病情变化,然后分析原因给予对因处理,不可盲目对症处理。发生眼心反射时,同时出现血压升高,处理方式首选停止操作,分析原因,对因处理。此时经常与麻醉深度相对不足、镇痛不足有关。
【考点】眼心反射的原因分析和处理

（7~8 题共用题干）

患者女性,43 岁,体重 83kg。糖尿病史 15 年,胰岛素控制血糖,近 3 年出现糖尿病肾脏病变。近半年出现视力显著下降,诊断糖尿病视网膜病变。拟在监测与镇静止痛复合局部麻醉下行玻璃体视网膜联合术,下午 1 点手术开始。

7. 【答案】A

【解析】糖尿病患者合并糖尿病视网膜病变以及糖尿病肾功能病变的患者,尤其是拟接受局部麻醉复合监测与镇静止痛术,这类患者的术前准备不够充分,容易出现术中低血糖反应。

【考点】糖尿病患者,术中容易出现的并发症及围术期管理

8. 【答案】B

【解析】局部麻醉复合监测与镇静止痛术,患者在术中出现任何不适,首先要仔细询问患者的症状,做到对因处理,不可盲目增加镇静止痛药物的剂量,防止出现过度镇静后患者对手术的配合度下降而导致的意外体动,以及由此造成的不良后果,此外过度镇静也可以出现呼吸相关的不良事件,需要注意避免。

【考点】镇静止痛(MAC)术中管理

9. 【答案】A

【解析】急症患儿全麻手术,依据手术缓急挽救视力优先的原则,放宽禁食水时限,麻醉诱导的选择与管理原则应充分考虑气道风险,注意减少气道激惹,以避免增加分泌物、诱发气道痉挛及增加误吸风险。

【考点】急诊手术的术前评估与呼吸道高反应患儿的诱导原则

10. 【答案】E

【解析】急症上感期饱胃患儿,存在高反应气道风险以及误吸风险,全麻诱导和苏醒期,气道不良事件的发生率增加,容易出现气道痉挛、分泌物增加导致通气不良以及反流误吸的风险。麻醉管理以静脉快速平稳诱导为原则,吸入诱导容易激惹气道,增加气道并发症。

【考点】上感患儿眼科手术的麻醉管理

7. 该患者在手术开始半小时后出现心率增快、心慌,大汗,首先需要考虑的原因是

A. 低血糖反应

B. 不能耐受局麻手术刺激

C. 心功能不全

D. 电解质紊乱

E. 血容量超负荷

8. 对该患者**不正确**的处理方式是

A. 暂时停止手术操作

B. 增加镇静止痛药物

C. 测血糖水平

D. 调整体位

E. 快速进行血气与电解质分析

(9~10 题共用题干)

男性患儿 7 岁,体重 22kg,左眼开放性外伤 3 小时,拟急诊行眼外伤清创、探查缝合术。患儿近 1 周有明显上呼吸道感染,咳嗽咳痰。该患儿禁食时间小于 5 小时。由于患儿无法配合局部探查,需行全身麻醉。

9. 该患儿采用何种全身麻醉诱导方式为佳

A. 静脉诱导气管插管

B. 静脉诱导喉罩管理气道

C. 氯胺酮全静脉麻醉

D. 全吸入诱导喉罩插管

E. 全吸入诱导气管插管

10. 该患儿麻醉苏醒期**最不可能**出现的并发症是

A. 拔管期喉痉挛

B. 呼吸道分泌物增加,延长带管时间

C. 拔管期胃内容物反流误吸

D. 拔管后自主呼吸通气不足,出现低氧血症,需要再次进行控制气道

E. 心律失常

(11~12 题共用题干)

男性患者,28 岁,体重 70kg,身高 185cm。因"左眼视物不清,眼前视物遮挡半个月"就诊。既往病史:双眼晶状体半脱位。家族史:马方综合征。20 年前曾行双眼晶状体摘除人工晶状体植入固定术。诊断:左眼孔源性网脱,拟行玻璃体切割视网膜复位术。

11. 除外常规术前检查,此患者术前应特别关注哪项检查
    A. 术前检查 ECG
    B. 术前检查超声心动图及大动脉超声,了解心脏与大动脉结构
    C. 胸腹部 CT
    D. 术前进行运动负荷试验
    E. 术前检查血气和电解质

12. 此患者术前超声心动图检查发现主动脉根部增宽,形成动脉瘤,全身麻醉管理**不恰当**的措施是
    A. 严密监测血压及 ECG
    B. 维持血流动力学平稳,防止血压剧烈波动
    C. 给予充分的镇痛镇静
    D. 适当给予液体补充血容量,利于循环平稳
    E. 麻醉恢复期,待患者呛咳躁动后再拔出气管导管

【案例分析题】

案例一　患者男性,45 岁,体重 75kg。2 年前面颈部被稀盐酸烧伤,面颈部瘢痕形成,活动受限,双眼角膜结膜烧伤,角膜混浊。现出现视力显著下降,眼睑闭合不良,左眼为著。拟行左眼睑球粘连松解及左眼穿透性角膜移植术。

提问 1:本病患术前评估需要注意哪些问题
    A. 询问患者既往的治疗史
    B. 仔细检查患者的头颈部活动度及张口度,判断患者是否存在气道开放困难
    C. 了解术前常规检查
    D. 了解鼻腔通畅程度
    E. 了解是否存在面罩通气困难
    F. 了解是否有药物过敏史

提问 2:该患者颈胸粘连,颈部后仰受限(甲颏距离 6.0cm),张口度 4.0cm,无呼吸困难,请问下列哪种麻醉管理方式**不可以**采用
    A. 静脉快速诱导,可视喉镜暴露声门进行气管内插管
    B. 保留自主呼吸,充分表面麻醉复合镇静镇痛下经鼻腔盲探气管插管
    C. 静脉快速诱导,经口置入可弯式 5# 喉罩
    D. 局部麻醉复合清醒镇静镇痛术
    E. 快速静脉诱导,硬质气管镜(视可尼)暴露声门气管内插管
    F. 局部麻醉

提问 3:该患者麻醉选择和管理上应注意哪些问题
    A. 如患者有上呼吸道感染体征,应推迟手术
    B. 角膜移植属于限期手术,可适当放宽全麻的要求

11.【答案】B
【解析】马方综合征是一种累及全身多器官系统的结缔组织发育异常的疾病,当累及主动脉或者大动脉出现动脉瘤,可能出现严重的危及生命的并发症:动脉瘤破裂。对于这类患者,术前一定要了解大血管的完整性。
【考点】马方综合征患者行眼科手术的全身管理

12.【答案】E
【解析】马方综合征患者出现动脉瘤,麻醉管理的要点除外全身麻醉的管理原则,要重点关注血流动力学平稳,防止血压剧烈波动诱发动脉瘤破裂,导致严重的危及生命的并发症出现。全麻苏醒期只要患者的气道通畅、自主呼吸可以维持正常通气要求,可以尽早拔管,避免清醒后拔管期剧烈呛咳带来的血压波动。
【考点】马方综合征患者的麻醉管理

提问 1:【答案】ABCDEF
【解析】颜面烧伤的眼科手术患者,通常接受过数次手术治疗,仔细询问病史有助于麻醉药物、麻醉管理的正确选择。存在面颈部活动受限的患者,气道的选择和管理是麻醉管理的重点。
【考点】颜面外伤合并眼部受损者的术前评估

提问 2:【答案】DF
【解析】穿透性角膜移植术中需要绝对制动,以防眼内容物膨出造成永久性失明,所以麻醉方式选择全身麻醉。
【考点】穿透性角膜移植手术的麻醉选择和管理

提问 3:【答案】BCDE
【解析】穿透性角膜移植麻醉的注意点:限期手术,如非禁忌,尽可能安排手术。术中维持 IOP 稳定,特别是病变角膜全层开放时,一定要避免 IOP 的升高造成眼内容物的脱出。穿透性角膜移植需完全制动,应选择全身麻醉,使用肌松药。
【考点】角膜移植手术麻醉的关注点

C. 角膜移植手术术中要求患者制动,要保持合适的麻醉深度和肌松效果

D. 穿透性角膜移植手术为了避免患者用力、呛咳导致 IOP 升高,应采用全身麻醉

E. 术中应维持 IOP 的稳定,尤其在去除全层角膜组织时,应维持较低的 IOP

F. 眼科手术不需要肌松,没有必要使用肌松药

案例二 男性患儿,出生 5 个月龄,体重 5kg,诊断:早产儿,先天性视网膜发育不良。拟行全身麻醉下眼底检查,视网膜光凝治疗。

提问 1:本病例术前评估需要注意以下哪些问题

A. 术前常规检查

B. 了解患儿早产胎龄以及出生体重,评估发育状况

C. 了解是否存在其他发育异常

D. 了解近期有无上呼吸道感染及治疗状况

E. 了解患儿的喂养状况

F. 合并先天性心脏病患儿应由心外科进一步评估麻醉风险

提问 2:患儿为胎龄 26 周 +5 天早产,出生体重 950g,目前喂养方式:人工喂养,无喂养困难。术前检查未发现其他发育异常,术前常规检查正常,否认近期上呼吸道感染。此患儿的全身麻醉采用以下何种方式为佳

A. 吸入七氟烷诱导喉罩置入管理气道,术中吸入七氟烷保留自主呼吸

B. 术中监测呼气末二氧化碳,关注通气和氧合状态

C. 术中补充含葡萄糖的溶液

D. 手术时间超过半小时,可以间断人工辅助通气,改善通气和氧合

E. 预防麻醉苏醒期躁动

F. 可在自主呼吸佳、深麻醉下拔出喉罩

提问 3:患儿吸入麻醉停药 1 小时后仍未苏醒,自主呼吸幅度小、频率低,未苏醒的常见原因是

A. 术中吸入七氟烷浓度过高,术毕呼吸抑制导致七氟烷排出受限

B. 分钟通气量低,二氧化碳蓄积

C. 低血糖

D. 恶性高热

E. 电解质紊乱

F. 低体温

（姜雪莺　范雪梅　岳建英）

提问 1:【答案】ABCDEF

【解析】早产患儿除可能出现眼部发育不良,常常伴有多器官系统的发育异常和迟缓,全面了解患儿的发育异常,有助于降低围术期麻醉风险和不良事件的发生。低龄患儿,尤其早产儿,围术期气道不良反应的发生率高,对于择期手术患儿,要严格术前筛查。

【考点】早产儿全麻下眼底检查的术前评估

提问 2:【答案】ABCDEF

【解析】全身麻醉下进行眼底检查通常是一个短小的眼科操作,这类患儿完全可以在吸入七氟烷插入喉罩并保留自主呼吸状态下,吸入七氟烷维持足够的麻醉深度,来完成眼底检查,同时气道不良反应的发生率显著降低。同时低龄患儿的配合度差,静脉开放困难,选择七氟烷吸入诱导可以为静脉开放提供良好的条件。低龄患儿术前禁食水易出现低血糖,与幼儿的糖原储备不足有关,术中需要补充葡萄糖防止低血糖。小儿吸入全麻苏醒期躁动发生率很高,术中管理需要注意预防。

【考点】小儿短小手术的全身麻醉管理

提问 3:【答案】ABCF

【解析】单纯七氟烷吸入麻醉可导致呼吸抑制,尤其是早产儿和新生儿,术中应根据呼气末二氧化碳情况适当辅助或控制呼吸。术毕呼吸抑制导致七氟烷排出受限,二氧化碳蓄积影响苏醒;早产儿体温调节能力差,可能发生低体温;恶性高热是罕见的麻醉并发症;患儿术前不存在代谢紊乱,眼科手术对全身影响小,较少发生电解质紊乱。

【考点】小儿眼科吸入麻醉苏醒期管理要点

第四十章 耳鼻咽喉科手术麻醉

【A1 型题】

1. 鼓室成形术中,下列哪种麻醉药物**不宜**使用
   A. 罗库溴铵　　　B. 丙泊酚　　　C. 七氟烷
   D. 异氟烷　　　　E. 笑气

2. 下列**不属于**喷射通气的并发症的是
   A. 黏膜干燥　　　B. 胃扩张　　　C. 肺不张
   D. 气胸　　　　　E. 二氧化碳蓄积

3. 下列关于喷射通气的说法,**错误**的是
   A. 喷射通气最适合于气道正常、无梗阻,肺和胸壁顺应性正常的患者
   B. 喷射通气为非密闭系统,其原理是文丘里效应
   C. 运用肌松药可以避免通气过程中喉痉挛的发生
   D. 全麻可采用吸入麻醉或静脉麻醉
   E. 喷射通气时的喷射压力要从较低的压力开始,根据患者的胸廓起伏来调整

4. 显微镜喉激光手术最危险的意外是
   A. 气胸
   B. 气道着火
   C. 眼部损伤
   D. 周围组织损伤
   E. 激光误击穿气管导管套囊

5. 关于支撑喉镜下喉激光手术的说法,正确的是
   A. 该手术刺激较大,使用右美托咪定有利于血流动力学平稳
   B. 该手术时间较短,麻醉镇痛药首选半衰期短,镇痛强的瑞芬太尼
   C. 成人手术气管导管一般选择 7.0~7.5 号

1.【答案】E
【解析】笑气在体内平衡的过程,会明显导致体内密闭含气腔隙的压力变化。
【考点】麻醉常用药物的适应证

2.【答案】C
【解析】喷射通气的并发症包括黏膜干燥、胃扩张及气压伤,如气道部分梗阻,被动呼气不完全时可产生皮下气肿、气胸、二氧化碳蓄积等。
【考点】喷射通气的并发症

3.【答案】D
【解析】喷射通气的管道系统为非密闭系统,由于无法精准控制吸入麻醉药浓度并且会导致手术室污染,从而无法采用吸入麻醉,均选用全凭静脉麻醉。故选项 C 错误,其余选项均正确。
【考点】喷射通气

4.【答案】B
【解析】气道内着火是显微喉激光手术最严重也是最独特的风险,要注意防范。
【考点】气道激光手术中的意外

5.【答案】B
【解析】支撑喉镜下喉激光手术在固定支撑喉镜时刺激强,麻醉过浅,易引起心律失常以及血流动力学的剧烈波动。如出现颈动脉窦反射时,应立刻放松支撑喉镜。显微镜下手术要求充分的肌松,声带绝对静止。另一方面时间短,宜选用作用时间短的药物,以便术后较快清醒。为了方便术者操作,宜选用较细的气管导管。
【考点】支撑喉镜下喉激光手术的特点

D. 固定支撑喉镜时出现心动过缓,应立即给予阿托品

E. 因手术时间短,术中不宜追加肌松药

6.【答案】E

【解析】鼻咽血管瘤切除术可能出血较多,宜选用气管插管全麻,控制性降压可以减少出血,改善内镜下术野清晰度。

【考点】麻醉方法的选择

6. 鼻内镜下行鼻咽血管瘤切除术,最适宜的麻醉方法是

A. 局部麻醉

B. 局部麻醉加安定镇痛术

C. 静吸复合麻醉 + 喉罩 + 控制性降压

D. 全凭静脉麻醉 + 喉罩 + 控制性降压

E. 全身麻醉 + 气管插管 + 控制性降压

7.【答案】A

【解析】多导睡眠图(PSG)是 OSAS 患者明确诊断、分型及严重程度的重要检查,与手术麻醉术前评估密切相关。

【考点】多导睡眠图(PSG)在 OSAS 评估中的意义

7. 关于多导睡眠图(PSG),下列说法正确的是

A. 怀疑 OSAS 的患者,行 PSG 可以明确诊断、分型及严重程度

B. 呼吸暂停低通气指数(AHI)定义为每晚发生窒息与低通气的次数

C. 呼吸暂停低通气指数(AHI)正常值为 ≤ 10

D. 最低血氧饱和度 ≤ 80% 为中度低氧血症

E. 该检查与外科术前评估有关,与麻醉术前评估关系不大

8.【答案】D

【解析】适当的镇静止痛,充分的气管内表面麻醉,静脉少量利卡因以及置入导管前注射丙泊酚均可减少对心血管的刺激。

【考点】气管造口时如何减少对心血管的刺激

8. 局部麻醉下行气管切开造口时,为减少造口置入导管时对心血管的刺激,可以采取的措施**不包括**

A. 镇静止痛

B. 气管内表面麻醉

C. 气管切开后要置入导管前注射丙泊酚

D. 控制性降压

E. 静脉注射利多卡因

9.【答案】D

【解析】扁桃体术后出血急诊止血的麻醉实施重点在于低血量及饱胃的处理,苏醒期宜待完全清醒,保护性反射恢复后再拔管。

【考点】扁桃体术后出血急诊止血的麻醉要点

9. 扁桃体摘除术后出血拟再次手术止血的患者,麻醉处理要点**不包括**

A. 无论禁食水时间均按饱胃处理,注意误吸的防范

B. 术前正确评估失血量,必要时备血

C. 术中加强循环监测,及时纠正低血容量

D. 为避免苏醒期躁动呛咳,宜早拔管

E. 可以选择清醒插管或快速序贯诱导插管

10.【答案】D

【解析】术中确保通气及氧合,保证有效循环血量,降压速度不宜过快,降压幅度不宜超过基础血压的 40%。鼻内镜手术中控制性降压的主要目的是提供满意的手术野,而不是为了节约用血。

【考点】控制性降压

10. 关于鼻内镜手术中控制性降压,下列说法**错误**的是

A. 降压速度不宜过快

B. 降压幅度不超过基础血压的 40%

C. 维持合适的麻醉深度,确保通气及氧合

D. 主要目的是节约用血

E. 加强循环监测,避免血容量不足,妥善处理反射性心率加快

【A2 型题】

1. 患者男性,56 岁,因喉癌拟行全喉切除加颈部淋巴结清扫术。麻醉诱导顺利,术中喉切除后行气管切开,于气管切开处插入 ID7# 气管导管。手术进行过程中发现气道压逐渐上升,从 16cmH$_2$O 升至 22cmH$_2$O,5 分钟后升至 30cmH$_2$O,潮气量不变。此时应如何处理
A. 追加肌松药
B. 不作处理,继续观察
C. 听诊双肺,检查导管位置和状态
D. 吸痰
E. 加深麻醉

2. 患者女性,14 岁,36kg,拟在局麻下行扁桃体摘除术。用 2% 利多卡因 18ml 作局部浸润,待 15 分钟后,患者突然颜面苍白,意识恍惚,全身抽搐,末梢发绀,呼吸停止,心音听不清,经急救,复苏等处理 2 分钟后心跳、自主呼吸恢复,1 小时后神志恢复正常。凭据患者的临床表现,可以诊断为
A. 局麻药高敏反应　　B. 局麻药毒性反应
C. 局麻药变态反应　　D. 局麻药过敏性休克
E. 癫痫大发作

3. 患者男性,49 岁,60kg,拟在气管内插管全麻下行支撑喉镜声带息肉切除术。手术时间预计 15~25 分钟,肌松药的使用原则是
A. 米库氯铵作用时间短,可用于此类手术
B. 为了缩短起效时间,顺式阿曲库铵可以 4 倍 ED95 的量给予
C. 可以使用泮库溴铵
D. 罗库溴铵可使用,为了缩短起效时间应快速推注
E. 琥珀胆碱可用于短小手术,术毕用新斯的明拮抗

4. 患者男性,71 岁,因喉癌拟于全麻下行全喉切除 + 双侧颈淋巴结清扫术。既往高血压、冠心病病史,术前检查可见偶发室性期前收缩。常规麻醉诱导行气管插管。术中血压 110/68mmHg,心率 72 次/min。当术者牵拉患者喉部准备切除时,患者心率突然下降至 49 次/min,血压下降至 89/50mmHg。要求术者停止操作,患者心率很快回升至 70 次/min。心动过缓可能的原因是
A. 麻醉过深　　B. 房室传导阻滞
C. 喉 - 迷走反射　　D. 失血性休克
E. 监护仪测量不准

1.【答案】C
【解析】气道压上升的原因,包括导管深度过深,分泌物或血液堵塞导管,导管打折,肌松药效果减弱等。发现气道压升高后应该首先查找原因再做相应处理。查找原因首先听双肺,再查导管及管路等。
【考点】气道压升高原因的分析及处理策略

2.【答案】B
【解析】本题考查局麻药的不良反应及局麻药中毒的诊断和处理。当局麻药浓度过大或注射入血时,可能导致局麻药的毒性反应,出现颜面苍白、意识障碍等临床表现。
【考点】局麻药中毒的临床表现

3.【答案】A
【解析】米库氯铵是短效肌松药,可用于此类手术。顺式阿曲库铵是中效肌松药,用于短小手术应减小诱导剂量。罗库溴铵可引起组胺释放,应缓慢给药。泮库溴铵是长效肌松药,不建议用于短小手术。琥珀胆碱是去极化肌松药,不能使用新斯的明拮抗。
【考点】支撑喉手术的肌松药使用原则

4.【答案】C
【解析】此题考查喉部手术术中并发症的诊断和鉴别。喉的神经支配来自喉上神经和喉返神经,术中牵拉喉部时,由于刺激过强或麻醉深度不足,可能引起喉 - 迷走神经反射,导致严重的心动过缓甚至心搏骤停。
【考点】喉 - 迷走反射

5.【答案】A
【解析】此题考查声带手术的麻醉配合,应使用较细的气管导管,以便给术者留出操作空间,同时需要满足通气需要,选择ID6-6.5#导管最为恰当。
【考点】喉激光声带息肉手术的气管导管选择

6.【答案】D
【解析】小儿有哮喘,属于气道高敏,应避免刺激气道的药物及操作。七氟烷有舒张支气管平滑肌,可以使用。琥珀胆碱有组胺释放作用,不宜应用。鼓膜置管手术时间短,可不使用肌松药保留自主呼吸,但要保证合适的麻醉深度和镇痛。
【考点】哮喘患者的麻醉管理及鼓膜置管的麻醉管理

7.【答案】D
【解析】所有喉肿物患者均应根据专科检查和症状对气道进行评估,避免出现诱导后困难插管及困难面罩通气。有这种潜在风险者清醒气管内插管最为安全可靠。
【考点】气道评估及如何建立安全气道

8.【答案】B
【解析】人工听骨放置后禁止头部剧烈活动,以免听骨移位,手术失败。
【考点】对手术的了解以及有意识地避免苏醒期头部剧烈活动

9.【答案】E
【解析】慢性鼻窦炎,鼻息肉-阿司匹林过敏-哮喘三联症患者气道敏感性高,易发生过敏性支气管痉挛,一旦出现过敏性气道痉挛,肾上腺素是首选药物。
【考点】对三联症患者风险的认识及过敏性气道痉挛的处理

5. 患者男性,59岁,拟在全麻下行喉激光声带息肉切除术。拟行气管内插管,全静脉维持麻醉。此手术导管型号的选择为
A. ID6# 气管导管　　　　B. ID8# 气管导管
C. ID7.5# 气管导管　　　　D. 导管越细越好
E. 导管越粗越好

6. 患儿5岁,因中耳炎拟行双耳鼓膜置管,手术约10分钟。患儿查体和化验检查正常。家属述曾患"哮喘","输液治疗后痊愈",目前已有2年未再出现哮喘。该患儿的麻醉选择正确的是
A. 鼓膜置管操作简单,儿童患者也可在局麻下进行
B. 全麻下手术必须使用足够的肌松药保证患儿不动
C. 全麻中无须使用镇痛药
D. 七氟烷可舒张支气管平滑肌,可以使用
E. 手术时间短,可使用琥珀胆碱

7. 患者男性,56岁,诊断为"喉癌",拟行喉全切及淋巴结清扫。专科查体:频闪喉镜示会厌喉面,双室带,声门及声门下多发肿物,前联合较多,遮挡声门约1/3。患者声嘶,剧烈活动后一度呼吸困难,术者要求插管全麻下手术。该患者最安全的麻醉方式为
A. 常规静脉诱导,丙泊酚,芬太尼,顺阿曲库铵,气管内插管
B. 静脉诱导,丙泊酚,氯化琥珀胆碱,芬太尼,气管内插管
C. 七氟烷吸入诱导,保留自主呼吸,气管内插管
D. 清醒气管插管
E. 坚决要求术者先做气管切开

8. 患者男性,40岁,慢性中耳炎行中耳成形人工听骨置入术,术毕最应注意的问题是
A. 避免术后恶心呕吐
B. 避免剧烈咳嗽及头部剧烈晃动
C. 早期下地活动避免尿潴留
D. 防止高血压引起出血
E. 早期进食避免低血糖

9. 患者女性,34岁,因慢性鼻窦炎鼻息肉拟行ESS手术。患者既往哮喘6年,长期使用支气管扩张剂和激素,到目前为止已有3年未喘,停药2年。阿司匹林过敏。常规诱导,丙泊酚+罗库溴铵+芬太尼,3分钟后面罩通气不能,胸廓无起伏,$P_{ET}CO_2$下降到16mmHg,听诊双肺无呼吸音,此时应立即采取的措施是
A. 继续加压面罩给氧　　　B. 快速置入喉罩
C. 追加肌松　　　　　　　D. 加深麻醉
E. 给予肾上腺素 200μg

10. 患儿男,3 岁,气管异物(瓜子)后 3 天,咳嗽痰多低热。入院拟行支气管异物取出。胸片示右肺斑片状影,左肺清亮,听诊左肺呼吸音清,右肺呼吸音微弱。全麻下气管镜取异物,当钳夹异物到声门下时,因异物较大脱落,术者再次下气管镜时,患儿 SpO_2 开始下降,目前应采取的措施是
   A. 嘱术者尽快找到异物取出
   B. 面罩通气
   C. 紧急气管插管
   D. 嘱术者将异物推到一侧支气管后面罩通气
   E. 紧急气管切开

11. 患儿男,1 岁,11kg。咳嗽咳痰发热 3 天。家长回忆 7 天前吃花生时有呛咳。胸片示右肺斑片状影,诊断为右支气管异物。全麻下顺利取出异物。后面罩通气不能,SpO_2 快速下降,最低 70%,同时心率开始下降,从 110 次 /min 降至 93 次 /min,行紧急气管插管,但发现口咽部大量黏稠痰液,下一步处理应立即
   A. 吸痰后快速插管
   B. 静脉给肾上腺素 100μg
   C. 吸痰后继续面罩通气
   D. 紧急气管切开
   E. 静脉给予肾上腺素同时紧急气管切开

12. 患者女性,34 岁,因慢性鼻窦炎拟在全麻下行 ESS 手术。既往无基础病史。术中为保证术野清晰,以下的措施**不正确**的是
   A. 硝普钠降压
   B. 头低脚高 20°
   C. 喉罩全麻 + 头高脚低 20°
   D. 保持合适的麻醉深度
   E. 用高浓度肾上腺素棉纱条收缩鼻黏膜血管

13. 患者男性,38 岁,支撑喉镜下行声带息肉切除术,手术过程顺利。术毕患者可睁眼,自主呼吸恢复,不耐受气管导管剧烈呛咳,快速拔出导管,后发现患者呼吸费力,通气不能,吸气喉鸣,反常呼吸,下面哪项措施正确
   A. 吸痰
   B. 面罩吸氧
   C. 面罩加压通气 + 丙泊酚 50mg
   D. 再次快速气管插管
   E. 紧急气管切开

10.【答案】D
   【解析】气道异物最具风险的是正气管异物,造成完全性气道梗阻,快速解决办法为使之变成一侧支气管异物。
   【考点】正气管异物引起气道完全梗阻的处理

11.【答案】A
   【解析】患儿长时间气管异物后导致肺部感染,异物下方积聚大量分泌物,一旦异物取出,分泌物即涌入正气管造成气道梗阻,小儿出现 SpO_2 下降并导致心率下降时,应立即吸痰、快速插管。
   【考点】长期气管异物造成的并发症

12.【答案】B
   【解析】ESS 手术中改善术野清晰度可采用硝普钠降压、头高脚低 20°、用高浓度肾上腺素棉纱条收缩鼻黏膜血管,喉罩全麻和保持合适的麻醉深度有利于减轻气道和手术的刺激。
   【考点】ESS 手术中改善术野清晰度的方法

13.【答案】C
   【解析】该患者明确为喉痉挛,处理方法为面罩加压给氧,同时给予静脉麻醉药或肌肉松弛药以缓解咽喉部肌肉的不协调收缩,因患者已清醒,给予氯化琥珀胆碱会使患者感到不适与恐惧,因此首选丙泊酚。
   【考点】喉痉挛的处理

14.【答案】A
【解析】扁桃体切除患儿术后最严重的并发症是创面出血，出血量大需再次全麻手术止血，出血一般因剧烈哭闹引起，因此应避免哭闹，镇静加良好的镇痛。拔管后可将患儿置于侧卧位，防止血流进咽部。
【考点】扁桃体切除术麻醉清醒期管理要点

15.【答案】D
【解析】扁桃体切除术是轻、中度的疼痛，小儿术后躁动应使用适当的镇痛药。可先静脉推注少量丙泊酚，待患儿安静后酌情静滴镇痛药。
【考点】小儿术后躁动的处理

16.【答案】B
【解析】大于10岁的儿童易发生扁桃体术后出血，患儿呕血、头晕，判断可能存在低血容量，应尽快手术止血。可能有部分渗血咽到胃里，诱导按饱胃处理。
【考点】扁桃体切除术后出血

1.【答案】B
【解析】异物吸入症状取决于异物的位置，大小，异物的性质。小儿术前查体配合困难，常规查体并不能完全了解异物吸入情况。术前拍胸片可明确异物影或气管内软组织影、气道狭窄，肺不张等情况。
【考点】小儿气管异物术前评估

2.【答案】E
【解析】术中硬质气管镜反复在气管，双支气管移动进行检查或钳夹异物时，容易导致一系列相关并发症，需加强麻醉管理。
【考点】小儿气管异物并发症

14. 患儿6岁，因反复发热扁桃体炎行扁桃体切除，手术过程顺利。术毕苏醒期管理哪项是**错误**的
    A. 自主呼吸恢复后拔管，可将患儿置于平卧位
    B. 尽量减少呛咳和躁动
    C. 避免剧烈哭闹引起创面出血
    D. 给予镇痛药物
    E. 注意喉痉挛

15. 患儿6岁，因反复发热扁桃体炎行扁桃体切除，手术过程顺利。麻醉采取七氟烷吸入全麻＋肌松＋气管内插管。术毕快速洗出残留七氟烷，患儿不耐管，迅速拔管后，患儿哭闹不止，四肢不停踢打，家长劝阻无效，此时应采取的措施是
    A. 严厉批评教育
    B. 捆绑四肢于床上
    C. 给患儿饮水
    D. 使用镇静和镇痛药物，如丙泊酚和阿片类药物
    E. 不作处理待患儿逐渐平静

16. 患儿10岁，全麻下行扁桃体切除术，过程顺利，回病房后4小时开始呕血，主诉头晕，该如何判断和处理
    A. 头晕可能为低血糖，进食即可
    B. 可能是扁桃体术后出血
    C. 继续观察
    D. 术后一直未进食，如需再次手术可常规诱导插管
    E. 大于10岁的儿童不易发生扁桃体术后出血

【A3/A4型题】

(1~3题共用题干)

4岁患儿花生米误吸2天，表现呼吸用力，吸气三凹征(+)，轻度发绀，HR142次/min，SpO$_2$96%，拟行气管镜检查。

1. 术前必须的检查是
    A. 血常规
    B. 拍胸片
    C. 听诊双侧呼吸音
    D. 心电图
    E. 尿常规

2. 气管异物取出术麻醉中最**不可能**出现下列哪个并发症
    A. 心律失常　　　　B. 喉水肿　　　　C. 气管痉挛
    D. 纵隔气肿　　　　E. 腹痛

3. 发生支气管痉挛时,下列哪些处理是**不正确**的
    A. 地塞米松   B. 吸氧   C. 减浅麻醉
    D. 吸痰   E. 氨茶碱

(4~6 题共用题干)
患者男性,52 岁,体重 98kg,诊断为阻塞性睡眠呼吸暂停综合征,术前检查 BP 170/95mmHg,SpO₂ 90%,ECG 提示窦性心动过速,ST 下移 >0.05mv,伴偶发室性期前收缩。拟全麻下行悬雍垂腭咽成形术。

4. 阻塞性睡眠呼吸暂停综合征行悬雍垂腭咽成形术,其麻醉特点**不包含**
    A. 常伴有气管插管困难
    B. 该病常引起全身各系统的病理生理改变
    C. 可慢诱导清醒镇静下鼻腔气管插管
    D. 必须使用控制性降压
    E. 防止气管拔管后的呼吸抑制

5. 下列哪种方法最**不宜**采用
    A. 经鼻慢诱导盲探气管插管
    B. 经口表麻气管插管
    C. 经鼻快速诱导气管插管
    D. 局麻下气管切开术
    E. 表麻下纤维支气管镜引导气管插管

6. 术毕患者清醒,拔出气管导管后,出现呼吸困难、发绀,最**不可能**的原因是
    A. 误吸
    B. 喉头水肿
    C. 麻醉药残余作用
    D. 气道梗阻
    E. 气胸

(7~9 题共用题干)
患儿女,5 岁。反复咽痛,发热 1 年伴睡眠打鼾 3 个月入院。诊断为慢性扁桃体炎,腺样体肥大。入院拟行扁桃体及腺样体切除术。

7. 小儿麻醉前禁清饮的时间是
    A. 1 小时   B. 2~3 小时   C. 4 小时
    D. 5 小时   E. 5 小时以上

3.【答案】C
  【解析】术中硬质气管镜反复在气管,双支气管移动进行检查或钳夹异物时,容易导致一系列相关并发症,需加深麻醉,同时予相关药物处理。
  【考点】小儿气管异物并发症处理

4.【答案】D
  【解析】OSAS 常因气道狭窄,睡眠中反复呼吸暂停而导致慢性缺氧,从而出现全身多器官组织受累的综合征,需结合患者全身情况加强围术期评估和管理。
  【考点】OSAS 病理生理特点及麻醉管理

5.【答案】D
  【解析】OSAS 常因肥胖、颈短、上气道狭窄等原因导致睡眠中反复呼吸暂停。麻醉术前评估往往存在困难气道。UPPP 术往往在口腔操作。多选取清醒镇静下经鼻保留自主呼吸鼻腔插管。
  【考点】OSAS 麻醉诱导及气道建立原则

6.【答案】E
  【解析】OSAS 患者常伴有肥胖、颈短、气道狭窄等。UPPP 术仅解决口咽部狭窄,但其他部位的狭窄仍存在。同时由于开口器及手术操作导致的局部组织水肿,应选择延迟拔管。
  【考点】OSAS 围术期气道管理

7.【答案】B
  【考点】小儿术前禁食水评估

8.【答案】E

【解析】小儿扁桃体腺样体肥大,常合并慢性炎症,术中易出血。应避免血流进入气管内,同时注意观察气道压。临床上全麻与局麻相比表现出术野有更多的出血现象。

【考点】小儿扁桃体手术术中管理

9.【答案】E

【解析】小儿扁桃体腺样体切除术,术中易出血,术毕应吸净口咽腔分泌物。同时注意减轻气道水肿,避免气道梗阻。

【考点】小儿扁桃体手术麻醉管理

10.【答案】E

【解析】鼻内镜手术需要提供满意的术野清晰度,全麻中可适当控制性降压。可弯喉罩可替代气管插管用于鼻内镜术中,气道刺激小。可避免术毕拔管造成的剧烈咳嗽。

【考点】鼻内镜手术麻醉管理

11.【答案】C

【解析】鼻内镜手术需要提供满意的术野清晰度,术中可适当加深麻醉和控制性降压。

【考点】鼻内镜手术麻醉管理

12.【答案】B

【解析】鼻内镜术中控制性降压不宜过低,持续时间不宜过长。应注意保证重要脏器组织的血流灌注。

【考点】控制性降压的实施与管理

---

8. 全麻下行扁桃体及腺样体切除术关注点,哪项**不正确**
   A. 出血量估计较困难
   B. 套囊充气防止血流入气管内
   C. 注意开口器造成的气管导管受压
   D. 选择气管内插管更安全
   E. 局麻较全麻出血多

9. 术毕患儿拔出气管导管后,出现呼吸困难、发绀,最**不可能**的原因是
   A. 误吸　　　　　　　B. 喉痉挛
   C. 肌松药残余作用　　D. 气道梗阻
   E. 肺栓塞

(10~12题共用题干)

患者男性,55岁,因鼻失嗅、头痛半年余入院,诊断为真菌性额窦、筛窦炎症。拟行鼻内镜下额窦、筛窦开放手术。既往:高血压病10年,最高170/105mmHg,服用降压药物控制在130~140mmHg/80~90mmHg。否认心前区疼痛史。否认其他系统疾病及手术外伤史。青霉素过敏。

10. 鼻内镜全麻手术特点**不包含**
    A. 可选可弯喉罩控制气道
    B. 诱导、麻醉中及苏醒期均需安全有效地控制气道
    C. 为了提供良好的术野清晰度,术中可适当控制性降压
    D. 术毕苏醒期充分吸净咽腔分泌物,同时避免拔管剧烈呛咳出血
    E. 局麻手术更安全

11. 全麻鼻内镜手术为减少术野出血,增加术野清晰度,可采取下列哪些措施
    A. 适当减浅麻醉　　　B. 充分供氧
    C. 控制性降压　　　　D. 适当控制输液量
    E. 降低患者头部

12. 有关控制性降压原则,下列哪项**不正确**
    A. 保证组织、器官的血流灌注量,满足机体的需要
    B. 降压时间以满足手术需要为准
    C. 降压界限为MAP不低于60~70mmHg或血压降低基础血压的30%
    D. 当平均压下降低于60mmHg,可致脑供血不足
    E. 收缩压低于80mmHg,肾小球滤过率可能降低

【案例分析题】

案例一 患者男性,52岁,体重80kg。因声嘶5个月,诊断声带肿物。住院拟行支撑喉镜下CO_2激光双声带息肉切除术。

提问1:如何进行麻醉评估及术前准备

    A. 评估中枢神经系统和心血管系统功能

    B. 了解病变的部位,肿物大小,是否合并呼吸困难

    C. 询问是否有吸烟史,是否伴有慢性咳嗽咳痰

    D. 术前阅读患者频闪喉镜报告,了解专科检查情况

    E. 术前常规应用阿托品或东莨菪碱减少咽喉分泌物及预防迷走神经反射

    F. 评估是否存在困难气道

提问2:患者术前频闪喉镜检查结果:双声带中部呈广基淡红色息肉样浅膨出,表面少许分泌物。双声带黏膜轻度肿胀,微血管扩张,活动度尚可。拟全麻行支撑喉镜下CO_2激光双声带息肉切除术。支撑喉镜下CO_2激光手术麻醉特点

    A. 固定支撑喉镜刺激强,可引起剧烈血流动力学波动

    B. 气管插管及手术操作共用同一气道,对气道的管理尤为重要

    C. 术中要求声门区域绝对静止,以免影响激光定位及误操作

    D. 手术时间通常较短

    E. 较粗的气管导管,保障术中有效的通气及防止血液和异物进入下呼吸道

    F. 手术时间短,应维持较浅的麻醉利于苏醒

提问3:患者既往体健,否认心脑血管疾病。长期吸烟史,慢性咳嗽,无咳痰。发病以来声嘶但无呼吸困难。咽腔结构正常,无明显气道梗阻及困难气道。术前血压正常。麻醉需注意哪些问题

    A. 快速诱导,可插入较细(ID6.5)抗压加强的气管导管

    B. 适当加深麻醉减轻固定支撑喉镜时血流动力学的急剧波动,同时注意观察气道压变化,避免气管导管受压及移位

    C. 尽量使用较低的供氧浓度,严防激光操作时误伤气管导管及套囊引起的燃爆及气道损伤

    D. 此类手术刺激较强,手术时间短,术中要求声门绝对静止,可选用短效的静脉麻醉药,同时注意肌松剂的合理使用

    E. 术毕注意肌松残余作用,尽量减轻气道水肿,呼吸恢复后拔出气管导管,避免喉痉挛及气道梗阻发生

    F. 常规使用激素减轻气道水肿

提问1:【答案】ABCDEF
【解析】喉激光手术部位与麻醉共用同一气道,手术时间虽短但咽喉部刺激较强,应做好气道及全身的评估。
【考点】喉激光手术特点

提问2:【答案】ABCD
【解析】喉激光手术部位与麻醉共用同一气道,固定支撑喉镜时对咽喉部刺激较强应适当加深麻醉。术中要求声门区域绝对静止,可选用相对细气管导管,以免妨碍手术操作,术中注意
【考点】喉激光手术特点

提问3:【答案】ABCDEF
【解析】喉激光手术部位与麻醉共用同一气道,固定支撑喉镜时对咽喉部刺激较强应适当加深麻醉。术中要求声门区域绝对静止,可选用相对细气管导管,以免妨碍手术操作。
【考点】喉激光麻醉管理

案例二 女性患者,45岁,体重60kg。间断鼻塞10余年,加重1个月。诊断:慢性鼻窦炎鼻息肉。住院后拟全麻下行鼻内镜(ESS)鼻息肉切除术。

提问1:下列有关鼻内镜手术的麻醉前准备及评估正确的是

A. 是否有食物,药物过敏史。包括过敏原、表现、有效控制手段和目前情况

B. 是否有慢性咳嗽,哮喘史。治疗情况及特效用药

C. 评估气道情况,了解是否存在阻塞性睡眠呼吸暂停低通气综合征(OSAS)。确定麻醉及气道管理方式

D. 了解手术方式,出血情况,评估重要脏器功能是否耐受术中控制性降压带来的影响

E. 术野出血可能污染气道,不能使用喉罩

F. 控制性降压主要为了减少出血

提问2:该患既往体健,全身情况良好。无急性上呼吸道感染,无过敏史。化验及辅助检查大致正常,拟全麻鼻内镜下行全组鼻窦开放 + 鼻息肉切除术 + 鼻中隔矫正术。请问 ESS 全麻要求是

A. 首选气管插管

B. 诱导、麻醉中及苏醒期均需安全有效地控制气道

C. 为了提供良好的术野清晰度,术中可适当控制性降压

D. 术毕苏醒期充分吸净咽腔分泌物,同时避免拔管剧烈呛咳出血

E. 可选可弯喉罩控制气道

F. 术中可将患者调至头高脚低位

提问3:患者术中麻醉平稳,但术野出血较多,影响手术操作。如何提供术野清晰度

A. 调整麻醉深度,防止因麻醉过浅导致血压升高,出血增多

B. 将患者头部适当抬高

C. 术野局部应用肾上腺素纱条对鼻腔进行填塞,收缩鼻腔黏膜血管

D. 可采用药物控制性降压,减少出血

E. 为尽快减少术野出血,可快速控制性降压,且越低越好

F. 控制性降压应注意重要脏器保护

(姜雪莺 李 梅 张祥晶)

提问1:【答案】ABCDF

【解析】鼻窦炎患者多伴有过敏因素,需详细询问过敏史。鼻内镜手术需要提供满意的术野清晰度,术中可适当控制性降压。特殊设计的可弯喉罩可代替气管导管,在满足有效通气和气道密闭需求的同时,可避免术毕拔管造成的剧烈咳嗽。

【考点】鼻内镜手术麻醉前准备

提问2:【答案】BCDEF

【解析】鼻内镜手术需要提供满意的术野清晰度,术中可适当控制性降压和头高脚低位。可弯喉罩一定程度上可密闭气道,患者耐受良好,同时可避免术毕拔管造成的剧烈咳嗽。

【考点】鼻内镜手术麻醉管理

提问3:【答案】ABCDF

【解析】鼻内镜术中控制性降压不宜过低,持续时间不宜过长。应注意保证重要器官组织的血流灌注。术中应维持适当的麻醉深度,实施控制性降压、抬高头位等措施。

【考点】鼻内镜手术麻醉管理

第四十一章　口腔手术麻醉

【A1 型题】

1. 下列综合征中常存在困难气道的是
   A. Eisenmenger 综合征
   B. Mendelson 综合征
   C. Pierre Robin 综合征
   D. Apert 综合征
   E. HELLP 综合征

2. 下列手术中需要控制性降压的是
   A. 甲状腺切除术
   B. 正颌手术
   C. 乳腺纤维瘤切除术
   D. 阑尾切除术
   E. 人工晶状体植入术

3. 下列患者通常需要清醒经鼻插管的是
   A. 右下颌骨囊肿
   B. 双侧唇裂
   C. 左腮腺肿物
   D. 双侧颞下颌关节强直
   E. 三叉神经痛

4. 患者男,20 岁,既往体健。此次因"右上颌骨骨性纤维瘤"行"右上颌骨骨性纤维瘤扩大切除术 + 右上颌骨次全切除术 + 右颈部血管探查术 + 左腓骨游离肌皮瓣修复术"。术中上颌骨截骨时为了利于手术操作和减少出血实施了"控制性降压"。关于控制性降压,以下正确的是
   A. 维持舒张压在 55~65mmHg 之间
   B. 实施控制性降压时,麻醉深度应适当减浅
   C. 采用吸入麻醉药物实施控制性降压时,肺通气肺泡无效腔反而会减小
   D. 一般以手术野不出血作为控制性降压的标准
   E. 控制性降压时间不宜过长,最好在 30 分钟以内

1.【答案】C
【解析】Pierre Robin 综合征又称小颌畸形综合征,是指以新生儿婴儿时期的先天性小颌畸形、舌下垂、腭裂及吸气性呼吸道阻塞为特征的综合征,可表现为下颌特小的典型"鸟状面容"。该综合征的患儿,小下颌和高喉头使得喉镜下无法窥见会厌,且较大的舌体嵌于腭部裂隙中还有导致气道完全阻塞的可能,因此,存在困难气道。
【考点】困难气道

2.【答案】B
【解析】正颌手术是通过对颌骨各种形式的截骨、移动、固定达到矫正牙颌面畸形目的的手术。颌面部血管无静脉窦,术中易渗血及不易止血。手术可伤及颌面部动脉引起短时间内急性大出血,尤其在进行上颌 Lefort 各型骨切开术及下颌升支部手术时往往出血较多,因此,需要控制性降压。
【考点】控制性降压

3.【答案】D
【解析】颞下颌关节和关节周围及颌间部位,由于纤维瘢痕或骨性粘连,致使下颌骨运动障碍或下颌骨不能运动,叫颞下颌关节强直。一般会引起患者张口困难或完全不能张口,因此,麻醉诱导时通常采用清醒经鼻插管法。
【考点】经鼻插管法

4.【答案】E
【解析】控制性降压应维持平均动脉压在 55~65mmHg 之间。实施控制性降压时,麻醉深度应适当加深。采用吸入麻醉药物实施控制性降压时,肺通气肺泡无效腔反而会增加。控制性降压不以手术野不出血作为标准,应以保护重要脏器的灌注作为首要目标。
【考点】控制性降压

5.【答案】D

【解析】恶性高热是一种亚临床肌肉病,即患者平时无异常表现,在全麻过程中接触挥发性吸入麻醉药(如氟烷、安氟醚、异氟醚等)和去极化肌松药(琥珀酰胆碱)后出现骨骼肌强直性收缩,产生大量能量,导致体温持续快速增高,在没有特异性治疗药物的情况下,一般的临床降温措施难以控制体温的增高,最终可导致患者死亡。临床表现为发作突然,表现为①突然发生的高碳酸血症;②体温急剧升高,可达 45~46℃;③骨骼肌僵直;④血钾增高;⑤心动过速,血压异常,呼吸急促;⑥意识改变;⑦出汗;⑧外周白细胞增高;⑨酶学改变:磷酸肌酸激酶、乳酸脱氢酶、谷草转氨酶等可上升。恶性高热在先天性疾病如中央轴空病、特发性脊柱侧弯、斜视、上睑下垂、脐疝、腹股沟疝等患者中多见。成人发病率为 1/50 000,小儿为 1/15 000;男性发病多于女性。

【考点】恶性高热

6.【答案】A

【解析】此题主要考查在口腔颌面外科手术中,对清醒气管插管适应证的掌握情况,其适应证为:对患者在全身麻醉下插管考虑不安全时,可选用清醒插管。口腔手术中因影响手术操作应选用鼻腔插管。

【考点】口腔颌面外科手术中,对慢诱导清醒气管插管适应证

7.【答案】A

【解析】此题主要考查经典环甲膜穿刺的解剖位置,甲状软骨和环状软骨之间的环甲膜。

【考点】经典环甲膜穿刺的解剖位置

8.【答案】D

【解析】此题主要考查经鼻气管插管相关的气道神经解剖。三叉神经支配鼻黏膜感觉。气道神经包括喉上神经和舌咽神经。喉上神经是迷走神经分支,到舌骨水平分为喉内支和喉外支,喉内支支配喉部从会厌到声带的感觉。舌咽神经支配咽部、软腭和舌后 1/3 的感觉,并消除呕吐反射。

【考点】经鼻气管插管相关的气道神经解剖

9.【答案】D

【解析】此题主要考查保留自主呼吸的慢诱导气管插管中,为保证患者安全,在插管成功前肌松药是禁忌使用的。

【考点】保留自主呼吸的慢诱导气管插管中,插管成功前药物的选择

5. 患儿男,5 岁,既往斜视病史。此次在全麻下行全口牙治疗术,琥珀酰胆碱快速诱导后经鼻气管插管,术中七氟醚纯吸入维持麻醉。在手术过程中,发现患儿的心率、呼气末二氧化碳、体温渐进性升高。血气分析显示血钾升高、二氧化碳升高。此时应高度怀疑患儿发生了
   A. 上呼吸道感染
   B. 甲状腺功能亢进
   C. 高热惊厥
   D. 恶性高热
   E. 强直性脊柱炎

6. 在舌癌切除手术中,对张口度仅一指的患者,在下列选项中,麻醉气管插管应首先考虑
   A. 清醒鼻腔气管插管
   B. 快诱导鼻腔气管插管
   C. 快诱导口腔气管插管
   D. 气管切开
   E. 经鼻明视下气管插管

7. 经典环甲膜穿刺部位
   A. 甲状软骨和环状软骨之间
   B. 喉结最突出处上端
   C. 甲状软骨上进针
   D. 环状软骨下进针
   E. 胸骨上窝以上 2cm

8. 以下选项中均为支配经鼻气管插管路径的气道黏膜感觉的神经,除外
   A. 三叉神经
   B. 舌咽神经
   C. 迷走神经
   D. 交感神经
   E. 喉上神经

9. 在保留自主呼吸的慢诱导气管插管中,在确定气管插管成功前,不能选择的药物是
   A. 咪达唑仑注射液
   B. 舒芬太尼注射液
   C. 丙泊酚
   D. 罗库溴铵
   E. 右美托咪定

10. 以下药物中,可诱发气管痉挛的药物为
    A. 吗啡　　　　B. 氯胺酮　　　　C. 异丙酚
    D. 苯二氮䓬类　　E. 芬太尼

【A2 型题】

1. 患儿男,10个月,10kg,全麻下行"咽成形术",术毕拔管后发现口唇青紫,SpO_2 50%。患儿胸壁僵硬,可闻及喉鸣音。正确的处理不包括
    A. 轻提下颌,面罩加压纯氧通气
    B. 静脉予丙泊酚加深麻醉
    C. 清除咽喉部分泌物
    D. 予阿托品减少口咽分泌物
    E. 静脉予新斯的明拮抗肌松残余

2. 患者男,72岁,诊断为"舌根肿物",张口度5cm,Mallampati分级Ⅱ级,平时睡眠打鼾,无憋醒。肿物突出舌体表面,血运丰富。气管插管时不正确的是
    A. 清醒表面麻醉
    B. 喉镜暴露声门,直视下置管
    C. 纤维支气管镜引导下经鼻气管插管
    D. 如果肿物过大,可直接行气管切开
    E. 使用二氧化碳监测确定导管位置

3. 患者男,45岁,身高178cm,体重146kg。因滑雪摔伤致面部骨折,欲行"切开复位内固定术"。根据BMI指数,患者的肥胖程度属于
    A. 超重　　　　　　B. 肥胖Ⅰ级
    C. 肥胖Ⅱ级　　　　D. Ⅲ级病理性肥胖
    E. Ⅳ级过度肥胖

4. 患者女,25岁,因"面部不对称畸形"行正颌手术,常规行经鼻插管。关于鼻腔解剖以下错误的是
    A. 鼻腔由鼻中隔分为左右两侧
    B. 鼻腔两侧分别有上、中、下三个鼻道
    C. 中鼻道最为宽大
    D. 鼻前庭和固有鼻腔之间存在大于90°的夹角
    E. 固有鼻腔和咽后壁之间存在大于90°的夹角

5. 患者男,45岁,体重115kg,以舌肿物收入院。化验室检查基本正常。今预在全身麻醉下行舌肿物切除术。入手术室后血压140/90mmHg,心率75次/min,血氧98%,麻醉诱导药物:

10.【答案】A
　　【解析】此题主要考查诱发气道痉挛药物。吗啡由于释放组胺和增加平滑肌的张力,而引起支气管痉挛。
　　【考点】麻醉使用的各药物的副作用

1.【答案】E
　　【解析】此题主要考查对喉痉挛的诊断及治疗方法,以及喉痉挛与全麻肌松残余的鉴别。
　　【考点】喉痉挛的诊断鉴别诊断及处理方法

2.【答案】B
　　【解析】舌根肿物血运丰富,使用喉镜易损伤肿物导致出血造成紧急气道,导致严重后果。
　　【考点】困难气道插管方式的选择

3.【答案】D
　　【解析】BMI=体重(kg)/身高(m)^2,该患者BMI=146/(1.78×1.78)=46.1,属于Ⅲ级病理性肥胖。
　　【考点】肥胖的定义及划分

4.【答案】C
　　【解析】下鼻道最为宽大。
　　【考点】鼻腔的解剖

5.【答案】B
　　【解析】其他选项也是判断气管插管是否插入气道的方法,但如果患者肥胖,则判断可能失误。只有通过呼气末二氧化碳监测才是判断气管插管是否插入气道的"金标准"。
　　【考点】气管插管

咪达唑仑 2mg,舒芬太尼 15μg,丙泊酚 150mg,顺式阿曲库铵 40mg。经口明视下气管插管,暴露声门困难,试插两次后成功。
请问判断气管插管成功插入的"金标准"是

A. 按压胸腔可见气管导管内白雾

B. 呼气末二氧化碳监测显示规律波形

C. 双肺听诊可听见清亮呼吸音

D. 可从气管导管内吸出白色分泌物

E. 通过呼吸机通气可见胸廓起伏

6.【答案】D
【解析】此时情况是患者无法通气,无法插管的紧急时刻,不能等待或反复插管。应该快速处理,采用环甲膜穿刺技术维持通气。
【考点】困难气道的处理

6. 患者女,70 岁,体重 50kg,既往行舌肿瘤切除术 + 前臂皮瓣修复术 + 左颈清扫术。主诉术后行放疗,剂量及次数不详。现以舌根肿瘤复发收入院。今预在全身麻醉下行肿物切除术。入室后血压 122/70mmHg,心率 69 次 /min,血氧 95%。麻醉医师给予诱导药物咪达唑仑 2mg,舒芬太尼 10μg,丙泊酚 100mg,顺式阿曲库铵 20mg 后发现无法通气,紧急气管插管失败(开口 1.5cm),无法暴露会厌及声门,此时血压 145/89mmHg,心率 98 次 /min,血氧 70%。此时应该采取下列哪一措施

A. 呼叫耳鼻喉科,等待气管插管

B. 继续尝试气管插管

C. 继续通气

D. 紧急环甲膜穿刺通气

E. 插入喉罩

7.【答案】D
【解析】恶性高热出现伴随的临床症状为高钾血症,肌肉痉挛,代谢性酸中毒,自主呼吸频率上升,血糖下降。
【考点】恶性高热

7. 患者男,4 岁,接受腭裂修复术。麻醉诱导使用药物有丙泊酚,琥珀胆碱。术中吸入 50% 氧气、50% 氧化亚氮和 3% 七氟烷。术中采用自主呼吸模式。手术进行到 20 分钟时,患者血压上升至 180/98mmHg,心率增加到 180 次 /min。此时呼气末二氧化碳分压($P_{ET}CO_2$)为 80mmHg。麻醉医师怀疑患者出现恶性高热。请问恶性高热还有哪些临床症状

A. 低钾血症

B. 血糖升高

C. 肌肉松弛

D. 代谢性酸中毒

E. 自主呼吸频率降低

8.【答案】E
【解析】控制行降压可以有很多手段,但是给予非甾体抗炎药血压不会下降。
【考点】控制性降压

8. 患者女,22 岁,以上颌后缩,下颌畸形收入院。今预行上颌 Lefort I 型截骨术 +BSSRO+ 颏成形术。术中麻醉医师预进行控制性降压。以下哪种措施**不**是控制性降压的措施

A. 加深麻醉　　　　　　　B. 头高脚底位

C. 给予尼卡地平　　　　　D. 给予艾司洛尔

E. 给予氟比洛芬酯

9. 患者男,24 岁,车祸致鼻骨、双侧颧骨颧弓及上下颌骨多发骨折,预在全麻下行切开复位内固定术,建立气道最好的方法是
   A. 清醒经鼻插管
   B. 快诱导经鼻插管
   C. 快诱导经口插管
   D. 经气管造口插管
   E. 经颏下气管置管

10. 患者男,72 岁,"右耳下包块 3 个月余"入院,既往高血压病史,口服药物控制平稳,全麻下行右腮腺肿物及部分腺体切除术,术后拔管时呼之能应,四肢肌力正常,可见右侧额纹消失、眼睑闭合不全、口角下垂,最可能的原因是
    A. 脑梗
    B. 面神经损伤
    C. 耳大神经损伤
    D. 颊神经损伤
    E. 耳颞神经损伤

11. 患者女,21 岁,全麻下行"上颌 Lefort I 型截骨术 +BSSRO+ 颏成形术 + 双侧上颌前部植骨术",术中损伤上颌动脉,出血量约 800ml,关于术后麻醉管理,不正确的是
    A. 补充血容量,预防失血性休克
    B. 充分镇静镇痛
    C. 留置气管内插管 24 小时
    D. 冰敷减少创面渗血
    E. 经气管造口插管

12. 患者男,85 岁,全麻下行单纯颈淋巴结清扫术,术中有创动脉压骤降,心率降至 20 次 /min,最可能的原因是
    A. 突发心肌梗死
    B. 手术刺激减小,麻醉过深
    C. 损伤颈部动脉,急性大出血
    D. 颈动脉窦刺激
    E. 喉返神经刺激

13. 患者男,25 岁,体重 60kg,ASA I 级,因上颌后缩,下颌前突需行正颌手术,术中行 lefort I 型截骨时因上颌血管丰富需控制性降压,关于控制性降压,以下哪项错误
    A. MAP 控制在 50~65mmHg
    B. 低血容量或显著性贫血等患者不适合控制性降压
    C. 控制性降压时,皮肤和肌肉的血流量不变
    D. 脑栓塞和脑缺氧是控制性降压可能出现的并发症
    E. 硝普钠用于控制性降压突然停药后可出现血压反跳现象

14.【答案】E
　　【解析】困难气道包括面罩通气困难和气管插管困难。
　　【考点】困难气道

15.【答案】A
　　【解析】B 中患儿一般为口小舌大,C 中气管插管的型号为 ID＝年龄 /4+4,D 中待患儿意识消失后需调整七氟烷蒸发器至 3%~4%。E 中单纯七氟烷诱导易诱发喉痉挛,可辅助丙泊酚等静脉药。
　　【考点】小儿麻醉常见的特点

16.【答案】B
　　【解析】此患者是可预见的困难气道,因此安全起见诱导常采用保留自主呼吸,清醒插管,术后不宜早拔管。此患者属于重度 OSAHS 合并中度低氧血症。OSAHS 患者对麻醉镇痛药极为敏感,应少用。
　　【考点】困难气道的处理

1.【答案】D
　　【解析】正颌手术多为口内操作,创伤大,出血多,且术野小,不宜止血,因此需行气管插管,不能使用喉罩。同时,正颌手术术中需行咬合调整,因此,经鼻气管插管最为恰当。
　　【考点】颌面外科手术气管插管的选择

14. 患者男,35 岁,体重 100kg,身高 175cm,自诉睡眠时打鼾、但无憋醒,无其他系统性疾病,因右侧腮腺肿物需行右侧腮腺肿物切除＋面神经解剖术,关于预测困难气道,下列哪项**错误**
　　A. 甲颏间距 <6cm,则 75% 无法用喉镜暴露
　　B. Mallampati 分级 1~2 级提示插管无困难
　　C. 颈部屈伸度正常值大于 90°,小于 80°,提示插管有困难
　　D. 此患者体重指数(BMI)>26kg/m²,有打鼾史,提示可能存在面罩通气困难
　　E. 困难气道特指气管插管困难

15. 患儿男,2 岁,体重 13kg,无其他系统性疾病,因腭裂需择期行腭裂修复术,关于麻醉术前准备,以下哪项是正确的
　　A. 禁食禁饮时间:清液 2 小时,母乳 4 小时,配方奶 6 小时,固体食物 8 小时
　　B. 小儿头颈短,口小舌小,易发生扁桃体和腺样体肥大,术前应仔细访视患儿
　　C. 诱导前应准备好面罩,气管导管的型号 ID(带套囊)＝年龄 /4+4.5
　　D. 患儿入室后七氟烷吸入(蒸发器调至 6%~8%),待患儿意识消失后开放外周静脉,此时无须调整七氟烷蒸发器,继续保持高浓度(6%~8%)吸入
　　E. 单纯七氟烷诱导不易诱发喉痉挛,不用辅助其他静脉药

16. 患者男,30 岁,体重 90kg,身高 170cm,因睡眠呼吸暂停综合征需行手术治疗,术前检查 AHI＝41,最低 SaO₂＝65%,此患者麻醉注意事项下列哪项是正确的
　　A. 应行常规快诱导
　　B. 此类患者最好行清醒插管,保留自主呼吸
　　C. 患者属于中度 OSAHS 合并中度低氧血症
　　D. 术后应早拔管
　　E. OSAHS 患者对麻醉性镇痛药不敏感,可适当加大剂量

【A3/A4 型题】

(1~3 题共用题干)

女,25 岁,因上颌后缩,下颌前突畸形入院,拟择期行上颌骨 Lefort I 型截骨 +BSSRO+ 颏成形手术,既往体健,术前检查未见异常。

1. 关于该患者全麻人工气道选择,下列哪项最为恰当
　　A. 可弯曲喉罩
　　B. 经口加强钢丝气管插管

C. 经口异型管插管

D. 经鼻气管插管

E. 经鼻气管插管或经口气管插管均可

2. 术中为减少出血,改善术野,下列措施**不恰当**的是

A. 适当控制性降压

B. 适当使用氨甲环酸

C. 维持足够麻醉深度,避免血压剧烈波动

D. 适当调整体位,可头低足高位

E. 适当调整体位,可头高足低位

3. 术中行上颌骨截骨时,突然心率由 95 次 /min 迅速降低到 40 次 /min,最可能的原因是

A. 心肌缺血   B. 失血性休克

C. 三叉神经 - 心脏反射   D. 低氧血症

E. 高钾血症

(4~6 题共用题干)

8 个月男性患者,体重 11.2kg,入院诊断为先天性腭裂伴小下颌畸形,拟行腭裂修复术。

4. 根据手术需要,建立人工气道应首选

A. 3.0 号气管插管   B. 3.5 号气管插管

C. 4.0 号气管插管   D. 4.5 号气管插管

E. 婴幼儿型喉罩

5. 首选插管器械

A. 儿童视频喉镜   B. 儿童普通喉镜

C. 儿童视可尼喉镜   D. 儿童纤维镜

E. 光棒

6. 拔管时机首选

A. 自主呼吸恢复,深麻醉拔管

B. 人机抵抗时潮气量足够时

C. 呛咳时

D. 肌力恢复,吞咽反射恢复,充分吸引后

E. 术毕

(7~8 题共用题干)

患儿男,2 岁,身高 100cm,体重 12kg,拟行唇裂术后唇畸形修复术。

7.【答案】E
【解析】小儿术前禁食水指南,1~16岁儿童,脂肪类固体食物8小时,淀粉类固体食物6小时,牛奶及配方奶6小时,清饮料2小时。
【考点】小儿术前禁食水时间

8.【答案】E
【解析】婴幼儿气管最狭窄处位于环状软骨。
【考点】小儿气管插管特点

9.【答案】C
【解析】经鼻气管插管应注意的两个弯曲,一个在鼻腔与咽之间,凸向后;另一个在咽与喉之间,凸向前。
【考点】经鼻气管插管的解剖特点

10.【答案】E
【解析】气管切开的层次包括皮肤、浅筋膜、颈筋膜浅层、舌骨下肌群、气管前筋膜。
【考点】气管切开的解剖

---

7. 关于该患儿术前禁食禁饮正确的是
    A. 脂肪类固体食物6小时,牛奶6小时
    B. 淀粉固体食物6小时,牛奶4小时
    C. 脂肪类固体食物8小时,清饮料4小时
    D. 淀粉类固体食物8小时,清饮料2小时
    E. 牛奶6小时,清饮料2小时

8. 关于小儿气管插管,以下**错误**的是
    A. 插管深度 =12+ 患儿年龄(岁)/2
    B. 导管内径 =4+ 患儿年龄(岁)/4
    C. 插管后需听诊双肺呼吸音
    D. 小儿自口经咽至气管三条轴线更难重叠成一条直线
    E. 小儿气道最狭窄的位置是声门裂

(9~10题共用题干)
患者女,65岁。拟经鼻气管插管全麻下行右下牙龈癌扩大切除术 + 右下颌骨区段截骨术 + 右颈淋巴结清扫术 + 左腓骨肌皮瓣修复术 + 气管切开术。既往体健,入室血压 135/60mmHg,心率 80 次 /min。

9. 经鼻气管插管应注意的两个弯曲是
    A. 一个弯曲在鼻前庭与固有鼻腔之间,凸向前;另一个弯曲在鼻腔与咽之间,凸向后
    B. 一个弯曲在鼻前庭与固有鼻腔之间,凸向前;另一个弯曲在咽与喉之间,凸向后
    C. 一个弯曲在鼻腔与咽之间,凸向后;另一个弯曲在咽与喉之间,凸向前
    D. 一个弯曲在鼻腔与咽之间,凸向后;另一个弯曲在喉与气管之间,凸向前
    E. 一个弯曲在咽与喉之间,凸向后;另一个弯曲在喉与气管之间,凸向前

10. 患者术后需行气管切开,气管切开的层次**不包括**
    A. 浅筋膜   B. 颈筋膜浅层   C. 舌骨下肌群
    D. 气管前筋膜   E. 椎前筋膜

(11~12题共用题干)
患儿女,8个月,8kg,因单侧完全性腭裂吸入全麻下行腭裂修补术。患儿苏醒,呛咳反射恢复,充分吸痰后拔出气管插管。2分钟后,患儿氧饱和度下降至90%,可闻及轻度的喉鸣音,吸气相可见轻度三凹征。

11. 此时患儿最可能出现的并发症是
    A. 舌后坠　　　　　　　B. 喉痉挛
    C. 支气管痉挛　　　　　D. 分泌物堵塞气道
    E. 术野渗血堵塞气道

12. 下列处理措施错误的是
    A. 面罩纯氧正压通气
    B. 消除刺激因素
    C. 丙泊酚、吸入麻醉药加深麻醉
    D. 给予琥珀酰胆碱
    E. 直接行环甲膜切开保证通气

【案例分析题】

案例一　患者男性,58 岁,因"上颌肿物切除术后 2 年复发 1 周"入院。患者 2 年前因上颌肿物在全麻下行右上腭肿物扩大切除和股外侧皮瓣修复术。病理诊断"鳞状上皮癌",术后放疗。此次因肿物复发为进一步诊治入院。患者既往合并高血压,控制可,否认冠心病、糖尿病等,胸片心肺无异常,查体右上颌部分缺损,开口度 1 指。拟全麻下行右上颌肿物扩大切除及前臂游离皮瓣修复术。

提问 1:该患者的气道评估应包括
    A. 肿瘤的范围
    B. 鼻腔是否通畅
    C. 下颌骨是否过短
    D. 患者的开口度
    E. 颈部的活动度
    F. Mallampati 气道分级

提问 2:该患者麻醉诱导和气管插管的方式适宜选择
    A. 静脉快速诱导后经口腔插管
    B. 静脉快速诱导后经鼻腔插管
    C. 静脉慢诱导后经鼻腔盲探插管
    D. 静脉慢诱导后经鼻腔纤维支气管镜插管
    E. 静脉慢诱导后经口腔纤维支气管镜插管
    F. 如果连续插管失败,也可先行气管切开,置入带套囊的气切套管,接麻醉机进行全麻

提问 3:此患者手术麻醉管理的注意事项正确的是
    A. 肿物切除时可谨慎采用控制性降压
    B. 皮瓣修复时慎用血管收缩剂
    C. 注意补充第三间隙丢失液体
    D. 术后即刻拔出气管导管
    E. 术后延迟拔管
    F. 上颌手术出血量大,应足量应用止血药物

11.【答案】B
    【解析】患儿腭裂术后麻醉恢复期出现上呼吸道梗阻,可闻及轻度的喉鸣音,最可能的原因是喉痉挛。
    【考点】腭裂术后常见的麻醉并发症

12.【答案】E
    【解析】根据喉痉挛的不同程度,有相应的措施,直接行环甲膜切开不妥。
    【考点】喉痉挛的处理

提问 1:【答案】ABCDEF
    【解析】此题需掌握颌面外科困难气道的评估,由于常用经鼻腔插管,对鼻腔的术前评估非常重要。
    【考点】口腔颌面外科术前评估,困难气道的术前评估

提问 2:【答案】CDF
    【解析】此类较复杂的口腔内手术通常选择经鼻腔插管,由于患者上颌缺损不适合快速诱导。因患者为预计困难气道的患者,适宜选用缓慢诱导,保留自主呼吸,经鼻腔盲探或纤维镜气管插管。
    【考点】口腔颌面手术气管插管途径的选择和困难气道的麻醉诱导

提问 3:【答案】ABE
    【解析】该题需掌握口腔颌面外科手术麻醉管理的要点。颌面外科上颌手术时通常需要采用控制性降压,由于该患者合并高血压,需谨慎采用。行游离皮瓣修复手术,需要吻合血管,过多使用止血药物,可能造成血管吻合端血栓形成。
    【考点】口腔颌面外科皮瓣手术管理的特点,控制性降压,困难气道的拔管

案例二 患者男性,40岁,因"发现舌根肿物1个月余"入院。患者发病以来自觉吞咽差,说话时发音略含糊,平卧入睡时偶打鼾。既往体检,否认心肺疾病。查体身高170cm,体重85kg,开口度3指,伸舌稍差。诊断为"舌癌",拟全麻下行舌癌扩大切除,双侧颈淋巴结清扫及股外侧皮瓣修复术。

提问1:由于患者开口度尚可,麻醉医师采用静脉快速顺序诱导,经可视喉镜气管插管,发现仅能显示会厌,无法暴露声门,并且面罩通气阻力增大,血氧尚能维持90%左右。此时麻醉医师适宜的做法包括

A. 改用直接喉镜再次暴露,尝试插管

B. 放置喉罩通气,肌松拮抗,试图唤醒患者

C. 双手托下颌,或尝试口咽通气道,保证患者通气

D. 呼叫帮助

E. 在保证通气的情况下采用纤维支气管镜插管

F. 准备紧急气管切开

提问2:该患者手术历时8小时,出血500ml,尿量500ml。手术结束后比较合适的气道管理措施是

A. 患者完全清醒后拔管

B. 延迟拔管

C. 预防性气管切开

D. 术后即刻拔管

E. 泵入少量瑞芬太尼,等患者完全清醒后拔管

F. 术后不拔管,带管一周

提问3:患者术毕,行气管切开,送回ICU观察,生命体征平稳。2小时后,患者开始出现呼吸困难,烦躁,RR:25次/min,SPO$_2$降至90%,此时,需要哪些临床检查来帮助你进行诊断

A. 立即检查气切套管是否脱出

B. 使用纤维支气管镜检查气管内是否有血块、痰块堵塞部分气道

C. 评判游离皮瓣的吻合血管是否出现血管危象以及皮瓣是否出现肿胀

D. 通过ECG、心脏超声、血液学检查判断是否出现了肺栓塞

E. 听诊双肺,判断是否存在气道痉挛

F. 评价患者是否存在术后躁动或谵妄,必要时加大镇静药物剂量

（焦 亮 杨旭东）

提问1:【答案】CDEF

【解析】此题需了解口腔颌面肿物困难气道的处理流程。舌根肿物巨大时,可视喉镜往往不能有效暴露声门,最有效的方法是纤维支气管镜插管。此种患者应慎用快速诱导,导致无法插管无法通气的情况。在急救时由于肿物的影响,喉罩通气效果不好,应尽早呼叫帮助,尽早做好紧急气管切开的准备。

【考点】困难气道的处理流程,口腔颌面肿物气道处理的特点。

提问2:【答案】C

【解析】此题需了解困难气道拔管的流程和口腔颌面手术的特点。患者舌根肿物切除范围较大,股外侧皮瓣术后可能存在肿胀,患者术后通常难以代偿,需要做预防性气管切开。

【考点】困难气道拔管的流程,口腔颌面手术的特点

提问3:【答案】ABDE

【解析】此题考的是口腔肿瘤患者术后的管理问题。出现呼吸困难的症状,应当从气道、肺循环、心脏功能,甚至是脑内是否出现异常等方面考虑,此患者因为已经有气管切开,游离皮瓣出现血管危象或肿胀,并不会造成气道堵塞。其他可能的原因还包括术后肺不张、气胸、急性左心功能不全等。

【考点】术后呼吸困难的诊断

第四十二章　手术室外麻醉和日间手术麻醉

【A1 型题】

1. 下列药物适用无痛消化内镜检查,**除外**
   - A. 咪达唑仑
   - B. 右美托咪定
   - C. 丙泊酚
   - D. 吗啡
   - E. 芬太尼

2. 无痛消化内镜检查的禁忌证,**除外**
   - A. 年龄大于 70 岁
   - B. 严重心脏病如严重心律失常、心肌梗死活动期和重度心力衰竭等
   - C. 严重肺部疾病如哮喘、呼吸衰竭不能平卧者
   - D. 食管、胃、十二指肠穿孔的急性期
   - E. 急性重症咽喉疾患内镜不能插入者

3. 下列患者中,**不宜**进行无痛纤维支气管镜检查的是
   - A. 75 岁男性患者,体检时胸片发现肺门部占位性病变
   - B. 40 岁女性患者,合并风湿性心脏病二尖瓣狭窄,心功能不全,痰中带血丝,无法平卧
   - C. 20 岁男性患者,诊断为甲状腺癌,怀疑气管受侵犯
   - D. 2 岁患儿,剧烈咳嗽,呼吸困难
   - E. 已经怀疑为肺结核患者,但无法取得病原学资料(痰培养多次阴性)

4. 下列哪些**不是**无痛纤维支气管镜检查室必须具备的
   - A. 双腔气管导管
   - B. 高频喷射通气机
   - C. 麻醉喉镜
   - D. 负压吸引装置
   - E. 多功能监护仪

1.【答案】D
【解析】无痛消化内镜检查麻醉用药要求诱导快,持续时间短,恢复快,易调节,能拮抗。吗啡不符合要求。
【考点】无痛消化内镜检查麻醉用药

2.【答案】A
【解析】考查对无痛消化内镜检查禁忌证的掌握,年龄不是绝对禁忌证。
【考点】无痛消化内镜检查的禁忌证

3.【答案】B
【解析】严重心功能不全不宜行无痛纤维支气管镜检查。
【考点】此题主要考查无痛纤维支气管镜检查的禁忌证

4.【答案】B
【解析】高频喷射通气不是无痛纤维支气管镜检查必不可少的。
【考点】此题主要考查无痛纤维支气管镜检查的准备情况

5.【答案】D

【解析】此题主要考查常用抗精神病药物的不良反应,其中三环类抗抑郁药和单胺氧化酶抑制药的过度升压反应可致高血压危象,长时间服用锂剂的患者常伴有甲状腺功能低下,应注意其对麻醉的影响。

【考点】常用抗精神药物对改良电休克治疗的影响

6.【答案】E

【解析】此题主要考查对改良电休克治疗实施麻醉的注意事项。

【考点】抗胆碱能药物需经过评估后给予,而非常规应用

7.【答案】A

【解析】日间手术术前禁食水标准:2小时禁清水,8小时禁固体饮食,少量清淡饮食可放宽至6小时。

【考点】日间手术术前禁食水标准

8.【答案】D

【解析】除早产儿以外,年龄通常不作为日间手术的绝对排除标准。手术时间短的手术更适合行日间手术,但目前日间手术3个小时以上的手术已经很普遍。困难气道患者不适合行日间手术。

【考点】日间手术的适应证

1.【答案】E

【解析】无痛胃肠镜检查前至少禁食6~8小时,禁饮2小时,如患者存在胃排空障碍或胃潴留,应适当延长禁食和禁饮时间。

【考点】考查对无痛消化内镜检查前禁食水时间的掌握

2.【答案】B

【解析】胃镜通过咽喉部刺激最强,麻醉应达到适宜的深度,以防止呛咳和躁动。

【考点】消化内镜检查中麻醉深度的把握

3.【答案】E

【解析】无痛消化内镜检查麻醉相关最常见的不良反应是低氧血症、误吸、心律失常和低血压。

【考点】无痛消化内镜检查中麻醉相关不良反应

5. 国内目前建议改良电休克治疗前多长时间尽量**不使用**抗癫痫和抗焦虑的药物

A. 2小时　　B. 4小时　　C. 6小时
D. 8小时　　E. 12小时

6. 改良电休克治疗的麻醉前准备**不包括**

A. 禁食禁饮　　B. 排空大小便
C. 取下义齿、首饰等　　D. 全面评估患者
E. 常规应用抗胆碱能药物

7. 日间手术术前准备禁食水的时间要求正确的是

A. 2小时禁水,8小时禁固体食物
B. 4小时禁水,6小时禁清淡饮食
C. 2小时禁水,4小时禁清淡饮食
D. 4小时禁水,6小时禁固体食物
E. 4小时禁水,8小时禁固体食物

8. 下面哪种情况禁行日间手术

A. 手术时间4个小时　　B. 患者年龄75岁
C. 患者年龄5岁　　D. 困难气道
E. ASA Ⅲ级

【A2型题】

1. 患者男性30岁,因"腹部不适1个月"拟行无痛胃肠镜检查。无痛胃肠镜检查前至少应

A. 禁食2小时
B. 禁食4小时
C. 禁食半流食6~8小时
D. 禁食6~8小时
E. 禁食6~8小时,禁饮2小时

2. 患者年轻女性,因"上腹部不适"拟行无痛胃镜检查。检查过程中胃镜通过哪个部位刺激最强

A. 口腔　　B. 咽喉部　　C. 食管
D. 胃底　　E. 胃窦

3. 患者男性30岁,因"腹部不适2个月"拟行无痛胃肠镜检查。无痛胃肠镜检查中与麻醉相关的常见不良反应有

A. 低氧血症　　B. 误吸　　C. 心律失常
D. 低血压　　E. 以上都是

4. 患者女性 40 岁,因"腹部不适 1 个月"拟行无痛胃肠镜检查。无痛胃肠镜检查麻醉用药应选择

    A. 诱导起效快   B. 持续时间短

    C. 恢复快   D. 易调节,能拮抗

    E. 以上均正确

5. 患者女性 40 岁,因"腹部不适 1 个月"拟行无痛胃肠镜检查。在检查过程中监测 SpO_2,SpO_2 低于多少为缺氧的危险界限

    A. 100%   B. 95%   C. 90%

    D. 80%   E. 60%

6. 44 岁男性患者,身高 170cm,体重 100kg,合并睡眠呼吸暂停综合征,怀疑右侧肺癌拟行无痛纤维支气管镜检查。下列方法中,最适合此患者的麻醉方法是

    A. 中度镇痛复合局麻   B. 深度镇静镇痛复合局麻

    C. 喉罩通气 + 肌松   D. 气管插管全身麻醉

    E. 支气管插管全身麻醉

7. 71 岁男性患者,身高 170cm,体重 60kg,合并冠心病,变异性心绞痛,长期服用阿司匹林等多种药物,因咯血 1 个月,每次数十毫升,胸部 CT 提示右肺占位性病变合并空洞,拟行无痛纤维支气管镜检查。下列方案中,最适合此患者的麻醉方案是

    A. 静脉注射芬太尼 0.1mg,局部麻醉后进行检查

    B. 静脉注射芬太尼 0.05mg,2 分钟后静脉注射丙泊酚 80mg,充分预吸氧,患者神志消失后进行检查

    C. 静脉注射芬太尼 0.05mg,2 分钟后静脉注射丙泊酚 80mg,插入喉罩,进行检查

    D. 静脉注射芬太尼 0.05mg,2 分钟后静脉注射丙泊酚 80mg,神志消失后注射罗库溴铵 30mg,气管导管,丙泊酚 400mg/h 维持,然后进行检查

    E. 利多卡因喷雾 + 环甲膜注入 + 气管镜内注入,患者神志清楚的情况下进行检查

8. 43 岁女性患者,身高 160cm,体重 50kg,平素体健,因喉乳头状瘤多次激光手术治疗,现因声音嘶哑再次入院,拟行纤维支气管镜检查。针对此患者,下列哪项**不是**麻醉前评估所必须的

    A. 胸部平片

    B. 间接或纤维喉镜检查

    C. 血液生化及凝血功能检查

    D. 肝肾功能检查

    E. 超声心动图检查

4.【答案】E

  【解析】无痛消化内镜检查麻醉用药要求诱导快,持续时间短,恢复快,易调节,能拮抗。

  【考点】无痛消化内镜检查麻醉用药

5.【答案】C

  【考点】无痛消化内镜检查中低氧血症的诊断

6.【答案】A

  【解析】此题主要考查无痛纤维支气管镜检查的各种方法。

  【考点】可疑困难气道患者无痛纤维支气管镜检查麻醉方法的选择

7.【答案】C

  【解析】此题主要考查无痛纤维支气管镜检查时麻醉药物选用的不同层级。

  【考点】合并冠心病患者无痛纤维支气管镜检查麻醉方法的选择

8.【答案】E

  【解析】此题主要考查无痛纤维支气管镜检查患者麻醉前评估中的一般检查和特殊检查。

  【考点】无痛纤维支气管镜检查患者术前评估

9.【答案】E

【解析】氯胺酮导致分泌物增加,咽反射活跃,一般单独应用不适合纤维气管镜检查。

【考点】此题主要考查各种小儿麻醉镇静药物的特点

9. 3岁患儿发热14天,每天38~39℃,胸片检查提示右侧肺炎,可疑支气管异物,拟行纤维支气管镜检查,下列药物中**不适合**的是
   A. 水合氯醛灌肠
   B. 丙泊酚静脉注射
   C. 咪达唑仑静脉注射
   D. 右美托咪定静脉持续输入
   E. 氯胺酮静脉注射

10.【答案】E

【解析】咯血及痰液多的患者全身麻醉后注意分泌物淹溺的可能性。

【考点】此题主要考查支气管插管的适应证

10. 男性患者24岁,身高170cm,体重60kg,诊断肺结核5个月,现化疗中,2天前咯血1次,约100ml,间断咳痰,偶尔痰中带血,每天80~100ml。胸片提示右肺结核,左侧支气管扩张,拟行纤维支气管镜检查。针对此患者,最佳的麻醉方案为
    A. 中度镇痛   B. 深度镇静镇痛复合局麻
    C. 喉罩通气 + 肌松   D. 气管插管全身麻醉
    E. 支气管插管全身麻醉

11.【答案】A

【解析】给予患者琥珀胆碱后,待全身肌张力下降,腱反射消失,自主呼吸停止,肌颤完毕时为通电的最佳时机。

【考点】此题主要考查改良电休克治疗的最佳通电时机

11. 患者男40岁,已婚,既往史无特殊。患精神分裂症16年,拟应用改良电休克治疗。请问给予琥珀胆碱后,下列哪项**不是**通电的最佳时机
    A. 意识消失   B. 全身肌张力下降
    C. 腱反射消失   D. 自主呼吸停止
    E. 肌颤完毕

12.【答案】E

【解析】此题结合病例主要考查改良电休克治疗麻醉诱导药物的特点,应为诱导迅速,心血管影响小,不影响癫痫发作,苏醒快,可短时间内反复使用。

【考点】改良电休克治疗麻醉诱导药物的选择

12. 患者李某,2003年在遭人殴打,受到精神刺激后出现易怒,情绪不稳定,注意力不集中等症状,在当地精神病院诊断为精神分裂症,多次住院行改良电休克治疗。下列哪项**不是**麻醉诱导药物的特点
    A. 诱导迅速   B. 对心血管影响小
    C. 苏醒快   D. 可短时间内反复使用
    E. 维持时间长

13.【答案】C

【解析】此题考查改良电休克治疗的刺激电量值(毫库,mC)=年龄 ×5。

【考点】改良电休克刺激的电量值计算

13. 一名30岁的女性因严重抑郁发作拟接受改良电休克治疗,其体重为50kg,改良电休克刺激电量值应为
    A. 250 毫库   B. 200 毫库   C. 150 毫库
    D. 100 毫库   E. 50 毫库

14.【答案】C

【解析】此题考查改良电休克治疗效果的主要指标,抽搐发作时间25~70秒为有效,抽搐能量指数过大与治疗电量过大有关,抽搐发作后抑制指数 > 80% 认为治疗有效。

【考点】改良电休克治疗效果的主要指标

14. 患者男,因情绪低落,整日闷闷不乐,对任何事情都缺乏兴趣,觉得自己变笨了,什么事情都做不好,工作能力明显下降,自责认为自己拖累了家人,反复有想死的念头,最近出现自杀行为。就诊后拟进行改良电休克治疗。关于改良电休克治疗效果的评价,下列说法中正确的是
    A. 抽搐发作时间 15~20 秒为有效

B. 抽搐发作时间 120~180 秒为有效

C. 抽搐发作时间 25~70 秒为有效

D. 抽搐能量指数过大与治疗电量过小有关

E. 抽搐发作后抑制指数 <80% 认为治疗有效

15. 25 岁女性,因子宫内膜息肉拟行宫腔镜息肉切除的日间手术。下面哪种麻醉方法最为适合

A. 腰麻

B. 硬膜外麻醉

C. 局部浸润麻醉

D. 气管插管全麻

E. 喉罩全麻

15.【答案】E

【解析】此题主要考查各种麻醉方法在日间手术中的优缺点。

【考点】日间麻醉常用麻醉方法

16. 患者女性,51 岁,既往有晕动症病史。因"甲状腺腺瘤"拟行日间手术"甲状腺次全切除术"。为使患者术后能顺利早期出院,需要积极预防术后恶心呕吐。可以采取的措施**不包括**

A. 术中采用七氟烷维持麻醉

B. 术中采用丙泊酚维持麻醉

C. 术前给予地塞米松

D. 切口复合给予局部浸润麻醉

E. 手术结束时静脉注射昂丹司琼

16.【答案】A

【解析】此题结合病例主要考查对 PONV 高危患者预防 PONV 的用药方案。

【考点】预防 PONV 措施

17. 男孩,14 岁。因"背部肿物"拟行快通道手术"背部肿物切除术"。下面哪项**不符合**快通道手术患者出院标准

A. 改良 Aldrete 评分 9 分

B. 患者处于早期恢复阶段

C. 患者处于中期恢复阶段

D. 患者处于晚期恢复阶段

E. 疼痛 NRS 评分 4 分

17.【答案】B

【解析】此题结合病例考查快通道手术定义及出院标准。

【考点】快通道手术出院标准

18. 患者女性,62 岁。因"宫颈原位癌"拟行日间手术"宫颈锥切术"。患者在腰麻下顺利完成手术。该患者出院标准**不包括**

A. 感觉神经阻滞完全消退

B. 运动神经阻滞完全消退

C. 交感神经阻滞完全消退

D. 可自主独立步行

E. 排尿排便功能完全恢复

18.【答案】D

【解析】此题结合病例考查日间手术患者行椎管内麻醉后出院标准。

【考点】日间手术患者出院标准

【A3/A4 型题】

(1~3 题共用题干)

男性患者,60 岁,65kg,行无痛胃镜检查。静脉推注咪达唑仑 1mg,芬太尼 50μg,丙泊酚 60mg 后患者意识消失,开始进行胃镜检查。5 分钟后,患者出现轻微体动,麻醉医师给予静脉推注丙泊酚 30mg。监护仪显示 SpO_2 数值逐渐下降至 90%。

1. 【答案】B
【解析】一般情况下静脉推注麻醉药物后出现 SpO_2 下降最可能的原因是麻醉药物引起的呼吸抑制。
【考点】无痛消化内镜检查麻醉用药常见的副作用

2. 【答案】E
【解析】快速判断 SpO_2 下降的原因。若为患者缺氧,立即暂停操作,托起下颌,保持呼吸道通畅,暂停推注麻醉药物,辅助胸廓挤压或者腹式呼吸,刺激自主呼吸恢复。若 SpO_2 不改善,则抽出内镜,给予面罩辅助通气,直到生命体征平稳。
【考点】无痛消化内镜检查中低氧血症的处理

3. 【答案】D
【考点】胃镜检查的体位

4. 【答案】C
【解析】此题主要考查支气管镜检查同时进行治疗时的麻醉选择。
【考点】较长时间的检查及治疗应进行气道管理

5. 【答案】D
【解析】此题主要考查支气管镜检查时出现异常情况的处理预案。
【考点】支气管导管的气囊无法压迫止血

1. SpO_2 数值下降最可能的原因是
   A. 反流误吸
   B. 麻醉药物引起的呼吸抑制
   C. 支气管哮喘
   D. 低血压
   E. 食管穿孔

2. 此时应该如何处理
   A. 暂停操作,托起下颌
   B. 暂停推注麻醉药物
   C. 辅助胸廓挤压或者腹式呼吸,刺激自主呼吸恢复
   D. 若 SpO_2 不改善,则抽出内镜,给予面罩辅助通气
   E. 以上都正确

3. 胃镜检查时患者应采取什么体位
   A. 平卧位
   B. 半坐卧位
   C. 头低脚高位
   D. 左侧卧位
   E. 右侧卧位

(4~6 题共用题干)

33 岁男性患者,5 年前诊断为肺结核,抗结核治疗 16 个月,当时经胸片检查,提示"治愈"。1 个月前因"感冒"在当地医院求治,口服药物后好转,1 周前突然咯血,为 150~200ml,自行好转,3 天前再次咯血,约 100ml。门诊以咯血待查,肺结核收入院。经检查,一般情况尚可,肺部听诊可闻及少量湿啰音,腹部检查未见异常,血液检查提示轻度贫血(Hgb 105g/L),肝肾功能正常,胸片提示右肺可疑空洞形成,肺 CT 检查提示右肺厚壁空洞,拟行纤维支气管镜检查及超声检查、穿刺活检。

4. 该患者最佳的麻醉方案是
   A. 中度镇痛
   B. 深度镇静镇痛复合局麻
   C. 喉罩通气 + 肌松
   D. 气管插管全身麻醉
   E. 支气管插管全身麻醉

5. 气管镜及超声检查提示病变距离右支气管中间段约 0.8cm,准备行穿刺病变进行活检。穿刺点距离隆凸 2.5cm,穿刺过程中病变内流出少许脓液,吸净后患者生命体征平稳,决定继续进行活检。第二次穿刺成功,但穿刺针孔持续渗血。此时,下列哪些方法**不适合**此患者
   A. 局部喷洒去甲肾上腺素盐水
   B. 电凝止血
   C. 静脉注射垂体加压素
   D. 更换支气管导管利用导管气囊进行压迫止血
   E. 静脉注射止血药物

6. 经处理,出血基本停止,监测 NBP 150/95mmHg,HR 120 次 / min,SpO$_2$ 85%~87%,此时患者的处理哪些是**不适合的**

    A. 通过纤维支气管镜吸净血液及分泌物

    B. 拔出纤维支气管镜,纯氧辅助呼吸

    C. 气管插管,呼吸机控制呼吸,并加用 PEEP

    D. 减浅麻醉,令患者尽快苏醒

    E. 通过气管镜进行高频喷射通气

(7~9 题共用题干)

患者女,24 岁,诊断双相情感障碍抑郁发作,以氟西汀 20mg/d,治疗 2 周,疗效不显著。施行改良电休克治疗,隔日 1 次。

7. 该患者改良电休克治疗首选麻醉诱导药物为

    A. 美索比妥   B. 丙泊酚   C. 氯胺酮

    D. 依托咪酯   E. 咪达唑仑

8. 该患者改良电休克治疗中可能出现的不良反应中,**除外**

    A. 过敏性休克   B. 头痛、鼻出血   C. 躁动

    D. 心律失常   E. 大小便失禁

9. 应用抽搐能量指数评估该患者的改良电休克治疗效果,需要用较高的电量重新刺激的指数界限为

    A. 350   B. 450   C. 550

    D. 500   E. 600

(10~12 题共用题干)

患者男,61 岁,因"腹股沟疝"拟行日间手术"疝修补术"。患者既往高血压病史 10 年,血压最高时 170/100mmHg,平日口服硝苯地平控制血压于 130/80mmHg 左右,平日诉情绪激动时偶有胸痛及心悸。术前心电图未见异常。

10. 该患者还应该完善哪项术前检查

    A. 超声心动图   B. 肺功能

    C. 运动平板实验   D. 24 小时 Holter

    E. 24 小时动态血压监测

11. 该患者最适合的麻醉方法是

    A. 腰麻

    B. 硬膜外麻醉

    C. 外周神经阻滞麻醉

    D. 全身麻醉

    E. 全身麻醉复合外周神经阻滞

6.【答案】D

【解析】此题主要考查支气管镜检查出现低氧血症的处理情况。高频喷射通气是将氧气或其混合气从高压气源中有控制地通过小口径导管,间断、高速地向气道喷射的通气方法,可改善通气 / 血流比例,具有高氧治疗效率。

【考点】咯血时减浅麻醉会增加体动、呛咳的机会

7.【答案】B

【解析】此题结合病例主要考查改良电休克治疗麻醉诱导的推荐药物,丙泊酚具有作用快,持续时间短,不良反应较少,有抗癫痫作用的特点,因而推荐用于改良电休克治疗的麻醉诱导。

【考点】改良电休克治疗麻醉诱导的推荐用药

8.【答案】A

【解析】此题主要考查改良电休克治疗过程中的不良反应,主要包括头痛、鼻出血、躁动、心律失常、大小便失禁、恶心、胸痛、肌阵挛等。

【考点】改良电休克治疗的不良反应

9.【答案】C

【解析】此题考查应用抽搐能量指数评估改良电休克治疗效果的指数界限,当低于 550 时,提示需要用较高的电量重新刺激。

【考点】应用抽搐能量指数评估该患者的改良电休克治疗效果

10.【答案】C

【解析】此题结合病例主要考查日间手术患者心血管系统术前评估及准备。该患者长期高血压病史并有可疑冠心病表现,术前应重点评估冠状动脉功能。

【考点】日间手术患者的术前评估

11.【答案】E

【解析】椎管内麻醉不是日间手术麻醉首选。外周神经阻滞可单独用于疝气修补手术,但可能出现阻滞不全的情况。全身麻醉复合外周神经阻滞,可减少全麻药用量,患者可早期苏醒,并可减少术后疼痛。

【考点】日间手术麻醉方法选择

12.【答案】A

【解析】老年患者术前使用抗胆碱药可能增加术后谵妄的发生率。

【考点】日间手术麻醉用药选择

12. 下列哪项用药方案可能**不利于**该患者术后当日及早出院
    A. 术前给予东莨菪碱
    B. 术中持续输注丙泊酚和瑞芬太尼
    C. 麻醉诱导应用舒芬太尼
    D. 术中间断使用罗库溴铵保持腹壁肌肉松弛
    E. 术后应用 NSAIDs 药物镇痛

【案例分析题】

案例一 患者,男,17 岁,既往体健,病前性格内向,否认阳性家族史。体检正常。诊断精神分裂症。精神检查:意识清,有关系妄想、被害妄想、被跟踪妄想,情绪不稳定,易激惹,病理性意志增强,敌对,打骂人,有冲动攻击行为,无自知力。医师拟对其进行改良电休克治疗。

提问 1：改良电休克治疗的适应证为
    A. 颅内动脉瘤   B. 抑郁障碍
    C. 躁狂障碍   D. 高热性疾病
    E. 情绪低落   F. 精神分裂症

提问 1:【答案】BCF

【解析】此题需了解改良电休克治疗对抑郁障碍、躁狂障碍、精神分裂症等疾病的治疗意义不断增加。

【考点】改良电休克治疗的适应证

提问 2:患者麻醉诱导可选择下列哪些药物
    A. 丙泊酚   B. 依托咪酯
    C. 舒芬太尼   D. 琥珀酰胆碱
    E. 哌库溴铵   F. 顺式阿曲库铵

提问 2:【答案】ABCDF

【解析】改良电休克治疗的麻醉诱导药物具备诱导迅速、减少电刺激引起的血流动力学改变、不影响癫痫发作,苏醒快、可短时间内反复使用,不良反应少等特点,哌库溴铵为长效非去极化型肌松药,因而不适用于改良电休克治疗的麻醉诱导。

【考点】改良电休克治疗麻醉诱导的药物选择

提问 3:麻醉过程中判断肌肉最佳松弛状态的指征有
    A. 睫毛反射消失
    B. 肌张力下降
    C. 腱反射亢进
    D. 颜面部肌肉痉挛
    E. TOF 监测 T3、T4 均受到抑制
    F. BIS 值为 50

提问 3:【答案】BE

【解析】麻醉过程中判断肌肉最佳松弛状态的指征有肌张力下降及TOF 监测显示 T3、T4 均受到抑制,而睫毛反射消失和 BIS 监测则反映患者的意识状态。

【考点】改良电休克治疗麻醉过程中肌松程度的判断方法

案例二 患者女性,47 岁,因"胆囊结石"拟行日间手术"腹腔镜胆囊切除术"。患者既往糖尿病病史 5 年,平日口服二甲双胍控制血糖。否认高血压病史。术前检查凝血功能正常。心电图、胸片未见异常。

提问 1:"快通道"麻醉技术要点包括
    A. 全麻采用低剂量阿片类药物
    B. 使用短效肌松剂
    C. 良好的麻醉过程
    D. 良好的术后镇痛
    E. 防治术后恶心呕吐
    F. 早期拔管

提问 1:【答案】ABCDEF

【考点】日间手术"快通道"麻醉

提问 2:该患者术前准备正确的是
    A. 降糖药继续口服至术前

提问 2:【答案】BCDEF

【解析】此题考核糖尿病患者的术前准备。糖尿病患者行择期手术术前血糖应控制在正常范围;大、中型手术术前停用口服降糖药,改为胰岛素治疗;术前还应了解患者糖尿病的类型、低血糖发生情况、有无相关并发症及糖化血红蛋白水平。

【考点】糖尿病患者的术前准备

B. 术前一天改用胰岛素控制血糖

C. 术前评估有无糖尿病并发症

D. 术前血糖应控制在正常范围

E. 了解患者低血糖发生情况

F. 了解患者糖尿病的类型及糖化血红蛋白水平

提问3：该患者适合采用的术后镇痛方案包括

A. 腹横肌平面阻滞

B. 手术切口局部浸润麻醉

C. 口服 NSAIDs

D. 硬膜外阻滞镇痛

E. 小剂量舒芬太尼

F. 经静脉给予阿片类自控镇痛泵

G. 经静脉单次注射帕瑞昔布

（吴长毅　李　民　郭向阳）

提问3：【答案】ABCG

【解析】此题需了解日间手术患者术后多模式镇痛方案。原则上以口服、局部镇痛为主，包括切口局部浸润和区域阻滞，联合使用 NSAIDs 药物，必要时使用小剂量阿片类药物。

【考点】日间手术术后镇痛方案

第四十三章　慢性疼痛诊疗

1.【答案】A
【解析】此题主要考查对不同局麻药特点的掌握情况，罗哌卡因阻滞可以出现感觉运动分离现象。
【考点】罗哌卡因会有感觉运动分离阻滞

2.【答案】B
【解析】此题主要考查帕金森病的病理机制。帕金森病突出的病理改变是中脑黑质多巴胺(dopamine,DA)能神经元的变性死亡、纹状体 DA 含量显著性减少以及黑质残存神经元胞质内出现嗜酸性包涵体，即路易小体(Lewybody)。其余系统如 Meynert 基底核的胆碱能神经元，蓝斑的去甲肾上腺素能神经元，脑干中缝核的 5- 羟色胺能神经元也有不同程度的受损，但是并非主要病理改变。
【考点】帕金森病的病理机制

3.【答案】A
【解析】股神经来源于 T_{12}, L_1, L_2 神经根。
【考点】股神经的解剖来源

4.【答案】A
【解析】臂丛由第 5~8 颈神经前支及第 1 胸神经前支一部分组成。
【考点】臂丛神经组成

5.【答案】A
【考点】痛觉过敏的原因和临床表现

【A1 型题】

1. 下列哪些药物可以产生感觉运动分离
   A. 罗哌卡因
   B. 布比卡因
   C. 利多卡因
   D. 丁卡因
   E. 普鲁卡因

2. 帕金森病的发病机制是
   A. 脑干网状胆碱能系统损伤
   B. 黑质纹状体多巴胺能系统损伤
   C. 黑质纹状体氨基丁酸系统损伤
   D. 中脑 5- 羟色胺系统损伤
   E. 蓝斑上部去甲肾上腺素能系统损伤

3. 股神经源自下列哪个神经根
   A. T_{12}, L_1, L_2
   B. L_1, L_2, L_3
   C. L_2, L_3, L_4
   D. L_3, L_4, L_5
   E. T_{11}, T_{12}, L_1

4. 臂丛由哪支形成
   A. C_5~T_1 颈神经前支
   B. C_3~T_2 颈神经前支
   C. C_5~T_1 颈神经前支和后支
   D. C_3~T_2 颈神经前支和后支
   E. C_4~T_2 颈神经前支

5. 有关痛觉过敏以下哪些说法是正确的
   A. 通常不会引起疼痛感觉的刺激导致疼痛反应
   B. 反射性交感性营养不良导致

C. 灼痛的感觉

D. 伤害性刺激引发

E. 瑞芬太尼可以抑制

6. 臂丛神经阻滞的适应证**不包括**

A. 反射性交感性营养不良导致的交感神经痛

B. 臂丛神经痛

C. 心绞痛

D. 雷诺病

E. 腕管综合征手术

7. 星状神经节阻滞术的适应证**不包括**

A. 反射性交感神经营养不良

B. 急性带状疱疹（眼支）

C. 多汗症

D. 胰腺炎

E. 胸廓出口综合征

8. 下面哪种局部麻醉技术因其副作用，较少用于儿童

A. 硬膜外阻滞

B. 蛛网膜下腔阻滞

C. 骶管阻滞

D. 臂丛神经阻滞

E. 坐骨神经阻滞

9. 腰交感神经链节前纤维的细胞体出现在以下哪个部位

A. $T_5 \sim T_9$

B. $T_{11} \sim L_2$

C. $L_3 \sim L_5$

D. $S_1 \sim S_4$

E. $L_5 \sim S_1$

10. 下列哪种情况，提示股外侧皮肤阻滞

A. 感觉异常性股痛

B. 股神经痛

C. 隐神经痛

D. 腹股沟痛

E. 闭孔神经痛

【A2 题型】

1. 45 岁患者因慢性腰痛，左膝和左侧大腿疼痛，在 3% 2- 氯普鲁卡因硬膜外麻醉下行多节段腰椎板切除术。患者下肢全部运

6.【答案】C
【考点】臂丛神经阻滞的范围

7.【答案】D
【解析】星状神经节阻滞的作用涉及自主神经、内分泌系统和免疫系统，对上述系统的功能有调节作用。
【考点】星状神经节阻滞的适应证

8.【答案】B
【解析】成人脊髓蛛网膜下腔间隙自枕骨大孔延伸至 S_2，小儿延伸至 S_3，因此小儿蛛网膜下腔阻滞损伤脊髓的风险较高，需在 L_3 以下注药，且小儿脊柱生理弯曲尚未形成，容易发生阻滞平面过高以及较高的恶心、呕吐发生率。
【考点】小儿神经阻滞

9.【答案】B
【解析】腰交感神经链含有司理盆腔脏器和下肢血管的节前和节后神经元以及传入（感觉）神经纤维，部分传入神经纤维还可传递伤害感受性信息。司理下肢的交感神经节前神经元的细胞体是位于 T_{11}、T_{12}、L_1 和 L_2 脊髓节段，有时还位于 T_{10} 和 L_3 脊髓节段。它们的轴突经相应的脊神经前根和下位的 4 个、5 个或 6 个白交通支到达交感干。它们下行并终止于下位的 3 对腰神经节和上位的 3 对骶神经节，并在此与节后神经元的细胞体形成突触联系。
【考点】腰交感神经链的相关知识

10.【答案】A
【解析】感觉异常性股痛为一种股外侧皮肤感觉异常的疾病。1895 年首先由 Bernhardt 进行描述，故又称 Bernhardt 病。继而 Roth 命名为股外侧皮神经炎，因此，也称 Roth 病。股外侧皮神经系由第 2~3 腰神经发出，通过腰大肌外侧缘，斜过髂肌，沿骨盆经腹股沟韧带之深面，在髂前上棘以下 10cm 处穿出阔筋膜至股部皮肤。在该神经行程中，如果由于受压、外伤等某种原因影响到股外侧皮神经时，即可能发生感觉异常性股痛。多见于较肥胖的中青年男性。其主要症状为股前外侧，尤其是股外侧下 2/3 出现皮肤感觉障碍。该处出现麻木、蚁走感、刺痛、烧灼感以及沉重感等症状，在体力劳动劳累后或站立、行走过久时症状可加重，休息后症状可缓解。在检查时可有程度不等的浅感觉障碍，主要是痛、温、触觉减退或消失。患处皮肤轻度菲薄，但无肌萎缩及运动障碍。行组胺试验及毛果云香碱出汗试验正常，本病常数年不愈，症状时轻时重。

治疗感觉异常性股痛，主要是积极寻找病因，并予以根除。可试用维生素 B_1、维生素 B_2 及地巴唑等口服。局部可予理疗，如按摩、电疗、磁疗及紫外线照射后离子透入等。严重者可行股外侧皮神经注射疗法，亦可采用普鲁卡因局部封闭。如有顽固而严重的疼痛，可行神经切断术或松解术。
【考点】感觉异常性股痛的表现

1.【答案】D
【解析】传导痛觉冲动的纤维为 Adelta 和 C 纤维，并认为 Adelta 纤维传导刺痛，而 C 纤维传导灼痛。
【考点】痛觉的传导途径

429

动和感觉功能恢复后开始出现疼痛,交感功能恢复后疼痛感更强烈。疼痛是通过哪种纤维传导的

A. Aalpha   B. Adelta   C. C

D. Adelta 和 C   E. Aalpha 和 C

2.【答案】C

【解析】病例中描述的是 C_6 神经根支配的区域,二头肌和肱桡肌,前臂的侧面和拇指的感觉。

【考点】 C_6 神经根支配的范围

---

2. 检查一位颈肩痛的患者,发现其前臂侧面有牵涉痛,二头肌和肱桡肌无力和功能障碍,前臂的侧面和拇指感觉减退。这个患者最有可能损伤了哪个神经根

A. C_4 B. C_5 C. C_6

D. C_7 E. T_1

3.【答案】D

【考点】胸椎旁神经阻滞的适应证

---

3. 患者男性,56 岁,诊断为左 $T_3 \sim T_4$ 带状疱疹疼痛 1 个月,疼痛自脊柱旁沿肋骨放射至胸前,加重 2 周,药物及理疗无效,因强直性脊柱炎无法进行胸段硬膜外穿刺置管,下列何种方法能够治疗

A. 继续药物及理疗   B. 胸交感神经阻滞治疗

C. 肋间神经阻滞   D. 胸椎旁神经阻滞

E. 蛛网膜下腔阻滞

4.【答案】C

【解析】SCS 并发症包括出血、血肿、局部感染、硬膜外血肿和感染、脑脊液漏、导联移位、硬件故障、非期望的刺激出现、置入部位疼痛、皮肤溃烂、排斥反应。

【考点】SCS 并发症

---

4. 65 岁男性因外伤左侧下肢截除术后,幻肢痛明显,拟行脊髓电刺激,可能发生的并发症**不包括**

A. 硬膜外血肿   B. 脊髓损伤   C. 导管断裂

D. 导联移位   E. 脑脊液漏

5.【答案】A

【解析】 $L_5 \sim S_1$ 间盘突出主要压迫 S_1,表现为足背外侧和小腿后侧趾和足的跖屈力,跟腱反射异常。

【考点】 $L_5 \sim S_1$ 神经支配

---

5. 33 岁男性健身房健身练习负重深蹲时突发背痛、左腿痛和左腿肌无力。X 线显示正常,MRI 显示左侧后外侧 $L_5 \sim S_1$ 椎间盘突出,此时神经学检查最可能是如下哪个结果

A. 足跖屈无力,跟腱反射消失

B. 足跖屈无力,膝反射消失

C. 大脚趾背伸无力,跟腱反射消失

D. 大脚趾背伸无力,膝反射消失

E. 足跖屈和大脚趾背伸无力,跟腱反射消失

6.【答案】C

【解析】此题主要考查十二指肠溃疡的临床表现,主要表现为上腹部疼痛,可为钝痛、灼痛、胀痛或剧痛,也可表现为仅在饥饿时隐痛不适。典型者表现为轻度或中度剑突下持续性疼痛,可被制酸剂或进食缓解。约半数患者有午夜痛,患者常可痛醒。

【考点】十二指肠溃疡的临床表现

---

6. 患者女性,26 岁。反复上腹部疼痛 2 年,最近 1 个月工作压力较大,症状逐渐加重,腹痛空腹加重,夜间睡眠时常常痛醒,进食可缓解。最可能的诊断为

A. 胃溃疡

B. 慢性胃炎

C. 十二指肠球部溃疡

D. 十二指肠淤积症

E. 胃黏膜脱垂症

7. 男性,48 岁,诊断为脊髓髓内肿瘤,目前出现痛温觉感觉障碍,下列哪项临床表现符合其病变进展
   A. 自病变节段同时向下、向上发展
   B. 自四肢远端向近端发展
   C. 自病变节段由下向上发展
   D. 自病变节段由上向下发展
   E. 症状发展与病变节段无关

8. 男性,55 岁,肩颈部疼痛 3 年。最近半年出现持物不稳,四肢乏力的症状,最近 2 周走路时有脚踩棉花的感觉。使用筷子吃饭出现困难。查体患者双侧踝阵挛阳性,Hoffmann 征阳性,跟腱反射活跃。最可能的诊断是
   A. 颈椎间盘突出
   B. 肌萎缩性侧索硬化
   C. 脊髓空洞症
   D. 颈椎后纵韧带骨化
   E. 颈椎病

9. 女性,68 岁,高血压病 10 年,既往未规律服用降压药物。今日晨起突然发现口角向右侧歪斜,左眼无法闭合。查体发现左侧无法皱眉,左侧露齿、鼓腮动作无法完成。该患者的病变部位最可能在
   A. 左侧面神经　　　　　B. 右侧面神经
   C. 左侧内囊区　　　　　D. 右侧内囊区
   E. 右侧动眼神经

10. 男性患者 49 岁,糖尿病周围神经痛,给予阿米替林 12.5mg 口服,b.i.d.,该患者可能出现的并发症中,下述哪种并发症出现概率最低
   A. 口干　　　　　B. 癫痫　　　　　C. 尿潴留
   D. 视物模糊　　　E. 便秘

11. 56 岁男性,因"颈椎病"入院,查体肱三头肌反射减弱,肱二头肌反射正常,该患者可能出现的神经根损伤是
   A. C_3　　　　　B. C_4　　　　　C. C_5
   D. C_6　　　　　E. C_7

12. 68 岁女性,因"腰痛"1 年就诊。自诉疼痛为持续性钝痛,无法明确定位,无明显诱发因素,疼痛严重时家属使劲揉捏可缓解;查体无明显阳性体征;腰部 CT 显示腰椎退行性改变,腰椎管轻度狭窄,未见明显脊髓或神经根受压。入院后试验性给予非甾体类药物,患者诉给药即刻疼痛稍有缓解,5 分钟

7.【答案】D
【解析】此题主要考查髓内肿瘤脊髓症状的临床表现。主要有感觉、运动、括约肌功能障碍和反射改变等。感觉障碍常见的首发症状为颈、背部自发性疼痛,感觉障碍常产生于运动障碍之前,自上向下发展,常表现为脊髓中央部位的损害和痛温觉分离(肿瘤平面以下痛温觉丧失而触觉保存),可发展为节段性感觉障碍。运动障碍颈髓髓内肿瘤先出现上肢下运动神经元损伤(肢体无力、肌肉萎缩、深反射减弱或消失),下肢上运动神经元损伤(肌张力增高、出现病理反射)。胸髓髓内肿瘤可有痉挛性截瘫和膀胱功能障碍。
【考点】脊髓肿瘤临床表现

8.【答案】E
【解析】此题主要考查脊髓型颈椎病的诊断。上肢通常多以下运动神经元通路损害为主,手笨拙,无力,表现为写字、系鞋带纽扣、用筷子等精细动作困难,Hoffmann 征多显示阳性。下肢多为上运动神经元通路异常,表现为肌张力不同程度的增高和肌力减损,膝反射和跟腱反射活跃、亢进,出现踝阵挛、髌阵挛、Babinski 征呈阳性。
【考点】脊髓型颈椎病的诊断

9.【答案】A
【解析】此题主要考查周围型面神经麻痹的临床表现。病灶同侧全部面肌瘫痪,从上到下表现为不能皱额、皱眉、闭目、角膜反射消失,鼻唇沟变浅,不能露齿、鼓腮、吹口哨,口角下垂或口角歪向病灶对侧,即瘫痪面肌对侧。
【考点】面神经支配区域,面神经麻痹

10.【答案】B
【解析】三环类抑郁药常见副作用主要有抗胆碱作用,口干、视力模糊、眼压升高、尿潴留、便秘;中枢副作用:主要是嗜睡、重者癫痫、意识混乱;心血管作用:潜在的心肌毒性作用等。
【考点】三环类抑郁药副作用

11.【答案】E
【解析】肱二头肌的反射弧反射中心在 $C_5 \sim C_6$,由肌皮神经传导;肱三头肌的反射弧反射中心在 $C_6 \sim C_7$,由桡神经传导。
【考点】上肢神经支配

12.【答案】E
【解析】当医学评估不能解释导致疼痛的确切病因、疼痛程度与疾病或损伤程度不符,以及患者表现出明确抑郁或其他心理问题时,心理评估就变得很重要。
【考点】疼痛患者的心理评估

后疼痛恢复至给药前;给予生理盐水后反应同前。同时患者诉入睡困难,生无可恋。对于该患者下面哪项检查的诊断意义重大

A. ECG   B. 腰椎 MRI   C. 肝肾功

D. 颅脑 CT   E. 心理评估

13. 女性,30 岁,诊断为纤维性肌痛综合征,该患者哪个症状不是该病的临床特征性表现

A. 睡眠障碍   B. 压痛点   C. 疲劳

D. 腹泻   E. 晨僵

14. 一名 30 岁男性在健身房运动蹲下时突然出现背部疼痛,放射至右臀部。查体:L_3~L_4 右椎旁及右横突压痛,放射至臀部,右直腿抬高试验(+),加强试验(−),诊断为

A. 急性腰椎间盘突出

B. 急性腰扭伤

C. 腰椎管狭窄

D. 腰椎管内肿瘤

E. 腰椎滑脱

15. 62 岁女性,双膝关节疼痛 1 年多,加重 3 个月,尤以下楼时疼痛明显,平地行走尚可,休息后疼痛缓解,查体:双膝轻度肿胀,浮髌试验(+),可触及摩擦感。首选的检查应为

A. 双膝关节的 X 线片

B. 血沉

C. RF

D. 肝功能

E. 关节腔穿刺抽液化验

16. 6 岁患儿,反复突然意识丧失,每次持续数秒缓解,发作时面部抽动,脑电图提示棘慢复合波,最可能的诊断是

A. 反射性晕厥   B. 癫痫性发作

C. 脑源性晕厥   D. 非系统性晕厥

E. 血管源性晕厥

【A3/A4 型题】

(1~2 题共用题干)

32 岁女性,一周前出现右侧背部针刺样疼痛,疼痛程度剧烈,呈针刺样阵发性发作,影响睡眠。3 天前出现片状红斑,2 天前红斑部位出现带状水疱,疱液清亮,疼痛程度加重。

患者诉 1 个月前频繁出差,工作劳累。

13.【答案】D

【解析】纤维性肌痛的患者主要有 4 组症状,全身广泛疼痛是所有纤维性肌痛患者都具有的症状;纤维性肌痛的患者还包括一组特征性症状,即睡眠障碍、疲劳及晨僵;而麻木和肿胀为常见症状,其次为头痛、肠易激综合征;纤维肌痛的患者还可能同时患有某种风湿病并表现出合并疾病的临床特征。本题选项 A、C、E 为该病的特征型表现,B 为该病患者均会出现的症状,而 D 只有在部分患者才会出现。

【考点】纤维性肌痛患者的临床表现

14.【答案】A

【解析】腰椎间盘突出症状为腰痛,下肢放射痛,马尾神经症状,体征包括压痛、叩痛及骶棘肌痉挛,特殊体征为直腿抬高试验(+),股神经牵拉试验(+)。

【考点】运动神经系统

15.【答案】A

【考点】疼痛相关风湿病

16.【答案】B

【解析】癫痫是慢性反复发作性短暂脑功能失调综合征。以脑神经元异常放电引起反复性发作为特征。癫痫是神经系统常见疾病之一,患病率仅次于脑卒中。癫痫的发病率与年龄有关。一般认为 1 岁以内患病率最高,其次为 1~10 岁以后逐渐降低。我国男女之比为 1.15∶1~1.7∶1。种族患病率无明显差异。其中全面强直 - 阵挛发作(大发作)系指全身肌肉抽动及意识丧失的发作。以产伤、脑外伤、脑瘤等较常见。强直 - 阵挛发作可发生在任何年龄,是各种癫痫中最常见的发作类型。其典型发作可分为先兆期、强直期、阵挛期、恢复期四个临床阶段。发作期间脑电图为典型的暴发性多棘波和棘 - 慢波综合,每次棘 - 慢波综合可伴有肌肉跳动。

【考点】癫痫的临床表现

1. 该患者最可能的诊断是
　　A. 单纯疱疹　　　B. 带状疱疹　　　C. 肋间神经痛
　　D. 胸膜炎　　　　E. 接触性皮炎

2. 下列哪项不是带状疱疹的治疗原则
　　A. 预防性应用抗生素　　　B. 抗病毒治疗
　　C. 营养神经治疗　　　　　D. 保持皮肤干燥清洁
　　E. 预防带状疱疹后神经痛

(3~4 题共用题干)
一位 50 岁的患者自述 1 个月左右的右侧耳朵疼。疼痛放射到颞区和脸的下部。疼痛以晨起和餐后为重。体检发现耳朵没有异常，下颌张开时侧偏，其余正常。

3. 该患者最有可能的诊断是
　　A. 颞动脉炎　　　　　　B. 三叉神经痛
　　C. 颞下颌关节功能障碍　D. 咽鼓管功能障碍
　　E. 偏头痛

4. 该患者的处理措施**不包括**
　　A. 口腔科矫正咬合关系
　　B. 封闭疗法
　　C. 微血管减压术、射频消融术等手术治疗
　　D. 纠正不良习惯(如单侧咀嚼)
　　E. 局部理疗

(5~6 题共用题干)
患者因骶髂关节综合征行两次骶髂关节注射局麻药和激素,仅获得短暂缓解。

5. 下列措施中合适的后续治疗是
　　A. 骶髂关节融合术
　　B. $S_1、S_2、S_3、S_4$ 射频消融术
　　C. $L_5、S_1、S_2、S_3$ 射频消融术
　　D. $L_4、L_5、S_1、S_2、S_3$ 射频消融术
　　E. 骶髂关节注射,增加局麻药和激素剂量

6. 骶髂关节综合征的治疗原则,除外
　　A. 口服镇痛药物
　　B. 适度锻炼,保护关节
　　C. 局部注射激素及局麻药物
　　D. 口服激素
　　E. 热疗、红外线等理疗

1.【答案】B
【解析】此题结合病例主要考查带状疱疹的临床特点。创伤、疲劳、恶性肿瘤等为常见诱因,发疹前可有轻度乏力、低热、食欲缺乏等全身症状,患处皮肤自觉灼热感或者神经痛,持续 1~3 天。好发部位依次为肋间神经、颈神经、三叉神经和腰骶神经支配区域。患处常首先出现潮红斑,很快出现粟粒至黄豆大小的丘疹,簇状分布而不融合,继之迅速变为水疱,疱壁紧张发亮,疱液澄清,皮损沿某一周围神经呈带状排列,多发生在身体的一侧。
【考点】带状疱疹的临床特点

2.【答案】A
【解析】带状疱疹的治疗包括抗病毒治疗可选用阿昔洛韦、伐昔洛韦或泛昔洛韦;营养神经治疗;保持皮肤干燥清洁;预防带状疱疹后神经痛包括抗抑郁药、抗惊厥药、麻醉性镇痛药等。也可采用神经阻滞或射频神经毁损的方法治疗重度神经痛。
【考点】带状疱疹的治疗方法

3.【答案】C
【解析】颞下颌关节功能障碍主要表现为颞下颌关节及周围肌群的阵发性锐痛,可于咀嚼或张口时诱发,一般无自发痛,可伴有关节部位的压痛、关节弹响、张口时开口型偏斜、歪曲等症状。三叉神经痛主要表现为三叉神经分布区域的突发刀割、针刺、撕裂、烧灼或电击样剧痛,说话、风吹、刷牙等均可诱发疼痛发作,可有突发的自发性疼痛,一般无颞下颌关节部位的压痛及张口偏斜、关节弹响等。
【考点】颞下颌关节功能障碍的诊断及鉴别诊断

4.【答案】C
【解析】颞下颌功能障碍的治疗包括口腔科矫正咬合关系、封闭疗法、纠正不良习惯(如单侧咀嚼)和局部理疗,但不包含微血管减压术、射频消融术等。
【考点】颞下颌功能障碍的治疗

5.【答案】D
【考点】骶髂关节综合征的治疗

6.【答案】D
【解析】口服镇痛药物,适度锻炼、保护关节,局部注射激素及局麻药物和热疗、红外线等理疗是治疗骶髂关节综合征的方法。
【考点】骶髂关节综合征的治疗

(7~8题共用题干)

女性,82岁,走路跌倒后剧烈胸背部疼痛3小时入院,胸部MRI发现T_{10}椎体T_1WI呈低信号,T_2WI呈高信号,未见严重椎管狭窄。化验未见明显异常。患者既往高血压病史10年,控制可;消化性溃疡病史20余年,近期无发作;否认食物药物过敏史。

7. **【答案】D**
【解析】经皮椎体成形术能够有效缓解胸腰椎压缩性骨折患者的疼痛症状,并对稳定椎体具有一定的作用。患者有消化性溃疡病史,非甾体类药物有引发消化道出血的风险。患者高龄,开放胸椎手术的风险过高。
【考点】高龄压缩性骨折患者的疼痛处理

7. 该患者的治疗方法首选
   A. 非甾体类解热镇痛剂   B. 弱阿片类药物
   C. 心理安慰   D. 经皮椎体成形术
   E. 胸椎切开复位内固定术

8. **【答案】C**
【解析】骨水泥渗漏至椎管内可能会引起渗漏部位以下截瘫,而不是偏瘫,余均为骨水泥手术可能的并发症。
【考点】骨水泥手术的并发症

8. 若该患者要求行经皮椎体成形术,术前需告知患者的手术并发症**不包括**
   A. 肺栓塞   B. 骨水泥单体泄露
   C. 偏瘫   D. 一过性疼痛加重
   E. 肋骨骨折

(9~11题共用题干)

女性患者65岁,肝癌腹腔淋巴结转移,上腹部疼痛并腰痛剧烈,口服吗啡缓释片仍无明显缓解,来疼痛科就诊。

9. **【答案】D**
【解析】肝癌晚期引起上腹部和背部腰部疼痛最常见原因是肿瘤侵犯腹腔神经丛或者骨转移或者转移肿大的淋巴结侵犯神经。
【考点】晚期癌痛患者疼痛原因的鉴别诊断

9. 以下哪种可能**不予**考虑
   A. 肿瘤侵犯腹腔神经丛
   B. 肿瘤腰椎转移
   C. 腹膜后淋巴结转移侵犯神经
   D. 肿瘤颅内转移导致中枢性感觉异常
   E. 要做脊柱影像学检查

10. **【答案】E**
【解析】腹腔神经丛又称太阳丛,分布于腹腔器官的周围,是交感神经及副交感神经的分支,是最大的自主神经丛。
【考点】腹腔神经丛的解剖学

10. 关于腹腔神经丛叙述**有误**的是
   A. 由腹腔神经节、终止于该节的内脏大神经及神经节发出的纤维和迷走神经后干的腹腔支共同组成
   B. 腹腔神经节是腹腔神经丛的重要组成部分,左右成对
   C. 围绕腹腔干和肠系膜上动脉的根部
   D. 接受来自内脏大小神经,即下胸及上腰段的椎旁交感神经纤维,同时也有迷走神经的纤维加入
   E. 腹腔神经丛又称太阳丛,分布于腹腔器官的周围,是交感神经的分支,是最大的自主神经丛

11. **【答案】D**
【解析】交感阻滞导致消化道副交感兴奋,引起腹部痉挛和突发腹泻,血管扩张造成体位性低血压,这些反应都是一过性的,持续数天。
【考点】腹腔神经丛毁损术的并发症

11. 腹腔神经丛毁损容易导致
   A. 胸膜炎性胸痛   B. 腹股沟疼痛
   C. 截瘫   D. 体位性低血压
   E. 顽固性腹泻

(12~13 题共用题干)

女性患者 36 岁,偏头痛 3 年余,各种检查均未见明显异常,服用多种中西药物,未见明显好转,近期严重影响睡眠,拟行星状神经节阻滞。

12. 星状神经节阻滞潜在并发症**不包括**
    A. 气胸   B. 喉返神经损伤
    C. 蛛网膜下腔阻滞   D. 神经炎
    E. Horner 综合征

13. 有关星状神经节的描述**不正确**的是
    A. Horner 综合征的出现并非星状神经节阻断完善的标志
    B. 星状神经节阻滞可以改善异常的血液流变学指标,包括降低全血高黏度及血细胞比容等而加快血液循环
    C. 星状神经节主要是由 C_3~C_7 发出的颈下交感节
    D. 星状神经节位于 C_7 和 T_1 水平
    E. 禁忌双侧星状神经节同时阻滞

【案例分析题】

案例一   63 岁女性患者,腰疼,双侧大腿后部痉挛麻木,可放射到脚。站立和行走加重症状,而前倾坐位可以改善。她没有排尿排便的异常。体检时发现她肌力正常,感觉正常,反射对称,外周脉搏搏动尚可。直腿抬高实验阴性。

提问 1:该患者最有可能的诊断是
    A. 马尾综合征
    B. 椎间盘内损坏
    C. 椎管狭窄
    D. 血管性跛行
    E. 腰肌劳损
    F. 腰椎占位性病变

提问 2:为明确诊断,应进一步完善的辅助检查包括
    A. 脑脊液蛋白   B. CT
    C. MRI   D. X 线片
    E. 动脉造影   F. 体格检查

提问 3:治疗手段包括
    A. 卧床休息   B. 牵引
    C. 按摩   D. 理疗
    E. 药物治疗   F. 手术治疗

案例二   一位 59 岁女性,主诉中度至重度的腰痛及右臀部疼痛,长时间坐位加重。体格检查发现坐骨神经痛,其右侧髋关节屈曲,内收,内旋疼痛加重。

12.【答案】E
    【解析】完善的星状神经节阻滞效果必然出现 Horner 综合征。
    【考点】星状神经节阻滞并发症

13.【答案】C
    【解析】星状神经节主要是由 C_3~C_7 发出的颈下交感节和第 1 胸交感节融合而成。
    【考点】星状神经节解剖

提问 1:【答案】C
    【解析】结合患者存在神经根受压迫的症状、没有排尿排便异常、外周脉搏搏动尚可等,可排除其他诊断。
    【考点】椎管狭窄的鉴别诊断

提问 2:【答案】ABCD
    【解析】椎管狭窄的患者其脑脊液蛋白可有不同程度升高,X 线平片:在发育性或混合性椎管狭窄者,主要表现为椎管矢状径小,椎板、关节突及椎弓根异常肥厚,两侧小关节移向中线,椎管间隙窄;退变者有明显的骨增生。CT 及 MRI 检查:CT 检查可显示椎管及根管断面形态,但不易了解狭窄全貌;MRI 检查更可显示腰椎椎管的全貌。动脉造影并非椎管狭窄的必须辅助检查。
    【考点】椎管狭窄的辅助检查

提问 3:【答案】ABCDEF
    【考点】椎管狭窄的治疗手段

提问1:【答案】B

　　【解析】坐骨神经盆腔出口狭窄症与梨状肌综合征,是发生在坐骨神经自骶丛神经分开后,在走经骨纤维管道离开骨盆达臀部之前,因局部病变所引起的嵌压综合征。前者病变主要位于盆腔出口周围,而后者主要是梨状肌本身病变所致。梨状肌综合征主要的临床表现诊断:臀部疼痛且向同侧下肢的后面或后外侧放射;大小便、咳嗽、喷嚏可增加疼痛。

　　【考点】运动系统方面的疼痛

提问2:【答案】ABCDEF

　　【解析】梨状肌综合征的症状体征:①坐骨神经受损症状主要表现为干性受累的特征,即沿坐骨神经的放射痛及其所支配区的运动(股后、小腿前后以及足部诸肌群)、感觉(小腿外侧、足底和足前部)和反射(跟腱反射和跖反射)障碍等。病程较长者,可出现小腿肌萎缩甚至足下垂等症状。②压痛点以坐骨神经盆腔出口部体表投影位置压痛最剧烈(环跳处),且沿神经干走行向下放射。此外,尚可发现约半数病例于胫点或腓点处有压痛现象。梨状肌综合征时,其压痛点略高于前者1~2cm。③下肢旋转试验肢体内旋使梨状肌及上孖肌、闭孔内肌和下孖肌等处于紧张状态,以至加重出口处狭窄,可诱发坐骨神经症状。除沿坐骨神经走行的放射痛外,还有小腿外侧达足底部麻木感。但单纯梨状肌综合征者,则为外旋时诱发症状,此主要由于当挛缩、瘢痕化的梨状肌收缩,下肢外旋时,促使出口处狭窄之故。④直腿抬高试验一般均为阳性,其疼痛程度介于根性痛和丛性痛之间。此试验并非特异性的。⑤组织液压测定约超过正常值(1.33kPa,10mmHg)的1倍以上,高于正常值50%即属异常。这一测定主要用于某些诊断困难者。

　　【考点】梨状肌综合征的检查

提问3:【答案】BCDEF

　　【解析】梨状肌综合征的治疗原则应选择非手术治疗,无效者方行手术治疗。

　　【考点】梨状肌综合征的治疗

提问1:最可能诊断是

　　A. L$_5$~S$_1$ 小关节综合征

　　B. 梨状肌综合征

　　C. 骶髂关节综合征(SI)

　　D. L$_3$ 神经根病

　　E. L$_4$ 椎间盘突出

　　F. 吉兰 - 巴雷综合征

提问2:梨状肌综合征的诊断还需要一些检查的支持,包括

　　A. 患侧臀部压痛明显,尤以梨状肌部位为甚

　　B. 梨状肌部位可伴萎缩

　　C. 触诊可触及弥漫性钝厚、成条索状或梨状肌束、局部变硬等

　　D. 直腿抬高试验

　　E. 梨状肌紧张试验

　　F. 肌电图

提问3:梨状肌综合征的治疗方案,下列哪项是正确的

　　A. 首选手术治疗

　　B. 防治组织粘连

　　C. 补充神经滋养剂

　　D. 梨状肌切断(除)术

　　E. 急性发作者,绝对卧床休息

　　F. 首选非手术治疗,无效者方可手术治疗

　　　　　　(尹毅青　赵　薇　袁玉静　王　戡　林思芳)

第四十四章　癌痛诊疗和临终关怀

【A1 型题】

1. 癌痛的三阶梯用药原则以下哪项**不正确**
   - A. 阶梯给药
   - B. 按需给药
   - C. 口服给药
   - D. 用药个体化
   - E. 辅助用药

2. 癌痛的三阶梯用药原则治疗轻度疼痛的患者主要选用
   - A. 强阿片类药物
   - B. 弱阿片类药物
   - C. 解热镇痛类的止痛药
   - D. 吗啡类药物
   - E. 物理治疗

3. 癌痛的三阶梯用药原则治疗重度疼痛的患者主要选用
   - A. 强阿片类药物
   - B. 弱阿片类药物
   - C. 解热镇痛类的止痛药
   - D. 布桂嗪
   - E. 神经阻滞疗法及神经外科治疗

4. 给慢性疼痛患者开哌替啶处方的**不合理性**，最主要的一个理由是
   - A. 代谢产物去甲哌替啶的半衰期比哌替啶长，慢性给药会造成体内蓄积中毒
   - B. 代谢产物去甲哌替啶的半衰期比哌替啶短，须逐渐加大剂量
   - C. 慢性给药会形成耐受性
   - D. 慢性给药会形成依赖性
   - E. 止痛强度较弱，仅为吗啡的 1/10

1. 【答案】B
   【解析】根据世界卫生组织(WHO)癌痛三阶梯止痛治疗指南，癌痛药物止痛治疗的五项基本原则是：口服给药、按阶梯用药、按时给药、个体化给药、注意具体细节。
   【考点】WHO 三阶梯用药原则

2. 【答案】C
   【解析】癌痛三阶梯治疗方案是指根据患者疼痛程度，有针对地选用不同强度的镇痛药物。第一级阶梯：轻度疼痛，可选用 NSAIDs(如阿司匹林、布洛芬、吲哚美辛、扑热息痛、保泰松、罗非昔布、塞来昔布等)，可加用辅助药；第二级阶梯：中度疼痛，可选用弱阿片类药物(以可待因为代表，还有右旋丙氧酚、布桂嗪、曲马多等)，并可合用 NSAIDs，可加用辅助药；第三级阶梯：重度疼痛，可选用强阿片类药物(以吗啡为代表，常用的有口服吗啡即释片和控释片，以及丁丙诺菲、芬太尼、美沙酮、哌替啶等)，并可合用 NSAIDs，可加用辅助药。吗啡类属于强阿片类药物，物理治疗为辅助治疗。
   【考点】WHO 三阶梯用药原则，癌痛药物治疗原则

3. 【答案】A
   【解析】癌痛三阶梯治疗方案是指根据患者疼痛程度，有针对地选用不同强度的镇痛药物。第一级阶梯：轻度疼痛，可选用 NSAIDs，可加用辅助药；第二级阶梯：中度疼痛，可选用弱阿片类药物，并可合用 NSAIDs，可加用辅助药；第三级阶梯：重度疼痛，可选用强阿片类药物，并可合用 NSAIDs，可加用辅助药。布桂嗪属于弱阿片类药物。
   【考点】WHO 三阶梯用药原则，癌痛药物治疗原则

4. 【答案】A
   【解析】哌替啶，为人工合成的阿片受体激动剂。常用于急性疼痛及短期止痛，一般不用于癌性疼痛，一方面因为它的镇痛作用持续时间短(2.5~3.5 小时)；另一方面是其毒性代谢产物去甲哌替啶容易在体内蓄积，引起中枢神经系统中毒症状如癫痫发作、抽搐等，肾功能不良时更易产生中毒症状。
   【考点】癌痛药物治疗原则

5.【答案】A

【解析】终末期患者常见的心理变化分期依次为否认期,愤怒期,磋商期,沮丧期及接受期。

【考点】终末患者及临终关怀

1.【答案】C

【解析】24小时吗啡40mg皮下注射相当于40mg/d×3=120mg/d口服。等效剂量吗啡(口服):羟考酮(口服)=(1.5~2):1,因此换算为羟考酮控释片为60~80mg/d。

【考点】常用癌痛治疗药物

2.【答案】E

【解析】盐酸羟考酮控释片为盐酸羟考酮缓释片,规格有5mg/片、10mg/片、20mg/片、40mg/片四种,按时服药,每12小时用1次。等效剂量吗啡(口服):羟考酮(口服)=(1.5~2):1,因此50mg即释吗啡换算为盐酸羟考酮控释片为25~33mg,加上20mg盐酸羟考酮控释片,为45~53mg/d。选择最接近的选项20~30mg q.12h.。

【考点】常用癌痛治疗药物

3.【答案】B

【解析】终末期患者常见的心理变化分期依次为否认期,愤怒期,磋商期,沮丧期及接受期,患者对周围人不满,易发怒可见属于愤怒期。

【考点】终末患者及临终关怀

4.【答案】C

【解析】多瑞吉是经皮芬太尼控释给药系统,临终前的患者极大一部分已经不能选择口服给药,需要其他给药方式。芬太尼透皮贴剂与口服强阿片类药物同样具有很好的镇痛作用;药效稳定,无封顶效应,不易发生药物中毒;副作用比如便秘、恶心、呕吐发生率相对少;使用方便,提高患者生活质量。一贴作用持续72小时,依剂量不同有四种规格贴剂:25μg/h,50μg/h,75μg/h,100μg/h;起始剂量为25μg/h;使用时应贴于干燥、无破损、无炎症、体毛少的躯干和四肢内侧皮肤。起效一般需要6~12小时,在此期间,医师可以采用其他即释镇痛药物治疗,72小时后更换贴片时应更换贴片部位;靠近热源或发热的患者使用会使药物的吸收将加快,要注意不良反应的发生,必要时要调整剂量。

【考点】常用癌痛治疗药物

---

5. 临终患者最早出现的心理反应期是
   - A. 否认期
   - B. 愤怒期
   - C. 协议期
   - D. 忧郁期
   - E. 接受期

【A2 型题】

1. 患者,男,65岁,肺癌,因全身疼痛就诊,查MRI和骨扫描提示多处骨转移灶,诊断"癌痛综合征"。经剂量滴定,前24小时即释吗啡为皮下注射40mg,转换为羟考酮控释片口服应为
   - A. 30~50mg/d
   - B. 50~60mg/d
   - C. 60~80mg/d
   - D. 80~100mg/d
   - E. 100~120mg/d

2. 某患者使用盐酸羟考酮控释片滴定,过去24小时总共使用了20mg的盐酸羟考酮控释片,50mg的即释吗啡静脉注射,请问现在转换成盐酸羟考酮控释片应如何用药
   - A. 10~20mg q.12h.
   - B. 40~60mg q.d.
   - C. 20~40mg q.12h.
   - D. 20~40mg q.d.
   - E. 20~30mg q.12h.

3. 患者王某,男,54岁,患胰腺癌广泛转移,病情日趋恶化,患者心情不好,对医务人员工作不满,常对其陪伴亲属发脾气。你认为该患者的心理反应处于何阶段
   - A. 忧郁期
   - B. 愤怒期
   - C. 协议期
   - D. 否认期
   - E. 接受期

4. 患者,男,64岁,食管癌晚期患者,吞咽困难,使用芬太尼透皮贴剂(多瑞吉)控制疼痛,使用过程中**不正确**的是
   - A. 贴前用温清水洁净局部皮肤,待干
   - B. 不需要固定贴于疼痛部位
   - C. 贴剂使用后4小时开始发挥药物作用,8小时发挥全效
   - D. 处理爆发痛时,应用即释阿片药物
   - E. 贴片部位不可直接靠近热源,如:电热毯、热水袋

5. 患者,女,82 岁,发现肺部阴影 1 年,双肺多发结节影,穿刺及淋巴结活检病理结果均为恶性,告知家属可能的治疗方案及可能出现的副作用及风险后,家属表示不愿意接受放疗和化疗等病因治疗,但希望给予患者临终关怀,临终关怀的意义**不包括**
   A. 缓解人口老龄化给我国带来的社会压力
   B. 提高临终者的生存质量,维护生命尊严
   C. 安抚家属子女、解决临终患者家庭照料困难
   D. 转变观念,真正体现人道主义精神
   E. 优化医疗资源的利用

6. 某癌痛患者长期服用阿片类药物治疗,复诊诉排便困难,次数减少 5~6d/ 次,作为复诊医师,以下处理**不正确**的是
   A. 嘱患者坚持锻炼
   B. 嘱患者尽量多食蔬菜、多喝水、汤、果汁和米饭等富含纤维食物,以增加液体摄入量
   C. 减少用药,加强观察
   D. 必要时灌肠
   E. 加用缓泻剂配合治疗

7. 通过行为治疗能使疼痛缓解,其方法有
   A. 按摩、冷热敷
   B. 经皮神经电刺激
   C. 分散注意力和放松训练
   D. 针灸或指压按摩
   E. 脊髓电刺激

8. 患者,男,76 岁,胰腺癌广泛转移,有腹痛及腰背部疼痛,NRS 疼痛评分 6 分,口服盐酸羟考酮缓释片 40mg,每 12 小时 1 次治疗,NRS 可降至 0~2 分,白天活动增加时偶发生剧烈疼痛,NRS 评分 7 分,为 0~2 次 /d,以下哪种处理方式最妥当
   A. 增加盐酸羟考酮缓释片剂量至 50mg q12h
   B. 盐酸羟考酮用量改为白天 50mg,晚上 40mg
   C. 盐酸羟考酮用量改为白天 60mg,晚上 40mg
   D. 不改变盐酸羟考酮缓释片剂量,剧烈疼痛发生时予以吗啡即释片 10mg 口服
   E. 不改变盐酸羟考酮缓释片剂量,剧烈疼痛发生时予以吗啡即释片 20mg 口服

9. 某人长期使用阿片类镇痛药物,剂量逐渐加大,目前接近口服吗啡 120mg/d。最近开始有偷窃行为,赃款用于购买阿片类药物。下面哪一项描述他的行为最准确

5.【答案】A
【解析】临终关怀并非是一种治愈疗法,而是一种专注于在患者在将要逝世前的几个星期甚至几个月的时间内,减轻其疾病的症状、延缓疾病发展的医疗护理。临终关怀目标是提高患者的生活质量,通过消除或减轻病痛与其他生理症状,排解心理问题和精神烦恼,令患者内心宁静地面对死亡。同时,临终关怀还能够帮助病患家人承担一些劳累与压力。
【考点】终末患者及临终关怀

6.【答案】C
【解析】便秘是阿片类药物最顽固的不良反应,与其他不良反应不同,不会出现耐受,通常发生于阿片类药物止痛的全过程,减少用量不能减轻其发生反而是疼痛得不到有效控制。
【考点】常用癌痛治疗药物及其副作用

7.【答案】C
【解析】癌痛的非药物治疗包括环境控制、物理治疗、行为治疗以及情感支持治疗。选项 A、B、D 属于物理治疗,C 属于行为治疗,因此选 C。
【考点】癌痛的治疗

8.【答案】E
【解析】爆发痛是指持续的镇痛方案中未被控制的偶发疼痛,分为突发痛、给药间期末出现的疼痛以及无法控制的持续性疼痛。该患者的爆发痛属于由特殊活动或事件引发的剧烈疼痛,出现频率不高,最佳处理方案为疼痛出现时给予短效阿片类药物,用药量相当于前 24 小时用药总量的 10%~20% 剂量的即释阿片类药物。由于羟考酮等效剂量(口服):吗啡(口服)=1:(1.5~2),即该患者 24 小时吗啡用量为 120~160mg,控制爆发痛的吗啡用量应为 12~32mg。
【考点】常用癌痛治疗药物

9.【答案】C
【解析】耐受性是指人体对药物反应性降低的一种状态。药物依赖是一组认知、行为和生理症状群,使用者尽管明白使用成瘾物质会带来问题,但还在继续使用。传统上将依赖分为躯体依赖和心理依赖。躯体依赖也称生理依赖,它是由于反复用药所造成的一种病理性适应状态,主要表现为耐受性增加和戒断症状。心理依赖又称精神依赖,它使吸食者产生一种愉快满足的或欣快的感觉,驱使使用者为寻求这种感觉而反复使用药物,表现所谓的渴求状态。药物成瘾区别于躯体依赖,诊断药物成瘾,除了有耐受性增加和戒断症状以外还至少包括以下一项:对于药物的使用要比预先计划的更大量和持续更长时间;有减少

或控制持续用药的愿望或不成功的企图;为了得到该药物,花费相当多时间的努力;由于用药减少了重要的社会、职业和娱乐活动;尽管伴随着健康、社会或经济上的问题,仍然继续用药。痛觉过敏是指轻微的触摸皮肤感到疼痛难忍等,多见于丘脑或周围神经病变,精神科见于神经衰弱、癔症、疑病症、更年期综合征等。

【考点】常用癌痛治疗药物的副作用

A. 阿片类药物耐受

B. 阿片类药物依赖

C. 阿片类药物成瘾

D. 阿片类药物引起的痛觉过敏

E. 阿片类药物中毒

【A3/A4 型题】

(1~6题共用题干)

患者男,79 岁,因反复右下肢疼痛 1 个月余来诊,诉疼痛自右臀部沿大腿后侧下行放射至小腿后外侧,行走疼痛加重,夜间著,无麻木感。患者半年前曾查体发现前列腺癌,并已手术治疗。查体腰椎无明显压痛,双侧直腿抬高阴性,右臀部坐骨神经出口处压痛。门诊行坐骨神经阻滞后,痛疼立刻缓解,2 天后疼痛渐出现,1 周后复诊诉仍有疼痛,但较前有所减轻,要求进一步处理。

1.【答案】B

【解析】患者有肿瘤病史,需行骨扫描检查有无肿瘤转移所致神经受压。

【考点】癌痛的诊断

1. 为查明疼痛原因,明确诊断,下列哪项检查是必要的
   A. 腹部 MRI B. 全身骨扫描
   C. 下肢肌电图 D. 下肢血管超声
   E. 心电图

2.【答案】C

【解析】癌痛临床评估步骤包括:①详询病史,要相信患者的疼痛主诉;②疼痛程度评估;③疼痛特性评估,包括疼痛定位、性质、发作方式;④评估疼痛所带来的影响,包括功能活动情况、心理状况、社会影响、并发症;⑤体格检查:疼痛部位的检查、神经系统检查、其他相关检查;⑥诊断性检查,包括肿瘤学检查、神经生理检查等。再次评估的重点为疼痛程度和特性的评估。

【考点】癌痛的评估

2. 癌痛的临床评估是癌痛治疗的第一步,通过首次评估对癌痛患者作出诊断和治疗计划,通过再次评估判断治疗效果和修改治疗计划,哪项临床评估是再次评估的重点
   A. 详细病史,要相信患者主诉
   B. 诊断性检查
   C. 疼痛的程度和特性的评估,包括定位、性质及发作方式
   D. 疼痛所带来的影响的评估
   E. 体格检查

3.【答案】A

【解析】放射缓解疼痛的机制目前尚不完全清楚,目前多认为与放射破坏癌组织,使肿瘤缩小,解除局部压迫,改善局部血运;杀伤癌细胞,减少或终止了化学性致痛介质释放及促进止痛性介质释放有关;癌痛体内或癌旁血管微血栓的形成或纤维化阻断了疼痛的传导通路,使致痛因子通透受阻等。促使中枢神经系统释放内源性镇痛物质如阿片肽等参与镇痛过程是阿片类止疼药物的作用机制。

【考点】癌痛的治疗

3. 放射治疗是骨肿瘤重要治疗手段之一,对癌痛具有很好的缓解作用,其作用机制**不包括**
   A. 促使中枢神经系统释放内源性镇痛物质如阿片肽等参与镇痛过程
   B. 破坏癌性组织,使肿瘤缩小或消失,从而解除局部压迫及堵塞
   C. 促进正常骨细胞释放化学性镇痛介质参与止痛过程
   D. 使癌瘤体内或癌旁血管微血栓的形成或纤维化,阻断了疼痛的传导通路
   E. 杀伤癌细胞,减少或终止了 5-羟色胺、前列腺素等致痛因子的释放

4. 患者 VAS 评分 7 分,给予口服阿片类药物止痛,下列有关阿片类药物特性的描叙**不正确**的是
   A. 主要作用于中枢神经系统,通过与特异性阿片受体结合产生中枢镇痛作用
   B. 长期用药可产生药物耐受性,停药后耐受性可逆
   C. 滥用该类药物可致成瘾和戒断综合征
   D. 最常见的不良反应为便秘,服药时需同时应用缓泻剂预防
   E. 精神错乱及中枢神经毒性反应是最严重的不良反应,应减量或加用神经镇静剂治疗

5. 患者因疼痛难忍,不遵医嘱大量使用吗啡即释片,出现呼吸频率下降,以下说法**错误**的是
   A. 一旦发现呼吸频率下降,应立即使用纳洛酮解救
   B. 呼吸抑制临床主要表现为呼吸频率降低(<8 次 /min)和动脉氧饱和度下降
   C. 疼痛的患者不会发生呼吸抑制
   D. 逐渐增加阿片药剂量可减少呼吸抑制的发生
   E. 肾功能不全患者应适当减少阿片药物用量,可降低呼吸抑制发生

6. 4 个月后家属带患者复诊,诉患者有食欲缺乏、恶心呕吐、体重下降 6kg,时有大小便失禁。告知家属可能的治疗方案及可能出现的副作用及风险后,家属表示不愿意接受放疗和化疗等病因治疗,但希望给予患者临终关怀,下列哪项**不是**临终关怀的目的
   A. 帮助患者认识死亡是一种自然过程
   B. 帮助患者处于舒适、安定状态
   C. 帮助患者提高生活质量
   D. 帮助患者延长寿命
   E. 帮助患者平静地接受死亡

(马丹旭 刘丝濛 王 云)

4.【答案】E
【解析】阿片类药物主要作用于中枢神经系统,通过与特异性阿片受体结合产生中枢镇痛作用,长期用药可产生药物耐受性和依赖性,停药后耐受性可逐渐消失,即具有可逆性;依赖性主要分为躯体依赖性和精神依赖性,前者表现为停药出现戒断症状,后者表现为成瘾。便秘为最常见副作用,最严重不良反应为呼吸抑制,表现为呼吸频率和动脉血氧饱和度降低。
【考点】癌痛药物治疗原则及不良反应

5.【答案】A
【解释】呼吸抑制是阿片类药物最严重的不良反应,临床主要表现为呼吸频率及程度降低(<8 次 /min)和动脉氧饱和度下降;疼痛本身是阿片的天然拮抗剂,在疼痛消失前不会出现呼吸抑制;逐渐增加阿片药剂量可减少呼吸抑制的发生,肾功能不全患者应适当减少阿片药物用量,应用纳洛酮后患者可能出现撤药综合征及疼痛反复发作,因此只有患者出现症状性呼吸抑制才使用纳洛酮解救。
【考点】阿片类药物使用及不良反应

6.【答案】D
【解析】临终关怀并非是一种治愈疗法,不能延长患者寿命,而是一种专注于在患者在将要逝世前的几个星期甚至几个月的时间内,减轻其疾病的症状、延缓疾病发展的医疗护理。临终关怀目标是提高患者的生活质量,通过消除或减轻病痛与其他生理症状,排解心理问题和精神烦恼,令患者内心宁静地面对死亡。同时,临终关怀还能够帮助病患家人承担一些劳累与压力。
【考点】终末患者及临终关怀

第四十五章　呼吸衰竭和急性呼吸窘迫综合征

1.【答案】C

【解析】此题主要考查对ARDS柏林标准中起病时间的掌握情况。根据柏林标准,ARDS起病时间为1周以内。

【考点】ARDS柏林标准

2.【答案】E

【解析】此题主要考查对ARDS病理基础的掌握情况。ARDS的病理基础是肺泡-毛细血管损伤、肺泡膜通透性增加、肺表面活性物质减少,透明膜形成和肺泡萎陷。

【考点】ARDS的病理基础

3.【答案】B

【解析】此题主要考查对ARDS病生理特点的掌握情况。ARDS的病生理特征是肺容积减少、肺顺应性下降、通气血流比失调、肺血管阻力增高。

【考点】ARDS的病理生理特点

【A1型题】

1. 根据ARDS柏林标准,ARDS的起病时间为
   A. 2周以内
   B. 12小时以内
   C. 1周以内
   D. 24小时以内
   E. 1个月以内

2. ARDS的病理基础是
   A. 肺泡-毛细血管损伤、肺泡膜通透性增加、肺表面活性物质增多,透明膜形成和肺泡萎陷
   B. 肺毛细血静水压力增高、肺泡膜通透性增加、肺表面活性物质减少,透明膜形成和肺泡萎陷
   C. 肺毛细血静水压力增高、肺泡膜通透性下降、肺表面活性物质增多,透明膜形成和肺泡萎陷
   D. 胶体渗透压过低、肺泡膜通透性增加、肺表面活性物质减少,透明膜形成和肺泡动态过度充气
   E. 肺泡-毛细血管损伤、肺泡膜通透性增加、肺表面活性物质减少,透明膜形成和肺泡萎陷

3. ARDS的病理生理特征是
   A. 肺容积增加、肺顺应性增高、通气血流比正常、肺血管阻力降低
   B. 肺容积减少、肺顺应性降低、通气血流比失调、肺血管阻力增高
   C. 肺容积增加、肺顺应性降低、通气血流比失调、肺血管阻力降低
   D. 肺容积减少、肺顺应性降低、通气血流比正常、肺血管阻力增高
   E. 肺容积减少、肺顺应性增高、通气血流比失调、肺血管阻力增高

4. 肺保护性通气策略是指
    A. 小潮气量、高 PEEP、轻度过度通气
    B. 较大潮气量、高 PEEP、轻度过度通气
    C. 小潮气量、低 PEEP、允许性高碳酸血症
    D. 小潮气量、适度 PEEP、允许性高碳酸血症
    E. 较大潮气量、适度 PEEP、允许性高碳酸血症

5. 如图所示,压力 - 时间波形反映的分别是哪种肺复张手法

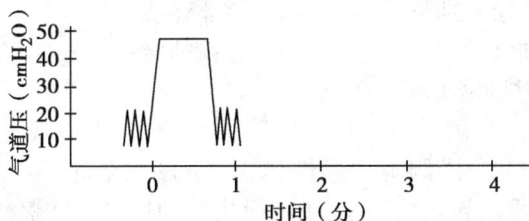

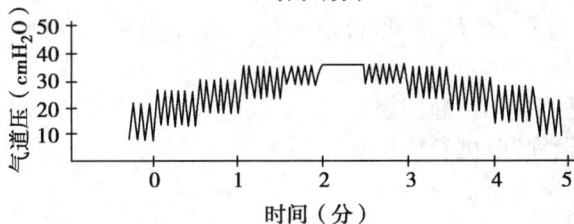

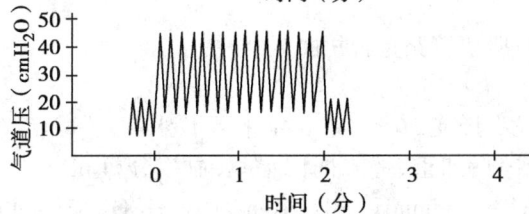

    A. 控制性膨肺、PEEP 递增法、压力控制法
    B. 压力控制法、PEEP 递增法、控制性膨肺
    C. PEEP 递增法、压力控制法、控制性膨肺
    D. PEEP 递增法、控制性膨肺、压力控制法
    E. 压力控制法、控制性膨肺、PEEP 递增法

6. ARDS 右室保护策略的首要目标是
    A. 肺复张
    B. 减少无效腔
    C. 限制平台压
    D. 提高 PEEP、改善氧合
    E. 允许性高碳酸血症

【A2 型题】

1. 男性,27 岁,车祸伤导致多发骨折及脾破裂,术中及术后大量输血,术后出现低氧血症,氧合指数 <200,胸片示双肺弥漫性渗出,该患者最可能的诊断是

4.【答案】D
　【解析】此题主要考查对肺保护性通气策略的理解情况。肺保护性通气策略是指小潮气量、适度 PEEP、允许性高碳酸血症。
　【考点】ARDS 的机械通气策略

5.【答案】A
　【解析】此题主要考查对肺复张手法的理解情况。肺复张手法包括控制性膨肺、PEEP 递增法和压力控制法。
　【考点】ARDS 的肺复张手法

6.【答案】C
　【解析】此题主要考查对 ARDS 血流动力学状态的深入理解情况。机械通气策略有利于右室即有利于肺,当 ARDS 患者出现右室功能障碍时,应控制平台压在 27cmH$_2$O 以下。
　【考点】ARDS 的血流动力学

1.【答案】B
　【解析】此题结合病例考查急性呼吸窘迫综合征的掌握情况。
　【考点】急性呼吸窘迫综合征的高危因素和临床表现

A. 气胸   B. 急性呼吸窘迫综合征

C. 心功能不全   D. 肺挫伤

E. 肺部感染

2.【答案】D

【解析】此题结合病例考查急性肺栓塞的临床特点。

【考点】急性呼吸困难的鉴别诊断

2. 女性,73 岁,早晨起床如厕后突然憋气,需端坐呼吸,1 天前曾类似发作,3 天来双下肢水肿右侧为著。心电图完全性右束支传导阻滞,检查化验已送未归,急诊胸片未见异常。该患者最可能的诊断是

A. COPD 急性加重   B. 肺部感染

C. 心功能不全   D. 急性肺栓塞

E. 急性呼吸窘迫综合征

3.【答案】C

【解析】此题结合病例考查呼吸衰竭机械通气时报警处理原则。

【考点】机械通气时报警处理方法

3. 男性,43 岁,因"胆道中毒性休克"急诊在全麻下行胆总管探查术,术后转入监护室,予呼吸机辅助通气。患者神志清,呼吸急促,烦躁,呼吸机显示气道高压报警,下列哪项处理**不恰当**

A. 适当应用镇静药物

B. 调整呼吸机参数和模式

C. 上调高压报警界限

D. 吸痰

E. 检查呼吸机管路是否扭曲

4.【答案】E

【解析】此题结合病例考查呼吸衰竭血气分析的解读。

【考点】呼吸衰竭血气分析

4. 男性,65 岁,慢支 30 年,近 3 年来下肢水肿,平时活动气短,3 天前受凉后加重,神志恍惚嗜睡,血气分析 pH 7.15,$PaCO_2$ 80mmHg,PaO_2 45mmHg,BE −10mmol/L,HCO_3^- 20mmol/L,此结果符合

A. 呼酸失代偿期   B. 呼酸代偿期

C. 呼酸 + 代碱   D. 代碱 + 代酸

E. 呼酸 + 代酸

5.【答案】E

【解析】此题结合病例考查 ARDS 的病理生理改变。

【考点】ARDS 的病理生理改变

5. 女性,35 岁,外伤性骨折第 2 天后出现进行性呼吸困难,呼吸频率 40 次/min,血气分析示:PO_2 60mmHg,PCO_2 30mmHg,胸片示双肺斑片状阴影。下列哪项**不符合**患者的病理生理改变

A. 肺毛细血管通透性增加

B. 肺间质水肿

C. 肺泡萎陷

D. 肺内分流增加

E. 肺顺应性增加

6.【答案】B

【解析】此题结合病例考查 ARDS 的严重程度分级。

【考点】ARDS 的严重程度分级

6. 男性,81 岁,因肠梗阻结肠穿孔行左半结肠根治术,术中发生感染性休克,术后带气管插管入 ICU,血气分析示:$PaCO_2$ 40mmHg,PaO_2 55mmHg, 呼 吸 机 bilevel 模 式:f10 次/min,

PEEP20/5cmH$_2$O,FiO$_2$ 40%,胸片示双肺斑片状阴影,患者的诊断符合以下

A. 轻度 ARDS
B. 中度 ARDS
C. 重度 ARDS
D. 急性肺损伤
E. 呼吸机相关性肺炎

7. 男性,67 岁,因食管癌行三切口食管癌根治术,术后第 4 日拟拔出气管导管,通过自主呼吸试验后欲行气囊漏气试验,以下关于气囊漏气试验的描述,**不正确**的是

A. 操作前需充分清除口腔、气囊上和气管插管内的分泌物
B. 选用容量控制的 A/C 模式,潮气量 10ml/kg
C. 排空气囊后,直接记录连续 4 次的呼出潮气量,取 3 次最小值进行平均
D. 计算气囊漏气量为吸入潮气量和排空气囊后呼出潮气量的差值,判定气囊漏气试验是否为阳性
E. 将气囊充气,监测并维持合适气囊压,恢复呼吸机原模式及参数

8. 男,33 岁,主因"胸闷、声嘶 4 个月余"行 VATS 右纵隔囊肿切除术,术中因氧合差不能单肺通气,术后拔管后患者出现喘憋、发绀,查体:听诊双肺未闻及哮鸣音,双下肺可闻及湿啰音,右侧胸部皮下气肿,双下肢轻度水肿。为了鉴别诊断和指导下一步治疗,以下哪些检查**不是**急需进行的

A. 血气分析
B. 心电图、心肌酶、cTNI、BNP
C. 超声心动图
D. 胸片
E. 肺通气灌注扫描

9. 患者女性,62 岁,诊断为 COPD、慢性呼吸衰竭,近日因咳嗽、咳痰、气促明显,继而出现神志不清、发绀、多汗,血气分析显示 PaO$_2$ 50mmHg,PaCO$_2$ 62mmHg,应给予患者

A. 高浓度、高流量吸氧
B. 高浓度、低流量给氧
C. 低浓度、高流量吸氧
D. 低浓度、低流量吸氧
E. 有创机械通气

10. 患者男性,65 岁,主诉"反复咳嗽咳痰 15 年,加重伴意识障碍 2 天"入院,血气分析示:pH 7.28,PaCO$_2$ 84mmHg,PaO$_2$ 55mmHg,患者诊断为 II 型呼吸衰竭,发生二氧化碳潴留的主要机制是由于

A. 通气 / 血流比例失调
B. 弥散障碍
C. 肺组织通气不足
D. 动静脉分流
E. 肺表面活性物质受破坏

【A3/A4 型题】

(1~3 题共用题干)

72 岁，男性，1 天前因结肠穿孔经由急诊入 ICU。入 ICU 时，HR 112 次 /min，BP 87/44mmHg，SpO_2 86%，RR 40 次 /min，T 38.8 ℃，胸片：双肺多发斑片模糊影。入 ICU 后气管插管呼吸机辅助通气，PSV 模式，PS10cmH$_2$O，PEEP10cmH$_2$O，FiO_2 40% 时 $PaCO_2$ 46mmHg，PaO_2 62mmHg。

1.【答案】A
　【解析】此题需了解 ARDS 的危险因素和诊断标准。
　【考点】ARDS 的危险因素和诊断标准

1. 患者初步诊断是
    A. 感染性休克合并中度 ARDS
    B. 感染性休克合并肺部感染
    C. 心衰合并肺部感染
    D. 感染性休克合并 ALI
    E. 脓毒症、心源性休克

2.【答案】C
　【解析】此题需了解 ARDS 的机械通气的特点。
　【考点】ARDS 的机械通气

2. 对该患者进行机械通气时，最可能出现的问题是
    A. 反流误吸　　　　　　B. 呼吸机相关肺炎
    C. 允许性高碳酸血症　　D. 应激性溃疡
    E. 呼吸机依赖

3.【答案】D
　【解析】此题需了解感染性休克和 ARDS 的治疗原则。
　【考点】感染性休克和 ARDS 的治疗原则

3. 现阶段治疗方案中可能**无效**或**有害**的是
    A. 液体复苏的同时，积极外科处理结肠穿孔
    B. 抗感染治疗
    C. 替代剂量的糖皮质激素
    D. 强心，利尿，扩血管
    E. 保护性肺通气策略，肺复张

(4~6 题共用题干)

38 岁，男性，既往体健。大量饮酒后出现急性重症胰腺炎入院，次日出现喘憋，呼吸频促。ABG（未吸氧）：$PaCO_2$ 32mmHg，PaO_2 54mmHg。胸片示双肺纹理增加，多发斑片影，下肺为著。

4.【答案】B
　【解析】此题需了解 ARDS 的病因。急性重症胰腺炎释放大量炎性因子，可以造成间接肺损伤，诱发 ARDS。
　【考点】ADRS 的病因

4. 最可能的诊断是
    A. 肺部感染　　　　B. ARDS　　　　C. 急性左心衰
    D. 哮喘　　　　　　E. AECOPD

5.【答案】B
　【解析】此题需了解 ARDS 柏林标准的疾病严重程度。PEEP≥5cmH$_2$O 时，300mmHg≥PaO_2/FiO_2>200mmHg 为轻度。
　【考点】ADRS 的严重程度

5. 患者气管插管后予呼吸机辅助通气，PEEP 12cmH$_2$O 时，PaO_2/FiO_2 220mmHg，据此疾病严重程度分级
    A. 高危　　　　B. 轻度　　　　C. 中度
    D. 重度　　　　E. 极重度

6. 适用于此病的机械通气策略是
   A. 肺保护性通气　　　　B. 低通气慢频率
   C. 大潮气量膨肺　　　　D. 完全机械通气
   E. 过度通气

【案例分析】

案例　女,73 岁,"发热 5 天,呼吸困难 3 天,加重伴咳嗽 2 天"入院,患者 1 周前有活禽接触史,既往体健。查体:体温 38.9℃,心率 140 次/min,血压 140/80mmHg,SpO_2 85%,呼吸频率 34 次/min,烦躁,口唇发绀,颈内静脉无怒张,双肺可闻及散在干湿啰音,未闻及哮鸣音。血常规:WBC 6.42×10^9/L,N 0.83,CRP 150mg/L,血生化:ALT 31U/L,AST114U/L,Cr 88μmol/L,血气分析(吸空气):pH 7.36,PO_2 48mmHg,PCO_2 27mmHg,SaO_2 84%,Lac 4.9mmol/L,BE-5mmol/L。胸部 CT 示:两肺炎症,双侧少量胸腔积液。

提问 1:后续该患者可能需要送检的检查,包括
   A. 流感病毒咽拭子
   B. 呼吸道病毒抗体组合
   C. 痰培养
   D. 肺泡灌洗液培养
   E. G、GM 试验
   F. T 淋巴细胞亚群

提问 2:该患者的疾病诊断以下描述正确的是
   A. 重症肺炎　　　　B. Ⅰ型呼吸衰竭
   C. 轻度 ARDS　　　　D. 病毒性肺炎
   E. 院内获得性肺炎　　F. 院外获得性肺炎
   G. Ⅱ型呼吸衰竭

提问 3:该患者后续应该进行的治疗包括
   A. 呼吸机辅助呼吸　　B. 保护性肺通气策略
   C. 低 - 中水平 PEEP　　D. 俯卧位通气
   E. 神经肌肉阻滞剂　　F. 体外二氧化碳清除
   G. ECMO

（闫婷　谢旻　张鸿）

第四十六章　多器官功能衰竭

1. 【答案】E

　【解析】此题主要考查对全身炎症反应综合征 SIRS 的诊断标准，外周血白细胞为 $>12 \times 10^9/L$ 或 $<4 \times 10^9/L$。

　【考点】SIRS 的诊断标准

2. 【答案】C

　【解析】此题主要考查多器官功能衰竭的病理生理机制，除序贯衰竭学说外，其余四学说相辅相成，共同影响多器官衰竭的发生。

　【考点】多器官功能衰竭的病生理机制

3. 【答案】D

　【解析】此题主要考查多器官功能衰竭的治疗原则，包括除 D 外的其余四项。

　【考点】多器官功能衰竭的治疗原则

4. 【答案】C

　【解析】此题主要考查 qSOFA 评分。该评分主要用于筛查 ICU 外的脓毒症患者，包括呼吸频率 >22 次 /min，收缩压 <100mmHg，任何程度的神志改变，每项 1 分。

　【考点】qSOFA 评分

5. 【答案】A

　【解析】此题主要考查脓毒症 3.0 的诊断标准，即由感染所致的序贯器官功能衰竭评分改变 ≥ 2 分。

　【考点】脓毒症 3.0 的诊断标准

【A1 型题】

1. 下列哪项**不是**全身炎症反应综合征的诊断标准
   A. 体温 $>38\,℃$
   B. 心率 >90 次 /min
   C. 呼吸频率 >20 次 /min
   D. 幼稚杆状白细胞 $>10\%$
   E. 外周血白细胞 $<3 \times 10^9/L$

2. 下列哪项**不是**多器官功能衰竭的病理生理机制
   A. 炎症反应学说
   B. 缺血再灌注和自由基学说
   C. 序贯衰竭学说
   D. 二次打击学说
   E. 肠道动力学说

3. 下列哪项**不是**多器官功能衰竭的治疗原则
   A. 控制原发病
   B. 改善氧代谢和纠正组织缺氧
   C. 代谢支持与调理
   D. 镇静镇痛
   E. 免疫调节治疗

4. 青年女性，胆管结石致腹腔感染，T $38\,℃$，HR 105 次 /min，BP 92/58mmHg，RR 27 次 /min，神志淡漠。请问 qSOFA 评分为
   A. 1 分　　　　　　B. 2 分　　　　　　C. 3 分
   D. 4 分　　　　　　E. 5 分

5. 下列哪项是脓毒症 3.0 的诊断标准
   A. 感染 +SOFA 评分变化 ≥ 2 分
   B. 感染 +SOFA 评分变化 ≥ 3 分

C. 感染 +SOFA 评分变化≥4 分

D. 感染 +SIRS 标准≥2 条

E. 感染 +SIRS 标准≥3 条

6. 下列哪项是脓毒症 3.0 中感染中毒性休克的诊断标准

    A. 脓毒症 + 持续低血压(需要血管活性药物维持 MAP≥65mmHg)

    B. 脓毒症 + 持续低血压(需要血管活性药物维持 MAP≥65mmHg)+ 血乳酸 >2mmol/L

    C. 脓毒症 + 持续低血压(需要血管活性药物维持 MAP≥65mmHg)+ 血乳酸 >2mmol/L+ScVO$_2$>70%

    D. 感染 +SIRS 标准≥2 条 + 持续低血压(需要血管活性药物维持 MAP≥65mmHg)

    E. 感染 +SIRS 标准≥2 条 + 持续低血压(需要血管活性药物维持 MAP≥65mmHg)+ 血乳酸 >2mmol/L

6.【答案】B
【解析】此题主要考查脓毒症 3.0 中感染中毒性休克的诊断标准,即由脓毒症 + 持续低血压(需要血管活性药物维持 MAP≥65mmHg)+ 血乳酸 >2mmol/L,缺一不可。
【考点】脓毒症 3.0 中感染中毒性休克的诊断标准

【A2 型题】

1. 男,68 岁,反复咳嗽喘息 20 余年,加重 1 周入院。不吸氧时血气分析结果示:PaO$_2$ 55mmHg,PaCO$_2$ 60mmHg。该患者发生低氧血症的机制主要是

    A. 肺泡通气量降低

    B. 肺内动静脉分流增加

    C. 通气血流比例失调

    D. 弥散量降低

    E. 耗氧量增加

1.【答案】A
【解析】此题主要考查对呼吸系统衰竭的定义和发生机制是否明确。患者 PaO$_2$<60mmHg,PaCO$_2$>50mmHg,应诊断为Ⅱ型呼吸衰竭,为肺泡通气不足所致。其他 B、C、D 都是Ⅰ型呼吸衰竭的发生机制。E 耗氧量增加只在发热、寒战、严重哮喘、呼吸困难、抽搐等病理情况下起一定的作用。
【考点】呼吸衰竭的定义和发生机制以及两种呼吸衰竭的区别

2. 男,50 岁。急性心肌梗死入院后出现夜间阵发性呼吸困难,心率 124 次 /min,心尖部闻及舒张早期奔马律,两肺底闻及湿啰音。患者目前最可能的诊断是急性心肌梗死合并

    A. 左心衰   B. 右心衰

    C. 全心衰   D. 支气管哮喘

    E. 急性心脏压塞

2.【答案】A
【解析】考查对心脏衰竭的定义的区分。夜间阵发性呼吸困难,双肺底湿啰音,心尖部舒张期奔马律,为急性左心衰的典型症状。急性右心衰常表现为体循环淤血。支气管哮喘常有哮喘史,自幼发病。急性心脏压塞常表现 Beck 三联征。
【考点】心脏衰竭的定义和区分

3. 男,40 岁。消化性溃疡病史 10 年,近 2 天腹痛加重,反复呕吐,不能进食水,昨天开始尿量减少,为 150~350ml/d。实验室检查:SCR456μmol/L,尿比重 1.022,尿蛋白 +。该患者最可能的诊断是

    A. 急性肾小球肾炎

    B. 急进性肾小球肾炎

    C. 急性肾小管坏死

    D. 肾前性少尿

    E. 慢性肾衰竭

3.【答案】D
【解析】SCR 正常值为 76~88μmol/L,急性肾衰竭诊断标准是 SCR>133μmol/L,本例患者可以诊断。肾衰竭分为肾前性,肾性,肾后性。本例患者是由于消化性溃疡幽门梗阻,反复呕吐不能进食,导致血容量减少造成的肾衰竭,故为肾前性肾衰竭。慢性肾衰竭要求病程 >3 个月。
【考点】肾衰竭定义及分型

4.【答案】A
【解析】发热 2 周,持续胸痛 1 天,心电图:除 aVR 外的导联 ST 段呈弓背向下抬高,应诊断急性心包炎。气胸常表现为胸痛,呼吸困难,呼吸音减弱或消失,心电图常无变化。患者肌钙蛋白阴性可以排除急性心肌梗死。变异型心绞痛一般不会超过 30 分钟。病毒性心肌炎常表现为发热,胸痛,呼吸困难,心律失常,心电图 ST 段轻度移位和 T 波倒置。
【考点】急性心包炎的诊断

5.【答案】A
【解析】急性心肌梗死患者突然意识丧失,抽搐应首先考虑心室颤动,心脏停搏。
【考点】心室颤动常见原因

6.【答案】E
【解析】急性肾衰竭多尿期的多尿是由于肾小管再生上皮的再吸收和浓缩功能尚未健全,少尿期积聚的大量尿素起渗利尿作用,电解质潴留过多,水潴留过多。
【考点】急性肾衰竭多尿期的多尿原因

7.【答案】A
【解析】肾前性:由于脱水、血容量减少,心排出量不足而引起少尿。常见的病因是大出血、休克、脱水等。
【考点】肾前性肾衰竭的病因

8.【答案】E
【解析】急性肝功能衰竭的病因不包括肝囊肿。
【考点】急性肝功能衰竭的病因

4. 患者,男,42 岁。发热 2 周,持续胸痛 1 天。既往体健,吸烟 20 年。查体:血压 110/80mmHg,双肺呼吸音清,心率 105 次 /min,律齐。心电图:除 aVR 外的导联 ST 段呈弓背向下抬高。实验室检查:血肌钙蛋白阴性。该患者胸痛最可能原因是
A. 急性心包炎　　　　　B. 气胸
C. 急性心肌梗死　　　　D. 变异型心绞痛
E. 病毒性心肌炎

5. 患者男,69 岁,急性心肌梗死入院,抢救过程中患者突然意识丧失,抽搐。造成患者意识丧失,抽搐的可能原因是
A. 心室颤动　　　　　　B. 心房颤动
C. 室性期前收缩　　　　D. 心房扑动
E. 室上性心动过速

6. 男性,58 岁,发热 3 天伴腹痛 1 天于 10 月 3 日入我院消化科,入院后检查发现尿量减少,肾功能不全,加上头痛、眼眶痛、腰痛明显,尿常规中蛋白阳性、血常规示血小板减少,出血热抗体阳性。诊断流行性出血热。后转入肾内科。入院后第 2 天给予血液透析治疗,治疗后第 4 天进入多尿期。急性肾衰竭多尿期的多尿是由于
A. 入量太多,所以尿量多
B. 电解质失衡,造成渗透性利尿
C. 肾小管功能受损,造成尿量增多
D. 浓缩功能差,造成尿量多
E. 肾小管再生上皮的再吸收和浓缩功能尚未健全,少尿期积聚的大量尿素起渗利尿作用,电解质潴留过多,水潴留过多

7. 男,90 岁。近期腰部疼痛,尿少,伴寒战发热。送医院急诊。急诊检查:血压 80/30mmHg、心率 120 次 /min。考虑泌尿系感染给予抗感染、补液扩容,升压药维持血压,为进一步治疗收住院。肾前性肾衰竭的病因是
A. 大出血、休克　　　　B. 双侧输尿管结石
C. 广泛烧伤　　　　　　D. 感染性休克
E. 盆腔肿瘤压迫输尿管

8. 男性,17 岁,因"腹胀、食欲下降 15 天,意识障碍 4 天"入院。患者无明显诱因出现脐周阵发性绞痛,腹泻,每日约 10 次稀便,伴腹胀,给予解痉对症治疗,2 天后腹痛、腹泻缓解。随后患者出现发热,最高 37.9℃,腹胀加重,食欲明显下降。2010 年 7 月 20 日在当地医院检查,肝功能:ALT 4 060U/L、AST 6 607U/L,TBil 45.9μmol/L,DBil 13.5μmol/L,ALB 33g/L,

LDH 5 356U/L,ALP2 56U/L,GGT 41U/L,血清胆碱酯酶(ChE) 4 300U/L;PTA 12.5%,血氨(NH3) 115.8μmol/L;WBC 16.0×10⁹/L,N 65%,Hb 155g/L,PLT 162×10⁹/L;甲、乙、丙、丁、戊型肝炎病毒抗体均为阴性;腹部 CT 示肝脏密度弥漫性减低,腹水;胸部 CT 示双侧胸腔及左侧叶间积液,左上叶下舌段实变。诊断为"急性肝功能衰竭",给予复方甘草酸苷、多烯磷脂酰胆碱、新鲜冰冻血浆等治疗。关于急性肝功能衰竭的病因,下列哪项是**错误**的

A. 严重的病毒性肝炎

B. 某些化学物中毒

C. 妊娠反应

D. 在阻塞性黄疸、胆道感染基础上,经手术、麻醉、创伤、休克而诱发

E. 肝囊肿

9. 患者因"下肢水肿 2 年,加重,腹胀伴呼吸困难 1 周"入院。入院后诊断为:肝硬化、门静脉高压症、脾大、低蛋白血症,腹水、右侧胸腔积液。患者准备进食早餐时突然出现不由自主的抖动,四肢肌肉震颤,伴头颈部后仰,时而左右偏斜,面容呆板,双眼阵发向左或右上方凝视,斜颈,咀嚼,强迫张口,发音困难,不能行走呼吸困难等症状。当时考虑肝性脑病。肝性脑病的发生与下列哪项**无关**

A. 肝功能衰竭时代谢紊乱,血中游离脂肪酸、硫醇、酚、胆酸、胆红素、芳香族氨基酸增加

B. 低血糖

C. 酸碱失衡

D. 缺氧或 DIC

E. 氮质血症

9.【答案】E
【解析】肝性脑病的原因不包括氮质血症。
【考点】肝性脑病的发生

10. 女,73 岁,"乏力 1 周,气急 5 天,加重伴咳嗽 2 天"。患者 1 周前有活禽接触史,5 天前开始出现气急、胸闷。2 天前症状加重,伴咳嗽、咳痰、痰中带血。诊断为 ARDS。ARDS 的病理改变,下列哪项是**错误**的

A. 肺间质水肿和肺泡渗出

B. 肺泡有玻璃样物质形成和肺泡萎缩

C. 小片肺不张并发感染

D. 肺微血管栓塞

E. 血气胸

10.【答案】E
【解析】ARDS 的病理改变有肺间质水肿和肺泡渗出,肺泡有玻璃样物质形成和肺泡萎缩,小片肺不张并发感染,肺微血管栓塞。
【考点】ARDS 的病理改变

【A3/A4 型题】

(1~3 题共用题干)

56 岁女性,肠梗阻 3 天入院,既往体健。查体:T 38.9℃,HR 110

次 /min,BP 97/50mmHg,RR 32 次 /min,神志嗜睡,心肺查体正常,腹膨隆,腹软,轻压痛,肠鸣音亢进。

1. 该患者神志嗜睡最可能的原因是
   A. 低血压　　　　　　　　　B. 脓毒症
   C. 脑血管意外　　　　　　　D. 低血糖
   E. 脑水肿

2. 生命体征中,哪项更需要在感染的患者中关注
   A. 收缩压 + 呼吸频率　　　　B. 体温 + 收缩压
   C. 收缩压 + 舒张压　　　　　D. 心率 + 呼吸频率
   E. 心率 + 收缩压

3. 该患者即刻最紧急的处理措施为
   A. 联系外科医师手术　　　　B. 完善化验检查
   C. 向家属交待病情　　　　　D. 充分液体复苏
   E. 进一步进行有创监测

(4~6 题共用题干)

78 岁女性,60kg,上消化道穿孔 2 天入院,既往高血压、糖尿病、冠心病。查体:T 35.5℃,HR 122 次 /min(房颤),BP 77/40mmHg,RR 28 次 /min,神志淡漠,皮肤可见花斑及出血点,心律绝对不齐,未及杂音,双肺满布湿啰音。板状腹,压痛、反跳痛阳性,肠鸣音未闻及,双下肢不肿。患者近 1 天无尿。

4. 根据病史及查体,该患者房颤的最可能原因是
   A. 低血压　　　　　　　　　B. 脓毒症
   C. 电解质紊乱　　　　　　　D. 冠心病史
   E. 高血压史

5. 该患者即刻最紧急的处理措施为
   A. 联系外科医师手术　　　　B. 完善化验检查
   C. 向家属交待病情　　　　　D. 充分液体复苏
   E. 进一步进行有创监测

6. 患者目前多器官功能不全,其中急性肾损伤尿量的诊断标准为
   A. 尿量 <0.3ml/(kg·h),至少 6 小时
   B. 尿量 <100ml/d
   C. 尿量 <400ml/d
   D. 尿量 <0.5ml/(kg·h),至少 12 小时
   E. 尿量 <0.5ml/(kg·h),至少 6 小时

1.【答案】B
【解析】此题结合病例主要考查脓毒症患者的神志变化,脓毒症患者的神志可以表现为神志的兴奋、抑制,甚至昏迷,需要与其他神经系统异常相鉴别。
【考点】脓毒症的神志变化

2.【答案】A
【解析】此题主要考查应用 qSOFA 评分识别脓毒症患者。该评分主要用于筛查 ICU 外的脓毒症患者,包括呼吸频率 >22 次 /min,收缩压 <100mmHg,大于 1 项即为阳性。
【考点】qSOFA 评分

3.【答案】D
【解析】此题主要考查脓毒症患者的治疗原则。液体复苏应为此类患者最紧急、最基本的治疗。
【考点】脓毒症的液体复苏

4.【答案】B
【解析】此题结合病例主要考查脓毒症患者的心律变化,脓毒症患者的心律可以正常,亦可表现为各种室上性、室性心律失常,其中以房颤多见。
【考点】脓毒症的心律变化

5.【答案】D
【解析】此题主要考查脓毒症患者的治疗原则。液体复苏应为此类患者最紧急、最基本的治疗。
【考点】脓毒症的液体复苏

6.【答案】E
【解析】此题主要考查急性肾损伤的诊断标准,即尿量 <0.5ml/(kg·h),至少 6 小时。
【考点】急性肾损伤尿量的诊断标准

【案例分析题】

案例　患者,女62岁。COPD病史20年,加重1周入院。入院时神志清楚,体检:T 38.2℃,R 22次/min,HR 90次/min,BP 130/83mmHg。神志清楚,精神萎靡,呼吸急促,半卧位,口唇发绀,颈软,颈静脉充盈,桶状胸,呼吸音低,可及粗湿啰音。腹软无压痛,双下肢轻度可凹性水肿。血气分析结果示:PaO_2 40mmHg,$PaCO_2$ 75mmHg。吸入40%的氧气后,患者出现呼之不应,急查血气分析结果示:PaO_2 85mmHg,$PaCO_2$ 100mmHg。胸片:慢性支气管炎,肺气肿征。

提问1:患者入院的血气分析是什么问题
- A. Ⅰ型呼吸衰竭
- B. Ⅱ型呼吸衰竭
- C. 肺部感染
- D. 过度通气
- E. 肝性脑病
- F. 癔症发作

提问2:患者出现神志改变的原因是
- A. 肺部感染加重
- B. 气道阻力增加
- C. 呼吸中枢受到抑制
- D. 合并呼吸性碱中毒
- E. 脑血管意外
- F. 血氨升高

提问3:最适宜的处理措施是
- A. 高流量吸氧
- B. 低流量低氧
- C. 掐人中
- D. 气管插管,呼吸机辅助呼吸
- E. 吸痰
- F. 无创呼吸机

(乔红　李楠　张鸿)

提问1:【答案】B
【解析】COPD患者,PaO_2<60mmHg,$PaCO_2$>50mmHg,说明合并Ⅱ型呼吸衰竭。
【考点】呼吸衰竭定义和分型

提问2:【答案】C
【解析】COPD患者,PaO_2<60mmHg,$PaCO_2$>50mmHg,说明合并Ⅱ型呼吸衰竭,应予以低流量吸氧,即吸入氧浓度应<35%。若给予高浓度吸氧,使血氧迅速上升,解除了低氧对外周化学感受器的刺激,便会抑制呼吸中枢,造成通气状态进一步恶化,导致$PaCO_2$上升。本例患者吸入40%氧气后,患者出现神志改变,PaO_2虽有改善,但$PaCO_2$升高。
【考点】Ⅱ型呼吸衰竭的处理

提问3:【答案】D
【解析】二氧化碳潴留的处理。患者COPD,合并Ⅱ型呼吸衰竭,出现神志改变,应紧急气管插管,呼吸机辅助呼吸。
【考点】二氧化碳潴留的处理

第四十七章　重症患者的营养治疗

1.【答案】E
　【解析】肠内营养对于重症患者来说十分重要,早期使用肠内营养,不仅符合胃肠道吸收的生理状况,还可以预防肠黏膜萎缩,可以发挥肝脏解毒作用,减轻淤胆。
　【考点】肠内营养的启动

2.【答案】B
　【解析】根据专家共识,建议对于大多数的内科危重症与外科危重症患者,尽管在启动肠内营养时,需要对胃肠道蠕动功能进行评估,但并不要求有明显的胃肠道收缩性。
　【考点】肠内营养启动的时机和适应证

3.【答案】A
　【解析】依据目前指南,接受大手术的危重患者在 ICU 内,应进行常规的营养风险评估(NRS-2002 或者 NUTRIC 评分),而不是使用传统的营养蛋白系列,包括白蛋白、前白蛋白以及转铁蛋白水平。
　【考点】大手术后的营养状态评估

4.【答案】A
　【解析】此题主要考查肠内营养实施方法中的具体操作,合理安排评估肠内营养耐受性,避免不合理的暂停肠内营养,胃残留量不作为常规判断项目。如果难以耐受,推荐使用甲氧氯普胺以及床头抬高。
　【考点】肠内营养的耐受性监测

【A1 型题】

1. 重症患者肠内营养首选的原因和优点**不包括**
   A. 符合生理过程
   B. 预防肠黏膜萎缩
   C. 方便、便宜、无严重并发症
   D. 可发挥肝脏解毒功能
   E. 肠内营养容易增加淤胆的发生

2. 启动肠内营养支持的适应证**不包括**
   A. 如果重症患者无法保证自主摄入,应于 24~48 小时内启动肠内营养
   B. 大多数内外科重症患者,在启动肠内营养时,不需要对胃肠道蠕动功能进行评估
   C. 对于反流误吸高风险患者或者对经胃肠内营养不耐受的患者,营养管路应尽量放置于下段胃肠道
   D. 对于需要营养支持治疗的危重症患者,相对肠外营养更建议使用肠内营养
   E. 对于血流动力学受影响或者不稳定的患者,暂停肠内营养,直到患者充分复苏或者稳定

3. 大手术后应如何评价重症患者的营养支持
   A. 营养风险评估 NRS-2002
   B. 监测患者白蛋白水平
   C. 监测患者前白蛋白水平
   D. 监测患者转铁蛋白水平
   E. 5~7 天内无须营养支持

4. 对于重症监护病房的患者,**无益于**肠内营养的方法是
   A. 肠道休息 48~72 小时
   B. 按需要可使用甲氧氯普胺

C. 合理地限制应用阿片类药物和镇静剂

D. 减少或不测量胃残余量

E. 床头抬高 >30°

5. 在营养高风险患者或严重营养不良患者中使用肠外营养,在刚入 ICU 的 1 周可以使用多大量的容许性低热量肠外营养

   A. ≤15kcal/kg　　　　B. ≤20kcal/kg　　　　C. ≤25kcal/kg

   D. ≤30kcal/kg　　　　E. ≥30kcal/kg

6. 下列哪项**不是**脓毒症患者营养治疗的原则

   A. 严重脓毒症 / 脓毒症休克在诊断之后,一旦完成复苏及血流动力学稳定之后(24~48 小时内),开始肠内营养

   B. 在重症脓毒症患者中,不常规使用免疫调节配方

   C. 脓毒症开始阶段无须提供营养性喂养

   D. 脓毒症开始阶段提供营养性喂养需要 24~48 小时耐受后,在 1 周内增加至 80% 以上的目标量

   E. 脓毒症患者需要给予 1.2~2g 蛋白 /(kg·d)

【A2 型题】

1. 患者男性,40 岁,因车祸致颅脑损伤昏迷 5 天,其营养治疗的合适途径为

   A. 口服　　　　　　　　　B. 管饲

   C. 外周静脉　　　　　　　D. 中心静脉

   E. 经 PICC 静脉营养

2. 患者女性,67 岁,因结肠癌入院,下列可判断其存在营养不足的依据是

   A. 入院前 1 个月体重下降 5%

   B. 1 年内体重下降 5kg

   C. 1 年内体重下降 5%

   D. 白蛋白水平小于 40g/L

   E. BMI 20

3. 患者男性,50 岁,经鼻胃管进行肠内营养支持,下列措施正确的是

   A. 若胃内容物残余量为 500ml,可继续输注营养液

   B. 输注营养液时应保持头抬高至少 30° 的半卧位

   C. 若输注过程中出现呛咳,呼吸急促或咳出类似营养液的痰,应减慢输注速度

   D. 若输注 1 日后患者未排便,应停止营养液输注

   E. 若患者出现腹泻,应立即停止营养液输注

5.【答案】B

【解析】此题主要考查肠外营养的指征和肠外营养的疗效最大化,在高营养风险患者(NRS-2002≥5 或者 NUTRIC≥6),在刚入 ICU 的第 1 周就可以开始进行肠外营养,但是可以使用容许性低热量营养配方,即 ≤20kcal/kg。

【考点】肠外营养的指征

6.【答案】C

【解析】此题主要考查脓毒症患者的营养治疗原则和主要热量提供状况,我们建议在脓毒症开始阶段提供营养性喂养(10~20kcal/h,每天最多 500kcal),在 24~48 小时耐受之后,在 1 周内增加至 80% 以上的目标量。我们建议 1.2~2g 蛋白 /(kg·d)。

【考点】脓毒症的营养给予

1.【答案】B

【解析】此题主要考查危重患者给予营养支持的途径,患者昏迷无法自行口服,胃肠功能正常,应予管饲营养。

【考点】营养支持的途径

2.【答案】A

【解析】此题结合病例主要考查对营养不良的诊断标准。

【考点】营养不良的诊断标准

3.【答案】B

【解析】此题结合病例考查胃肠内营养时常见问题的处理。

【考点】肠内营养的并发症预防及处理

4. 【答案】D

【解析】此题结合病例考查全胃肠外营养时导管的护理。

【考点】中心静脉导管的使用及护理

4. 患者女性,55 岁,因胰腺癌,肠梗阻入院,经中心静脉导管接受胃肠外营养支持,下列导管护理过程中的做法正确的是
   A. 每周消毒 1 次穿刺部位
   B. 可经中心静脉途径输血
   C. 可经中心静脉导管抽血
   D. 输液结束后使用肝素稀释液封管
   E. 中心静脉导管贴膜脱落或明显污损时才需要更换

5. 【答案】C

【解析】此题结合病例考查创伤及感染后的代谢特点。

【考点】创伤后代谢特点

5. 患者男性,40 岁,在工地被砸伤至骨折,下肢软组织挫伤伴局部感染入院,其营养代谢状况为
   A. 正常人 20% 左右
   B. 能量需求 25kcal/(kg·d)
   C. 高分解代谢
   D. 正常人 50%~100%
   E. 合成代谢高于分解代谢

6. 【答案】B

【解析】此题结合病例考查肠内营养时预防反流误吸的措施。

【考点】肠内营养的并发症预防及处理

6. 患者女性,70 岁,经鼻胃管灌注要素饮食,合适的体位是
   A. 垫枕平卧位   B. 半卧位
   C. 左侧卧位   D. 右侧卧位
   E. 任何体位均可

7. 【答案】C

【解析】此题结合病例考查营养筛查的结果判断及处理。NRS2002 评分 <3 分者,应于住院期间每周筛查 1 次。

【考点】营养筛查的结果判定及解读

7. 患者男性,70 岁,因胃癌入院,入院行 NRS2002 评分为 2 分,下列判断及处理正确的是
   A. 可以排除营养不良
   B. 此患者具有营养风险,应制订个体化的营养计划
   C. 患者营养筛查阴性,住院期间每周筛查 1 次
   D. 此患者存在营养不良
   E. 患者营养筛查阴性,本次住院期间无须再行评价

8. 【答案】C

【解析】此题结合病例考查根据理想体重进行营养筛查的方法,理想体重的 90%~109% 为适宜,80%~89% 为轻度营养不良,70%~79% 为中度营养不良,60%~69% 为重度营养不良。

【考点】根据理想体重进行营养筛查

8. 患者女性,64 岁,因肺癌入院,身高 163,体重 43kg,根据理想体重,判断患者营养筛查的结果是
   A. 不存在营养不良
   B. 存在轻度营养不良
   C. 存在中度营养不良
   D. 存在重度营养不良
   E. 无法评价患者营养状态

9. 【答案】B

【解析】此题结合病例考查早期营养支持的原则,可以肠内营养支持的患者应尽量选择肠内营养,为增加胃肠耐受性,早期可选择滋养型喂养(10~20kcal/h),逐渐过渡至足量肠内营养。

【考点】肠内营养支持的策略

9. 患者女性,62 岁,因急性呼吸窘迫综合征行气管插管机械通气,预计上机时间 >72 小时,拟予营养支持治疗,综合考虑患者的营养需求与胃肠耐受性,应选择的方案是
   A. 全胃肠外营养
   B. 早期肠内滋养型喂养,逐渐增加至足量肠内营养

C. 早期足量肠内营养

D. 早期应用全胃肠外营养,然后转变为足量肠内营养

E. 持续应用肠内滋养型喂养

10. 患者男性,54 岁,因轻症急性胰腺炎入住 ICU,下列关于营养支持的选择**错误**的是

    A. 初期即需要全胃肠外营养

    B. 需根据疾病进程,反复评估喂养耐受性

    C. 若胃肠道能耐受 EN,应逐渐予肠内营养

    D. 在不能给予 EN 时,胰腺炎患病 1 周后可考虑使用 PN

    E. 给予肠内营养支持时,要密切关注患者耐受情况

【A3/A4 型题】

(1~3 题共用题干)

36 岁男性,暴饮暴食后突发腹痛,疼痛呈持续性并阵发加重,伴呕吐,体温升高,被诊为急性重症胰腺炎,急诊收入 ICU。

1. 该患者收入 ICU 后第二天营养供给应采取

    A. 普食　　　　　　　　　　B. 管饲流食

    C. 要素饮食　　　　　　　　D. 容许性低热量肠外营养

    E. 充足的全肠外营养

2. 本患者在经鼻胃管进行鼻饲 24 小时后,出现反流呕吐,以下处理**不正确**的是

    A. 不再使用鼻胃管,使用鼻空肠管进行肠内营养

    B. 床头抬高 30~45°

    C. 立刻停止肠内营养,休息肠道 48 小时

    D. 无须使用亚甲蓝标记肠内营养液

    E. 可以考虑给予患者甲氧氯普胺或红霉素

3. 本患者重症胰腺炎影响多器官功能衰竭,在病程达到 2 个月以上时,患者出现蛋白质能量缺乏,以下哪项**不是**混合型营养不良的临床表现

    A. 体重下降　　　　　　　　B. 虚弱

    C. 低蛋白血症、水肿　　　　D. 肌肉组织不变

    E. 微量营养素缺乏

(4~6 题共用题干)

71 岁女性,肺部感染,呼吸衰竭入院,既往高血压、糖尿病、冠心病。查体:T 35.5 ℃,HR 122 次 /min(房颤),BP 77/40mmHg,RR 28 次 /min,神志淡漠,心律不齐,双肺满布湿啰音。

10.【答案】A

【解析】此题结合病例考查急性胰腺炎的营养支持原则,2009 及 2016 指南均指出,轻症急性胰腺炎建议不使用特殊的营养治疗,若胃肠道能耐受 EN,应该逐渐予肠内营养,若存在并发症,或 7 天仍不能肠内营养者可考虑 PN 支持。同时 2016 版指南指出,由于急性胰腺炎病情变化迅速,需根据疾病进程,反复评估喂养耐受性。

【考点】急性胰腺炎营养支持的策略

1.【答案】B

【解析】此题结合病例主要考查的是急性重症胰腺炎患者的营养治疗原则。中重度急性胰腺炎应放置鼻 / 口胃肠管,以营养性喂养的速度进行输注,同时在液体容量复苏完成后(入院 24~48 小时后)尽快达到目标量。

【考点】重症急性胰腺炎的营养治疗原则

2.【答案】C

【解析】此题主要考查应用肠内营养不耐受时的处理方法,出现反流时不应急于停止营养,应使用幽门后途径、给予促进胃肠运动的药物、抬高床头等方法来减少反流。

【考点】肠内营养耐受性

3.【答案】D

【解析】此题主要考查慢性营养不良的分类,分成蛋白质缺乏、能量缺乏、蛋白质能量缺乏,蛋白质能量缺乏是混合型营养不良,所以出现所有症状。

【考点】慢性营养不良的分类

4.【答案】A

　　【解析】此题结合病例主要考查脓毒症休克患者的营养方案。休克患者应该在复苏之后24~48小时内开始肠内营养。推荐联合使用肠外＋肠内营养，不常规使用免疫调节配方，开始阶段提供营养性喂养，耐受后增加至目标量，并建议1.2~2g/（kg·d）的蛋白摄入。

　　【考点】脓毒症休克患者的营养方案

5.【答案】C

　　【解析】此题主要考查呼吸衰竭患者营养原则，血磷水平与呼吸肌运动明显相关，需维持合理血磷。

　　【考点】呼吸衰竭患者的营养配方

6.【答案】E

　　【解析】此题主要考查急性呼吸衰竭时营养配方的设计，在急性呼衰危重症患者中不要使用改变呼吸商的配方，急性呼衰患者应仍使用肠内营养，使用低容量、高能量的肠内营养配方。

　　【考点】急性呼吸衰竭的营养方案

提问1:**【答案】BCE**

　　【解析】此题考查营养筛查的基本方法。此患者NRS2002评分为4分（一般恶性肿瘤1分，2个月内体重下降5% 2分，年龄>70岁1分），为具有营养风险的患者。

　　【考点】NRS筛查的评分与BMI的计算

提问2:**【答案】BDF**

　　【解析】此题需首先判断该患者具有营养风险，并了解具有营养风险的患者的营养治疗原则。

　　【考点】具有营养风险的患者的营养治疗原则

4. 患者目前处于脓毒症休克状态，下列哪项是给予患者营养的正确方式

　　A. 脓毒症休克患者，在复苏以后及血流动力学稳定之后（24~48小时内），开始肠内营养

　　B. 营养风险高的脓毒症患者，可以单纯使用肠外营养

　　C. 脓毒症患者，应该常规使用免疫调节配方

　　D. 脓毒症患者在开始阶段提供目标量喂养

　　E. 每日给予脓毒症患者蛋白>2g/（kg·d）

5. 该患者在入ICU后3小时，因Ⅱ型呼吸衰竭行气管插管术接呼吸机辅助呼吸，以下营养支持中，对于电解质的说法正确的是

　　A. 维持患者较高血钾水平

　　B. 维持患者较高血钠水平

　　C. 严密监测血磷水平，适当补充血磷

　　D. 维持患者较高血镁水平

　　E. 维持患者较低血氯水平

6. 患者呼吸衰竭机械通气2天后，血压平稳，停用升压药物，BNP升高，双肺湿啰音增多，以下处理正确的是

　　A. 给予患者全肠外营养，以控制患者入量

　　B. 减少患者营养摄入，以控制患者入量

　　C. 减少碳水化合物摄入，以期产生更少的二氧化碳

　　D. 给予患者高脂高蛋白的全肠外营养

　　E. 给予患者低容量、高能量的肠内营养配方

【案例分析题】

案例一　患者男性，72岁，因体检发现右肺占位1个月入院，身高170cm，体重64kg，近2个月内体重下降约5kg。查体心、肺、腹未见明显异常，无胸、腹水。生化结果:ALB 34g/L。CT回报:右肺上叶占位，考虑恶性可能性大。

提问1:对于该患者营养筛查的说法正确的是

　　A. 该患者无须进行营养筛查

　　B. 对恶性肿瘤患者进行营养筛查，是营养诊疗的第一步

　　C. BMI在正常范围

　　D. 患者NRS 2002评分<3分

　　E. 该患者具有营养风险

　　F. 该患者营养风险筛查阴性

提问2:对于该患者营养支持的说法正确的是

　　A. 该患者无须进行营养支持治疗

　　B. 应根据此患者临床情况，制订基于个体化的营养计划

　　C. 在患者住院期间，应每周进行1次筛查

　　D. 有营养风险的患者发生不良临床结局的可能性大

E. 该患者是否进行临床营养治疗与临床结局无关

F. 对已有营养风险的患者进行临床营养治疗,可改善其临床结局

提问3:患者行右肺上叶切除术后入住 ICU,关于患者术后营养支持治疗的说法正确的是

A. 需早期进行全胃肠外营养治疗

B. 患者的营养治疗应早期开始

C. 如胃肠道功能允许且能安全应用,应积极使用肠内营养治疗

D. 如不耐受经胃管营养或考虑反流误吸风险高,应采用经空肠营养

E. 应用肠内营养治疗时,早期使用滋养型喂养,可增加患者的耐受度

F. 患者一旦开始肠内营养,就无须再进行胃肠外营养治疗

（潘佳忻　廉文清　张　鸿）

提问3:【答案】BCDE

【解析】此题考查关于重症患者的营养支持原则及营养治疗方式的选择。

【考点】营养支持治疗的原则与方式

第三部分
模拟试卷

模拟试卷

A1 型 题

1. ASA 分级中, ASA Ⅲ 级是指
   A. 濒死状态, 麻醉手术危险性很大
   B. 重要脏器轻度病变, 虽在代偿范围, 但对麻醉手术的耐受性差
   C. 重要脏器轻度病变, 代偿健全, 对麻醉手术的耐受性一般
   D. 重要脏器病变严重, 虽在代偿范围, 但对麻醉手术的耐受性差
   E. 重要脏器病变严重, 代偿不全并已威胁生命, 麻醉手术危险性较大

2. 直肠部位温度的参考正常值为
   A. 35.0~37.0℃   B. 36.9~37.7℃   C. 35.0~37.3℃
   D. 35.7~37.9℃   E. 36.5~37.7℃

3. 使气管黏膜毛细血管血流中断的气管导管套囊的压力是
   A. 20mmHg   B. 22mmHg   C. 26mmHg   D. 28mmHg   E. 30mmHg

4. 全麻下侧卧折刀位可使通气血流比(V/Q)
   A. 不变   B. 减少   C. 增加
   D. 先减少后增加   E. 先增加后减少

5. 关于每搏量变异(SVV), 下列说法哪项正确
   A. 超过 20% 提示容量不足   B. 特别适合于房颤患者的容量评估
   C. 自主呼吸时应在呼气末测量   D. 机械通气时应保持固定的呼吸频率
   E. 机械通气的潮气量设为 6ml/kg

6. 麻醉苏醒期发生率最高的并发症是
   A. 疼痛   B. 恶心呕吐   C. 寒战
   D. 低氧血症   E. 心血管事件

7. 剖宫产后椎管内应用阿片类药行术后镇痛最常见的副作用是
   A. 皮肤瘙痒   B. 恶心   C. 呕吐
   D. 呼吸抑制   E. 尿潴留

463

8. "Time Out" 指哪个时期
   A. 麻醉诱导前　　　　　　　B. 麻醉诱导后气管插管前　　　　C. 麻醉后消毒前
   D. 皮肤切开前　　　　　　　E. 患者出室前

9. 有关通气量的说法正确的是
   A. 肺泡通气量 = 潮气量 × 呼吸频率
   B. 每分通气量 =(潮气量 – 无效腔量)× 呼吸频率
   C. 最大通气量指尽力做深快呼吸时,每分钟呼吸能吸入或呼出的最大气量
   D. 通气储量百分比 =(最大通气量 – 每分通气量)/ 每分通气量 ×100%
   E. 通常采用每分通气量估计通气储备能力

10. 关于压力 - 容量环(P-V 环),下列说法正确的是
    A. P-V 环描绘的是肺膨胀速度与相应气道压力相互关系的曲线环
    B. 也称肺容量环
    C. P-V 环不能反映呼吸功
    D. 低位折点表示肺泡开始开放时对应的压力和容积
    E. 高位折点提示肺泡和胸壁过度萎陷

11. 下列哪项指标可以反映左心功能
    A. SVR　　　　　　B. CVP　　　　　　C. RVSW　　　　　　D. PAWP　　　　　　E. ARDS

12. 人处于麻醉状态时的脑电图波形为
    A. α 波　　　　　　B. β 波　　　　　　C. δ 波　　　　　　D. θ 波　　　　　　E. γ 波

13. 预充氧的目标是
    A. 使 $ETO_2 \geq 80\%$　　　　　　B. 使 $ETO_2 \geq 85\%$　　　　　　C. 使 $ETO_2 \geq 90\%$
    D. 使 $ETO_2 \geq 95\%$　　　　　　E. 使 $ETO_2 \geq 98\%$

14. N_2O 吸入麻醉时,吸入氧浓度**不得**低于
    A. 25%　　　　　　B. 30%　　　　　　C. 40%　　　　　　D. 50%　　　　　　E. 60%

15. 蛛网膜下腔麻醉时神经纤维被阻滞的顺序是
    A. 温觉、痛觉、触觉运动、压力、血管舒缩神经
    B. 血管舒缩神经、温觉、痛觉、触觉、运动、压力
    C. 血管舒缩神经、痛觉、触觉、温觉、运动、压力
    D. 血管舒缩神经、运动、温觉痛觉、触觉、压力
    E. 运动、血管舒缩神经、温觉、痛觉、触觉、压力

16. 肌间沟阻滞最常见的并发症是
    A. 局麻药中毒　　　　　　　B. 全脊麻　　　　　　C. 气胸
    D. 膈神经麻痹　　　　　　　E. 神经损伤

17. 鼻咽导管给氧法,正常呼吸时吸入氧浓度的计算公式为
    A. $FiO_2=20+2 \times$ 氧流量(L/min)　　　　B. $FiO_2=20+3 \times$ 氧流量(L/min)
    C. $FiO_2=20+4 \times$ 氧流量(L/min)　　　　D. $FiO_2=20+5 \times$ 氧流量(L/min)
    E. $FiO_2=20+6 \times$ 氧流量(L/min)

18. 为保证围术期安全,择期手术糖尿病患者理想的血糖浓度应该控制在
    A. 空腹血糖在正常范围　　　　　　　　　　B. 餐后 2 小时不超过 8.3mmol/L
    C. 空腹血糖最高不超过 7.8mmol/L　　　　　D. 餐后 2 小时最高不超过 11.1mmol/L
    E. 空腹血糖最高不超过 11.1mmol/L

19. 决定心肌氧耗的三个主要因素
    A. 血压,心率,血容量　　　　　　　　　　B. 室壁张力,收缩力,心率
    C. 前负荷,后负荷,最大收缩速度　　　　　D. 心排出量,心脏指数,血压
    E. 每搏量,收缩力,心率

20. 有关肥胖患者的呼吸生理,以下哪项说法**不正确**
    A. 功能残气量下降　　　　　B. 闭合容量下降　　　　　C. 整体顺应性下降
    D. 呼吸储备能力下降　　　　E. 通气 / 灌流比例失衡

21. 高排低阻是下列哪一类休克的特征性表现
    A. 感染性休克　　　　　　　B. 过敏性休克　　　　　　C. 创伤性休克
    D. 心源性休克　　　　　　　E. 失血性休克

22. 胸外心脏按压时为达到心脏复跳,必须辅助使用升压药物,以使主动脉舒张压至少达到
    A. 0~5mmHg　　　　　　　　B. 5~10mmHg　　　　　　　C. 10~20mmHg
    D. 20~30mmHg　　　　　　　E. 30~40mmHg

23. 拟行甲状腺次全切除术,行颈神经丛阻滞,应阻滞的神经包括
    A. C_1~C_2　　　　B. C_2~C_4　　　　C. C_3~C_5　　　　D. C_4~C_6　　　　E. C_5~C_7

24. 麻醉与手术期间影响肝功能的最主要因素是
    A. 肝门静脉压降低　　　　　B. 肝动脉压降低　　　　　C. 肝血管收缩
    D. 肝血流量减少　　　　　　E. 全身血压下降

25. 左髋部骨折患者,拟行择期手术,口服氯吡格雷需在术前几天停药
    A. 3 天　　　　B. 5 天　　　　C. 7 天　　　　D. 10 天　　　　E. 14 天

26. 麻醉药对母体与胎儿的作用描述正确的是
    A. 临床常用的麻醉镇痛药均不易通过胎盘
    B. 麻醉药和麻醉性镇痛药都有程度不同的中枢抑制作用,且均有一定数量通过胎盘进入胎儿
       血液循环
    C. 异丙酚为水溶性乳剂,可透过胎盘,很小的剂量便可以抑制新生儿呼吸

D. 临床常用的吸入麻醉药物例如七氟烷,较少通过胎盘

E. 常用的非去极化肌松药阿曲库铵很容易通过胎盘

27. $PaCO_2$ 每增加 1mmHg,脑血流量改变

    A. 1%   B. 2%   C. 5%   D. 7%   E. 10%

28. 单肺通气期间,发生低氧血症最常见的原因是

    A. 支气管导管位置不佳   B. 血液、分泌物堵塞支气管

    C. 肺血流 / 通气比例失调   D. 低血压

    E. 手术操作

29. 哪个因素**不会**加重梗阻性肥厚型心肌病流出道梗阻

    A. 心脏收缩力增加   B. 三尖瓣反流   C. 血压降低

    D. 心率增快   E. 心室内容积下降

30. 下列哪项**不是**儿童麻醉相关的解剖及生理特点

    A. 新生儿头大、舌体大,喉头位置较高

    B. 新生儿胸廓小,肋骨呈水平位,呼吸时主要靠膈肌活动通气

    C. 左心室顺应性差,每搏量受限,心排出量明显依赖于心率

    D. 5 岁前,气管最狭窄处位于甲状软骨

    E. 与成人相比,婴幼儿功能残气量低

31. 关于眼心反射的反射弧,下列说法正确的是

    A. 传入神经为迷走神经心支

    B. 传入神经为睫长神经、睫短神经至三叉神经眼支

    C. 传出神经为交感神经

    D. 传出神经为动眼神经的副交感纤维

    E. 传入神经为动眼神经的副交感纤维

32. 下列药物适用无痛消化内镜检查,**除外**

    A. 咪达唑仑   B. 右美托咪定   C. 丙泊酚

    D. 吗啡   E. 芬太尼

33. 星状神经节阻滞术的适应证**不包括**

    A. 反射性交感神经营养不良   B. 急性带状疱疹(眼支)

    C. 多汗症   D. 胰腺炎

    E. 胸廓出口综合征

34. 以下不属于全身麻醉过程中过敏性休克处理原则的是

    A. 积极去除过敏原并进行扩容治疗   B. 一旦明确诊断,应早期使用肾上腺素

    C. 补充糖皮质激素   D. 适当时可以给予抗组胺药和葡萄糖酸钙

    E. 一旦明确诊断,早期输注浓缩红细胞

A2 型 题

35. 患者女性,30 岁,车祸致股骨干开放性骨折。血压 70/40mmHg,脉搏 130 次 /min,呼吸 22 次 /min。术前未放置胃肠减压管,拟行切开复位内固定术。术前准备**不正确**的是
    A. 静脉注射吗啡 5mg 止痛
    B. 静脉注射甲氧氯普胺 10mg
    C. 纠正酸碱平衡
    D. 快速补液进行抗休克治疗
    E. 静脉注射雷尼替丁 300mg

36. 患者男性,54 岁,既往哮喘病史,**不宜**使用的血管活性药物是
    A. 肾上腺素
    B. β 受体阻滞剂
    C. α 受体阻滞剂
    D. 去甲肾上腺素
    E. 异丙肾上腺素

37. 患者,男,75 岁,诊断结肠癌,拟全麻行左半结肠切除术,既往冠心病 10 年,服药控制可。对于冠心病病史的患者,常规诱导的注意事项**错误**的是
    A. 少量逐次增加麻醉药物用量
    B. 避免缺氧和高碳酸血症,最好过度通气
    C. 控制心率,预防插管后血压上升
    D. 纠正贫血,增加心肌供氧
    E. 适当应用硝酸酯类药物

38. 患者男,68 岁,因急性肠梗阻,需急诊行剖腹探查术,麻醉诱导时发生反流,首先的处理措施为
    A. 立即压迫环状软骨以闭塞食管,防止胃内容物进一步进入咽部
    B. 立即将患者置于头低脚高位、头转向一侧,同时将反流物吸出
    C. 立即进行辅助呼吸
    D. 立即行气管插管
    E. 立即给予支气管解痉药物及抗生素

39. 患者,男,70 岁,诊断胆囊结石,拟全麻行腹腔镜胆囊切除术。全麻插管时,为缩短肌松药的起效时间,预注的剂量是插管剂量的
    A. 1/10~1/6
    B. 1/6~1/4
    C. 1/4~1/3
    D. 1/4~1/2
    E. 1/3~1/2

40. 患者男性,36 岁,因外伤导致第 5 颈椎骨折并脱位,拟急症行椎管探查、骨折复位固定术。术中应**禁用**哪种肌松药
    A. 琥珀胆碱
    B. 罗库溴铵
    C. 阿曲库铵
    D. 哌库溴铵
    E. 美维库铵

41. 患者,女,在全麻下行子宫内膜癌根治术。既往体健。术中出现 QRS 波增宽,血压 80/40mmHg,心率 200bpm,最恰当的治疗是
    A. 静脉注射利多卡因
    B. 静脉注射普鲁卡因胺
    C. 电转复
    D. 静脉注射胺碘酮
    E. 静脉注射腺苷

42. 患者,男,70 岁,体检发现左上肺肿物而计划行左肺上叶切除术,插管选用左双腔导管。单肺通气 10 分钟后,脉搏氧饱和度从 100% 降至 90%,此时首选的处理措施为
    A. 增加潮气量
    B. 增加呼吸频率
    C. 通气侧肺加用 5cmH$_2$O PEEP
    D. 非通气侧肺加用 5cmH$_2$O CPAP
    E. 纤支镜检查导管位置

43. 患者女性,20 岁,既往体健,否认吸烟、酗酒,拟于全麻下行腹腔镜卵巢囊肿剥除术,下列说法错误的是
    A. 该患者易发生术后恶心、呕吐,可预防性给予抗呕吐药
    B. 患者术中宜采用全吸入麻醉维持,以降低患者术后恶心、呕吐的发生率
    C. 术中应足量补液,以降低患者术后恶心、呕吐的发生率
    D. 为降低术后恶心、呕吐的发生率,术后宜采用非甾体抗炎药镇痛
    E. 若患者术后在恢复室发生恶心、呕吐,应进行相应处理,需待症状好转后再考虑转回病房

44. 78 岁老年女性,左股骨颈骨折急诊入院,合并 COPD,术前镇痛拟行髂筋膜间隙阻滞,选择以下哪种局麻药及剂量?
    A. 0.75% 罗哌卡因 10ml
    B. 0.5% 罗哌卡因 10ml
    C. 0.4% 罗哌卡因 25ml
    D. 2% 利多卡因 10ml
    E. 1% 利多卡因 20ml

45. 20 岁男性患者,因 "左踝骨折" 行腘窝神经阻滞,为使手术部位完全阻滞,还必须阻滞哪根神经
    A. 胫后神经
    B. 隐神经
    C. 腓深神经
    D. 腓浅神经
    E. 腓肠神经

46. 患者男性,37 岁,接触刺激性气体后突发呼吸困难,听诊双肺可闻及呼气相哮鸣音,下列肺功能检查结果合理的是
    A. FEV$_1$ 轻度下降
    B. MMEF 保持不变
    C. RV 增加,但很难达到正常值的 200%
    D. ERV 中度下降
    E. TLC 保持不变

47. 患者男性,22 岁,气管插管后气道压力高,听诊双肺可闻及哮鸣音,此患者 P$_{ET}$CO$_2$ 图形最可能的形态是
    A. CO$_2$ 由正常突然降低到极低水平
    B. 气管插管后 P$_{ET}$CO$_2$ 为零或极低水平
    C. P$_{ET}$CO$_2$ 平台期与上升支之间角度增大
    D. P$_{ET}$CO$_2$ 突然降低但不到零点
    E. P$_{ET}$CO$_2$ 突然升高

48. 患者女性,35 岁,外伤后脾破裂,入室血压 75/55mmHg,心率 145 次 /min,呼吸 30 次 /min,术中血压 80/55mmHg,心率 115 次 /min,CVP 5cmH$_2$O,无尿,pH 7.31,PaCO$_2$ 40mmHg,应做何处理
    A. 使用呋塞米
    B. 应用缩血管药
    C. 给碳酸氢钠
    D. 继续扩容
    E. 小剂量扩血管药

49. 患者,男性,52 岁,因嗜铬细胞瘤拟行肾上腺肿瘤切除术,术前要用药物将血压控制到合适的水平,最常用的药物为
    A. 酚苄明　　　　B. 硝酸甘油　　　C. 硝普钠　　　　D. 呋塞米　　　E. 卡托普利

50. 患者女性,26 岁,体重 110kg,全身麻醉选择芬太尼 + 丙泊酚 + 罗库溴铵快速诱导,肌颤搐抑制达到多少以上时方可实施插管
    A. 70%　　　　B. 80%　　　　C. 85%　　　　D. 90%　　　E. 95%

51. 患者男性,33 岁,颅脑外伤入院行急诊手术,ICP26mmHg,麻醉管理叙述正确的是
    A. 采用氯胺酮诱导
    B. 平均动脉压维持在 120mmHg 以上
    C. 降低 $PaCO_2$ 至 30mmHg 以下
    D. 注意保温,体温维持在 37℃ 以上
    E. PaO_2 维持在 60~300mmHg 之间

52. 患者男性,35 岁,饱餐后 1 小时不幸坠楼,怀疑脏器破裂,拟在全麻下行剖腹探查术。行气管插管时,为避免胃内容物反流误吸而采用 Sellick 手法,正确的做法是
    A. 压迫甲状软骨　　　　　B. 压迫腹部　　　　　　　C. 压迫环状软骨
    D. 压迫气管　　　　　　　E. 压迫舌骨

53. 患者女性,52 岁,因乳腺癌拟在全麻下行乳腺癌改良根治术。既往哮喘 10 年,每年春季发作频繁,吸入激素和沙丁胺醇维持治疗,症状控制尚可。麻醉诱导插管后,气道阻力大,双肺可闻及哮鸣音,麻醉机正压通气时气道压 >40cmH₂O,以下处理措施**不当**的是
    A. 快速扩容　　　　　　　B. 应用 β 受体激动剂　　　C. 吸入异氟醚
    D. 静注肾上腺皮质激素　　E. 静注氨茶碱

54. 患者女,42 岁,既往体健。全麻下行肝叶切除术,术中中心静脉压 15cmH₂O,袖带压 80/60mmHg,一般判断为
    A. 血容量轻度不足　　　　B. 心功能不全　　　　　　C. 周围血管阻力增加
    D. 肺血管阻力增加　　　　E. 容量超负荷

55. 患者,男,61 岁,因左肺上叶周围性肺癌在单肺通气下行左肺上叶切除术,麻醉采用静吸复合麻醉:丙泊酚持续泵注、舒芬太尼和维库溴铵间断静注,异氟烷 1.2%,FiO_2 60%,新鲜气体流量 2L/min,单肺通气 15 分钟后出现 SpO_2 持续下降,此时 BP 85/50mmHg,HR 50 次 /min,下列哪项处理**不正确**
    A. 调大氧流量,提高吸入氧浓度　　　　B. 使用去氧肾上腺素适当提高血压
    C. 停止丙泊酚输注,提高异氟烷吸入浓度　D. 停止异氟烷吸入,提高吸入氧浓度
    E. 使用苯二氮䓬类药物预防术中知晓

56. 患者男孩,6 岁,标准身高体重,因“右耳畸形”拟在全麻下行“右耳畸形矫正术”。小儿气管插管选用的导管型号是
    A. 4.0　　　B. 4.5　　　C. 5.0　　　D. 5.5　　　E. 6.0

57. 患者,女,65岁,因肝脏占位拟在全身麻醉下行左半肝切除术。既往癫痫病史10年,平时规律使用卡马西平治疗,近2年没有发作。考虑到患者的癫痫并发症,下列哪种吸入麻醉药**不适合**使用

    A. N_2O　　　　B. 恩氟烷　　　　C. 异氟烷　　　　D. 地氟烷　　　　E. 七氟烷

58. 患者女,79岁,诊断为"肠梗阻"拟行急诊剖腹探查。患者腹胀,不能进食3日。既往有冠心病变异性心绞痛;高血压10余年,口服美托洛尔,血压控制于140~150mmHg/85~90mmHg;有糖尿病,控制不佳,入院血糖12mmol/L;行动迟缓,反应较差。此例患者麻醉,下列说法正确的是

    A. 老年人循环时间缩短,可导致静脉药物起效时间缩短

    B. 老年人心脏储备减少,全麻诱导时易致循环剧烈波动

    C. 老年人保护性喉反射增强,围术期不易发生反流误吸

    D. 为减轻术后拔管反应,宜选用长效麻醉镇痛药

    E. 老年人迷走神经张力增强,术前应给予足量阿托品

59. 患者男,24岁,因严重烧伤(Ⅱ度烧伤面积50%,Ⅲ度烧伤面积15%),于入院48小时后行早期切痂植皮手术。该患者使用下列哪种药有引起血钾升高的风险

    A. 氯胺酮　　　　B. 琥珀胆碱　　　　C. 丙泊酚　　　　D. 咪达唑仑　　　　E. 舒芬太尼

60. 患者,男,90岁,身高178cm,体重55kg,主因"摔倒后右髋部疼痛、活动受限3天"拟行人工股骨头置换术。既往高血压40余年,血压最高213/90mmHg,药物控制后血压维持在150/80mmHg左右。2年前发现血脂升高,否认糖尿病、冠心病、肾病史。入院查:血常规、血生化及肝肾功能、凝血功能正常。下肢血管超声示血流通畅。超声心动图示:左房扩大,室间隔基底段增厚,左室舒张功能减低,少量心包积液,EF 67%。胸部X片示:双肺间质病变。下列哪种麻醉方法更适用于该患者

    A. 采用重比重腰麻药,患侧在下　　　　　　B. 气管内插管,全身麻醉

    C. 局部麻醉　　　　　　　　　　　　　　　D. 采用轻比重腰麻药,患侧在上

    E. 坐骨神经阻滞

61. 患者男性,54岁,因胆囊结石拟于硬膜外麻醉下行胆囊切除术,要求阻滞平面至少达到 T_6 水平,临床上所谓阻滞平面是指

    A. 交感神经阻滞平面　　　　B. 温觉阻滞平面　　　　C. 痛觉阻滞平面

    D. 运动神经阻滞平面　　　　E. 压力感觉神经阻滞平面

62. 患者,男,50岁,拟于连续硬膜外麻醉下行左肾部分切除术。T_9~T_{10}硬膜外穿刺置管顺利,给予试验量2%利多卡因4ml,5分钟后测平面至 T_6,追加2%利多卡因10ml,5分钟后出现血压下降,静注麻黄碱10mg无改善,SpO_2随即下降,继而意识消失,呼之不应。关于本例患者的处理,下述哪项正确

    A. 面罩吸氧　　　　　　　　　B. 气管插管人工通气　　　　C. 使用肌肉松弛剂

    D. 大量镇静药物预防知晓　　　E. 头高位快速补液

63. 男,57岁,BMI=43,合并COPD,不宜选择的臂丛神经阻滞入路是

    A. 肌间沟阻滞　　　　　　　B. 锁骨上阻滞　　　　　　　C. 腋路阻滞

    D. 肱骨中段阻滞　　　　　　E. 前臂阻滞

64. 男,32岁,肘关节松解术后行连续锁骨下臂丛神经阻滞镇痛,以下局麻药最适合的是

  A. 普鲁卡因   B. 丁卡因   C. 罗哌卡因

  D. 甲哌卡因   E. 利多卡因

65. 男,67岁,拟行膀胱左侧壁肿瘤电切术,可阻滞哪根神经以抑制电切时腿部反射性肌肉运动

  A. 股神经   B. 坐骨神经   C. 闭孔神经

  D. 髂腹下神经   E. 髂腹股沟神经

66. 患者男性,65岁,不慎摔伤致下肢骨折,拟行胫腓骨骨折切开复位内固定术,既往有高血压病史,下列说法正确的是

  A. 放松止血带时血压下降是因为患者晨起口服降压药

  B. 全麻比椎管内麻醉更安全

  C. 椎管内麻醉局麻药中常规加入肾上腺素

  D. 为防止止血带引起的不适,椎管内麻醉平面应达 T_6

  E. 为避免放松止血带引起的血压突然下降,应分步缓慢放松止血带,适当扩容,必要时使用血管活性药

67. 患者男,60岁,高血压病史 10 年,规律服药控制良好,拟行左侧肩关节镜手术,手术体位为沙滩椅位。入室血压 150/100mmHg,心率 63bpm。术中维持血压在 130/80mmHg 左右水平。外科医师提出采取降低血压措施以减少出血。关于术中控制性降压,以下哪项是正确的

  A. 控制性降压最主要针对的是循环血量与总血容量比值的调控

  B. 沙滩椅位手术的控制性降压应谨防脑缺血,尤其老年高血压患者

  C. 实施控制性降压时,麻醉深度应适当减浅

  D. 一般以手术野不出血作为控制性降压的标准

  E. 控制性降压期间肺通气肺泡无效腔反而会减小

68. COPD 患者,行 IPPV 通气时,突然发生发绀、SpO_2 下降、双侧胸廓运动不佳、听诊一侧呼吸音消失,最可能的原因是

  A. 气栓   B. 气胸   C. 喉痉挛

  D. 肺栓塞   E. 导管脱出

69. 一严重脱水的糖尿病昏迷患者入院后给予胰岛素、葡萄糖、生理盐水和乳酸钠处理后效果良好,但此后又出现表情淡漠、倦怠、喘息样呼吸,最后死于呼吸肌麻痹,最可能的解释是

  A. 二氧化碳蓄积   B. 血 pH 升高过快   C. 明显的钾丢失

  D. 胰岛素过量   E. 颅内压升高

70. 男性,60岁,2 型糖尿病 25 年。拟行胆囊切除术。术前评估患者既往血糖控制情况,下列哪项检查最能反映该患者既往血糖监控水平

  A. 空腹血糖水平   B. OGTT 试验

  C. 糖化血糖水平   D. 随机血糖水平

  E. 餐后 2 小时血糖水平

71. 男性,52岁,原有劳累型心绞痛,近2周来每于清晨5时发作,疼痛持续时间较长入院,住院期间发作时心率50次/min,期前收缩4~5次/min,血压95/60mmHg,心电图Ⅱ、Ⅲ、aVF ST段抬高,加用硝苯地平后未再发作,应用硝苯地平的机制是

    A. 减慢心率、降低心肌耗氧

    B. 增快心率、增加心排出量、改善心肌供血

    C. 缓解冠脉痉挛

    D. 提高血压、改善心肌灌注

    E. 增快心率、消除期前收缩

72. 患者,男性,30岁,身高170cm,体重130kg。因"代谢综合征"在气管插管全身麻醉下行"腹腔镜胃减容术"。术中设置潮气量500ml,呼吸频率12次/min,容量控制模式,PEEP 5cmHg。气道峰压为30cmHg。手术进行2小时后,患者血氧饱和度进行性下降,由100%逐渐降至92%。最恰当的处理原则是

    A. 吸痰　　　　　　　　B. 采用肺复张手法　　　　　　C. 增大潮气量

    D. 增加呼吸频率　　　　E. 增大PEEP值

73. 男患,62岁,诊断为结肠癌,在静吸复合全身麻醉下行腹腔镜结肠癌根治术。CO_2气腹压力14mmHg,手术1小时后,呼吸末二氧化碳持续增高,颈部和胸部有握雪感,可能出现

    A. 气栓　　　　　　　　B. 气胸　　　　　　　　C. 皮下气肿

    D. 液体过量　　　　　　E. 吸入性麻醉气体气肿

74. 患者男性,81岁,因胃癌行根治性胃癌切除术,麻醉采用硬膜外麻醉复合全身麻醉,术后采用硬膜外镇痛,麻醉手术顺利,术后患者意识清醒后回普外科监护室,当日晚患者自言自语,诉病房内有很多"鬼影",第二天中午症状消失,患者术前无精神疾病病史,最可能的原因是

    A. 老年痴呆　　　　　　B. 癔症　　　　　　　　C. 谵妄

    D. 脑梗　　　　　　　　E. 创伤性精神病

75. 某患者因外伤性肝破裂行急症手术,术前血压82/85mmHg,脉搏130次/min。下列麻醉处理原则哪项错误

    A. 立即开放静脉,加快输血输液

    B. 待休克纠正后手术

    C. 急查血气,纠正电解质、酸碱紊乱

    D. 首选气管内插管全麻

    E. 做好有创动脉、中心静脉压监测

76. 甲亢患者,清晨起床休息片刻后测量心率90次/min,血压130/80mmHg,其基础代谢率为

    A. 9%　　　B. 19%　　　C. 29%　　　D. 39%　　　E. 49%

77. 一大量腹水的女性患者,在全身麻醉下行开腹探查术,术中外科医师未和麻醉医师协商,一次性从腹腔抽出2 000ml液体,此时最可能出现的是

    A. 血压上升　　　　　　B. 血压下降　　　　　　C. 心率减慢

    D. 心脏后负荷增加　　　E. 外周血管阻力增加

78. 患者,女性,59 岁,慢性胆囊炎,胆结石急性发作。既往高血压,冠心病,心率 60 次 /min,血压 150/85mmHg,全麻下腹腔镜行胆囊切除加胆总管探查 T 管引流术,术中突然心率减慢,室性期前收缩二联律,首先想到的原因是

    A. 缺氧   B. 胆心反射   C. 二氧化碳蓄积

    D. 高血压   E. 低血压

79. 一患者因尺骨鹰嘴骨折在臂丛阻滞下行骨折内固定手术,麻醉后患者诉头晕、耳鸣、口唇发麻,最可能的诊断是

    A. 神经阻滞药物浓度过高   B. Horner 征   C. 局麻药中毒

    D. 膈肌麻痹   E. 神经阻滞不全

80. 患者男性,41 岁,因右肾上腺嗜铬细胞瘤,拟全麻下行右肾上腺切除术,术前化验提示激素水平显著升高,其中主要应为

    A. 胰高血糖素   B. 去甲肾上腺素和 / 或肾上腺素

    C. 糖皮质激素   D. 胰岛素

    E. 生长激素

81. 患者女性,61 岁,慢性肾功能不全尿毒症期,规律透析治疗,BP140/90mmHg,心率 82 次 /min,血红蛋白 62g/L。因“左肾上腺腺瘤”拟全麻下行“左肾上腺腺瘤切除术”。既往冠心病病史,口服药物治疗。关于该患者的术前准备,以下说法**错误**的是

    A. 透析不仅可以改善血液生化紊乱,而且可以改善高血压及高血容量

    B. 充分透析是尿毒症患者术前最重要的一项准备

    C. 术前应控制血钾于正常范围

    D. 尿毒症患者多为慢性中重度贫血,但患者已能耐受,术前输血对患者无益

    E. 测血压袖带及静脉通道均置于非动脉瘘一侧的上肢

82. 产妇,女,33 岁,体重 73kg,妊娠期高血压。拟于连续硬膜外麻醉下行剖宫产术,取左侧卧位,于 $L_1 \sim L_2$ 间隙硬膜外穿刺成功后置入硬膜外导管 3cm,回抽发现导管充满血液,导致硬膜外导管进入血管的主要原因是

    A. 穿刺针偏离脊柱正中线   B. 高血压

    C. 水钠潴留   D. 硬膜外腔血管怒张

    E. 孕激素水平升高

83. 产妇,孕 40 周,臀位,拟于腰 - 硬联合麻醉下行剖宫产,麻醉成功后,患者由左侧卧位改为平卧位,测血压 83/50mmHg,心率 116 次 /min。如果给予升压药物,此时首选药物为

    A. 麻黄碱   B. 肾上腺素   C. 去甲肾上腺素

    D. 多巴胺   E. 去氧肾上腺素

84. 患者男性,54 岁,创伤后颅内血肿,既往高血压病 2 年,拟在全麻下行脑内血肿清除术,以下哪个因素**不会**影响脑血流的自动调节功能

    A. 七氟烷   B. 高血压病   C. 脑缺血

    D. 过度通气   E. 全凭静脉麻醉

85. 患者女性,60 岁。因食管癌入院,既往高血压史,拟于全麻下双腔气管插管行食管癌根治术。下列哪项与双腔气管导管的特点**不符**
   A. 可使左右总支气管的通气暂时隔开
   B. 可仅用健侧肺长时间施行麻醉和通气
   C. 可随时分别吸除其中的分泌物
   D. 可按需将患侧管敞开以引充肺内分泌物
   E. 可按需对两侧肺进行不同方式通气

86. 患者男性,65 岁,长期吸烟史,突发胸痛、呼吸困难急诊入院,怀疑肺大疱破裂拟行急诊手术。麻醉诱导前宜先行
   A. 纤维支气管镜检查　　　　　B. 呼吸功能训练　　　　　C. 心电图检查
   D. 肺功能检查　　　　　　　　E. 胸腔闭式引流

87. 患者男性,48 岁,因主动脉瓣关闭不全行主动脉瓣置换术,术前超声心动图显示:左室舒张末直径 85mm,射血分数 55%。体外循环前心率应维持
   A. 40~55 次 /min　　　　　　B. 55~70 次 /min　　　　　C. 70~85 次 /min
   D. 85~100 次 /min　　　　　 E. 100~115 次 /min

88. 男性,70 岁,术前诊断:冠状动脉粥样硬化型心脏病,2 型糖尿病,高血压。在体外循环下行冠状动脉旁路移植术,术后出现低心排出量,血管活性药物疗效欠佳,一般首先考虑使用
   A. 体外膜肺氧合(ECMO)　　　　　　B. 右心室辅助装置
   C. 心脏移植　　　　　　　　　　　　D. 主动脉球囊反搏(IABP)
   E. 左心室辅助装置

89. 患者男,60 岁,高血压病史 10 年,规律服药控制良好,拟行左侧肩关节镜手术,手术体位为沙滩椅位。入室血压 150/100mmHg,心率 63bpm。术中维持血压在 130/80mmHg 左右水平。外科医师提出采取降低血压措施以减少出血。关于术中控制性降压,以下哪项是正确的
   A. 控制性降压最主要针对的是循环血量与总血容量比值的调控
   B. 沙滩椅位手术的控制性降压应谨防脑缺血,尤其老年高血压患者
   C. 实施控制性降压时,麻醉深度应适当减浅
   D. 一般以手术野不出血作为控制性降压的标准
   E. 控制性降压期间肺通气肺泡无效腔反而会减小

90. 患者男,58 岁,高血压 10 余年,未规律治疗,术前心脏彩超提示左心室肥大,拟行开腹右半肝切除术。入室后血压 170/100mmHg,该患者麻醉手术中及术后易发生
   A. 左束支传导阻滞　　　　　B. 眼底出血　　　　　C. 水、电解质紊乱
   D. 肾功能不全　　　　　　　E. 脑卒中和心肌梗死

91. 女性患儿,3 岁,15kg,手术当日凌晨 2 点开始禁食水,于病房输抗生素 100ml 后 9 点入手术室,此患儿术前累积丢失量为
   A. 50ml　　　　B. 100ml　　　　C. 150ml　　　　D. 200ml　　　　E. 250ml

92. 男性患儿,1岁,急诊行"阑尾切除术",入院前3天诊为"气管炎"。术毕拔出气管插管后患儿出现呛咳,随后屏气,面罩加压给氧通气困难,患儿口唇出现青紫,氧饱和度持续下降,首选的处理方法为

A. 丙泊酚静脉注射   B. 继续加压给氧   C. 立即置入喉罩

D. 立即行气管插管   E. 立即行环甲膜穿刺

93. 患者男性,67岁,78kg,因右眼闭角型青光眼,拟全麻下行小梁切除术。患者全麻选择用药哪种是**不恰当的**

A. 丙泊酚   B. 瑞芬太尼   C. 氯化琥珀胆碱

D. 罗库溴铵   E. 咪达唑仑

94. 患者男性,38岁,支撑喉镜下行声带息肉切除术,手术过程顺利。术毕患者可睁眼,自主呼吸恢复,不耐受气管导管剧烈呛咳,快速拔出导管,后发现患者呼吸费力,通气不能,吸气喉鸣,反常呼吸,下面哪项措施正确

A. 吸痰   B. 面罩吸氧

C. 面罩加压通气 + 丙泊酚 50mg   D. 再次快速气管插管

E. 紧急气管切开

95. 患者,男,64岁,食管癌晚期患者,吞咽困难,使用芬太尼透皮贴剂(多瑞吉)控制疼痛,使用过程中**不正确**的是

A. 贴前用温清水洁净局部皮肤,待干

B. 不需要固定贴于疼痛部位

C. 贴剂使用后4小时开始发挥药物作用,8小时发挥全效

D. 处理暴发痛时,应用即释阿片药物

E. 贴片部位不可直接靠近热源,如:电热毯、热水袋

96. 患者男性,56岁,诊断为左 T_3~T_4 带状疱疹疼痛1个月,疼痛自脊柱旁沿肋骨放射至胸前,加重2周,药物及理疗无效,因强直性脊柱炎无法进行胸段硬膜外穿刺置管,下列何种方法能够治疗

A. 继续药物及理疗   B. 胸交感神经阻滞治疗

C. 肋间神经阻滞   D. 胸椎旁神经阻滞

E. 蛛网膜下腔阻滞

97. 男性,27岁,车祸伤导致多发骨折及脾破裂,术中及术后大量输血,术后出现低氧血症,氧合指数 <200,胸片示双肺弥漫性渗出,该患者最可能的诊断是

A. 气胸   B. 急性呼吸窘迫综合征

C. 心功能不全   D. 肺挫伤

E. 肺部感染

98. 男,50岁。急性心肌梗死患者入院后出现夜间阵发性呼吸困难,心率124次/min,心尖部闻及舒张早期奔马律,两肺底闻及湿啰音。患者目前最可能的诊断是急性心肌梗死合并

A. 左心衰   B. 右心衰   B. 全心衰

D. 支气管哮喘   E. 急性心脏压塞

A3/A4 型题

(99~101 题共用题干)

患者,男性,58 岁,67kg,双下肢无力麻木伴间歇性跛行 2 年,诊断为腰椎管狭窄,腰椎间盘突出,拟行腰椎管减压椎弓根内固定术。麻醉前访视:患者步行困难,张口见悬雍垂被部分遮挡。

99. 该患者改良 Mallampati 分级为
    A. Class Ⅰ   B. Class Ⅱ   C. Class Ⅲ
    D. Class Ⅳ   E. Class Ⅴ

100. 该患者应选择何种麻醉方式
    A. 气管插管全身麻醉   B. 蛛网膜下腔麻醉   C. 硬膜外麻醉
    D. 局部麻醉   E. 喉罩全身麻醉

101. 患者完成气管插管后行机械通气,术中突然出现呼吸机报警,提示压力过高,最常见的原因为
    A. 气管插管过深   B. 气管导管折曲   C. 气道痉挛
    D. 呼吸回路受压阻断   E. 气道分泌物

(102~104 题共用题干)

患者男性,50 岁,身高 168cm,体重 95kg,既往高血压病史,药物控制血压在 120/80mmHg 左右,阻塞型睡眠呼吸暂停低通气综合征(OSAHS)病史,腰椎手术史。于全麻下行人工膝关节置换术。麻醉诱导予静注丙泊酚 200mg、罗库溴铵 60mg、舒芬太尼 20μg,可视喉镜下气管插管,术中丙泊酚 + 瑞芬太尼泵注复合七氟醚吸入,手术结束前 30 分钟静脉予氟比洛芬酯 100mg,术中未再与其他镇痛药及肌松药。手术时间 2 小时,术后转入麻醉恢复室。

102. 转入恢复室后,患者意识逐渐清楚,自主呼吸恢复,可依据指令抬腿睁眼,遂拔出气管插管。拔管后患者躁动明显,血压 180/110mmHg,双鼻吸氧 3L/min,血氧饱和度 100%。患者发生躁动、高血压最可能的原因是
    A. 术前高血压控制不满意   B. 疼痛   C. 缺氧
    D. 麻醉未完全清醒   E. 术后谵妄

103. 针对上述情况,最适合该患者的处理措施为
    A. 应用降压药   B. 再次给予氟比洛芬酯   C. 使用阿片类药物
    D. 股神经阻滞镇痛   E. 无须处理

104. 下面哪种情况**不符合**患者转出恢复室标准
    A. 患者清醒、定向力好
    B. 患者可按照医师指令活动四肢
    C. 静息状态下 VAS 疼痛评分 5 分
    D. 血压 135/90mmHg
    E. 吸空气氧饱和度 95%

(105~107 题共用题干)

患者女性,69 岁,因腰椎间盘突出需行手术治疗,既往肺间质纤维化病史 10 年。

105. 下列除哪种疾病外均属于限制性通气功能障碍
    A. 肺间质纤维化　　　　　B. 胸廓畸形　　　　　C. 胸腔积液
    D. 脊柱后侧凸　　　　　　E. 肺气肿

106. 下列肺功能检查结果属于限制性通气功能障碍患者的是
    A. 潮气量减少　　　　　　B. 肺总量不变　　　　　C. 残气量不变
    D. 最大呼气中期流速降低　E. FEV_1/FVC 降低

107. 为患者行血气分析,pH7.365,$PaCO_2$ 61mmHg,PaO_2 70mmHg,CO_2 含量 36mEq/L,下列诊断最准确的是
    A. Ⅱ型呼吸衰竭　　　　　B. 失代偿性呼吸性酸中毒　　C. 代偿性呼吸性酸中毒
    D. 低氧血症 + 呼吸性酸中毒　E. Ⅰ型呼吸衰竭

(108~111 题共用题干)

患者女性,33 岁,因宫内孕 38^{+6} 周,骨盆出口窄,拟在腰硬联合麻醉下行剖宫产术。术前检查未见明显异常。穿刺点选择 $L_3~L_4$ 间隙,进针过程中阻力感不明显,进针 6cm 时,突然有无色透明液体自硬膜外穿刺针快速滴下。于是直接在蛛网膜下腔给予 0.5% 布比卡因 10mg,拔出硬膜外穿刺针。

108. 患者改为平卧位,此时无创血压显示 80/42mmHg,下述处理**不合适**的是
    A. 加快输液　　　　　　　B. 应用麻黄碱　　　　　C. 改为头高位
    D. 将手术床向左侧倾斜 30°　E. 应用去氧肾上腺素

109. 患者术后最应警惕的并发症是
    A. 硬脊膜穿破后头痛　　　B. 神经机械性损伤　　　C. 马尾综合征
    D. 硬膜外血肿　　　　　　E. 椎管内感染

110. 下列哪项**不是**该并发症的特点
    A. 症状延迟出现,一般在 12~48 小时后
    B. 与体位相关,坐起或站立后加重,平卧可减轻
    C. 可能伴随前庭症状(恶心、头晕等)
    D. 年轻人发生率高
    E. 可出现不同程度的会阴部感觉缺失、下肢运动功能减弱

111. 下列哪项**不是**该并发症合理的预防或治疗措施
    A. 选用较细的穿刺针
    B. 保持平卧位
    C. 对中重度患者,可口服咖啡因或非甾体抗炎药
    D. 都需要使用硬膜外自体血填充治疗
    E. 轻症患者可通过口服或静脉补液缓解

(112~114题共用题干)

男性,58岁,吸烟史20年,反复咳嗽、咳痰、气喘10余年,并胸闷、气促2周。体检:半卧位,口唇发绀,体温38.5℃,脉搏120次/min,血压95/60mmHg,呼吸36次/min,颈静脉怒张,双肺散在干湿性啰音,双下肢水肿。胸部X线片提示:双肺透亮度增加,肋间隙增宽,左下肺片状阴影,右心房、右心室增大。血气分析:pH 7.22,PaO_2 40mmHg,$PaCO_2$ 55mmHg。

112. 该患者最准确的临床诊断是
    A. 肺性脑病   B. 呼吸性酸中毒
    C. 慢性肺源性心脏病   D. Ⅱ型呼吸衰竭
    E. Ⅰ型呼吸衰竭

113. 对该患者采取的治疗措施中,**不恰当**的是
    A. 使用洋地黄药物   B. 使用利尿药
    C. 机械通气   D. 使用缩血管药物
    E. 使用扩血管药物

114. 如果采取机械通气治疗,患者的氧疗方法应选择
    A. 非控制性氧疗   B. 低浓度氧疗   C. 中浓度氧疗
    D. 高浓度氧疗   E. 高压氧疗法

(115~116题共用题干)

患者女,75岁,高血压病史10年,因多次短暂性脑缺血发作并发右侧颈动脉多发斑块且90%闭塞,拟行颈动脉内膜剥脱术。入院时患者血压180/110mmHg,心率68bpm,窦性心律。

115. 关于患者麻醉前准备及麻醉原则,以下描述**错误**的是
    A. 患者入院后高血压不应快速纠正,否则会加重脑缺血
    B. CO_2是脑血管扩张剂,此时可维持轻度升高的$PaCO_2$,使缺血脑组织血管扩张增加血流量
    C. 诱导应平稳,减少气管插管时的刺激
    D. 可行连续动脉压监测
    E. 尽量保证患者术毕清醒、拔管

116. 关于该患者围麻醉期血压的调控,以下描述**不正确**的是
    A. 术后高血压可能是低氧血症、高碳酸血症、疼痛或颈动脉压力感受器敏感性增高
    B. 术后可给予甘露醇防治再灌注损伤
    C. 颈动脉狭窄解除并开放后血压应保持正常低限
    D. 颈动脉闭塞时应提高血压以增加侧支循环血量
    E. 术后高血压处理最好不用脑血管扩张药

(117~119题共用题干)

患者,男,58岁,冠心病病史3年,无明显症状,椎管内麻醉下行前列腺电切手术,术中患者出现心率明显增快,血压先高后低,呼吸急促困难,氧饱和度明显下降,神志模糊,心电图QRS波增宽。

117. 此时患者出现以上症状是由于
    A. 局麻药中毒反应　　　　B. 心肌梗死　　　　　　C. 麻醉平面突然升高
    D. 出现稀释性低钠血症　　E. 出现低钾血症

118. 影响产生以上症状的主要因素**不包括**
    A. 前列腺静脉窦破裂　　　B. 灌洗液大量吸收入血　　C. 手术长
    D. 灌洗液压力高　　　　　E. 麻醉平面消退

119. 紧急的抢救措施**错误**的是
    A. 立即面罩给氧或气管内插管辅助呼吸
    B. 静推呋塞米
    C. 应用强心药维持心功能
    D. 灌注液快速冲洗
    E. 应用激素

(120~121 题共用题干)

患者男性,72 岁,61kg,因右侧腹股沟疝复发,拟再次行疝修补术。既往冠心病史 3 年,口服丹参滴丸治疗,偶有胸闷症状,心电图示:左房大,ST 段改变。超声心动图示:左房增大,左室肥厚,左室射血分数 64%,室间隔增厚。高血压病史 11 年,口服厄贝沙坦治疗,血压控制于130~140mmHg/80~90mmHg。

120. 该患者首选的麻醉方式为
    A. 股神经阻滞　　　　　　B. 喉罩全麻　　　　　　C. 插管全麻
    D. 腰硬联合麻醉　　　　　E. 单次腰麻

121. 麻醉成功后,患者 BP 降至 85/53mmHg,HR 88bpm,ECG 与入室时未见明显异常,此时的处理最合理的是
    A. 快速输注林格氏液
    B. 快速输注胶体液
    C. 阿托品 0.5mg 静注
    D. 麻黄碱 10mg 静注
    E. 去氧肾上腺素 50μg 静注并适当扩容

(122~124 题共用题干)

女性,29 岁,孕 39 周。硬膜外阻滞下行剖宫产术,平卧位后给予初量 13ml 2% 利多卡因等待麻醉平面出现,12 分钟后出现低血压、心动过速,自述头晕、憋气等。

122. 患者的出现低血压、心动过速,头晕、憋气等反应最可能的原因是
    A. 全脊髓麻醉　　　　　　　　　B. 仰卧位低血压综合征
    C. 硬膜外麻醉阻滞平面过高　　　D. 羊水栓塞反应
    E. 局麻药中毒反应

123. 最先应采取的措施为

    A. 立即向左倾斜 30°卧位并将子宫推向左侧

    B. 立即向右倾斜卧位并将子宫推向右侧

    C. 立即半卧位

    D. 立即头低脚高位

    E. 立即给去氧肾上腺素

124. 经上述处理后血压仍低,进一步采取

    A. 立即开始手术   B. 加快输液同时静注麻黄碱 10mg

    C. 加快输液同时给予多巴胺 20mg   D. 立即注射肾上腺素 0.5mg

    E. 立即注射阿托品 0.5mg

(125~127 题共用题干)

患者男性,49 岁,急性外伤性脾破裂,拟行剖腹探查术。查体:面色苍白、神志淡漠、呼吸急促、心率 124 次 /min,律齐,血压 80/40mmHg,ECG 提示,S-T 段改变。患者系酒后驾车。

125. 术前下列哪项处理**不当**

    A. 放置鼻胃管   B. 快速输液   C. 速配血型

    D. 抗感染   E. 催吐

126. S-T 段改变应首先考虑

    A. 失血性休克   B. 冠心病   C. 心肌缺血

    D. 高血压   E. 肺心病

127. 气管插管时如已误吸,紧急处理,下列哪项**不恰当**

    A. 插管后气管内吸引   B. 气管内给予生理盐水、碳酸氢钠冲吸

    C. 给予 5~10cmH$_2$O PEEP 通气   D. 给予甲强龙 1~2mg/kg

    E. 应用扩血管药

(128~130 题共用题干)

患者,男,42 岁,身高 171cm,体重 70kg。因"右肾上腺占位"入院,二氧化碳气腹(气腹压 12mmHg)下行"腹腔镜下右肾上腺切除术"。一般情况好,肺功能检查(−)。常规麻醉诱导,术中泵注丙泊酚及瑞芬太尼,间断注射罗库溴铵维持。潮气量 500ml,呼吸频率 12 次 /min,手术 1 小时后,PetCO$_2$ 由 35mmHg 逐渐升高至 57mmHg。

128. 该患者 PetCO$_2$ 升高最可能的原因是

    A. 限制性通气功能障碍   B. 阻塞性通气功能障碍   C. 张力性气胸

    D. 腹膜后组织对 CO$_2$ 的吸收   E. 钠石灰失效

129. 此时处理措施**不正确**的是

    A. 加大潮气量至 550ml   B. 增加呼吸频率至 15 次 /min   C. 更换钠石灰

    D. 增加气腹压至 15mmHg   E. 采用肺复张手法

130. 经处理后未见明显改善,患者 PetCO₂ 水平继续升高,气道压升高,触诊皮下组织出现"握雪感",最有可能出现的并发症为
    A. 张力性气胸　　　　　　　　　　　B. 支气管哮喘
    C. 上呼吸道梗阻　　　　　　　　　　D. 气管导管误入右主支气管
    E. 皮下气肿

(131~135 题共用题干)

患者女性,59 岁,因头痛,饮水呛咳 1 个月入院,既往高血压病史 2 年,口服氨氯地平治疗,颅脑 MRI 提示颅后窝肿瘤,拟于全麻下行颅后窝肿瘤切除术。

131. 为避免重要的神经功能损伤,常用的监测手段**不包括**
    A. 体感诱发电位　　　　B. 运动诱发电位　　　　C. 听觉诱发电位
    D. 脑电双频指数　　　　E. 肌电图监测

132. 从脑干附近切除肿瘤时,心率突然下降至 30 次/min,可能的原因是
    A. 窦性心动过缓　　　B. 迷走神经反射　　　C. 颅内压增高
    D. 库欣反射　　　　　E. 麻醉药物抑制作用

133. 最恰当的处理方式是
    A. 给予异丙肾　　　　B. 给予阿托品　　　　C. 提醒外科医师暂停手术
    D. 给予甘露醇　　　　E. 减浅麻醉

134. 如果术中 P_ET CO₂ 突然下降,血压急剧降低,怀疑出现静脉空气栓塞,下列措施中哪项**效果最差**
    A. 应用 5cmH₂O 的 PEEP　　　　　　B. 即刻通知术者,用盐水灌满术野
    C. 头低足高位　　　　　　　　　　　D. 经右心房导管抽吸空气
    E. 压迫静脉破口

135. 静脉空气栓塞的并发症中,下列哪个选项最**不可能**
    A. 增加肺无效腔　　　B. 低氧血症　　　　C. 卒中
    D. 体循环高压　　　　E. 心搏骤停

(136~139 题共用题干)

女性患者,56 岁,身高 158cm,胸痛伴吞咽困难 1 个月入院。半年前体重 75kg,现在 50kg。无呼吸困难,无声音嘶哑,偶有咳嗽、咳痰。无发热,血象基本正常。有房颤病史多年。

136. 该患者欲行全麻下手术,预选的最佳双腔管规格为
    A. 32F　　　B. 35F　　　C. 37F　　　D. 39F　　　E. 41F

137. 该患者左侧开胸后,患侧肺萎陷,无通气时
    A. 肺内分流不变　　　B. 肺内分流减少　　　C. 肺血管阻力增加
    D. 肺血管阻力减少　　　E. PaCO₂ 增高

138. 该患者手术切皮前输入抗生素,常规麻醉诱导顺利,术中循环稳定。当游离食管时,患者突然出现血压下降至 80/40mmHg,心率从 70 次 /min 减慢至 45 次 /min,SpO_2 98%,全身无皮疹。最有可能的原因是

    A. 抗生素过敏   B. 血容量不足

    C. 心脏受挤压   D. 迷走神经反射

    E. 心脏受挤压和 / 或迷走神经反射

139. 该患者术毕清醒拔出气管导管后,出现声音嘶哑,可能的原因是

    A. 喉上神经损伤   B. 喉返神经损伤

    C. 伤口疼痛   D. 杓状软骨脱位

    E. 喉返神经损伤和 / 或杓状软骨脱位

(140~141 题共用题干)

患者女性,37 岁,45kg,10 年前因二尖瓣狭窄行闭式扩张术。2 个月前出现活动后气短、胸闷,偶有夜间端坐呼吸、下肢水肿,经药物治疗后下肢水肿好转,夜间睡觉无憋醒,但上二层楼仍有心悸、气喘。超声心动图结果:重度二尖瓣狭窄,三尖瓣反流,中度肺动脉高压,房颤心律,心脏收缩功能降低。

140. 该患者的心功能(NYHA)分级是

    A. Ⅰ级   B. Ⅱ级   C. Ⅲ级   D. Ⅳ级   E. Ⅴ级

141. 该患者麻醉诱导需要注意的事项**除外**

    A. 避免过度通气   B. 避免心动过速

    C. 避免加重肺动脉高压的因素   D. 慎用血管扩张药

    E. 控制液体速度

(142~144 题共用题干)

患者男性,52 岁,体重 98kg,诊断为阻塞性睡眠呼吸暂停综合征,术前检查 BP 170/95mmHg,SpO_2 90%,ECG 提示窦性心动过速,ST 下移 >0.05mv,伴偶发室性期前收缩。拟全麻下行悬雍垂腭咽成形术。

142. 阻塞性睡眠呼吸暂停综合征行悬雍垂腭咽成形术,其麻醉特点**不包含**

    A. 常伴有气管插管困难

    B. 该病常引起全身各系统的病理生理改变

    C. 可慢诱导清醒镇静下鼻腔气管插管

    D. 必须使用控制性降压

    E. 防止气管拔管后的呼吸抑制

143. 下列哪种方法最**不宜**采用

    A. 经鼻慢诱导盲探气管插管   B. 经口表麻气管插管

    C. 经鼻快速诱导气管插管   D. 局麻下气管切开术

    E. 表麻下纤维支气管镜引导气管插管

144. 术毕患者清醒,拔出气管导管后,出现呼吸困难、发绀,最**不可能**的原因是
    A. 误吸
    B. 喉头水肿
    C. 麻醉药残余作用
    D. 气道梗阻
    E. 气胸

(145~147 题共用题干)

患者男,61 岁,因"腹股沟疝"拟行日间手术"疝修补术"。患者既往高血压病史 10 年,血压最高时 170/100mmHg,平日口服硝苯地平控制血压于 130/80mmHg 左右,平日诉情绪激动时偶有胸痛及心悸。术前心电图未见异常。

145. 该患者还应该完善哪项术前检查
    A. 超声心动图
    B. 肺功能
    C. 运动平板实验
    D. 24 小时 Holter
    E. 24 小时动态血压监测

146. 该患者最适合的麻醉方法是
    A. 腰麻
    B. 硬膜外麻醉
    C. 外周神经阻滞麻醉
    D. 全身麻醉
    E. 全身麻醉复合外周神经阻滞

147. 下列哪项用药方案可能**不利于**该患者术后当日及早出院
    A. 术前给予东莨菪碱
    B. 术中持续输注丙泊酚和瑞芬太尼
    C. 麻醉诱导应用舒芬太尼
    D. 术中间断使用罗库溴铵保持腹壁肌肉松弛
    E. 术后应用 NSAIDs 药物镇痛

(148~150 题共用题干)

78 岁女性,60kg,上消化道穿孔 2 天入院,既往高血压、糖尿病、冠心病。查体:T 35.5℃,HR 122 次/min (房颤),BP 77/40mmHg,RR 28 次/min,神志淡漠,皮肤可见花斑及出血点,心律绝对不齐,未及杂音,双肺满布湿啰音。板状腹,压痛、反跳痛阳性,肠鸣音未闻及,双下肢不肿。患者近 1 天无尿。

148. 根据病史及查体,该患者房颤的最可能原因是
    A. 低血压
    B. 脓毒症
    C. 电解质紊乱
    D. 冠心病史
    E. 高血压史

149. 该患者即刻最紧急的处理措施为
    A. 联系外科医师手术
    B. 完善化验检查
    C. 向家属交待病情
    D. 充分液体复苏
    E. 进一步进行有创监测

150. 患者目前多器官功能不全,其中急性肾损伤尿量的诊断标准为
    A. 尿量 <0.3ml/(kg·h),至少 6 小时
    B. 尿量 <100ml/d
    C. 尿量 <400ml/d
    D. 尿量 <0.5ml/(kg·h),至少 12 小时
    E. 尿量 <0.5ml/(kg·h),至少 6 小时

案例分析题

案例一 患者,男,32岁,70kg,晚饭后散步时车祸入院,入院后测血压78/48mmHg、心率125次/min,面色苍白,神志淡漠,肢端冷,普外科会诊诊断为肝破裂,而行急诊探查手术。

提问1:下列有关该患者手术的麻醉前准备正确的是

    A. 先手术治疗,再治疗失血性休克疗

    B. 先治疗失血性休克,再行手术治疗

    C. 抗休克治疗以血管活性药物为主

    D. 一边抗休克,一边尽快手术治疗

    E. 抗休克治疗以补充血液为主

    F. 抗休克治疗以补充胶体液为主

提问2:患者入室血压77/44mmHg,心率132次/min,常规监测血压、心率和脉搏氧饱和度,患者应采用哪种麻醉方法后立即开始手术

    A. 连续硬膜外麻醉

    B. 静脉快速顺序诱导气管插管全麻

    C. 静脉快速顺序诱导喉罩全麻

    D. 蛛网膜下腔麻醉

    E. 慢诱导气管插管全麻

    F. 腰硬联合麻醉

提问3:该患者诱导时常用的肌松药为

    A. 维库溴铵   B. 阿曲库铵   C. 琥珀胆碱

    D. 罗库溴铵   E. 米库氯铵   F. 泮库溴铵

案例二 患者,女,34岁,宫内孕36周,拟行剖宫产术。G2P1,既往体健,从孕26周起出现高血压,尿蛋白(+)。曾于5年前接受剖宫产手术。近3天出现头痛,视物模糊,BP180/110mmHg,HR85bpm,尿蛋白(+++),PLT 80×10^9/L。麻醉前予硫酸镁和拉贝洛尔降压,血压维持在160/80mmHg,麻醉方法选择CESA(腰麻硬膜外联合麻醉),选择腰2~腰3穿刺,蛛网膜下腔注射重比重布比卡因8mg,硬膜外置管顺利。翻身躺平后,BP120/60mmHg,麻醉医师给予快速补液,输入乳酸钠林格氏液1 500ml,同时间断推注去氧肾上腺素50μg,维持BP150/80mmHg。胎儿剖出后,患者诉呼吸困难,烦躁,SpO$_2$80%,紧急行气管插管,BP200/120mmHg。术后返回ICU,患者意识无法恢复,经抢救无效,死亡。

提问1:子痫前期的妊娠妇女有哪些表现

    A. 血压升高,尤其是舒张压   B. 蛋白尿

    C. 易发生癫痫和颅内出血   D. 易发生充血性心衰

    E. FRC降低   F. 可能肝酶升高

    G. 可能血小板减少   H. 困难气道风险增高

提问2:麻醉管理中需要注意的是

    A. 麻醉前血压应该降至正常水平

    B. 降压药物首选硫酸镁、硝酸甘油

    C. 条件允许的情况下,尽可能选择椎管内麻醉,血流动力学更稳定,死亡率低于全身麻醉

    D. 蛛网膜下腔麻醉对先兆子痫和子痫前期患者是绝对禁忌,容易引起剧烈的血压波动

    E. 孕产妇硬膜外腔隙减小,麻醉用药量要相应减少

F. 椎管内麻醉后出现血压下降,首选静脉补液,至少1 000ml,同时配合应用升压药物

G. 合并肺动脉高压的产妇应用缩宫素应该减少剂量,缓慢给药,降低其收缩肺血管的作用

提问3:造成产妇死亡的可能诱因及原因包括

A. 颅内出血

B. 术中输液过多导致急性左心衰

C. 气管内插管刺激,血压过高,导致颅内出血

D. 胎儿剖出后,应用缩宫素后的不良反应

E. 血小板低,椎管内麻醉后形成蛛网膜下腔出血,导致呼吸困难和意识障碍

F. 羊水栓塞

案例三　患者男,67岁,诊断为腰椎间盘突出伴椎管狭窄,拟在全麻下行"后路椎板减压成形术",高血压、糖尿病病史10余年,自服降压药(氨氯地平)、降糖药物治疗。BMI 30kg/m²,睡眠呼吸暂停综合征病史,未治疗。吸烟史40余年,未戒。

提问1:以下项目哪些**不属于**高血压发病因素

A. 年龄 　　　　　B. 吸烟 　　　　　C. 环境与职业

D. 高脂血症 　　　E. 颈动脉粥样斑块 　F. 体重

G. 糖尿病 　　　　H. 遗传

提问2:基于此病例中患者情况,麻醉处理正确的是

A. 手术前晚给予足量镇静剂

B. 采用快速顺序诱导

C. 防止血压骤升骤降

D. 为减少术中出血,采取控制性降压至90/60mmHg

E. 警惕空气栓塞

F. 监测血糖

G. 给予充分的术后镇痛

提问3:高血压患者麻醉处理正确的是

A. 手术当日晨需继续服用抗高血压药物

B. 手术当日晨停止服用抗高血压药物

C. 防止血压出现大的波动

D. 高血压患者术中出现低血压可给予升压药物

E. 高血压患者围术期易出现脑卒中并发症

F. 高血压患者麻醉时均需监测有创直接动脉压

G. 术后充分镇痛防止血压增高

案例四　男患,81岁,诊断为胃癌。既往高血压30余年,冠心病20余年,糖尿病20余年,有吸烟饮酒史。拟在腹腔镜下行胃癌根治术。

提问1:该患术前访视的关注点正确的是

A. 营养状态,如血红蛋白应大于100g/L,血浆总蛋白大于60g/L

B. 胃肠减压

C. 纠正水、电解质和酸碱平衡紊乱

D. 心肺功能的评估

E. 高龄患者精神状态的评估

F. 既往病史、麻醉手术史、药物过敏史等

提问 2：除心电图，有创和无创血压，血氧饱和度监测外，下列哪项监测对于麻醉有临床指导意义

A. 呼吸末二氧化碳（$ETCO_2$）　　　　　B. 脑电双频指数（BIS）

C. 混合静脉血氧饱和度（SvO_2）　　　D. 心排出量（CO）

E. 每搏量变异度（SVV）　　　　　　　F. 动脉血气分析

提问 3：术中血气分析血清钾离子的浓度为 3.2mmol/L，补钾原则和注意事项下列正确的是

A. 见尿补钾，即尿量必须在 30ml/h 以上

B. 补钾浓度不宜过高，应小于等于 3‰（每升液体中氯化钾小于等于 3g）

C. 速度不宜过快，血清钾突然增高可致心搏骤停

D. 低钙血症症状会被低钾血症所掩盖，所以应注意补钙

E. 伴有酸中毒，血氯过高或肝功异常，可应用谷氨酸钾

F. 绝对禁止静脉推注氯化钾

案例五　60 岁女性患者，体重 50kg，身高 160cm。因食管上段癌拟在全麻下行胸腹腔镜三切口食管癌根治术。既往史：5 年前因心前区不适确诊为"冠心病，心绞痛"。

提问 1：该患者手术中胸腔镜下，二氧化碳气胸，二氧化碳充气过高可导致

A. 肺顺应性下降，气道压增高　　　　B. 低血压

C. 静脉压回流受阻，CVP 增高　　　　D. 低氧血症

E. 高血压　　　　　　　　　　　　　F. 低碳酸血症

提问 2：该患者单肺通气过程中，一旦出现低氧血症应采取的措施包括

A. 取消手术

B. 提高吸入氧浓度

C. 查找低氧血症的原因

D. 检查通气 / 血流比是否合适

E. 上述处理无效，改用双肺高频通气

F. 增加潮气量

提问 3：如果对该患者单肺通气期间，欲采用保护性肺通气策略包括

A. 选用小潮气量（V_T 6~8ml/kg）　　B. 呼吸频率 10~14 次 /min

C. 通气侧 PEEP、非通气侧 CPAP　　　D. 肺泡复张技术

E. 必要时允许性高碳酸血症　　　　　F. 提高吸入氧浓度

模拟试卷答案

答案与解析

1.【答案】D

【解析】ASA I级;患者的重要器官功能正常,体格健壮,能耐受手术麻醉;Ⅱ级:有轻微系统疾病,重要器官有轻度病变,但代偿功能健全,日常活动不受限,能耐受一般手术麻醉;Ⅲ级:有严重的系统性疾病,重要器官功能受损,但仍在代偿范围内,日常活动受限,对施行手术麻醉仍有顾虑;Ⅳ级:有严重系统性疾病,重要器官病变严重,功能代偿不全,已威胁安全,施行麻醉和手术均有危险;Ⅴ级:病情已达濒死阶段,不论手术与否难以存活 24 小时。

2.【答案】B

【解析】人体各个部位温度的正常参考值有所不同,其中直肠部位的正常参考温度范围为36.9~37.7℃。

3.【答案】E

【解析】毛细血管起始端的压力为 30mmHg。

4.〔答案】B

【解析】通气血流比是指每分钟肺泡通气量(V)与每分钟肺血流量(Q)的比值,正常人安静时比值是 0.84。折刀位时胸廓和肺顺应性下降,潮气量及肺活量减小,通气血流比减少。

5.【答案】D

【解析】SVV 正常值应该小于 15%,心律不齐对 SVV 值影响很大,目前文献近支持将 SVV 应用于机械通气时并保持固定的呼吸频率,潮气量设置为 8ml/kg。

6.【答案】B

【解析】麻醉苏醒期并发症发生率最高的是恶心呕吐,其次为疼痛。术后恶心呕吐的发生率为20%~30%。

7.【答案】A

【解析】椎管内使用阿片类药最常见的副作用是皮肤瘙痒,其次为恶心、呕吐、尿潴留和困倦,呼吸抑制的发生率相对低。

8.【答案】D

【解析】此题主要考查对手术安全核查中"Time Out"的掌握情况,"Time Out"必须是在麻醉诱导后皮肤切开前暂停,所有人都必须停止说话和工作,一起大声确认患者的身份、手术名称和手术部位、麻醉方法等,得到所有手术组成员一致肯定后方能开始手术。

9.【答案】C

【解析】肺泡通气量=(潮气量–无效腔量)×呼吸频率;每分通气量=潮气量×呼吸频率;通气储

量百分比 =(最大通气量 – 每分通气量)/ 最大通气量 ×100%;通常采用通气储量百分比估计通气储备能力。

10.【答案】D

【解析】P-V 环描绘的是潮气量与相应气道压力相互关系的曲线环,也称肺顺应性环,可以反映呼吸功;高位折点提示肺泡和胸壁过度膨胀。

11.【答案】D

【解析】PAWP 又名肺毛细血管楔压,可反映左心室前负荷和右心室后负荷,以评估左右心室功能。

12.【答案】C

【解析】α 波见于清醒闭眼时;β 波见于情绪紧张激动或服用巴比妥类药物时;θ 波见于浅睡眠时;δ 波见于麻醉和深睡眠状态;γ 波见于清醒并专注于某一事时。

13.【答案】C

14.【答案】B

15.【答案】B

【解析】局麻药通过脑脊液阻滞脊髓的前根神经和后根神经,因后根多为无髓鞘的感觉神经纤维和交感神经纤维,本身对局麻药特别敏感,前根多为有髓鞘的运动神经纤维,对局麻药物敏感性差,所以局麻药组织顺序先从自主神经开始,次之为感觉神经纤维,而传递运动的神经纤维及有髓鞘的本体感觉纤维最后被阻滞,所以阻滞顺序是血管舒缩神经、温觉、痛觉、触觉、运动、压力。

16.【答案】D

【解析】传统肌间沟阻滞的膈神经麻痹率几乎为 100%,采用超声引导的小剂量低位肌间沟阻滞可降低但不能完全避免膈神经麻痹的发生。

17.【答案】C

18.【答案】E

19.【答案】B

20.【答案】B

【解析】肥胖患者呼吸系统整体顺应性下降,脂肪组织堆积在胸腔造成功能残气量降低,而腹压增加和功能残气减少使肺储备能力降低。残气量和闭合气量均在正常范围,因此容易发生肺泡萎陷,导致通气 / 灌流比例失衡。

21.【答案】A

【解析】高排低阻是感染性休克的特征性表现。

22.【答案】E

【解析】此题主要考查单纯心脏按压,不使用升压药物,平均主动脉舒张压为 10~20mmHg,达不到心脏复跳的最低冠状动脉灌注压。而使达到心脏复跳的最低要求是使主动脉舒张压至少达到 30~40mmHg。

23.【答案】B

【解析】颈神经丛由颈 1~ 颈 4 脊神经前支组成。第 1 颈神经主要是运动神经,支配枕骨下角区肌肉,后 3 对颈神经均为感觉神经,颈神经分支相互交错在胸锁乳突肌之后连接成网状,称为颈神经丛。

颈神经丛分为深丛及浅丛,还形成颈袢,与颈 5 部分神经纤维形成膈神经。颈浅神经丛在胸锁乳突肌后缘中点形成放射状分布,向前即颈前神经,向下为锁骨上神经,向后上为耳大神经,向后为枕小神经,分布于颌下、锁骨、整个颈部及枕部区域的皮肤浅组织,呈披肩状。颈深神经丛主要支配颈前及颈侧面的深层组织。参考体表解剖标志,阻滞 C_2~C_4 即可。

24.【答案】D

【解析】手术对肝功能的影响往往较麻醉更为显著,主要原因是影响肝血流。而单纯血压降低或血管收缩可通过血管扩张和血压升高代偿,不致明显影响肝功能。

25.【答案】C

【解析】氯吡格雷是一种血小板聚集抑制剂,患者行择期手术,需在术前1周停止使用。

26.【答案】B

【解析】此题主要考查麻醉药对母体与胎儿的作用和影响。麻醉药和麻醉性镇痛药都有程度不同的中枢抑制作用,且均有一定数量通过胎盘进入胎儿血液循环。因此,在用药时必须慎重考虑用药方式、剂量、用药时间以及胎儿和母体的全身情况。常用的非去极化肌松药阿曲库铵分子量较大,脂溶性低,不容易通过胎盘。

27.【答案】B

【解析】与自动调节功能对比,多数重型颅脑损伤患者对 CO_2 仍存在反应性,因此过度通气通过降低 CBV 快速降低 ICP。一般而言,$PaCO_2$ 每升高或减少 1mmHg,CBF 将增加(或降低)约 2% 或 1ml/100(g·min)。因为正常全脑血流量为 50ml/100(g·min),CBF 改变 1ml/100(g·min)代表 2% 的变化。

28.【答案】A

【解析】掌握发生低氧血症的最常见原因。

29.【答案】B

【解析】肥厚梗阻性心肌病是左室不对称性肥厚,当血压降低、心室内容积下降、心脏收缩力增加和心率增快时,均会加重左室流出道的梗阻。三尖瓣反流对左室流出道没有影响,选项 B 符合题意。

30.【答案】D

【解析】5 岁前,气管最狭窄处位于环状软骨处,D 不正确。

31.【答案】B

【解析】此题主要考查眼心反射的反射弧,完整的反射弧为眼球受压、眼肌受牵拉 - 睫长神经、睫短神经 - 睫状神经节和半月神经节 - 三叉神经眼支传入 - 三叉神经感觉主核 - 迷走神经运动核 - 迷走神经心支传出 - 心动过缓、心律失常甚至心脏停搏。

32.【答案】D

【解析】无痛消化内镜检查麻醉用药要求诱导快,持续时间短,恢复快,易调节,能拮抗。吗啡不符合要求。

33.【答案】D

【解析】星状神经节阻滞的作用涉及自主神经、内分泌系统和免疫系统,对上述系统的功能有调节作用。

34.【答案】E

【解析】过敏性休克一旦明确诊断应在积极去除过敏原并进行扩容治疗的同时,尽早使用肾上腺素。其次适当补充糖皮质激素,必要时可以给予抗组胺药和葡萄糖酸钙。一般不需要输注浓缩红细胞。

35.【答案】A

【解析】休克患者麻醉前要慎用止痛药,有可能会导致患者的意识丧失。

36.【答案】B

【解析】哮喘患者禁用 β 受体阻滞剂,其抑制 β 受体激动,导致支气管痉挛,加重哮喘发作。

37.【答案】B

【解析】避免缺氧和高碳酸血症,避免过度通气。

38.【答案】B

【解析】麻醉诱导发生反流时,立即将患者置于头低脚高位、头转向一侧,同时将反流物吸出。然后进行其他的处理。

39.【答案】A

【解析】预注量是在插管剂量之前就占据较多受体,减低神经肌肉兴奋传递的安全阈,减少了注入插管剂量后达到肌松药阻滞神经肌肉兴奋传递所需占有受体总数的时间,因此缩短了起效时间。

40.【答案】A

【解析】琥珀胆碱属于去极化肌松药,会使钾离子有肌纤维细胞膜内向膜外转移,对大面积烧伤、软组织损伤、脑血管意外、脊髓神经损伤时可能引起严重的高钾血症,从而引起严重的心律失常,并可偶发心搏骤停。

41.【答案】C

【解析】患者既往体健,术中出现宽大畸形的 QRS 波,心率在 100~250 次之间,考虑室性心动过速可能性大,该患者出现血流动力学障碍,首选同步或非同步的电复律。

42.【答案】E

【解析】单肺通气时,氧合障碍可以通过多种方法处理,其目的在于降低非通气肺的血流(减少肺分流率)或减少通气肺的肺不张。具体方法有:①纤支镜重新定位导管位置;②吸引器吸引,消除分泌物;③对通气侧肺应用 PEEP 以治疗肺不张,但如果更多的血液被挤入非通气侧肺,可导致动脉血氧饱和度的下降;④对非通气侧施行 CPAP,在直视下,将萎缩肺稍加压,使肺膨胀的同时不至于干扰手术,将压力维持在低水平,通常 5~7cmH$_2$O CPAP;⑤处理无效的话,通知外科,行短暂的双肺通气;⑥低氧血症持续存在,外科医师可压迫或钳闭术侧肺动脉或其分支以改善通气/血流。

43.【答案】B

【解析】该患者有发生术后恶心呕吐的危险因素:女性、非吸烟者、行腹腔镜手术妇产科手术等。吸入麻醉药增加发生术后恶心、呕吐的风险。对术后恶心、呕吐高危的患者,应术中充足补液、术后使用非甾体类药物镇痛。无术后恶心呕吐危险因素的患者,不需要预防性用药;中、低危患者可选择 1 或 2 种药物预防,高危患者可选 2~3 种药物组合预防。患者转回病房时,除了评估呼吸、循环和精神系统外,还应处理好麻醉相关并发症。

44.【答案】C

【解析】罗哌卡因较利多卡因作用时间长,更适用于单次神经阻滞时镇痛。髂筋膜间隙阻滞常用于下肢手术后或术前镇痛,髂筋膜间隙为一潜在间隙,因范围较大,需要有足够的药物容量才能取得较好的镇痛效果。

45.【答案】B

【解析】支配踝部的神经主要来自坐骨神经,坐骨神经远端分为胫神经和腓总神经,在腘窝均可阻滞;此外,还有隐神经,隐神经是股神经的分支,支配膝至内踝之间的小腿内侧感觉,行膝以下部位手术时,隐神经也应阻滞。

46.【答案】D

【解析】哮喘发作期间,FEV$_1$ 严重下降,常低于 FVC 的 50%;MMEF 严重降低;RV 显著增加,常达到正常值的 400%;ERV 中度下降;TLC 增加。

47.【答案】C

【解析】术中突发支气管痉挛时气道阻力增大,P$_{ET}$CO$_2$ 波形图表现为典型的阻塞性通气功能障碍,平台期与上升支之间角度即 α 角增大。

48.【答案】D

【解析】该患者存在严重出血性休克,应快速补充晶体液及胶体液的同时积极准备血液制品,补

充浓缩红细胞。

49.【答案】A

【解析】嗜铬细胞瘤患者显著特征是特发性高血压和低血容量,故在术前需要将血压控制在合适的水平。通常使用 α 受体阻滞剂(常用酚苄明),缓解和防止儿茶酚按引起的血管收缩,降低血压,恢复正常血压,增加血容量。

50.【答案】D

【解析】肌颤搐抑制 90% 以上时可顺利完成气管插管。

51.【答案】E

【解析】患者ICP26mmHg,颅压显著升高。氯胺酮有升高颅压作用,麻醉中禁用;平均动脉压(MAP)在 120mmHg 上时,ICP 将随血压的升高而升高,术中 $PaCO_2$ 低于 30mmHg 以下时,对 ICP 的急性作用较小;颅内压增高时需要降温。PaO_2 维持在 60~300mmHg 之间时,脑血流和 ICP 基本不变,故选 E。

52.【答案】C

【解析】Sellick 手法是指拇指和示指向脊柱方向下压环状软骨,暂时压瘪食管入口,完成气管插管后,立即将套囊充气,再松开手指,行手控或机械通气。

53.【答案】A

【解析】支气管痉挛时应用 β 受体激动剂、吸入异氟醚加深麻醉、静注肾上腺皮质激素以及静注氨茶碱都是缓解支气管痉挛的治疗,而快速扩容反而会增加心肺负担,加重症状。

54.【答案】B

【解析】中心静脉压高和血压低的患者首先考虑心功能不全,应减慢输液,强心及缩血管药物慎用。

55.【答案】C

【解析】单肺通气最容易出现低氧血症,其原因有很多影响因素,对本患者最主要原因为单肺通气时,患侧肺内的血液通过没有通气的患侧肺造成的肺内分流,同时低血压也降低了健侧肺氧合。吸入麻醉药可以抑制肺血管的低氧性肺血管收缩作用,在已经存在分流的情况下加重低氧血症的发生,因此单肺通气时要避免使用或减低吸入麻醉药的肺泡浓度。术中低血压减浅麻醉,在没有麻醉深度检查、没有吸入麻醉的情况下应注意预防术中知晓的发生。

56.【答案】D

【解析】小儿导管选择:ID= 年龄(岁)/4+4。

57.【答案】B

【解析】吸入 3%~3.5% 的恩氟烷,可产生暴发性中枢神经的抑制,有单发或重复发生的惊厥性棘波。临床上可伴有面及四肢肌肉强直性阵挛性抽搐。惊厥性棘波是恩氟烷深麻醉的脑电波特征,$PaCO_2$ 低于正常时棘波更多。当 $PaCO_2$ 升高时,棘波的阈值也随之升高。所以减浅麻醉与提高 $PaCO_2$ 值,可使这种运动神经受刺激的症状立即消失。对儿童若吸入 3% 恩氟烷并有中等度 $PaCO_2$ 下降,即见到癫痫样脑电活动。

58.【答案】B

【解析】老年人循环时间延长会导致静脉药物起效时间延长。老年人保护性喉反射减弱,胃排空能力下降,急诊或胃肠手术易引起致命性的吸入性肺炎。老年人所需镇静、镇痛药较青壮年人减少,应尽可能选用短效麻醉药,避免术后苏醒延迟。虽然老年人迷走神经张力增强,但患者有高血压、冠心病,阿托品会增加心率,增加心肌耗氧量,应避免应用。

59.【答案】B

【解析】烧伤患者用琥珀胆碱可导致重度高钾血症和心搏骤停,大面积烧伤患者禁用该药。

60.【答案】D

【解析】此题主要考查合并内科疾病的老年患者的麻醉方案选择。患者高龄,高血压病史,血压控制不佳,呼吸功能不全,拟行髋关节置换术。考虑患者无椎管内麻醉禁忌,手术体位为侧卧位患肢在上,且髋关节置换术式成熟,手术时间预期在1~2小时内。采用单纯轻比重腰麻,操作相对简单快捷,麻醉完成后无须改变体位,患侧感觉、运动神经阻滞完善,效果可靠。如果阻滞平面较低,对血流动力学影响较小,且有效避免全身麻醉对术后呼吸系统功能的影响。

61.【答案】C

【解析】此题考查椎管内麻醉的作用机制。椎管内麻醉的阻滞平面是指皮肤感觉消失的界限。硬膜外麻醉的阻滞平面与局麻药容量、注药速度、导管位置和方向以及患者情况有关。

62.【答案】B

【解析】此题主要考查全脊麻的鉴别诊断与处理。硬膜外阻滞时,如穿刺针或硬膜外导管误入蛛网膜下腔而未能及时发现,超过脊麻数倍量的局麻药注入蛛网膜下腔,可产生异常广泛阻滞,称为全脊麻。全脊麻的处理原则是维持患者循环及呼吸功能。重症全脊麻患者神志消失,应行气管插管人工通气,加速输液以及滴注血管收缩药升高血压,待麻醉平面消退,患者清醒。

63.【答案】A

【解析】肌间沟阻滞通常同时阻断了膈神经,表现为单侧膈肌麻痹,肥胖合并COPD的患者常不能耐受。

64.【答案】C

【解析】布比卡因和罗哌卡因在低浓度时具有感觉运动分离作用,适用于连续外周神经阻滞镇痛。

65.【答案】C

【解析】如肿瘤位于膀胱后侧壁,电切时可引起闭孔神经反射,表现为同侧大腿内收。这将严重影响手术操作,甚至造成膀胱穿孔。阻滞闭孔神经可阻断这一反射。

66.【答案】E

【解析】为避免放松止血带时出现血压下降,应适当扩容,必要时使用血管活性药物,患者术前服用的降压药物应根据不同种类继续服用或停用。对于高血压患者,麻醉管理比麻醉选择更重要,术中应避患者血压骤升骤降。高血压患者椎管内麻醉局麻药中不宜加入肾上腺素,以免药物入血使血压升高,引起心脑血管意外。为防止止血带引起的不适,椎管内麻醉平面宜控制在T_8~T_{10}以下,避免麻醉平面过高致严重循环抑制。为避免放松止血带引起的血压突然下降,应分步缓慢放松止血带,适当扩容,必要时使用血管活性药。

67.【答案】B

【解析】控制性降压最主要的是调控体循环阻力,对机体的生理功能影响较小;沙滩椅体位时,患者头的位置最高,测量出的无创血压不足以反应脑部灌注压水平,若不当的控制性降压很容易出现脑梗等脑血管并发症。

68.【答案】B

【解析】IPPV是间隙性正压通气,COPD患者可能存在肺大疱,正压通气时发生破裂,导致气胸。根据患者突然出现的症状,诊断为气胸,B选项正确。

69.【答案】C

【解析】此题目主要是考核糖尿病并发症处理过程中需要注意的问题,在快速纠正血糖升高的处理中,钾离子会进入细胞内,造成低钾,需要警惕低钾的危害性。

70.【答案】C

【解析】糖化血红蛋白是糖与血红蛋白结合的产物,主要反映2个月内血糖的变化情况。

71.【答案】C

【解析】硝苯地平属于二氢吡啶类钙离子通道阻滞剂药物,不减慢心室率(A、E 错误),缓解冠脉痉挛(C 正确),不能增加心排出量(B 错误),不能提高血压(D 错误),而非二氢吡啶类钙离子通道阻滞剂药物减慢房室传导,减慢心室率。

72.【答案】B

【解析】该患者术中发生低氧血症最可能的原因为肺不张,而不是呼吸道分泌物增多。肥胖患者进行全麻腹腔镜手术时,由于腹压过高及膈肌上抬,容易发生肺不张,导致通气/灌流比例下降,发生低氧血症。此时依靠单纯调节一项呼吸参数往往无法快速改善氧合指标。最有效的方法是采取肺复张手法,使萎陷的肺泡重新张开。因此 B 正确。

73.【答案】C

【解析】腹腔镜手术,呼吸末二氧化碳持续增高,颈部和胸部有握雪感(为皮下气肿的特有体征)。可诊断为 CO_2 皮下气肿。

74.【答案】C

【解析】老年人手术后出现中枢神经系统并发症,表现为精神错乱、焦虑、人格改变以及记忆受损。这种手术后人格、社交能力及认知能力和技巧的变化称为手术后认知功能障碍(POCD)。早期有人根据发病时间及临床特征分为两类:麻醉手术后早期出现的称为谵妄,另一种持续时间较长的称为术后认知功能障碍。

75.【答案】B

【解析】应在纠正休克的同时立即手术,因为腹腔内出血也是休克的原因之一。

76.【答案】C

【解析】常用公式:基础代谢率(%)=(脉率 + 脉压)−111。

77.【答案】B

【解析】快速大量的抽吸腹水,会降低腹内压力,下腔静脉的压力解除,从而造成外周血管阻力下降,但是回心血量可能增加,根据 MAP(平均动脉压)=CO(心排出量)×SVR(外周血管阻力),即使增加的 CO 不足以补偿 SVR 的减少,从而会造成血压的骤降。要求外科医师和麻醉医师充分沟通,少量缓慢在生命体征平稳的情况下放腹水。

78.【答案】B

【解析】胆心反射(迷走神经反射)是指胆道手术时由于牵扯胆囊,或探查胆道时所引起的心率减慢、血压下降,严重者可因反射性冠状动脉痉挛导致心肌缺血、心律失常,甚至心搏骤停等现象,已处于休克或低血压状态下的患者更易发生,应采取积极措施(局部神经封闭、静脉辅助用药阿托品)加以防范。它的发生是建立在完整的反射弧基础上的(胆囊、胆道部位的迷走神经分布密集),即胆囊壁内内脏神经感觉纤维受到刺激,经左侧迷走神经内传入纤维将兴奋传至延髓内副交感低级中枢(迷走神经脊核),释放冲动再经过左侧迷走神经内副交感纤维到达心脏。

79.【答案】C

【解析】该患者符合局麻药中毒的临床表现。

80.【答案】B

【解析】正常肾上腺髓质所分泌儿茶酚胺类激素 75% 以上为肾上腺素,而嗜铬细胞瘤所分泌的儿茶酚胺类激素 80% 为去甲肾上腺素,与正常肾上腺髓质分泌情形相反。

81.【答案】D

【解析】患者合并冠心病,必要的输血增加血红蛋白,可以改善患者血液携氧能力。

82.【答案】D

【解析】通过放射学检查发现,在平卧位时约有 90% 临产妇的下腔静脉被子宫所压,甚至完全

阻塞,下肢静脉血将通过椎管内和椎旁静脉丛及奇静脉等回流至上腔静脉。因此,可引起椎管内静脉丛怒张。

83.【答案】E

【解析】剖宫产围术期常用的血管活性药物:①麻黄碱:直接兴奋 α_1、β_1、β_2 受体,也可促使去甲肾上腺素神经末梢释放去甲肾上腺素而产生间接作用,从而提升血压。其缺点是心率增快、心肌耗氧增加,可增加新生儿酸血症的发生率。②去氧肾上腺素:对 α 受体有强的兴奋作用,对 α_1 受体的激动作用远大于 α_2 受体,但作用较弱而持久,毒性小,使收缩压和舒张压升高,可反射性兴奋迷走神经,减慢心率,在妊娠合并低血压患者中如产妇不存在心动过缓,推荐作为首选用药。

84.【答案】E

【解析】CBF自动调节功能容易受损,且受诸多因素影响,如脑血管舒张药(包括挥发性麻醉剂)、高血压和脑缺血。脑缺血使 CBF 自动调节功能消失,CBF 被动依赖于脑灌注压,低碳酸血症(与过度通气有关)迅速导致血管收缩,从而降低 CBF。挥发性麻醉药(七氟烷)浓度超过 1MAC 时,脑自动调节功能受损,而在低于 1MAC 时,脑自动调节功能仍然存在。全凭静脉麻醉不会损害自动调节功能。

85.【答案】B

【解析】双腔支气管单肺通气,是为了便于手术操作的肺隔离技术,可使左右肺通气暂时隔开,但其本身是非生理性的,对机体本身还是干扰很大的,因此,单肺通气只能暂时性使用并且尽量缩短时间,尽量减少对机体的干扰,而不宜采取健侧肺长时间施行麻醉和通气,如迫不得已,也宜采用间断双肺通气以减少机体应激反应。

86.【答案】E

87.【答案】D

【解析】主动脉关闭不全出现中、重度反流时,左心室舒张末期容积和压力增加,主动脉舒张压明显下降、冠脉灌注压降低、心肌血供减少。因主动脉反流出现在心脏舒张期,所以心率减慢会加重反流,术中维持 85~100 次/min 为最佳心率。选项 D 正确。

88.【答案】D

【解析】IABP 通过增加冠状动脉灌注量来改善心肌氧供给,降低主动脉收缩压(后负荷),从而减低心脏做功,改善受损心功能的前向性血流,提高心排出量。冠状动脉旁路移植术后低心排患者,如果药物治疗效果不理想,首选安装 IABP 增加心肌灌注,改善心脏功能。选项 D 正确。

89.【答案】B

【解析】控制性降压最主要的是调控体循环阻力,对机体的生理功能影响较小;沙滩椅体位时,患者头的位置最高,测量出的无创血压不足以反应脑部灌注压水平,若不当的控制性降压很容易出现脑梗等脑血管并发症。

90.【答案】E

【解析】未规律治疗的高血压患者围术期常血压波动较大,当血压急剧增高时可导致脑血管破裂而发生脑卒中,且伴左心室肥大,说明已有潜在心肌缺血改变,术中血压波动及严重低血压更易引起心肌梗死。

91.【答案】E

【解析】累积丢失量为每小时生理需要量 × 禁食时间(h) – 补液量,儿童生理需要量计算遵循 4-2-1 原则,即第一个 10kg 内,4ml/kg,第二个 10kg 内,2ml/kg,剩余体重 1ml/kg。本患儿生理需要量为 $10×4+5×2=50$(ml),计算出的累积丢失量为 $50×7–100=250$(ml)。

92.【答案】A

【解析】上述情况首先考虑上呼吸道感染引起的喉痉挛。首先应适当加深麻醉,消除患儿抵抗,

保证通气。在患儿麻醉转浅时直接尝试喉罩置入或气管插管操作都较为困难。

93.【答案】C

【解析】青光眼患者围术期最主要的是维持 IOP 的稳定,在麻醉药中,升高 IOP 的有两种药物:氯胺酮和氯化琥珀胆碱。在进行青光眼手术中要尽可能地避免使用这两种药物,同时也要注意避免增加 IOP 的一些操作:如气管插管、屏气、呛咳、缺氧和二氧化碳蓄积。

94.【答案】C

【解析】该患者明确为喉痉挛,处理方法为面罩加压给氧,同时给予静脉麻醉药或肌肉松弛药以缓解咽喉部肌肉的不协调收缩,因患者已清醒,给予氯化琥珀胆碱会使患者感到不适与恐惧,因此首选丙泊酚。

95.【答案】C

【解析】多瑞吉是经皮芬太尼控释给药系统,临终前的患者极大一部分已经不能选择口服给药,需要其他给药方式。芬太尼透皮贴剂与口服强阿片类药物同样具有很好的镇痛作用;药效稳定,无封顶效应,不易发生药物中毒;副作用比如便秘、恶心、呕吐发生率相对少;使用方便,提高患者生活质量。一贴作用持续 72 小时,依剂量不同有四种规格贴剂:25μg/h、50μg/h、75μg/h、100μg/h;起始剂量为 25μg/h;使用时应贴于干燥、无破损、无炎症、体毛少的躯干和四肢内侧皮肤。起效一般需要 6~12 小时,在此期间,医师可以采用其他即释镇痛药物治疗,72 小时后更换贴片时应更换贴剂部位;靠近热源或发热的患者使用会使药物的吸收将加快,要注意不良反应的发生,必要时要调整剂量。

96.【答案】D

【解析】本题考查胸椎旁神经阻滞的适应证。

97.【答案】B

【解析】本题结合病例考查急性呼吸窘迫综合征的掌握情况。

98.【答案】A

【解析】考查对心脏衰竭的定义的区分。夜间阵发性呼吸困难,双肺底湿啰音,心尖部舒张期奔马律,为急性左心衰的典型症状。急性右心衰常表现为体循环淤血。支气管哮喘常有哮喘史,自幼发病。急性心脏压塞常表现 Beck 三联征。

99.【答案】B

【解析】改良 Mallampati 分级为患者坐在麻醉医师面前,用力张口伸舌至最大限度,根据所能看到的咽部结构,给患者分级。Class Ⅰ:软腭、硬腭、悬雍垂;Class Ⅱ:可见软腭、硬腭及部分悬雍垂;Class Ⅲ:可见软腭、硬腭;Class Ⅳ:只可见硬腭。

100.【答案】A

【解析】患者已存在的神经压迫症状为椎管内阻滞的禁忌证,同时手术时间长,且手术体位为俯卧位,故应选择气管插管全身麻醉。

101.【答案】B

【解析】麻醉期间气道压力增高的原因最常见的为气管导管折曲,也是最容易发现的原因。

102.【答案】B

【解析】全麻患者苏醒期躁动最常见的原因是手术切口疼痛,其他原因包括气管导管刺激,导尿管刺激、缺氧等。该患者 50 岁男性,168cm,95kg,行膝关节置换术,共给予舒芬太尼 20μg,氟比洛芬酯 100mg,术中镇痛药量不足。

103.【答案】D

【解析】已拔出气管插管的 OSAHS 患者对阿片类药物非常敏感,这类患者术后镇痛尽可能选择区域阻滞镇痛。非甾体抗炎药(NSAID)有封顶效应,若手术结束前已给予足量的 NSAID,苏醒期疼痛不宜再追加用药。

104.【答案】C

【解析】患者由恢复室转出标准最常用的 Aldrete 评分和 steward 评分,评估患者呼吸、循环及精神状态,同时还应处理好麻醉后并发症。静息状态下疼痛评分应小于 3 分。

105.【答案】E

【解析】肺气肿引起的通气功能障碍属于阻塞性通气功能障碍。

106.【答案】A

【解析】限制性通气功能障碍患者,潮气量、肺总量、残气量均降低,而最大呼气中期流速保持不变,FEV_1/FVC 保持不变或增加。

107.【答案】C

【解析】I 型呼吸衰竭为 PaO_2 低于 60mmHg,伴 $PaCO_2$ 高于 50mmHg 时为 II 型呼吸衰竭;pH 尚在正常范围内,故为代偿性呼吸性酸中毒。

108.【答案】C

【解析】此题考查的是椎管内麻醉后低血压的处理。一般处理措施包括吸氧、抬高双下肢、加快输液等。产妇发生仰卧位综合征时,将患者左侧倾斜 30°,避免巨大子宫压迫下腔静脉,导致回心血量减少。中重度或进展迅速的低血压,需要静脉给予麻黄碱等血管活性药物。

109.【答案】A

【解析】此题考查的是椎管内麻醉后常见的并发症。

110.【答案】E

【解析】此题考查的是硬脊膜穿破后头痛的特点和临床表现。该并发症在硬膜外麻醉患者的发生率约为 1.5%。一般认为脑脊液经硬膜外穿刺孔漏出,导致脑脊液压力降低所致。症状常延迟出现,典型临床表现为体位依赖性头痛,坐起或站立后加重,平卧后减轻,常伴有颈部强直感及前庭或耳蜗症状。危险因素包括年轻人、女性、妊娠等。选项 E 是马尾综合征的临床表现。

111.【答案】D

【解析】此题考查的是硬脊膜穿破后头痛的预防措施和治疗方法。治疗重点是减少脑脊液渗漏,恢复正常的脑脊液压力。除对症治疗外,硬膜外腔充填法是最有效的治疗方法,但仅适用于症状严重且难以自行缓解的病例。自体血充填不建议预防性应用,可能引起注射部位硬膜外腔粘连,禁用于凝血疾病和有菌血症风险的患者。

112.【答案】C

【解析】肺心病的定义是指患者有慢阻肺或慢支病史,并出现肺动脉压力增高、右心室增大或右心功能不完全的征象,如颈静脉怒张、下肢水肿等,心电图、X 线胸片、心脏超声有肺动脉增宽和右心增大的征象,即可作出诊断。

113.【答案】D

【解析】洋地黄类药物增强心肌收缩力,减慢心室率;利尿药减轻肺水肿,扩血管药物减轻体肺循环阻力,降低心室前后负荷,减少心脏做功,A、B、C、E 选项正确。

114.【答案】B

【解析】II 型呼吸衰竭采用低浓度氧疗,维持低氧对呼吸中枢的刺激作用,B 选项正确。

115.【答案】B

【解析】CO_2 是脑血管扩张剂,但在高碳酸血症情况下,脑缺血组织周边正常灌注的小动脉扩张明显,血液增多。而慢性缺血脑组织的血管床已处于最大的扩张状态,对高碳酸血症反应不明显,其血流量反而下降,即为颅内窃血综合征。

116.【答案】A

【解析】颈动脉压力感受器敏感性增高会反射性地引起低血压,故不是患者术后高血压的原因。

117.【答案】D

【解析】根据题意判断该患者出现了经尿道前列腺电切综合征,又称稀释性低钠血症。

118.【答案】E

【解析】稀释性低钠血症,是由于前列腺静脉窦破裂造成灌洗液大量吸收入血,手术长、灌洗液压力高是主要因素。

119.【答案】D

【解析】处理措施包括 A、B、C、E,应在低压灌注下尽快结束手术,D 选项错误。

120.【答案】D

【解析】椎管内麻醉镇痛良好,对呼吸循环影响小,是老年患者疝修补术的首选麻醉方法。本例为复发病例,手术复杂,时间长,不适用单次腰麻。该例首选腰硬联合麻醉。

121.【答案】E

【解析】此题主要考查老年患者下腹部手术低血压的处理,老年患者椎管内麻醉后出现低血压时可在应用血管收缩药物后适当扩容,同时避免容量过负荷。

122.【答案】B

【解析】产妇在平卧位时,巨大子宫可以压迫下腔静脉引起急性的回心血量减少,可以出现上述症状。上述症状与全脊髓麻醉引起的急性呼吸循环抑制以及羊水栓塞引起的前驱症状,如寒战、烦躁不安、咳嗽、气急、发绀等不符合。

123.【答案】A

【解析】答案 A 为产妇仰卧位综合征正确做法。

124.【答案】B

【解析】在上述处理后如果低血压状况得不到明显改善时,应同时考虑其他原因引起的血压下降。进一步处理包括加快输液并使用血管活性药物。在上述的血管活性药物使用上,麻黄碱 10mg 相对合理且一般能达到预期的效果。

125.【答案】E

【解析】对于神志不清患者禁忌催吐。催吐极易引起患者误吸。

126.【答案】C

【解析】S-T 段是指自 QRS 波群的终点至 T 波起点间的线段,代表心室缓慢复极过程,S-T 段发生改变应首先考虑心肌缺血性改变。

127.【答案】E

【解析】误吸时紧急处理主要在于重建通气道并减轻肺损害。其中吸引、冲吸、高频正压通气,早期大剂量应用激素均有效。

128.【答案】D

【解析】腹腔镜手术患者因采用二氧化碳气腹,常因腹膜及其他组织对二氧化碳的吸收而随着手术时间的延长,$PetCO_2$ 水平逐渐升高。

129.【答案】D

【解析】此题主要考查泌尿外科腹腔镜手术的麻醉管理。

130.【答案】E

【解析】二氧化碳气腹时因气腹时间长、腹压高、多次穿刺损伤等原因造成皮下气肿。主要表现为皮下组织肿胀,触之有捻发感或握雪感。

131.【答案】D

【解析】脑电双频指数是许多脑电图信号通过傅立叶变换获得的,用于监测镇静深度而非缺血和神经功能损伤。

132.【答案】B

【解析】脑干附近的手术操作,可使机体自主神经调节严重失衡,严重的迷走神经反射有时可导致心搏骤停。

133.【答案】C

【解析】提醒外科医师暂停手术,常可缓解症状。

134.【答案】A

【解析】成功治疗静脉空气栓塞的措施包括预防空气进一步入血,如果有留置导管可从右心房抽吸空气,而 PEEP 可增加反常栓塞的发生。

135.【答案】D

【解析】静脉空气栓塞可引起低血压,而非高血压,循环衰竭时可导致死亡。

136.【答案】B

【解析】亚洲女性患者选用 35F 双腔管比较适宜,粗了可能损伤气道,32F 导管纤维支气管镜不容易进入对位。

137.【答案】C

【解析】单肺通气时,开胸侧肺萎陷,由于缺氧性肺血管收缩。因此,开胸侧肺血管阻力增加,肺内分流增加。

138.【答案】E

【解析】胸科手术术中管理,游离食管过程中血压下降常见的原因为手术操作机械挤压心脏、大血管和 / 或者神经反射造成。

139.【答案】E

【解析】双腔管气管插管时造成声嘶,可能的原因是造成了喉返神经损伤和/或杓状软骨脱位。

140.【答案】C

【解析】目前最适用的纽约心脏病学会(NYHA)四级分类法是根据心脏对运动量的耐受程度来衡量对。Ⅲ级:患者有心脏病,以致体力活动明显受限,休息时无症状,但小于一般体力活动即可引起过度疲劳、心悸、气喘或心绞痛。选项 C 正确。

141.【答案】A

【解析】该患者为重度二尖瓣狭窄,有左心功能不全史,且有房颤和肺高压。心动过速和输液过快会使左房压升高,导致急性左心衰、加重肺动脉高压。所以要避免心动过速和控制液体速度。血管扩张药使心脏灌注压降低引起右心室缺血,加重心功能不全。缺氧、二氧化碳蓄积、酸中毒等可加重肺动脉高压、导致急性右心衰。过度通气可扩张肺动脉,降低肺动脉压。选项 A 符合题意。

142.【答案】D

【解析】OSAS 常因气道狭窄,睡眠中反复呼吸暂停而导致慢性缺氧,从而出现全身多器官组织受累的综合征,需结合患者全身情况加强围术期评估和管理。

143.【答案】D

【解析】OSAS 常因肥胖、颈短、上气道狭窄等原因导致睡眠中反复呼吸暂停。麻醉术前评估往往存在困难气道。UPPP 术往往在口腔操作。多选取清醒镇静下经鼻保留自主呼吸鼻腔插管。

144.【答案】E

【解析】OSAS 患者常伴有肥胖、颈短、气道狭窄等。UPPP 术仅解决口咽部狭窄,但其他部位的狭窄仍存在。同时由于开口器及手术操作导致的局部组织水肿,应选择延迟拔管。

145.【答案】C

【解析】此题结合病例主要考查日间手术患者心血管系统术前评估及准备。该患者长期高血压病史并有可疑冠心病表现,术前应重点评估冠状动脉功能。

146.【答案】E

【解析】椎管内麻醉不是日间手术麻醉首选。外周神经阻滞可单独用于疝气修补手术,但可能出现阻滞不全的情况。全身麻醉复合外周神经阻滞,可减少全麻药用量,患者可早期苏醒,并可减少术后疼痛。

147.【答案】A

【解析】老年患者术前使用抗胆碱药可能增加术后谵妄的发生率。

148.【答案】B

【解析】此题结合病例主要考查脓毒症患者的心律变化,脓毒症患者的心律可以正常,亦可表现为各种室上性、室性心律失常,其中以房颤多见。

149.【答案】D

【解析】此题主要考查脓毒症患者的治疗原则。液体复苏应为此类患者最紧急、最基本的治疗。

150.【答案】E

【解析】此题主要考查急性肾损伤的诊断标准,即尿量 $<0.5ml/(kg \cdot h)$,至少 6 小时。

案 例 分 析

案例一

提问 1.【答案】D

【解析】休克的治疗原则包括病因治疗,液体复苏,血管活性药物及强心药物的使用,内环境、电解质的维持、重要脏器功能的支持。

提问 2.【答案】B

【解析】失血性休克患者使用椎管内麻醉会加重低血压,有效循环血容量不足,宜采用全身麻醉。同时该患者为饱胃患者,反流误吸风险高,故应采用静脉快速顺序诱导气管插管全麻。

提问 3.【答案】CD

【解析】琥珀胆碱和罗库溴铵起效快,可以满足静脉快速顺序诱导。

案例二

提问 1.【答案】ABCDEFGH

【解析】子痫前期,妊娠妇女各个脏器都会受损,上面这些表现比较典型。

提问 2.【答案】CEG

【解析】先兆子痫和子痫前期患者麻醉管理中需要注意的是麻醉前血压应该降至 160/80mmHg 左右,避免过度低血压造成胎儿宫内供血不足。降压药物首选硫酸镁、拉贝洛尔等解痉或扩张动脉的药物,硝酸甘油主要扩张静脉。条件允许的情况下,尽可能选择椎管内麻醉,血流动力学更加稳定,死亡率低于全身麻醉。蛛网膜下腔麻醉和给药对先兆子痫和子痫前期患者不是绝对禁忌,注意酌情减少药物用量,缓慢给药,引起剧烈低血压的情况并不多见。椎管内麻醉后出现血压下降,对于子痫前期妊娠妇女本身容易出现心衰,应该酌情限制液体入量,尽量配合应用升压药物。

提问 3.【答案】ABC

【解析】先兆子痫和子痫前期患者围术期最常见的并发症为颅内出血,气管内插管刺激,血压过高,导致颅内出血。由于输液过多胎儿剖出后,患者诉呼吸困难,烦躁,SpO_2 80% ,血压不低,可以排除羊水栓塞。

案例三

提问1.【答案】BDEG

【解析】高血压发病因素包括年龄、食盐、体重、遗传、环境与职业等因素。吸烟、高脂血症、糖尿病不属于高血压发病因素。颈动脉粥样斑块是高血压靶器官损害。

提问2.【答案】CEFG

【解析】患者睡眠呼吸暂停低通气综合征未经治疗,术前应用镇静药物宜减量或不用,避免造成严重的呼吸抑制。快速顺序诱导应用于不存在困难气道的保胃患者,而对于存在气道梗阻的OSAHS患者,宜采用保留自主呼吸的慢诱导,或在确保无面罩通气困难的情况下采用静脉快速诱导。高血压患者应慎用控制性降压技术,根据患者平日血压控制情况严格控制降压幅度及降压时间。

提问3.【答案】ACDEG

【解析】高血压患者麻醉时,术日晨应继续服用抗高血压药物,以保持体内药物浓度的稳定。术中应避免血压大的波动,预防可能出现的脑卒中并发症。严重高血压或行大手术时需监测有创直接动脉压,血压控制可的患者行一般手术性手术可不监测有创动脉压。术后应充分镇痛,防治疼痛引导的高血压反应。

案例四

提问1.【答案】ABCDEF

提问2.【答案】ABCDEF

提问3.【答案】ABCDEF

案例五

提问1.【答案】ABC

【解析】人为气胸的压力过高影响,可能造成气道压增高,静脉压回流受阻,血压下降。

提问2.【答案】BCDEF

【解析】单肺通气时低氧血症,可通过增加潮气量、提高吸入氧浓度,解决病因,必要时改用双肺通气等手段来解决。

提问3.【答案】ABCDE

【解析】保护性肺通气策略的具体实施的细节,包括选用小潮气量、合适的吸入频率、通气侧PEEP、非通气侧CPAP,肺泡复张技术,必要时允许性高碳酸血症,而不包括提高吸入氧浓度。